灯火阑珊万和宫

U0922369

河北省和谐文化研究会
和文化国际传播中心 主办

山东人民出版社

中国和学年鉴编辑委员会

顾　　问：饶宗颐　杜维明　成中英　高占祥　牟钟鉴　蔡德贵
张立文　姜　琳　羊涤生

主　　任：王殿明　徐　诚

委　　员：（以姓氏笔画为序）
王殿明　马东盈　有令峻　寿杨宾　宋允年　张瑞强
杨亚利　杨硌堂　吴　光　郑真何　修建军　俞荣根
骆承烈　徐　诚　涂可国　商　进　韩凤鹏　解光宇

总 编 辑：王殿明　徐　诚

副总编辑：寿杨宾　马东盈

执行总编：寿杨宾

栏目主编：（以姓氏笔画为序）
吴　光　杨亚利　杨硌堂　草　舒　修建军　涂可国

总编室主任：杨茂健

编　　务：张　伟

英文翻译：吴葆华

目　　录

特　　载

栏目主编　徐　诚

文　　选

栏目主编　吴　光

和文化研究

栏目主编　修建军

和文化学术动态

栏目主编　涂可国

和文化论著选介

栏目主编　杨亚利

和文化机构团体及其活动

栏目主编　草　舒

和文化在港澳台

栏目主编　杨硌堂

和谐家园

栏目主编　草　舒

大事纪略

栏目主编　寿杨宾

CONTENTS

特载

中共中央关于构建社会主义和谐社会若干重大问题的决定(节选)

(2006年10月11日中国共产党第十六届中央委员会第六次全体会议通过)

中国共产党第十六届中央委员会第六次全体会议,全面分析了形势和任务,研究了构建社会主义和谐社会的若干重大问题,作出如下决定。

一、构建社会主义和谐社会的重要性和紧迫性

社会和谐是中国特色社会主义的本质属性,是国家富强、民族振兴、人民幸福的重要保证。构建社会主义和谐社会,是我们党以马克思列宁主义、毛泽东思想、邓小平理论和“三个代表”重要思想为指导,全面贯彻落实科学发展观,从中国特色社会主义事业总体布局和全面建设小康社会全

局出发提出的重大战略任务，反映了建设富强民主文明和谐的社会主义现代化国家的内在要求，体现了全党全国各族人民的共同愿望。

社会和谐是我们党不懈奋斗的目标。新中国成立后，我们党为促进社会和谐进行了艰辛探索，积累了正反两方面经验，取得了重要进展。党的十一届三中全会以后，我们党坚定不移地推进改革开放和现代化建设，积极推动经济发展和社会全面进步，为促进社会和谐进行了不懈努力。党的十六大以来，我们党对社会和谐的认识不断深化，明确了构建社会主义和谐社会在中国特色社会主义事业总体布局中的地位，作出一系列决策部署，推动和谐社会建设取得新的成效。经过长期努力，我们拥有了构建社会主义和谐社会的各种有利条件。

新世纪新阶段，我们面临的发展机遇前所未有，面对的挑战也前所未有。和平、发展、合作成为时代潮流，世界多极化和经济全球化的趋势深入发展，科技进步日新月异。同时，国际环境复杂多变，综合国力竞争日趋激烈，影响和平与发展的不稳定不确定因素增多，我们仍将长期面对发达国家在经济科技等方面占优势的压力。我国社会主义市场经济体制日趋完善，社会主义物质文明、政治文明、精神文明建设和党的建设不断加强，综合国力大幅度提高，人民生活显著改善，社会政治长期保持稳定。同时，我国正处于并将长期处于社会主义初级阶段，人民日益增长的物质文化需要同落后的社会生产之间的矛盾仍然是我国社会的主要矛盾，统筹兼顾各方面利益任务艰巨而繁重。特别要看到，我国已进入改革发展的关键时期，经济体制深刻变革，社会结构深刻变动，利益格局深刻调整，思想观念深刻变化。这种空前的社会变革，给我国发展进步带来巨大活力，也必然带来这样那样的矛盾和问题。我们党要带领人民抓住机遇、应对挑战，把中国特色社会主义伟大事业推向前进，必须坚持以经济建设为中心，把构建社会主义和谐社会摆在更加突出的地位。

目前，我国社会总体上是和谐的。但是，也存在不少影响社会和谐的矛盾和问题，主要是：城乡、区域、经济社会发展很不平衡，人口资源环境压力加大；就业、社会保障、收入分配、教育、医疗、住房、安全生产、社会治安等方面关系群众切身利益的问题比较突出；体制机制尚不完善，民主法制还不健全；一些社会成员诚信缺失、道德失范，一些领导干部的素质、能力和作风与新形势新任务的要求还不适应；一些领域的腐败现象仍然比较严重；敌对势力的渗透破坏活动危及国家安全和社会稳定。

任何社会都不可能没有矛盾，人类社会总是在矛盾运动中发展进步的。构建社会主义和谐社会是一个不断化解社会矛盾的持续过程。我们要始终保持清醒头脑，居安思危，深刻认识我国发展的阶段性特征，科学分析影响社会和谐的矛盾和问题及其产生的原因，更加积极主动地正视矛盾、化解矛盾，最大限度地增加和谐因素，最大限度地减少不和谐因素，不断促进社会和谐。全党同志要坚持解放思想、实事求是、与时俱进，一切从实际出发，自觉按规律办事，立足当前、着眼长远，量力而行、尽力而为，有重点分步骤地持续推进，切实把构建社会主义和谐社会作为贯穿中国特色社会主义事业全过程的长期历史任务和全面建设小康社会的重大现实课题抓紧抓好。

二、构建社会主义和谐社会的指导思想、目标任务和原则

我们要构建的社会主义和谐社会，是在中国特色社会主义道路上，中国共产党领导全体人民共同建设、共同享有的和谐社会。必须坚持以马克思列宁主义、毛泽东思想、邓小平理论和“三个代表”重要思想为指导，坚持党的基本路线、基本纲领、基本经验，坚持以科学发展观统领经济社会发展全局，按照民主法治、公平正义、诚信友爱、充满活力、安定有序、人与自然和谐相处的总要求，

以解决人民群众最关心、最直接、最现实的利益问题为重点，着力发展社会事业、促进社会公平正义、建设和谐文化、完善社会管理、增强社会创造活力，走共同富裕道路，推动社会建设与经济建设、政治建设、文化建设协调发展。

到2020年，构建社会主义和谐社会的目标和主要任务是：社会主义民主法制更加完善，依法治国基本方略得到全面落实，人民的权益得到切实尊重和保障；城乡、区域发展差距扩大的趋势逐步扭转，合理有序的收入分配格局基本形成，家庭财产普遍增加，人民过上更加富足的生活；社会就业比较充分，覆盖城乡居民的社会保障体系基本建立；基本公共服务体系更加完备，政府管理和服务水平有较大提高；全民族的思想道德素质、科学文化素质和健康素质明显提高，良好道德风尚、和谐人际关系进一步形成；全社会创造活力显著增强，创新型国家基本建成；社会管理体系更加完善，社会秩序良好；资源利用效率显著提高，生态环境明显好转；实现全面建设惠及十几亿人口的更高水平的小康社会的目标，努力形成全体人民各尽其能、各得其所而又和谐相处的局面。

构建社会主义和谐社会，要遵循以下原则。

——必须坚持以人为本。始终把最广大人民的根本利益作为党和国家一切工作的出发点和落脚点，实现好、维护好、发展好最广大人民的根本利益，不断满足人民日益增长的物质文化需要，做到发展为了人民、发展依靠人民、发展成果由人民共享，促进人的全面发展。

——必须坚持科学发展。切实抓好发展这个党执政兴国的第一要务，统筹城乡发展，统筹区域发展，统筹经济社会发展，统筹人与自然和谐发展，统筹国内发展和对外开放，转变增长方式，提高发展质量，推进节约发展、清洁发展、安全发展，实现经济社会全面协调可持续发展。

——必须坚持改革开放。坚持社会主义市场经济的改革方向，适应社会发展要求，推进经济体制、政治体制、文化体制、社会体制改革和创新，进一步扩大对外开放，提高改革决策的科学性、改革措施的协调性，建立健全充满活力、富有效率、更加开放的体制机制。

——必须坚持民主法治。加强社会主义民主政治建设，发展社会主义民主，实施依法治国基本方略，建设社会主义法治国家，树立社会主义法治理念，增强全社会法律意识，推进国家经济、政治、文化、社会生活法制化、规范化，逐步形成社会公平保障体系，促进社会公平正义。

——必须坚持正确处理改革发展稳定的关系。把改革的力度、发展的速度和社会可承受的程度统一起来，维护社会安定团结，以改革促进和谐、以发展巩固和谐、以稳定保障和谐，确保人民安居乐业、社会安定有序、国家长治久安。

——必须坚持在党的领导下全社会共同建设。坚持科学执政、民主执政、依法执政，发挥党的领导核心作用，维护人民群众的主体地位，团结一切可以团结的力量，调动一切积极因素，形成促进和谐人人有责、和谐社会人人共享的生动局面。

三、坚持协调发展，加强社会事业建设

社会要和谐，首先要发展。社会和谐在很大程度上取决于社会生产力的发展水平，取决于发展的协调性。必须坚持用发展的办法解决前进中的问题，大力发展社会生产力，不断为社会和谐创造雄厚的物质基础。同时，更加注重解决发展不平衡问题，更加注重发展社会事业，推动经济社会协调发展。

（一）扎实推进社会主义新农村建设，促进城乡协调发展。贯彻工业反哺农业、城市支持农村和多予少取放活的方针，加快建立有利于改变城乡二元结构的体制机制，推进农村综合改革，促进

农业不断增效、农村加快发展、农民持续增收。坚持农村基本经营制度,保障农民土地承包经营的各项权利,发展农民专业合作组织,增强农村集体经济组织服务功能。强化支农惠农政策,增加国家对农业和农村投入,完善农村金融服务体系。加快农业科技进步,推进现代农业建设,发展农业产业化经营,提高农业综合生产能力。调整优化农村经济结构,积极稳妥地推进城镇化,发展壮大县域经济。加大扶贫力度,完善扶贫机制,加快改善贫困农民生产生活条件。各级政府要把基础设施建设和社会事业发展的重点转向农村,国家财政新增教育、卫生、文化等事业经费和固定资产投资增量主要用于农村,逐步加大政府土地出让金用于农村的比重。实行最严格的耕地保护制度,从严控制征地规模,加快征地制度改革,提高补偿标准,探索确保农民现实利益和长期稳定收益的有效办法,解决好被征地农民的就业和社会保障。加强对农民的宣传教育,加快培养新型农民,充分发挥广大农民在新农村建设中的主体作用。

(二)落实区域发展总体战略,促进区域协调发展。继续推进西部大开发,振兴东北地区等老工业基地,促进中部地区崛起,鼓励东部地区率先发展,形成分工合理、特色明显、优势互补的区域产业结构,推动各地区共同发展。加大对欠发达地区和困难地区的扶持。中央财政转移支付资金重点用于中西部地区,尽快使中西部地区基础设施和教育、卫生、文化等公共服务设施得到改善,逐步缩小地区间基本公共服务差距。加大对革命老区、民族地区、边疆地区、贫困地区以及粮食主产区、矿产资源开发地区、生态保护任务较重地区的转移支付,加大对人口较少民族的支持。支持经济发达地区加快产业结构优化升级和产业转移,扶持中西部地区优势产业项目,加快这些地区的资源优势向经济优势转变。鼓励东部地区带动和帮助中西部地区发展,扩大发达地区对欠发达地区和民族地区的对口援助,形成以政府为主导、市场为纽带、企业为主体、项目为载体的互惠互利机制。继续发挥经济特区、上海浦东新区作用,推进天津滨海新区等条件较好地区开发开放。建立健全资源开发有偿使用制度和补偿机制,对资源衰退和枯竭的困难地区经济转型实行扶持措施。

(三)实施积极的就业政策,发展和谐劳动关系。把扩大就业作为经济社会发展和调整经济结构的重要目标,实现经济发展和扩大就业良性互动。大力发展劳动密集型产业、服务业、非公有制经济、中小企业,多渠道、多方式增加就业岗位。实行促进就业的财税金融政策,积极支持自主创业、自谋职业。健全面向全体劳动者的职业技能培训制度,加强创业培训和再就业培训。深化户籍、劳动就业等制度改革,逐步形成城乡统一的人才市场和劳动力市场,完善人员流动政策,规范发展就业服务机构。强化政府促进就业职能,统筹做好城镇新增劳动力就业、农村富余劳动力转移就业、下岗失业人员再就业工作,加强大学毕业生、退役军人就业指导和服务。扩大再就业政策扶持范围,健全再就业援助制度,着力帮助零就业家庭和就业困难人员就业。完善劳动关系协调机制,全面实行劳动合同制度和集体协商制度,确保工资按时足额发放。严格执行国家劳动标准,加强劳动保护,健全劳动保障监察体制和劳动争议调处仲裁机制,维护劳动者特别是农民工合法权益。

(四)坚持教育优先发展,促进教育公平。全面贯彻党的教育方针,大力实施科教兴国战略和人才强国战略,全面实施素质教育,深化教育改革,提高教育质量,建设现代国民教育体系和终身教育体系,保障人民享有接受良好教育的机会。坚持公共教育资源向农村、中西部地区、贫困地区、边疆地区、民族地区倾斜,逐步缩小城乡、区域教育发展差距,推动公共教育协调发展。明确各级政府提供教育公共服务的职责,保证财政性教育经费增长幅度明显高于财政经常性收入增长幅度,逐步使财政性教育经费占国内生产总值的比例达到4%。普及和巩固九年义务教育,落实农村义务教育经费保障机制，在农村并逐步在城市免除义务教育学杂费，全面落实对家庭经济困难学生免费提供课本和补助寄宿生生活费政策，保障农民工子女接受义务教育。加快发展城乡职业教育和培训网络，努力使劳动者人人有知识、个个有技能。保持高等院校招生合理增长，注重增强学生的实践能力、创造能力和就业能力、创业能力。完善高等教育和高中阶段国家奖学金、助学金制度，落实国家助学贷款政策，鼓励社会捐资助学。规范学校收费项目和标准，坚决制止教育乱收费。切实减轻中小学生课业负担。提高师资特别是农村师资水平。改进学校思想政治工作和管理工作，提高师生思想道德素质。引导民办教育健康发展。积极发展继续教育，努力建设学习型社会。

（五）加强医疗卫生服务，提高人民健康水平。坚持公共医疗卫生的公益性质，深化医疗卫生体制改革，强化政府责任，严格监督管理，建设覆盖城乡居民的基本卫生保健制度，为群众提供安全、有效、方便、价廉的公共卫生和基本医疗服务。加强公共卫生体系建设，开展爱国卫生运动，发展妇幼卫生事业，加强医学研究，提高重大疾病预防控制能力和医疗救治能力。健全医疗卫生服务体系，重点加强农村三级卫生服务网络和以社区卫生服务为基础的新型城市卫生服务体系建设，落实经费保障措施。实施区域卫生发展规划，整合城乡医疗卫生资源，建立城乡医院对口支援、大医院和社区卫生机构双向转诊、高中级卫生技术人员定期到基层服务制度，加强农村医疗卫生人才培养。推进医疗机构属地化和全行业管理，理顺医药卫生行政管理体制，推行政事分开、管办分开、医药分开、营利性与非营利性分开。强化公立医院公共服务职能，加强医德医风建设，规范收支管理，纠正片面创收倾向。建立国家基本药物制度，整顿药品生产和流通秩序，保证群众基本用药。加强食品、药品、餐饮卫生监管，保障人民群众健康安全。严格医疗机构、技术准入和人员执业资格审核，引导社会资金依法创办医疗卫生机构，支持有资质人员依法开业，方便群众就医。大力扶持中医药和民族医药发展。

（六）加快发展文化事业和文化产业，满足人民群众文化需求。坚持把社会效益放在首位，坚持把发展公益性文化事业作为保障人民文化权益的主要途径，推动文化事业和文化产业共同发展。推进文化体制改革，形成富有活力的文化管理体制和文化产品生产经营机制。加强公益性文化设施建设，鼓励社会力量捐助和兴办公益性文化事业，加快建立覆盖全社会的公共文化服务体系。优先安排关系群众切身利益的文化建设项目，突出抓好广播电视村村通工程、社区和乡镇综合文化站（室）工程、全国文化信息资源共享工程。完善文化产业政策，培育国有和国有控股骨干文化企业，鼓励非公有资本依法进入文化产业，以重大文化产业项目带动发展，推动集约化经营，提供价格合理、形式多样的文化产品和服务，增强文化产品国际竞争力。加强文化遗产保护。加强城乡社区体育设施建设，广泛开展全民健身活动，提高竞技体育水平。

（七）加强环境治理保护，促进人与自然相和谐。以解决危害群众健康和影响可持续发展的环境问题为重点，加快建设资源节约型、环境友好型社会。优化产业结构，发展循环经济，推广清洁生产，节约能源资源，依法淘汰落后工艺技术和生产能力，从源头上控制环境污染。实施重大生态建设和环境整治工程，有效遏制生态环境恶化趋势。统筹城乡环境建设，加强城市环境综合治理，改善农村生活环境和村容村貌。加快环境科技创新，加强污染专项整治，强化污染物排放总量控制，重点搞好水、大气、土壤等污染防治。完善有利于环境保护的产业政策、财税政策、价格政策，建立生态环境评价体系和补偿机制，强化企业和全社会节约资源、保护环境的责任。完善环境保护法律法规和管理体系，严格环境执法，加强环境监测，定期公布环境状况信息，严肃处罚违法行为。稳定人口低生育水平，有效治理出生人口性别比升高等问题，提高出生人口素质。

在省部级主要领导干部提高构建社会主义和谐社会能力专题研讨班上的讲话

胡锦涛

(2005年2月19日)

中央举办这次省部级主要领导干部专题研讨班，目的是集中研讨加强党的执政能力建设特别是提高构建社会主义和谐社会能力的问题。这是深入学习贯彻党的十六届四中全会精神的一个重要举措。下面，我讲四个问题。

一、深刻认识构建社会主义和谐社会的重大意义

构建社会主义和谐社会，把提高构建社会主义和谐社会的能力作为加强党的执政能力建设的重要内容，是党的十六大和十六届三中、四中全会提出的重大任务。党的十六大报告在阐述全面建设小康社会的宏伟目标时强调，建设更高水平的小康社会，就是要使经济更加发展、民主更加健全、科教更加进步、文化更加繁荣、社会更加和谐、人民生活更加殷实，还强调要努力形成全体人民各尽其能、各得其所而又和谐相处的局面，巩固和发展民主团结、生动活泼、安定和谐的政治局面。把社会更加和谐作为我们党要为之奋斗的一个重要目标明确提出来，这在我们党历次代表大会的报告中是第一次。党的十六届四中全会，进一步提出了构建社会主义和谐社会的任务，强调形成全体人民各尽其能、各得其所而又和谐相处的社会是巩固党执政的社会基础、实现党执政的历史任务的必然要求，要适应我国社会的深刻变化，把和谐社会建设摆在重要位置，并明确了构建社会主义和谐社会的主要内容。我们党明确提出构建社会主义和谐社会的重大任务，就是要求全党同志在建设中国特色社会主义的伟大实践中更加自觉地加强社会主义和谐社会建设，使社会主义物质文明、政治文明、精神文明建设与和谐社会建设全面发展。这表明，随着我国经济社会的不断发展，中国特色社会主义事业的总体布局，更加明确地由社会主义经济建设、政治建设、文化建设三位一体发展为社会主义经济建设、政治建设、文化建设、社会建设四位一体。构建社会主义和谐社会，是我们党从全面建设小康社会、开创中国特色社会主义事业新局面的全局出发提出的一项重

大任务，适应了我国改革发展进入关键时期的客观要求，体现了广大人民群众的根本利益和共同愿望。

从国内看，构建社会主义和谐社会，是我们抓住和用好重要战略机遇期、实现全面建设小康社会宏伟目标的必然要求。目前，我国改革发展正处在一个关键时期。一些国家和地区的发展历程表明，在人均国内生产总值突破1000美元之后，经济社会发展就进入了一个关键阶段。在这个阶段，既有因为举措得当从而促进经济快速发展和社会平稳进步的成功经验，也有因为应对失误从而导致经济徘徊不前和社会长期动荡的失败教训。综合起来看，在当前和今后相当长一段时间内，我国经济社会发展面临的矛盾和问题可能更复杂、更突出。随着我国社会主义市场经济不断发展，随着我国公有制为主体、多种所有制经济共同发展的基本经济制度和按劳分配为主体、多种分配方式并存的分配制度不断完善，随着我国工业化、城镇化和经济结构调整加速，随着我国社会组织形式、就业结构、社会结构的变革加快，我们正面临着并将长期面对一些亟待解决的突出矛盾和问题，我国经济社会发展也出现了一些必须认真把握的新趋势新特点，主要是：资源能源紧缺压力加大，对经济社会发展的瓶颈制约日益突出，转变经济增长方式要求十分迫切；城乡发展不平衡、地区发展不平衡、经济社会发展不平衡的矛盾更加突出，缩小发展差距和促进经济社会协调发展任务艰巨；人民群众的物质文化需要不断提高并更趋多样化，社会利益关系更趋复杂，特别是受经济文化发展水平等多方面的限制，统筹兼顾各方面利益的难度加大；体制创新进入攻坚阶段，深化改革，扩大开放，进一步触及深层次矛盾和问题；劳动者就业结构和方式不断变化，人员流动性大大加强，社会组织和管理面临新问题；人民群众的民主法制意识不断增强，政治参与的积极性不断提高，对发展社会主义民主政治和落实依法治国基本方略提出了新要求；各种思想文化相互激荡，人们受各种思想观念影响的渠道明显增多、程度明显加深，人们思想活动的独立性、选择性、多变性、差异性明显增强；社会上存在的消极腐败现象以及各类严重犯罪活动等也给社会稳定与和谐带来了严重影响，等等。我们要抓住和用好重要战略机遇期、实现全面建设小康社会的宏伟目标，就必须正确应对这些矛盾和问题，花更大气力妥善协调各方面的利益关系，正确处理各种社会矛盾，大力促进社会和谐。这既是全面建设小康社会的重要内容，也是实现全面建设小康社会宏伟目标的重要前提。

从国际看，构建社会主义和谐社会，是我们把握复杂多变的国际形势、有力应对来自国际环境的各种挑战和风险的必然要求。和平与发展仍是当今时代的主题，但国际形势继续处于深刻复杂的变化之中。世界格局处于向多极化过渡的重要时期，经济全球化趋势不断深入发展，科技进步突飞猛进，国际产业升级和转移速度加快，各国注重经济发展和国际经济技术合作，区域经济一体化进程加速。从总体上看，这些因素给我国的改革发展带来了难得机遇和有利条件，只要我们高举和平、发展、合作的旗帜，坚持冷静观察、沉着应对的方针，牢牢掌握应对国际局势和处理国际事务的主动权，就能够营造有利于我国的战略态势，为我国现代化建设争取较长时期的良好国际环境和周边环境。同时，我们必须清醒地看到，当今世界仍很不安宁，各种矛盾错综复杂，影响和平与发展的不稳定不确定因素依然存在。由于世界力量失衡的局面在短期内难以根本改变，世界多极化趋势的发展不会一帆风顺。由于国际经济旧秩序没有根本改变，经济全球化趋势在推动世界经济发展的同时，也给各国特别是发展中国家带来挑战和风险，发展中国家在经济、政治、文化、信息、军事等方面面临着严峻压力。由于传统安全威胁和非传统安全威胁的因素相互交织，民族、宗教矛盾和边界、领土争端导致的局部冲突时起时伏，恐怖主义活动依然猖獗，地区和国际安全形势不容乐观。在这样复杂多变的国际形势下，我们要有力应对来自外部的各种挑战和风险，必须把国内的事情办好，始终保持国家统一、民族团结、社会稳定的局面。这是我们集中全党全民族的智慧和力量、全面推进中国特色社会主义事业的重要保障。

从我们党肩负的使命看，构建社会主义和谐社会，是巩固党执政的社会基础、实现党执政的历史任务的必然要求。构建社会主义和谐社会，是我们党坚持立党为公、执政为民的必然要求，是我们党实现好、维护好、发展好最广大人民的根本利益的重要体现，也是我们党实现执政的历史任务的重要条件。巩固党执政的社会基础、实现党执政的历史任务要求我们：必须紧紧依靠人民群众，团结一切可以团结的力量，调动一切可以调动的积极因素，把人民群众以及各方面的积极性、主动性、创造性都充分发挥出来，为实现全面建设小康社会的宏伟目标而奋斗；必须正确认识和妥善处理人民内部矛盾和其他社会矛盾，协调好各方面的利益关系，不断在发展的基础上满足人民群众日益增长的物质文化需要，保证人民群众共享改革发展的成果；必须抓紧解决人民群众生产生活中的突出问题和困难，夯实党执政的阶级基础和群众基础，保持党同人民群众的血肉联系；必须加强社会建设和管理，营造良好的人际环境，保持良好的社会秩序，维护社会稳定，保证广大人民群众安居乐业。只有把这些工作都更加自觉、更加主动地做好了，我们党才能不断增强执政的社会基础，才能更好地实现继续推进现代化建设、完成祖国统一、维护世界和平与促进共同发展这三大历史任务。

总之，我们党提出构建社会主义和谐社会，既是对我国改革开放和现代化建设经验的科学总结，也是在新的国内外形势下提高党的执政能力、贯彻落实科学发展观、更好地推进我国经济社会发展的战略举措。明确提出构建社会主义和谐社会，反映了我们党对中国特色社会主义事业发展规律的新认识，也反映了我们党对执政规律、执政能力、执政方略、执政方式的新认识，为我们紧紧抓住和用好重要战略机遇期、实现全面建设小康社会的宏伟目标提供了重要的思想指导。构建社会主义和谐社会，关系到最广大人民的根本利益，关系到巩固党执政的社会基础、实现党执政的历史任务，关系到全面建设小康社会的全局，关系到党的事业兴旺发达和国家的长治久安。全党同志都要从这样的战略高度，深刻认识构建社会主义和谐社会的重大意义，自觉承担起和谐社会建设的历史任务。

现在，我们党明确提出并积极推进构建社会主义和谐社会，是具备许多有利条件的。首先，中国共产党的领导和我国的社会主义制度，为构建社会主义和谐社会提供了最根本的保证。其次，经过新中国成立以来特别是改革开放以来的不断发展，我国社会生产力水平明显提高，综合国力显著增强，人民生活总体上实现了由温饱到小康的历史性跨越，我们已经具备了较为坚实的物质基础，可以为缩小社会差距、促进社会公平、完善社会保障、发展社会事业、加强社会建设和管理等提供更充分的物质保证。第三，在我国，各阶层、各党派、各民族、各团体政治上享有平等地位，根本利益是一致的。第四，马克思主义在党和国家工作中的指导地位已经确立并不断得到巩固，爱国主义、集体主义、社会主义思想深入人心，教育科技文化事业不断发展，全体人民的思想道德素质和科学文化素质不断提高，民族凝聚力显著增强。这些都是有利于我们构建社会主义和谐社会最基本的前提条件。同时，我们也要认识到，我国仍然处于并将长期处于社会主义初级阶段，生产力发展水平、教育科技文化水平还不高，建成社会主义和谐社会任重道远。同建设社会主义现代化国家要经历一个很长历史过程一样，构建社会主义和谐社会也是一个需要随着经济、政治、文化的发展而不断推进的很长历史过程。我们既要立足国情，根据已经具备的条件，积极主动地推进和谐社会建设，又要着眼长远，做好长期努力的准备，在推进社会主义物质文明、政治文明、精神文明发展的历史进程中，扎扎实实做好构建社会主义和谐社会的各项工作。

二、全面把握构建社会主义和谐社会是建设中国特色社会主义的一项基本任务

实现社会和谐，建设美好社会，始终是人类孜孜以求的一个社会理想，也是包括中国共产党在内的马克思主义政党不懈追求的一个社会理想。

我国历史上就产生过不少有关社会和谐的思想。比如，孔子说过“和为贵”；墨子提出了“兼相爱”、“爱无差等”的理想社会方案；孟子描绘了“老吾老以及人之老，幼吾幼以及人之幼”的社会状态；《礼记·礼运》中描绘了“大道之行也，天下为公，选贤与能，讲信修睦。故人不独亲其亲，不独子其子，使老有所终，壮有所用，幼有所长，矜寡、孤独、废疾者皆有所养”这样一种理想社会；太平天国运动的领袖洪秀全提出要建立“务使天下共享”，“有田同耕，有饭同食，有衣同穿，有钱同使，无处不均匀，无人不饱暖”的社会；康有为在《大同书》中提出要建立一个“人人相亲，人人平等，天下为公”的理想社会。这些思想虽然带有不同时代和提出者阶级地位的烙印，但都在一定程度上反映了广大人民群众对美好生活的向往。当然，在存在阶级压迫和阶级剥削的旧制度下，这些设想是根本无法实现的。

关于社会主义社会建设的理论，是马克思主义理论的重要组成部分。马克思、恩格斯在继承前人思想成果的基础上，创立了科学社会主义理论，勾画了美好社会的蓝图，指明了实现美好社会理想的正确途径。大家知道，空想社会主义学说是马克思主义的三个理论来源之一。1803 年，法国空想社会主义者傅立叶发表《全世界和谐》一文，指出现存资本主义制度是不合理的，必将为“和谐制度”所代替。1824 年，英国空想社会主义者欧文在美国印第安纳州进行的共产主义试验，也以“新和谐”命名。1842 年，德国空想共产主义者魏特林在《和谐与自由的保证》一书中把社会主义社会称为“和谐与自由”的社会，并指出新社会的“和谐”是“全体和谐”。马克思称这本书是工人阶级“史无前例的光辉灿烂的处女作”。1848 年，马克思、恩格斯在《共产党宣言》中对圣西门、傅立叶、欧文等空想社会主义者的著作和有关主张给予了肯定，明确提出：“提倡社会和谐”是“它们关于未来社会的积极的主张”。同时，马克思、恩格斯深刻分析了空想社会主义者的历史局限性和理论缺陷，认为他们没有认识到资本主义社会的本质矛盾，也没有找到实现社会变革的正确途径，结果只能陷于空想。马克思、恩格斯创立了唯物史观和剩余价值学说，提出了无产阶级革命的理论和战略策略，实现了社会主义由空想到科学的历史性飞跃。马克思、恩格斯对未来社会的发展方向作出了科学设想。他们在《共产党宣言》中明确提出：“代替那存在着阶级和阶级对立的资产阶级旧社会的，将是这样一个联合体，在那里，每个人的自由发展是一切人的自由发展的条件。”按照马克思、恩格斯的设想，未来社会将在打碎旧的国家机器、消灭私有制的基础上，消除阶级之间、城乡之间、脑力劳动和体力劳动之间的对立和差别，极大地调动全体劳动者的积极性，使社会物质财富极大丰富、人民精神境界极大提高，实行各尽所能、各取所需，实现每个人自由而全面的发展，

在人与人之间、人与自然之间都形成和谐的关系。列宁在领导俄国十月革命和社会主义建设的过程中，就建设社会主义社会提出了一系列重要思想。他明确提出：只有社会主义才可能广泛推行和真正支配根据科学原则进行的产品的社会生产和分配，以便使所有劳动者过最美好、最幸福的生活；生气勃勃的创造性的社会主义是由人民群众自己创立的；社会主义国家应当大力帮助农民，消除城乡对立；必须把国民经济的一切大部门建立在同个人利益的结合上面；必须发扬民主，改革国家机关，精简机构，反对官僚主义，最大限度地发挥人民群众的积极性和创造性；必须时时处处千方百计地巩固党同群众的联系，等等。马克思、恩格斯、列宁关于未来社会的科学设想，指明了构建社会主义和谐社会的前进方向。

在革命、建设、改革的长期实践中，我们党不断探索和发展了具有中国特色的社会主义社会建设理论。我们党把马克思主义基本原理同中国具体实际相结合，取得了新民主主义革命的胜利，建立了人民当家作主的新中国，进而建立了社会主义制度，为构建社会主义和谐社会创造了根本的政治前提。马克思、恩格斯设想的未来社会是建立在资本主义发达国家同时取得革命胜利的基础之上的，而我们党则是在生产力很不发达、经济文化十分落后的半殖民地半封建社会的基础上领导人民建设社会主义的。我们不可能从马克思、恩格斯那里找到我国社会主义建设的全部现成答案，必须结合我国实际、通过实践来不断加以回答。以毛泽东同志为核心的党的第一代中央领导集体对这个重大课题进行了积极探索和实践。1956 年，毛泽东同志发表《论十大关系》这篇重要著作，提出了调动国内外一切积极因素的基本方针，对正确处理我国社会的一些重大关系作出了深刻论述。1957 年，毛泽东同志在《关于正确处理人民内部矛盾的问题》这篇重要著作中，明确提出了社会主义基本矛盾的理论，创立了关于两类不同性质矛盾的学说，要求学会用民主的方法解决人民内部矛盾，包括坚持百花齐放、百家争鸣的方针以解决科学文化领域里的矛盾，坚持长期共存、互相监督的方针以解决共产党与民主党派的矛盾，坚持统筹兼顾、适当安排的方针以解决全国城乡各阶层以及国家、集体、个人三者之间的矛盾，等等。他还提出："我们的目标，是想造成一个又有集中又有民主，又有纪律又有自由，又有统一意志、又有个人心情舒畅、生动活泼，那样一种政治局面，以利于社会主义革命和社会主义建设，较易于克服困难，较快地建设我国的现代工业和现代农业，党和国家较为巩固，较为能够经受风险。"由于在我国建设社会主义是一项全新的实践，人们对如何走出适合我国国情的社会主义道路还缺少规律性认识，加上当时经济社会发展水平的限制和严峻复杂的国际环境的影响，我们党在社会主义建设道路的探索中发生过曲折，特别是后来发生了"文化大革命"这样全局性、长时间的严重错误，毛泽东同志的这些正确思想没有得到全面贯彻。但是，毛泽东同志关于社会主义社会建设的正确思想，对我们构建社会主义和谐社会仍然具有重要的指导意义。

党的十一届三中全会以后，以邓小平同志为核心的党的第二代中央领导集体，深刻总结新中国成立以来正反两方面的经验，断然抛弃"以阶级斗争为纲"的错误方针，果断地把党和国家的工作重点转移到社会主义现代化建设上来，坚定不移地实行改革开放，开辟了建设中国特色社会主义的新道路。邓小平同志科学阐述了建设中国特色社会主义的一系列重大理论观点，也对社会主义社会建设作出了一系列重要论断。邓小平同志强调，社会主义的本质，是解放生产力，发展生产力，消灭剥削，消除两极分化，最终达到共同富裕；贫穷不是社会主义，社会主义要消灭贫穷，提高人民的生活水平；社会主义发展生产力，成果是属于人民的；要调动一切积极因素，努力化消极因素为积极因素，团结一切可以团结的力量，为把我国建设成为现代化的社会主义强国而奋斗；要按照统筹兼顾的原则来调节各种利益的相互关系，正确处理人民内部矛盾，调动人民群众的积极性；没有安定团结的政治环境，没有稳定的社会秩序，什么事也干不成。党的十三届四中全会以后，以江泽民同志为核心的党的第三代中央领导集体，根据国内外形势的发展变化，根据我国经济社会发展的新要求和我们党肩负的新任务，进一步丰富和发展了我们党关于社会主义社会建设的理论。江泽民同志强调，发展是党执政兴国的第一要务，要坚持用发展的办法解决前进中的问题；社会主义社会是以经济建设为重点的全面发展、全面进步的社会，要促进社会主义物质文明、政治文明、精神文明协调发展，促进人的全面发展；必须处理好各种关系，团结全国各族人民，调动一切积极因素，加快社会主义现代化建设；要始终代表中国最广大人民的根本利益，始终保持党同人民群众的血肉联系，实现好、维护好、发展好最广大人民的根本利益；要正确处理新形势下的人民内部矛盾，正确反映和兼顾不同方面群众的利益；要坚持稳定压倒一切的方针，正确处理改革发展稳定的关系，把不断改善人民生活作为处理改革发展稳定关系的重要结合点，在社会稳定中推进改革发展，通过改革发展促进社会稳定。党的十六大以来，中央强调要坚持立党为公、执政为民，做到权为民所用、情为民所系、利为民所谋；牢固树立和落实科学发展观，按照"五个统筹"的要求，推进经济社会全面协调可持续发展；发展党内民主和人民民主，充分调动一切积极因素；坚持以人为本，始终把最广大人民的根本利益作为党和国家工作的根本出发点和落脚点，切实做好关心群众生产生活的工作，等等，都是为了推进社会主义社会建设。

总之，我们党提出构建社会主义和谐社会，符合马克思主义的基本原理，符合马克思主义关于社会主义社会的科学设想。我们党在社会主义社会建设理论和实践上取得的新进展，既是对党执政经验的总结，也是对国外一些执政党执政经验教训的借鉴；既是对我国社会主义建设规律认识的深化，也是对共产党执政规律、社会主义建设规律、人类社会发展规律认识的深化；既是对中国特色社会主义理论的丰富和发展，也是对马克思主义关于社会主义社会建设理论的丰富和发展。

三、切实做好构建社会主义和谐社会的各项工作

根据马克思主义基本原理和我国社会主义建设的实践经验，根据新世纪新阶段我国经济社会发展的新要求和我国社会出现的新趋势新特点，我们所要建设的社会主义和谐社会，应该是民主法治、公平正义、诚信友爱、充满活力、安定有序、人与自然和谐相处的社会。民主法治，就是社会主义民主得到充分发扬，依法治国基本方略得到切实落实，各方面积极因素得到广泛调动；公平正义，就是社会各方面的利益关系得到妥善协调，人民内部矛盾和其他社会矛盾得到正确处理，社会公平和正义得到切实维护和实现；诚信友爱，就是全社会互帮互助、诚实守信，全体人民平等友爱、融洽相处；充满活力，就是能够使一切有利于社会进步的创造愿望得到尊重，创造活动得到支持，创造才能得到发挥，创造成果得到肯定；安定有序，就是社会组织机制健全，社会管理完善，社会秩序良好，人民群众安居乐业，社会保持安定团结；人与自然和谐相处，就是生产发展，生活富裕，生态良好。社会主义和谐社会的这些基本特征是相互联系、相互作用的，需要在全面建设小康社会的进程中全面把握和体现。

构建社会主义和谐社会，同建设社会主义物质文明、政治文明、精神文明是有机统一的。它们

既有不可分割的紧密联系，又有各自的特殊领域和规律。建设社会主义物质文明、政治文明、精神文明，可以为构建社会主义和谐社会提供坚实基础；构建社会主义和谐社会，又可以为建设社会主义物质文明、政治文明、精神文明提供重要条件。我们要通过发展社会主义社会的生产力来不断增强和谐社会建设的物质基础，通过发展社会主义民主政治来不断加强和谐社会建设的政治保障，通过发展社会主义先进文化来不断巩固和谐社会建设的精神支撑，同时又通过和谐社会建设来为社会主义物质文明、政治文明、精神文明建设创造有利的社会条件。

构建社会主义和谐社会，必须坚持以邓小平理论和“三个代表”重要思想为指导，坚持社会主义的基本制度，坚持走中国特色社会主义道路；必须树立和落实科学发展观，坚持以经济建设为中心，坚持“五个统筹”，促进社会主义物质文明、政治文明、精神文明建设与和谐社会建设全面发展；必须坚持以人为本，始终把最广大人民的根本利益作为党和国家工作的根本出发点和落脚点，在经济发展的基础上不断满足人民群众日益增长的物质文化需要，促进人的全面发展；必须尊重人民群众的创造精神，通过深化改革、创新体制，调动一切积极因素，激发全社会的创造活力；必须注重社会公平，正确反映和兼顾不同方面群众的利益，正确处理人民内部矛盾和其他社会矛盾，妥善协调各方面的利益关系；必须正确处理改革发展稳定的关系，坚持把改革的力度、发展的速度和社会可以承受的程度统一起来，使改革发展稳定相互协调、相互促进，确保人民群众安居乐业，确保社会政治稳定和国家长治久安。为了促进社会主义和谐社会建设，要重点做好以下几方面的工作。

（一）切实保持经济持续快速协调健康发展

保持经济持续快速协调健康发展，创造更丰富的社会物质财富，使国家的整体实力不断增强，使人民群众的生活水平不断提高，是构建社会主义和谐社会的物质基础。人民群众日益增长的物质文化需要同落后的社会生产之间的矛盾仍然是我国社会的主要矛盾。解决我国经济社会发展面临的许多矛盾和问题，包括构建社会主义和谐社会面临的许多矛盾和问题，关键还是要靠发展。只有实现又快又好的发展，我们才能更好地促进经济社会协调发展，才能形成更完善的分配关系和社会保障体系，才能创造更多就业机会，才能不断满足人民群众多方面的需求。经济发展不仅要持续快速，而且要协调健康，这是人民群众不断提高生活水平的重要保证，也是人民群众对发展前景充满信心的重要保证。要始终坚持发展是硬道理的战略思想，紧紧抓住发展这个党执政兴国的第一要务，坚持以科学发展观统领经济社会发展全局，推动我国经济社会发展不断迈上新台阶。要认真汲取国内外经济社会发展的经验和教训，深入认识我国经济社会发展的特点和规律，不断增强对经济社会发展进行科学调控的能力，通过改革创新建立健全保障经济平稳较快发展的体制机制，推进经济结构调整，转变经济增长方式，切实解决经济社会发展中的突出矛盾和问题，确保经济持续快速协调健康发展。这里，我要强调的是，在我们这样一个农民占多数人口的国家里，农民是否安居乐业，对于社会和谐具有举足轻重的作用。广大农民日子过好了、素质提高了，广大农村形成安定祥和的局面了，和谐社会建设的基础就会更加牢固。要坚持把解决好“三农”问题作为全党工作的重中之重，坚持统筹城乡发展，充分发挥城市对农村的辐射和带动作用，充分发挥工业对农业的支持和反哺作用，逐步建立有利于改变城乡二元经济结构的体制，稳定、完善和强化对农业的支持政策，加快农业和农村经济发展，努力实现农民收入稳步增长，促进城乡良性互动、共同发展。

（二）切实发展社会主义民主

发展社会主义民主政治，保证人民依法行使民主权利，使人民群众和各方面的积极性、主动性、创造性更好地发挥出来，促进党和人民群众以及执政党和参政党、中央和地方、各阶层之间、各民族之间等方面关系的和谐，是构建社会主义和谐社会的重要保证。要把坚持党的领导、人民当家作主和依法治国有机统一起来，积极稳妥地推进政治体制改革，进一步健全民主制度，丰富民主形式，扩大公民有序的政治参与，不断推进社会主义民主政治的制度化、规范化、程序化，更好地发挥社会主义政治制度的特点和优势。要切实加强和改进党对人大工作的领导，支持人民代表大会依法履行职能，密切各级人民代表大会同人民群众的联系，保证人民依法实行民主选举、民主决策、民主管理、民主监督。要通过广泛发扬民主，拓宽反映社情民意的渠道，完善深入了解民情、充分反映民意、广泛集中民智、切实珍惜民力的决策机制，形成能够全面表达社会利益、有效平衡社会利益、科学调整社会利益的利益协调机制。要充分发挥统一战线争取人心、凝聚力量的作用和优势，坚持和完善中国共产党领导的多党合作和政治协商制度，支持人民政协围绕团结和民主两大主题履行政治协商、民主监督、参政议政的职能。要全面贯彻党的民族政策、宗教政策，认真做好党的民族工作、宗教工作，巩固和发展平等、团结、互助的社会主义民族关系，鼓励和支持宗教界继承和发扬爱国爱教、团结进步、服务社会的优良传统，在积极与社会主义社会相适应方面迈出新步伐。要全面贯彻党的侨务政策，进一步做好海外侨胞和归侨侨眷工作，努力促进海内外中华儿女的大团结。要进一步扩大基层民主，进一步完善城乡基层政权、基层自治组织、企事业单位的民主管理制度，最广泛地动员和组织人民群众开展基层民主实践，努力实现广大群众自我管理、自我服务、自我教育、自我监督。要充分发挥工会、共青团、妇联等人民团体的桥梁和纽带作用，广泛密切地联系各方面群众，调动社会各方面的积极性。

（三）切实落实依法治国的基本方略

构建社会主义和谐社会，必须健全社会主义法制，建设社会主义法治国家，充分发挥法治在促进、实现、保障社会和谐方面的重要作用。要进一步加强和改进立法工作，从法律上体现科学发展观的要求，制定和完善发展社会主义民主政治、保障公民权利、促进社会全面进步、规范社会建设和管理、维护社会安定的法律。要全面推进依法行政，坚持严格执法、公正执法、文明执法，建设法治政府，建立有权必有责、用权受监督、违法要追究的监督机制。要落实司法为民的要求，以解决制约司法公正和人民群众反映强烈的问题为重点推进司法体制改革，充分发挥司法机关维护社会公平和正义的作用，促进在全社会实现公平和正义。要加强法制宣传教育，传播法律知识，弘扬法治精神，增强全社会的法律意识，形成法律面前人人平等、人人自觉守法用法的社会氛围。

（四）切实加强思想道德建设

一个社会是否和谐，一个国家能否实现长治久安，很大程度上取决于全体社会成员的思想道德素质。没有共同的理想信念，没有良好的道德规范，是无法实现社会和谐的。要切实加强社会主义先进文化建设，不断增强人们的精神力量，不断丰富人们的精神世界。要全面落实用邓小平理论和“三个代表”重要思想武装全党、教育人民的战略任务，加强马克思主义理论研究和建设，着力回答重大理论和实际问题，巩固马克思主义在我国意识形态领域的指导地位，引导全体人民坚定中国特色社会主义信念。要深入开展党的基本理论、基本路线、基本纲领、基本经验教育，弘扬以爱国主义为核心的民族精神和以改革创新为核心的时代精神，弘扬集体主义、社会主义思想，使全体人民正确认识社会发展规律和国家、民族的前途命运，始终保持昂扬向上、开拓进取的精神状态。要积极实施公民道德建设工程，广泛开展社会公德、职业道德、家庭美德教育，在全社会倡导爱国守法、明礼诚信、团结友善、勤俭自强、敬业奉献的基本道德规范，培养良好的道德品质和文明风尚。要大力倡导以文明礼貌、助人为乐、爱护公物、保护环境、遵纪守法为主要内容的社会公德，大力倡导以尊老爱幼、男女平等、夫妻和睦、勤俭持家、邻里团结为主要内容的家庭美德，提倡尊重人、理解人、关心人，热爱集体，热心公益，扶贫帮困，在全社会形成团结互助、平等友爱、共同前进的社会氛围和人际关系。要加强思想政治工作，有针对性地解决不同社会群体的思想问题，既要以理服人、解决思想问题，又要实实在在帮助群众解决生产生活中的实际困难。要坚持把教育摆在优先地位，保障教育公平，构建健全的教育体系，建设学习型社会，促进全民族素质不断提高。要积极推进文化事业全面繁荣和文化产业快速发展，大力提高基层特别是农村教育、科技、文化、卫生、体育服务能力，满足人民群众日益增长的精神文化需要，促进人的全面发展。

（五）切实维护和实现社会公平和正义

维护和实现社会公平和正义，涉及最广大人民的根本利益，是我们党坚持立党为公、执政为民的必然要求，也是我国社会主义制度的本质要求。只有切实维护和实现社会公平和正义，人们的心情才能舒畅，各方面的社会关系才能协调，人们的积极性、主动性、创造性才能充分发挥出来。要坚持把最广大人民的根本利益作为制定和贯彻党的方针政策的基本着眼点，正确反映和兼顾不同地区、不同部门、不同方面群众的利益，在促进发展的同时，把维护社会公平放到更加突出的位置，综合运用多种手段，依法逐步建立以权利公平、机会公平、规则公平、分配公平为主要内容的社会公平保障体系，使全体人民共享改革发展的成果，使全体人民朝着共同富裕的方向稳步前进。要坚持在全国人民根本利益一致的基础上，妥善协调各种具体的利益关系和内部矛盾，正确处理个人利益和集体利益、局部利益和整体利益、当前利益和长远利益的关系。要高度重视收入分配问题，更好地处理按劳分配为主体和实行多种分配方式的关系，既坚持鼓励一部分地区、一部分人通过诚实劳动和合法经营先富起来，并推动先富带未富、先富帮未富，同时也要在经济发展的基础上，通过改革税收制度、增加公共支出、加大转移支付等措施，合理调整国民收入分配格局，逐步解决地区之间和部分社会成员收入差距过大的问题。要进一步完善社会保障体系，逐步扩大社会保障的覆盖面，切实保障各方面困难群众的基本生活，让他们感受到社会主义大家庭的温暖。要从法律上、制度上、政策上努力营造公平的社会环境，从收入分配、利益调节、社会保障、公民权利保障、政府施政、执法司法等方面采取切实措施，逐步做到保证社会成员都能够接受教育，都能够进行劳动创造，都能够平等地参与市场竞争、参与社会生活，都能够依靠法律和制度来维护自己的正当权益。

（六）切实增强全社会的创造活力

历史唯物主义告诉我们，人民，只有人民，才是创造世界历史的动力。构建社会主义和谐社会，必须最广泛、最充分地调动一切积极因素，发挥各方面的创造活力，不断推动经济社会发展。要全面贯彻尊重劳动、尊重知识、尊重人才、尊重创造的方针，形成与社会主义初级阶段基本经济制度相适应的思想观念和创业机制，营造鼓励人们干事业、支持人们干成事业的社会氛围，放手让一切劳动、知识、技术、管理和资本的活力竞相迸发，让一切创造社会财富的源泉充分涌流，以造福于人民。要适应经济全球化趋势发展和科技进步加快的国际环境，适应全面建设小康社会的新形势，不失时机地推进改革开放，力争在一些重点领域和关键环节取得新的突破，进一步解放和发展生产力，进一步营造平等竞争、共谋发展的法治环境、政策环境和市场环境，为经济发展和社会全面进步注入强大动力。要在全党全社会大力弘扬实事求是、与时俱进、勇于创新的精神，大力营造鼓励创造、尊重创造、保护创造的良好社会氛围，支持人们进行理论创新、制度创新、科技创新和其他方面的创新，使我国经济社会发展始终充满蓬勃的创造活力。

（七）切实加强社会建设和管理

只有建立起与社会主义经济、政治、文化体制相适应的社会体制，才能形成与社会主义经济、政治、文化秩序相协调的社会秩序。要善于把加强社会建设和管理同推进经济社会协调发展紧密结合起来，同满足群众多样化的生活需要紧密结合起来，同推进基层民主建设紧密结合起来，同加强党的执政能力建设紧密结合起来，把社会建设和管理提高到一个新的水平。要深入研究社会管理规律，加强社会管理体制的建设和创新，完善社会管理体系和政策法规，整合社会管理资源，建立健全党委领导、政府负责、社会协同、公众参与的社会管理格局。要充分发挥基层党组织和共产党员服务群众、凝聚人心的作用，发挥城乡基层自治组织协调利益、化解矛盾、排忧解难的作用，发挥社团、行业组织和社会中介组织提供服务、反映诉求、规范行为的作用。各级政府要进一步完善社会管理和公共服务的职能，改善公共服务质量，提高依法管理社会的能力和水平，推动建立政府调控机制同社会协调机制互联、政府行政功能同社会自治功能互补、政府管理力量同社会调节力量互动的社会管理网络，形成对全社会进行有效覆盖和全面管理的体系。要加强城乡基层自治组织建设，从建设和谐社区入手，使社区在提高居民生活水平和质量上发挥服务作用，在密切党和政府同人民群众的关系上发挥桥梁作用，在维护社会稳定、为群众创造安居乐业的良好环境上发挥促进作用。要以服务群众为主题，增强社会服务功能，拓展社会服务领域，提高社会服务水平，形成社会服务网络化的新格局，积极开展面向特殊群体的社会救助、社会福利和优抚保障服务，面向群众的便民利民服务，面向下岗失业人员的再就业服务和社会保障服务。要建立科学有效的体制机制，加强和改善对公共信息、公共资源、公共物品的管理和应用。

（八）切实处理好新形势下的人民内部矛盾

社会主义和谐社会并不是没有矛盾的社会。矛盾运动是社会发展的基本动力，这是马克思主义的一个基本道理。构建社会主义和谐社会的过程，就是在妥善处理各种矛盾中不断前进的过程，就是不断消除不和谐因素、不断增加和谐因素的过程。随着我国改革发展进入关键时期，我国社会存在的一些人民内部矛盾出现了多发多样的状况。这是我国社会深刻变革中难以完全避免的现象。关键是我们要正视矛盾，找到化解矛盾的正确途径和有效方法，形成妥善处理矛盾的体制机制，而不能让矛盾积累和发展起来、以致影响国家改革发展稳定的大局。要深刻分析现阶段人民内部矛盾产生的原因特别是深层次原因，注重从源头上减少人民内部矛盾的发生。要认真检查我们的各项政策措施和工作部署、工作方法、工作作风是否切合实际，是否符合最广大人民的根本利益，着力避免因决策失误和工作不当引起群众不满和抱怨。要深入基层、深入实际，加强矛盾纠纷的排查工作，及早发现可能发生的各种矛盾，及时采取有效措施妥善加以解决。当前，要重点解决好在土地征用、城镇拆迁、企业重组改制和破产过程中损害群众利益的问题，坚决依法纠正各种损害群众利益的行为。要进一步完善处理人民内部矛盾的方式方法，完善信访工作责任制，建立健全社会矛盾纠纷调处机制，把人民调解、司法调解、行政调解结合起来，依法及时合理地处理群众反映的问题。要深入细致地做好思想政治工作,引导群众以理性合法的形式表达利益要求、解决利益矛盾。要积极预防和妥善处置群体性事件,坚持依法办事、按照政策办事,既依法维护群众正当权益,又依法维护社会安定团结。

(九)切实加强生态环境建设和治理工作

大量事实表明,人与自然的关系不和谐,往往会影响人与人的关系、人与社会的关系。如果生态环境受到严重破坏、人们的生产生活环境恶化,如果资源能源供应高度紧张、经济发展与资源能源矛盾尖锐,人与人的和谐、人与社会的和谐是难以实现的。目前,我国的生态环境形势相当严峻,一些地方环境污染问题相当严重。随着人口增多和人们生活水平的提高,经济社会发展与资源环境的矛盾还会更加突出。如果不能有效保护生态环境,不仅无法实现经济社会可持续发展,人民群众也无法喝上干净的水,呼吸上清洁的空气,吃上放心的食物,由此必然引发严重的社会问题。要科学认识和正确运用自然规律,学会按照自然规律办事,更加科学地利用自然为人们的生活和社会发展服务,坚决禁止各种掠夺自然、破坏自然的做法。要引导全社会树立节约资源的意识,以优化资源利用、提高资源产出率、降低环境污染为重点,加快推进清洁生产,大力发展循环经济,加快建设节约型社会,促进自然资源系统和社会经济系统的良性循环。要加强环境污染治理和生态建设,抓紧解决严重威胁人民群众健康安全的环境污染问题,保证人民群众在生态良性循环的环境中生产生活,促进经济发展与人口、资源、环境相协调。要增强全民族的环境保护意识,在全社会形成爱护环境、保护环境的良好风尚。

(十)切实做好保持社会稳定的工作

没有社会稳定,构建社会主义和谐社会就无从谈起。要进一步落实维护社会稳定的工作责任制,一级抓一级,层层抓落实。要大力加强社会治安防控体系建设,完善社会治安综合治理工作机制,依法打击各种犯罪活动,切实保障人民生命财产安全。要牢固树立安全第一的思想,真正吸取血的教训,切实加大工作力度,认真抓好安全生产,坚决防止重大安全事故。要抓紧建立健全社会预警机制,建立健全突发事件应急机制和社会动员机制,提高保障公共安全和处置突发事件的能力。

四、加强和改善党对构建社会主义和谐社会的领导

在我国社会发生深刻变革的历史进程中,能否建设一个全体人民各尽其能、各得其所而又和谐相处的社会,是对我们党的执政能力的重大考验。构建社会主义和谐社会,是一项艰巨复杂的系统工程,需要全党全社会长期坚持不懈地努力。各级党委和政府要增强使命感和责任感,加强和改善对构建社会主义和谐社会各项工作的领导。

第一,要把构建社会主义和谐社会摆在全局工作的重要位置。各级党委和政府要把思想统一到中央精神上来,把构建社会主义和谐社会作为一项重大任务,纳入经济社会发展总体规划,列入重要议事日程,建立有效的领导机制和工作机制。要经常分析社会建设状况,及时了解和谐社会建设相关工作的情况,认真研究解决重大问题和突出问题,不断认识和把握新形势下和谐社会建设的特点和规律。各级党委、政府和领导干部要不断提高激发社会创造活力的本领、管理社会事务的本领、协调利益关系的本领、处理人民内部矛盾的本领、开展群众工作的本领、维护社会稳定

的本领，把构建社会主义和谐社会的要求落到实处。

第二，要深入做好新形势下党的群众工作。构建社会主义和谐社会的大量工作同党的群众工作有密切联系，要求我们把联系群众、宣传群众、组织群众、服务群众、团结群众的工作做得更好。各级党委、政府和领导干部都要坚持贯彻党的群众路线，带着深厚的感情做群众工作，千方百计把群众工作做深、做细、做实。要改进群众工作的方式方法，综合运用法律、政策、经济、教育、协商等手段，高度重视和维护群众最现实、最关心、最直接的利益，高度重视解决群众生产生活中面临的困难问题，努力使党的群众工作取得实效。要结合正在进行的保持共产党员先进性教育活动，进一步加强基层党组织建设，加强对党员的思想教育和管理，真正做到哪里有群众哪里就有党的工作，哪里有党员哪里就有党的组织，哪里有党的组织哪里就有健全的组织生活和坚强的战斗力。各级干部特别是领导干部都要坚持做到为民、务实、清廉，发扬求真务实、谦虚谨慎、艰苦奋斗的工作作风，倾听群众呼声，了解群众愿望，关心群众疾苦，扎扎实实为群众解决实际困难。各级领导干部都要树立正确的世界观、人生观、价值观和权力观、利益观、地位观，自觉做到权为民所用、情为民所系、利为民所谋，常修为政之德、常思贪欲之害、常怀律己之心，自觉抵御拜金主义、享乐主义、极端个人主义等消极腐朽思想文化的侵蚀，以自己的优良作风和良好形象带动群众做好各项工作。

第三，要加强对构建社会主义和谐社会的理论研究。构建社会主义和谐社会是一个新的重大课题，很多问题还需要在实践中进一步探索。正确应对我国经济社会发展出现的新趋势新特点，妥善处理影响和谐社会建设的各种复杂问题和因素，不断提高构建社会主义和谐社会的能力，要求全党同志必须根据客观形势的发展变化，努力从理论和实践的结合上不断研究新问题、开拓新思路、提出新办法，使我们的思想观念、政策措施、工作部署、工作方式更加适应新形势新任务的要求。特别要围绕一些具有全局性、前瞻性、战略性的重大课题，领导干部带头，组织理论界和实际工作部门的同志，开展调查研究，加强理论分析。比如，如何有效整合社会关系，促进社会各种力量良性互动；如何建立健全有关社会建设和管理的法律法规，为构建社会主义和谐社会提供有力的法制保障；如何切实维护和实现社会公平和正义，保障全体社会成员共享改革发展的成果；如何在党的领导下更好地发挥城乡基层自治组织、人民团体、社会团体、行业组织、中介组织等的积极作用，形成社会管理的整体合力；如何加强全社会的思想道德建设，进一步形成良好的社会氛围和人际关系；如何认识和把握新形势下人民内部矛盾产生的特点和规律，形成正确处理人民内部矛盾的有效机制；如何建立社会协调机制，促进社会成员和组织的自我管理、自我服务；如何建立健全维护公共安全的有效机制，保障广大人民群众安居乐业；如何促进物质文明、政治文明、精神文明协调发展，促进人与自然和谐发展，等等。要注重把握新趋势、新特点、新动向，努力取得有分析、有见解的研究成果，为构建社会主义和谐社会提供科学的理论指导。

在美国耶鲁大学的演讲

胡锦涛

（2006 年 4 月 21 日，康涅狄格州纽黑文）

尊敬的理查德·莱文校长，同学们，老师们，女士们，先生们：

首先，我感谢莱文校长的邀请，使我有机会来到世界著名学府耶鲁大学，同青年朋友和老师们相聚在一起。

进入耶鲁大学的校园，看到莘莘学子青春洋溢的脸庞，呼吸着书香浓郁的空气，我不由回想起 40 年前在北京清华大学度过的美好时光。学生时代，对人的一生都会产生重要影响。当年老师们对我的教诲，同学们给我的启发，我至今仍受用不尽。

耶鲁大学以悠久的发展历史、独特的办学风格、卓著的学术成就闻名于世。如果时光能够倒流几十年，我真希望成为你们中的一员。

耶鲁大学校训强调追求光明和真理，这符合人类进步的法则，也符合每个有志青年的心愿。300 多年来，耶鲁大学培养出一大批杰出人才，其中包括 20 位诺贝尔奖获得者、5 位美国总统。美国民族英雄内森·黑尔是耶鲁校友，他的名言——“我唯一的憾事，就是没有第二次生命献给我的祖国”，深深感染了我和许多中国人。我衷心祝愿贵校培养出更多英才，为美国经济社会发展、为人类进步事业作出更大贡献！

女士们、先生们、朋友们！

长期以来，中美两国人民一直相互抱有浓厚的兴趣和友好的感情。中国人民欣赏美国人民的开拓进取精神，钦佩美国人民在建设国家中取得的骄人业绩。随着中国的快速发展和中美合作的不断拓展，越来越多的美国人也把目光投向中国，更加关注中国的发展进步。

了解是信任的基础。今天，我愿从中华文明历史流变和现实发展的角度，谈谈当代中国的发展战略和前进方向，希望有助于美国人民更全面、更深入地了解中国。

在 5000 多年的历史长河中，中华民族为人类文明进步作出了巨大贡献，同时也走过了曲折艰辛的道路。特别是从 1840 年鸦片战争以来的 160 多年间，中国人民为摆脱积贫积弱的境遇，实现民族复兴，前仆后继，顽强斗争，使中华民族的命运发生了深刻变化。95 年前，中国人民通过辛亥革命推翻了统治中国几千年的君主专制制度，为中国的进步打开了闸门。57 年前，中国人民经过长期浴血奋斗实现了民族独立和人民解放，建立了人民当家作主的新中国。28 年前，中国人民开始了改革开放和现代化建设的伟大历史进程，经过艰苦创业取得了举世瞩目的巨大成就，从1978年到2005年，中国国内生产总值从1473亿美元增长到22257亿美元，进出口总额从206亿美元增长到14221亿美元，国家外汇储备从1.67亿美元增加到8189亿美元，农村贫困人口由2.5亿人减少到2300多万人。回顾这160多年来中国发生的沧桑巨变，可以说，中国人民经过艰苦探索和顽强奋斗，既改变了自己的命运，也推动了人类进步事业。

必须看到，中国尽管取得了巨大的发展成就，但仍是世界上最大的发展中国家，人均国内生产总值仍排在世界100名之后，中国人民的生活还不富裕，中国的发展还面临着不少突出的矛盾和问题。要彻底改变中国的面貌和改善中国人民的生活，需要继续持之以恒地艰苦奋斗。中国将在未来15年集中力量全面建设惠及十几亿人口的更高水平的小康社会。具体来说，就是要使中国国内生产总值到2020年达到40000亿美元左右，人均达到3000美元左右，使经济更加发展、民主更加健全、科教更加进步、文化更加繁荣、社会更加和谐、人民生活更加殷实。

为了实现我们的发展目标，中国根据本国国情和时代要求明确了自己的发展理念，这就是树立和贯彻以人为本、全面协调可持续发展的科学发展观，统筹城乡发展、统筹区域发展、统筹经济社会发展、统筹人与自然和谐发展、统筹国内发展和对外开放，更加注重解决民生问题，更加注重克服发展的不平衡性，更加注重解决发展中存在的突出矛盾，致力于走科技含量高、经济效益好、资源消耗低、环境污染少、人力资源优势得到充分发挥的新型工业化道路，推进经济建设、政治建设、文化建设、社会建设协调发展，努力实现生产发展、生活富裕、生态良好的文明发展格局。

科学发展的理念，是在总结中国现代化建设经验、顺应时代潮流的基础上提出来的，也是在继承中华民族优秀文化传统的基础上提出来的。

中华文明是世界古代文明中始终没有中断、连续5000多年发展至今的文明。中华民族在漫长历史发展中形成的独具特色的文化传统，深深影响了古代中国，也深深影响着当代中国。现时代中国强调的以人为本、与时俱进、社会和谐、和平发展，既有着中华文明的深厚根基，又体现了时代发展的进步精神。

——中华文明历来注重以民为本，尊重人的尊严和价值。早在千百年前，中国人就提出“民惟邦本，本固邦宁”，“天地之间，莫贵于人”，强调要利民、裕民、养民、惠民。今天，我们坚持以人为本，就是要坚持发展为了人民、发展依靠人民、发展成果由人民共享，关注人的价值、权益和自由，关注人的生活质量、发展潜能和幸福指数，最终是为了实现人的全面发展。保障人民的生存权和发展权仍是中国的首要任务。我们将大力推动经济社会发展，依法保障人民享有自由、民主和人权，实现社会公平和正义，使13亿中国人民过上幸福生活。

——中华文明历来注重自强不息，不断革故鼎新。“天行健，君子以自强不息。”这是中国的一句千年传世格言。中华民族所以能在5000多年的历史进程中生生不息、发展壮大，历经挫折而不屈，屡遭坎坷而不馁，靠的就是这样一种发愤图强、坚忍不拔、与时俱进的精神。中国人民在改革开放中表现出来的进取精神，在建设国家中焕发出来的创造热情，在克服前进道路上的各种困难中表现出来的顽强毅力，正是这种自强不息精神的生动写照。

——中华文明历来注重社会和谐，强调团结互助。中国人早就提出了“和为贵”的思想，追求天人和谐、人际和谐、身心和谐，向往“人人相亲，人人平等，天下为公”的理想社会。今天，中国提出构建和谐社会，就是要建设一个民主法治、公平正义、诚信友爱、充满活力、安定有序、人与自然和谐相处的社会,实现物质和精神、民主和法治、公平和效率、活力和秩序的有机统一。中国人民把维护民族团结作为自己义不容辞的职责,把维护国家主权和领土完整作为自己至高无上的使命。一切有利于民族团结和国家统一的行为,都会得到中国人民真诚的欢迎和拥护。一切有损于民族团结和国家统一的举动,都会遭到中国人民强烈的反对和抗争。

——中华文明历来注重亲仁善邻,讲求和睦相处。中华民族历来爱好和平。中国人在对外关系中始终秉承"强不执弱"、"富不侮贫"的精神,主张"协和万邦"。中国人提倡"海纳百川,有容乃大",主张吸纳百家优长、兼集八方精义。今天,中国高举和平、发展、合作的旗帜,奉行独立自主的和平外交政策,坚定不移地走和平发展道路,既通过维护世界和平来发展自己,又通过自身的发展来促进世界和平。中国坚持实施互利共赢的对外开放战略,真诚愿意同各国广泛开展合作,真诚愿意兼收并蓄、博采各种文明之长,以合作谋和平、以合作促发展,推动建设一个持久和平、共同繁荣的和谐世界。

女士们、先生们、朋友们!

中美都拥有辽阔的国土,都是多个民族并存、多种文化融合的国家,都生活着勤劳智慧的人民。中美因不同的历史背景和现实国情而存在着差异,这有利于我们相互借鉴,取长补短。中美加强合作,符合两国和两国人民的根本利益,对世界的和平与发展也具有重大影响。

200 多年来,浩瀚的太平洋并未阻断中美两国人民的交流合作,中美两国人民相互学习、相互帮助,谱写了世界不同文明相互借鉴的美好篇章。1979 年中美建交 27 年来,两国关系曾历经曲折,但总体上保持了稳定发展的大方向,给两国和两国人民带来了巨大利益。

进入 21 世纪,国际形势继续深刻变化。和平与发展仍然是当今时代的主题,但不稳定不确定因素在增多,新挑战新威胁在增加。在新的国际形势下,中美两国共同利益在增多,合作领域在扩大。世界和平与安全面临的新课题,特别是反对国际恐怖主义、防止大规模杀伤性武器扩散、保护人类生存环境、打击跨国犯罪等,使我们两国拥有重要的共同战略利益。中国的巨大市场和发展需求,美国的先进科技和优质产品,使两国具有巨大的经济技术合作空间。中美全面发展建设性合作关系前景广阔。

昨天上午,我同布什总统就中美关系及共同关心的重大国际和地区问题深入交换看法,达成了许多重要共识。我们都认为,双方应该坚持从战略高度和长远角度审视和处理中美关系,加强对话,扩大共识,增进互信,深化合作,全面推进 21 世纪中美建设性合作关系。

我相信,只要我们从中美关系发展的大局出发,彼此尊重,相互理解,两国关系就能够健康稳定地向前发展,给两国人民带来更多利益,给世界各国人民带来更大希望。

女士们、先生们、朋友们!

一个音符无法表达出优美的旋律,一种颜色难以描绘出多彩的画卷。世界是一座丰富多彩的艺术殿堂,各国人民创造的独特文化都是这座殿堂里的瑰宝。一个民族的文化,往往凝聚着这个民族对世界和生命的历史认知和现实感受,也往往积淀着这个民族最深层的精神追求和行为准则。人类历史发展的过程,就是各种文明不断交流、融合、创新的过程。人类历史上各种文明都以各自的独特方式为人类进步作出了贡献。

文明多样性是人类社会的客观现实,是当今世界的基本特征,也是人类进步的重要动力。历史经验表明,在人类文明交流的过程中,不仅需要克服自然的屏障和隔阂,而且需要超越思想的障碍和束缚，更需要克服形形色色的偏见和误解。意识形态、社会制度、发展模式的差异不应成为人类文明交流的障碍，更不能成为相互对抗的理由。我们应该积极维护世界多样性，推动不同文明的对话和交融，相互借鉴而不是相互排斥，使人类更加和睦幸福，让世界更加丰富多彩。

女士们、先生们、朋友们！

文化、教育和青年交流是中美两国人民增进相互了解和友谊的重要桥梁，也是推动中美关系健康稳定发展的重要力量。耶鲁大学是中美教育合作的先行者和文化交流的重要平台。156 年前，一位名叫容闳的中国青年走进了耶鲁大学校园，4 年后他以优异的成绩获得了文学士学位，成为毕业于美国大学的第一个中国留学生。此后，一批又一批中国青年来到耶鲁大学求学。近 20 年来，耶鲁大学吸引了 4000 多名中国留学人员，同中国文化界、科技界、教育界的合作项目超过 80 个。去年夏天，耶鲁大学派遣首批学生到中国实习，其中一些人成为中国故宫博物院的第一批外国实习生。借此机会，我对莱文校长和耶鲁大学为增进中美两国人民的交流所做的积极努力表示赞赏。

为增进中美两国青年以及教育界的相互了解，我高兴地宣布，中方决定邀请 100 名耶鲁大学师生今年夏天访问中国。我相信，你们的访问将是一次十分愉快的经历。

女士们、先生们、朋友们！

“长江后浪推前浪，世上新人换旧人。”青年人是世界的希望和未来，青年人有着蓬勃向上的生命活力和无穷的创造力。我衷心希望，中美两国青年携起手来，以实际行动促进中美两国人民友好，同世界各国人民一道，共创世界美好的明天。

谢谢各位。

尊重不同文明 共建和谐世界

——温家宝总理在法国巴黎综合理工大学的演讲

(2005 年 12 月 6 日)

尊敬的教育部长先生,尊敬的校长先生,同学们,老师们:

法国巴黎综合理工大学是法兰西的骄傲。这里聚集了才华横溢的知识精英,培养出许多像贝克莱尔、勒威耶、阿莱这样的杰出人才,为法兰西乃至世界文明的进步做出了贡献。应邀来这所知名学府演讲,我感到很高兴。

我演讲的题目是:尊重不同文明,共建和谐世界。

在人类社会的历史长河中,我们勇敢、智慧和勤劳的祖先创造了丰富多彩的文明。随着时间的推移,这些文明有的成为了历史,有的生生不息地一直延续下来,有的相互交融产生了新的文明。今天,人类文明正在发生深刻的变革。科技进步和经济文化交往缩短了各种文明之间的距离。无论在巴黎的香榭丽舍大街还是在北京的长安街,都可以看到不同服装、不同肤色、不同母语的人们接踵而行。无论在东方还是西方,人们的交往从来没有像今天这样密切,影响人们日常生活的因素已不再局限于某一种文化。文化是一个民族的灵魂,是她赖以生存和延续的基础。无论对中华民族还是对法兰西民族来说,我们各自继承和发扬的文化都是民族之根、国家之魂。文化多样性是人类文明的重要特征。文化多样性之于人类社会,就如同生物多样性之于自然界一样,是一种客观现实。只有尊重文化的多样性,才能使人类文明得以发展。

如何才能使不同文明共存和发展,归根到底在于“和”。这就是国与国之间的和平,人与人之间的和睦,人与自然之间的和谐。

站在人类文明发展的高度上,我们应该把和平放在第一位。不同文明的国家之间有没有可能和平相处?答案是肯定的。我们生活的这个星球上,有 60 多亿人口,200 多个国家,2500 多个民族,6000 多种语言,有基督教、天主教、伊斯兰教、佛教和道教等多种宗教。正是这些不同文明的相互依存、相互交流、相互借鉴、相映生辉,才构成今天这个丰富多彩的世界。中国自古就有以和为贵、和而不同、和实生物的思想。“以和为贵”就是说国家之间、民族之间、人与人之间要以团结互助、友好相处为最高境界;“和而不同”就是说一个国家、一个民族既能容纳不同的文明存在,又能保留自己的优秀文明传统;“和实生物”就是说只有不同文明之间相互吸收借鉴,才能文物化新,推进文明的进步。“和”是中国文化传统的基本精神,也是中华民族不懈追求的理想境界。早在 1000

多年前，中国的唐代对外交流就非常活跃。世界上与唐朝交往的国家有70多个。丝绸之路上和平的使团、商队络绎不绝。中国文化那时就传播到了东罗马帝国、阿拉伯国家，同时唐代的舞蹈、音乐、绘画、食品、服装、宗教也吸纳了外来文化的精华，将中华文明推向一个新的高峰。

人与人之间的和睦相处是社会文明的重要标志，也是国家稳定的基础。中国古代著名思想家孟子说过："天时不如地利，地利不如人和。"就是说只要人们和睦相处，就什么困难都能克服。要真正实现人与人之间的和睦，就需要发展社会生产力，消除贫穷与落后，使人们过上富裕的生活；就需要实现社会的公平与正义，坚持法律面前人人平等，尊重和保障人权；就需要提倡不同民族、不同信仰的人们相互包容、相互尊重、与人为善、以邻为伴。

人与自然的和谐相处是人类文明发展的前提。中国文化提倡"天人合一"的思想。所谓天人合一，包含着人与自然界相统一的意思。资源与环境是人类生存的基本条件，人类文明的发展从来就是依附于自然的。人可以认识自然，在与自然的和谐相处中谋生存、求发展，而不能破坏自然。有的古文明由兴盛走向衰败的一个重要原因就是对自然界肆意开发和掠夺，最终导致自然对人类的惩罚，酿成了文明的悲剧。因此，关爱自然，善待自然，是全人类的共同利益。一个失衡的地球是支撑不起现代文明大厦的。

刚刚过去的20世纪是人类文明大发展的时期。在这100年中，科技上的进步、经济上的发展、思想上的解放和艺术上的创新，都是人类智慧空前的展现，是以往几千年都难以做到的。然而，事情还有另外一面，20世纪同样见证了人类之间的相互残杀，对自然的大规模破坏和大量的贫困、饥荒、疾病。21世纪人类文明正面临前所未有的发展机遇，也面临空前的挑战。只有实现了国与国之间的和平，人与人之间的和睦，人与自然之间的和谐，人类文明才能持续发展。

世界上任何一种文明都是在变革中发展进步的。中国古代的哲学经典《周易》提出"穷则变，变则通，通则久"的思想。中华文明源远流长，却不是一成不变的。几千年来，中华文明延续发展，虽然在近代曾经一度落后，但又能奋起图强，大步前进，这不是偶然的。中华文明发展的基础和内在动力，在于它的刚健自强，在于它的独立意志，在于它的开放包容，在于它的维新变革。中华文明正是通过不断变革而传承下来并发扬光大的。

上个世纪中叶，新中国的成立，标志着"中国人从此站立起来了"。这是中华文明漫长历史中的一个重要里程碑。中国的社会主义社会是一个变革的社会，是一个开放的社会，是一个不断发展和完善的社会。改革开放将贯穿中国社会主义现代化建设的全过程。上世纪70年代末以来，中国在社会主义制度的基础上实行了改革开放的政策。中国的改革是全面的改革，我们在推进经济体制改革的同时，积极推进政治体制、文化体制和社会管理体制等方面的改革。实行改革开放，就是要充分激发亿万人民群众的积极性和创造性，进一步解放和发展生产力，不断满足人们日益增长的物质文化需要；就是要充分吸收和借鉴世界一切优秀文明成果，使社会主义永葆生机与活力；就是要贯彻科学发展观，构建和谐社会，实现人的全面发展；就是要健全民主制度，扩大公民有序的政治参与，贯彻依法治国的基本方略，建设社会主义法治国家。总之，我们通过改革将使社会更加发达、更加自由、更加平等，也更有秩序、更有法制，使中华文明更加灿烂辉煌。

摆脱贫困、谋求发展，是一代又一代中国人的追求和梦想。多少年来，我们的民族，即使在最艰难的时刻，心中总有着一盏明灯，它照亮我们的前程，使每个中国人燃起希望和勇气的火焰。我们深知，中国是一个拥有13亿人口的不发达国家，在发展中所遇到的问题，无论就其规模还是复

杂性而言，都是举世罕见的，彻底摆脱贫困和落后还有很长的路要走。但我们坚信，一代又一代中国人传承着希望和勇气的灯火，不畏艰辛、百折不挠、团结奋斗，一定能够把中国建设成富强、民主、文明的社会主义现代化国家。

中国坚定不移地走和平发展道路，实行互利共赢的开放政策。全世界有识之士都看到，中国的发展对世界是机遇，而不是威胁。中国的稳定和发展本身就是对世界和平与繁荣的贡献。中华民族的悠久历史和深重灾难，培养了她自强不息、厚德载物的民族精神。中国作为世界大家庭中的一员，千百年来虽饱经忧患，但以自己的勤劳和智慧推动着世界文明的进步与发展。中华民族历来是一个讲信修睦、崇尚和平的民族。近代以来，中华民族曾经饱受列强入侵的苦难，深知和平的可贵。中国走和平发展道路是基于中国历史文化传统和现实利益需要的必然选择，是长期的、坚定不移的。

女士们，先生们：

中法之间的文化交流是东西方文明发展史上的佳话。中国人很早就对法国文化产生了浓厚兴趣。卢梭、孟德斯鸠等思想家的书籍很早就翻译成中文，在中国进步知识分子中广为流传。法国大革命“自由、平等、博爱”的理念传到了中国，为中国近代反对封建主义和殖民主义运动提供了精神武器。那时，中国的思想家严复就提出了“身贵自由、国贵自主”的观点。中国现代的许多革命家、思想家、文学家和艺术家都曾求学法国，受过法国文化的熏陶。中国老一辈领导人周恩来、邓小平曾在法国勤工俭学、追求新知。

从 17 世纪开始，中国的《论语》、《大学》等儒家经典，就通过法国传入欧洲。巴黎曾成为欧洲“中国文化热”的中心。法国的一批杰出的思想家，如笛卡尔、伏尔泰、魁奈、孟德斯鸠，都对中国文化有很深的研究。伏尔泰在其名著《风俗论》中写道：“中国拥有世界上任何其他国家无法相匹的悠久历史，而且形成了光辉的理性主义文化。当世界上其他民族尚处在神话传说的时代，中国人已经在编撰自己的历史了。”许多法国现代的政治家和文学家对中国文化都有很深的感情。1960 年诺贝尔文学奖得主、法国诗人圣－琼·佩斯的长篇杰作《远征》就是他在北京西郊的一座道观中完成的。

当前，中法关系正处在历史上最好的时期。战略互信不断增强，经贸关系日益密切，文化交流空前活跃。中国政府珍视同法国的友好合作关系，中国人民珍惜同法国人民的友好情谊。我们把法国看作是值得信赖的朋友和伙伴。我们对中法关系的前景充满信心。

女士们，先生们：

文化是沟通人们心灵最好的桥梁。法兰西文明和中华文明，都是世界文明百花园的奇葩，都有着厚重的历史积淀，都在创新中迸发着无穷的活力。我希望，刚刚结束的中法文化年能够成为中法文化交流与合作的历史新起点。“为了祖国、科学与荣誉”是贵校的校训，也代表了法国青年的理想与追求。青年是国家的希望，是世界的未来。我热切期待着：中法两国人民特别是两国青年携起手来，加强交流，增进了解，使中法文明交相辉映，共同构建和平、和睦、和谐的新世界！

温家宝总理同西班牙文化界人士、青年学生座谈时的谈话

（2009 年 1 月 31 日）

院长女士，
各位老师、各位同学，
女士们、先生们、朋友们：

很高兴来到久负盛名的塞万提斯学院与大家见面。中国和西班牙都是世界上具有悠久历史文化的大国，今天的座谈会以文化为主题很有意义。贵国著名剧作家哈辛托·贝纳文特曾说过："文化是理解与沟通的良师。"文化交流对增进我们的相互了解、促进两国友好合作必将起到有益的作用。

中国 5000 年的文明史，博大精深，从未间断。在此，我想谈谈中国传统文化的一些主要精神及其现实意义：

一是自强不息、刚健有为的进取精神。中国古代文化经典《周易》上说："天行健，君子以自强不息。"就是提倡人应效法日月星辰刚健运行那样奋斗不息、积极进取，坚持独立意志、人格尊严和做人原则。自强不息是中国传统文化思想的主旋律，也是中华民族历经磨难而不倒，中华文明历经浩劫而传承的重要因素。这种精神铸就了中国人民百折不挠、愈挫愈奋的民族品格。

二是以和为贵、和而不同的和谐精神。早在 2000 多年前，中国古代思想家就提出"和实生物"、"和而不同"等思想。主张国家之间、民族之间、人与人之间和谐共处；不同文明之间和谐共存；人与自然和谐共生。"和"是中华文化的精髓，是中国人民奉行的崇高价值，在中国历史上曾经起了促进民族团结，增强民族凝聚力，实现睦邻友好的积极作用。

三是民为邦本、民贵君轻的民本思想。成书于殷商时期的《尚书》中就有"民惟邦本，本固邦宁"的思想。我们提出的"以人为本"，是对"民本"思想的继承和发扬。就是通过改革开放，解放和发展生产力，满足人们日益增长的物质文化需求；就是要在平等、自由的条件下实现人的全面发展。

四是天人合一、民胞物与的人与自然相统一的思想。中国宋代哲学家张载明确提出"天人合一，民胞物与"的思想。就是说，天地犹如父母，人与万物都是天地所生，人民都是我的兄弟，万物

都是我的朋友。这充分肯定了人与自然界的统一。人是自然界所产生的,是自然界的一部分,人可以认识自然并加以改变调整,但不应破坏自然。如果破坏了自然,人类迟早会受到自然界的惩罚。

中国传统文化塑造了中华民族醇厚中和、刚健自强的人文品格和道德标准,不仅对中国的经济和社会发展发挥着巨大影响,也为中国人的世界观和行为方式的形成奠定了基础。它的影响一直延续至今。

中国和欧洲的文化都源远流长,共同为人类文明进步作出了重大贡献。早在1000多年前,中国的商品和文化就通过丝绸之路传播到了南欧国家。公元13世纪,意大利著名旅行家马可·波罗就来到中国。16世纪末,西班牙人门多萨写的《中华大帝国史》一书,是西方第一本全面介绍中国历史、文化、宗教以及政治、经济概况的著作,在欧洲引起轰动。《周易》、《老子》、《论语》等中国传统文化经典,翻译介绍到欧洲,形成了历史上著名的"东学西渐"。18世纪,欧洲近代的先进科学文化成果传播到中国,掀起"西学东渐"的热潮,对中国文化产生了积极影响。

西班牙文明是欧洲文明的重要组成部分。西班牙文学、绘画、歌舞、体育等在世界上享有很高声誉,文学巨匠塞万提斯、画家毕加索、男高音歌唱家多明戈都为世人耳熟能详。我年轻时就读过塞万提斯的名著《唐吉诃德》,其深邃的思想至今仍给人以智慧和启迪。我经常在思考,一个民族要兴旺发达,就不仅要有人脚踏实地,埋头苦干,更要有人遥望星空,坚守精神家园。这样的民族才有希望,才能克服前进道路上的艰难险阻,才能有光明的未来。

文明的多样性是人类社会发展的基本取向。不同文明的相互交流,推动了人类的相互学习和共同进步。中西两国文化交流从未中断,近年来更趋活跃,形式不断丰富。双方举办了一系列重要的文化活动。不久前,互办"中西文化节"和"西班牙年",分别向两国人民展示了精彩纷呈的传统和现代文化。中西两国在教育领域的交流与合作也广泛进行。在华学习的西班牙学生有近千名,中国有16所大学开设西班牙语教学。2005年,两国还举办了"中西大学校长论坛"。2006年,塞万提斯学院在北京开设分院,成为促进中国和西班牙文化交流的重要窗口。这些都进一步加深了两国人民之间的了解和友谊。希望两国的文化工作者特别是青年学生继续携手努力,不断密切两国文化交流,为中西友好世代相传作出新的贡献。

文选

“亨行时中”，“保合太和”

——论《易传》的中和哲学

董根洪

中和哲学是儒家哲学的基本形态，是儒学的核心和实质。儒家的中和哲学，自孔子开始，经孟子、荀子而在《易传》中达到了一个新的高峰。

《易传》十篇，相传为孔子所作，但据今多数学者观点，它当为战国中后期作品。从儒家中和哲学由政治哲学、道德哲学而本体哲学的逻辑历程看，这一观点应是成立的。

《易传》与《论语》直论人我之际的旨趣不同，它以“究天人之际”为主题。它的主旨和精神是借宇宙万物大化流行、生生不息的易道本质揭示人类进取创造的生存方式，标举儒家崇尚的人格理想和价值境界。易道体现了以中和为特色的天人和合的价值取向，奠定了中华民

族尚中尚和的思维方式。而易道的中和之道本质上即是时中。

清人惠栋断论："易道深矣！一言以蔽之曰：时中！"[1]（《易尚时中说》）惠栋是易学大家，其论可谓勾勒了《易传》的核心精神。

一、中和易道论

《易传》的基本范畴是阴阳，"一阴一阳之为道"，"生生之谓易"，《易传》的易道就是一阴一阳动态化交感平衡协同运动所引起的创造宇宙生命的生生之道。阴阳之所以能生生变化，其因正在一阴一阳之间的中和化相互作用。易道即是阴阳中和之道。"易之道，可一言而尽也，中焉止矣。"[2]（《语要》）《周易》的有机化系统化的宇宙观中，整体性、协调性、最优化是其三大特征，而其核心是中和性。中和性表征贯穿统合着整体性、协调性、最优化。

一般认为"易"有三义，即变易、不易、简易。然而在我看来，这三义本质是一致的。易道首先是关于生生大化的，即讲变易的，所以具变易性；但易道作为世界生生大化的总法则和根本规律，却是普遍一般的常道，故具有不变性。同时，这种总法则和根本规律的易道，是最普遍最一般的，具有最大的普适性，因而从内涵上讲，也是最简易的，它只是"一阴一阳"，具有简易性。因此，变易、不易和简易是内在相通的，都只是易道的不同性质、特性和特点。而这种综合着"变易"、"不易"和"简易"的易道其根本内容即是中和，易道是阴阳中和之道。

易道首重变易，易道是生生通变之道。《易传》六十四卦、三百八十四爻是一个不停变易流转的系列。"易之为书也，不可远，为道也屡迁，变动不居、周流六虚，上下无常，不可为典要，唯变所适。"《易》就是在揭示宇宙天地万物整体变动不居、周流不停的客观辩证法的前提下，进一步提出主体如何适变，如何变通的，即如何致中和的。

因此，易道不仅是客观规律或客观辩证法，而且也是思维规律或主观辩证法。易道强调变通的实质即是实现主客体在实践活动中的合一。《系辞》所谓"一阖一辟谓之变，往来不穷谓之通"，"化而裁之谓之变，推而行之谓之通，举而措之天下之民谓之事业"，"变而通之以尽利"，"通其变，遂成天地之文"，"通变之谓事"等都在反复强调主体通过创造文化的活动实现变通，实现天人和合。而变通的内在动力和最高原则便是阴阳辩证法的中和之道，具体又有两种不同的形态，一是客体的结构上的，一是主体的时间上的。所谓客体的结构上的，是指在卦象上的"位中"，其表现即是崇尚二五中爻，其实质则是揭示了宇宙万物最佳存在状态和发展途径，即阴阳中和是宇宙万物存在和发展的内在根据和发展动力。所谓主体的时间上的，是指在彖象上的"时中"，其实质是揭示了主体在思维行为上的通变性，以保证主体行为的有效性、创新性、合理性、成功性。

二、"保合太和"论

《易传》崇尚中和，首先表现在横向结构上即卦象爻位上是崇尚中爻。中爻，即处中位之爻。在由六爻构成的卦象中，二五两爻分居上下两卦的中位，这种情形也叫位中。

《易传》认为，在六爻之中，二五爻处于中位，是中爻，而中爻就意味着在位置结构上处于最佳的不偏不倚、无过不及的平衡点或统一点。因此，"处中"、"得中"就意味着事物处于一种最佳的对立统一关系中，意味着事物处于最佳的有序状态中。因此，中爻往往象征着吉利亨通。《易传》中记载有大量中爻与事物存在发展的"吉"、"亨"内在一致的卦爻辞，如《系辞上·

坤》的“黄裳元吉，文在中也”；《象辞上·临》有“大君之宜，行中之谓也”；《象辞下·解》有“九二贞吉，得中道也”等等，都指明中正之爻使事物处于“吉”、“亨”、“贞”的有序状态中。而在易学史上，无论是象数派还是义理派，在解《易》时，也都阐扬着这一中爻为吉亨的思想原则。如汉易中以象数解易的代表人物虞翻，在解“临”卦九二时说：“得中多誉，故无不利。”又解释“观”卦九五爻时为“五得道处中，故君子无咎也”。魏王弼以义理解《易》，都以中爻释卦爻辞中吉利之辞，并把居于中位的二五两爻视为一卦的主体。北宋程颐继承王弼的义理路子，更提出了“以中为贵”“中重于正”的命题，充分体现了《易传》尚中的观点。

《易传》崇尚中爻，又特别崇尚中和。《易传》中和，从爻位上看，是指二五两中爻阴阳既当位，又相应，这种中和也叫“太和”，它寓指阴阳对立面力量均衡无偏性，矛盾双方处于一种最佳的和谐统一协同的关系和状态。从更广阔的视角看，从整个体系看，《易》的六十四卦本身都有阴阳平衡中和的意义，每卦三个阴位三个阳位也体现了客观的中和平衡协调规律。

《易传》中心法则的中和之道，是从“仰则观象于天，俯则观法于地，观鸟兽之文与地之宜，近取诸身，远取诸物”的对宇宙天地万物发展的直观经验中概括而成的。它揭示了阴阳只有处于中和的平衡和谐统一关系，矛盾统一体才是有序的，才有最佳的发展状态。否则，事物统一体就失去了存在发展的动力根据，从而趋向分裂解体，而对这一事物言，也就是“凶”、“灾”。这就是“乾”上九说的“亢龙有悔，穷之灾也”。“乾”之上九以阳爻居于最上位，在《象传》就是“穷”，因而有“灾”。它实际上是源于一个“亢”。“亢”就是过于高亢，偏离了中和，因而就不能再发展，就“穷”顿，就陷入灾难。因此，对于事物来说，其“亨”其“吉”源于“中和”或“太和”，其“悔”其“凶”源于不中。故《系辞》说：“若夫杂物撰德，辩是与非，则非其中爻不备，噫！亦要存亡吉凶，则居可知矣。”居中则吉存，居偏则凶亡。“乾道变化各正性命，保合太和，乃利贞。”只要使阴阳处于“太和”关系中，万事万物就能保持各自的生命本质和存在状态。故程颐释此说：“天地之道，常久而不已者，保合太和也。”[3]（《伊川易传·乾·象》）阴阳高度中和的“太和”正是天地之道“常久而不已”，宇宙万物长存而不毁的根本原因。《系辞》中“天地絪缊，万物化醇，男女构精，万物化生”，也正是指在中和关系中，天地万物男女才呈现一派生生欣欣的兴旺景象。“保合太和”之“太和”作为中和的理想状态，是生生之太和，是动态的和谐。“太和”论既指寓天地人万物是一个有机的整体，又明示天地人万物只有在高度和谐统一中才能获得最佳的存在状态和发展方式。“太和”正体现了天地合一的精髓，体现了中国传统的思维方式和价值理想。这种阴阳中和论或太和论充分体现了先秦哲学的理性思维水平，它不仅标举着理性力量对神话迷信的超越，而且也展现了理性思维探索天地自然的轨迹。在“通神明之德”、“类万物之情”的方面达到了很高的水平。其一阴一阳的中和之道的不易性简易性特征充分体现了“中和”、“太和”的最高抽象程度。而中或太和作为事物存在发展的最佳方式和内在动力则本质上是辩证法的，它体现了“发展是对立面的统一”的辩证法核心原则，它代表了先秦哲学关于事物存在和发展学说的最高水平。

三、“时中”变通论

《易传》崇尚中和，然而在《易传》作者看来，中和或太和的阴阳统一关系作为事物存在发展的最佳形式，它不是固定不变的，而是在阴阳感通、刚柔摩推中处于不停地转变迁移变化中,易道即是这种变化之道。《易》的卦爻本质上都是对天地万物变化的状摹比象描述,“观变于阴阳而立卦”,“爻者,言乎变者也”。不仅六十四卦指代着持续不断的时间过程上的六十四个时期,而且每卦的六爻也都代表着事物发展的六种不同时态。明朝著名易学家吴澄在其《易纂言》中说:“一卦一时,则六十四时不同也;一爻一时,则三百八十四时不同也。”王弼在《易略例》中也说:“卦者,时也,爻者,适时之变者也。”从纵向看,卦表示的是一个较完善的发展时段,而六爻则是六个小阶段。六爻可分“初”“中”“终”三个时期。由于六十四卦及三百八十四爻都象征着客观事物发展的不同时期和不同阶段,因而,时寒则寒、时热则热的有序规律性体现了客观自然的时中原则。而主体的人便必须依据客观事物发展的不同时期和不同阶段而采取相应的对策行动,这是主体性“时中”。如《蒙·象》中说“‘蒙’亨,以亨行时中也”。《易传》中频繁地用“及时”、“随时”、“趣时”、“时行”、“时发”、“时用”、“与时偕行”等词语,表述的都是主体活动上的“时中”实质。“君子尚消息盈虚,天行也。日中则昃,月盈则食。天地盈虚,与时消息。”这里,“与时消息”就是主体实践活动中的“时中”。《易传》对时中的典型释义在“艮”的“时止则止,时行则行,动静不失其时”的论断上。人的行止动静与最佳时机相结合,这便是“时中”的实质。

由于“爻者,适时之变者也”。因此,“时中”本质上分布于三百八十四爻的每一爻,而不必是二五爻。实际上,由于“时中”与“位中”的根据不同,一方面有时二五爻的可以是时中,如《象传·坤六三》“含章可贞,以时发也”。这里的“坤”六三非中爻,但属“时发”即“时中”,因而“可贞”,为吉象。另一方面,有时属二五爻的倒不一定就无条件的是“时中”。如“节”卦九二是“失时极”,就没有做到时中,因而“凶”。由于“时中”的实质是主体的“适时之变”,因此对于主体的人来说,最重要的是善于把握和利用对客观事物发展具有重大促进作用的时机。对这种具有极大促进作用的时机的认识和把握,《易传》也叫“时义”。“时义”是“时中”的集中体现。对此“时义”,《易传》给予了高度重视和推崇。在《象传》中,连称“颐”、“大过”、“解”、“坎”、“睽”、“蹇”、“豫”、“遯”、“姤”、“旅”、“革”诸卦其“时大矣哉”。《易传》作者认为主体要能把握“时义”,就能做到“时中”。而“待时而动,何不利之有”[4](《系辞》)“时义”之大而深,根本就在于它是“时中”的必要环节,而行为能“时中”,便何利不有?!

《易传》的“时中”范畴是其思想体系的核心精髓,它所体现的是主体主动顺应天地之道,积极适应外部环境的活动和过程,这也就是《易传·象·大有》中所说的“应乎天而时行“,”承天而时行”。通过“时中”的主动顺应改造活动,主体更创造出适合于自身生存与发展的客观环境和关系。显然,这样的“时中”本质上是人类积极的生存发展活动和实践样式,它深刻地反映了主体如何与时俱进、有效合理地生存的本体认识。“时中”体现了一种最高的生存智慧。

“时中”要求主体“时行时止”,归根到底是要求主体行为与天地人万物的运动变化产生协动,发生共振,在顺应性的相通相协的一致性中顺畅地实现主体的存在,达成生存过程。因此,这样的时中所表达的是主体灵活的变通过程。时中即是趣时,而趣时即是变通,“变通者,趣时者也”。时中体现的正是人的“适时之变”,即随时而变通。《易传》大量阐述这种主动性适应和创造性顺应的变通,即时中的重要意义,如《系辞》所谓的“变通之谓事”,“变而通之以尽利”,“通其变使民不倦”,“通其变遂成天地之文”,“变则通,通则久”等等,所有这些对变通重要作用的揭示,都集中说明了一点:变通乃事物长久生存发展之道。易道即时中之道,即变通之道。这就是《系辞》说的“《易》之为书也不可远,为道也屡迁，变动不居，周流六虚，上下无常，刚柔相易，不可为典要，唯变所适”，一切“变动不居”，一切“唯变所适”。而一切“变动不居”，这是客观辩证法；一切“唯变所适”，这是主体辩证法。“唯变所适”即是时中，即是变通，这正是《易传》的核心精神。程颐曾说：“易，变易也，随时变易以从道也。”“随时变易以从道”的时中变通性包含着丰富的思维辩证法和实践辩证法的内容。时中变通是为道与为学的统一，是智性与德性的统一，是客观认知与道德实践的统一。

一方面，时中包含了阴阳中和之道是宇宙万物变化发展的根本之道，是天地人万物新陈代谢的总规律，“时中”体现了主体在实践行为上主动适应宇宙变化发展的中和之道的态度。它继承了孔子中庸强烈的经世致用的实用理性的特点，但由于它又时时以本体化的宇宙中和之道为前提，因此在理论上又超越了孔子的中庸方法论平实稳重的性质，而处处散发着“变”和“通”的特性。这一时中变通性所包含的正是人类以自己一系列的文化创造活动主动适应和顺应环境从而为自己获得一个良好的生存空间的思想。“天地之大德曰生”，“生生之谓易”正是体现了天地生生不息的宇宙精神，时中变通性高度反映了主体具有的自强不息、生生日新的刚健进取的人生态度和价值取向。《易传》弘扬的“大人”理想人格，其本质正在于这样一种时中精神和变通品格。所谓“与天地合其德，与日月合其明，与四时合其序”，绝不只是一种道德修养和道德境界，而是一种广义的生命存在形式。它要求的是主体创造物质文明和精神文明的实践活动必须与天地生生之德，与日月日新之明，与四时变化之序相顺应，相协同，体现的正是时中变通的原则。《易传》理想的“大人”人格，本质上是一种“时中”人格。因此我们这里要避免对《易传》“大人”人格作偏狭的理解，以为只是一个后来宋明理学家所拘囿的狭义的道德人格。“大人与天地合其德”之“德”，是“天地之大德曰生”之“德”，体现的正是时中变通的顺应创造精神。实际上我们只要看一下《系辞》的时中变通性，就可充分明白它包含着怎样丰富的顺应创造内容，而不仅仅限于道德品德的“日新”。《系辞》在“化而裁之谓之变，推而行之谓之通，举而措之天下之民谓之事业”的原则下，列举了历史一系列变通顺应的“时中”典型，而正是这些“时中”变通事例构成中华文化的坚实基础：

古者包牺氏之王天下也，仰则观象于天，俯则观法于地，观鸟兽之文与地之宜，近取诸身，远取诸物，于是始作八卦以通神明之德，以类万物之情。结绳而为网罟，以佃以渔，盖取诸离。包牺氏没，神农氏作，斫木为耜、揉木为耒，耒耨之利，以教天下，盖取诸益。日中为市，致天下之民，聚天下之货，交易而退，各得其所，盖取诸噬嗑。神农氏没，黄帝尧舜氏作，通其变使民不倦，神而化之，使民宜之。易：穷则变，变则通，通则久，是以自天佑之，吉无不利。

这里虽然尚有某种神秘色彩，但“穷则变，变则通，通则久”，“通其变使民不倦”的理性变通精神已是淋漓尽致地显溢出来。而“通其变使民不倦”的内容正是一系列解决生存困难的物质文化发明创造活动及其成果。《系辞》所谓“备物致用，立成器以为天下利”，“……形乃谓之器，制而用之谓之法，利用出入，民咸用之……”这种变通并不限于器物的创造发明，还包括社会制度的“革命”，所谓“天地革而四时成，汤武革命，顺乎天而应乎人。革之时，大矣哉”![4]（《彖·革》）显然，中华民族生生不息、绵延长久，其旺盛的生命活力正在于这种包括一系列器物制度创造发明的变通精神和创造活动，这也就是“时中”精神和“时中”实践。美籍华裔学者成中英曾把《易传》的思维方式的根本特点概括为“和谐化辩证法”，指出：“其内涵在阐明如何化解生命不同层次所遭遇到的矛盾与困难，实现生命整体与本体和谐。”[5] 如果这里的“生命”与“本体”不限于道德领域,那么这种“和谐化辩证法”所揭示的正是《易传》的变通精神。但以“和谐化辩证法”概括这种变通精神,远没有《易传》本身的“时中”范畴更简洁,更贴切,更传神。“时中”是变通的根据、本质和原则。因此,用“时中辩证法”或简称为“时中”更能深刻全面地反映《易传》的思维方式和实践原则。

“时中”体现的是“推天道以明人事”的致思原则,它是从“天地”、“日月”、“四时”、“万物”的运动变化发展的中和本质中推衍出“时中”的“人事”原则,它所体现的本质上是一条从客观辩证法到主观(体)辩证法的正确路线。由于“时中”变通性包括着广义的文化创造活动,它又源于客观的天地自然,因此其“时中”变通过程内在地包括着客观认知的认识论内容。

“时中”讲的是“随时变易以从道”,是随时而中。因此,首先必须认识“时”,把握“时”。“时中”首先必须在观念上“中时”,只有在观念上“中时”,认识“时”,才能在实践中不“违时”。因此“时中”在《易传》中不仅是一个价值性范畴和命题,也是一个知性命题和认识论范畴。实际上,《易》的本意即是“决疑”,而“通变”,“决疑”本身正是一种由不知到知的理性预见活动。《周易》的卦爻辞以及彖象辞本质上都是对表示事物不同发展过程、阶段的六十四卦和三百八十四爻的“时变”的认知和判断。《易传》揭示的人类在“变通”过程中,“仰则观象于天,俯则观法于地,观鸟兽之文与地之宜,近取诸身,远取诸物”,体现的正是“时中”过程中必不可少的对天地万物客观的感性认知和经验类比认识活动,而“探赜索隐,钩深致远”,“知微知彰,极数知来”,“知来藏往”,“彰往而察来”,“知幽明之故”,“冒天下之道”等一系列活动都体现了《易传》“时中”化认知活动由现象到本质、由外部联系到内在规律的抽象理性思维过程。而《系辞》的“当名辩物,正言断辞”,“以类族辨物”等则包含了丰富的辩证逻辑的内容。因此,《易传》的时中哲学包含有关于认识论、方法论的丰富内涵,这些构成了《易传》“决疑”的实质内容,在此基础上它才能“断其吉凶”。没有对客观事物发展的规律性和必然性之“时”的正确认知和把握,人们就不能预见进而选择采取合理的生存行为,其行为只能具有“凶”、“悔”、“吝”、“亡”的结果。所以程颐有“见《易》须看时,然后逐爻之才”[6](《二程遗书·易传》)的论断。一个“看”字括尽了丰富的认知内涵。可以说,在中国传统哲学中,“时中”或“中庸”是具有最广阔的知识论、认识论的生存空间的,是最需要客观认知作为其必要环节的。长期以来,文化学术界一致认为中国传统文化哲学“主张‘天人合一’,要求人无条件地回归自然,顺应自然,在身心各方面向自然作认同。对自然的这种态度,只能产生一种审美与道德的价值取向,决不可能导出人对自然的探索精神,获得关于外部世界的切实可靠的知识,得到‘真’。相反西方文化由于认为自然界与人类是对立的,主体与客体、物质与精神、思维与存在是对立的,故千方百计要认识外部世界,获得关于外部世界的具有普遍必然性的‘真’知识,以实现对立的同一”。[7]笔者对这一论断不敢苟同。为什么“顺应自然”就不须“探索”,不需对外部世界的“真”知识呢?从逻辑上讲,倒正是讲自然与人类对立,主体与客体对立的西方文化哲学更可能不必讲“真”。因为人的任何盲目任意的不讲“真”的活动,就意味着对客观规律性必然性的“对立”。相反,人要“顺应自然”就非得有对“自然”的本质有一客观的认知不可,否则就无法实现“顺应”。在一定意义上,当今自然与人类的“对立”状态的消解,实现自然与人类的统一,就是以高度的“真知”为先决前提的。因此,天人是合一还是相分,与是否求“真”讲“知”没有必然的联系,关键是看以什么样的态度去讲“合一”或“相分”。荀子重“天人之分"却又"不求知天"，而《易传》讲"天人合德"却要"极深研几"。盖在《易传》的"与天地合德"不是如老庄建立在"自然无为"的原则上的，而是建立在"生生日新"的原则上。这种天地的生生日新之"德"，就要求"顺应"生生日新的天地之"德"的人们"趣时变通"，即以"时中"原则相"顺应"。这就要求人们去及时全面地认识天地万物具体的"生生"之"德"，即生成变化的规律性，否则就无以"顺应"而实现天人的合一。因此，《易传》的时中哲学包容了中国传统文化哲学中可贵的"真"的认识论内容。

时中的实质在变通，而变通的本质在时新。也可以说，时中就是时新，时中强调"趣时"，就意味着须以"革故鼎新"为原则，以适应外界新的变化。因此"时中"是一以革适变、以新顺通的过程。"生生之谓易"，"日新之谓盛德"正规范着"时中"以日新为实质的生生变通内涵。正是在生生日新、自强不息、变通顺应的"时中"实践中，实现天地人万物的"太和"境界。《易传》"日新其德"的原则所强调的正是主体以其创造精神与创造活动"与天地合其德"，与宇宙创新原则相合一。因此，《易传》"时中"所具有的"与天地合其德"的性质体现的是一种天地人万物一体的整体和谐的致思倾向。但显现这种天地人一体的思想不是道德本体论意义上的，而与荀子人与天地"参"的天人合一论具有某些共通性。严格说来，它是在孟子道德化的天人合一论与荀子自然化的天人相分论的基础上超越创新而成的。《易传》时中哲学是儒家中和哲学在当时综合创新的最高典范。

《易传》的时中哲学突破了传统儒家中和哲学的局限。孔、孟、《中庸》都有丰富的用中时中思想。但在那里，"君子时中"本质上局限于政治伦理实践，随时而中的合理性标准根本上就是仁礼道德标准。而《易传》的"时中"在很大程度上突破了仁礼型时中的局限性，在宇宙天地人的更为广阔的背景下展现时中的普广性丰富性。就人的时中而言，它已不再是政治伦理行为，而是在一般的广义文化创造意义上，从人的应付环境的生活生产实践中引伸出来的。这种广义文化创造实践活动的"时中"已扩及到人的行为的方方面面。这样的"时中"观显然标志着儒家中和哲学的新发展。

《易传》时中哲学与孔孟荀的中和哲学相比较，具有自身鲜明的特点和突出的优点。

首先，《易传》的时中哲学是以"天道"的客观"生生"原则为基础的。我们知道，无论是孔子还是孟荀，其中和哲学思想带有浓重的宗法血缘关系的性质，都以传统的宗法制作为中和哲学的社会基础和思想根源，因而其中和本质往往与具有宗法性的仁礼相一致。这种情况，一方面使中和观具有强大的世俗性，但另一方面也使中和思想因其政治意识形态化而不时显露出某种保守性、落后性。而《易传》以"究天人之际"为帜志，以重天道自然、明阴阳之理为特色，它的中和哲学或时中哲学是在"法象莫大乎天地"、"与天地准，弥纶天地之道"的原则下，从客观的宇宙大化的中和之道中引伸出来的，因此，《易传》所揭示的核心之道的易道根本上是客观的天地人万物化生之道，它从阴阳矛盾的统一化即中和化过程去揭示事物产生发展生生不已的根本动力，本质上与唯物辩证法对立面统一的发展规律是相通的。显然从宇宙生生之道的中和之道中引伸出来的以变通日新为本质的时中哲学就具有更为广阔的背景和客观根据，其时中的本质内容也就远远超出了传统的"仁礼之中"的范围。《易传》中虽然也有"立人之道曰仁与义"以及"天尊地卑乾坤定矣，卑高以陈贵贱位矣"的"仁礼之中"内容，但已大大减少了份量，大大淡化了浓度，它只成为人们广泛的"时中"化精神和实践的一部分。这一特点，使《易传》"时中"在一定程度上超越了特定社会制度的局限，而在更广大悠远的时空范围中展现其适用性和实用性。

其次,《易传》的"天人合一"的"时中"思想是以"生生"原则为中介的。孔子的中庸哲学暗合着天人合一的前提,至孟子和荀子,则具有了明晰的天人观。而《易传》的天人观则是对孟、荀天人观的超越。《易传》的天人观是天人合一论,而这种天人合一论是以"天地之大德曰生"的"生生"之德为中介的。其"大人与天地合其德",即主体以"时中"的变通日新精神和实践顺应统一于天地的生生日新规律,从而实现天地人万物一体的动态和谐。这样一种时中型的天人合一论显然与孟子道德化的心性型天人合一论不一样,它超越了孟子以道德伦理的仁义原则为中介的天人合一论。同时,它也超越了荀子的天人观。荀子的天人观是一天人相分与天人相"参"的统一。荀子的天人观是以"天职""天功"与"人职"、"人功"的关系立论的,也就是以天与人所各自独具的客观的功能作用立论的。荀子在"明于天人之分"的基础上,实现"天有其时,地有其财,人有其治"的天地人相"参"的整体和谐关系的思想,是功能互补的天人合一中和论。显然,这种功能互补性的天人观与《易传》"时中"天人观不一样。《易传》"时中"天人合一论,不是以具体功能内容互补相"参",而是功能性质上的相合,即人在生存活动上以天地"生生之德"的新陈代谢规律为自己的生活准则,以时中变通日新的生存原则与天地相顺应,相和合。它运用的是一种"推天道明人事"的思维模式,是以"天道"与"人道"具有相通一致的"生生之德"走向天人合一的。因此,虽然《易传》与荀子都强调发挥人的能动性,且荀子也提倡"养备而动时"、"应时而使之"的时中顺应思想,但荀子由强调发挥人的主观能动性而走向天人相"分"相"参",虽总体上承认天人相"参"合一,但突出的是一"分"。其"君子敬其在己者,而不慕其在天者","唯圣人为不求知天"的观点实际上都在价值取向上有分离天人的观点,将人道与天道、地道作截分。而《易传》的易道却是天地人共同之道:"立天之道曰阴与阳,立地之道曰柔与刚,立人之道曰仁与义。"天道、地道和人道虽形式内容不一,虽也有"天人之分",但在本质上是合一的,即都是易道,都是易道本质的体现。这样《易传》就对荀子重分的天人观实现了超越。从孟子的道德心性的天人合一论到荀子客观自然的天人相分论,再到《易传》时中日新的天人合一论,它不仅在形式上走过了一个否定之否定的过程,更是从内容上克服了孟子天人观的纯道德性局限,克服了荀子纯客观功能性天人观的局限,而将两者综合创新,从而实现了生命存在的飞跃,构建出了积极向上的时中生存样式。这种时中生存样式不唯是对孟荀天人观的综合创新,也是对儒道中和生存样式的超越、扬弃和综合创新,因为它既克服了老子"道法自然"所体现的柔弱无为性,又在继承弘扬孔子中庸及其具有的"强哉矫"的刚强有为性基础上,克服了孔子中庸哲学不及"天道性命"的局限,从而在一种更为广阔全面丰富健康的基础上构建出关于宇宙和人的哲学,而正是在这种关于宇宙的中和哲学和主体的时中哲学上,体现出中国古代哲人的最高智慧,显示着中华民族最高的生存智慧。

四、时中生存智慧论

《易传》的中和哲学体系,从以上所揭示的几方面内容中,我们不难看出,它实质上阐扬了中华民族特有的一种中和化生存智慧,这一中和化生存智慧在《易传》中主要由以下原理构成:

(一)《易传》阐扬了"一阴一阳之为道"的中和之道。这一中和之道是通贯天地人的宇宙之道,也即易道。这种作为宇宙根本规律的中和之道与唯物辩证法关于"发展是对立面统一"的根本原则是相通的,因此,它是一种"朴素的对立统一原理”，[8]它是古代朴素辩证法在先秦的最高体现。

（二）《易传》构建了“趣时”、“变通”、“日新”的时中生存样式。《易传》力倡“时中”主体哲学，这种“时中”的本质即是提倡主体必须有一种主动性适应、创造性顺应的生命态度。“时中”包含着一系列的文化创造、文明创新，这正是《易传》被称为“创造的形上学”的原因。这一主动性适应、创造性顺应的生存样式是与英国著名历史学家汤因比“挑战与应战”的文明生成发展模式根本一致的。当汤因比高度赞扬孔子与儒家思想，而把中庸视为“挑战与应战”的根本原则时，那么，我们就不得不惊叹《易传》时中生存智慧性。这种主动性适应、创造性顺应的“时中”生存与保守性、奴隶性、闭锁性、内省性、平庸性本质不相容。它构成了中华民族积极进取的品格和开拓创新的特性。

（三）《易传》塑造了乾坤中和的民族精神。《易传》阴阳中和的“易道”集中体现于天地阴阳基本形态的乾坤卦德中。在《易传》作者看来，“乾知大始，坤作成物”，“大哉乾元，万物资始”，“至哉坤元，万物资生”。乾坤主宰着世界万物的产生变化发展，因此，天地“生生”之德本质是由乾坤赋予的，“天行健，君子以自强不息”，“地势坤，君子以厚德载物”。乾元以“自强不息”而“大生”，坤元以“厚德载物”而“广生”。其“大生”“广生”的性品本质上就是中和之德。天乾“自强不息”的“大生”品格正是一种时中精神，地坤“厚德载物”的“广生”品格正是一种“太和”特性。“时中”的变通日新，体现的正是一种积极进取、自强不息、开拓创新的“大生”精神。“太和”的万物和合，体现的正是一种并行不悖、物物不遗、命命兼育的“广生”精神。而乾坤中和的“自强不息”和“厚德载物”相统一就高度体现了中华民族的精神。张岱年先生和其余一大批学者多年来致力于弘扬这一民族精神。乾坤精神即是中和精神，因此，中和是中华之魂。中华民族生生不已、绵绵不绝、博厚广大、物物化育的广大生命力正源自于中和精神。《易传》塑造出了中和这一民族不朽精神，这当是它的不朽杰作。《易传》在中华文化宝库中的重要地位根本上正在于此。

马克思·韦伯在其著名的《儒教与道教》一书中比较了“清教与儒教的对立”，“儒教的任务在于适应此世，而清教的任务则在通过理性改造此世。……儒教的理性主义旨在理性地适应现世；而清教的理性主义旨在理性地支配这个世界。”[9]这里韦伯把“儒教”的儒家学说的主旨揭为“适应此世”，是准确深刻的，但他把这种适应仅仅看成是道德上的“自我控制”、“自我完善”的“君子”式消极性“适应”，是欠全面的，起码先秦儒家的中和哲学总体上所透射的是一种“强哉矫”的品格。而《易传》的时中哲学则典型地体现了儒家的“适应现世”的方式原则，是主动性适应和创造性顺应。这种主动性适应和创造性顺应，包含着“理性改造此世”的所谓“清教理性主义”特质。这样，我们从一个重要的理论层面，看到了儒家中和哲学与现代市场经济、与现代化实践的相容协同关系。

参考文献

[1]惠栋. 易汉学[M]. 四库全书本。

[2]黄宗羲. 明儒学案[M]. 北京：中华书局，1985。

[3]程颐. 伊川易传[M]. 四库全书本。

[4]易传[M]。

[5]成中英. 中国文化现代化和世界化[M]. 北京：中国和平出版社，1988. 237。

[6]程颢. 程颐. 二程遗书[M]. 上海：上海古籍出版社。

[7]易杰雄. 坚持“真”与“善”的统一，重构现代东方哲学[J]. 现代传播，1997，(2)。

[8]冯契. 中国古代哲学的逻辑发展[M]. 上海：上海人民出版社，1983. 340。

[9]马克思·韦伯. 儒教与道教[M]. 南京：江苏人民出版社，1985. 269，277。

（原载《周易研究》2002 年第 3 期，
作者单位：中共浙江省委党校哲学部）

论儒家伦理在构建和谐社会中的重大理论价值

黄 钊

儒家伦理是中国传统伦理的主干，不仅对中华民族过去的文明进步，产生过无比积极的历史影响，而且在当今建设中国特色社会主义精神文明中，在构建社会主义和谐社会的实践中，也具有不可低估的现实价值。

中国共产党提出的“构建社会主义和谐社会”的伟大任务，这既是对马克思主义基本原理在新的历史条件下的具体运用，也是对中国传统文化优秀成果特别是儒家伦理中的优秀成果的合理借鉴。胡锦涛同志于 2005 年 2 月《在省部级主要领导干部提高构建社会主义和谐社会能力专题研讨班上的讲话》中指出：

“我国历史上就产生过不少有关社会和谐的思想，比如，孔子说过‘和为贵’；墨子提出了‘兼相爱’、‘爱无差等’的理想社会方案；孟子描绘了‘老吾老以及人之老，幼吾幼以及人之幼’的社会状态；《礼记·礼运》中描绘了‘大道之行也，天下为公，选贤与能，讲信修睦。故人不独亲其亲，不独子其子。使老有所终，壮有所用，幼有所长，矜寡、孤独、废疾者皆有所养’这样一种理想社会；太平天国运动的领袖洪秀全提出要建立‘务使天下共享’、‘有田同耕，有饭同食，有衣同穿，有钱同使，无处不均匀，无人不饱暖’的社会；康有为在《大同书》中提出要建立一个‘人人相亲，人人平等，天下为公’的理想社会。这些思想虽然带有不同时代和提出者阶级地位的烙印，但都在一定程度上反映了广大人民群众对美好生活的向往。当然，在存在阶级压迫和阶级剥削的旧制度下，这些设想是根本无法实现的。”

胡锦涛同志在这里列举的我国历史上“有关社会和谐的思想”，其中就有三项（即孔子、孟子和《礼记·礼运》篇）属于儒家学者的理论创造。可见，儒家伦理对构建社会主义和谐社会确有其不可忽视的重大理论价值，值得我们好好发掘，认真总结。本文拟就这一问题，略陈管见，以就教于海内外大方之家。

在儒家伦理中，有许多优秀成果，集真、善、美于一体，光彩四射，引人入胜。特别是儒家的“中和”观、“仁爱”观、“尚公”观、“忠信”观、“自强”观、“廉政”观、“民本”观等，对于弘扬优秀中华民族精神，陶冶人们高尚情操，培育国民美好品行，调节社会各方面人际关系，都发挥过无比重要的理论影响，即使到了今天，仍有不可低估的重大现实价值。特别是在当前构建社会主义和谐社会中，可以给我们以许多重要的理论启迪。

（一）儒家的“中和”观，倡导“尚中贵和”理念，启迪人们在社会交往中，自觉化解社会矛盾，促进人际关系和谐有序发展。

崇尚"中和"，是儒家伦理的优秀成果。"中和"包括"中"与"和"两个方面。

所谓"中"，一般指的是适中、中正，《中庸》所谓"执其两端，用其中于民"，即是其本义。《论语·先进篇》载："子贡问：'师与商也孰贤？'子曰：'师也过，商也不及'曰：'然则师愈与？'子曰：'过犹不及'。"这里讲的"过犹不及"，其意是说，"过"（即超过"中"）与"不及"（即未达到"中"）都不符合中道，表达了崇尚"中正"的观念。儒家所谓"中庸之道"，集中地体现了"尚中"的道德追求。孔子曾说："中庸之为德也，其至矣乎！"（《论语·雍也》）其意是说，"中庸"作为一种"德"，已达到了很高境界！

所谓"和"，指的是和谐、协调之义。早在西周末年，史伯就说过："以他平他谓之和。"（《国语·郑语》）"以他平他"，指的是用一种事物去协调、平衡另一种事物，以促使两种不同事物达到矛盾的统一、融和状态。史伯还说："和实生物，同则不继。"（《国语·郑语》）其所谓"同"，指的是一种事物对他种事物的绝对排斥状态，故又将之称为"剸同"。这些都表达了重和的思想。儒家创始人孔子继承并发挥了这些思想，他明确提出"和为贵"（《论语·学而》）的命题，认为"君子和而不同，小人同而不和。"（《论语·子路》）

"中"与"和"结合起来，称之为"中和"观。《中庸》曰："致中和，天地位焉，万物育焉。"其意是说，达到了中和境界，天地便各得其位，万物乃生长发育。该篇又说："中也者，天下之大本也；和也者，天下之达道也。"明确把"中"视为"天下之大本"；把"和"看作"天下之达道"。这都鲜明地表达了我们祖先对"中和"的理想追求。

崇尚"中和"，就是主张人们在社会交往及为人处事中，要推行中正之道，坚持"和为贵"，与大家友好相处，相互协作，共享祥和。这种"中和"观，对于引导人们建立"尚中贵和"理念，借以立身处事，正确处理人民内部矛盾、协调人际关系、促进全社会和谐有序发展，自觉为构建社会主义和谐社会作出贡献，具有重大理论启迪价值，我们应予以高度重视。

（二）儒家的"仁爱观"，倡导"仁者爱人"理念，启迪人们树立"以人为本"的人道主义情怀，在社会生活中，自觉地去关心人、爱护人。

儒家曾大力倡导"仁爱"观，《论语·颜渊》载："樊迟问仁，子曰'爱人'"；《孟子·离娄下》说："仁者爱人，有礼者敬人"。"爱人"，就是要关怀、爱护他人。具体说来，就是要做到"推己及人"。孔子所谓"泛爱众而亲仁"（《论语·学而》），"博施于民而能济众"，"己欲立而立人，己欲达而达人"（《论语·雍也》），"己所不欲，勿施于人"（《论语·颜渊》）；孟子所谓"老吾老以及人之老，幼吾幼以及人之幼"（《孟子·梁惠王上》）等，都从不同角度阐明了"仁者爱人"的理想追求。

"仁者爱人"，是中华民族人道主义或曰人文精神的集中体现。它表达了我们祖先早在两千五百年前，就看到了人的价值，强调对人的关爱。西方人文复兴时代的思想家们，在十七八世纪时曾大力宣讲"天赋人权"理论。这一理论，虽亦表达了对人的关爱之情，但却比我们祖先倡导的"仁爱"观晚两千多年。作为炎黄子孙，我们既为我们祖先在人文意识方面的创造性贡献感到自豪，更为自己继承这份遗产感到责任重大。

在构建社会主义和谐社会的今天，我们应当大力借鉴我们祖先留下的"仁爱"伦理，激发自己的"仁爱"情怀，真心实意地把"以人为本"作为自己立身做人的基本原则，在日常平凡工作中，实实在在的去关心人、爱护人，使互相关心、互相爱护，成为全社会人们的自觉行动。若能如此，则社会主义和谐社会的到来，就指日可待了。

（三）儒家的“尚公”观，倡导“天下为公”理念，启迪人们确立对社会、国家、民族的责任和义务，从而消解社会矛盾，促进社会和谐。

“天下为公”一语，出自《礼记·礼运篇》，原文是：“大道之行也，天下为公，选贤与能，讲信修睦。故人不独亲其亲，不独子其子，使老有所终，壮有所用，幼有所长，矜寡、孤独、废疾者皆有所养……是谓大同。”“天下为公”，贵在一个“公”字，其旨意在于提倡以公义战胜私欲，强调人们对社会、对国家、对民族的责任和义务。这种“天下为公”的精神，是我们民族爱国主义思想的基础，已陶冶出千千万万以民族大义为重的贤哲志士。从孟子的“乐以天下，忧以天下”的道德追求，到范仲淹的“先天下之忧而忧，后天下之乐而乐”的千古绝唱，再到顾炎武的“天下兴亡，匹夫有责”的报国意识，其中都贯穿着一条鲜明的红线，那就是“天下为公”理念。

今天，为了建设社会主义和谐社会，我们必须坚决抛弃与抵制那些不利于社会和谐的种种因素。这就尤其需要大力发扬“天下为公”精神。因为，社会主义社会，仍然存在种种矛盾。若能坚持“天下为公”，做到“不独亲其亲，不独子其子，使老有所终，壮有所用，幼有所长，矜寡、孤独、废疾者皆有所养”，那么许多社会矛盾，就有可能得到合理解决。同时激发人们树立全局观念，养成国家至上、民族至上、人民利益至上的道德情操，自觉舍弃个人小利，谋求国家和人民的大利。有了这种感情，一切不和谐的音符，就可以被有效地抑止；一切和谐的曲调，就将自然出现。因此，提倡“天下为公”，完全符合构建社会主义和谐社会大局的要求，我们应当带头实施，身体力行。

（四）儒家的“忠信”观，倡导忠实诚信理念，这对于纠正社会上的欺蒙拐骗邪风，培养人们淳厚朴实之德，具有非常重要的理论导向作用。

“忠信”观，亦由儒家所大力倡导。“忠信”，包括“忠”与“信”两个方面。关于“忠”，《国语·晋语二》释曰：“力有所能，无不为，忠也。”这是说，“忠”，就是尽心竭力去办事。那么，尽心竭力为谁办事呢？《左传·文公六年》载：“以私害公，非忠也。”将这句话倒过来讲，“忠”，就是不“以私害公”。可见，“忠”，首先要忠于“公”。《论语·公冶长》载：“子张问曰：‘令尹子文，三仕为令尹，无喜色；三已之，无愠色。旧令尹之政，必以告新令尹。何如？’子曰：‘忠矣！’”显然，孔子评价令尹子文具有“忠”德，也是称赞他对公事尽心竭力。此外，在儒家那里，“忠”还含有为他人谋利尽心竭力之意。曾子所谓“吾日三省吾身”，其中就有一项：“为人谋而不忠乎？”这个“忠”，无疑含有为他人谋利尽心竭力之意。因此，“忠”，就是为“公”与为他人谋利都要尽心竭力。正是从这一基本含义出发，人们引申出许许多多与“忠”有关的道德意识，如忠于国家、忠于民族、忠于党、忠于人民、忠于朋友，等等。

所谓“信”，指的是诚实无欺，恪守信誉。《辞海》释“信”第一条：“诚也。”可见，“诚”是“信”的重要内涵。班固曰：“信者，诚也，专一不移也。”（《白虎通德论·情性篇》）《春秋·谷梁传·僖公廿二年》载：“言之所以为言者，信也。言而不信，何以为言？”这是说，所谓“信”，就是要说到做到、言行一致。孔子非常重视信，他曾说：“人而无信，不知其可也。大车无輗，小车无軏，其何以行之哉？”（《论语·为政》）又说：“自古皆有死，民无信不立。”（《论语·颜渊》）认为“信”比生命更重要，并强调说：“与朋友交，言而有信”（《论语·学而》）。

“忠”与“信”内含结合起来，就是“忠信”观。孔子曾说：“主忠信。”（《论语·学而》）《易·乾卦·文言传》曰：“忠信所以进德也。”《礼记·礼器》言：“忠信，德之本也。”《左传·文公元年》亦曰：“忠，德之正也；信，德之固也。”可见，“忠信”是儒家伦理的重要组成部分，是人们立身做人的根本之所在。强调“忠信”，就是要求人们对人诚实无欺。宋代思想家陆九渊曾说：“忠者何？不欺之谓也；信者何？不妄之谓也。……总其实而言之，不过良心之存，诚实无伪，斯可谓之忠信矣！”（《陆九渊集·拾遗·主忠信》）

今天，我们构建社会主义和谐社会，尤其要讲忠信之德。因为只有讲忠信，人与人相交，才能真诚相待，忠实不欺，信守诺言，从而消除社会中那些欺、蒙、拐、骗的丑恶现象。这对于促进人们和谐相处、友好合作以及推进全社会淳厚朴实之风的形成，无疑有不可低估的积极意义。

（五）儒家的“自强”观，倡导“自强不息”理念，激励人们积极进取，勇往直前，这有利于促进社会发展，为和谐社会建设创造物质基础。

儒家的“自强”观，倡导“自强不息”理念。“自强不息”一语，最先出自《周易·乾卦·象传》，原文是：“天行健，君子以自强不息”。其意是说，天体的运行，刚健有为，君子从其中体验出一个哲理，那就是自强不息。其基本观念，就是提倡人们自我奋发图强，永不停息。这既是人们做人的基本信条，也是推动民族文明进步的精神力量。儒家先哲曾身体力行地带头践行这一道德信条。从孔子“发奋忘食，乐以忘忧，不知老之将至”，到孟子“苦其心志，劳其筋骨，饿其体肤”，都是自强不息的道德表现。“自强不息”是我们民族在历史实践中总结出来的战胜困难的智慧结晶。中华民族在文明进步中，虽曾遭遇过许许多多艰难险阻，但是由于有了“自强不息”精神，我们的祖先最终总是能够驱除黑暗，迎来光明。因此，我们应当大力弘扬自强不息的精神！毛泽东说，人总是要有点精神的。有了自强不息这股精神，我们就敢于面对困难，勇往直前，百折不挠，去争取胜利。

今天，我们构建社会主义和谐社会，尤其需要发扬“自强不息”的精神。一是要用这股精神，去开拓创新，推动全社会文明进步，为和谐社会建设奠定物质基础；二是要借助这股精神去战胜或克服社会中各种不和谐的因素。在这一过程中，我们会遇到许多艰难险阻，这就需要发扬我们祖先倡导的“自强不息”精神，知难而进，迎难而上。有了这种精神，那就没有过不去的河、登不上的山，就可以不断开拓新局，创造伟业，为社会主义和谐社会建设作出自己的贡献。

（六）儒家的“廉政”观，倡导“廉洁奉公”理念，这对于激发各级干部的清廉意识，自觉抵制腐败，推进民主政治建设，意义无比重大。

“廉政”是儒家对清明的政治生活的集中概括，其中心内容，是提倡“以廉为本”，主张把廉德同政治管理结合起来，要求为官之人在执掌政权过程中，坚持做到清正廉明，克己奉公，平政爱民，光明磊落。“廉”的含义极其丰富，人们往往从不同的角度对之作种种阐释。《周礼·天官》曾从六个方面阐明“廉”的内涵：“一曰廉善（指善于其事——引者注，下同），二曰廉能（指能行政令），三日廉敬（指敬业爱岗），四曰廉正（指作风正派），五曰廉法（指守法不失），六曰廉辨（指明辨是非）。”这六个方面，讲的都是为官之人的道德素质和办事能力，它从特定的角度体现了儒家“以廉为本”的观念。随着时代的发展，人们对廉的概念的认识日益深化，多从清廉、公正、不贪、俭约、节操等方面去揭示其中心内容。表达了我们祖先对于廉政的理想追求。

儒家学者之所以如此重“廉”，是因为他们看到了“廉”的社会价值。他们认为，“廉为政本”，“廉为官宝”。班固在《汉书·宣帝纪》中说“吏不廉平则治道衰”，说明为官不能不具备廉德。《晋书·阮种传》云：“夫廉耻之于政，犹树艺之有丰壤，良岁之有膏泽，其生物必油然茂矣。”深刻揭示了“廉耻”观念在政权建设中的作

用。清代王永吉在《御定人臣儆心灵·循利论》中，更深刻地指出：“大臣不廉，无以率下，则小臣必污；小臣不廉，无以治民，则风俗必败。”从上行下效的角度，说明官员能否清廉，直接关系社会风俗的优劣。正是在这些价值观的指导下，儒家学者中的许多进步人士，代代相承，站在同情人民的立场上，呼唤廉政，抨击暴政；颂扬清官，鞭挞贪官。“廉”与“贪”仅一字之差，却反映了两种截然不同的人格形象。那些清正廉明之士，高官不能变其节，重利不能易其行，公正无私，光明磊落，深受人们爱戴，留芳千古；而那些贪官污吏，“率兽食人”，见利忘义，临财变节，终遭万民唾骂，被钉上历史的耻辱柱，遗臭万年。这两种人格在历史上产生的两种不同反响，表明了历史的公正评判，反映了我们民族反贪拥廉的价值选择，值得我们大加发扬。

今天，我们构建社会主义和谐社会，就必须用气力消除社会中的不和谐因素。当前，最不利于我国社会实现和谐的，莫过于一些官员的腐败作风。因此，为了推进和谐社会建设，我们必须大力反腐倡廉。在这一斗争中，有许多工作等待我们去做，其中继承与发扬我们祖先倡导的清正廉洁意识，推进民主政治建设，是一个不可忽视的重要方面。我们各级干部应当遵照以胡锦涛同志为首的党中央的教导，坚持立党为公，执政为民，自觉用清正廉洁来严以律己，坚决不搞权钱交易，不搞假公济私，成为“一身正气，两袖清风”的清官。

（七）儒家的“民本”观，倡导“民惟邦本”理念，启迪人们树立关心民生、执政为民意识，把全心全意为人民服务落到实处。

儒家的“民本”观，倡导“民惟邦本”理念。《尚书·五子之歌》载：“民惟邦本，本固邦宁。”“民本”思想，是政治道德的重要组成部分。在周朝时期，从周公提出“敬德保民”，到孟子强调“民贵君轻”，民本观念日趋成熟。特别是到了汉初，思想家们通过总结秦朝覆灭的历史教训，对“民惟邦本”认识得更加深刻，在这方面，贾谊尤为突出。他对当时的民本思潮，作了系统而深刻的总结，指出：“闻之于政也，民无不为本也。国以为本，君以为本，吏以为本。故国以民为安危，君以民为威武，吏以民为贵贱。此之谓民无不为本也。”这段重要论述，把民众在政治生活中的重要作用，讲得无比深刻。贾谊得出结论，说：“故夫民者至贱而不可简也，至愚而不可欺也。故自古至于今，与民为仇者，有迟有速，而民必胜之。”（《新书·大政上》）

儒家的“民本”观，虽然从本质上说，是封建时代的御用文人出于为统治阶级长治久安而总结设计出来的，但是，由于这一观点从特定角度揭示了“民”在政权建设中的重要作用，它提醒统治者们，必须懂得：民众“至贱而不可简，至愚而不可欺”，因而制定国家政策，必须给民众以活路。这对于缓和当时的阶级矛盾，并激励一些进步的士大夫们关心民生，确实起过一定的积极作用。

今天，时代已发生了根本的变化，我国各族人民已成为国家的主人，呼唤“民惟邦本”似乎已属多余。但是，历代进步思想家热爱人民、关心民生的价值取向，无疑对我们仍有启迪意义。在封建时代，士大夫们尚且关注民生问题，我们今天作为和谐社会的建设者们，难道不应当更重视民生问题吗？胡锦涛同志指出：“党的十六大以来，中央强调要坚持立党为公、执政为民，做到权为民所用、情为民所系、利为民所谋。”又说：“构建社会主义和谐社会的大量工作同党的群众工作有密切关系，要求我们把联系群众、宣传群众、组织群众、服务群众、团结群众的工作做得更好。”因此，我们应当借鉴中国古代“民本”观的积极内涵，做新时代关心民生、执政为民的促进派！当前，我国在奔小康方面，已取得令人瞩目的重大成就，值得高兴。但是，应当看到，我国社会中，贫富差距还很大，特别是一些贫困山区，群众的温饱问题还亟待解决。我们必须对他们的生活给予高度同情，并采取切实有效措施，帮助他们尽快脱贫。只有这样，和谐社会建设才能顺利发展。

综上所述，中国古代儒家所创造的优秀伦理成果，特别是“中和”观、“仁爱”观、“尚公”观、“忠信”观、“自强”观、“廉政”观、“民本”观等，到了今天，仍有不可低估的重大现实价值，特别是在当前构建社会主义和谐社会中，可以给我们以许多重要的理论启迪，值得我们认真发掘，好好继承。

（原载《学习与实践》2006 年第 3 期，作者系武汉大学政治与公共管理学院教授）

儒家的和谐社会理念及其历史局限

李存山

一、忠恕、絜矩与和谐

曾有著名学者提问：西方文化为世界提供了“自由、民主、人权、法治”的普遍价值[1]，那么，中国文化又能为世界提供何种普遍价值呢？我对此问题曾思之再三，而得出的一个结论是：中国文化能为世界提供的一个普遍价值（或普遍价值之一）就是“忠恕”、“絜矩”与“和谐”。

中国近代的启蒙思想家严复曾指出中西文化的不同在于“自由不自由异耳”，他说：

夫自由一言，真中国历古圣贤之所深畏，而从未尝立以为教者也。彼西人之言曰：唯天生民，各具赋畀，得自由者乃为全受。故人人各得自由，国国各得自由，第务令毋相侵损而已。侵人自由者，斯为逆天理，贼人道。其杀人伤人及盗蚀人财物，皆侵人自由之极致也。故侵人自由，虽国君不能，而其刑禁章条，要皆为此设耳。中国理道与西法自由最相似者，曰恕，曰絜矩。然谓之相似则可，谓之真同则大不可也。何则？中国恕与絜矩，专以待人及物而言。而西人自由，则于及物之中，而实寓所以存我者也。自由既异，于是群异丛然以生。粗举一二言之：则如中国最重三纲，而西人首明平等；中国亲亲，而西人尚贤；中国以孝治天下，而西人以公治天下；中国尊主，而西人隆民；中国贵一道而同风，而西人喜党居而州处；中国多忌讳，而西人众讥评。其于财用也，中国重节流，而西人重开源；中国追淳朴，而西人求欢虞。其接物也，中国美

谦屈，而西人务发舒；中国尚节文，而西人乐简易。其于为学也，中国夸多识，而西人尊新知。其于祸灾也，中国委天数，而西人恃人力。若斯之论，举有与中国之理相抗，以并存于两间，而吾实未敢遽分其优绌也。[2]

严复的这段话是写在1895年，当时正是民族危亡、“事变之亟”的时候，其中有些话现在看来可能不尽符合事实，如中国的“絜矩之道”并非全无“存我”之意，中国文化如道家思想中也有对“自由”的追求，但他指出：西方文化特重个体的“自由”，而中国文化崇尚群体的“恕与絜矩”，二者不能“遽分其优绌”，这在现在看来也仍有其合理性。

严复把“恕”与“絜矩”分列，其实“恕”或“忠恕”即是“絜矩”，而“絜矩”也就是要实现社会的“和谐”。我在《忠恕之道与世界和平及环境保护》一文[3]中已作考释，“恕”就是“己所不欲，勿施于人”，孔子对此极为重视，故子贡问：“有一言而可以终身行之者乎？”子曰：“其恕乎！己所不欲，勿施于人。”（《论语・卫灵公》）“忠”一般解释为“己欲立而立人，己欲达而达人。”（《论语・雍也》）孔子对曾子说：“参乎！吾道一以贯之。”曾子应答：“唯。”孔子出，门人问曾子：“何谓也？”曾子说：“夫子之道，忠恕而已矣。”（《论语・里仁》）朱熹注：“尽己之谓忠，推己之谓恕。”（《论语集注》）其实，“忠”与“恕”只是“一”道，故孔子说“吾道一以贯之”；若把“忠”与“恕”割裂开来，则“吾道”成为两道矣。在孔子的“一”道中，包含着“己欲立而立人，己欲达而达人”，“己所不欲，勿施于人”的统一而深刻的意涵，因此，“忠”与“恕”有着相互补充、相互规定、相互包含的意思。只有把“忠”与“恕”统一起来，既做到“己欲立而立人，己欲达而达人”，又做到“己所不欲，勿施于人”，才是孔子的“一以贯之”的仁道。

《中庸》引孔子曰：“忠恕违道不远，施诸己而不愿，亦勿施于人。”此可见，“忠恕”是统一的，而“恕”亦可包含“忠”。也就是说，若真能做到“己所不欲，勿施于人”，则不仅可以谓之“恕”，而且亦可谓之“忠恕”。《中庸》在“施诸己而不愿，亦勿施于人”之后又有云：“君子之道四，丘未能一焉：所求乎子，以事父，未能也；所求乎臣，以事君，未能也；所求乎弟，以事兄，未能也；所求乎朋友，先施之，未能也。”这里的“求”就是“责”（要求）人的意思，如“所求乎子”就是以孝“责”（要求）于子，而“以事父”就是“自责”，即自己也要以孝来服侍父母。文中的“未能”是孔子的自谦，其意为“反之以自责而自修焉”（朱熹《中庸章句》）。这里的“君子之道四”包含了父子、君臣、兄弟、朋友之间的关系，儒家认为，如果在这几种主要的社会关系中贯彻了“忠恕”的原则，那么其“违道不远”，社会就实现基本的“和谐”了。

《大学》讲“君子有絜矩之道”，即：“所恶于上，毋以使下；所恶于下，毋以事上；所恶于前，毋以先后；所恶于后，毋以从前；所恶于右，毋以交于左；所恶于左，毋以交于右。此之谓絜矩之道。”朱熹注：“絜，度也；矩，所以为方也。”（《大学章句》）“絜矩”也就是基本的规矩准则。这里的“所恶于”上、下、前、后、左、右等等，就是“己所不欲”；而“毋以使下”等等，就是“勿施于人”。可见，“絜矩之道”也就是“忠恕”之道。上、下、前、后、左、右等等，是泛指一切社会关系。如果在一切社会关系中贯彻了“忠恕”这个规矩准则，那么社会也就实现“和谐”了。

儒家的“忠恕”或“絜矩之道”，重在讲社会关系或社会群体的“和谐”，若如严复所说，就是“专以待人及物而言”，但是在“待人及物”之中也并非全无“存我”之意。“己欲立而立人，己欲达而达人”，这里并没有否定自己的“立”“达”，而是说自己要“立”“达”，也应该使别人有所“立”“达”，亦即“使彼我之间各得分愿，则上下四旁均齐方正，而天下平矣”（《大学章句》）。所谓“彼我之间”是一种我与他者的相互承担义务责任的双向主体性思想。

“忠恕”也并非否定自我的个体性或独立意志。孔子说:“三军可夺帅也,匹夫不可夺志也。”(《论语·子罕》)就是说,人人都有自我的独立意志,是他人不可以侵夺的。子贡曰:“我不欲人之加诸我也,吾亦欲无加诸人。”子曰:“赐也,非尔所及也。”(《论语·公冶长》)这里的“加”是侵加、强加的意思。“我不欲人之加诸我”,即“己所不欲”,我不愿别人强加于我;“吾亦欲无加诸人”,即“勿施于人”,我也不要强加于别人。孔子说“赐也,非尔所及也”,意为能够做到这一点很不容易。这正说明忠恕之道的“恕”更为基本,更为重要。只有尊重了自我和他人的独立意志,“己欲立而立人,己欲达而达人”才是真正的“忠”。这也就是孔子所说:“君子和而不同,小人同而不和。”(《论语·子路》)“和谐”不是苟同于别人,或强使别人与己相同;而是说彼我之间相互尊重,在彼我的不同之间达到协调平衡。此亦周太史史伯所说:“夫和实生物,同则不继。以他平他谓之和,故能丰长而物归之;若以同裨同,尽乃弃矣。”(《国语·郑语》)

二、儒家构想和谐社会的几个层面

“忠恕”是孔子的“一以贯之”的行仁之方,“和谐”是儒家文化的核心价值理念。儒家对和谐社会的构想并没有完全停留在抽象的层面,我想,它至少还包含以下几个值得我们吸取和借鉴的具体层面。

(一)君子修养的身心和谐

孔子说:“古之学者为己,今之学者为人。”(《论语·宪问》)儒学特重“为己”,即非常重视自我的身心修养。在儒家看来,君子只有“修己以敬”,才能进而达到“修己以安人”,“修己以安百姓”(《论语·宪问》)。由此亦可见,儒家的“为己”“修己”并非只看重自己,而是把“为己”“修己”作为“安人”“安百姓”,亦即实现和谐社会的前提条件。这也就是梁漱溟先生所说:“孔门之学乃为己之学,而己又是仁以为己任的己,此所以孔子周游列国,席不暇暖。”[4]

君子何以“修己”以达到身心和谐,这就是孔子所说的“君子喻于义”,“君子之于天下也,无适也,无莫也,义之于比”,“士志于道,而耻恶衣恶食者,未足与议也”(《论语·里仁》)。难道君子就没有欲求富贵和喜生恶死之心吗?非也。孔子说:“富与贵,是人之所欲也;不以其道得之,不处也。贫与贱,是人之所恶也;不以其道得之,不去也。”(《论语·里仁》)“志士仁人,无求生以害仁,有杀身以成仁。”(《论语·卫灵公》)可见,君子也可以得富贵,也可以达长寿(孔子有“知者乐,仁者寿”之说,见《论语·雍也》),但君子的最高价值取向是道义或仁道,凡违背了此仁道的,则富贵乃至生命都可以舍弃,故君子不耻恶衣恶食,“无求生以害仁,有杀身以成仁”。

儒家又有“死生有命,富贵在天”(《论语·颜渊》)之说,这里所说的“天”“命”不是道德性的主宰之天或义理之天,而是外界对个体自我的生存“时遇”的一种限制,即所谓“命运之天”。郭店楚简的《穷达以时》篇云:

> 有天有人,天人有分。察天人之分,而知所行矣。有其人,无其世,虽贤弗行矣。苟有其世,何难之有哉?……遇不遇,天也。动非为达也,故穷而不怨。隐非为名也,故莫之知而不吝。……穷达以时,德行一也……故君子敦于反己。

这里所的“天”就是命运之天,有学者把它解释为“人的群体之力,或者叫做社会力”[5]。这种对个体自我的生存“时遇”的限制,古今中外无论作出何种解释,都是人类个体所不能逃脱、避免的。只有把道义“德行”放在人生价值取向的第一位、“动非为达”、“隐非为名”的君子，才能在这种限制之中做到“穷而不怨”、“莫之知而不吝”，即孔子所说“不怨天，不尤人”（《论语·宪问》）。君子所能努力的就是继续提升自己的修养（“敦于反己”），尽管是“穷达以时”，但“德行”不因“穷达”而改变。

孔子说：“不知命，无以为君子也。”（《论语·尧曰》）这里的“命”就是时命，知道了“死生有命，富贵在天”，君子就不刻意去追求富贵和长寿，而更加专注于自己的修养和德行，即使在困穷的时候，也仍然能够保持身心的和谐，有一种“道义之乐”。孔子周游列国，在陈绝粮，子路问：“君子亦有穷乎？”孔子说：“君子固穷，小人穷斯滥矣。”（《论语·卫灵公》）就是说，君子在困穷的时候仍能恪守道义，不改其乐，而小人在困穷的时候就放肆、为非作歹了。

孔子说：“饭疏食，饮水，曲肱而枕之，乐亦在其中矣。不义而富且贵，于我如浮云。”（《论语·述而》）“贤哉回也，一箪食，一瓢饮，在陋巷，人不堪其忧，回也不改其乐。”（《论语·雍也》）这就是后来宋明理学家所津津乐道的“孔颜乐处”。有了这样的思想境界，儒家就有了自我的“安身立命”之地，就可以不把富贵贫贱、生死寿夭牵挂在心上，乃至“富贵不能淫，贫贱不能移，威武不能屈”（《孟子·滕文公下》），认为“富贵福泽，将厚吾之生也；贫贱忧戚，庸玉汝于成也。存，吾顺事，没，吾宁也。”（《正蒙·乾称》）

儒家不仅有自我身心的“道义之乐”，而且在这种“道义之乐”中又担当着“仁以为己任”的社会责任，故孔子也有“忧”：“德之不修，学之不讲，闻义不能徙，不善不能改，是吾忧也。”（《论语·述而》）这种担当社会责任的“忧患”意识与“道义之乐”的圆融，是儒家的道德修养、身心和谐的最高境界。范仲淹在《岳阳楼记》中说：“不以物喜，不以己悲”，即不把个人的进退得失牵挂在心上；但因为有着“以天下为己任”的情怀，故“先天下之忧而忧，后天下之乐而乐”。他在早年所作《睢阳学舍书怀》中有云：“瓢思颜子心还乐，琴遇钟君恨即销”（《范文正公集》卷三），这就是忧乐圆融或“内圣外王”的境界。在他晚年，“子弟以公有退志，乘间请治第洛阳，树园圃，以为逸老之地。”范仲淹说：“人苟有道义之乐，形骸可外，况居室乎！”（《范文正公集·年谱》）儒家的忧乐圆融、身心和谐在范仲淹的身上得到集中的体现，故后人有谓范仲淹乃“天地间气，第一流人物。”（《范文正公集》附录《诸贤赞颂论疏》载朱熹语）“先儒论宋朝人物，以范仲淹为第一。”（吕中《宋大事记讲义》卷十）。

（二）家庭和社会人际关系的和谐

儒家的社会理念首重“修身”，然后是“齐家、治国、平天下”，此即《大学》所谓“自天子以至于庶人，壹是皆以修身为本”，“身修而后家齐，家齐而后国治，国治而后天下平”。修身是齐家、治国、平天下的前提条件，而治国、平天下也以齐家为前提条件，故云“其家不可教而能教人者，无之。”（《大学》）这就是由修身而达致家庭的和谐，再由家庭的和谐而达致社会人际关系的和谐。

孔子的学生有若说：“君子务本，本立而道生。孝弟也者，其为仁之本与！”（《论语·学而》）所谓“仁之本”就是仁道“施由亲始”的意思。由孝悌或“父义、母慈、兄友、弟恭、子孝”的五常之教（《尚书正义·舜典》）而达致家庭成员之间的和谐。孔子说：“弟子入则孝，出则弟，谨而信，泛爱众，而亲仁。”（《论语·学而》）孟子说：“亲亲，仁也；敬长，义也。无他，达之天下也。”（《孟子·尽心上》）由孝悌、亲亲、敬长而推扩至“泛爱”所有的人，“达之天下”，也就是由家庭的和谐而达致社会人际关系的和谐。

（三）经济的富裕和均平

《论语·子路》篇载：“子适卫，冉有仆。子曰：‘庶矣哉！’冉有曰：‘既庶矣，又何加焉？’曰：‘富之。’曰：‘既富矣，又何加焉？’曰：‘教之。'""庶"是指人口的繁庶,在人口繁庶的社会中,先"富之",然后"教之",即孔子的"先富后教"思想。此与《管子·牧民》篇所谓"仓廪实则知礼节,衣食足则知荣辱"大致是异曲而同工。

孔子所谓"富"是指富民,即他所说"因民之所利而利之"(《论语·尧曰》)。富民是使社会达到和谐的一个条件,而社会和谐不能有贫富的悬殊,故孔子说:"不患寡而患不均,不患贫而患不安。盖均无贫,和无寡,安无倾。"(《论语·季氏》)这里的"不患寡而患不均,不患贫而患不安",寡、贫二字传写互易,当作"不患贫而患不均,不患寡而患不安"[6]。在孔子看来,贫富悬殊的危害要大于贫穷,而均平不是普遍的贫困,而是"均无贫",即达到共同的富裕。富裕、均平、和谐、安定,使"老者安之,朋友信之,少者怀之"(《论语·公冶长》),这就是孔子希望达到的经济和社会目标。

孔子主张富民,他反对统治者的横征暴敛,刻薄于民。《论语·先进》篇载:鲁国的季氏"富于周公",而孔子的学生冉求却还帮助季氏"聚敛而附益之"。孔子怒斥说:"非吾徒也。小子鸣鼓而攻之,可也。"

贫富悬殊的现象在孟子所处的战国时期已十分严重,所谓"庖有肥肉,厩有肥马;民有饥色,野有饿莩"(《孟子·滕文公下》)。针对这种现象,孟子提出"仁政"的思想。所谓"仁政"就是君主"以不忍人之心,行不忍人之政",首先要制民之"恒产"(土地、田宅),国家"省刑罚,薄税敛",必使人民"仰足以事父母,俯足以畜妻子,乐岁终身饱,凶年免于死亡",然后施以道德教化,这样"民之从之也轻"(《孟子·梁惠王上》)。否则,如果人民的生活困苦,"仰不足以事父母,俯不足以畜妻子;乐岁终身苦,凶年不免于死亡",那么"此惟救死而恐不赡,奚暇治礼义哉。"(《孟子·梁惠王上》)富裕、均平是社会道德的基础,而贫困只能使人民无暇"治礼义"。儒家对于"士"(读书人和社会管理阶层)的道德要求是哪怕"箪食瓢饮"也不改其"乐",而对于社会民众则主张"先富后教",这是被中国古代"士农工商"的社会结构所决定的。

(四)执政者的率先垂范

孔子说:"政者,正也。子帅以正,孰敢不正?"(《论语·颜渊》)即执政者必须以身作则,率先垂范,这样才能上行下效,达到社会的和谐。《大学》云:"上老老而民兴孝,上长长而民兴弟,上恤孤而民不倍(背),是以君子有絜矩之道。"这就是说,构建和谐社会要从执政者自身的道德榜样做起,如果掌权的人操行卑污,贪渎腐化,道德沦丧,那就是"不仁而在高位,是播其恶于众也。"(《孟子·离娄上》)

当时掌握最高权力的是君主,所以孟子强调治理社会首先要从"正君心"开始,因为"君仁莫不仁,君义莫不义,君正莫不正;一正君而国定矣"。如果"君心不正",那就有赖于"惟大人为能格君心之非"(《孟子·离娄上》)。到了宋代,由于理学家的社会道德理想直接受到"君心不正"的阻碍,所以他们把"格君心之非"提升到治道之"本"的高度。如二程说:"治道亦有从本而言,亦有从用而言。从本而言,惟从格君心之非,正心以正朝廷,正朝廷以正百官。"(《程氏遗书》卷十五)朱熹也说:"熹常谓天下万事有大根本,而每事之中又各有要切处。所谓大根本者,固无出于人主之心术……此古之欲平天下者,所以汲汲于正心诚意,以立其本也。"(《朱文公文集》卷二十五《答张敬夫》)

"君心正"然后可以选贤任能,君主与贤士大夫"共治天下",从而"安民"、"惠民",以实现社会和谐的理想。《尚书·皋陶谟》记载舜帝与皋陶、大禹讨论政务,皋陶说:"在知人,在安民。"大禹说:"知人则哲,能官人;安民则惠,黎民怀之。"这里所谓"知人则哲,能官人"就是执政者能够"知人善任",这样就可以"安民则惠",人民对执政者也感怀之。孔子继承、发展了“知人则哲”“安民则惠”的思想，如《论语·颜渊》篇记载：“樊迟问仁，子曰：‘爱人。’问知，子曰：‘知人。’”孔子所说的“爱人”，包含着“安民则惠”的意思，如孔子赞扬子产“其养民也惠，其使民也义”（《论语·公冶长》），又说“因民之所利而利之，斯不亦惠而不费乎。”（《论语·尧曰》）孔子所说的“知人”，其中一个重要的意思就是知人善任，所以“樊迟未达”，孔子指点说：“举直错诸枉，能使枉者直。”子夏进一步解释说：“富哉言乎！舜有天下，选于众，举皋陶，不仁者远矣；汤有天下，选于众，举伊尹，不仁者远矣。”《论语·子路》篇又记载：“仲弓为季氏宰，问政。子曰：‘先有司，赦小过，举贤才。’”所谓“先有司”就是先设置行政管理之职，“赦小过”就是省刑罚，宽以待民，“举贤才”就是要把贤能之士选拔到行政管理岗位。孔子说：“举直错诸枉则民服，举枉错诸直则民不服。”（《论语·为政》）即若要民众信服，行政官员必须是正直的贤能之士。

孟子也认为，在“君心正”的前提下，君主的首要之务就是“尊贤使能，俊杰在位”（《孟子·公孙丑上》）。如果“贤者在位，能者在职”，就可以“国家闲暇”，“明其政刑，虽大国必畏之矣。”（《孟子·公孙丑上》）孟子又说：“仁者无不爱也，急亲贤之为务。”（《孟子·尽心上》）因为只有“亲贤”，使“贤者在位，能者在职”，才能真正贯彻“爱人”“安民”之旨。

有了“君心正”，又有了“贤者在位，能者在职”，执政者就可以率先垂范，政令畅通，取信于民。《论语·颜渊》篇记载：“子贡问政，子曰：‘足食，足兵，民信之矣。’子贡曰：‘必不得已而去，于斯三者何先？’曰：‘去兵。’子贡曰：‘必不得已而去，于斯二者何先？’曰：‘去食。自古皆有死，民无信不立。’”孔子之所以把“民信之”看得比“足食，足兵”还重要，就是因为执政者必须首先做到“敬事而信”（《论语·学而》），“上好信，则民莫敢不用情”（《论语·子路》）。如果执政者自己没有诚信，那么人民就必然不信任执政者。“人而无信，不知其可也”（《论语·为政》），失去了诚信的国家不能有所成立，此所以执政者的自身诚信，取信于民，从政治管理上说，比“足食，足兵”还要重要。

（五）人与自然的和谐

《论语·述而》篇记载“子钓而不纲，弋不射宿”，即孔子不是拿着大网捕鱼，也不用弓箭射安歇的鸟，这说明孔子对于自然界的鱼、鸟等生灵也怀着爱悯恻怛之心。孟子则说：“亲亲而仁民，仁民而爱物。”（《孟子·尽心上》）以后，宋儒张载有“民吾同胞，物吾与也”（《正蒙·乾称》）之说，程颢有“仁者以天地万物为一体”（《程氏遗书》卷二上）之说，明儒王阳明有“大人者以天地万物为一体”（《大学问》）之说，以及周敦颐“窗前草不除”，张载经常“观驴鸣”，程颢观池鱼“欲观万物自得意”等轶事。这些都体现了儒家追求人与自然和谐的境界。

从有关中国上古的记载看，环境保护在中国文化中有着悠久的传统。如《尚书·尧典》记载，舜曾任命伯益为掌管“上下草木鸟兽”的“虞”官，“虞”就是古代负责生态资源保护的官爵（《管子·立政》：“修火宪，敬山泽林薮树木，天财之所出，以时禁发焉，使民足于宫室之用，薪蒸之所积，虞师之所事也”）。《逸周书·文传》篇云：“山林非时不升斤斧，以成草木之长。川泽非时不入网罟，以成鱼鳖之长。不卵不䴠，以成鸟兽之长。畋猎唯时，不杀童羊，不夭胎牛，不服童马，不驰不骛，泽不行害，土不失其宜，万物不失其性，天下不失其时。”这反映了西周时期的环境保护制度。先秦儒家对此有所继承，如孟子在提出“仁政”思想时说：“不违农时，谷不可胜食也；数罟不入洿池，鱼鳖不可胜食也；斧斤以时入山林，材木不可胜用也。谷与鱼鳖不可胜食，材木不可胜用，是使民养生丧死无憾也。养生丧死无憾，王道之始也。”（《孟子·梁惠王上》）荀子也说：“圣王之制也：草木荣华滋硕之时，则斧斤不入山林，不夭其生，不绝其长也。鼋鼍鱼鳖鳅鳣孕别之时，罔罟毒药不入泽，不夭其生，不绝其长也。春耕、夏耘、秋收、冬藏，四者不失时，故五谷不绝，而百姓有余食也。污池渊沼川泽，谨其时禁，故鱼鳖优多，而百姓有余用也。斩伐养长不失其时，故山林不童，而百姓有余材也。”(《荀子·王制》)

阴阳五行家提出“人与天调，然后天地之美生”(《管子·五行》)，即人类的生产、生活要与自然界的阴阳时序保持协调，然后自然界才会有美好的事物产生。阴阳五行家又提出“圣王务时而寄政”，即圣王的刑赏政令也要按照阴阳时序来安排。这样的思想在《吕氏春秋·十二纪》中集大成，而《十二纪》后来被收入儒家经典《礼记》(称为《月令》)，以致对后儒和中国历史发生了长远的影响。

三、儒家和谐社会理念的历史局限

儒家的和谐社会理念及其几个具体层面，在中国历史上曾经起了积极的作用，促进了中国古代社会的发展。但是，自秦汉特别是汉代“独尊儒术”以来，中国古代社会是否因为有了儒家的和谐社会理念，于是就实现了社会的和谐呢？历史现实的回答是否定的。我认为，儒家之所以不能构建起和谐社会，是因其有历史时代的局限，特别是它受到了秦汉以来的政治制度和经济制度的局限。

(一)经济制度的局限

在先秦儒家中，孟子是最重视经济制度的建立的，故他说：“尧舜之道，不以仁政，不能平治天下。……徒善不足以为政，徒法不能以自行。”(《孟子·离娄上》)孟子所设想的“仁政”就是以一套“立经界”“均井田”的经济制度为基础，使人民生活富裕，然后“谨庠序之教，申之以孝悌之义”(《孟子·梁惠王上》)，从而实现社会的和谐。但此思想可谓“生不逢时”，被生产力发展的水平所决定，当时正是从西周的井田制向土地私有制过渡的历史时期，而在秦国完成这一历史过渡的就是商鞅变法。

商鞅在秦国的第一次变法就是颁布“垦草令”(《商君书·垦令》)，这无疑是在“经界”之外另开辟了生产之源；其中又发令“民有二男以上不分异者，倍其赋”(《史记·商君列传》)，这是以行政命令和经济政策为手段来改变原有的家庭结构，而改变家庭结构也就是改变当时的生产方式，促进土地私有的小农经济的形成。商鞅的第二次变法有“令民父子兄弟同室内息者为禁”(《史记·商君列传》)，这是进一步强令每个壮男必须分别立户，从而确立小农经济以一夫一妻的“男耕女织”为生产单位；又明令“为田开阡陌封疆，而赋税平”(《史记·商君列传》)，这就是把井田制改成小农经济的土地私有制。《汉书·食货志》引董仲舒说：“秦……用商君之法，改帝王之制，除井田，民得卖买。”在此之前则是“井田受之于公，毋得粥(鬻)卖”(《文献通考·田赋一》)。我认为，秦汉以来虽然仍有《诗经》所云“溥天之下，莫非王土”之说，但土地可以“卖买”，豪绅不可侵夺(虽有侵夺的事实，但形式上属于非法)，这已是普遍王权之下的土地私有制[7]。

孟子与商鞅大约同时，当商鞅在秦国变法以“富国强兵”时，孟子或有耳闻，他对此持反对的态度是可以肯定的，故有云“善战者服上刑……辟草莱、任土地者次之。”(《孟子·离娄上》)受历史的局限，孟子对于商鞅变法的深远历史意义是不可能理解的。而土地私有制必然带来的土地兼并、贫富悬殊就是秦汉以来社会不得和谐的一个经济根源。《汉书·食货志》引董仲舒说：“富者田连阡陌，贫者亡立锥之地”，“庶人之富者累钜万，而贫者食糟糠”，这不仅是战国时期的情况，而且也是汉武帝时期的情况。因此，董仲舒想恢复井田制，但又觉得“古井田法"难以"卒(猝)行",于是提出改良之道:"宜少近古,限民名田,以澹不足,塞并兼之路……薄税敛,省徭役,以宽民力……"到了王莽篡汉时,他"动欲慕古,不度时宜",要恢复井田制,下令"更名天下田曰王田,奴婢曰私属,皆不得卖买",但只施行了三年,便"知民愁,下诏诸食王田及私属皆得卖买,勿拘以法"(《汉书·食货志》)。

以后,宋儒程颢在熙宁年间又痛陈土地兼并、贫富悬殊的严重:"富者跨州县而莫之止,贫者流离饿殍而莫之恤",他主张正经界,复井田,以塞兼并之路(《程氏文集》卷一《论十事札子》)。张载也"慨然有意三代之治……论治人先务,未始不以经界为急……尝曰:仁政必自经界始。贫富不均,教养无法,虽欲言治,皆苟而已。"(吕大临《横渠先生行状》)当时,张载和二程都认为"井田至易行",但后来受到重重阻碍,乃至程颐说:"不行于当时,行于后世,一也。"(《程氏遗书》卷十)南宋时朱熹说:"封建井田,乃圣王之制,公天下之法,岂敢以为不然!但在今日恐难下手。设使强做得成,亦恐意外别生弊病,反不如前,则难收拾耳。"(《朱子语类》卷一〇八)朱熹从较现实的眼光看到井田不可复,故又提出"宜以口数占田,为立科限,民得耕种,不得买卖,以赡贫弱,以防兼并"(《朱文公文集》卷六十八《井田类说》)。

由上可知,儒家一直追求的就是要建立一个能够避免贫富悬殊、保障共同富裕的社会经济制度,但受到历史上必然出现的土地私有制的局限,他们的理想在中国古代未免被讥为"迂远而阔于事情"(《史记·孟子列传》),甚至被帝王看作"致乱之道"(《续资治通鉴长编》卷二一三)。事实上,只有在当今社会主义市场经济体制下,把市场的自由竞争与"均无贫"的政策调控维度有机地结合起来,共同富裕的理想才可能实现。

(二)政治制度的局限

"仲尼祖述尧舜,宪章文武"(《中庸》),先秦儒家所肯定的政治制度,一是尧舜二帝的禅让制,二是夏商周三代的世袭封建制。这在春秋战国时期就像经济上的井田制那样,已经不适应当时"礼崩乐坏"、"诸侯力政"、"兵革不休"的变乱形势。孟子"述唐虞三代之德",欲以王道之德政统一天下。而历史的现实是,"商鞅相孝公,为秦开帝业"(《论衡·书解》),秦国是靠着君主集权的郡县制、土地私有制以及"富国强兵"的实力和暴力来统一中国的。虽然汉代在意识形态上"独尊儒术",但其政治制度以及经济制度都是承袭了"秦制",这就是《后汉书·班彪列传》载班彪所说"周之废兴,与汉殊异……汉承秦制,改立郡县,主有专己之威,臣无百年之柄",清代史学家赵翼称"秦汉间为天地一大变局"(《廿二史札记》卷二),近代谭嗣同也说"二千年来之政,秦政也"(《仁学》一)。

在君主集权的政治制度下,儒家的和谐社会理想注定不能实现。董仲舒为使儒家伦理适应君主集权制度而提出了"三纲"之说,"纲"含有绝对尊卑和绝对服从的意义,这在先秦儒家的思想中是没有的。董仲舒说:"《春秋》深探其本,而反自贵者始。"所谓"自贵者始",就是从正君心开始。他说:"故为人君者,正心以正朝廷,正朝廷以正百官,正百官以正万民,正万民以正四方。四方正,远近莫敢不壹于正……而王道终矣。"(《汉书·董仲舒传》)然而,如何保障君主能够"正心"呢?董仲舒提出"屈君而伸天"(《春秋繁露·玉杯》),欲以天的"谴告"或"阴阳灾异"来儆戒人君。这种手段的有限性在董仲舒本人身上就体现出来,有一次他言"高庙"灾异,被汉武帝下狱,"当死,诏赦之,于是董仲舒竟不敢复言灾异。"(《史记·儒林列传》)

理学家二程和朱熹等把"格君心之非"作为治道之本,而他们的"格君心之非"一是劝说皇帝"正心诚意",二是在不得已时也要拿"阴阳灾异"来儆戒人君[8],其失败也是必然的。程颢在劝说宋神宗时，“大要以正心窒欲、求贤育才为先”，而实际结果却是“兴利之臣日进，尚德之风浸衰。”（《程氏文集》卷十一《明道先生行状》）朱熹除了把正君心作为治世的“大根本”外，还提出其他“要切处”，“如论任贤相、杜私门，则立政之要也；择良吏、轻赋役，则养民之要也；公选将帅、不由近习，则治军之要也；乐闻警戒、不喜导谀，则听言用人之要也”，但这些“要切处”都须以“君心正”为前提，“未有大本不立，而可以与此者”（《朱文公文集》卷二十五《答张敬夫》）。

由于“君心不正”，儒家所设想的“选贤任能”、“正朝廷以正百官”或“任贤相”“择良吏”等等就也无从实现。历史的事实证明，执政者的率先垂范不仅需要其自身的道德修养，而且必须在现代社会的民主法治下，对执政者实行有效的监督，对以权谋私、贪渎腐化者给予法律的制裁，才有望真正实现。

（三）君臣之伦与家庭和社会伦理

儒家伦理包含着人类的普遍道德准则，如“忠恕之道”是也，故至今它被称为道德的“黄金律”[9]。然而，儒家伦理也必然是一个时代的社会关系的反映，带有那个时代的特殊性。儒家所重视的社会关系是所谓五伦：“父子有亲，君臣有义，夫妇有别，长幼有序，朋友有信。”（《孟子·滕文公上》）在这五伦中，儒家所最重视的又是“君臣之义，父子之亲，夫妇之别”（《荀子·天论》）的三大伦。在这三大伦中，按照“自然”的顺序，应该是先夫妇，再父子，后君臣，故《周易·序卦》云：“有天地然后有万物，有万物然后有男女，有男女然后有夫妇，有夫妇然后有父子，有父子然后有君臣，有君臣然后有上下，有上下然后礼义有所错（措）。”《中庸》亦有云：“君子之道，造端乎夫妇。”但是在古代男权社会，儒家把父子关系看得比夫妇关系更重要，而且随着战国时期君主权力的提升，对君臣关系的重视也逐渐超过了对父子关系的重视，如在郭店楚简《六德》篇中有“为父绝君”之说，而在《礼记·曾子问》中就已是“有君丧服于身，不敢私服”了[10]。

在秦汉的君主集权制度确立后，“三纲”之说不仅强化了君尊臣卑，而且也强化了男尊女卑和父尊子卑。在社会人伦的尊卑关系下，和谐社会是注定不能实现的。君主集权在宋代以来又被进一步强化，其祸害就是宋亡于元，明亡于清，以致王夫之说：“生民以来未有之祸，秦开之而宋成之。秦私天下而力克举，宋私天下而力自诎。祸速者绝其胄，祸长者绝其维。”（《黄书·古仪》）黄宗羲说：“今也以君为主，天下为客，凡天下之无地而得安宁者，为君也。”（《明夷待访录·原君》）唐甄也说：“自秦以来，凡为帝王者皆贼也。”（《潜书·室语》）

随着对君臣关系的反省，儒家的社会人伦思想也在起变化。如黄宗羲提出君臣关系并不像父子关系那样天经地义，父子之间的血缘关系是不可改变的，与此不同：“君臣之名，从天下而有之者也。吾无天下之责，则吾在君为路人。出而仕于君也，不以天下为事，则君之仆妾也；以天下为事，则君之师友也。”（《明夷待访录·原臣》）在黄宗羲的思想中，“路人”就是平等的关系，而君臣则应该是“师友”的关系。黄宗羲所设想的法制是：“贵不在朝廷也，贱不在草莽也。”（《明夷待访录·原法》）社会人伦没有了贵贱尊卑，才有望实现和谐。

唐甄对于君主制的批判，涉及了对于君主的宫廷后妃制度的批判，他说：“人君之于妻，异宫而处，进御有时，则曰天子之匹与庶人异……不和于家，乱之本也。”（《潜书·抑尊》）这就是说，儒家所期望于君主的“家齐而后国治”，在君主的宫廷后妃制度下，是根本不可能实现的；不仅如此，君主的家庭“不和”，成为国家动乱的根源。唐甄主张“抑尊”，他把君臣之间的“抑尊”引申到家庭伦理的“抑尊”。他说：

君不下于臣，是谓君亢；君亢则臣不竭忠，

民不爱上。夫不下于妻,是谓夫亢;夫亢则门内不和,家道不成。施于国,则国必亡;施于家,则家必丧;可不慎与!(《潜书·内伦》)

所谓"君亢"就是君尊臣卑,所谓"夫亢"就是男尊女卑。唐甄认识到,君尊臣卑就会使"臣不竭忠,民不爱上",他实际上已有摆脱君臣之伦的思想,故云:"君臣,险交也。"(《潜书·利才》)"君臣之伦不达于我也……吾犹是市里山谷之民也,不敢言君臣之义也。"(《潜书·守贱》)唐甄思想的更可贵处,是他认为若使家庭和谐就必须破除男尊女卑。他批判当时的家庭暴力:

今人多暴其妻。屈于外而威于内,忍于仆而逞于内,以妻为迁怒之地。不祥如是,何以为家!……盖今学之不讲,人伦不明;人伦不明,莫甚于夫妻矣。……人而无良,至此其极。(《潜书·内伦》)

在唐甄看来,男尊女卑、家庭暴力是最严重的"人伦不明"、"人而无良"。他认为,"敬且和,夫妇之伦乃尽。"(《潜书·内伦》)也就是说,相互尊敬与和谐才是理想的夫妻关系。那么,如何才能实现这种理想的关系呢?此无他,就是孔子所说的"其恕乎!己所不欲,勿施于人"。唐甄说:

恕者,君子善世之大枢也。五伦百行,非恕不行,行之自妻始。不恕于妻而能恕人,吾不信也。(《潜书·夫妻》)

这就是说,首先要在夫妻之间实行恕道。如果不以恕道而达到家庭的和谐,那么,恕于他人而实现社会的和谐就无从谈起。经过两千年的历史,儒家的人伦道德终于回归了其"自然"顺序,即"人伦之道,造端乎夫妇"。

王夫之、黄宗羲、唐甄等都是明清之际的儒者,他们的思想突破了儒家伦理原有的一些历史局限,具有了近代启蒙思想的一些萌芽。但是,他们所理想的和谐社会在当时也是不可能实现的。只有以民主制取代了君主制,从而新型的家庭伦理和社会伦理有了新型生产关系的基础和政治制度的保障,和谐社会才可能实现。

(四)士人修身与社会的世俗文化

曾有学者认为中国文化是为王权服务的"史官"或"巫史"文化。我认为这只可概括夏商周三代"学在王官"的文化,而不可概括春秋以降"学术下移"、"道术将为天下裂"以后产生的包括儒家在内的诸子文化。从诸子文化的社会阶层载体来说,它属于"士人"文化[11]。孔子首开私人讲学之风,而且"有教无类",主张"举贤才","学而优则仕",这样就培养了一批出身"布衣"(平民)的士人,而且开创了战国时期的"布衣卿相"之局。士为"四民"(士农工商)之首,他们在"学而优则仕"以后就成为社会管理阶层的成员。因此,士具有代表"四民"利益和承担治民职责的双重属性。孔子所说"士志于道"、"君子喻于义",曾子所说"士不能不弘毅,仁以为己任",这都是对士阶层的道德要求;"一箪食,一瓢饮,在陋巷,人不堪其忧,回也不改其乐",这也是士阶层应该达到的思想境界。但是受社会结构、经济状况和知识水平的限制,儒家不能要求农工商阶层也具有这样的道德自觉,故孔子认为必须"先富后教","因民之所利而利之",甚至说"民可使由之,不可使知之。"(《论语·泰伯》)

孟子回答"士何事"的提问,曰:"尚志","仁义而已矣。"(《孟子·尽心上》)他又说:"无恒产而有恒心者,惟士为能。若民则无恒产,因无恒心。苟无恒心,放辟邪侈,无不为已。"(《孟子·梁惠王上》)因此,孟子的仁政思想并不是"仁义而已矣",而是首先要制民"恒产",然后再施以道德教化。此可见,儒家对于士人是讲"义利之辨",并且通过"死生有命,富贵在天"的思想,要使士人"知命",不要"戚戚于贫贱,汲汲于富贵"(《汉书·扬雄传》),要把主要的精力放在自我修身和安民治国上。但对于社会的普遍大众来说,儒家不能这样要求。一般说来,中国的精英文化(或称“大传统”)是与世俗文化(或称“小传统”)相互联系、相互作用的,但二者又有一定的区别:前者的主要倾向是崇尚道义,而后者的主要倾向是重视功利,所谓“天下熙熙,皆为利来;天下攘攘,皆为利往”(《史记·货殖列传》)是也[12]。

孔子说:“务民之义,敬鬼神而远之,可谓知矣。”(《论语·雍也》)他对于《周易》,主张“不占而已矣”(《论语·子路》),“吾观其德义耳”(《帛书易传·要》)。但是,《周易·彖传》中有“圣人以神道设教而天下服”的思想,后来儒家又有“以筮设教”的思想。荀子认为“天行有常,不为尧存,不为桀亡”(《荀子·天论》),在他的思想中“天”完全是自然之天,但他也主张“日月食而救之,天旱而雩,卜筮然后决大事”等活动,认为这是“君子以为文,而百姓以为神”(《荀子·天论》)。因此,在中国古代的世俗文化中充斥着功利性的多神崇拜和求占问卜之风。

现代社会已经改变了中国古代的“四民”结构,农工商等阶层现在已经不仅是政治、经济主体,而且和知识分子一样成为文化主体。在新的社会结构中,特别是在社会主义市场经济体制下,我认为儒家所强调的“君子喻于义”也仍有价值,即行政官员或公务员应该追求社会公义,不要把官场当成市场,把政治生活混同于经济生活,不要在官场上追求自己的最大利益。而对于农工商等阶层来说,儒家的“义利之辨”应该调整为“生财有大道”,遵义而兴利,历史上曾经出现过的“儒商”精神应该得到新的诠释和发扬。

(五)人口和农业生产给自然生态环境造成的压力

儒家虽然追求人与自然的和谐,但其“天人合一”在义理层面更加强调了“性与天道合一”,而没有在发展科学技术和提高生产力的基础上来解决人与自然的协调和可持续发展问题。

“孔子以《诗》《书》《礼》《乐》教”(《史记·孔子世家》),并非没有实用目的。他说:“诵《诗》三百,授之以政,不达;使于四方,不能专对;虽多,亦奚以为?”(《论语·子路》)可见,孔子的教育目的主要是培养一批“学而优则仕”的行政官员。受历史条件的局限,孔子在当时不可能办技术专科性质的学校,故“樊迟请学稼,子曰:‘吾不如老农。’请学为圃,曰:‘吾不如老圃。’”(《论语·子路》)

孟子说:“诸侯之宝三:土地、人民、政事。”(《孟子·尽心下》)当时诸侯国君的“大欲”就是“辟土地,朝秦楚,莅中国而抚四夷也。”(《孟子·梁惠王上》)以后,中国历代君主所追求的也离不开人口众多和地大物博,人口多则赋税、徭役的资源就多,而人口多又需要开辟更多的农耕土地。然而,在科技和生产力不发达的历史条件下,人口的生产和农业的生产必然给中国的自然生态环境造成愈来愈大的压力。我在《中国传统文化与现代经济发展》[13]一文中指出:

中国古代的“天人合一”思想,虽然不主张向自然界无限制地索取,但并没有真正解决如何在发展科学技术、发展物质生产的基础上与自然界保持和谐的问题,因而它在民众的社会生活中远没有得到普遍的贯彻落实。实际上,由于人口的不断增加,垦殖的不断扩大,自秦汉以来,中国的生态环境是一个日趋恶化的过程:秦和西汉是第一次恶化时期,东汉至隋有相对恢复,唐至元是第二次恶化时期,明以后是严重恶化时期[14]。吸取这些历史教训,我们应该清醒地认识到,如无人口的控制,如无科学技术的发展和物质生活的保障,解决人与生态环境的协调问题只能是少数思想家的不现实的“理想境界”。

美国的生态学家沃斯特曾讲到20世纪初白人移民对美国南部大平原的农耕开发,“跟在犁后的尘土”逐渐肆虐于大平原,“农夫们制造了尘暴”,“农民自己无心地引发了他们所遭受的大部分贫困和障碍”，从1935年到1939年“尘暴难民”达到30万[15]。美国在20世纪初所经历的农耕破坏植被、制造尘暴，在中国历史上实已持续了一两千年。美国从20世纪40年代开始重视“土地伦理”、环境保护，而我国由于一直受到人口和粮食的压力，迟至近几年才开始“退耕还林”、“退耕还草”。这说明不仅过度的工业开发会破坏环境，而且过度的农业开发也是如此。虽然在我国的文化传统中有着环境保护的丰厚资源，但我们现实所面对的生态问题要比西方更加严峻。

我认为，保护生态环境和可持续发展必须把“天人合一”的理念同计划生育、发展科技以提高生产力结合起来。同时，还要坚持“以人为本”，实行忠恕之道，只有首先处理好人与人之间的关系（包括当代人之间的关系以及当代人与后代人之间的关系），才能最终处理好人与自然的关系。须知，贫困、战争是对自然的最大威胁，在人与人的“交战”中就没有人与自然的“和平”可言。只有共同富裕、和平发展，才有可能实现人与自然的和谐。

参考文献

[1]虽然西方的“自由、民主、人权、法治”有其历史和文化的特殊性（或特殊形态，我们不能照搬），但我认为，在其特殊性中也蕴涵了人类的普遍价值。

[2]《论世变之亟》，《严复文选》，上海远东出版社，1996年版，第4－5页。

[3]载于《孔子研究》2005年第4期。

[4]梁漱溟先生在上个世纪80年代为“中国文化书院”的题辞。

[5]参见庞朴《天人三式》，载《郭店楚简国际学术研讨会论文集》，湖北人民出版社，2000年版。

[6]参见程树德《论语集释》，中华书局，1990年版，第1137页。

[7]参见拙著《商鞅评传——为秦开帝业的改革家》，广西教育出版社，1997年版，第45页。

[8]参见拙文《程朱的“格君心之非”思想》，载《中国社会科学院研究生院学报》2006年第1期。

[9]参见拙文《忠恕之道与世界和平及环境保护》，载《孔子研究》2005年第4期。

[10]参见拙文《再说“为父绝君”》，载《江苏社会科学》2005年第5期。

[11]范文澜先生曾说：“孔子学说就是士阶层思想的结晶。”“称为诸子百家的士，对文化有巨大的贡献。”见氏著《中国通史》第一册，人民出版社，1978年版，第160、274页。

[12]在中国古代也曾产生金钱崇拜，如西晋惠帝时“货贿公行”，鲁褒作有讽刺性的《钱神论》，谓：“钱之为体，有乾坤之象，内则其方，外则其圆……为世神宝，亲之如兄，字曰孔方，失之则贫弱，得之则富昌……钱之所佑，吉无不利，何必读书，然后富贵……无德而尊，无势而热……危可使安，死可使活，贵可使贱，生可使杀……凡今之人，惟钱而已。”（《晋书·鲁褒传》）

[13]载《哲学研究》1994年第9期。

[14]参见袁清林《中国环境保护史话》，中国环境科学出版社，1990年版，第87－95页。

[15]唐纳德·沃斯特《自然的经济体系——生态思想史》，商务印书馆，1999年版，第266－268页。

（原载《河北学刊》2007年第1期，

作者系中国社会科学院哲学所研究员）

和合、和谐与现代意义

张立文

21世纪人类所共同面临的挑战和冲突，概而言之，有人与自然、人与社会、人与人、人与心灵和不同文明之间的五大冲突，并由此而引发了五大危机，如生态危机、社会危机、道德危机、精神危机、价值危机。它关系着人类的生命存在和利益。为了求索化解此五大冲突之道，追求人类文化的出路和前景，东西方学者从各个层面提出了各种各样的理论、学说和设想，组织了各种机构，做出了许多有益的工作，但效果与价值理想相距甚远。

如何化解生态危机？治理环境污染，防止臭氧空洞，整治土地沙漠化，解决资源匮乏，控制人口生育，防治疾病肆虐。如何解决社会危机？协调国际社会南北贫富不均，东西发达与不发达失衡的冲突；解决逃离经济困境，以及民族冲突战争所造成的难民、移民浪潮带来的紧张、冲突和暴力；制止和预防国际和地区恐怖组织的恐怖活动、黑社会组织、拐卖人口、妇女、儿童以及钱权交易、政治腐败等社会问题。如何解决人与人之间的冲突？化解道德失落、行为失范、社会失序、人际疏离等社会问题；制止尔虞我诈、坑蒙拐骗、假冒伪劣、见利忘义、谋财害命、强暴妇女、杀人放火等危害人际关系的种种丑陋现象。如何消除心灵的苦闷、痛苦、烦恼、焦虑、悲哀、愤怒、压抑等的紧张，获得精神的愉悦、舒畅和快乐？如何化解各文明之间的冲突，使不同文明间能相互理解，宽容地接纳，平等地对话，互爱地尊重，不搞对抗、杀戮和战争？

鉴于此人类所共同面临的五大冲突和危机，世界上任何地区、国家、民族、宗教以至个人，都已深受其害。世界上有远见、有理智、有胆识的思想家、谋略家、政治家面对此情境，都应以全人类的福祉和未来的幸福为担当，以孔子的“己所不欲，勿施于人”的人类良知为准则，以和合学的和生、和处、和立、和达、和爱为指导原理，打破狭隘的地区、地域、国家、民族、宗教等中心的观念，以自觉的全球意识来观照、筹划、设计全人类的生存和发展问题，化解五大冲突和危机，使人人安身立命，享有和乐、和爱的生活。虽然各思想家、谋略家、政治家及各集团的思维方式、价值观念、政治立场、宗教信仰等存在诸多殊异，但由于其面临的冲突和危机是共同的，其价值理想大体相似，便存在着取得各方面大致认同的共同基础。有了这个大致的认同的共同基础，便有可能就早一些化解五大冲突和危机的基本原则、原理达成共识。

中华民族是一个以共和、和谐、和合为贵的民族，它既是民族精神的体现，也是民族的价值理想。和谐、和合的思想在中华传统文化中有着深厚丰富的资源。《尚书·尧典》在说到当时天下各个诸侯国之间应该怎样协调彼此关系时,以"协和万邦"作为指导思想,认为这样黎民百姓才能变恶为善、和平共处,《诗经》说"亦有和羹,既戒既平,鬷假无言,时靡有争"。借"和羹"为例来讲多样性的融合。《易经》讲"鸣鹤在阴,其子和之",相互鸣叫。《乾・彖传》讲"乾道变化,各正性命,保合太和,乃利贞。首出庶物,万国咸宁"。就是说,天道变化,社会与时协行,原有的政治、经济关系和人的等级地位都发生变革而有冲突,就需要各自端正其符合现实的性命,各正其位,各得其所,这样才能"保合太和",只有保合太和,万物才能发育生长,万国才能和谐安宁。中国古代,都把"保和太和"做为一个重要思想来弘扬,故宫就有太和殿、中和殿、保和殿。和合一词较早见于《国语・郑语》:"商契能和合五教,以保于百姓者也。"商契是商代的祖先,他能了解民情,因伦施教,父义、母慈、子孝、兄友、弟恭、百姓和睦,皆得保养。这一思想是西周末年,幽王纵情逸乐,郑桓公为幽王司徒,他与史伯纵论如何"成天下之大功",使社会和谐,人民安居乐业,以及如何协调人与天地、社会的冲突,使和合社会的建构得以实现时说的,史伯还列举"虞幕能听协风,以成物乐生者也。夏禹能单平水土,以品处庶类者也",以及"周弃能播殖百谷蔬,以衣食民人者也"。史伯认为这样的人才能"成天下之大功",周幽王不能以和的思想来治理国家,用同弃和。史伯认为,和使国家兴盛,剸同使国家灭亡,这就是"和实生物,同则不继"的意思。那什么叫作和呢?就是"以他平他谓之和",即承认他者的存在,他者与他者之间应相互尊重,是平等的互动者,相异而融合、和合而成新事物,新方案。也就是说,他与他之间不是一个服从的关系,不是一方主宰一方,一方吃掉一方的关系。这种思想不同于西方主客二元对立的一方吃掉一方的思维。"和"何以能生万物?《国语・郑语》说:"先王以土与金、木、水、火杂,以成百物","杂"即"合也",是多元(五行)因素的和合。这与西方上帝造万物,以及柏拉图的理念、黑格尔的绝对观念等不同,上帝、理念、绝对观念是绝对的唯一正确的、全知全能的,体认了它就等于掌握了绝对真理,与此相反的都是异端,都是要批判的,因而上帝、理念、绝对观念等具有排他性、独裁性。中国不然,它没有设计一个唯一的、全知全能的造物主,所有不同的事物尽管是相对、相反的,但相反才能相成,才能生万物。剸同即是指唯一的、相同的、绝对的东西。《周易・革・彖传》中例举:"二女同居,其志不相得。"相同因素的简单相加是不能化生新事物、新生儿的。就此来观,中华民族从思维源头上就是主张多元、多样的,这也可以说明为什么中国思想有很大的包容性,可以海纳百川,这也是为什么中国没有发生宗教战争。犹太人到中国来可以被同化,清代满人入关以后,基本上被同化,其原因也在这里。在中国的有些寺庙里,共同供奉儒、释、道三教的教主,这在其他宗教寺庙里是不可想象的。

和合一开始是作为一种调整人和人关系的重要思想提出来的,但是又不限于此,至少还应包括一下几个方面:一是要熟悉天地自然和社会矛盾冲突所在,依据对象的本性,加以协调,达到和谐;二是要顺其自然,尊重天地自然和社会的运行规则,达到和谐;三是万物有高下,有高下而有差分,有差分而各得其所,各安其位。万物并育而不相害,和乐繁荣生长;四是增强人类的生产能力,播种百谷,培育蔬菜,丰衣足食,人人富裕;五是提升人的道德水平、文明程度,百姓和睦,皆得保养,以建构和合的社会。此五个方面就是古代中华民族化解人与自然、社会、人际、心灵,以及国家与国家、民族与民族冲突的设想和指导思想。

当然人和人的关系是基本的,它调整好了可以维护社会的安定,如果对人和人的关系处理不好,整个社会也不得安定。人们最重要的生活场所是家庭，这就是我们中国人为什么重视家庭的原因。比如说五伦，由家庭的父子、夫妇、兄弟三伦，然后由父子推到君臣，由兄弟推到朋友两伦。修身、齐家、治国、平天下就由此推衍出来。《左传》昭公二十年，齐景公与晏婴讨论“和”与“同”的问题，晏婴把和的思想运用到政治上，他认为一个君主提出的方案、意见有合理的地方，也有不够合理的地方，那么对一个臣子来说该怎么办呢？不能因为君主说好就说好，君主说不好就说不好，那就剸同了，应该是君主认为行的而其中有不行的，臣指出它的不行之处，而使其行更加完善；君认为不行而其中有可取之处的，臣指出它行的方面而去掉它不行的方面，这就是和的政治智慧，相当于我们现在所讲的政治文明。

和的思想被老子和孔子所继承，孔子述而不作，他继承了《五经》中的思想，把和与同作为区分君子和小人的一个标志和尺度。这一尺度既是人格的尺度，也是道德的尺度，“和而不同”是君子的人格，也是君子的道德，“同而不和”是小人的人格和道德行为。孔子的学生有子说：“礼之用，和为贵。”先王都以此作为最好的道德。在孔子的思想中，礼实际上是外在的表现，是等级的典章制度，是维持社会稳定的秩序。如果没有礼，手和脚都不知道往哪里放。礼体现了伦理精神和道德行为规范的价值合理性。礼的作用和功用，其所要达到的目标，就是和。

道家和墨家都强调和。道家把和不仅看成是人与人之间协调、和谐的关系，而且从万物生成和本体上讲和。“道生一，一生二，二生三，三生万物。万物负阴而抱阳，冲气以为和。”从整个宇宙的生成来看，三生万物，三就是多的意思，万物蕴涵着阴阳对待的关系，从而构成冲气，冲气就是和。

墨子认为和合是和谐、协调个人、家庭、国家、社会关系的根本原理、原则，是家庭、社会、国家不分裂的聚合剂。他说：“是以内者父子兄弟作怨恶，离散不能相和合，天下之百姓，皆以水火毒药相亏害，至有余力不能以相劳，腐臭余财不以相分，隐匿良道不以相教，天下之乱至若禽兽然。”他认为，国家、社会动乱的原因就在于“不相爱”，“兼相爱”，天下就能协调、和谐而治。

由和的思想就可以看出中西思维的差分：西方泰勒斯的水、赫拉克里特的火、德谟克里特的原子等，都是实体的，不可以入的，具有绝对性；中国的思想则是多元的、可入的，具有包容性。

和合思想强调融突的多元性，主张生生。《周易》讲“天地之大德曰生”，“生生之谓易”，易是天地万物的变化、国家制度的变迁，中国古代讲变化思想往往与生生相联系，也就是说，只有生生才是可以不断发展的，所以说生生是中国哲学的本质特征。

在上古汉语系统中，“和”字有两种左右组合造型：一种是从龠禾声的“龢”，最早见于甲骨文，它的本义是指从三孔（或六孔、七孔）定音编管内吹奏出来的标准乐曲，以便调和各种音响；另一种是从口禾声的“和”或“口禾”字，最早见于金文。其本义是指音声相和，旋律合韵。“合”字是上下组合造型，从亼从口，在甲骨文和金字文里，“合”字像容器与盖子合拢之形。许慎的《说文解字》认为：“合”的本义是“合口”，有覆盖的意思。“合”字的总体意象是：广泛采集众多元素，汇合纳入口中，覆盖发酵，酝酿出新生态。《周易·文言》讲，“夫大人者，与天地合其德，与日月合其明，与四时合其序，与鬼神合其吉凶”，就是说人与天地、日月、四时、鬼神是相互符合、相互匹配的。中国人把天地看成是有德性的，人、社会也是有德性的，人道与天道是相符合的。人以其明察与日月光明相符合。四时有顺序性、规律性，国家、社会也有规律性、次序性，不能朝令夕改，人和人之间也有次序，没有次序就乱套了。人的赏罚与鬼神福

善祸恶相合。孟子把这个思想发挥为“天时地利人和”,这个人和,是和天时地利相对应的,人不和的话,天时地利再好也无效用。构建和合社会不是单一的社会问题,而是在天地人冲突、融合中达到和谐、协调、和合。孟子进一步追究了和谐、和合内在的心理基础和人性基础,那就是恻隐之心,一个小孩往井里爬,不管认不认识这个孩子,都会救它,既不是为了名誉,也不是为了地位,更不是为了讨好孩子的父母,而是一种内在的不忍人之心使然。这种“不忍人之心”是人的本性,它不是外在的他律,若人人具有这种善心,社会就会和谐。

和谐有协调、谐和、调和、和合的意思。谐,《说文》:“谐,洽也,从言皆声。”《六书统》:“谐,洽,从言从和,合众意也。”每一件事情、方案、措施若符合大众的意见,便是民心所向,就能协调、和谐。《玉篇》又训“谐,和也”。和谐主旨是和。《左传》襄公十一年记载:“八年之中,九合诸侯,如乐之和,无所不谐。”诸侯国之间取得和谐、协调。《晋书·挚虞传》:“施之金石,则音韵和谐。”

和谐是指人与自然、社会、人际、民族、种族、国家、宗教、心灵、文明间各种错综复杂关系的协调、谐和、和合。和谐既具有理想价值,也具有实践价值。它不仅是个人自由与社会公正、公平价值的融突,也是个人、家庭、国家、社会富裕、发展与合理、合法、诚信、明德、友爱等社会公德的价值取向的融突,又是普遍理性与特殊情感的价值状态的融突。此三者融突的价值导向是和谐、协调、和合。所以就和谐的自身内容及形式而言,是和谐而不是动乱,是和合而不是分裂,是协调而不是冲突,动乱、分裂、冲突只是和谐、和合、协调中出现的一种负面的、暂时的状态,是被化解的状态。

和合、和谐是中华民族传统文化思想的重要命题与核心价值,是心灵关怀与价值理想,是精神家园与终极关切。它不仅具有现实的意义,而且具有普世价值。从实践价值而言,和谐、和合需要人格物、致知、诚意、正心、修身,意诚而后心正,心正而后身修,心正、身修而止于至善;人人有一颗和善的心,即“不忍人之心”,推之家庭,家庭和爱,不仅要父义、母慈、兄友、弟恭、子孝,而且要全家遵纪守法、廉洁奉公,杜绝后门,这样才能家和万事成;由家庭推及人际,人与人之间要讲诚信,诚是真实无妄,它是五常之本,百行之源。信是诚实不欺,遵守诺言。孔子的学生子贡问如何治理国家政事,孔子认为可以“去兵”、“去食”,但不能“去信”,自古以来人都免不了要死,“民无信不立”。人讲诚信便能立于世,国家讲诚信,人民就拥护它,诚信使人际关系得到和立,由人际推及社会,社会关系复杂,贫富差距愈来愈大,资源分配不均,强势与弱势群体对立,而出现动乱战争,恐怖活动、谋财害命等。社会需要和达,人民需要安居乐业。“道并行而不相悖”,这是化解社会冲突的有效选择。不能以冲突化解冲突,以恐怖反对恐怖,以战争反对战争,其结果是反恐愈反愈恐,战争愈演愈烈,冲突愈来愈深。应通过对话、谈判、谅解、和解的通达途径来消除冲突。《荀子·王制》主张“和解调通”,通过协调、会通、和谐,而获得和解;由社会和谐而推及世界,世界要和平,要“和而不同”。《国语·周语下》:“声不和平,非宗官之所司。”《管子·正》:“致德其民,和平以静。”施德于民,秩序安定。当今世界,各国、各民族、各地区的社会制度、宗教信仰、价值观念、伦理道德、行为方式、风俗习惯差分、不同,但可以达到和平共处;由世界和平推及宇宙自然,人类参与宇宙空间及自然开发活动愈来愈频繁,冲突亦凸显出来。人类应与宇宙自然和美相处。“夫大人者,与天地合其德,与日月合其明,与四时合其序,与鬼神合其吉凶。”人要与天地、日月、四时、鬼神相配合、和合,这样便构成了人心和善(不忍人之心)→家庭和爱→人际和立→社会和达→世界和平→宇宙和合的逻辑结构，体现了中华民族的民族精神和中华民族传统文化的精髓。

和合、和谐之所以是中华民族传统文化的精髓就在于：

第一，超前性。先秦是一个诸侯争霸、社会动乱、战争频繁的时期，所以孟子讲春秋无义战，诸子从人与自然关系、社会制度、人的道德、乃至人性的层面，凝炼出和谐、和合的思想。汉代，和谐、和合思想被运用到社会典章制度、医学、农学、天文、算学，以及外交、生活的各个方面，从而培育了中华民族包容平和的精神，而具有超前性，他们在动乱的残酷社会现实中看到了中华民族必须走向和谐，这样人们才能安居乐业。孟子讲要有恒产，不然的话生命无法保障，所以《周易·系辞下》就讲"天下同归而殊途，一致而百虑"，尽管你有百虑、殊途，但最终要同归、要一致。这个一致就是要和谐、和合。

第二，深刻性。当时哲学家探讨的一个重要的问题，就是人和万物从哪里来，到哪里去？轴心时代的哲学家都面临这样一个问题，但不管是古希腊的水、火、原子，还是印度《奥义书》所讲的地、水、火、风，以及埃及所讲的冷水，都具有直观性，都是在寻找万物背后统一性的根源。中华民族在先秦时就提出"和实生物"的思想，"和实生物"强调新生事物的化生是多元和合。所谓和，是"以他平他谓之和"。多元要素、事物的融突和合是"他"与"他"者的关系，承认他者的存在，就要对他者尊重，而且是平等、平衡的关系，而不是一方吃掉、克服一方的关系。所以"和实生物"就是"土与金木水火杂，以成百物"，杂就是杂合。《周易》中也对"和实生物"有所解释："天地絪缊，万物化醇，男女媾精，万物化生。"天地、男女是阴阳冲突两极，絪缊、媾精是融合，冲突、融合而形成新事物的和合体。讲得比古希腊、印度、埃及深刻、完善。

第三，适应性。和合思想所依据的是中华民族社会的现实、深厚的文化资源，以及人内在的思维方式。《周易·系辞下》讲"为道也屡迁，变动不居，周流六虚，上下无常，刚柔相易，不可为典要，唯变所适"。天道变迁，阴阳刚柔变易，社会发展日新，理论思维也要与时偕行，以适应社会发展日新的需要。理论思维只有关怀社会、关怀现实、关怀生活，才能生生不息，日新而日日新，而适应社会的需要。

第四，效用性。和合思想具有很强的操作性，我在《和合学概论——21世纪文化战略的构想》的下卷，形上和合的和合自然科学、道德和合的和合伦理学，人文和合的和合人类学，工具和合的和合技术科学，形下和合的和合经济学，艺术和合的和合美学，社会和合的和合管理学，目标和合的和合决策学等用的层面做了论述。当今世界，无论在政治、经济、制度、文化、道德、观念、生活、审美、交往等各个方面，中华民族的和合精神、和谐理念，具有重要的理论价值和实现意义。

（原载《江汉论坛》2007年第2期，
作者系中国人民大学哲学系教授）

中和文化论纲

罗 炽

一

中国的文化传统是由殷周时期的《易经》所奠定、经由战国时期的《易大传》而形成的易文化传统。《易大传》所开出的儒家易学与道家易学是中华文化传统的两大主流。后汉时期西来的佛学在其中国化的过程中,因儒道二家的影响而渐与易道契合,是以形成文化传统的儒、道、释三家文化并立的状况。所谓“三教合一”,正是中国传统文化“一致而百虑,殊途而同归”的表征和必然发展趋势。

中华易文化传统的本质是中和与变易。和言其体,变言其用。《系辞传》谓“刚柔相推而生变化”;“易,穷则变,变则通,通则久”;“一阖一辟谓之变,往来不穷谓之通”。这是说,易道就是通过变革在刚柔、阖辟,亦即在阴阳矛盾之间求取中和,使其发展通达恒久。可见中和是中华易文化传统最基本的价值取向。《中庸》谓:“中也者,天下之大本也;和也者,天下之达道也。致中和,天地位焉,万物育焉。”这正是这一价值取向的完整表达。

作为社会范畴的中和,从文本意义上谈初见于《中庸》。此前,因其是并列结构而作单名使用。前者是从事物的本原、本质上说;后者是从事物的表现形式、规律性方面说。

在甲骨文和金文中,“中”字较多见。或以战阵中的旗帜,标示中心之义;或测量日影,标示时间之义。合空间与时间观之,中便被赋予了中正的意义,从而也便具有了道德的含义。《易经》“中”字凡13见,频率较高,其用作判断的地方,如“中吉”,处中则吉,明显地表达了尚中的观念。至于《泰》、《复》、《益》、《夬》等卦中出现的“中行”概念,亦体现了中道的意义,其对于尔后各学派的社会价值取向都产生了积极的影响。

见存于其他原典,如《诗》、《书》、《礼》、《春秋》等,“中”字亦出现得较多。以《书》为例,今、古文《尚书》合观,“中”字凡49见。如:“汝分猷念以相从,各设中于乃心。”“尔克允观省,作稽中德。”“咸庶中正”等,多是从中直、中正、中德等道德意义上使用“中”。尔后儒家及秦汉以后的儒者,咸以“中”、“中行”为高尚、正直之德,视其为作人处世、为政经国的道德准则。如孔子曾感慨:“不得中行而与之,必也狂狷乎!狂者进取,狷者有所不为也。”(《论语·子路》)。孟子很理解孔子,他说:“孔子岂不欲中道哉!不可必得,故思其次也。”(《孟子·尽心下》)。至于荀子,则对“中”作了道德哲学的界说。他说：

先王之道，仁之隆也，比中而行之。曷谓中？曰：礼义是也。……凡事行，有益于理者，立之；无益于理者，废之，夫是之谓中事。凡知说，有益于理者，为之，无益于理者，舍之，夫是之谓中说。事行失中谓之奸事，知说失中谓之奸道。（《荀子·儒效》）

道家释“中”为事物的普遍法则，即中道。如老子说：“道中（冲），而用之或不盈”；“万物负阴而抱阳，中（冲）气以为和”，故应谨守中道。庄子亦如是。他倡“环中之道”，认为执其环中，就可应无穷之变。譬如养生处世，他说：“为善无近名，为恶无近刑，缘督以为经，可以保身，可以全生，可以养亲，可以尽年。”（《庄子·养生主》）人背脊之经络为督脉，“缘督”即是循中道。

关于“和”，在《易经》中亦有直述。如“中孚”卦之九二爻辞说：“鸣鹤在阴，其子和之，我有好爵，吾与尔靡之。”意谓鹤与其偶相互唱和，和乐相处。《易传》亦有多处论及“和”。如《系辞下传》：“《復》，和而至”，“《履》以和行”；《说卦传》：“和顺于道德而理于义”；《文言传》：“利者，义之和也”；《彖传·乾》：“保合太和，乃利贞”；《彖传·咸》：“圣人感人心而天下和平”；《彖传·夬》：“健而说，决而和”；《象传·兑》：“和兑之吉，行未疑也”；《象传·中孚》：“其子和之，中心愿也”；等等。此处之太和、和平，和兑（悦），都是“和”范畴的经典表述。至于其他原典，论“和”之处亦多见。如今古文《尚书》中，论“和”凡44见，且多是作为处理人际关系的准则。如“克敬于和”、“协和天下”、“协和万邦”、“咸和万民”、“尔惟和哉”等。春秋时期，各诸侯国咸以“以德和民”作为重要的治国之道。然则从哲学范畴的高度论“和”，当是先见于《国语·郑语》所载西周末年史伯对郑桓公的一段话：

夫和实生物，同则不继。以他平他谓之和，故能丰长而物归之；若以同裨同，尽乃弃矣。故先王以土与金、木、水、火杂，以成百物。是以和五味以调口，刚四肢以卫体，和六律以聪耳，正七体以役心，平八索以成人，建九纪以立纯德，合十数以训百体。……故王者居九畡之田，收经入以食兆民，周训而能用之，和乐如一。夫如是，和之至也。于是乎先王聘后于异姓，求财于有方，择臣取谏工而讲以多物，务和同也。（《国语·郑语》）

这是一段以“和”“同”论政的政治哲学。史伯指出，周幽王政治腐败，亲小人而远贤人，去和而取同，必致灭亡。他认为“和”是将相关联的事物协调平衡，使之有机结合，不断产生新的事物，反之便会“不继”。五行相生、五味相和、六律相调，以至于成人、修心、育德、治国，莫不如是。史伯的这段话深含了治国的辩证法。

史伯的和同观，后来齐国晏婴作了进一步发展。据《左传·昭公二十年》载，首先，晏婴指出：“和如羹焉”。就像“宰夫”（厨工）烧菜，将各种佐料进行调剂使其味道适中，以此喻“和”的本质是事物的有机融会、相互渗透。其次，晏婴将“和”的内涵延伸到“君臣亦然”。他说：“君所谓可而有否焉，臣献其否以成其可。君所谓否而有可焉，臣献其可以去其否。是以政平而不干，民无争心。”这是说君臣之间不同政见（可与否）的存在是正常的。两者若能相互否定，相辅相成，就会实现“民无争心”、政治和谐的社会。反之，举国上下，只有君主一个声音，如“琴瑟之专一”，那就不和谐了，故“同之不可也如是”。

孔子亦鲜明主张取和而去同，认为这是区分“君子”与“小人”的一项标准：“君子和而不同，小人同而不和。”（《论语·子路》）孔子的理论贡献，更多地在于将“和”与“中”结合起来理解。他之喜欢韶乐而厌恶郑声，就是因为韶乐“乐而不淫，哀而不伤”（《论语·八佾》），中而不过；而郑声则相反，故“恶郑声之乱雅乐也”

(《论语·阳货》)。他说:“君子贞而不谅”;“君子矜而不争,群而不党。”(《论语·卫灵公》)“君子惠而不费,劳而不怨,欲而不贪,泰而不骄,威而不猛”(《论语·尧曰》),但求中庸。

道家论和,多以气言,强调调平阴阳之气和人与自然之间的和谐,以修性命。老子认为“和”乃阴阳二气之中和;至和的状态如同婴儿、赤子,大朴未亏,二气未失衡。懂得和,也就懂得了常然之道,故“知常曰明”。而人长生久视(益生)之道,也就在于塞兑、闭门、挫锐、解纷,不受外物以及各种社会矛盾的影响和干扰,玄同万物,泯灭亲疏、利害、贵贱,与之相处以和。窃观庄子的生命哲学,其大旨亦在于此,只是消极一些罢了。此后的黄老道家,更进一步提出了“太和”范畴。他们视太极、太乙为同一系列范畴,认为阴阳二气相激荡、相倚伏,絪缊一体便是太和,便是万有化生之渊源。此说从见存典籍来看,自战国“楚简”、《吕氏》、《内经》至汉之《淮南》以及主张独尊儒术的《春秋繁露》、自认“合于黄老之论”的《论衡》,都可见相关论述,延及于北宋之横渠、明清之船山,可谓影响深远。这其间所沿续的,实际上是一条《易》之中和文化传统之链。而佛教之“中观”学说亦与之相映成趣,相辅而相成。

二

从经世的政治形上学看,传统的中和文化亦即和谐文化,是人类社会最理想的一种高尚的文化形态。它具有如下一些因素与特征。

第一,中和文化是一种至善的文化。按“善”本为会意字。《说文》谓:“善,吉也,此与义、美同意。”可知善与义、美为同系列的概念。其升华为伦理范畴,则是指与一定的道德原则和规范相一致的观念或言行。一定的道德原则和规范则是不同时空不同利益关系的人群以自身的中正、中和、中庸、中行观为其价值判断和价值取向的。《易·系辞上传》还特别对《易·中孚》九二爻辞之“鸣鹤在阴,其子和之”作了如下衍译:

君子居其室,出其言善则千里之外应之,况其迩者乎?居其室,出其言不善则千里之外违之,况其迩者乎?言出乎身加乎民,行发乎迩见乎远。言行,君子之枢机。枢机之发,荣辱之主也。言行,君子之所以动天地也,可不慎乎!(《易·系辞上传》)

这是说,君子之治,其言行善,则四方之民必远悦近来,和谐与共;反之则得其反。故言行之道德(善)与否,是君子能否感动天地,凝聚人民,保持尊势的关键。再如《坤·文言》说:“君子黄中通理,正位居体,美在其中而畅于四肢,发于事业,美之至也。”这也是就中和之德言。孟子称赞汤的德行时说:“汤执中,立贤无方”;称赞孔子“不为已甚者。”(《孟子·离娄下》)《中庸》在释中和的时候说:“喜怒哀乐之未发谓之中,发而皆中节谓之和。”此亦是从道德修养方面阐释中和。朱熹即认为此是言“性情之德,中和之妙”(《朱文公文集》卷32)。喜怒哀乐之情存于心中未表现出来是为天命之性。而性,据孟子说,是先验的善,故是“中”;一当表现出来,便是情。情因接物不同而有善恶之分。所谓“中节”(合乎伦理规范)之情,便为“和”。而“发而皆中节”,除圣人外,多数人必须进行道德修养才能达到,故“和”又是一种道德境界。《中庸》更把实现中和设定为一种崇高的道德理想;同时又把“极高明而道中庸”、“尊德性而道问学”作为实现中和的必由之路。

先秦道家论“善”,主要是将道德范畴的内涵延伸到自然生态环境和人的生理和心理素质,而“善”便具有一种完善的含义,中和亦因之被赋予一种自然完美的意蕴。道家以“道”为一种“负阴抱阳”的最完美的中和之气,视其为超越时空、超越感知的万物生成之“母”,“万物之奥,善人之宝”。老子称其为混成之“玄德”;庄子则称为“混沌”。这种未凿之朴,乃是道德充盈的絪缊浑沌状态,是天地自然之“大美”。圣人可据天地之美而领会中和之德。是故“与人和者,谓之人乐;与天和者,谓之天乐。”(《庄子·天道》)

第二,中和的深层本质是一种动态平衡。这种动态平衡,在《易》是通过爻变去寻求的;《易经》之卦爻辞,便是卜师问卜求中的记录。在《易传》则称为“一阴一阳之谓道”。此“一阴一阳”是对阴阳二气絪缊消长、聚散转化的一种动态描述。换言之,阴阳的动态平衡,正是气的存在方式。此所谓“道”即是中和之道,《易》之《彖》称其为“太和”,亦即气的运动规律。北宋张载说,道之所以谓之太和,是因为其“中涵浮沉升降、动静相感之性,是生絪缊相荡、胜负屈申之始。其来也几微易简,其究也广大坚固。……散殊而可象为气,清通而不可象为神。”(张载:《正蒙·太和》)王夫之在其《张子正蒙注》中作了进一步发挥。他说:

> 太和,和之至也。道者,天地人物之通理,即所谓太极也。阴阳异撰,而其絪缊于太虚之中,合同而不相悖害,浑沦无间,和之至矣。未有形器之先,本无不和;既有形器之后,其和不失,故曰太和。……太和之中,有气有神,神者非它,二气清通之理也。不可象者,即在象中。阴与阳和,气与神和,是谓太和(王夫之:《张子正蒙注》)。

王夫之认为,太和是体用、动静、性情的辩证统一。“气以成形,神以居理;性固具足于神气之中”,“人能存神尽气以保合太和”。“修人事以肖天德”,这便是理想的太和、中和之境。这是和文化的创造性发展。

第三,中和的社会意义是指和谐的人类社会。自从“人猿相揖别”,人类的先祖便在自发地寻觅最适宜于自身生存与发展的生态环境,同时也在对环境改造的文化实践中改造着自己。当这种自发的行为升华为有一定意识为指导的自觉的行为时,人类社会已经迈越了一个漫长的过程,进入了奴隶制国家的时期。这种自觉的意识,表现为利用礼乐制度和武力维系夏王朝这种家国同构的奴隶制国家的“和谐”。因为进入阶级社会以后,社会的基本矛盾便从人与自然的矛盾转变为统治阶级与被统治阶级之间的矛盾。维系社会的中正和谐,使政权长治久安,这便是尔后统治阶级共同的价值取向。正因为人的目标是生存和发展,而人的生存和发展都是在一定社会环境中进行的,所以中和的基本要义是指和谐社会。

人类的和谐社会是一个内涵丰富的概念。依传统观念,首先,和谐社会应该是一个天人合德的社会。无论儒家或道家赋予“天”何种不同的内涵,但将中和规范为天人合一于德这一价值目标则是共同的,从而形成了“天人合一”的一整体思维方式。自“有夏服天命”以来,在统治阶级的思想意识里,天便是最高的人格神。“天生烝民,有物有则;人之秉彝,好是懿德。”(《诗·大雅·烝民》)天能赏善罚恶,济困扶危,是最高的道德楷模。人应该“以德配天”,不违天命。孔子说:“获罪于天,无所祷也。”孟子说:“天降下民,作之君,作之师,唯曰其助上帝宠之。”因此他主张“修身以事天”,“行法以俟命”,天人合德于“诚”。董仲舒更是立于当时兴起的天人之学思潮,运用天人感应论,提出了“天人之际,合而为一,同而通理”;“天人相与之际,甚可畏也”的论题,从而构架了一套屈民而申君,屈君而尊天的天人合德学说。

先秦道家则认为天是与人相对应的自然界,以德为天地自然的本质属性,或称天之道,以为天之道无为而自然,最公正无私,所谓“天道无私,常与善人”;“天之道,损有余而补不足。”(《老子》)因此,人之道应“法自然”,顺应自然规律,与天地合德。人应当“和之以是非而休乎天钧”(《庄子·齐物论》),“尽其所怀,为天下配”。庄子说:得道之人应该是与造物者为友,“以天为宗,以德为本,以道为门”,“以天待人,不以人入天”;“不以心捐道,不以人助天”;“无以人灭天,无以故灭命,无以得殉名”。庄子这些话语无非是说,人与自然应和谐如一地相处,而不可以人事人为地干扰、破坏自然,损害天人之际的和谐与平衡。他说:“去智与故,循天之理,……虚无恬淡,乃合天德。”从政治伦理看,天人合德要求人们加强思想道德的修养,将天德贯彻于身心,使言行发而中节,从容中道,以德配天。从生态伦理看,天人合德要求人们遵循天道,“抱德炀和以顺天下”,不以智巧去肆意破坏生态环境。《庄子·胠箧》说:“夫弓弩毕弋机变之知多,则鸟乱于上矣;钩饵网罟罾笱之知多,则鱼乱于水矣;削格罗落罝罘之知多,则兽乱于泽矣。”《庄子·应帝王》中关于浑沌之死的寓言,其实是对人们以智巧破坏生态和谐必将产生严重后果的警告。

其次,和谐社会应该是一个人际和谐的社会。此所谓人际和谐,包含以下几个层面。其一是指社会的人与人之间的和谐关系。这种关系,儒家率以“仁”来表述,孔子所谓“仁者爱人”。孔子说:“能行五者于天下为仁矣。曰:恭、宽、信、敏、惠。”(《论语·阳货》)这是孔子列出的人际和谐关系的五个德目。墨家则将这种人际间的和谐关系称为“兼爱”。墨子认为“兼相爱”则“交相利”。“人与人相爱,则不相贼。……天下之人皆相爱,强不执弱,众不劫寡,富不侮贫,贵不敖贱,诈不欺愚。”(《墨子·兼爱中》)这是无差别的中和社会。这里所描绘的是人际间平等相爱的关系,再进一层还有人伦之间的关系。儒家谓君臣、父子、夫妇、兄弟、朋友之间的关系为“五伦”,要求君仁臣忠、父慈子孝、夫妇和顺、兄弟礼让、朋友信义,以维系和谐。这种伦常关系的和谐,是以牺牲人的人格平等为代价的,但它比“仁爱”说更真实。循此更进一层还有个人与社会阶层、集团、阶级等集体以及与国家之间的和谐关系。作为社会的人,在阶级社会,总是因不同的阶级利益而决定彼此之间的关系。其中阶级利益根本对立的阶级决定了彼此之间的统治与被统治、压迫与被压迫的关系。这种关系的本质是历代政治家和思想家所看不到的,因而其和谐观也就不能彻底,往往流于空想。

三

如何构建社会主义社会的和谐社会?这是一个大课题。尽管社会主义和谐社会与剥削阶级的社会和谐观在价值判断和价值取向上有着本质不同,但从方法论视角对前人“致中和”的论题进行一些检讨,依然是必要的,有些经验和教训也是值得借鉴的。

在维系社会和谐方面,历代思想家和政治家曾多有论述,大体上可以分为中和论和礼法论,亦有主张中和与礼法兼采之者。这些言论在今天看来,各有其正面或负面的价值。如处于春秋末期的孔子,承袭了夏商周三代以来宗法奴隶制的传统,倾向于以血亲关系维系君臣父子之间的等级伦理,再辅之以仁政。后来孟子将其发展为王道政治论和“五伦”说以及“民贵君轻”论。与孟子不同的地方是,孔子在施政方略上提出了“宽猛相济”的主张,认为“政宽则民慢,慢则纠之以猛,猛则民残,残则施之以宽。宽以济猛,猛以济宽,政是以和”(《左传·昭公二十年》)。这是一种以均势临民的手法。而孟子则主张与民同忧乐,共患难,所谓“乐以天下,忧以天下”(《孟子·梁惠王下》),故是一个很大的进步。孔孟相左,墨家则提出了“兼以易别”的治平主张,即以无差等之爱消除社会矛盾。在这方面,道家与儒家多少有相似之处。老子鲜明地反对贪得厚欲,以为民之饥以至铤而走险,乃是“其上食税之多”引起的。他主张统治者应该效法天道，“损有余而补不足”，“去甚去奢去泰”，以“烹小鲜”的态度去临民，做到“无为”而治。战国晚期的儒家荀子则提出了“隆礼重法”以平治天下的观点。他主张以礼法制度劝谕百姓“明分使群”，安于所业。循此，法家韩非在孔孟的尊君伦理学说和道家贵道论以及墨子“尚同”论的基础上，将荀子礼法论推向了极致，提出了“事在四方，要在中央，圣人执要，四方来效”的“君权绝对论”。他说：“道无双，故曰一。是故明君贵独道之容。君臣不同道，下以名祷。君操其名，臣效其形，形名参同，上下和调也。”（《韩非子·扬榷》）在方法上，韩非主张以法术势相结合的法治手段，用严刑重赏“二柄”以安民，但却流为李斯之流的残酷而终秦之世。此后千余年的中国封建社会所出现的所谓“文景之治”、“开元之治”、“贞观之治”、“康乾之治”，从思想路线看，应该说是批判地吸取了前人“致中和”的理论与实践成果和失败教训的。

对具体问题进行具体分析是马克思主义的活的灵魂。我们今天所要构建的和谐社会与前人的理想治世有着根本的差异。我们的政权是人民民主政权，不同于以往的剥削阶级专政；我们所谓的和谐是在这一前提下的中华各族人民的和谐。这是中华各族人民根本利益一致基础上的友好、平等、团结和相互理解、促进的和谐。此外，我们今天正处在国际交往频繁的时期，而且是一个全球化的社会。国际之间的利益关系不仅制约着全球和谐关系的构建，而且也深刻地影响着世界各国构建自己的和谐社会。因此，如何平衡阴阳，化解矛盾，促进我们社会主义社会的和谐与发展，乃是一个十分突出的现实问题，它关系到中华民族的振兴与全面发展。

在构建社会主义和谐社会方面，丰富的传统文化资源无疑是重要的源头活水。首先，在协调人与自然的天人关系方面，思想家们对向自然界肆意毁坏、无度索取的行为进行过尖锐的批判，提出了不少重要的理论，涉及到对自然界的开发与利用、水土保持、野生动植物的维护、生态环境的保护等问题，今天仍有重要的借鉴意义。其次，在人际关系问题上，思想家们所提出的“民为贵”的民本思想，“忠恕孝悌”的仁爱思想，“忧以天下，乐以天下”的亲民思想，“患不均”的均平思想，“隆礼重法”的政治思想，“法不阿贵”的法治思想，“协和万邦”的民族平等思想，“革故鼎新”的变通思想等等，都具有十分重要的批判借鉴意义。

我们必须看到，和谐是一种矛盾相对的、动态平衡的状态，如阴阳之絪缊。所以，一方面，我们要看到矛盾着的双方，具有新生活力的否定一面克服肯定一面的必然性，因而要“与时谐行”，“趋时更新”；当矛盾发展到尖锐程度，不失时机地以变革而求通，营造一种新型的和谐状态。其在易道，叫作“穷则变，变则通，通则久”。另一方面，则是要深刻认识矛盾絪缊变化的一般规律和具体规律，实行宏观调控，使矛盾的平衡保持一种最佳状态。其在易道，叫做“保合太和”。儒家所谓“执其两端，用其中于民”，道家所谓“多闻数穷，莫如守中”，都是讲的这个意思。

（原载《江汉论坛》2007 年第 2 期，作者系湖北大学哲学系教授）

中华和谐文化的思想资源及其现代意义

——兼论当代文化发展战略

吴 光

自从中共十六届四中全会提出“建设社会主义和谐社会”的号召以来，许多理论文章从历史与现实、理论与实践的结合上，探讨、阐述了中国传统文化中的和谐思想及其现代意义，并对构建和谐社会、和谐世界作出了丰富多彩的论述。本文拟对中华和谐文化传统的思想资源及其现代意义作出较为具体的理论探讨，并就建设和谐社会的文化发展战略问题略陈管见。

一、中华和谐文化传统的思想资源

在中华文明的思想宝库中，有着非常丰富的和谐思想资源。无论是儒家、墨家还是道家以及佛教，都提倡人与自然的和谐、人与人的和谐以及全社会的和谐，从而形成了有别于法家专制主义、西方征服主义及斗争哲学的和谐文化传统。

儒家的和谐思想包括三个层次：第一层次是讲人与自然、人与宇宙万物的整体性和谐。其典型的范畴与命题即北宋大儒张载所概括的“天人合一”①、“民胞物与”思想，以及程颢《识仁篇》概括的“仁者浑然与物同体”的“万物一体”思想。《周易·乾卦·文言》曰：“大人者，与天地合其德，与日月合其明，与四时合其序，与鬼神合其吉凶。先天而天弗违，后天而奉天时。”这就是典型的“整体和谐”思想。孟子所谓“万物皆备于我”、“尽心知性则知天”的思想，《中庸》所谓“能尽人之性，则能尽物之性……则可以赞天地之化育，则可以与天地参”的思想，都是与《周易》的思想一脉相承的。第二层次是讲人与社会、人与人的群体和谐。《尚书·尧典》所谓“百姓昭明，协和万邦”的思想，宣扬的是邦国之间、族群之间的和谐局面，而《礼记·礼运》中描述的“天下为公，选贤与能，讲信修睦”、“人不独亲其亲，不独子其子。使老有所终，壮有所用，幼有所长，矜寡、孤独、废疾者皆有所养”的“大同”社会理想，实质上是提倡保持“多元和谐”的“大和”（即“太和”——最高境界的和谐）社会理想。《周易·乾卦·彖辞》所说

① “天人合一”思想在我国先秦时期的儒家和道家那里已经出现，但作为一个明确的哲学范畴则是由张载在其解《易》名著《正蒙·乾称篇》中提出的。

的“保合大和……万国咸宁”，与上引《尚书》之言意义相近，即以保持“太和”为群体和谐的境界。第三层次是讲人际关系的道德和谐。儒家一向把“和”与“中”作为保持人际关系和谐的崇高道德观念。记载周代礼制的儒家经典《周礼·地官·大司徒》就有“六德”之说，将“和”与“知、仁、圣、义、忠”并列为“六德”之目。《礼记·中庸》说：“喜怒哀乐之未发谓之中，发而皆中节谓之和。中也者，天下之大本也；和也者，天下之达道也。致中和，天地位焉，万物育焉。”这是将人的喜怒哀乐自然情感升华到致中达和的道德理性，又将这“中和”的德性提升为与天地万物为一体的整体和谐的宇宙观。该篇又引孔子所谓“君子中庸，小人反中庸”之言，把“中庸之德”作为判别君子、小人的最高道德标准。《论语》中记孔子讲“君子和而不同，小人同而不和”（《子路》），记有子讲“礼之用，和为贵”（《学而》），这都是以“和”为德之证。

概言之，儒家的和谐思想是整体和谐、群体和谐与道德和谐的辩证和谐观，是以承认“不同”为前提而以“太和”为最高境界的多元和谐观。而儒家多元和谐观的基本价值观，则是以仁、和为核心，以义、礼、智、信、忠、孝、廉、耻为主要范畴的道德人文主义思想体系。古代的墨家虽然有“尚同”、“明鬼”、“天志”等与和谐文化相矛盾的思想主张，但其基本主张是追求社会和谐与人际关系和谐的。在墨家的“尚贤”、“兼爱”、“非攻”、“节用”、“节葬”、“非乐”、“非命”等基本主张里，有着丰富的民本思想与和谐思想。《墨子·兼爱上》说：“若使天下兼相爱，国与国不相攻，家与家不相乱，盗贼无有，君臣父子皆能孝慈，若此则天下治。”又说：“故天下兼相爱则治，交相恶则乱。”在墨家看来，天下大治的标准是：人与人相亲相爱，国与国和平共处，家庭和睦，社会安定，君臣父子各守道德名分。这样的社会理想正是一幅和谐社会的蓝图，与儒家“小康”社会理想殊途同归。因此，我们可以将墨家的和谐思想概括为以“兼爱”为中心的“兼爱和谐”观。墨家认为，天下之所以产生祸乱、篡夺与怨恨情仇，是由于“不相爱”的缘故，而救治乱世的根本办法，即在于“兼相爱、交相利”。他们认为，如果人们都能做到“相爱”，“视人之国若视其国，视人之家若视其家，视人之身若视其身”，就能达到“诸侯相爱则不野战，家主相爱则不相篡，人与人相爱则不相贼，君臣相爱则惠忠，父子相爱则慈孝，兄弟相爱则和调”，这是一幅天下国家、社会人际关系普遍和谐的社会景象。

如果说儒家的和谐价值观是一种积极有为的“仁爱和谐”观的话，那么道家的和谐价值观可以说是一种崇尚自然无为、主张“和气生物”的“自然和谐”观。这个“自然和谐”观的典型话语，就是道家原始经典《老子》中的三句话。其一曰：“人法地，地法天，天法道，道法自然。”（第二十五章）这是说人道的法则效法天地运行之道，天地之道的法则是自然而然的，所以人道也是自然而然的。其二曰：“道生一，一生二，二生三，三生万物。万物负阴而抱阳，中气以为和。”（第四十二章）这是道家的宇宙生成论。“道”是世界本原；“一”指“宇宙”（天地），宇宙由道而生；“二”指阴、阳二气，二气生于天地；“三”指阴阴二气相互作用产生的“和气”，和气化生万物。这与西周末年史伯所谓“和实生物，同则不继”的和谐观在思维模式上是一致的。其三曰：“含德之厚者，比于赤子……终日号而不嗄，和之至也。知和曰常，知常曰明。”（第五十五章）这是说，德行深厚的人就像小孩那样天真自然，整天哭叫而声音不哑，是达到了至和境界。了解“和”的境界才算懂得根本之道，懂得根本之道才算得上聪明。这三句话，说明道家的和谐观是崇尚自然的“自然和谐”观。

《庄子》所代表的是战国中后期的道家学派，它大致上继承和充实了老子的“自然和谐”观。其《天道》篇说：“夫明白于天地之德者，此之谓大本大宗，与天和者也；所以均调天下，与人和者也。与人和者，谓之人乐；与天和者，谓之天乐。”《天运》篇说：“夫至乐者，先应之以人事，顺之以天理，行之以五德，应之以自然。然后调理四时，太和万物。”《天下》篇说：“古之人其备乎，配神明，醇天地，育万物，和天下，泽及百姓。”这里所谓“与天和”，所谓“顺之以天理，应之以自然”，所谓“醇天地，育万物”，都是指人与自然的和谐，主张人顺应自然之道；所谓“与人和”、“应之以人事”、“和天下”，指的是保持人际关系的和谐，从而实现全社会的和谐。

秦汉之际黄老道家的“和谐”观，较之老庄更加积极有为。一方面，黄老道家继承了老学“阴阳和而生万物”的宇宙生成论，例如黄老学著作《鹖冠子·环流》篇说：“阴、阳不同气，然其为和同也。”阴气与阳气的性质不同，但它们既对立、又统一，只有二气相“和”才能产生万物。这是对老子“万物负阴而抱阳，中气以为和”思想的继承和阐发。另一方面，他们并非一味地“纯任自然”、“惟不争”，而是主张待时而动、应时而作。如马王堆《黄老帛书》认为“作争者凶，不争亦毋以成功”，所以主张“静作得时”（《十六经·姓争》），要求人们做到“应动静之化，顺四时之度”（《经法·论》）。《淮南子·主术训》主张“进退有时，动静循理”。这种“待时而动、应时而作”的动静观，为道家的“自然无为”理论添加了“积极有为”的因素，而其理想社会也即和谐社会，如同《黄老帛书·经法·六分》所说，是“万民和辑而乐为其主上用，地广人众民强，天下无敌”的太平世界。

佛教在本质上是一种陶冶心性、倡导平等和谐的和平主义宗教，尤其是中国化的佛教，更是吸收了儒家仁爱和谐与道家自然和谐的思想资源，形成了一套既治心又救世的和平和谐理论。在传统佛教的规仪中有所谓“六和敬”，即教徒生活的六大准则，其内容为：身和同住，语和无诤，意和同悦，戒和同修，利和同均，见和同解。这个“六和敬”既可以视为教内保持和谐境界的清规戒律，也可以视为佛教徒处世接物的人生态度，而其核心的价值观念是“和”。2006年4月，在普陀山举行的首届“世界佛教论坛”发表了言简意赅的《普陀山宣言》，宣言提出了当代佛教界的“新六和”理念，即“人心和善、家庭和乐、人际和顺、社会和睦、文明和谐、世界和平”。这个“新六和”理念正是当代佛教价值观的生动表述，其核心的价值观念同样是“和”。该论坛组织者和参与者所一再重申和坚持的思想主旨是：“世界和谐，人人有责；和谐世界，从心开始。”这充分体现了中国宗教界的济世爱民情怀。

综上所述，在中华传统文化中，无论是儒家还是墨家、道家或佛教，都蕴涵着丰富的和谐文化思想资源，我们应当深入发掘，以服务于建设和谐社会、和谐世界的时代要求。

二、弘扬和谐文化的现代意义

中华和谐文化传统在中华文明发展史上起了十分重要的作用，它有利于统治阶级赢得民心、稳定社会、巩固政权，有利于发展经济、繁荣文化，有利于促进各民族之间的文化交融、维系多民族的团结和国家的统一。西汉的“文景之治”、唐初的“贞观之治”、明初的“洪武之治”，都是天下大乱之后统治者采取“以民为本，以和为贵”的儒道兼有的民本思想和德治政策所收到的政治成效。

毋庸置疑，在中国实现社会主义现代化和建设和谐世界的伟大实践中，努力弘扬和谐文化传统，深入发掘和充实和谐思想资源，具有极其重要的现实意义和深远的历史意义。我们可以从三个方面去解读弘扬和谐文化、树立和谐价值观的现代意义。

第一，弘扬和谐文化、树立和谐价值观，是

促进社会和谐、实现国家长治久安的需要。中国人民自20世纪80年代以来,在中国共产党的实事求是思想路线以及邓小平“建设有中国特色社会主义”理论的指引下,实现了“以经济建设为中心”的战略转型,开启了以“改革开放”为特色的社会主义现代化建设新时代。进入21世纪以来,中国人民在“三个代表”重要思想和“以人为本,求真务实”的科学发展观指引下,迈入了“和平崛起于世界民族之林,全面建设小康社会”的新时期。但在大好形势和光明前景面前,我们必须保持清醒的头脑。应当看到祥和气象下的阴霾及不和谐因素。

例如,农民收入低负担重、城乡差别扩大的问题,城市失业率偏高、下岗职工生活困难的问题,环境严重污染的问题,少数党政干部贪污腐败、滥用职权或麻木不仁的问题,某些政府机构与企事业单位严重铺张浪费、奢华无度、挥霍国家财富、损害公民权益的问题等等,都隐藏着不和谐、不安定的因素,需要认真对待,妥善解决。老子说“六亲不和,焉有孝慈;邦家昏乱,焉有贞臣”(《老子》第十八章),是颇具辩证思维的。正是因为有许多不和谐因素存在,我们才更需要大力弘扬和谐文化,教育干部、群众树立和谐价值观,以促进社会和谐,实现国家长治久安的宏伟目标。

第二,弘扬和谐文化、树立和谐价值观,是台海两岸人民实现“一国两制、和平统一、互利双赢”的需要。近20多年来,台海两岸人民经济文化的交往日益密切,同胞情谊日益加深,希望祖国早日和平统一的愿望也日益强烈。但少数台独分子挑拨族群关系和两岸关系、制造国家分裂的活动也变本加厉,国际上也有一股反华势力支持台独分裂势力,企图推行其“两个中国”、“一中一台”的分裂阴谋,因此,我们在发展两岸关系、促进祖国统一大业的进程中必须坚决揭露、打击台独分裂阴谋。但我们的战略重点还是应当坚持“一国两制,和平统一”的方针,坚持“寄希望于台湾人民”的方针,坚持两岸人民“平等协商、互利双赢”的原则。而中华和谐文化是台海两岸人民共同拥有的精神财富,我们通过对和谐文化传统的弘扬与传承,能使两岸人民理性了解“和为贵”、“和而不同”的大道理,明白台海两岸“和则两利,分则两伤”的利害关系。我们相信,中华和谐文化传统及其价值观将在推进祖国和平统一事业中日益显示其思想的威力。

第三,弘扬和谐文化、树立和谐价值观,也是扩大国际合作、维护世界和平的需要。自上世纪80年代中国改革开放以来,中国在经济、社会、文化等各个领域取得了长足的进步,尤其是在经济增长速度上在全世界处于领先地位。近10多年来,中国经济一直以接近甚至超过10%的速度在高速增长,中国经济增量在世界经济增量中的比重约占20%。从某种意义上说,中国不仅成了亚洲经济增长的火车头,而且成了全球经济增长的发动机,这大大增强了中国的综合国力,改善了中国的国际形象,也扩大了中国在国际事务中的影响力和发言权。对此,世界大多数国家是持肯定、欢迎态度的,但也有一些持偏见的国家表示忧虑,国际上的右翼反华势力或西方文明中心主义者趁机大肆散布“中国威胁论”,企图遏制、分裂中国。国内外有一些缺乏多元文化观的“国粹主义”者则被中国的发展冲昏头脑,在那里鼓吹“中国世纪论”或“中国文化世纪论”,认为21世纪将是西方文化全面衰落、中国文化(或东方文化)“占统治地位的世纪”。这种“中国世纪论”表面上似乎鼓舞人心,但实际上只是一厢情愿的空想,在实践上是非常有害的,因为其思维方式还停留在冷战时期一方压倒另一方、一方统治另一方的斗争哲学模式上,实质上是在文化理论上授人以柄,容易被人利用来当作为“文明冲突论”和“中国威胁论”张目的理论素材,因而是与中华和谐文化传统及当前建设和谐社会、和谐世界的战略思维格格不入的。这也更加凸显出在全球化的时代潮流中弘扬和谐文化、树立和谐价值观的重要意义。如果理性地、客观地分析当前世界文化发展的走势,我们就应当看到,西方文化在21世纪的多元文化格局中,尽管不可能再像20世纪那样强势,但也并没有出现所谓“全面衰落”的迹象。且不说由西方发达国家工业化所带动的科技文明正在日新月异地造福于人类,单就人文社会科学领域中以自由、民主、人权、法治为核心理念的价值观正日益显示其普世性而成为全人类共同精神财富这一点而言,也可以证明西方文明在现代世界中没有也不至于全面衰落,而东方文化尽管正伴随着中国、印度等国家的经济崛起而走向全面复兴,但以中华儒家文化和印度佛教文化为代表的东方文明,就其本质特性而言是一种和谐、和平的文化,所以它即便在21世纪取得与西方文化平等对话的地位,也决不会去谋求压倒西方、统治世界的文化霸权。因此,我们在建设和谐世界新秩序中,既要摈弃西方文明中心论,也要拒绝东方文明中心论;应该坚持多元文化兼容并蓄、交流互补、共存并进的文化和谐主义。

三、充实和谐思想,建设和谐社会

如上所述,中华和谐文化传统有着丰富的思想资源,弘扬和谐文化对于中国与世界的和平发展具有极其重要的现实意义和深远的历史意义。那么在当前,如何深入发掘、充实与弘扬和谐文化传统以服务于建设和谐社会、和谐世界的实践呢?笔者认为,当务之急是要提出一项与时俱进、适合全球化时代需要的文化发展战略,并从理论与实践的结合上摆正和处理好几个关系。

在文化发展战略上,我们应当承认,过去的“百花齐放,百家争鸣”战略方针在繁荣文艺事业方面曾经起了积极的历史作用,但由于左倾思潮和斗争哲学的干扰,“双百”方针并没有得到彻底的贯彻。在经历“文革”之后拨乱反正、解放思想、实事求是的思想启蒙与20多年改革开放、建设有中国特色社会主义的伟大实践以后,中国的社会面貌与人们的思想观念都发生了极大变化,因而,在阶级斗争年代里提出的“双百”方针已经不能完全满足新时代文化发展的战略需要,很有必要提出一个与时俱进的新文化战略。我认为,这个新文化战略的根本点,就在于坚持“一元主导,多元辅补;会通古今,兼融中西”的和谐文化观。所谓“一元主导,多元辅补”,就是确立以马克思主义为指导思想的社会主义文化的主导地位,同时承认中国传统文化与包括现代西方文化在内的各种外来文化的多元性存在,吸取多元文化的精华,发挥其对主流文化的辅助补充作用,以为社会主义现代化建设服务;所谓“会通古今,兼融中西”,就是深入发掘、融会贯通古今中外一切优秀文化的有益知识及其人文精神,达到多元文化的和谐共处与兼融互摄,以创建富有时代精神的社会主义新文化,为建设和谐社会、和谐世界而提供高品位的文化服务。

在弘扬中华和谐文化传统以服务于建设和谐社会的实践中,我们也要看到传统和谐文化的理论局限,例如,竞争精神的不足、功利意识的淡薄、法治传统的缺乏、制度建设的忽略,等等。因此我们在继承与弘扬中华和谐文化传统时,必须学习、借鉴和融摄其他异质文化的积极因素,所谓“他山之石,可以攻玉”,就是这个道理。为克服传统和谐文化的理论局限,充实和谐文化的思想宝库,很有必要从理论与实践的结合上摆正和处理好以下几个关系。

一是主流文化与非主流文化的关系。无论是哪个国家、何种社会,在一个时期中总是有一种主流文化思想起主导作用。例如在中国长期的封建社会里,起主导作用的是儒家文化,其核心价值观是所谓“三纲五常”；在现代欧美资本主义国家，其主流文化是以自由主义为核心的基督教文化。然而在另一方面，无论是哪个国家、何种社会，其文化形态与思想观念又都并非一枝独秀、一家独霸，而是多元并存、互有消长的。即便是号称“罢黜百家，独尊儒术”的汉武帝以后的中国封建社会，也并非只此一家，别无分店，而是始焉“外儒内法”，继焉“援道入儒”，魏晋六朝以后便是儒、佛、道三教并立、互相融摄、各展所长了。其实，百家何曾被罢黜？儒术也未真正被独尊！其多元文化之间的关系，无非是主流与非主流、主导与辅补的关系。因此，我们在建设和谐社会、处理多元文化关系时，应当树立“一元主导，多元辅补”的多元和谐文化观，而摈弃各种文化独断主义和文化专制主义的说教。

二是竞争机制与社会和谐的关系。竞争与和谐之间是一种辩证关系，两者都为社会发展所必需。竞争如同发动机，是社会发展的动力所在，有竞争才有活力，有竞争才有发展；和谐如同润滑剂，是保持社会机器正常运转的调节器。一个社会如果只有竞争而无和谐，则社会各单元之间的关系就会由于过度紧张而崩溃，就像一部发动机由于没有润滑剂就可能烧毁一样。而社会如果缺乏竞争甚或压制竞争，那么这个社会就会没有活力，就必定缺乏创新和进步。所以竞争与和谐对社会发展而言是不可或缺的。在中华和谐文化的思想资源中，虽然不乏“天行健，君子以自强不息”之类的积极进取精神，但却缺乏明确的竞争思想，这在古代自然经济体制下其弊端尚不彰显，而在当代市场经济体制下就暴露出很多缺陷。因此，我们必须大胆引进社会竞争机制，而辅之以社会和谐的协商机制，以使社会主义和谐社会建立在富有活力的良性竞争制度之上。

三是少数与多数的关系。专制社会的政治关系是“朕即国家”，“以兆民万姓奉一人”，实际上是多数服从少数、少数服从一人的关系，而民主社会的政治关系则是少数服从多数、多数尊重少数的关系。少数服从多数是贯彻民主原则，多数尊重少数则是贯彻人权原则。我们要建设的和谐社会当然是人民当家作主的民主社会，理应奉行少数服从多数、多数尊重少数的原则。但在中华文化传统中，往往是有民主思想而缺乏实现民主的手段与制度，即便有了民主制度却又缺乏坚持民主的意识与习惯。因此，要真正建设一个具有现代文明的和谐社会，就必须从民主的思想启蒙和民主的制度建设上下功夫。而要贯彻少数服从多数的民主原则，就应当推行有竞争性的、自下而上的民主选举制度和民主监督制度；要体现多数尊重少数、特别是尊重弱势群体的人权原则，就有必要建立自上而下与自下而上相结合的政治协商制度和民意听证制度。

四是道义与功利的关系。古代墨家是比较兼顾道义与功利的，其“兼爱互利”之说就是明证。古代儒家本来也是义利兼顾的，如《周易》就有“以义和利”之说，孔子也有“富而后教”之论，但后世某些儒家人物（主要是鼓吹“存天理，灭人欲”的宋明理学家）过分夸大了孔子的“君子喻于义，小人喻于利”，孟子的“仁义而已，何必曰利”，董仲舒的“正其谊不谋其利，明其道不计其功”的观念，于是造成了儒家“重义轻利”的偏向。对这一偏向许多儒家思想家都作了批评与修正，如南宋浙东学派代表叶适就针对董氏之言批评说：“既无功利，则道义者无用之虚语尔”，并提出了“崇义养利”之说。现代中国在改革开放之前，也存在相当普遍的“重义轻利”倾向，而推行市场经济以后，则又产生了“一切向钱看”的“见利忘义”倾向。因此，我们在建设和谐社会的过程中，应当同时避免“重义轻利”和“见利忘义”的倾向，正确处理义利关系，做到正义谋利、义利兼顾。

五是道德与法制的关系。近年曾出现过

“以德治国”与“依法治国”的讨论：有人反对“以德治国”的提法，认为现代社会是“法治”社会，而不是“德治”社会；有人则担心提倡“德治”就有可能冲淡“法治”观念及建立法制的实践。这些其实都是片面之见。因为“德治”与“法治”并非水火不容，而是相辅相成的；德与法的关系是一种体用关系，是“以德为本，以法为用”的关系。“法”是最基本社会公德的规范化、秩序化，是人人必须遵守的社会制度与行为准则；“德”既是个体的道德自觉与价值观念，也是社会群体的核心价值观。“法”源于德而规范公共之德，“德”遵循法而高于现行之法，并指导着“立法”的方向，所以德为本，法为用。但讲“德本法用”并不意味着“德治比法治更重要”。就其在现代社会中的重要地位而言，两者是同等重要、不可偏废的。正如孟子所说：“徒善不足以为政，徒法不能以自行”(《孟子·离娄上》)；光用道义力量不足以治理国家，光有法律而没有道德教育的引导也是行不通的。在和谐社会建设中，我们既应该重视道德教育的说服力，也应该重视法律制度的建立与健全。

当然，建设和谐社会、和谐世界是一项伟大的战略任务，需要处理的各种关系是复杂多变的，远远不止上述五条。但我认为，这五个关系是具有普遍意义的；如果能够正确地处理好这些关系，那么我们就能为实现社会主义现代化、建设和谐社会与和谐世界的远大目标提供具有战略意义的软实力。

参考文献

古籍：《周易》，《中庸》，《尚书》，《礼记》，《周礼》，《论语》，《墨子》，《老子》，《庄子》，《鹖冠子》，《黄老帛书》，《淮南子》，《孟子》。

（原载《哲学研究》2007 年第 5 期，
作者系浙江省社会科学院哲学所研究员）

和文化研究

21世纪最初的10年间，伴随着中国建设社会主义和谐社会的提出，学术界对于中国传统和文化的研究，可以说是成果丰硕。这中间一个明显的特点，是2006年10月11日中国共产党第十六届中央委员会第六次全体会议，审议通过了《中共中央关于构建社会主义和谐社会若干重大问题的决定》。这说明两方面的问题，一方面是目前社会确实存在着——人自身、人与人、人与社会、人与自然不和谐的事实；另一方面，也是我们党的领导集体对中国传统社会和谐思想的高度重视，并致力于一种继承和发扬。

众所周知，"和"是中国文化的基本精神，是中国文化的核心思想，也是中华民族不懈追求的理想境界。在构建社会主义和谐社会成为主旋律的当代中国，作为和谐理念哲学基石的"和文化"，引起了前所未有的关注，特别是从中国传统文化中寻找智慧和资源，成为一时热点。在中国传统文化中，概言之，"和文化"体现了中华民族的民族精神，即"自强不息"，"厚德载物"，是生生不息，与时俱进的。其内容涉及到方方面面，主要内容包括了：天下为公、选贤与能、讲信修睦的大同理想观；和而不同、兼容并蓄的文化观；民贵君轻的政治观；德主刑辅的治理观；仁者爱仁、推己及人的道德观；修身正己、以德化人的教育观；恒产与均平的经济公平观；以义统利、群己和谐的社会伦理观；国家统一、协和万邦的民族国家观；天人一体、天人合一、天人和谐的自然观；等等。

作为现实世界"和文化"研究，更涉及"马克思主义与和文化研究"、"和文化中西比较研究"、"构建社会主义和谐社会研究"等前沿课题。

本栏仅从学界对中国传统文化中"和文化"的研究出发，归纳"人自身和谐"、"人与人（社会）和谐"、"人与自然和谐"等几个基本命题，对近几年学界的研究作一约略的回顾。

人自身和谐

修建军

学者们普遍关注到的是,人自身的和谐,是社会和谐的关键和出发点所在。无论儒、道、佛家——尽管其旨归有差异——儒家讲入世,道家讲出世,佛家讲来生——但寻求心和、倡导修身是一样的。学者认为:追求、实践“和”的理想,人自身的和谐乃是第一位的,人自身和谐是人际和谐、社会和谐、人与自然和谐的前提和基础。

曹德本在《和谐文化模式论》(《清华大学学报》2000 年第 3 期)一文中指出,个人通过修身实现人自身的和谐,认为人生在世,要修养成为完人、圣人,实现完美的人格和理想的道德境界,从而实现人自身的和谐是一个人立身处世的基本功。认为义利统一原则是个人修身的基本原则,并将儒家义利之辩的思想归纳为三个方面,即:

一是物质利益原则是人与社会生活的基本原则,物质利益是人生存的基本物质条件,人不能无利,人必须有正当的物质生活欲望和要求;

二是在利与义的关系上,不能见利忘义,应该见利思义,以义为先,以义导利,不以物质欲望作为人生最高追求;

三是当经济发展需要打破空谈性命义理的旧习时,要适宜地注重物质利益的原则。

总之,义利统一思想这一优秀的传统在历史上得以继承和发挥,成为修身的基本原则,人对物质利益问题解决好了,其他问题也就好办了,这是实现人自身和谐的基础。提出道德自律是个人修身的基本途径。认为中国古代讲修养,主要是指人的心性修养,历代思想家关于人性的探讨,是为修养奠定理论基础,无论是人性善恶之争,还是人性品级层次之争,其目的都是为后天的修养、使之保持和恢复先天的善性,或者改恶从善,以及从低品次到高品次的变化来奠定理论基础。在人性论的基础上,通过后天的心性修养方式,最终目标是实现理想的精神境界,这就是道德自律意识。将古人的道德自律意识归纳为三个方面:

一是重视后天习染和环境影响对人性所产生的作用;

二是强调后天修养的重要;

三是注重对精神境界的执著追求,这是充满理想主义的追求,是真正体现中国传统文化价值取向之所在。认为中国传统文化讲修身,以义利统一思想作为基本原则,以道德自律作为基本途径,都是为了一个实质性的目的,即修身的真谛是实现人际和谐,使人际关系保持一种和谐的关系,这种人际和谐是以人通过修身、实现自身和谐为基础的。如果一个人的修身达到了这样的程度,即在对物质利益方面坚持义利统一的原则，见利思义，不能见利忘义，那么，在对待其他问题上也就会处之坦然了；再以道德自律为途径，加强修养，达到理想的精神境界，向往更高的精神追求，那么，就不会在物欲之海中随波逐流，就能保持内心的淡泊与宁静，对身外之物，则“来也不御，去也不追，乘夫天理，各安其性”，在得失之间顺其自然。当一个人修身到挣脱物欲的束缚，达到了不为物累的境界，也就练就了做人的真功夫。只要具备了这种做人的真功夫，那么，人生一世，无论做什么，都能与做人统一起来，做官讲责任，做生意讲良心，做学问讲文如其人。

李丽珍在《可持续发展与中国古代哲学中的和谐观》(《广州大学学报(综合版)》2000 年 8 月第 4 期)一文中指出，可持续发展的理论渊源可追溯到中国古代哲学的和谐观。中国哲学强调人与自然和谐、人与人和谐、人自己身心内外和谐，追求“天人合一”的境界。在人自身的和谐方面的关系方面指出，儒家和道家还都主张身心内外的和谐，只不过途径不同，儒家强调提升道德学养求得身心内外的和谐，道家则以顺应自然、超越自我为途径达到身心内外的和谐。

黄志斌、王志红在《中国传统和谐理念的现代阐释和绿色转换》(《学术界》2002 年 5 月总期第 96 期)一文中，通过对儒家孔孟“从心所欲不逾矩”、“养心莫善于寡欲”，道家“少私寡欲”，佛家禅宗的节制欲望三个方面进行分析，认为在关于人自身的和谐方面，儒、道、释各家虽侧重点不同，但都有一个符合“中和”思想的基本观点——寡欲养性观，提出寡欲养性观所主张的是通过恪守修身处世之“中道”来协调身心关系、理欲关系，从而实现人自身内在的和谐。儒、道、佛三家经过长期的发展至宋明而归于综合，产生宋明理学，将和谐理念在人与自然、人与人、人自身三大关系中贯通成为一个有机整体，将人自身的和谐看做是和谐达成时所产生的心理效应。也就是说，人生理当以追求人与人的和谐为突破口，来实现人与自然和谐的终极目标，并在人自身产生和谐的心理效应。认为这种和谐论显然比前述儒、道、佛三家将三大和谐彼此分离，甚至各执一端要高明得多，是中国传统文化阐述和谐理念的最高综合。它给我们科学地阐释和谐理念，并在绿色视野中对和谐理念进行现代转换提供了更为通达而深刻的思维框架。

高中华、李颖在《中和思想与可持续发展的普遍和谐观》(《中国伦理思想史研究：中和思想与可持续发展的普遍和谐观》2003 年 7 月第 4 期)一文中指出，人类社会发展的最终目标是人自身的全面发展，亦即人自我身心内外的和谐发展。儒家认为理想的和谐社会是建立在个人的道德修养提高的基础上，而个人道德修养的提高又集中体现在个人身心内外的和谐上。生死和富贵不是人力可以追求到、也不应是人追求的目标，“死生由命，富贵在天”。但是，人的道德和学问则是要靠人的努力来取得，“涵养须用敬，进学在致知”。(《二程遗书》卷十八)如果一个人能做到“民胞物与”(《西铭》)，他就可以达到一种身心内外和谐的境界。

王健崭在《儒家“天人合一”生态伦理观的困惑及其转化》(《河北理工学院学报社会科学版》2003 年 8 月第 3 期)一文中指出，儒家“天人合一”的思想追求的是一种通过道德的内在超越，来实现天道与人性的和谐统一。儒家重人伦，偏向于以天合人，认为天人统一的基础在于人的主观能动性，人类要积极进取，在生生不息的生命洪流中实现人与天地万物的和谐共处。这主要突出了人对自然的能动作用，追求自然的人化，以求人与自然的和谐，并以人与自然的和谐作为施教、感化的伦理灵魂。认为在天人之间，天道之则常常要服从人伦之理，人们对对自然规律的探询、对自然现象的揭示常常成为推导伦理道德价值的一个逻辑环节，自然的神圣性常常成为论证伦理道德神圣性的铺垫或衬托,并通过董仲舒"天人合一"的理论与宋明理学的产生两个方面加以论述,指出儒家这种以人道体天道,把仁的道德化含义赋予天地,由此把仁当作天人合一的形上学基础的做法,虽然高扬了人的主体性和人道主义精神,提高了人在天地万物中的地位和作用,但同时也歪曲了"天地不仁"的自然性质,犯了把自然界拟人化的错误,认为儒家人文主义传统薄弱之处,就是忽视了自然领域中天地万物的性质和规律,只重视"德性之知",而忽视"见闻之知",这就必然缺乏对天地之道和自然生态规律的深刻认识。认为我们应当必须以现代生态科学和新自然观的理论对儒家的天人观加以改造,才能克服其人道知识偏胜、天道知识薄弱的片面性,以加强其天人合一观的科学基础和哲学基础,使这个天人合一观发展为与时代进步相适应的现代形式。

王春林在《天人合一:中国传统文化的人文精神及其当代价值》(《广西师院学报(哲学社会科学版)》2000 年 7 月第 21 卷第 3 期)一文中指出,在中国传统文化中,"天人合一"主要指宇宙(自然)、社会、人生三者浑然一体,包括自然界本身的和谐、人与自然的和谐、人与人的和谐、人的肉体生命与精神生命的和谐。在人自身的和谐方面,指出身与心的和谐,肉体生命与精神生命的和谐,也是儒家的重要精神。孔子的人生历程,就是一个身心和谐的过程。孟子有目卒面盎背之说,认为人的道德境界可以使貌色形态有温舒润泽之气。魏晋玄学重视"神理",宋明理学家重视"气象",都认为精神修养可以使身心和谐。在身心两个方面,儒家要人修养道德从而调适身心。

曹显光在《古代儒家伦理道德中的和谐性思想浅析》(《楚雄师范学院学报》2004 年第 19 卷第 6 期)一文中指出,在个人道德修养方面,儒家也提出了能够体现和谐性的心性修养方式。孔子提出人的修养要把握中庸之道,中庸之道是天下之正道,是天下之定理。"不偏之谓中;不易之谓庸。中者,天下之正道。庸者,天下之定理。""喜、怒、哀、乐之未发,谓之中。发而皆中节,谓之和。中也者,天下之大本也。和也者,天下之达道也。致中和,天地位焉,万物育焉"。这实际上是反映了人的情志和谐的内心修养方式。荀子提出通过在礼的制约下"治气养心",达到善的方法:"血气刚强,则柔之以调和","勇胆猛戾,则辅之以道顺";"狭隘褊小,则廓之以广大";"凡治气养心之术,莫径由礼"。这种治气养心术也是一种体现内心和谐的修养方式。通过治气养心,实现善的目的,使主观同客观要求相和谐。为了实现主观同客观道德要求的和谐和统一,儒家将有道德修养的人称为圣人、君子,与之相反的不讲道德的人被视为小人,从而对个人的道德修养产生激励作用,使履行道德的人产生崇高的神圣感,内心产生和谐性体验,实现主观和客观的和谐,知、情、意、行的和谐,从而达到道德客观要求同主观修养、主观追求的和谐和统一。

汪慧在《从中国传统文化中寻找构建和谐社会的源泉》(《陕西青年管理干部学院学报》2005 年第 2 期总第 70 期)一文中指出,道家创始人老子也主张人之形体与精神的合一,他说:"载宫魄抱一,能无离乎?""挫其锐,解其纷,和其光,同其尘。"这是说,具有和谐的人格,就能消除个我的固蔽,化除一切的封闭隔阂,超越于世俗偏狭的人伦关系局限,以开豁的心胸与无所偏的心境去看待一切人物。

白继贵在《论儒家的和谐思想及其现代意义》(《青海师专学报》2005 年第 3－4 期)一文中指出,儒家在以"五伦"为基本原则,试图建构等级有序的和谐人际关系时,特别注重主体自身的修养,并据此形成了"反求诸己"的主体自身修养方法。儒家认为,人际交往中往往免不了产生矛盾,而矛盾产生的原因又不一而足,可能责任在某一方，也可能双方都有过失，但人们又往往把责任推向对方，这不仅不利于矛盾的解决，反而会激化矛盾。要有效地解决人际交往中的矛盾，就要不断提高主体自身的修养，进而充分发挥主体自身的积极主动性。孔子说“修己以敬”，“修己以安人”，“修己以安百姓”，“吾日三省吾身，为人谋而不忠乎，与朋友交而不信乎？”孟子更强调“爱人不亲，反其仁；治人不治，反其智；礼人不达，反其敬。行有不得者，皆反求诸己。”儒家这种“反求诸己”的主张，既是主体自身的修养方法，也是人际矛盾解决之法。

王宪昭、傅淑华在《试析我国传统文化中关于“和谐”的探索》（《理论视野》2005 年第 5 期）一文中指出，传统文化中还讲求“安身立命”，包含着使个人的身心和谐、内外和谐、言行符合准则的合理要求。特别是儒家认为，衣、食、住、行等都不能对人的身心发生什么重要影响，而重要的是一个人的心态，这种对待生活的态度正是后来儒学所倡导的“孔颜乐处”，非常重视通过道德修养的提升来达到身心内外的和谐。道家则与儒家不同，道家要求通过顺应自然、超越自我，以求身心内外的和谐。

黎健在《以中庸之道的精髓构建和谐社会》（《广东工业大学学报（社会科学版）》2005 年第 5 卷第 4 期）一文中指出，解决身心的矛盾，使人的身心和谐一，首先通过教育和学习正心，使人的身心和平中正。人能去其过度私欲之弊，使蒙蔽的心得以显露，以及恢复无止境的向上奋进，不断翻新的生命本性，从而使身从心而活动，身与心和谐一致。因此，通过修身能使人的各种感情回到尚未变化至异端时所处于中正无偏“喜怒哀乐之未发，谓之中”的状态，表现出来的是恰如其分、不偏不倚、无过无不及的“发而皆中节，谓之和之性态”。显然，中和的德性是身心和谐一致，身心宁静、和顺协调的健康人格。其次，通过礼乐涵养中庸的德性，使人的品性得以自然真实流露，使人的身心端正，并拥有高尚的品格和优美的情感，身随于心，身心处于温和、适中、和谐的境界。

张瑞雪、李化成在《秩序与和谐——论先秦儒家对和谐社会的构想》（《石油大学学报（社会科学版）2005 年第 21 卷第 4 期》）一文中指出，儒家所要达到的和谐，除了上与外部世界的和谐，还有人的内部世界中身与“心”（精神）的和谐。因为，儒家已经认识到，人与外部世界（无论是自然世界，还是人群社会）和谐的实现归根结底要诉诸于人自身，通过人对和谐秩序的体认，自觉践行和谐秩序所要求的行为规范，调节情气，协和身心，使内在的仁义忠信与外在的仪表气质浑成一体。正如《中庸》章句云，“成己，仁也；成物，知也。性之德也，合外内之道也，故时措之宜也。”通过存心养性，个体之人在当下获得源于天道的仁德，然后于伦常日用的现实社会中，践履仁德，完成成己成物的价值追求。

何炼成、邹富汉在《中国古代的和谐思想与构建和谐社会》（《当代经济科学》2005 年第 27 卷第 5 期）一文中指出，个体的身心和谐，在中国古代，也称人的神形合一，主要是指人生在世，要保持平和、恬淡的心态，具有良好的道德修养和人格，以维护和增强身心健康。儒家的基本原则是“极高明而道中庸”，道家则主要强调“致虚极、守静笃”，并且各有千秋，殊途同归，至今仍有重要的借鉴价值。“中庸之道”、“礼之用、和为贵”是儒家学说的基本精神方向。儒家认为君子的人格应当是“尊德性而道学问，致广大而尽精微，极高明而道中庸，温故而知新，敦厚以崇礼。”“尊德性”指的是向内修养身心，“道学问”指的是向外格物致知。这是儒家提倡的两种修养功夫，做到了这些，可以使自身修养升华，“致广大而尽精微”，认识深远而高明，做事不偏执，无差错，达到“中庸”的理想境界。老子通过对万事万物的观察分析和直觉的思维方式，在个体生命价值的自我完善上，不仅主张“无为而无不为”，而且提出了“致虚极，守静笃”的修养方法，即老子认为，宇宙万物的本根是虚、静状态的，因而人的活动也要致虚守静，“不以心机欲念蔽塞明澈的心灵”。与之相对应，老子还说：“载营魄抱一，能无离乎?”与之相对应，老子还说：“载营魄抱一，能无离乎?”“挫其锐，解其纷，和其光，同其尘”。强调人之形体与精神的合一，具有和谐的人格。如果这样，就能“消除个我的固蔽，化除一切的封闭隔阂，超越于世俗偏狭的人伦关系局限，以开豁的心胸与无所偏的心境去看待一切人物”。

张睿蕾在《浅析中国传统和谐思想》(《内蒙古工业大学学报》2006 年第 15 卷第 2 期)一文中指出，中国传统文化在精神追求上的“神之听之，终和且平”，主张人的身心和谐，保持平和，恬淡的心态。《周易》中说“地势坤，君子以厚德载物”，讲的就是宽容精神。这种厚德载物的宽容精神，是中国文化优秀传统的核心。而所谓“厚德载物”的宽容精神，就是内在地包含了正确处理理与欲的关系上的“和”的内涵、“和”的理念。儒家肯定人们对物质利益的正当追求。孔子认为：“富与贵，是人之所欲也”，“富而可求也，虽执鞭之士，吾亦为之”，但他反对放纵欲念，强调“欲而不贪”，认为“君子有三戒，少之时，血气未定，戒之在色；及其壮也，血气方刚，戒之在斗；及其老也，血气既衰，戒之在得”，也就是说，人们在追求情欲上，在喜怒哀乐上，在追求物质利益上，要掌握中和的原则，要保持平衡谦和的心态，不能贪得无厌，不能把物质利益作为人生的全部追求，更不能见利忘义。道家创始人老子也主张人之形体与精神的合一，他认为具有和谐的人格，就能消除自我的锢蔽，化除一切封闭隔阂，超越于世俗偏狭的人伦关系局限，以开豁的心胸与无所偏的心境去看待一切人物，他说：“挫其锐，解其纷；和其光，同其尘”，就能以开豁的心胸与无所偏的心境去看待一切人物，具有和谐的人格。

朱瑞在《中国古代和谐思想对构建社会主义和谐社会的启示》(《中共云南省委党校学报》2006 年第 7 卷第 1 期)一文中指出，在身与心的关系上，中国古代思想家主张人的身心和谐，保持平和、恬淡的心态，正确处理理与欲的关系。儒家重视人的身心和谐，推崇以道德为价值主体的“圣贤人格”。孔子要人挺立自己的道德人格，轻视世俗的荣誉、利益，通过精神修养使身心和谐。孟子在《孟子·滕文公下》提倡人“居天下之广居，立天下之正位，行天下之大道”，认为无论贫富都要注重人格的完善和人生价值的追求。为了达到人的身心和谐，儒家主张妥善处理义与利、精神追求与物质追求的关系。儒家以弘扬道德理性为己任，反对唯利是图，但是，儒家同样也肯定了人的正当欲望应当满足，如孔子说：“富与贵，是人之所欲也”(《论语·里仁篇》)。儒家反对片面追求物质利益，因而特别强调要以道德来规范和约束人过多的欲望，认为人是有道德的动物，人的价值主要体现在他身上所反映出的精神价值，精神上的需求高于物质需求，精神生活远比物质生活有益。

邹富汉在《中国传统文化中的和谐思想及其当代思考》(《兰州大学学报》2006 年第 34 卷第 1 期)一文中指出，个体的身心和谐，在中国古代，也称人的神形合一，主要是指人生在世，要保持平和、恬淡的心态，具有良好的道德修养和人格，以维护和增强身心健康。一个人如何才能达到身心和谐呢？儒家的基本原则是“极高明而道中庸”，道家则主要强调“致虚极、守静笃”。“中庸之道”，“礼之用，和为贵”是儒家学说的基本精神方向。孔子说“中庸之为德也”。《礼记·中庸》有云“君子之中庸也君子，而时中，小人反中庸也，小人而无忌惮也”，这是对“中庸之道”很好的解说，君子因为具有这种品德，所以做事适当，小人因为没有这种品德，所以做事妄为，无所顾忌。儒家认为君子的人格应当是“尊德性而道学问，致广大而尽精微，极高明而道中庸，温故而知新，敦厚以崇礼。”“尊德性”指的是向内修养身心，“道学问”指的是向外格物致知。这是儒家提倡的两种修养功夫，做到了这些，可以使自身修养升华，“致广大而尽精微”认识深远而高明，做事不偏执，无差错，达到“中庸”的理想境界。“道法自然”是道家学说的精义和智慧的凝结，也是道家思想的本质和灵魂。其创始人老子通过对万事万物的观察分析和直觉的思维方式，在个体生命价值的自我完善上，不仅主张“无为而无不为”，而且提出了“致虚极，守静笃”的修养方法，即老子认为，宇宙万物的本根是虚、静状态的，因而人的活动也要致虚守静，“不以心机欲念蔽塞明澈的心灵，与之相对应，强调人之形体与精神的合一，具有和谐的人格。这样就能“消除个我的固蔽，化除一切的封闭隔阂，超越于世俗偏狭的人伦关系局限，以开豁的心胸与无所偏的心境去看待一切人物。”

黄金花在《中国传统文化中的和谐理念》（《边疆经济与文化》2006 年第 3 期）一文中指出，儒家和谐社会的理想是建立在个人道德修养提高的基础上，因此儒家特别重视个人自我身心内外的和谐。照儒家的看法，生死和富贵不是人力可以追求到的，也不是人应该追求的目标，“生死由命，富贵在天”，但是人的道德和学问则是要靠人的努力取得的：“涵养须用敬，进学在致知”。孟子说：做人应该“存其心，养其性”，“修身以俟之，所以立命”。一个人如果要保存他的本心，修养他的德性，以实现天道的要求，一定要修养自己，保持和天道的一致，这就是安身立命了。安身立命就是要使自己的身心和谐，内外和谐，言行符合天道的要求，至于衣、食、住、行等等都不能对自己的身心发生什么重要影响。可见，儒家所强调的正是由道德学养的提升，以求身心内外的和谐。道家则与儒家不同，它要求通过顺应自然、超越自我，以求身心内外之和谐。老子认为，圣人守住“道”就可以作为天下人的楷模，他不能炫耀自己，这样才可以照亮别人；不自以为是，才是真正的聪明，不自我夸张，才能成全别人；不自高自大，才能当领袖。圣人这样才可以排除扰，心如明镜，顺应自然。

庄甲鹏在《古代和谐思想对建设社会主义和谐社会的启示》（《科教文汇》2006 年第 5 期）一文中指出，所谓身心和谐，就是指一个个体情绪与行为之间的和谐，心理与生理之间的和谐，灵魂与肉体之间的和谐。在中国传统文化中，儒道佛都注重倡导人们内心的平衡与和谐。儒家要求人们三省吾身，反求诸己，尽心知性，自我修养，从而进入一种高尚而和谐的人生境界。在义利问题上，儒家主张正确处理好正义与利欲的关系。在肯定人们对物质利益的正当追求的同时，又反对获取不义之利。孔子就说：“富与贵，是人之所欲也。”但又说：“不义而富且贵，与我如浮云。”也即主张“君子爱财，取之有道”。儒家也反对过分纵欲，在身心关系也主张一种“中庸”（中和）的态度。孔子就说：“君子有戒，少之时，血气未定，戒之在色；及其壮也，血气方刚，戒之在斗；及其老也，血气已衰，戒之在得。”道家在此问题则主张“冲气以为和”、“和其光，同其尘”，是要求人们擦去世事纷争落在自己心灵上的俗尘，以一颗淡泊明净的心灵看待外物与自己。老子说：“载营魄抱一，能无离乎？”“营魄”指的是精神和形体，在这里，老子通过反诘的口气，指出形体与精神应该合二为一而不应偏废任何一方。进而老子提出如何达到这样一种肉体生活与精神生活臻于和谐的境界，即“挫其锐，解其纷，和其光，同其尘。”也即要求不露锋芒，消解纷扰，含敛光耀，混同尘世，通过这样的磨合消解，达到“玄同”，即达到和谐的人格形态。从而可以消除个我的固蔽，化除一切的封闭隔阂，超越于世俗偏狭的人伦关系局限，以开豁的心胸与无所偏的心境去看待一切人物。佛家则强调以内心体悟的方式剔除偏狭、妄见、狂放等心理障碍直指人心，见性成佛，造就一颗大彻大悟、大慈大悲的心灵。

李金山在《论儒家传统的和谐思想》(《中共济南市委党校学报》2006 年第 4 期)一文中指出，要达到身心的和谐状态，需要处理好名利欲求与精神追求的关系，内在的精神追求必须超越外在的物质刺激，这样才能建立起健康理想的人格。身心的和谐是儒家向往的生活方式，是个人修养的理想境界。把身心的和谐视为儒家社会和谐的前提和基础。儒家的外王之道是以内圣为起点的，所谓“修齐治平”就存在一个先后递进的关联。“心正而后身修，身修而后家齐，家齐而后国治，国治而后天下平”，这段文字简练地概括了儒家伦理学说的精髓，把修身提到治国、平天下的起点的高度，把“正心诚意”与“齐家治国”在儒学内部有效地联系起来。儒家经典的概括和历代名儒对儒家修养之道的阐释，都没有背离身心和谐的基本点，都把实现社会、人、自然和谐统一的价值理想的目标集中到人的身心和谐发展上，寄托在个体的人格完善上。

冯帆在《儒家和谐思想及当代和谐社会的构建》(《柳州职业技术学院学报》2006 年第 6 卷第 4 期)一文中指出，在身与心的关系上，儒家主张人的身心和谐，要保持平和、恬淡的心态，正确处理利与欲的关系。在这方面，儒家推崇以道德为价值主体的“圣贤人格”。孔子要人挺立自己的道德人格，轻视世俗的荣誉、利益，通过精神修养使身心和谐。孟子在《孟子·滕文公下》提倡人“居天下之广居，立天下之正位，行天下之大道”，认为无论贫富都要注重人格的完善和人生价值的追求。为了达到人的身心和谐，儒家主张妥善处理义与利、精神追求与物质追求的关系。儒家以弘扬道德理性为己任，在反对唯利是图的同时，也肯定了人的正当欲望应当满足，如孔子说：“富与贵，是人之所欲也”。儒家反对片面追求物质利益，因而特别强调要以道德来规范和约束人过多的欲望，认为人是有道德的动物，人的价值主要体现在他身上所反映出的精神价值，精神上的需求高于物质需求，精神生活远比物质生活有益。所以，孔子说：“饭疏食饮水，曲肱而枕之，乐在其中矣。不义而富且贵，于我如浮云”。

王秋李在《儒家和谐思想及其当代启示》(《理论界》2006 年第 9 期)一文中指出，在人与自身的关系上，儒家主张人的身心之间的和谐，保持平和、恬淡的心态，正确处理理与欲的关系，肯定人们对物质利益的正当追求，肯定人的正当欲求。孔子说：“富与贵，是人之所欲也。”“富而可求，虽执鞭之士，吾亦为之。”但他又强调“欲而不贪”，反对放纵欲念。他说：“君子有三戒，少之时，血气未定，戒之在色；及其壮也，血气方刚，戒之在斗；及其老也，血气已衰，戒之在得。”也就是说，人们在追求情欲上，在喜怒哀乐上，在追求物质利益上，要掌握中和的原则，要保持平衡谦和的心态。儒家认为，生死和富贵是人们可遇而又不可求的，“死生由命，富贵在天”，但是人的道德和学问却可以通过努力学习而获得，“涵养须用敬，进学在致之”。孟子认为要达到“天人合一”，就应该“存其心，养其性，所以事天也。夭寿不贰，修身以俟之，所以立命也”。一个人如果能保存他的本心，修养他的善性，以实现天道的要求，这就是安身立命了。

刘祎在《先秦儒家伦理思想对构建社会主义和谐社会的启示》(《长春工程学院学报(社会科学版)》2006 年第 7 卷第 3 期)一文中指出，个人自我身心和谐，从一定意义上说，就是个人修养问题。社会的伦理规范，只有转化成为人们自觉的道德意识、道德品质和道德行为时，才能起到作用。儒家的“修身”贯穿于个人的一身，认为“礼”是为行为合乎社会规范。内在修养通过外在规范的践行才能表达为行为的合理性，才能达到内外和谐统一的仁人理想。

归纳而言,即“克己复礼以为仁”:克己复礼,约之以礼,克制自己的言行使之合乎礼,以礼来约束自己的行为。儒家有关修身的修养方法,就是要求人们自觉地根据其社会道德原则和规范来培养自己的道德品质,提高自己的道德境界。孔子认为时刻进行道德学习,以“仁”作为学习标准,且学思结合是一个人的思想能否合乎社会道德原则和规范的关键。儒家的修身特别强调“自省”孔子不但强调学习,更强调反思。《论语·学而》中有:“吾日三省吾身:为人谋而不忠乎?与朋友交而不信乎?传不习乎?”《论语·里仁》有“见贤而思齐焉,见不贤而内自省也。”见有贤于我者,就向他学习;而见到不好的人或事时,就要特别注意内心的反省,检查自己是否也有类似的毛病,从而改之。在孔子看来,思、内自省都是联系自己道德修养的精神性反思或反省活动。倘若只有学习,而没有联系自身品行的反省,是无意义而不会使自己品德提高的。

余治平在《儒家“和”理念的普世价值》(《江汉论坛》2007年第2期)一文中指出,儒家十分强调身心和谐,即身体与精神、外在与内在、行为方式与价值预期之间实现高度协调和统一。经典儒学中的身,一般包括“治身”和“修身”两个方面。修身所关注的是身的内在心性,治身所重视的则是身的形体实在与感性外化。作者以《论语·乡党》来反映孔子的治身理念,及要在日常生活中重视身体健康。作者指出吸收了佛教哲学智慧的宋儒把修身的一面推向了极至。并认为王阳明的“致良知”学说具有很强的代表性。在王阳明看来,道德法则如果要见诸于行为,只能依靠对念虑之微的省察克治,即一种深刻的自我反省与高度的意志自律。作者认为离开必要的修身养性,美德伦理则不可能实现,也就无从谈起人的身心和谐。文章还提到了要保持性情和谐,具体而言有以下几点:一是“民无信不立”。没有信仰的人是非常可怕的。人有所信,才有所畏。有所畏,才会有所限制、有所收敛。只有到了这一时候,道德、伦理、秩序和制度文明才能获得可靠的生成基础。二是“不诚无物”。在《中庸》一书中,“诚”指涉物自身的生生、存在,是物在演变过程中对成为自己、造就自身的始终坚执。对自己真诚、对万物真诚是构建性情和悦的坚实基础。三是“敬天之休”与“敬事上帝”。性情和谐还需要一种敬畏的情怀。最后,“吾与点也”。和颜悦色、神宁思畅是性情和谐的最高标准。作者认为儒学的体仁达圣,并非深玄莫测、高远渺茫而不可企及,而毋宁始终只落实在人与人、物与我、非己与本己的协和、圆融之中,这是一种最平凡却又最伟大的圣王合一,也是人生存于世界之中的一种最理想、最完美的存在境地。

张玉安在《由孔子精神看儒家文化的现代价值》(《辽宁大学学报(哲学社会科学版)》2007年第2期)一文中指出,个体生命的内在和谐是人际和谐的根本保证。一个人只有拥有一颗和谐的心灵,才能真正实现自我与他人的和谐;而实现个体生命的内在和谐,是儒家文化的一个基本诉求。实现个体生命的内在和谐需要修身,如何才算是一个合格的君子,孔子分三个层次做了回答。第一是以诚敬之心进行自我修养;第二是通过修身让他人获得安乐;第三是通过修身让天下百姓获得安乐。“仁”在孔子精神中占有举足轻重的地位,也是儒家修身的价值依皈。在孔子看来,一个拥有仁爱之心的人是自足的,并拥有一种通达乐观的精神。

王必胜在《略论中国传统“和”文化与和谐社会建设》(《理论导刊》2007年第1期)一文中指出,“和”是中国传统文化的内在精神和显著特征。作者引《易经·乾》,“和”作为世间之大道、天地之正理,是融和、和合。作者认为“保合太和”的世界观落实到个人,可以内化为以“和为贵”的做人原则,表现为从容不迫、礼乐人生的做人境界。以“和为贵”,自然要求培养、保有一种积极乐观的心态、自然豁达的心胸、坦荡平和的心境、超脱怡然的心神，讲究身心之和谐，内外之平衡。心中保有“和”的心态，由衷而发，自然“发而皆中节”，无过无不及，做事也才能从容而有条理，稳重而不走极端；做人也才能“人不知而不愠”，坦坦荡荡，“顺天应物”；才能达到“从心所欲不逾矩”、“小大由之”的自由境界。也由此而发，才有所谓礼乐文明的“先王之道”。

盖晓伟在《庄子人生哲学探微——寻求和谐建构的至高理念》（《法制与社会》2009 年 22 期）一文中指出，人类物质文明的发展也同时使人面临“为物所役”的精神负累。由此，对生命价值的探索是迄今为止人类关注的永恒主题。庄子哲学的核心是人生哲学。该文意在通过对庄子人生哲学的探究，扭转把庄子哲学归为悲观主义的不合理评价，同时希望能够从中寻求到。个可以用于指导和谐社会建设的思想体系。文章对庄子在人生中如何实现“和谐”进行了探讨，肯定了庄子在人生观上的积极态度，具体而言就是要想实现所谓的“逍遥”就要有一种“我与万物并生”的达观态度。作者指出，庄子的人生哲学，基本上是一种无所牵累的心境之觉，实在是一种“无为而无不为”的大境界，是跳出了“为”的虚伪外壳的真正内在的“为”。而且，庄子认为只要刻意地去“为了”就必然成了有局限的“我”，只有不为，消除了刻意，消除了一切具有功利的思想，一个真正的物我无间、天地和谐才能够成为观实。庄子认为，做到人自己与内在心性的和谐就必须向“至人”的方向靠近，而要成为“至人”就必须做到：首先要以无为之大为，使自心在自身所处世界里达到“无名、无功、无用、无己”，超越一切功名利禄之上；其次，还要做到无待。放弃对于外在的一切感受，以期达到“行不知所往，处不知所持，食不知其味”的大境界；最后，就是必须要有逍遥的心境。作者认为，现代人感不到快乐，是自身的不和谐，而要实现这种身心的和谐，则可以借鉴庄子的人生哲学。

李秀华在《〈淮南子〉的和谐思想及其启示》（《大庆师范学院学报》2009 年第 5 期）一文中指出，诞生于西汉初期的《淮南子》包含了丰富而深刻的“和谐”理念。它启示我们，构建和谐社会要考虑到个人身心的全面和谐。作者摘引《诠言训》的一段话来说明，为政者不但要从物质的满足上安民，更要从精神的平和上安民，切不可开了利欲之路而听之任之。作者认为，每个社会个体也应该关注自己身心的健康，做一些修身养性的功夫。现代科学技术的高度发达造就了物质财富的迅猛增长，它带给人们的诱惑已经远远超过西汉刘安那个时代。面对各色各样的物质诱惑，绝大多数人还是难以把持的，因而人类自身的物化问题愈来愈凸现起来，所以作者认为，个人身心能否达致和谐的关键是处理好“物”与“我”的关系，也就是养神与养形的关系。作者引《泰族训》来证明养神是本，养形为末，而两者位置一旦颠倒，养形慢慢吞噬养神，人的物化问题就会出现。如何防止这种情况的发生呢？《淮南子》中提到应该充分发挥“心”的控制力量，减少欲望的侵扰。为此，《淮南子》提出了“心术”的概念，而所谓“心术”实际上就是治心的理论和方法。只有运用“心术”，始终保持“心”对于“身”的主导地位，养神才不会被养形所颠覆，人的精神才不会外越。那么，如何养神呢？作者从《淮南子》中得出，养神即是要守住精神不外越，复归虚静淡泊之本。具体而言，我们在生活中要注意内外的分别，“物”为“外”，“心”为“内”，要以中制外，以内乐外，这样就不至于迷失自我，失去内心的安宁，也就会实现人身心的和谐。

李继高在《中国传统和谐文化中的生命观及其现代价值》（《陕西师范大学学报（哲学社会科学版）》2009 年第 6 期）一文中指出，在构建社会主义和谐社会的过程中，需要汲取和大力弘扬中国传统和谐文化中的生命观思想，以群体为本位的道德实践，中庸的行为方式和辩证的思维方式，建立中国人和谐的生命发展观，促进社会的进步和人的全面发展。作者认为中国传统和谐文化的核心内涵是和谐生命观即始终关注人的生命成长与发展，其中包括热爱生命的“本真”情怀、实现生命价值的终极关切和健康心态的培养。作者因此在中国传统文化中总结出以下几点：一、生生之谓仁。这是作者引自《周易》，提出中国传统文化在人的教化上“重生”，即关注生命的成长与和谐发展。二、重视人生价值追求。中国传统和谐文化要求人要有正确态度和在现世努力实现人生价值的终极追求。并以孔子为例，证明人的生命的价值追求和人生意义的实现放在了现世，人要立大志和超越自我，及坦荡地直面人生，积极追求美好的人生境界。三、注重培养健康心态。作者认为中国传统和谐文化重人的生命成长之理，尤重人的生命发展之道。人要在群体之中、在“中”“和”的行为实践之中、在天人合一之中奠定、成就生命发展之本，以此促进和谐生命观的实现。作者在文中提到道家的观点，指出人与自然的和谐强调的是人的身心和谐、精神和谐。人的原初的本性是自然纯朴的。道家要人“复归于婴儿”，“归于朴”，“复其初”，将人在生命的本源上与自然合而为一，作者认为，人要遵循自然规律，不妄为，柔弱，谦下，宽容，知足，与道合一。

李养正在《略论道教的中和思想》（《中国道教》2009 年第 5 期）一文中指出，中和，是认识和讲究关于天地人协调和谐的含意广泛、丰湛的哲学思想范畴，也是取得主客观理想境界、状态的一种标志。尚“中”贵“和”，是我国优秀传统文化的基本精神之一。经过先秦诸子百家，特别是道家和儒家先哲们的拓展、营构；更经后世学者长期历史积淀，整合而形成了以儒、道为主体的我国民族文化中传统的“中和”理论体系。作者引《中庸》来解释“中和”的意涵旨要是控驭主观心性情感及认识、对待客观事物，皆要以持“中”的思想与节度为根本，而以能达到和谐为理想追求。作者分析了儒家与道家在“中和”上的不同，重点论述了道家的“中和”观。作者先后分析了北京白云观的“致中和”牌匾、先秦老子和庄子、东汉道教及重要典籍《太平经》中所包含的“中和”思想。作者在文中就“中和”在元气化育万物的本体论、完美的自然和社会环境“天人和合”论、人的品格修养“道德论”、丹道炼养的理法论等四个范畴上的就道教经义涵蕴，择要概说了道教“中和”义的立论理趣，及其超现实世界的理想，并提出“中和”是道教义理体系中含意丰湛的重要理念，是穷究宇宙万物运化、变易及协调和谐的最高和最普遍的法则、理想的人生境地与心性状态，也是修炼丹道的方式与要诀。作者认为道教建构的“中和”论，是倡导作人处事及修炼仙道的智慧明炬。

杨礼富在《中国传统和谐伦理思想及其当代价值》（《学海》2009 年第 6 期）一文中指出，中国传统和谐伦理思想强调人自身的身心和谐统一，即“心和”。“心和”是“人和”和“天和”的基础和前提，没有人的身心的自在和自为，就不可能有人与人之间的和谐，也不可能有人与自然之间的协调。心和是中国传统和谐伦理思想追求的首要目标，心和即人自身的身心和谐，它既指自然人意义上人自身的形体与精神之间的和谐，也指社会人意义上人的精神心理秩序或状态的和谐宁静。中国传统伦理思想强调人的身心的协调，主张自我修为，强调修身养性，追求高风亮节的思想境界，孔子就指出人的行为应“无过无不及”，以此来达致理智、健康、平和、心灵和谐的价值目标。

毛丽娅在《〈太平经〉蕴含的和平思想》（《宗教学研究》2009 第 3 期）一文中指出，《太平经》从“道法自然”出发，要求实现对生命的超越，个体生命的健康、平安以及自我身心和谐。首先，《太平经》认为，人的生命，是神气的结合，或精气神的结合。其次，对生命的超越还表现为肉体生命的健康和竟其天年。第三，主张心物和谐，不为物役，不因贪图名利和物质享受而使欲望无限膨胀，以至丧失了内心的和平安宁和淳朴本性。《太平经》推崇安贫乐道，追求个体身心和谐的生活方式。第四，强调修道与行善、积德并重，在这里《太平经》提出了“承负”说，警示当代人不要为后人留下“恶”的负债，否则，子孙后代“必有余殃”。

赵彩花在《论儒家自我调节及其内在机制》（《湖南师范大学社会科学报》2009 年第 4 期）一文中指出，儒家有丰富的自我调节理论和实践，具体体现在个体一生对行为、情绪、事业进退和人我关系等的调节。儒家自我调节内在机制可从认知和目标层面予以分析，认知层面上，儒家通过修正认知方式和树立认知源以调节；目标层面上，儒家以每天检查反思目标施行和用终极目标来指导实践，从而使人从认知、行为上超越困境，达到不忧、不惧和无怨的境界，成为身心和谐、人我和谐、天人和谐的个体。中国文化中儒家具有浓郁的入世情怀又常不得其位，其“知其不可为而为之”的积极乐观应对中包含丰富的自我调节理论和实践，其“修齐治平”的基石“正心”即调节心理状态。儒家“治心”并不是通过玄思冥想，而是考察并体验万事万物的原理，从而使心如明镜。儒家通过不同年龄阶段爱欲及行为调节、一生情绪、一生事业进退、人我关系等四个不同的生活情境来对自身进行调节。儒家能够有效地实现自我调节的原因，在认知层面，儒家善于改变不合理的认知方式和树立认知源，这主要包括正名、亲逆境的心理态度、法天三种方式；在目标层面，儒家注重行为目标的崇高性与实际操作性的结合，这主要包括，一是一日三省吾身——每日检验和调整行为目标，二是下学上达——连通终极目标。

赵国乾在《儒家和谐美学精神及其价值的现代透视》（《湖北社会科学》2009 年第 12 期）一文中指出，儒家美学观，具有浓重的伦理色彩，充溢着浓郁的人间情怀。崇尚人文关怀的美学传统在我国源远流长，人文精神是中国传统文化的灵魂所在。中国文化中，很早就有人是天地所生万物中最灵最贵者的思想。这种对人在宇宙中地位的高扬，确立了中国独特的与天道相贯通的人文精神，在中国哲人看来，天地万物中，人具有最高的地位。人在天地自然间最为贵重，具有自身的独立性、高贵性和能动性，故人为“天地立心”，故能“参”天，并“摇荡”于四海之内、天地之间，通过主客体的互融交渗活动，以达到天人合一的宇宙境界。在实现人的身心和谐上，儒家从“内在超越”的理念出发，提出“安身立命”的主张，强调个人通过自身坚持不懈，持之以恒的道德修养，才可以实现人的身心和谐。在儒家伦理中，心主要是指心性、良心，儒家认为身心可以相互促进，修身能够养性，心的境界提高同样利于身。同时儒家不是禁欲主义者，他们没有把人对物质欲望的追求和道德价值的弘扬绝对地对立起来。认为只要处理得当，两者可以并行不害，达到身与心的和谐。儒家虽然肯定了物质欲望的合理性，但同时认为道德理想的追求高于物质欲望的满足，就是要求人们面对物质利益时，首先要考虑是否合义。儒家极其重视和谐理想人格的创造，“中庸”是儒家美学所推崇的理想人格的重要审美特质，理想人格不仅要具备智慧和勇气，而且必须是要“全”、要“粹”，而且可以为完善道德去“杀身成仁”、“舍生取义”，这才是完美的人格。

罗本琦、方国根在《论中国传统文化的和谐精神》（《探索与争鸣》2009 年第 7 期）一文中指出，“仁”在中国传统文化中是一个核心范畴，其基本内涵是指“人之所以为人的理由和标准，是人天赋的内在本质的不可改易和不容偏离的原则规定性”。所谓“修身成仁”，即通过修身养性，以实现个人道德的完善、人格的确立以及精神境界的升华，使“仁之理，合于人之身”。质而言之，即实现身心和谐。身心和谐的重要性首先在于它是治国平天下的基础，其次在于它是主体的内在要求，是人的本性使然。儒家要求“修身成仁”，从我做起，用以克服私欲，排除干扰。中国传统文化对身心和谐的高度重视与先秦社会现状、儒家创始人的思维方式和价值理想以及中国古代社会的家国一体的社会结构都有着直接的联系。

周建标在《汲取儒、道、释的和谐思想构建社会主义和谐文化》（《重庆工商大学学报（社会科学版）》2009 年第 3 期）一文中指出，中华传统文化以儒家为主体，以道家和释家为两翼。儒、道、释三家在人生智慧上，从不同的角度出发，虽然有所差异、各有特色，但殊途同归，都是要达到和谐人生。它们都强调从自我的修炼做起，使自己成为高尚的人、智慧的人、快活的人、有趣的人。作者首先在文章中分析了儒、道、释三家的特点，其中儒家讲入世，追求自强不息的快乐人生；道家讲忘世，追求延年益寿；释家讲出世，排除烦恼，追求来生幸福。三家的落脚点都是在于追求人自身的和谐。作者在文中提到，中华传统文化的和谐思想具有心理调适功能，分析到中国人在顺利和成功的时候，总是春风得意，就会坚持“以天下为己任”的儒家思想，讲的是“修、齐、治、平”；中国人一旦受到挫折和失败，处于逆境的时候，就会接受“顺其自然”的道家思想，甚至看破红尘，相信“一切皆空”的释家思想，许多中国人在他一生中的不同时期，会接受不同的思想，这就是中华文化和谐思想的心理调适功能。因此，中国人遇到问题比较冷静，可以有不同的价值选择，可以有回旋的余地。作者认为要追求身心和谐，就要认识自我、磨炼自我、提升自我、善待自我，而且提出，认识自我的关键是抛弃烦恼，磨炼自我的目的是积极进取，提升自我的境界是自得其乐，善待自我的方法是知足常乐。作者指出，保持身心的和谐一个很重要的方面就是要用正确的态度来对待顺境与逆境，而中华传统文化为我们提供了宝贵的经验。具体而言，主要有：“穷则独善其身，达则兼善天下”；淡泊名利，清心寡欲；但求心安，达观超脱等三个方面。

滕艳娇在《中国传统哲学中的“和谐”思想及当代价值》（《学理论》2009 年第 15 期）一文中指出，在多元文化并存与冲突的今天，从和谐社会的视角重新审视中国传统文化基本精神的当代价值具有重要的理论价值和实践意义。该文主要是综述了中华传统文化的基本精神，提出“和”的思想一直在我国传统文化中占据着重要的位置，作者认为中华民族的文化传统和民族精神与民族的历史和现实是血肉相连的，所以要传承中国传统文化基本精神的合理内核，并把它作为当代社会生活的重要精神资源。具体到实现自身的和谐，实现人生理想，重点在确立一个积极的人生态度，这个态度，作者认为可以用“刚健有为”来概括。作者提出刚健有为作为中国传统文化基本精神之一，是人们处理天人关系和各种人际关系的总原则，是实现自我价值的起始和前提，是中国人积极的人生态度的最集中的理论概括和价值提炼。作者引《象传》曰：“天行健，君子以自强不息。”来证实中国传统文化的精髓在于“有为”，这是儒家思想几千年来对民族性格不断影响的结果。同时作者借孔子与孟子的经典语论，来说明中国人具有为理想而不惧艰难、执著奋斗、陨身不惜的坚强和独立的人格。作者认为刚健有为、自强不息的精神，凝聚、增强了民族的向心力，培育了中华民族的自立精神和反抗压迫精神，以及不断学习，不断前进的精神。并认为它是中华民族饱经磨难、历久弥新、“愈挫愈勇，愈挫愈奋”的不竭动力。

吴星杰在《孟子构建和谐社会的思想研究》（《沈阳师范大学学报（社会科学版）》2009 年第

4期)一文中指出,“性善论”是孟子伦理思想体系的理论基础。孟子认为“人性善”这是人之区别于动物的本质属性,是先天的,是人性的本源。但是,孟子又承认人性可失。这就是由于环境的影响和主观不努力,从而丧失其本善的良心。因此,孟子非常重视人的后天身心修养。在孟子看来,君子的操守,从修养自己开始,从一点一滴做起,提高自己的道德素质和身心素质,然后去影响和感染别人,从而使天下得到太平。孟子认为“修身养性”功夫的方法和途径是:一是“存心养性”。在这里,所谓“存心”、“养性”,是指保持人的天赋“良心”和道德理性,尽力使之不受外界的不良影响,并不断充实完善,达到自身的身心和谐。二是“养心寡欲”。孟子认为修养心性的方法没有比减少物质欲望更好的。三是培养理想人格。即是善养“浩然之气”,培养“富贵不能淫,贫贱不能移,威武不能屈”的“大丈夫”精神。

人与人(社会)的和谐

修建军

人和人的和谐,实际上涉及人际、族际、国际的和谐,是一个“齐家、治国、平天下”的问题,是一个非常博大的课题。无论家、族、国,都是人组成的,家、族、国的意志,是人规划、实践的。因此,狭义的人与人的和谐尽管是一个基本问题,从广义上来说,则关乎民族、国家、世界的复杂问题。人与人的和谐,有道德层面的要求、有社会实践的要求,也有理想追求的问题,所以近几年学界对此颇为关切,对此的研究也较为深入和成熟。

曹德本在《和谐文化模式论》(《清华大学学报》2000年第3期)一文中指出,人以自身和谐为出发点,正确处理人与人之间的关系,使人与人之间真正摆脱急功近利倾向和利益交换关系的束缚,实现人际和谐。如果人人都讲修身,人人都会做人,人人都实现了自身的和谐,那么,人与人之间的关系就处于一种和谐的关系之中,从而实现了人际和谐,这种人际和谐摆脱了人与人之间的利益交换关系的束缚,避免了狭隘的急功近利倾向。

闫伟纲、彭富明,姬丽红在《传统和合思想及其现实意义》(《洛阳农业高等专科学校学报》2000年6月第2期)一文中,以儒家为主,旁及诸子,对先秦哲学关于人伦之理的主要思想略加概括:“仁”是孔子确定的最高道德准则,核心是“爱人”,即对人的关心和尊重。为仁的基本原则和方法是“忠恕之道”,孔子认为替他人着想是“忠”,对待他人宽厚是“恕”,合起来说是忠恕之道。孟子提倡实施“仁政”,认为“民贵君轻”,赞扬重视百姓利益,以仁义治天下的“王道”，反对凭恃武力、权术统治天下的“霸道”。墨家则提倡“兼爱”，主张要爱人如己，实行普遍的爱，也就是“视人之国若视其国，视人之家若视其家，视人之身若视其身。进而提出儒家的仁爱和墨家的兼爱，都肯定自我与他人上独立的个体，主张人与人之间应当相爱，闪耀着古代人道主义的光辉；认为“五伦·十义”，维系了人际关系和谐，明确每个人在不同伦理关系中扮演的角色，以及相应的权利与责任，将其以适当的行为准则与道德规范确定下来；认为以“和”为贵中“和”原意为相应，引申为和谐，特别是多种不同事物之间的和谐统一。提出个人总是生活在群体之中，正确处理个人与群体的关系，在任何时候都非常重要。儒家非常重视人类生活的群体性，并以伦理关系解释人类群体生活的特征，强调人与人应该互敬互爱，和谐共处。我国正处在改革与发展的重要历史时期，和合文化精神可以为我们正确处理国家利益和个人利益、整体利益和局部利益的关系提供指导和借鉴，同时有利于我们事先可持续发展既能满足当代人的需要，又不对后代人的生存发展构成危害。

李丽珍在《可持续发展与中国古代哲学中的和谐观》(《广州大学学报(综合版)》2000 年 8 月第 4 期)一文中指出，可持续发展的理论渊源可追溯到中国古代哲学的和谐观。中国哲学强调人与自然和谐、人与人和谐、人自己身心内外和谐，追求“天人合一”的境界。在人与人的和谐方面指出，儒家的主流主张人性本善，因而可以通过道德修养来调整人与人之间的关系，从而建立一种理想和谐的社会。儒家所向往的“大同”世界是一个天下为公、人际关系和谐、社会和平宁静的世界。道家鼻祖老子提出“人法地，地法天，天法道，道法自然。”《庄子》曰“古之畜天下者，无欲而天下足，无为而万物化，渊静而百姓定。”懂得“自然无为”的意义，就能建立一个顺应自然的社会，无矛盾无争夺的社会，和平宁静的社会，自满自足的社会，就是人与人和谐的社会。墨子始创的“兼爱”理论，提倡天下的每个人都同等地、无差别地爱别的一切人。

李万忍在《论中华传统的和谐精神》(《人文杂志》2001 年第 2 期)一文中指出，和谐是中华传统文明中的精华文化。其内涵结构有两大系统，一是和谐的人文规范，以调和人际关系为特征；二是人与自然的和谐互济，亦称“天人合一”说。在人与人的和谐方面指出，人际和谐文化，以尊卑贵贱为基础，主要用于协调君、臣、父、子、男、女之间的社会关系。现在盛传的和谐文化，多以这个系统的理论为主。将传统和谐精神中的人文特征划分为四个方面：

一、人以“和”为贵，“和”受礼节制。天地之性人为贵，而人则以“和为贵”。认为中国传统文化的一个突出特点是尚礼重义，关于“礼”与“和”的关系，孔子讲得很清楚。“礼之用，和为贵。先王之道，斯为美。小大由之，有所不行。知和而和，不以礼节之，亦不可行也。”这就是说，制礼倡义的目的，在于达到社会的和谐一致，而要做到真正的和谐平济，必须以礼义为标准，受礼义之节制。这叫“以礼节和”。如果和谐失去礼义的制约，就不是真正的和谐，不过是“乡愿”之举或“德之贼者”。

二、以尊卑贵贱之序定位，各得其宜，“群居和一”。认为荀子的“群居和一之道”，有两层意思。一是以封建的尊卑贵贱之等为基础，给人群划定不同的社会地位，各就其位，各司其能，不得逾越。二是按人的贤愚、能不能之分，各得其宜，使悫禄多少厚薄相称。当时，中国社会正处于由奴隶制向封建制过渡的历史阶段，荀子的这种“群居和一之道”，促进了封建等级制文化的发展。同时，历史的实践也证明了这种以尊卑贵贱分等定位的和谐文化中，潜存着不和谐的消极因素，即：思不出位，卑不临薄，愚不谋知。这严重禁锢了广大的低下层人群思想的活跃发展，从而影响着社会的发展。

三、用人禁等规，选贤破贵贱，和乐如一。这是传统和谐文化中的精华思想，也是对“思不出位”等规的重大突破。在几千年的中华文明发展中，发挥了积极作用。

四、注重礼教，激励学知，以智治愚。从人的禀性出发，进行修身，格致教化，是以智治愚的基点。对于人性，中国历来有性善论和性恶论两种观点。在中国传统文化中，对人的贤愚贵贱的原因，亦有天命论和强调人的后天主观努力程度，而不注重天生禀性的决定作用两种解释。古人以智治愚的突出特点，是注重个人的好学敏求，达到个人素质的提高，然后推以及人，使社会达到和谐发展。认为传统文明中的人的素质修养，有两个明显的缺点：一是只注重思想道德素质的提高，却忽视科学技能的发展，不全面。二是厚古薄今，闭门思过，忽视现实问题的研究和实践经验的概括。

黄志斌、王志红在《中国传统和谐理念的现代阐释和绿色转换》（《学术界（双月刊）》2002年5月总第96期）一文中指出，孔子提出“仁爱”说，主张通过“爱人”的“仁”和讲究“宜”的“义”来达到“和而不同”，也即达到多样而统一的不“乖戾”、“泛爱众”的不“阿比”。孟子的“仁政”说进一步发挥了“仁爱”说的政治功用。“仁政”的要义是以“不嗜杀人”而使“天下定于一”，决不“行一不义，杀一不辜，以得天下”；最终要以“老吾老以及人之老，幼吾幼以及人之幼”，“乐以天下，忧以天下”来使“天下大同”。当然，这种和谐理念在落后的自然经济和封建制度下，只不过是一种难以兑现的抽象的理想而已。

许亚非在《传统中和思想及其现代价值论》（《西南民族学院学报·哲学社会科学版》2002年8月第8期）一文中指出，中国传统道德提倡“和而不同”。孔子说：“君子和而不同，小人同而不和。”在他看来，人与人之间可以有矛盾、意见，但能够在一定的道德原则和规范之下达到统一与和谐，而反对那种没有任何差别的雷同。可以说“和而不同”的实质乃是强调矛盾的统一和均衡，强调通过事物之度的把握，以获得人际关系的和谐。在人际关系上，和并不是无原则的调和，也不是提倡做息事宁人的和事佬。提倡“和而不同”，不是否认矛盾，恰恰是要承认矛盾，正确对待矛盾。要通俗地说，就是要通过不同意见的互相争论、互相补充来达到正确的认识，既不是不允许不同意见存在，也不是鹦鹉学舌、随声附和。

高中华、李颖在《中和思想与可持续发展的普遍和谐观》（《中国伦理思想史研究：中和思想与可持续发展的普遍和谐观》2003年7月第4期）一文中指出，儒家认为人和人之间以及人类社会也是应体现“天道”要求的。孔子说“朝闻道，夕死可矣。”《论语·里仁》又说“道不行，乘桴浮于海”。这里的“道”就是“天道”，当然也包含体现“天道”的“人道”。人应该把“天道”的要求实现于社会，那么就能把社会变成一理想的和谐社会。因此，儒家特别强调人的道德实践对于理想的和谐社会的意义。对于这个建立在道德修养基础上的和谐社会，儒家称之为“大同”社会。这是一个不分彼此、没有争斗的和谐而温馨的社会图景。虽然具有空想的成分，但，儒家追求建立人与人之间的和谐关系，具有积极的意义！

赵霞、王素琴、俊荣在《试论“天人合一”的和谐统一思想及其对现代的启示》（《阜阳师范学院学报（社会科学版）》2001年第4期）一文中指出，中国古代“天人合一”思想追求一种和谐与统一，既包括人与自然又包括人与社会、人与人的和谐统一。强调人与社会、人与人的和谐统一，坚持以人为本，以“性”为“人”和“天”之间的连接点。要达到“天人合一”，人就要通过道德修养，一旦在道德上达到“天”与“人”的一致性，才能进入“天人合一”并体味到人生的“至乐”。“天人合一”强调以人为本，注重道德建设,这对于我国加强精神文明建设具有积极的指导意义。"天人合一"思想追求人与人、人与社会的和谐统一,推而广之。

王晓霞在《当代中国人际关系的文化传承》(《南开学报》2000 年第 3 期)一文中指出,重"信任"与"和谐"是中国人际关系建立的心理起点。中国儒家文化传统强调追求和谐是人类最高的价值取向。在天人关系方面,儒家的主导思想是天人协调;在人际关系上,儒家文化特别讲求和谐,提倡"和为贵",视和谐为人际关系中的理想状态,把和谐作为现实人际关系追求的重要价值目标之一。认为"和"并不等于放弃自己独立人格和见解。后来"和"的含义逐渐演变成了"融合"、"调和"的思想。使人际关系保持"和谐"的一个主要方法是"谦让"。虚心不自满,尊重别人的平等人格,荣利不争,享乐居后,为谦让。虽然儒家的这种"和谐"、"适中"的思想遭到西方学者韦伯的否定,认为儒家重礼仪、讲和谐的过分"理性化精神"不能激发自由竞争意识和冒险精神,因而使中国没有创造出资本主义精神,但它有助于人际之间产生相容的心理,促使人与人之间团结互助,也可以避免和减少现代社会病的滋生。

王春林在《天人合一:中国传统文化的人文精神及其当代价值》(《广西师院学报(哲学社会科学版)》2000 年 7 月第 21 卷第 3 期)一文中指出,在中国传统文化中,"天人合一"主要指宇宙(自然)、社会、人生三者浑然一体,包括自然界本身的和谐、人与自然的和谐、人与人的和谐、人的肉体生命与精神生命的和谐。在人与人的和谐方面,儒家思想的核心是"仁"。"仁"的主要含义,一是重视人的内在修养,二是强调协调人与人的关系。特别指出儒家以家族为中心、为本位的人际和谐,其理想的人际和谐是父慈子孝兄友弟恭,这是承认社会等级制度、人的位分差别的,不同地位有不同义务和责任的和谐。这种和谐是通过强调自我的克制、自省,对他人温良、恭让、谦虚、顺从,对"天命"、"大人"、"君子"的畏惧,以及对家、国的绝对服从实现的,因而是一种不讲主体能动性、独立性的被动的、封闭的、消弥矛盾的静态和谐,它把个人消弥在君权、父权、夫权之下。

曹显光在《古代儒家伦理道德中的和谐性思想浅析》(《楚雄师范学院学报》2004 年第 19 卷第 6 期)一文中指出,儒家义利观反对将个人同社会割裂,反对只注重自我利益的个人利己主义,从儒家对义和利关系的说明和阐述、规定也能够明显看出儒家将个人置身于社会的和谐观念。仁、义、礼、智、信是儒家的五德,义是重要理想道德之一,义是社会稳定的重要保证。"上下交征利,而国危矣!""君子喻于义,小人喻于利","生我所欲也,义我所欲也,二者不可兼得,舍生取义也"。利作为一种私利、作为个人利益,必须服从公利,服从义,"因民之所利而利之"。同时,儒家并不明显排斥利,只是重义轻利,认为义必须服从利益,只要取之有道,就不一概否定,"富,人之所欲","贵,人之所欲","国不以利为利,以义为利也"。将义作为国家和人民利之本,以义建利,重义轻利,用义来作为利的整体指导和规范,这反映了儒家调和社会矛盾的主张,说明将个人同社会割裂、纯粹从个人出发是不和谐的,因为割裂个人同社会的联系,就是割裂整体的统一性,必然造成不和谐和社会的混乱。

李颖川在《〈论语〉中的和谐思想及其意义》(《哲学研究》2005 年第 1 期)一文中指出,在对待人与人的道德关系问题上,孔子以君子的道德人格为和谐的典范。他认为"君子和而不同,小人同而不和。"君子应坦荡荡,不逞强好斗,不结党营私,一切都光明磊落,以和为贵。孔子又以"仁"、"义"、"礼"、"智"、"信"作为君子的基本人格要求。"仁"是孔子思想的核心,是君子处理人际关系的一般原则。"仁"是由人本身引申出来的行为原则,它要求人们在人际交往中注重人的价值，把别人也当作与自己同类的人看待，以人为人，相亲相爱。孔子的“仁者爱人”是从家庭血缘亲情中直接引申出来的，任何人一生下来首先遇到的是家庭中的父母兄弟关系，处于亲人的爱抚之中，并逐渐萌生对亲人的深深依恋、情爱，因此，家庭中的亲爱，是人最早形成的爱心。一个人只有首先爱自己的亲人，才会去爱他人。“义”是君子处理人际关系的价值准则。孔子认为，要调节好人际关系，首先要树立正确的善恶观念、价值标准，在义与利面前，孔子主张“见利思义”，反对见利忘义，索取不义之财，“不义而富且贵，于我如浮云。”如果舍弃仁义这个根本去求富贵是他不愿意的，君子不会因为求取生活的安逸舒适而放弃对仁义的追求。如果人与人之间少了一点利益冲突，就多了一点和谐的因素。“礼”是君子处理人际关系的行为模式。仁为礼之本，礼为仁之文。因此，做到了礼也就实现了仁，故孔子曰：“克己复礼为仁。一日克己复礼，天下归仁焉，为仁由己，而由人乎哉?”要求人们自觉地按礼的规范去行事，建立有序和谐的人际关系，复礼就是其必由之路。人与人如果能以礼相待，礼让为先，就能减少磨擦、冲突，就能和睦共处。“智”是君子处理人际关系的理性原则。这里的“智”是一种道德认识，它的核心功能是明辨是非善恶，即对仁义的判断与选择。“信”是君子处理人际关系的精神纽带。孔子的“仁、义、礼、智、信”后来成为封建伦理道德的“五常”，虽然有其阶级局限性，但作为处理人际关系的准则，其中又确实包含着不少人与人之间相互交往的一般性、共同性的成分，反映了人际交往中的一些起码的行为规范，体现了“和为贵”的精神。

李天雷在《传统和合思想与构建和谐社会》(《胜利油田党校学报》2005年第18卷第6期)一文中指出，孔子所提出的理想人格是善于以宽厚处世，协和人我，从而创造和谐的人际环境。他说“君子和而不同，小人同而不和。”《论语·子路》又说“君子矜而不争，群而不党。”其意是说，保持和谐而不结党营私，行为庄重而不与他人争执，善于团结多数人而不搞小团体，才称得上君子。在这里，孔子区别了“和”与“同”两个概念，“和”是多样性的统一，“同”是一味地附和乃至结党营私。孔子还明确主张，君子应取前者而弃后者。可见，能够宽厚待人，与人和谐相处，是君子人格中一个不可缺少的重要方面。孟子也认为，“天时不如地利，地利不如人和。”他还提出“老吾老以及人之老，幼吾幼以及人之幼。”以孔孟为代表的儒家还提出了仁、义、礼、恭、宽、信、敏、惠、智、勇、忠、恕、孝等一系列旨在实现“人和”，实现社会和谐的道德原则，提出了建设大同社会的远景理想。古人所设计的大同社会理想，带有乌托邦的性质，但它作为一种崇高的目标和理想境界，始终引导着中华民族的志士仁人追求以人际和谐为基本特征的社会发展目标。

汪慧在《从中国传统文化中寻找构建和谐社会的源泉》(《陕西青年管理干部学院学报》2005年第2期总第70期)一文中指出，在人与人的关系上，提倡宽和处世，协调人际关系，信奉和为贵、泛爱众的处世哲学追求以形成和谐的人际关系为主题的大同社会。儒家的和谐思想，主要是人际关系的和谐，但儒家讲人伦的和谐是依靠礼乐制度来保障的。孔子讲“君君臣臣、父父子子”，在等级秩序中，每个社会成员各安其位，做到“和而不同”。对于社会整体和谐来说，孔子认为“有国有家者，不患寡而患不均，不患贫而患不安。盖均无贫，和无寡，安无倾”。这就是在财富分配方面，力求做到“均”，即在各阶层内部人与人之间做到均等，而不是不同阶层的一律均等；各利益集团之间和谐相处，实现上下相安，而不是上下倾轧。在人与人之间要求多一些关爱，多一些诚信，做到“老者安之，朋友信之，少者怀之”。在儒者看来，人伦和谐并不涉及到财富创造者的积极性，而只涉及到财富占有者的分配关系问题。但是社会的不和谐,往往起因于财富、权势、力量对比的悬殊,尤其是处于强势地位的社会成员以势挟贵对他人的生存境遇漠然视之的时候,更容易引起社会冲突。因而孔子强调人际应该以仁心相,仁的感通恰如各社会要素的和谐剂。孔子所提出的理想人格是善于以宽厚处世,协和人我,从而创造和谐的人际环境。他说:“君子和而不同,小人同而不和。”孔子认为,和而不同,是社会事物和社会关系发展的一条重要规律,也是人们处世行事应该遵循的准则,是人类各种文明发展的真谛。又说:“君子矜而不争,群而不党。”其意是说,保持和谐而不结党营私,行为庄重而不与他人争执,善于团结别人而不搞小团体,才称得上君子。在这里,孔子表明了他求同存异的价值观,孔子还明确主张,君子应取前者而弃后者。可见,能够宽厚待人,与人和谐相处,是君子人格中一个不可缺少的重要方面。

白继贵在《论儒家的和谐思想及其现代意义》(《青海师专学报》2005 年第 3 - 4 期)一文中指出,儒家先贤们身处社会转型,文化冲突,价值失范与认同危机的春秋战国时期。整个社会已处于一种无序与混乱状态之中,面对这样一种“礼崩乐坏”的无道局面,他们深感忧虑与不安。为了匡正时弊,重建社会的价值体系与道德秩序,在痛苦的反思与努力的探索过程中,建立起了儒家道德理想主义的思想体系。儒家思想体系的基本特点是道仁义,明人伦和重教化。所以,儒家在重建社会的价值体系与道德秩序的努力中,特别注重把人教化成具有爱的情感,明人伦,守秩序的道德理性自觉的人,并进而形成了以“五伦”为基本原则的人际和谐思想。

王宪昭傅淑华在《试析我国传统文化中关于“和谐”的探索》(《理论视野》2005 年第 5 期)一文中指出,人际关系是生产生活等社会活动的重要基础,在中国传统文化中,古人对和谐作了一定的规范。如《论语·子路》中说:“君子和而不同,小人同而不和。”强调在处理人际关系时能否和谐是以“君子”、“小人”为标准的,把“君子”视为修身养性和实现理想人格的最高境界,强调人与人之间应该以诚相见,和谐有序,超越人际关系中狭隘利益而有君子之风。

黎健在《以中庸之道的精髓构建和谐社会》(《广东工业大学学报(社会科学版)》2005 年第 5 卷第 4 期)一文中指出,与人相处时,应遵循“和而不同”的原则,既能以人和睦相处,又能保持独立思想和不同的见解。“和而不同”不是取消不同,归于同一,而在尊重不同意见的人,与其相互切磋、相互支持、相互激励、共同完善。而不是表面迎合附和,背后搞阴谋分裂的“同而不和”。所以说“和而不同”的人际关系是通向真正和谐之路。

张凤玲在《中国传统文化与当代和谐社会的构建》(《甘肃行政学院学报》2005 年第 3 期)一文中指出,传统文化是合和文化,讲求修身,强调“君子和而不同”,“人和”,主张通过“志于道,依于仁,游于艺”的修身途径,实现理想的人格,达成完美的精神境界,在此基础上,实现人际关系的和谐。孔子提出的“仁、礼”思想是修身思想的具体体现。《易经》讲的“地势坤,君子以厚德载物”,是对宽容精神的形象概括。“克己复礼为仁”是说人要克制自己的利欲之心,为人处事态度要奉行“己欲立而立人,己欲达而达人”,“己所不欲,勿施于人”的行为准则,每个人在生活中都不计较个人得失,让字当头,宽厚待人,和谐相处。《孟子》讲人与人之间要做到“出入相友,守望相助,疾病相扶持”,《墨子》主张“天下之人相爱,强不执弱,众不劫寡,富不侮贫,贵不傲贱,诈不欺愚”,提倡“有力者疾经助人,有财者勉以分人,有道者勉以劝人”,“投之以桃,报之以李”的平等相爱互助精神。

夏向东在《中国古代的和谐思想及其现代价值》(《前进论坛》2005 年第 5 期)一文中指

出，谋求人际关系的和谐发展是中国文化的一大特质，是中国历来理想的为政之道。如何经营人际和谐，先哲们提出了具体可行的方法。其中儒家“仁学”思想对中国人文化心理的影响最大的。“仁”的实施原则是推己及人，由近及远，“夫仁者，己欲立而立人，己欲达而达人。”“仁”的实施原则还有另一方面，即“己所不欲，勿施于人。”以上两方面概括起来就是孔子所说的“忠恕”前者为“忠”就是对待人，帮助人要真心诚意，后者为“恕”即宽容精神。也是《易经》上说的“地势坤，君子以厚德载物。”孟子对推己及人进一步发挥，提出“老吾老以及人之老，幼吾幼以及人之幼”的实现社会和谐的道德原则。儒家还强调人不仅懂得“仁，”实践“仁，”应以“仁”为快乐，这样才能做到真正的“仁者安仁”也能得到最大的快乐，除去恐惧和烦闷，达到心灵平静与欢愉。

何炼成、邹富汉在《中国古代的和谐思想与构建和谐社会》（《当代经济科学》2005 年第 27 卷第 5 期）一文中指出，中国传统文化以人为本位，以和为最高价值。在人与人的关系上，主张“以和为贵”、宽和处世，从而创造人际和谐的社会环境。孔子的弟子有若说：“礼之用，和为贵。先王之道斯为美，小大由之。”孔子提出：“君子和而不同，小人同而不和”，“君子矜而不争，群而不党”。其意思是，保持和谐而不结党营私，行为庄重而不与他人争执，善于团结别人而不搞小团体，才称得上君子。以“道法自然”著称的道家学派，更是主张人际和谐，避免冲突，社会安定、太平。在《道德经》五千言中，老子不仅给人们描绘了一个人与人之间“无欲”、“无为”、“无争”，彼此和谐、宽大为怀，人人“甘其食、美其衣、安其居、乐其俗”的理想社会，而且提出了“天之道，损有余而补不足。人之道，损不足以奉有余。孰能以有余以奉天下，唯有道者。”以及“去甚、去奢、去泰”等主张，即人们也要效法天道，“有余以奉天下”，而不要“损不足以奉有余”以实现社会的相对均衡，人与人之间的和谐相处。

张存俭、鲍宇在《中国古代和谐思想及其现代价值》（《理论学刊》2005 年第 8 期）一文中说到，在人与人的关系上，儒家伦理对中国古代社会的影响最大。儒学提倡宽和处世，创造“人和”的人际环境，追求以和谐为目标的大同社会。孔子提出的理想人格是善于以宽厚处世、协和人我的人，“君子和而不同，小人同而不和。”又说：“君子矜而不争，群而不党。”其意是说，保持和谐而不结党营私，行为庄重而不与他人争执，善于团结别人而不搞小团体才称得上君子。在这里，孔子区别了“和”与“同”两个概念：“和”是多样性的统一，“同”是一味地附和乃至结党营私。君子应取前者而弃后者。以孔孟为代表的儒家还提出一系列旨在实现“人和”及社会和谐的道德原则，提出了建设大同社会的远景理想：“故人不独亲其亲，不独子其子。使老有所终，壮有所用，幼用所长，矜寡、孤独、废疾者皆有所养。”

赵亭在《儒家“和谐观”对构建社会主义和谐社会的启示》（《南京林业大学学报》2005 年第 5 卷第 3 期）一文中指出，儒家经典中论及和谐人际关系的思想很多，概括起来可以总结为“遵礼崇仁”。谈到“礼”时，儒家认为：“故圣人耐以天下为一家，以中国为一人者，非意之也。……故圣人之所以治人七情，修十义，讲信修睦，尚辞让，去争夺，舍礼何以治之？”在儒家看来，治理人的七种情感、维护人的十义、讲究信用、维护和睦、崇尚礼让、消除争夺的方法，除了礼还能用什么呢？“故治国不以礼，犹无耜而耕也……”即治理国家如果不依靠礼，就如同没有用农具去耕田。可见，“礼”在儒家那里，不仅已经上升为治国的方略，更是具有了不可替代的方法论意义。作为其最为推崇的治国方略的精髓——“礼”，自然也是儒家处理社会方方面面人际关系的准绳。孔子说：“以旧礼为无所用而去之者，必有乱患。”“民之所由生，礼为大。非礼无以节事天地之神也，非礼无以辨君臣、上下、长幼之位也，非礼无以别男女、父子、兄弟之亲，昏烟疏数之交也。”意思是说：如果认为传统的礼仪已经无用而把它废掉，那就一定会产生祸患，人们赖以生存的，以礼最为重要，没有礼，人们就无法侍奉天地鬼神；没有礼，人们就无法分辨君臣、上下、长幼的不同地位；没有礼，人们就无法区别男女、父子、兄弟之间的亲情关系，以及婚姻亲疏的人际关系。

张玉安在《由孔子精神看儒家文化的现代价值》（《辽宁大学学报（哲学社会科学版）》2007年第2期）一文中指出，儒家文化贵“和”，讲究人际关系的融洽与和谐。在儒家文化观念中，“和”与“同”是两个完全不同的概念，“和”指不同事物的相互包容与和谐，而“同”则是指单一事物的叠加或重复。“和”不仅意味着事物之间的相互融通，而且还可以创造新的价值。在儒家，和谐的人际关系与礼密不可分。礼的作用贵在调和人与人之间的关系，但在现实生活中，如果有些事情行不通，却为了调和而调和，不用一定的规矩（礼节）加以节制，也是不可行的。礼在儒家的积极宣扬和身体力行之下得以延续，部分融入到律法当中，其余则和律法一起共同形成了维护社会稳定的二元架构。

王必胜在《略论中国传统“和”文化与和谐社会建设》（《理论导刊》2007年第1期）一文中指出，中国传统“和”文化通过个人修养即“修身”的功夫将“和”的思想植根于每个人内心深处，再一点一点舒展开来，和睦的家庭、和顺的政治秩序、和谐的社会关系就有了基础，“齐家治国平天下”也就顺理成章，所以中国历史上有远见的政治家都讲究“施政导民，上下和合”。当然，强调“和”是以承认每个人个性的“不同”为前提的，“君子和而不同”的理念也正是基于这样的认识而提出来的。从思想家史伯、晏子开始，中经孔子，直到孟子和荀子，数百年间，他们都在讲“和而不同”这充分体现了中国的智者们对“不同”“他者”的尊重、理解，对“厚德载物”的宽容精神的认同。

刘忠孝、薛文礼在《儒家和谐文化刍议》（《北方论丛》2009年第6期）一文中指出，“和谐”是中国文化史上儒家竭力倡导的人生哲学，也是儒家所追求的理想社会模式，“和”的思想早已融进中华民族的精神血脉。以孔子、孟子和荀子等为代表的儒家文化所倡导的人际关系和谐理论，以及由此而引发的“中庸”的人生哲学，都强烈地模塑了中华民族的精神世界。作者认为“和”是古典中国哲学在探究“天（自然）——人”、“人——人”、“人——我”等关系中总结出来的人生智慧。“和”在儒家思想体系中，拥有特殊地位。儒家的出发点是个群关系、人我关系，追求的是人与人之间的和谐。孔子的“和同”思想既承认差异，又要求和合，强调的是现世社会的和谐，并将“和而不同”作为理想人格的标准。孟子作为亚圣，价值观上遵从孔子的“和为贵”的理念，而且还首次系统提出了建立“人和”社会的政治理论，即他的王道仁政理论。因此，孟子论述何构建现实的人与人之间的理想的“仁”的和谐关系时，超越了孔子的局限，开始从更广阔和现实的“政”的层面开辟实现途径。荀子则从更积极的意义上提出“和则一，一则多力”，认为只要和谐相处，团结一致，就能够获得成功。因此说，在以儒家为主体的中国传统文化中十分重视群我和谐、人我和谐。中国传统文化是在肯定等级制度合理的前提下，提倡人际关系的和谐。当然，儒家并不主张人与人进行无条件、无原则的调和、折中，“知和而和”是“不可行”的，应坚持“和而不同”。作者认为儒家所追求的“和”的最高境界是“万物并育而不相害，道并行而不相悖”。

夏当英在《和谐社会视阈下儒家文化现代性的省思》（《江淮论坛》2009年第4期）一文中指出，“和谐社会”观念深入人心，体现了我国经济增长、社会发展和价值体系的统一。作为中国传统文化的重要支柱，儒家文化蕴含着丰富的和谐思想，注重个体内外兼修，倡导群己和谐，追求社会结构整体平衡。一个国家的兴盛与稳定，与天时、地利、人和是分不开的，其中人和是发挥人之主动性的最有效因素。人和即是人与人之间和睦相处。儒家文化的特色之一就是站在和谐的立场上，主张群己和谐，重视群体的价值，期望内在于各种关系之中体认人本身。在儒家的人际思想中，克己利他是一重要的交往原则，强调个人对家庭、宗族和社会的责任和义务，主张对自身行为有所约束而不能肆意妄为。儒家认为人们只要主动服从“礼”，主动按照社会规范处理好人与人之间关系，不断提高自己的素养，将“礼”的规范不断内化为自觉的心理需求，人就可成“仁”，社会就会和谐。儒家之“仁”在更深层上乃是一种善的理念，是家庭和宗法社会中通过教养所形成的仁爱之心，由亲及疏，由近及远，社会各阶层都是人们热爱的对象，而儒家认为人是社会的人，道德伦理已构成人之所以为人的本质，以忠、孝、悌等方式追求与他人和睦相处是体现仁爱之心，成为“仁者”，能使各种对立关系走向和谐。儒家人际关系思想的逻辑起点是家庭成员关系，即要实现五伦中的三伦：父子有亲、夫妻有别、兄弟有序。儒家处理人际关系一个重要的原则是诚信。诚信的落点主要是处理朋友关系，儒家追求做人以“信”为本，一旦感到自己做到了“诚信”，便油然产生一种道德自我完善的满足感，所谓“反身而诚，乐莫大焉”。作者在文中对中国传统文化中的人际和谐主要就是落脚在这两个方面。

刘冰在《中国传统文化中的和谐思想及其当代价值》(《理论学刊》2009 年第 7 期)一文中指出，“天道”有常，“人道”有本，其中“人与人的和谐”是“人”与人类社会应该体现“天道”的要求。儒家的思孟学派认为人性本善，而人之善性来源于“天”之“至善”，如果人能充分发挥其善性，而使之实践于社会，那么就可以把“天道”的要求实现于社会，使社会成为理性的和谐社会。作者引用中国传统“大同世界”的概念，来说明“和”在由家庭到国家到天下中，人与人和谐的重要性。

杨志刚在《〈孝经〉和谐思想的现代诠释》(《学术交流》2009 年第 10 期)一文中指出，《孝经》是中国古代孝理论的集大成者。它所倡导的理想社会状态是“民用和睦，上下无怨”。而要达到这种境界的“至德要道”就是孝。《孝经》所体现的伦理思想已经积淀为中华民族区别其他民族的特质与美德。《孝经》所蕴涵的和谐思想表现为化解矛盾，协调关系，理顺情绪，凝聚社会正气，所有这些，对于当今和谐社会的构建仍有重要的现实意义。作者先从《说文解字》及商代卜辞来探讨“孝”字的起源，进而认为随着人类伦理规范的逐步形成和发展，“普天行孝”逐渐成为巩固古代自然经济结构和宗法家长制度的重要手段，也成为维护中华民族政治统一的有利思想武器。家庭是社会的细胞，家庭伦理和社会伦理具有同一性，家庭的稳定和谐是社会稳定和谐的基础。《孝经》非常注重人的品德的形成，而孝是德的根本，一个人的道德修养首先要从家庭生活特别是孝敬父母做起，通过“孝”的身体力行，同父母兄弟的家庭关系达到稳定和谐的境界。作者提出《孝经》的最突出思想是主张以德修身，提倡忠恕孝悌，致力于长幼存序，敬老爱已，家庭和谐。《孝经》中提出不仅要爱自己的父母亲人，还要把这种爱施加给其他人。这种爱就是人性和人类之爱的体现。《孝经》所蕴涵的和谐思想体现于人人之间，既是感情纯化，也是相敬自律。作者认为《孝经》能还原我们内心的最基本、最直接的情感因素，把自然的血亲关系回归到最初的状态，并把这种情感同样传递给其他的人，尊老爱已，自律所为，广敬博爱，共建和谐。

杨礼富在《中国传统和谐伦理思想及其当

代价值》(《学海》2009 年第 6 期) 一文中指出,在长期的文明碰撞和文化选择过程中,儒家和道家文化逐步地成长为中国传统伦理文化的主流伦理文化,其中又以儒家的伦理文化精神为正宗。在长期的文化演化过程中,“和合”体系和“人伦”体系也逐步成为中国传统和谐伦理思想的主要精髓。中国传统和谐思想以仁爱思想为核心。仁是儒家思想的核心,是孔子提倡的社会学说和最高道德准则。孔子认为,仁的基本要义和精神实质就是爱人。爱人从“我”出发,自己怎样对待自己,也就应该怎样对待别人。孔子提出“小人同而不和,君子和而不同”的命题,追求“和合”的君子境界,主张社会中的人际关系要和谐。孟子提出“五伦”思想,成为中国传统和谐伦理思想中处理人际关系非常重要的伦理规范。孟子还提出“正人先正己”的主张,以此来处理人与人之间的矛盾冲突,强调“与人为善”。作者认为中国传统的五伦体系只注重人和人与人之间的关系,而并不十分注重人与天及人与自然的关系,于是其主要产生的是道德。作者指出在中华伦理中家庭伦理实体具有举足轻重的核心地位,认为血缘之爱和“亲亲”是中国传统和谐伦理的逻辑起点。

毛丽娅在《〈太平经〉蕴含的和平思想》(《宗教学研究》2009 第 3 期) 一文中指出,《太平经》特别强调人与人的和谐。这种和谐既包括人个体之间的和谐,又包括君臣民之间、民族之间的和谐。尤其是君臣民之间的和谐,直接关系到国家的太平和社会的安定。《太平经》认为君臣民三者处于一种相互依存的统一联系中,构成一个整体。在《太平经》看来,社会动乱不安,其原因之一在于“君臣民失计”,君臣民上下不能相爱相通。《太平经》十分重视民族之间的和谐,书中有关“夷狄”的阐述在一定程度上反映了道教从创教的初期,在传播其天地之道时,就主张不分民族,将道法传播到边远少数民族中的愿望,认为在道法面前各民族一律平等。它强调各民族道徒之间要团结一心,“合同一家”。《太平经》认为自然界有天有地,人类有男有女,这是阴阳之道在自然界和人类社会中的不同体现,并从自然生化和生命延续的高度关注妇女问题,认为天地有阴阳而生化不息,人类有男女而繁衍不绝。男人继承天统,女人继承地统。《太平经》认为男女共同构成了人类的整体,男女之间是平等相依的。

李展在《墨家和谐思想的渊源》(《陕西师范大学学报(哲学社会科学版)》2009 年第 1 期) 一文中指出,兼爱是墨子哲学的中心概念。梁启超认为,墨学所标纲领虽说有十条,其实只出自一个基本观念,就是“兼爱”。墨子通过对春秋战国时期各种社会混乱现象的观察,认为造成社会混乱状态的原因是由于个人“自爱”而不“兼爱”,即统治阶级完全为了各自的私利而不择手段,造成社会关系紧张、社会矛盾尖锐。对此,墨子提出了他的解决方法——兼爱,即将爱己之心施之于他人,由此形成人人互敬互爱的和谐社会。墨子“兼相爱交相利”思想的实质是一种柔性管理。它通过人与人之间的相爱来改善人际关系,消除冲突,创造良好的社会环境,使人们既能“自爱”又能“爱人”,从而使每个人的利益都能得到满足,这既符合人的自然性的需要,又符合社会道德的规范。平等是墨家一直追求的目标。要达到社会的和谐发展,社会公平程度、社会成员的平等权利都十分重要。墨子反对儒家“爱有差等”的观念,认为“爱无厚薄”,强调爱无差别等级,主张不分远近、亲疏、厚薄的平等的爱以及尊重人在政治上的平等权利,具有中国传统文化思想中自发产生的平等意识。墨子认为,先秦社会之所以混乱,就在于人与人之间的不相爱。“兼爱”的中心无疑是爱,兼爱是爱的追求中的至高境界,从爱亲人、爱朋友、爱他人到爱一切人,“兼爱”需要跨越各种各样的障碍,需要有大公无私的决心。“兼爱”还从社会角度指出个人与社会要稳定和谐,改变相互倾轧的不平等社会现实,就需要我们每个人毫无区别地、真心地去爱,抛弃自己心里狭隘的小爱,取而代之以一个宽容的大爱。

罗本琦、方国根在《论中国传统文化的和谐精神》(《探索与争鸣》2009 年第 7 期)一文中指出,仁的外在表现,天下归仁的关键环节,在于推己及人,实现人际和谐。忠恕之道,推己及人既是中国传统文化的家庭伦理要求,也是政治伦理与社会伦理的要求。以孝悌为中心的亲情和谐是中国传统文化中仁爱精神的基础,因此,推己及人首先要在家庭关系中落实,以等级秩序为特征的人际和谐首先要在家庭中实现。古代有"家国一体",所以家庭伦理中的父子对应在国家政治生活中即君臣。而孔子所谓的的"仁者爱人",绝不仅仅是指亲情之爱或者君臣之爱,而是具有一定普遍意义的等级友爱。从客体来说,所爱之人始于亲但不止于亲,而是由亲及众,直至把四海之内的人都当做兄弟来亲近。从主体来说,"仁"又是对所有人的伦理要求。

周建标在《汲取儒、道、释的和谐思想构建社会主义和谐文化》(《重庆工商大学学报(社会科学版)》2009 年第 3 期)一文中指出,在人际关系上,孔子主张"修己以安人","修己以安百姓",通过自我完善,和谐相处,促进人际间互相尊重、互相信任,最终实现社会和谐、稳定发展。儒家的和谐思想,可概括为"仁义道德"和"中庸尚和"。关于"仁义道德",主要包括以下几点:一、"克己复礼",长幼有序。二、"仁者爱人",博爱大众。

关于"中庸尚和",作者指出儒家为了实现人际和谐,提供了两大法宝:一是"中",二是"和"。孔子提出"中庸"概念,孔子的孙子子思进一步阐述了中庸之道,并融入"尚和精神",写成《中庸》。《中庸》对"中"与"和"做了这样的解释:"喜怒哀乐之未发,谓之中;发而皆中节,谓之和。"具体表述为:

一、中庸之道。

(一)"执两用中";

(二)守常明变。

二、尚和精神。儒家重视自身修养,将严于律己、宽以待人视为君子与小人的分水岭,体现了一种道德境界和人文涵养。宽以待人,厚德载物,对他人不求全责备,从善意的角度出发推测他人,既要容人之恶,又要成人之美。

谢俊在《论和谐思想源流的和文化与礼意识》(《学习与实践》2009 年第 8 期)一文中指出,先秦时期是中国传统文化深具理性自觉与人的自我逐步受到关注的时代。一般来说,儒家"和"文化观念强调人与人相互交往的人伦之和,以入世为主,凸显刚健有为,张扬个性和主体性。作者指出孔子虽是儒家学派中和学说的创立者与集大成者,但他的"和"观念却并非是其自身理论源头,其理论上的源头可上溯至《尚书》及《周易》里的一些原初概念。作者认为由史伯到季札、晏婴等人开创的"和"文化观念之先驱思维,在春秋时期就已经形成了以中和为美的思想传统,肯定并强调美的多元合和与美善的统一。儒家"和"的意识重在强调人际之间如何沟通,同时还试图把人伦合和意识引入政治理论,不但强调"执两用中",而且注重推崇并维护人伦秩序的协调和统一。由孔子开创并经荀子诸后者发展的"和"文化观念,也主要是以中庸哲学为思想基础。作者认为贯穿于儒家思想和学说始终的则是人伦之"和"的文化思维和文化观念,并以尊尊亲亲的社会伦理为核心内容,其强调的也主要是由内心之和与为政之和的相互协调以达于正中平和,其中的关键在于人们操行上的自愿与自觉。

梁刚在《中国传统文化中的和谐思想及其现代价值》(《社科纵横》2009 年第 8 期)一文中指出,中国古人高度重视人际关系的和谐。而人际关系的和谐主要着重于家庭和谐,人与人、人与社会关系的和谐。中国传统文化高度重视作为社会基本细胞的家庭的和睦。作者引子思的话，来描绘家庭和睦，其乐融融的景象，并说明中国古人特别重视家庭成员之间的伦理关系，如父慈子孝、兄友弟恭、夫教妇从，强调作为家庭成员的个人对家庭应尽的责任和义务，维护父家长的权威，以维系作为整体的家庭关系的和睦与稳定。作者认为在人际关系上要做到人与人的和谐相处，就要按照"尚中贵和"、"和而不同"的原则，使人与人之间的差别和矛盾在一定的原则与规范下达到统一与和谐。用以"仁爱"为核心的伦理思想与道德规范来要求每个社会成员认真扮演好自己的社会角色，履行特定社会角色的责任和义务。

詹进伟在《试论传统孝道与代际和谐》(《咸宁学院学报》2009 年第 4 期)一文中指出，中国在几千年的历史中一直是传统的农业国家，与此相适应的传统孝道内容十分丰富。在中国传统孝道中有大量关于敬老、养老思想和安老的措施。其中就确定了亲属的扶养义务，将老年人的生活保障奠基于家庭制度。这些养老敬老的孝道思想和行为，促进了中国社会的代际和谐、家庭幸福和社会的稳定。具体而言，传统孝道作用表现在：

一、传统孝道具有社会保障的功能。传统孝道的养老思想是一个物质尽孝与精神尽孝的结合体。它包括物质上奉养和精神上慰藉两方面。传统孝道更主张后一种，让老年人不仅在物质上无忧更让老年人在精神上得到宽慰。

二、传统孝道具有文化凝聚的功能。在古代，养老行孝的道德的准则被看作是一种家庭道德，是维系家庭关系的基本准则。

三、传统孝道具有社会调控的功能。

四、传统孝道具有净化社会风气、形成良好道德风尚的作用。传统孝道对于形成民族尊老爱幼、友爱待人的传统美德和良好的社会风气起了很大的积极作用。传统孝道中的父慈子孝、夫义妇贤、兄友弟恭、待友诚信、谦和好礼、处事循义、尊老爱幼，以及仁、义、礼、智、信等。

五、养老行孝是保证社会稳定的工具；对父母的衣食物质等方面的供养和精神上的亲近、尊敬是人类社会共同的道德准则，是"孝"的内在要求之一。一个国家要想长治久安，一个社会要想稳定和发展，根本前提是家庭要稳定。

吴星杰在《孟子构建和谐社会的思想研究》(《沈阳师范大学学报(社会科学版)》2009 年第 4 期)一文中指出，孟子提出的"人伦"学说中，把封建伦理关系规定为"五伦"，其中有三条是讲家庭道德规范的，主要是用来调整家庭伦理关系的。所以说，孟子把创造家庭和谐氛围摆在整个社会道德建设的极其重要的位置，并把家庭和睦和社会和谐紧密联系起来。孟子用仁义学说阐述家庭伦理原则和规范时，注重突出一个"孝"字，把孝敬父母当作"人伦"的根本，实际上已经提出了"孝为百行之首"的观点。孟子继承了孔子的"爱人"思想，用"仁者爱人"来调节人际关系中的对等性和互动性，把"亲亲""敬长"的血缘家族之爱延伸和扩展到整个社会生活的领域之中，用以协调社会生活中的各个复杂的人际关系，以达到整个社会生活的和谐。孟子反复强调，人们只有自觉地信守"仁"、"义"，才能真正走上人际关系和谐、社会生活和谐的光明大道。在实现人际关系和谐方面，孟子十分重视封建小农经济条件下的劳动人民之间在长期相处交往当中约定俗成的一些反映良好社会公德的"村规乡约"的作用。

余治平在《儒家"和"理念的普世价值》(《江汉论坛》2007 年第 2 期)一文中指出，中国古代的社会和谐，主要是指伦常之道与生活秩序建构。为建立安宁、稳定、和谐的现实生活秩序，自秦汉时代起儒家就将道德规范提升到纲常的高度予以强调。其道德要求与伦理预设都试图把包括政治、军事、文化等内容在内，范围从帝王活动到民间生活的一切现实存在统统纳入理性、有序、健康的轨道。仁、义、礼、智、信之

“五常”被历代儒家配以“三纲”，构建出古代中国社会生活的经典规范。尽管“五四”以来，儒家的纲常观念因为涉嫌束缚和限制人性自由而屡遭贬谪与批判，但作者却认为适度范围内的以人伦关系为中心而不是以利益关系为中心所确立起来的社会秩序似乎更具有现实的稳定性和历史的渗透性，更经得起时间与人性的检验。由于能够在一定程度上弥合现代社会里冷漠无情的人际关系，因而纲常观念也更具有人性关怀和人道主义精神，有可能会有助于社会和谐的实现。

王艳华在《儒家和谐思想与社会主义和谐社会的构建》(《理论探讨》2007 年第 2 期)一文中指出，蕴涵着丰富和谐思想的儒家伦理文化可以从多个角度为社会主义和谐社会的构建提供思想资源和方法论指导。“和为贵”，昭示了和谐是天底下最宝贵的价值；“和而不同”，揭示了和谐不是没有差异的同一，而是不同事物的共生共存状态；“和则多力”，体现了和谐促成组织的凝聚，从而增大组织的力量；“仇必和而解”，说明任何事物的矛盾，经过冲突与斗争，最终必定以“和谐”的方式解决。儒家具体有以下几点来实现社会的和谐：一是崇尚“仁爱”的关怀伦理。“仁爱”是儒家和谐思想中人际关系理论的核心和道德标准，也是人与宇宙和谐的道德基础，主要包括“亲亲”、“仁民”、“爱物”、“仁政”等几个方面；二是恪守“诚信”的道德规范。诚信是儒家和谐思想的根本道德原则，这既是做人的准则，又是最重要的社会公德；三是坚持“中庸”的处世方法。中庸是最恰当的处理问题的方法。孔子把中庸称为最高道德，最大的道理，主张以中庸为方法手段去处理社会问题。儒家的社会和谐思想理论都以贵和用中的世界观为指导。以上就是作者在文中对儒家和谐社会的总结。

陈恩林在《论〈周易〉的社会和谐思想》(《吉林大学社会科学学报》2007 年第 2 期)一文中指出，《周易》的社会和谐思想以“天人合一”为理论基础，阴阳和谐是它的本质。

一、圣人君子在位是实现社会和谐的首要条件。圣人在《周易》一书中占有崇高地位，而君位是圣人的大宝，在《周易》中提到的“大人”则是在位的圣人，大人能与天地、日月、四时、鬼神合德、合明、合序、合吉凶，就是进入了“天人合一”境界。实现了人与人、人与社会和谐，人与自然和谐。这是《周易》所追求的阴阳和谐、阴阳和合的最高境界，亦称“保合太和”境界。君子是仅次于圣人的贤人，君子能见微知著，知章明事物，知阴知阳，是万民的希望。总之国家的职位关系到国家的治乱兴衰、存亡安危，所以应该由圣贤担任。

二、财富是实现社会和谐的物质保证。国家只有保证人民有衣食之源，社会才能和谐发展。一个人民生活无着、统治者奢侈无度的社会是不可能和谐的。《周易》认为人类社会与自然界一样，是一个否极泰来，泰极否来的螺旋式发展过程，总是从平衡到不平衡，再由不平衡到平衡。社会财富分配不均就是社会发展不平衡的表现之一。为防止社会财富分配过分集中，它在《损》、《益》两卦中提出了社会财富均衡分配思想。它要求在上位的统治者时刻注意社会下层人民的利益，要保障社会下层人民有衣有食，安居乐业。下层人民遇到灾荒或困难，要认真予以解决，使“民说无疆”，社会自然就和谐稳定了。

三、礼义刑罚是实现社会和谐的制度保证。《系辞传》中提到“仁”是天地的善德，就是生人、养人、爱人。因此，统治者都应遵循天道以“仁”为指导思想治理天下，而“礼”、“义”是“仁”的外在表现，是文明社会最重要的制度。同时《周易》认为刑罚也是维护社会和谐稳定的重要制度。《周易》一再告诫统治者用狱要谨慎，要善赦轻罪，复议死罪，同时它另一个重要刑罚思想是“小惩而大诫”。但《周易》同样主张对罪恶大而又怙恶不悛者进行严厉的惩罚。总之,《周易》认为只有用刑罚惩治那些盗寇奸宄之人,才能维护统治秩序,从而保证社会和谐有序的发展。

四、道德修养是实现社会和谐发展的必备条件。《周易》认为认为忠信是人内在的纯朴真诚,具备这种品质,才能不断提高修德层次。修辞立其诚则是忠信之德的外在表现,具备这种才干方能真正居业。《系辞传》提出了“九德”说,并认为“九德”兼具的君子才能以道辅济君父,去创造社会和谐局面。同时为教化人民,达到社会和谐,统治者还采用了“神道设教”的手段,这是利用宗教意识维护统治秩序。不仅如此,统治阶级还认识到了教化人民重在感化人心,即“得人心者得天下”。

五、从家庭和谐到国家、天下和谐是实现社会和谐的模式。《周易》指出要实现社会和谐首先要从家庭和谐做起,即实现“家道正”。作者认为《周易》所讲由家庭和谐、国家和谐到天下和谐的模式,与《礼记·大学》所说“修身、齐家、治国、平天下”的模式在思想本质上是一致的,应是修、齐、治、平的一个重要方面。

杜满庆、王学增在《对我国传统文化中“和”的思想的辩证思考》(《中国劳动关系学院学报》2007 年第 1 期)一文中指出,在中国传统文化思想中,人们认为从宇宙世界中的万事万物,到人类社会和人本身的发展,无不由“和”而产生;而“和”的前提,则是整个世界的差异性和多样性。作者以西周太史史伯著名的“和实生物,同则不继”的观点为例。“和”既是差异性和多样性的存在,也是一种良性的关系与秩序。齐国丞相晏婴把“和”的理念引入了君臣关系和国家政治生活领域,君臣之间实现相互补充、相互启发,从而会在一个更高层次上实现社会和谐的目标。为了创造国家和社会“和”的秩序,我国传统文化思想强调:

一是全社会各个主体、各种要素、各个局部都要“各明其位”,就是说明确自己在社会发展中所处的位置;

二是全社会各个主体、各种要素、各个局部都要“各得其所”,就是说各个主体、各种要素各个局部必定在社会发展中形成一定的关系,彼此之间相成相济,共生共长;

三是“各尽所能”,就是说各个主体、各种要素、各种成分、各个局部都要在社会发展中充分发挥自己的作用,从而使社会发展呈现出和谐、稳定、有序的良性状态。在我国传统思想文化中,“和”还往往被表述为“中”、“中庸”、“中和”、“中道”等概念。“和”与“中”是密不可分的,而要实现“和”的理想,最根本的途径是“持中”。“中”在古代有两方面的含义:一方面指的是国家制定的政治措施要恰当适度,即它的政治含义;另一方面指的是世界的本原,也就是世界万事万物的生命之源,即它的哲学含义。

荆雨、程彪在《制度下的和谐——帛书〈黄帝四经〉形名思想解析》(《吉林大学社会科学学报》2007 年第 2 期)一文中指出,在儒家,所谓“乐和同,礼别异”是指实现社会秩序和谐的目标是通过礼与乐的相互依赖、相互协同而实现的。在道家老庄,社会的和谐是在“复归其根”的同于大道的状态下实现的人与物、人与人、人与己的和谐与安宁,是在“道法自然”纲领下提出的绝圣弃智、绝仁弃义、无为、自然的一系列主张。作为道家黄老学派的代表作,帛书《黄帝四经》提出“循名复一”的思想,主张建立正当的法律、制度,使百姓在规范、制度之下自由、自在地发展其个性,最终达至一种制度下的自然和谐。在帛书《黄帝四经》中,对于如何实现国家的和谐、稳定、有序,作者提出了“立形名”的主张。首先,帛书以道的普遍性论说万物具有形名的必然与应然。其次,帛书阐发了形名之立的效用,即形名首先是审断是非黑白的标准。最后,帛书认为形名是确定名分的规则。天下能否真正和谐、太平,要看此名是否公正,是否合理。帛书言:“名正者治,名奇者乱。”名正则天下太平,名不正则国家混乱。在帛书中,正名包含三种含义:第一,正名要求正位;第二,正名要求正言;第三,正名要求合理。由形名的建立,一方面,是非、黑白、善恶判然有别,不会混淆;另一方面,社会成员自然、必然地遵循形名的规定,正、定其政治行为的内容与界限。通过法与形名的建设,实现天下大治,而归于道、复于一是帛书作者刑名思想之最高追求。作者认为可以从以下几方面理解此思想:第一,“循名复一”的内涵;第二,万物自为形名;第三,“虚一无为”之境。作者最后对比了帛书《黄帝四经》与《老子》,指出帛书是在积极的世界观基础上,肯定人文制度、人文建构的合理性,其理想是在人文制度的建构、规划下,实现人的自由、自然本性的发挥和发展,在政治制度下实现人与己、人与人、人与天地自然的和谐与安宁。社会政治法律制度不是规范、限制人的枷锁,而是实现人的自由本性、达至社会和谐的有力工具。

李秀华在《〈淮南子〉的和谐思想及其启示》(《大庆师范学院学报》2009 年第 5 期)一文中指出,社会和谐在中国古代主要在于统治者的治理政策是否得当,作者分析《淮南子》后,得出了三条经验,一是礼法的合理运用,作者引《泰族训》来说明社会中的礼仪与法律制度要顺应人性之自然而立。又引《主术训》说明礼法规范是基于社会正义与公平而产生的,其目的在于维护社会秩序。“礼”为社会道德层面,而“法”则是社会体制层面。指出《淮南子》的作者主张以“礼义”为本,“法度”为末。二是以民为本的执政理念,作者指出《淮南子》中有强烈的民本思想,对民生问题倾注了热切的关怀。三是集中民智,人尽其才的用人策略,《淮南子》于此为我们提供了一种行之有效的思路,即“小大修短,各得其宜”每个人都有自己的位置,都能看到实现自我价值的希望,这样社会自然就会和谐。

夏当英在《和谐社会视阈下儒家文化现代性的省思》(《江淮论坛》2009 年第 4 期)一文中指出,中国古代的社会和谐主要是指社会阶层结构和社会秩序结构的和谐。作者认为只有公平与正义才能达致社会阶层结构的和谐,在儒家看来,公平指的是不同利益主体之间贫富平衡的关系状态,处理事情合情合理,不偏袒任何一方;正义则是指多数人认可的社会正当行为准则。在儒家的经典言论中,有着诸多倡导社会公平的主张,例如孔子及其后学的“均贫富”的主张;并在《礼记·礼运》中,有着古人关于理想的公平正义的和谐社会的最完整的表述——大同世界。作者虽然认为儒家所憧憬的大同世界属无法实现的理想类型,但其所营造的和谐意境,经过长期的历史积淀、升华创新,形成了我们今天有关和谐社会的观念意识。作者提出规范与伦理才能达致社会秩序结构的和谐。儒家自孔子起,就以积极入世的面目示人,针对社会失范状态提出了具体的整合方略。道德教化是孔子社会秩序论的重要内容,孔子反对靠国家权力和法律支撑的暴力统治。儒家强调个人主动提升道德素养,不赞成使人们因为害怕受到惩罚而不去犯罪。这是对个人的尊重,突出了人的主体性对天下大治的功能,也彰显了道德建设是构建和谐社会的重要因素。作者认为儒家思想是提供一套能加强熟人社会稳定与和谐的学说,这一学说重视个人内外兼修,核心思想是对“礼”的继承和对“仁”的阐释与贯彻。礼是外在的社会规范,仁则是人们自我完善的内在诉求。通过道德风俗习惯的社会教化来达到社会整合,即所谓“为政以德”,构成了我国历史上“德治”思想的重要源头。作者认为儒家文化无疑是新时期道德建设的重要基石之一。

程志华在《“中和”之思:历史脉络与现实考量》(《中山大学学报(社会科学版)》2009 年第 4 期)一文中指出,“中”、“和”是中国哲学一对古老的范畴,“中”表达一种合理、适宜的状态,这种状态因清浊、大小、君臣等“两端”而存在，且由“两端”而形成；“和”则是万物生成和发展的根据，它是指清浊、大小、君臣等“两端”的相济相成。若从二者的关系来看，“中”“和”是密不可分的，它们结合起来共同表示一种合理状态及其实现过程。具体来讲，如果说“中”乃处于“两端”之间的一种理想状态，那么，“和”乃是实现这种理想状态的手段及过程。在继承前贤思想的基础上，孔子丰富了“中和”思想。在孔子那里，“中”“和”主要被用来表示人道和政道。而在《中庸》中，喜、怒、哀、乐等情感在没有激发之时所具有的本然状态叫做“中”，在激发之后而又都合乎礼节就叫做“和”；“中”乃天地万物的本然之性，“和”乃通达“中”这种本然之性的道路；一旦达到了“中”“和”的这种合理状态，天地万物便会各安其位，万物亦依其本性而生长，天下也就太平了。到了宋代，朱熹认为，“中”有两个基本含义：一为“不偏不倚”，二为“无过不及”；前者是心体的“中”，后者是行为的“中”；前者是体，后者是用。朱熹并把“和”统领于“中”之下，使之成为了“中”的一个环节。明末清初的王夫之则不同意朱熹对“中”“和”的解释。王夫之认为，区分“中”“和”、“体”“用”等均无不可，但要划定界限，不可混淆。他赞同“中和之中”是体，但不赞同“时中之中”是用，主张“时中之中”也是体。作者认为儒学“中和”思想的发展大致可分为三个阶段：第一阶段以孔子和《中庸》为代表，为“中和”思想“形而上化”的建构阶段；第二阶段以朱熹为代表，为推极“中和”以为道德本体的阶段；第三阶段以王夫之为代表，为“中和”思想“形而下化”的转型阶段。作者认为以整个儒学为背景，从现实层面来看，“中和”思想所表达的是一种和谐、适度的状态。儒家并对“中和”思想在现实层面的落实不断地进行限定，具体有以下几个方面：其一，通过“和”与“同”的比较进行限定；其二，通过“和”与“流”的比较进行限定；其三，通过对“礼”与“权”的比较进行限定；其四，通过“动”与“静”的比较进行限定。概括地讲，在现代性和现代化的语境下，“中和”思想所可提供的理论支撑及其理论局限主要包括如下几个方面：其一，“中和”作为一种和谐、适度的状态，它落实到社会层面上，其“最高理想，就是奠定一个世界大同，天下太平的，全人类和平的社会”。其二，在“中和”思想的长期浸润下，传统中国所追求的和谐社会其实是一种“伦理本位的社会”。其三，“中和”作为一种和谐、适度的状态，它所强调的是现世生活的和谐。或者说，儒家哲学充分肯定有限人生的价值，是一种积极的入世哲学。作者提出，“中”“和”对于儒学的形成和发展、对于确定儒学的基本义理起到了重要作用，其积极方面的理论意蕴表现为有利于促进社会和谐，有利于促进社会稳定，有利于确立积极的人生观；其消极方面的理论意蕴表现为不利于促生近代意义的民主，不利于促进近代意义的科学。

张自慧在《古代“礼治”的反思与当代和谐的构建》(《南昌大学学报(人文社会科学版)》2009 年第 4 期)一文中指出，礼治是中国古代传统的治国理念和方略。从功绩角度看，礼治是维护社会秩序的重要工具，是蕴涵着道德伦理、和谐思想、政治民主等合理因素的社会治理方式。从过失角度看，封建礼治因灭绝人欲而使社会发展失了原动力，导致了社会的停滞与落后；因忽视法治而使礼治走向了人治，减缓了中国政治文明的进程。儒家的“礼治”思想对中国社会的影响主要表现在：第一，礼治是维护社会秩序的重要工具；第二，礼治是蕴涵着合理因素的社会治理方式。从历史上看，礼治之“功”主要指它对社会稳定与发展所起的积极作用。首先，礼治的制度架构中蕴涵着丰富的人伦理念与和谐因子，这形成了中国社会独特的伦理范式与稳定模式。其次，先秦时期的礼治并非绝对的专制，其中包含着政治民主的萌芽。再次，与法治相比,礼治对社会的稳定与发展具有"治本"之功能。礼治作用于未然之前,而法治作用于已然之后。同时封建礼治的过失主要表现为:第一,封建礼治"存天理,灭人欲",从而使社会发展失去了动力源泉;第二,封建礼治重礼轻法,从而使礼治走向了人治。最后作者提出,当今,我们在建设和谐社会要积极提取古代礼文化中的"和谐因子",并做好古代礼治的现代转型。具体说,礼治的转型应做好三方面的工作:一是淡化礼作为社会政治秩序和国家机构模式的功能,突出其作为人际交往和品德修养的规范与准则的功能,并逐渐使其成为一种广泛适用于国际交往、社会交往和道德约束的精神与原则;二是肯定和弘扬先秦礼治思想中倡导民本、主张"内省"、强调个人道德修养、注重调节人际关系、重视群体价值的政治观、伦理观和价值观,以推进中国社会的政治文明和精神文明。三是矫正礼治的偏颇与弊端。

范明华在《论儒家的和谐思想及其局限》(《湖南大学(社会科学版)》2009 年第 4 期)一文中指出,在中国古代哲学中,儒、道、禅三家都讲和谐。相比之下,儒家讲得最多。儒家讲和谐,重点是在政治和伦理方面。它关于政治和伦理的思想,关于"先王之道"和圣贤、君子人格的理念,关于社会秩序和个人修养的看法,在本质上是以"和"作为根据和原则,并以"和"的实现作为最高目标的。从"和"、"谐"的本义来看,所谓"和谐",指的是感性意义上的声音和味道的配合与协调,而且主要指的是声音的配合与协调。从古代文献中对"和"或"谐"的用法来看,除了音乐的和谐之外,"和谐"一词至少还有以下四种含义:第一是宇宙本身的和谐,其具体表现是"阴阳之和"、"天地之和"、"万物之和"。第二是人自身"心灵"的和谐,其具体表现是形体与精神"身与心"、情欲与理智"情与理"的和谐。第三是人与自然宇宙、天地、神的和谐,即所谓"天人合一",其具体表现是人的心理、行为和社会制度与自然秩序的协调。第四是社会"人与人"的和谐,其具体表现是政治伦理关系或社会人际关系的协调。儒家侧重的是社会的和谐,因此它所采取的达到和谐方法既涉及心理的层面也涉及行为和制度的层面,即内圣与外王,即以个人私欲的克服或修己成人为前提,并以个人的道德践履、社会大众的道德教化和社会礼乐制度的建立为手段的。从儒家的观点来看,社会的和谐之所以可能,事实上依赖于三个条件,即:(一)社会精英(君子)和统治者(圣王)的道德水准;(二)社会大众的文明程度(教化程度);(三)社会礼乐制度的确立或伦理秩序的维持与协调。从更根本的意义上说,社会的和谐之所以可能,其核心的目标和根本的条件就是实现"仁道"或"仁义之道"。在儒家的思想家看来,所谓社会的和谐,所谓"和"而"不同",或所谓"不同"而"和",一个根本的办法就是恪守中道。"中"是"和"的要义和灵魂,是通向"和"的根本原则、途径和方法。作者认为"和谐"在儒家的思想中是一种道德理想、人生理想和社会理想,但这种理想并没有得到真正的实现。儒家的和谐理想之所以难以实现,原因之一是它缺乏现实的社会基础(尤其是经济基础),其次是儒家的和谐理想也缺乏合理的制度保障。作者最后认为儒家所构想的和谐社会,是建立在"天道"(道德之天)和"人心"(道德之心)基础上,并通过礼乐制度来加以保障的。它虽然有尊重客观规律和强调个人道德自律的积极意义,但其根本的理论前提是错误而不切实际的。

罗本琦、方国根在《论中国传统文化的和谐精神》(《探索与争鸣》2009 年第 7 期)一文中指出,中国传统文化整体思维的特点及其对大一统的政治格局的追求,决定了从身心的和谐到人际和谐的目的必然是社会和谐。由人与人之间的人际和谐推而广之,就是人与社会之间的"群己和谐"。群己和谐是人际和谐的最高境界或归宿，强调的是人与社会的关系。在人与社会的关系上，儒家强调和谐有序、公平正义，重视整体和谐的价值功能，儒家认为人是一种“群”的存在，只有实现群体和谐，才能做到万众一心、强盛有力。群己和谐的社会形式在儒家经典中被概括为大同世界，其初级形式即小康社会。作者指出“大同”“小康”虽出于儒家经典《礼记》，但显然是对先秦诸子学派社会理想的概括、提升，而后世对理想社会的向往也来源于此。

谢俊在《论和谐思想源流的和文化与礼意识》(《学习与实践》2009 年第 8 期)一文中指出，“礼”意识是中国转统文化中深具社会价值观念的文化形态和文化模式，并对社会秩序具有塑造和维护的作用。在荀子看来，礼就是社会秩序的总和，并且先秦许多哲人也都从天的高度为现实的“礼”寻求存在的依据，以使“礼”意识本源于自然和天道。“礼”意识对社会的影响和促进作用主要表现在：一、“礼”意识对社会和谐的整理和促进。先秦的诸子百家中的思维意识里，礼、乐思想在社会整合中既维护了社会秩序，又起到润滑剂的作用，使整个社会有序而和谐，从而保证了社会的稳定发展。二、“礼”意识对社会和谐秩序的维护与统一。从中国古代历史的发展轨迹来看，新朝在替换旧代之后第一件就是整顿礼乐，以实现对社会、对人民的更加有效的统治，而这主要是由于“礼”意识与中国古代等级社会相适应而并存，且极有效力的服务于统治者的政治稳定。古代许多学者认为，国家的统一与稳定与强有力的“礼”的维护与维持是分不开的，一旦失却“礼”意识的规范和约束，国家将风雨飘摇，社会也将分崩离析难以为继。三、“礼”意识对社会和谐的价值功能的认同。礼在本质上所追求的理想社会应是等级和谐同一的和谐社会。这就是说，以礼为原则和方法的社会和谐的标准就是等级分明，人人各安其位，坚守其正义又和谐相处。作者最后认为作为中国传统文化的一部分，“和”文化观念与“礼”意识在对古代社会的稳定、和谐、维护与发展进程中起着决定性的作用。

吴星杰在《孟子构建和谐社会的思想研究》(《沈阳师范大学学报(社会科学版)》2009 年第 4 期)一文中指出，在谈到“人伦”原则和规范时，孟子强调“君臣有义”，这是处理君臣关系的总体原则和规范。孟子认为君臣关系并非无条件的、绝对的，而是有条件的、相对的。君臣关系的亲疏远近，终究取决于君主对臣下的态度和行为方式。就君道而言，孟子非常强调君主的个人德行品位，主要包括：其一，坚守仁义，为臣表率；其二，“谏行言听，膏泽下于民”；其三，“贤君必恭俭礼下，取于民有制”；其四，“尊贤使能，俊杰在位”。而臣道包括：其一，怀仁义事君；其二，“务引其君以当道”；其三，恭敬忠诚，尽职尽责。孟子一向主张“王道”政治，反对“霸道”横行。即以德服人、实行仁政就是王道；而假借仁义名义为号召，凭借武力征伐就是霸道。孟子认为只要行仁政来统一天下，就没有谁能阻止得了。因此，他极力主张“保民而王”，即通过保证百姓安居乐业，来实现王道政治、社会和谐。孟子所主张的“王道”“仁政”学说，内容主要有：第一，“制民之产”；第二，“取民有制”；第三，“与民同乐”。

郑奕在《儒家和谐观及其借鉴价值》(《唯实》2009 年第 1 期)一文中指出，儒家和谐观体现了中国传统的道德哲学和生存智慧，在中国传统和谐观中占有重要地位。儒家和谐观在经济、政治、生态、文化和理想图式五个方面蕴涵了积极合理的思想内容，针对于社会的和谐，主要是生态和谐以外的四个方面。儒家的经济和谐观是以“富民”思想为核心的，同时，也看到了“财富平均”对经济和谐发展的重要性。在如何使经济和谐发展这一问题上，儒家提出了如下几点措施：一是切实关注民生，反对横征暴敛；二是统治者不应该与民争利，而应“因民之所利而利之”；三是统治者在管理人民的时候要“使民以时”，且“不违农时”；四是在个人消费方面，儒家提倡个人身份与消费水平的同一，消费必须和当时自身的身份统一起来才能达成和谐。儒家政治和谐思想是以“仁德”二字为核心的，着重从“为政者”和“为政方式”两个方面来阐述，而这两个方面又分别对应了儒家“德治”和仁政”两个为政思想。儒家认为，政治要和谐，首先统治者自身要有“德性”，这是“施德治”、“行仁政”的前提；“施德治”强调的是统治者自身道德表率而产生的品德影响；“行仁政”就是指统治方式、方法上的“为仁”。儒家的文化和谐观是以“和而不同”思想为指导的。“和而不同”的“和”，体现了文化交流的目标，“不同”体现了文化交流的特点。儒家关于社会和谐的理想图式是“大同”。儒家所提倡的“大同”是“天下为公”的国家运行模式，在这样的社会里，不论中央还是地方都一律实行公有：权力公有、财物公有。

齐惠在《儒家和谐治理观制度化的构成、功效及启示》(《四川行政学院学报》2009 年第 4 期)一文中指出，儒家和谐治理观制度化是以儒家学说为基准，建立起一套制度法律系统，规范人们外在行为的同时引导内心的价值判断，通过实施深入人心，形成核心价值观，儒家和谐治理观制度化的最高表现形式就是儒学的意识形态化。儒家和谐治理观制度化以儒家的学说为基准，建立起一套制度法律系统，通过实施深入人心。儒家和谐治理观制度化构成主要体现在以下几个方面：第一，提倡孝道，家国同构，“孝”入制入法；第二，以民为本，重农教民思想制度化；第三，儒士为官，选贤任能思想的制度化。儒家和谐治理观是从维护现有政治秩序的角度出发，力图对现有的政治肌体进行清洁与改良，其功效在于维持和保障现存秩序和政权的持续发展，说明和解释现存政治秩序的合法性。具体有：首先，由家至国，孝悌和睦，人际和谐维持和保障现有秩序和政权的持续发展；其次，在以民为本的政治理念下，平衡君、官、民之间的关系，解释政权合法性，维护政治稳定；再次，科举制度使知识分子与统治阶层同质化，强化意识形态，促进社会等级流动，缓和阶层矛盾。儒家和谐治理观制度化启示主要有：一是政治价值一元化是政治稳定的基础；二是核心价值观的构建要与民心认同相契合；最后是核心价值观的制度化是政治持续发展的重要保障。

人与自然的和谐

修建军

在当今社会，由于人类对自然的无意有意的得罪、破坏，已经遭致自然的惩罚，这种惩罚的影响亦越来越大。这引起现代人的反思，引起现代人从古人那里去寻求答案，引起现代人从古代先哲那里去汲取智慧。在讲人和自然和谐的问题时，“天人合一”成为一个热门话题。当然“天人合一”不是一个简单的命题，那里有着若干层次，有着丰富的内容，但它并不能简单地混同于人与自然和谐，学界对此多有论述，人与自然和谐问题，不仅关涉人类的生存和发展，而且关涉天地万物的生存和发展，这个问题的探索和研究方兴未艾，继续成为人们关注的热点是大势所趋、理所当然的。

闫伟纲、彭富明、姬丽红在《传统和合思想及其现实意义》（《洛阳农业高等专科学校学报》2000年6月第2期）一文中指出，关于人与自然的和谐，人与自然的和谐，有“天人合一”和“与天地参”两种主要学说，并对两种主要学说进行分析，认为“天人合一”说强调的是天道和人道、自然和人为的息息相通，和谐统一。要实现“天人合一”，得靠人自身的努力。对孔子、孟子的“天人合一”学说进行论述，并对庄子与孟子“天人合一”学说的不同进行重点论述，指出孟子强调扩充本性的思路不同，庄子走的是一条收敛心性的路子。在庄子看来，自然与人类原本是合一的、和谐的，只是由于人放纵自己的欲望，才破坏了天与人的和谐统一。因此，他主张“常因自然”，“不以人助天”，人的欲望要顺应自然的法则。庄子的这种思想对于我们反思现代文明的负面作用具有重要的意义；在“与天地参”方面认为“与天地参”之说在承认天人有别的同时，又看到天人之间是可以统一的，而且统一的基础在于人的主动性，因而提倡人类要积极进取，参与天地变化。

刘学智在《“天人合一”即“天人和谐”？——解读儒家“天人合一”观念的一个误区》（《陕西师范大学学报（哲学社会科学版）》2000年6月第2期）一文中指出，“天人合一”有形而上和形而下的双重意义。儒家的“天人合一”，其主流精神是指建立在道德心性论基础上的主、客未分的“天人一体”，而非以自然为本和表现为主、客分立关系模式的“天人和谐”。它所体现的主要是一种道德性命之学，其旨趣在于为人的生命存在确立形而上的根据。“一体”论与“形而下”的“和谐”论不仅有着明显的区别，且其分野亦标示着能否对中国哲学基本特征和其表征的哲学理路作出正确的把握。以“天人和谐”释解儒家传统的“天人合一”，是对儒家“天人合一”观念的一种误读。因此我们现在关注“天人合一”的意义和价值：首先应关注的是其道德境界论意义上的“天人一体”观念，其次才是“形而下”的“天人和谐”意义。前者对应的是人生的意义和价值等人生“终极关怀”的问题，后者则对应的是人与自然的经验层面的关系或状态的问题。西方的“天人和谐”实则是经过主体与客体关系洗礼之后形成的观念，应属于“后主体性”的“天人合一。转化传统的“天人合一”，使之与西方的“后主体性”的“和谐”观念“接轨”，则须做三个方面的工作一是对其主流的“天人一体”观念进行理性的批判、反思、分解，将其还原为人与自然的关系，并在当代新的实践中建立起主、客体的关系，从而在特定关系中确立起人在自然界中的主导地位，并在主体性原则下建立起新的“天人统一”模式二是剔除“天”的含义中的道德化因素和端正将“人”主要视为伦理主体的偏向，使天人关系从价值论取向走向建立在主客关系基础上的知识论、真理论取向。三是从面对传统的经学态度转向面对当代现实的新的“实学”，以充分体现对人的当代命运与未来发展的深切关注。

李丽珍在《可持续发展与中国古代哲学中的和谐观》（《广州大学学报（综合版）》2000年8月第4期）一文中指出，可持续发展的理论渊源可追溯到中国古代哲学的和谐观。中国哲学强调人与自然和谐、人与人和谐、人自己身心内外和谐，追求“天人合一”的境界。在人与自然人关系方面指出，中国古代倡导的对待自然的态度是结交自然，认识自然，以此为基础向自然索取自己所需，哲人孜孜以求的“天人合一”。必须指出，在私有制社会历史条件下产生和谐观的“天人合一论”特别是“天人感应论”，被统治阶级利用、甚至曲解，作为维护其统治、愚弄百姓的理论依据，统治者将自己视为“天”的代言人、“天意”的体现者，因此统治人民乃天经地义。这是和谐观的历史和阶级的局限性所在。

林俊义在《从中国传统哲学中的“天人合一论”，寻觅“自然与人的和谐”》（《自然辩证法研究》2000 年 9 月第 9 期）一文中指出，大家都以为中国历代哲学家都将人类与自然界看做是一个和谐的统一体，因此，在中国的各种哲学体系中，自然观与社会伦理观是密切联系在一起的，甚至是一体的。但是很少有人给“天人合一”下一个明确的定义。因为中国的哲学家在讨论“天人合一”时，都有各自不同的角度，因为天人关系的论争所牵涉到的不是一个单纯的哲学问题。天人关系的问题中牵涉到宗教的、宇宙观的、形上学的、本体论的、知识论的、伦理价值观的、人性论的、人生哲学的、自然论的、美学的、历史相对论的、社会的、政治的哲学问题。接下来对中国传统哲学中“天人合一”思想的有关论述进行了较全面的梳理，认为：一、从古至今，有关天人关系论。大部分思想家兼言分合，认为天人有分有合，只有少数思想家方面强调合或分。宋明理学主张“合一”，但在另一方面对天和人作了截然划分。从上面的天人关系，我们可以断定“天人合一论”是中国哲学史上天人关系理论的一个侧面，绝非主流。因此，不可以用“天人合一”来概括整个中国哲学史上的天人关系论，更不好把“天人合一论”说成是中国哲学的根本特征。二、同是讲“天人合一”，不同学派之间的理解也大不相同。儒家的“天人合一”是把人类的道德原则扩展到自然现象中去，而道家的“天人合一”是用自然来包括人，用自然来控制人的主观能动性中国古代思想家所讲的内容是因时代、学派而异的，绝不是简单地归于自然界与人类的关系。把“天人合一”解释为自然与人的和谐与统一，显然是不符合事实的。

赵霞、王素琴、俊荣在《试论“天人合一”的和谐统一思想及其对现代的启示》（《阜阳师范学院学报（社会科学版）》2001 年第 4 期）一文中指出，中国古代“天人合一”思路追求一种和谐与统一，既包括人与自然又包括人与社会、人与人的和谐统一。在人与自然的统一方面强调人的行为与自然协调。根据这种思想，人不能违背自然，不能超越自然界的承受力，而只能在顺从自然规律的条件下去利用自然、调整自然，使之更符合人类的需要，也使自然界的万物都能顺利生长发展。“天人合一”强调人与自然的和谐一致，包含着生动的生态伦理思想，这对于解决目前全球日益严重的环境问题，具有现实的推动作用。

姜玉春、谭明言在《中国传统文化关于“共生”的思想》（《胜利油田党校学报》2001 年第 5 期）一文中指出，中国传统文化博大精深，虽未提出“共生”的概念，却蕴含着极丰富的共生思想，在关于人与自然的共生方面提出四方面的观点：水是生命之原，人必须与水共生。爱水治水，使水更好地造福人类，便成为人类的极重要的任务。从黄帝以来，我们的祖先就累世与洪水作斗争，流传着许多治水的动人传说；土地为“万物之源”，人必须与大地共生。管理和保护好土地成为我国历代有作为的政治家的一项极重要的任务。一是控制土地兼并。二是徙民垦荒，将人口较多的农民迁徙到地广人稀之地去开垦，使荒废的土地得到了利用。三是科学种田，这是保护和利用土地的关键；山泽“饶衍之藏”，人类必须与之共生；“天人合一”，人与自然共生。“天人合一”观成熟于先秦，《左传》及孔、管、老等都从不同方面提出这种观念。无论是积极的消极的，都强调人必须与“天”和谐相处，共生共荣。

郭剑林在《略论生态伦理、天人合一与集体主义的统一》（《集美大学学报（哲学社会科学版）》2001 年 12 月第 4 期）中指出，生态伦理旨在确立人与自然之间的和谐发展关系；中国传统文化中的“天人合一”思想作为一个伦理原则，它的价值指向也是追求人与自然的和谐。生态伦理学则提倡人与自然的和谐统一，这与中国传统文化中占主导地位的“天人合一”的思维方式是一致的。“天人合一”规定了中国文化的认识方式是不分主客，其思维方式是以直觉和类推为主。“天人合一”的思维方式以天、地、人的统一为基本点，主张天道与人道、自然与人为的相通、相类和统一，因而它的价值指向也是追求人与自然的和谐，而不是提倡人与自然的分离。在中国，“天人合一”不仅是一个哲学命题，更是一个伦理原则。作为一个伦理学命题，其合理性在于：这一命题的实质是“天道”和“人道”的对立统一。中国独特的环境机制决定了中华文明长期以来一直以农业文明为基本类型，而农业文明的基本特点是强调农业生产。在生产力水平落后的情况下，农业生产主要是“靠天吃饭”，因此与自然条件之间的关系极其密切。正是因为这个缘故，中国历史上很多思想家很早就对人与自然之间的关系进行思考，寻求天时、地利和人和的统一。在这样的背景下，“天人合一”思想很快地产生了。至西汉时，董仲舒在先秦儒家思想的基础上，提出了“天人感应”学说：“天人之际，合而为一。”魏晋玄学则继承了先秦道家的基本观点，认为“自然”是本，因而不能采取一切所谓仁义的手段来强制自然之本性，而只能顺应自然之本性。宋明之际，释儒道合流，出现了理学，理学的主要问题之一是人与自然的关系问题。这一时期“天人合一”的思想进一步得到发展，这时的“天人合一”的主旨已经转变为宇宙之天与道德之理的统一问题。中国传统文化中“天”的含义是多方面的，既可指神秘之天，也可指自然之天。“天人合一”在指自然之天这方面，古人提出了怎样处理人和天关系即人和自然关系的一系列具体道德规范，主要有这么 3 点：（一）天地是万物之父母，人与自然生态双方应和合而生生不息，和合而生生日新。（二）人和自然万物是兄弟朋友，特别是人更应该普爱众生，泛爱万物。（三）顺应自然，改造自然，天人相互协调。具体在土地问题上，提倡“土地为本”、“地德为首”；在水和森林问题上，提倡“儆山泽”、“养山林”。因此，尽管“天人合一”并不完全是指人与环境的关系问题，但它在多方面与生态伦理学是相通的，这为我们今天在中国倡导生态伦理提供了极为有利的条件。我们应该继承发扬其中的精华，并结合现代科学文明，对其加以新的诠释，为社会主义现代化建设服务。

许亚非在《传统中和思想及其现代价值论》（《西南民族学院学报·哲学社会科学版》2002 年 8 月第 8 期）一文中指出，人与自然的和谐，亦称天人关系的和谐。中国的古代哲人主张“天人合一”。《易传》有句名言，叫做“天行健，君子以自强不息；地势坤，君子以厚德载物”。意思是说，天道是永远不停地运动变化着的，有道德的人始终都应该自觉地奋发向上，永不松懈；地道是柔顺的，有道德的人始终都应该自觉地待人宽容，待物宽容。这句话告诉我们，人与自然是一个和谐的整体，人应该体现天的特点。这一观点的基础正是天人合一的思想。孔子认为：“人能弘道，非道弘人。”在他看来，人的努力可以使天道发扬光大，而天道并不能使人高尚完善。天道要由人道来体现，人的作用就是要使人道完完全全地体现天道，以实现人与自然的和谐。孟子把天和人的心性联系起来。他说：“尽其心者，知其性也。知其性，则知天也。”意思是说，充分觉悟、发掘、扩展人的本心，就能认识自己的本性，进而把握天的本质。即以人性为中介将天和人沟通和统一起来。无疑，这里暗含着一个理论前提:天与人在本质上具有内在的共同性、统一性。庄子也说:“天地与我并生,而万物与我为一。”(《庄子·齐物论》)天人合一最成熟的理论形态是宋明时期的理学。张载说:“天人之本无二”,“天人不须强分”。《河南程氏遗书》说“人与天地一物也。”“仁者以天地万物为一体”,“仁者浑然与万物同体。”由于理学各派对天的理解各异,所以,其理论又有程朱的天人合一于理与陆王的心便是天的天人合一之别。不过,宋明理学在讲天人合一的同时,却又鼓吹“存天理,灭人欲”的说教,反而扼制了人的正常的生命发展和生活的幸福,使他们的天人合一思想的积极性大大地打了折扣。

李万忍在《论中华传统的和谐精神》(《人文杂志》2001 年第 2 期)一文中指出,和谐是中华传统文明中的精华文化。其内涵结构有两大系统,一是和谐的人文规范,以调和人际关系为特征;二是人与自然的和谐互济,亦称“天人合一”说。在人与自然的和谐方面倡导“天人合一观”,促进人与自然界的和谐发展。“天人合一观”是中华文明中把和谐理论用于人与自然环境和谐共济方面的优秀遗产。其内容包括:天道、地道、人道以及三道之间的相互关系。“天人合一观”的基本内涵是:从“天人一物,初无间隔”的基点出发,探究天地自然界发展变化特点同人类追求生存发展行为之间的协调共济的一般规律;核心思想是:正确处理天时、地利、人和三者的和谐共济问题。就是说,在几千年前,中国文明的开拓者就非常重视人与天地自然界的和谐共济,并且提出了许多有益的见地,给世人讲明了天人和谐与不和谐之切身利害。把“天人合一观”中的和谐思想归纳为三个方面:

一、阴阳交感,刚柔相推,和谐运转,万物资生。

二、从乾坤两元和谐运行的刚柔之德中,导汇出“自强不息”“厚德载物”的人文规范。

三、“天人合一观”中,“人和”是关键因素。

史军在《中国哲学中的生态哲学思想》(《沙洋师范高等专科学校学报》2002 年第 5 期)一文中指出,中国的传统文化,特别是占主导地位的儒家文化向来注重“中庸”与“和谐”,中国博大精深的古代哲学中蕴藏了丰富的生态智慧,它应该成为中国以至世界克服生态环境危机的思想宝库,并从五个方面加以概括:

一、“天人合一”。“天人合一”观是中国哲学思想的主干。我国古代称大自然为“天”,人与自然的关系就是天与人的关系。无论是道家的庄子,儒家的董仲舒、张载、程朱、王夫之都主张“天人合一”,主张人与自然的和谐统一。

二、“三才之道”。人是天地万物的一部分,天、地、人相互作用,相对依赖,和谐一体。天、地、人三道相结合也就符合了中国人最为尊崇的“天时”、“地利”、“人合”。这与“人——社会——自然”的现代生态学思想完全吻合。

三、“道法自然”。道家强调天道自然无为,人也应遵从天道顺应自然,实现无为而无不为。

四、“阴阳消长”。“阴阳”概念是中国古代哲学一个最基本的概念,“阴阳消长”的辩证法思想是贯穿《周易》全书的一条主线。“一阴一阳之谓道”,“阴阳消长”的道理与生态系统物质与能量循环的自然规律不谋而合,循环是生态系统的生存智慧。

五、“永续经营”。中国古代哲学从周至明清,历经两千多年的发展,积累了极为丰富的生态哲学思想,中国的文人墨客具有歌颂祖国大好河山、欣赏自然及与自然美景融为一体的出神入化境界;中国的传统医学也将人体设想为宇宙结构,健康状况被解释为阴阳平衡;中国古代的建筑大都注重与环境的高度融合为一。

黄志斌、王志红在《中国传统和谐理念的现代阐释和绿色转换》(《学术界(双月刊)》2002.年 5 月总期第 96 期)一文中指出,针对人与自然的关系,中国哲人沿着理想设计、哲学论证、实践规范的思路提出和展开了符合“中道”的天人合一论。“乐山”、“乐水”、“爱物”式的“天人相和”是理想设计。“天人不二”、“天人一体”。“天人交相胜，还相用”是哲学论证。“数罟不入池”，“斧斤以时入山林”，“天人异用，不足以言诚；天人异知，不足以言明”是实践规范。因为“天人不二”、“天人一体”、“天人交相胜，还相用”，所以要“天人相和”，并且要通过对“天人合一”的认识和行为规则的制定来落实“天人相和”。

杨增菊在《“天人合一”探源及其现实意义》（《安徽电力职工大学学报》2002年12月第4期）一文中指出，“天人合一”的思想有很强的哲学意义。也就是说这种“天人合一”就其本意而言，是人与自然的和谐统一，是整体性的，也是哲学人文主义，是一种“人文化成”的关系。其最深刻的涵义，就是承认自然界具有生命意义，具有自身的内在价值。换句话说，自然界不仅是人类生命和一切生命之源，而且是人类价值之源。无论是孔子的“仁”，孟子的“诚”，还是老庄的“道”，宋明理学的“乐”；无论是孔子的山水之乐“从心所欲，不逾距”，孟子的“万物皆备于我矣，反身而诚，乐莫大焉”，还是庄子的“天地与我并生，而万物与我齐一”，《乐记》中的“人生而静天之性”、“乐者之地之命，中和之礼”其中无不包含追求人与自然的和谐，人对自然的认同，而达到“天与人不相胜”的和谐境界。：每个民族，无论科学和艺术哲学，都同时受该民族的传统认识方法的影响，从而形成该民族全部文化历史的统一特征：汉民族统一的稳定的民族心理结构和思维方式对整个文化的发育有着巨大的影响。汉民族农业性社会特征“日出而作，日落而止”的田园牧歌式生活方式，使人更多地了解自然，认为“天地自然、孕成万物”。人与自然之间相互默契，融容一体，形成一种亲和关系。中国传统中的“天人合一”强调人与自然的和谐统一，这对于纠正现实当中的那种把人与自然截然对立起来的错误观点，仍然有着十分重要的指导意义，能唤起人对人、自然、社会的整体观和对地球命运的责任感，具有非常重大的生态哲学价值。

王健崭在《儒家“天人合一”生态伦理观的困惑及其转化》（《河北理工学院学报（社会科学版）》2003年8月第3期）一文中指出，儒家“天人合一”思想虽具有生态价值，但它毕竟植根于古老的农文明，与现代生态伦理学存在着较大的差距。分别从“天”、“人”“合一”三个角度剥析其弊病，指出自在自然、自为的人、系统性混沌是其缺憾。自然方面，儒家的“天人合一”对人与自然的和谐烧一的体悟是建立在农业经济基础上的，这里的“天人”是原始的、未分化的、自在的，与现代意义上的人与自然深刻分化对立后谋求的统一不可同日而语。儒家的“天人合一”思想虽然闪耀着智慧之光，但在总体上仍有朴素、猜测的性质。由于生产力和科学技术水平的限制，人类与自然的和谐统一其实是人对自然的盲目崇拜，而没有深入地探索自然本身的复杂结构，没有充分认识自然的规律和属性。因此，在当代社会逐步恢复和重建人与自然的和睦关系的情形下，必须掌握现代科学严谨的研究方法，遵循生态规律的要求，引导和协调天人关系，建立一种既不以自然为中心的人同一于自然，也不以人为中心的人对抗于自然，而是人与自然有序藕合的有机协同机制；人的方面，儒家“天人合一”的思想追求的是一种通过道德的内在超越，来实现天道与人性的和谐统一。儒家重人伦，偏向于以天合人，认为天人统一的基础在于人的主观能动性，人类要积极进取，在生生不息的生命洪流中实现人与天地万物的和谐共处。这主要突出了人对自然的能动作用，追求自然的人化，以求人与自然的和谐，并以人与自然的和谐作为施教、感化的伦理灵魂。因此，必须以现代生态科学和新自然观的理论对儒家的天人观加以改造，才能克服其人道知识偏胜、天道知识薄弱的片面性，以加强其天人合一观的科学基础和哲学基础，使这个天人合一观发展为与时代进步相适应的现代形式；系统性方面，现代生态伦理学主张实现人与自然的和谐，这是从现代系统科学的角度加以阐发的，而中国传统文化“天人合一”的价值祈向则更多地体现的是一种原始思维的系统性，因此两者之间存在着差别。因此需要注入现代生态伦理思想——生态学知识和广义生态伦理的观念对其进行重新诠释，这不仅对于人与自然、人与人以及人与自身这三者的关系会有更深层的理解，而且会对整个人类生命形态有一相当透彻的了解，并展现为一个完整的理论思想体系。

肖昭理、曾长秋在《论“天人合一”与“主客二分”的互补关系》(《零陵学院学报》2003 年 1 月第 1 期)一文中指出，“天人合一”是中国传统文化、中国哲学的基本精神，是最具代表性的文化特征。中国传统的天人合一思想，不同的学派对其阐述有不同的内容，但一般包括以下两方面基本的内容：第一，万物统一论。第二，和谐论。“天人合一”的思想强调自然与人类的和谐共存，是保护环境和拯救人类的思想先导，远较西方文化单纯强调人类与自然对立斗争的哲学更具深刻的内涵。但是“天人合一”思想中，也存在着许多与现代化格格不入的消极因素：在中国传统文化中，对“天”和“人”的理解在不同时代和不同学派之间有着不一样的内涵，它们并不简单地等同于自然和人类；在古代，“天人合一”这一深刻思想是不可能经过科学论证的，因此后人在对它的理解和发挥过程中极易被人歪曲和神秘化；在中国传统文化中，由于“天人合一”理论高扬封建统治和宗法伦理道德精神，从而在一定程度上阻碍了人们对自然的正确认识和利用以及科学技术的进步，因此，必须批判地继承和吸收“天人合一”思想，同时开展与西方文化的对话与交流，在超越传统的“主客二分”和“天人合一”思想的基础上开创新的文化世纪。

彭刚在《天人合一观与生态伦理学》(《四川行政学院学报》2003 年第 1 期)一文中指出，天人合一观在儒道两家分别表现为天人合德的道德本体论和天人一体的自然本体论。在天人关系上，儒家强调人的主观能动性的发挥，道家则强调对自然的遵从顺应。但是，他们都表现出一种整体主义的思维方式，把自然与人作为相互联系相互作用的统一体，反对两者的对立，强调两者的协调一致。

高中华、李颖在《中和思想与可持续发展的普遍和谐观》(《中国伦理思想史研究：中和思想与可持续发展的普遍和谐观》2003 年 7 月第 4 期)一文中指出，无论是儒家的中和观，还是可持续发展理念，都更重视人与自然的和谐。儒家不仅仅认为自然为一和谐之整体，而此和谐整体之宇宙又是永远在生息变化之中。因此，人应该体现自然，体现天的这一特点而自强不息。要实现天人合一境界，得靠人自身的努力。孟子认为只要人充分发挥其本心的作用，就可以对其由“天”得到的善性有深切的体会，从而也就可以对“天”了解了而能达到“与天地合其德”《朱子语类》的境界。儒家中和观所倡导的人与自然的和谐与可持续发展理念所强调的人与自然的协调发展不谋而合。

李宝俊在《儒家文化和谐意义的现代意义》(《文化走廊》)一文中指出，“天人合一”是儒家提出的一个著名的命题，是对和谐意识的具体表述。一方面说明天与人的和谐，另一方面说明人与人之间的和谐。在儒者眼中，人与自然的和谐是人类赖以生存生活的物质基础和条件。如果一味强调“制天”、“战天”势必导致自然生态平衡的破坏，最终引发人类社会生态失衡，丧失其赖以生存的基础和条件。

林理玲在《儒道传统生态伦理观的现代意义》(《现代哲学》2001 年第 4 期)一文中指出，

在处理人与自然的关系问题上，儒道传统思想提倡人与自然的和谐发展，这主要集中在“天人合一”的思想上。它们虽然有不同的说法，但它们的基本思想是人与自然的统一。儒家的基本思想是“三才”——天、地、人的协调一致，道家的基本思想是“四大”——道、天、地、人的协调一致二者的共同之处在于都包含了“天”、“地”、“人”三要素其不同点在于道家还包含了“道”，并居之为首位，而儒家则没有。但这分异并不影响他们在认识论上深刻的共同性，即他们都把自然天地与人作为一个统一的整体来思考，都要求建立两者之间的和谐关系。儒道之间在自然观上的共同性，就非常精彩地体现在“天人合一”这一具有高度概括力的理论命题上。儒道传统思想认为，“天”是自然之天，人是自然之人，因同属自然，所以具有相通相合之处。它的价值指向是追求人与自然的和谐，而不是提倡人与自然的分离。

周桂钿在《释“天人合一”——兼论传统价值观的现代意义及其现代转换》(《哲学研究》2001 年第 2 期)一文中指出，天是复杂的，多义的，人也是复杂多义的，天人合一，也有多种不同形式。主要是讲天人的一致性，统一性，天人可以统一于气，也可以统一于理，统一于道，统一于高尚的道德。天人合一，也讲天人感应，讲天与人能够进行精神方面的相互感应。因此，天人合一，既包含神秘的神学目的论的内容，也包含人与自然和谐关系的意思，其中也有人应该顺应自然界的养身之道。如果只讲一个方面，或者不讲某一个方面，显然都是片面的。现在，神灵的天与皇帝精神感应的“天人合一”已经过时，不再适用了。自然界与人类和谐统一的“天人合一”正是现代所需要的，应该加以新的解释，用于现实，解决现代社会的一些实际问题。

余卫国在《先秦儒家和道家的生态伦理思想》(《宝鸡文理学院学报(社会科学版)》2004 年第 2 期)一文中指出，自然和人为的关系问题，既是先秦儒家和道家讨论的中心论题，也是现代生态哲学的首要问题。儒家以仁为本，推己及人、成己成物，明确提出了仁民爱物、厚德载物，取物以时、取物不尽和养备动时、强本节用的生态伦理思想。而道家则师法自然，主张返朴归真，不为物役，明确提出了主而不宰、为而不恃、功成而不居和知常曰明、知足不辱、知止不殆的生态伦理思想。孔子在《论语·阳货》中说：“天何言哉，四时行焉，万物生焉。天何言哉!”这里所说的天就是自然之天。四时运行，万物化生，这是自然的基本功能和规律。其中一个“生”字，明确肯定了自然界的生命意义。在孔子看来，天之“生”与人的生命及其意义是密切相关的，人应当像天那样对待生命，对待万物。这样“天”就不仅具有自然的意义，而且具有生命和伦理的意义。天不仅是宇宙万物的生命本体，而且是人伦道德的价值之源或终极依托。“仁”是孔子及其儒家思想的核心。“仁”是人的最高德性，它上本于天，内在于人，体现宇宙生生不息、大化流行的大生命。所以“仁”者不仅要爱人类，而且要爱万物。儒家从“仁”出发，“推己及人”、“成己成物”，无疑包含着深刻的生态伦理思想。《易传》明确提出，“夫大人者，与天地合其德，与日月合其明，与四时合其序，与鬼神合其吉凶，先天而天弗违，后天而奉天时”的生态伦理思想，要求人们认识自然法则，以自然法则引导实践；还以天地为万物之母，生养之源，其中无不包含着人与自然协调演化的生态智慧。

李晓在《儒家“天人合一”的生态伦理思想》(《青海师范大学学报》2004 年第 2 期)一文中指出，在儒家的“天人合一”思想中，十分注重“仁者以天地万物为一体”的观念，将天地万物视为统一的生命系统，把尊重自然，爱护万物看作是人的崇高道德。在儒家哲人眼里，自然界是有道德属性的，人可以从中引申出人道，把它作为处理人与人之间关系的行为准则，并返归到自然界，作为处理人与万物之间关系的道德准则。《周易》有“地势坤，君子以厚德载物”说法，即认为君子的自强不息和厚德载物是来源于天地自然。孟子认为天地万物都有可为人类认识和利用而独立于人的客观自然规律，人类对自然界的改造，必须以遵循自然规律为前提，他对那种不顺应自然规律的做法则持批评态度，他从齐国东南牛山的被破坏中得出了“苟得其养，无物不长，苟失其养，无物不消”的结论，并提出了：“不违农时，谷不可胜食；……斧斤以时入山林，林木不可胜用也”的资源与生态保护思想。荀子则从天道自然的角度理解自然，倡导尊重和保护自然。他否认“天”是有意志的神，赋予它以客观自然的物质意义，认为天人关系既是相互矛盾的，又是相互依存的，体现了他对天人关系的深刻认识，进而得出：“草木荣华滋硕之时，则斧斤不入山林，不夭其生，不绝其长也；鼋鼍鱼鳖鳅鳝孕别之时，网罟毒药不入泽，不夭其生，不绝其长也；……污池渊沼川泽，谨其时禁，故鱼鳖尤多，而百姓有余用也，斩伐养长不失其时，故山林不童，而百姓有余材也”的资源节约论，这种取之有时，用之有度的尊重自然，爱护自然的生态保护思想，已超越了孟子。

李颖川在《〈论语〉中的和谐思想及其意义》（《哲学研究》2005 年第 1 期）一文中指出，在中国古代文化里，人与自然的关系被表述为天人关系。中国传统文化对“天”的解释至少包含了这样三层意思：一是自然之天，指自然万物产生和发展的根源和必然性，反映的是一种客观自然现象；二是伦理之天，指体现为天的普遍必然的道德原则和价值依据，又指内在于人的仁义礼智等道德本性；三是人格之天，指某种神秘的、无法认识、无力摆脱的掌握人类命运的神。对于“自然之天”，孔子说：“天何言哉？四时行焉，百物生焉，天何言哉？”人与天地、大自然是不能分开的，天虽无言，但天地造万物，人是万物之灵，大自然影响人类，人类能认识大自然，适应大自然，效法大自然，并掌握大自然的规律，利用并改造大自然。天地覆载万物，正大光明，无私无偏，生生不息的大德，不能不影响人的性情，日月寒暑相转移，阴阳刚柔相推移，大自然的往复变化无穷的规律，不能不影响人的思维和行动，天人结合，法天地大自然，这正是人作为万物之灵的智慧。孔子已认识到要遵循大自然的客观规律，不要人为地破坏自然法则，提出要“使民以时”：以农耕为主的自然经济，对于四时运转、气候变化依赖性很大，所以要因时适宜地开展农业生产。这些思想实质上包含了人与自然要和谐共处的法则，不要违背自然规律，否则是逆天行事，会遭到自然的惩罚。另一方面，孔子又赋予自然以道德法则，即所谓天道、天命，人要达到与自然的和睦相处，除了要按自然法则行事之外，还必须符合道德法则，即以道德规范约束人们的行为，这样才能真正与自然和谐相处。

李天雷在《传统和合思想与构建和谐社会》（《胜利油田党校学报》2005 年第 18 卷第 6 期）、汪慧在《从中国传统文化中寻找构建和谐社会的源泉》（《陕西青年管理干部学院学报》2005 年第 2 期总第 70 期）均指出，在人与自然的关系上，古人主张天人合一，肯定人与自然界的统一，强调人类应当认识自然，草重自然，保护自然，而不能破坏自然，反对一味地向自然界索取，反对片面地利用自然与征服自然。道家创始人老子提出“人法地，地法天，天法道，道法自然。”老子强调人要以尊重自然规律为最高准则，以崇尚自然效法天地作为人生行为的基本依归。道家的另一代表人物庄子也强调人必须遵循自然规律，顺应自然，与自然和谐，达到“天地与我并生，而万物与我为一”的境界。儒家对天人合一观念进行了许多阐发。孔子主张以“仁”待人，也以“仁”待物，即所谓“推己及人”，

“成物成己”。《中庸》说“致中和,天地位焉,万物育焉。”这都是在强调天、地、人的和谐发展。孟子提出“尽其心者,知其性也知其性,则知天矣。”他所追求的是通过“尽心知性知天”的途径,达到“上下与天地同流”的境界。他还提出“亲亲”、“仁民”、“爱物”等主张,也就是要扩展“爱”,由己及人,由人及物,把仁爱精神扩展到宇宙万物。宋代张载在《正蒙》中首先使用了“天人合一”四字,并提出了“民吾同胞,物吾与也”的命题,意即人类是我的同胞,天地万物是我的朋友,天与人、万物与人类本质上是一致的。中国古代哲人根据天人合一的观念,要求以和善、友爱的态度对待自然万物,善待鸟、兽、草、木,提出了丰富的保护自然资源的思想。孔子提出“钓而不纲,弋不射宿”,主张只用鱼竿钓鱼,不用大挂网拦河捕鱼,并反对射猎夜宿之鸟,都体现了古人善待自然万物的生态伦理思想。

王淑梅、王艳华在《传统文化对构建社会主义和谐社会的价值》(《河北大学学报》2005 年第 5 期)一文中指出,在人与自然的关系上强调人要以尊重自然规律为最高准则,以崇尚自然效法天地作为人生行为的基本依归。《中庸》说:“致中和,天地位焉,万物育焉。”意在强调天、地、人的和谐发展。中国古代哲人根据天人合一的观念,要求以和善、友爱的态度对待自然万物,善待鸟、兽、草、木,提出了丰富的保护自然资源的思想。“天人合一”思想,体现了中国传统文化的和谐精神,这与西方主张征服自然的指导思想不同,它关系到人类发展的前途。以“天人合一”的思想来挽救人类面临危机,正是中国传统“和”文化化解人与自然冲突、创造和谐社会的体现。

白继贵在《论儒家的和谐思想及其现代意义》(《青海师专学报》2005 年第 3 - 4 期)一文中指出,“儒家”天人合一的宇宙观是其人与自然和谐思想的核心。按照儒家圣人的理解,宇宙是一个有情有义的生命和合体,是一个天地交泰,万物和生,生生不息,大化流行的生命世界。因此,人与自然的和谐是“天人合一”宇宙观的内在要求,儒家学说中的“以类合之,天人一也”的观点认为人作为道德精神主体,应主动同万物和谐,使天人合一,达到化育万物的目的。人是自然的一个组成部分,受自然法则支配。人应该与自然和谐,发展人的一切行为都应合乎自然规律,合乎天地运行的法则。因此,仁德之人要“仁民而爱物”使宇宙万物与人类自身和谐统一,并育而又不相悖。否则,破坏了自然。也就破坏了人类赖以生存的条件和精神家园,从而也就自我剥夺了生存权。这种“与天同者大治,与天异者大乱”的“天人合一”思想,正是儒家强调的人与自然和谐思想的集中反映和高度体现。当今,我们面对有关生态失衡,资源短缺,环境污染,人口膨胀等与人和自然和谐共处,共同发展不相适应的诸多复杂问题而倍感忧虑时,儒家“天人合一”的人与自然和谐思想,无疑可以为我们提出一种有益的参考,摆脱以人为中心的定式思维的困扰,树立天人一体化的大一同观念,确立人与自然和谐统一的科学发展观。

王宪昭、傅淑华在《试析我国传统文化中关于“和谐”的探索》(《理论视野》2005 年第 5 期)一文中指出,自然环境是人类社会赖以生存的物质基础,中国古代传统文化产生于典型的农业经济,而在当时农业生产活动主要取决于自然的力量,因此关注人与自然的和谐是不可避免的。老子、庄子的思想都以“自然之和谐”为基础。儒家不仅极为重视自然,进而还提出许多准则要求,如孔子提倡“钓而不纲,弋不射宿”,即主张不用鱼网或以大绳多钩的方式捕鱼,以防超越了鱼类维持生计的限度;这里的“宿鸟”,也不是指落在树上的鸟,而特指在巢穴孵化幼鸟的雌鸟,不射杀繁殖期的雌鸟,可以避免殃及幼鸟,影响繁衍。

何方在《以人为本构建人与自然和谐的社会》(《湖南农业大学学报(社会科学版)》2005年第6卷第4期)一文中指出,《易经》是中国最早主张“天人合一”,强调顺天时的著作,这一思想认识被后来的儒家和道家所接受。老子说:“故道大、天大、地大、人亦大,域中有四大,而人居其一焉。”在四大之中人仅居其一,并不是主宰者。因为“人法地,地法天,天法道,道法自然”。天、地、人互不违,人要尊重自然法则,不违天,不违地,否则“不知常,妄作,凶”。顺天地之道,是现代生态学的理论基石,是现代生态保护的总要求。尽管中国古代没有建立生态学系统理论体系,但却具有强烈的生态意识,并有精辟的合乎科学的见解。在天人合一,回归自然,保护生态环境,尊重自然界一切生命等方面,均有正确的认识和论述。也认识到天地(自然界)的客观性与运行的规律性,提倡不违天,顺天地之道。

张凤玲在《中国传统文化与当代和谐社会的构建》(《甘肃行政学院学报》2005年第3期)一文中指出,传统文化认为人源于自然,人的理想目标是与天地万物为一体。庄子将人与自然的和谐当作是人类的最高价值状态。汉代董仲舒说:“以类合之,天人一也。”王守仁提出了“圣人之心以天地万物为一体”的天人和谐境界。王夫之主张天人合一,指出人道不能违反天道,事物的发展必须遵循客观规律,违背了自然规律,也就违背了“平天下”的原则。张载所说的“民吾同胞,物吾与也”的“仁民爱物”的观点也是一种理性的自然观。古人的基本思想都强调人类是自然的一部分,人类源于自然,理应与自然融合,但这并不是简单的回复,不是受制于自然的主宰,而是因势利导,认识自然,尊重自然规律,积极主动地改造自然,合理利用自然为人类服务,为人类造福;同时,人们不能为满足其不断增长的物质欲望而违背自然规律,盲目地、无尽地向自然界索取物产,破坏自然界的平衡。

夏向东在《中国古代的和谐思想及其现代价值》(《前进论坛》2005年第5期)一文中指出,古人在认识和处理人与自然的关系上主张“天人合一”。中国文化系统里“天人合一”的观念出现很早,殷人把有意志的“天帝”看作是宇宙的主宰,征伐,狩猎等所有人事活动,都要先通过占卜来揣摩天帝的意见,再决定是否进行,如何进行。周人以德配天,认为仁慈有德的上天,原本就是保佑人民安居乐业的。人在这个宇宙图式中不是万物的主宰,应做到天人协调,要充分尊重和认识自然规律,“夫大人者,与天地合其德,与日月合其明,与四时合其序。”中国古代哲人根据“天人合一”的观念,要求以和善,友爱的态度对待自然万物,善待鸟,兽,草,木,提出了丰富的保护自然资源的思想。很显然,他们反对人类的滥捕滥猎破坏生态平衡的种种行为,体现了古人善待自然万物的生态伦理思想。

何炼成、邹富汉在《中国古代的和谐思想与构建和谐社会》(《当代经济科学》2005年第27卷第5期)一文中指出,天人合一即肯定人与自然界的统一,亦即认为人与自然界不是敌对关系,而具有不可割裂的联系。“天人合一”作为中国古代和谐思想的重要内容,儒、道各家所共有之,并且在中国传统文化中始终处于主导地位。道家创始人老子有句名言:“人法地,地法天,天法道,道法自然,”强调人要以尊重自然规律为最高准则,以崇尚自然效法天地作为行为的基本依归。道家的另一代表人物庄子也强调人必须遵循自然规律,顺应自然,与自然和谐相处,以达到“天地与我并生、而万物与我为一”的境界。可见,“天人合一”在中国由来已久,并主要讲的是人与自然的合一,即人可以认识自然,合理的利用自然,但不应该破坏自然,一味地向自然索取。强调人类要尊重自然,保护自然,与自然友好相处,反对“物畜而制之”,征服自然,以免失去大自然这个朋友。

张存俭、鲍宇在《中国古代和谐思想及其现代价值》(《理论学刊》2005 年第 8 期)一文中说到,在人与自然的关系上,老子认为,生物来源于自然,人亦来源于自然,人和生物必须在自然给予的条件下求得生存,“人法地,地法天,天法道,道法自然”。生态系统是“道”循环运动的产物,道生之,德畜之,物形之,势成之。道缔造了生物,德养育了生物,周围环境使它成为一定的生态,生态遵循道所固有的规律运动,循环往复、周而复始、生生不息。道家还强调,人类要以尊重自然规律为最高准则,以崇尚自然、效法天地作为人生行为的基本依归,反对一味地向自然界索取,反对片面地利用自然与征服自然。美国著名学者卡普拉对道家的这一思想给予高度评价,他说:道家提供了最深刻并且最完善的生态智慧。自然的协同稳定与和谐给予人们的启示是:人与自然应该保持和谐一致,同时也要维护自然的稳定与和谐,特别是维护生态平衡。

赵亭在《儒家“和谐观”对构建社会主义和谐社会的启示》(《南京林业大学学报》2005 年第 5 卷第 3 期)一文中指出,在儒学中,有丰富的环境保护和可持续发展的相关思想,表现了光辉的生态智慧。“天人合一”是儒家生态伦理的哲学基础。它产生于《周易》,但起源于还没有文字的伏羲氏时代。《系辞下》说:“古者伏羲氏之王天下也,仰则观象于天,俯则观法于地,观鸟兽之文,与地之宜,近取诸身,远取诸物,于是始作八卦,以通神明之德,以类万物之情。”八卦的每一卦都有一个卦体,每一卦的卦体都由三个线段组成,每个线段都有一个象征意义:上象征天,下象征地,中间象征人。《周易》称为天地人三才,这是天人合一的最早的说法。儒家对“天人合一”哲学做出了最重要的贡献。孔子作《春秋》,上揆天之道,下质人之性。相传他作《易传》,阐发天地人三才之道。《说卦传》中说:“昔者圣人之作易也,将以顺性命之理。是以,立天之道,曰阴与阳;立地之道,曰柔与刚;立人之道,曰仁与义。”《序卦传》中说:“有天地然后有万物,有万物然后有男女。”天之道是“始万物”,地之道是“生万物”,人之道是“成万物”;这三者是不可分割的,“生成”和“实现”是统一的,这就是“天人合一”。

卢永凤在《先秦儒家关于“和谐社会”构想对构建社会主义和谐社会的意义》(《中华女子学院山东分院学报》2005 年第 4 期)一文中指出,在人与自然的关系上,先秦儒家认为“和”乃天道,主张天人合一,人与自然和谐共处。孟子认为“不违农时,谷不可胜食也;数罟不入洿池,鱼鳖不可胜食也;斧斤以时入山林,材木不可胜用也。”《易传·文言传》云“夫大人者,与天地合其德,与日月合其明,与四时合其序,与鬼神合其吉凶。”荀子也提出“以时禁发”是“王者之法”,《荀子·天论》认为“天有其时,地有其财,人有其治”,主张人“不与天争职”,但可以“制天命而用之”。天人各有其责,人必须遵从自然界的发展变化规律,才能实现人与自然的共生共存。

陈清春、冯前林在《“天人合一”思想对构建和谐社会的启示》(《理论探索》2006 年第 1 期)一文中指出,老子的“道生一,一生二,二生三,三生万物,”庄子的“天地与我并生,万物与我为一”等都表达了“天人合一”的整体和谐观念。庄子还说:“以道观之,物无贵贱;以物观之,自贵而相贱”。他主张以道观物,要求人类善待自然万物,达到天人和谐。宋明道学也讲到了万物(自然)与人合一、融为一体的思想。程颢说:“仁者以天地万物为一体。”人与万物是一体的,人要善待万物,与万物和谐相处。张载提出,天可以称为父,地可以称为母,我是渺小的,和万物一样,生存于天地之间。人民都是我的同胞兄弟,万物都是我的伙伴,应该爱一切人,一切物。

柴文华在《“天人合一”与和谐社会》(《学习与探索》2006 年第 1 期)一文中指出,自然与人合一是“天人合一”的原有之义，旨在揭示自然界与人的相关性。尊重自然的存在权利，维护生态平衡，实现人与自然的和谐，这是“天人合一”中最具现代意义的因素。儒家在对人与自然的哲学思考中，已经包含有维护生态平衡的思想。《荀子·王制》云：在林木的生长期，“斧斤不入山林，不夭其生，不绝其长”；在鱼鳖的繁殖期，“罔罟毒药不入泽，不夭其生，不绝其长”。只有“谨其时禁”，才能使百姓“有余财”，“有余用”，从而“加施万物之上”。道家的思想家们已经涉及了人对动物的应当、不应当问题，即道德问题，并主张尊重动物的生存权利，这是一种原始的生态伦理意识。《庄子·养生主》云：“泽雉十步一啄，百步一饮，不蕲畜于樊中。”《庄子·秋水》云：“倏鱼出游从容，是鱼之乐也。”在他们看来，“络马首，穿牛鼻”的人为造作是对人以外物种的非道德行为，亦违背了它们的本性。主张尊重生物的天然权利，建立人与生物间的和谐状态。因自然与治自然的统一是在人类中心主义的视域内人对自然的主动相关性，以荀子的学说最具代表性。荀子是“制天命而用”的人定胜天观点的提倡者，在对人如何胜天这一问题的深入思考中，荀子提出了不少合理的思想。就是要尊重自然法则，因为在荀子看来，自然界有着不为人的意志所左右的规律，天有常道，地有常数，不为尧存，不为桀亡。人们应该尊重这些规律，不然就会碰壁，“应之以乱则凶”。

谢如广在《传统和合思想与现代和谐社会的构建》（《保山师专学报》2006 年第 25 卷第 1 期）一文中指出，人与自然应该保持“和合”的关系，这是“天人合一”思想的，集中体现。人与自然的协调的思想，最早可见于《易经》，这是一种整体的观点认为人和天是一个整体，人改造自然，也应顺应自然，不能违背自然本身的客观规律。中国古代的思想家已经认识到了这个问题的严重性。“不违农时，谷不可胜食也；数罟不入洿池，鱼鳖不可胜食也；斧斤以时入山林，材木不可胜用也。”陆贽在《陆宣工奏议·均节赋税恤百姓六条疏》也说：“夫地力之生物有大数，人力之成物有大限，取之有度，用之有节，则常足；取之无度，用之无节，则常不足。”

王新举在《论中国传统文化中的和谐社会观》（《哲学研究》2006 年第 1 期）一文中指出，人与自然的和谐主要体现在“天人合一”的命题。“天”在中国的涵义虽然有时指代为伦理、道德，甚至指代“神”，但主要是指自然、规律的意思。关于天人之间的关系的论述，主要存在两种观点，一是以荀况为代表的主张“天人相分”说。认为自然界的“阴阳大化”、“风云博施”看作是“皆知其所以成，莫知其无形的”的未知物，主张“不求知天”。也就是说天有天的职责，人有人的职责，天人各司其责，才能实现自然与社会的和谐。二是主张“天人合一”的观点。子思、孟珂主张“知人不可以不知天”，反对荀子的“天人相分”的思想。庄子主张“天地与我并生，而万物与我为一”，认为自然和人类原本就是统一的，所以要回到过去的和谐状态，顺应自然，回归自然。《易传》中也蕴含着天地与人类相互结合的思想，“夫大人者，与天地合其德”，即人类之德在于保护万物生长，天地之德在于生育万物，人类和自然界相互配合、相互作用才能促进人类和万物和谐发展。汉朝的董仲舒则进一步提出了“天人感应”说，把人的喜怒哀乐同春夏秋冬对应起来，把人的性情同天联系起来，认为“天有阴阳之施，身亦有贪仁之性”。王夫之在天人关系上更偏重人的能动作用，提出了“以人造天”的思想，反对“任天而无能为”，“以知知义，以义行之，存于心而推行于物，深化之事也”。他认为自然事物既是人类认识的对象，也是人实践的对象；由于事物有其自身的规律，人就可以认识和改造它们，把自在之物变成为我之物而实现人的目的。从以上分析可以看出，中国学者对天人关系的探讨经历了

"天人相分"、"天人一体"、"道法自然"的顺从于天、"天命可制"、"天人交相胜"、"以人造天"、"天人合一"几个阶段,比较全面地论述了天人之间和谐运动的辩证关系。

张睿蕾在《浅析中国传统和谐思想》(《内蒙古工业大学学报》2006年第15卷第2期)一文中指出,关于人与自然的关系,中国古代哲人主张天人合一,肯定人与自然界的统一。这个统摄了整个中国传统文化的信念,认为人是自然的产物,是自然的一部分,要遵从自然规律而不能背逆自然规律。道家认为,在整个生态系统中,人类只是其中的一个成员,"故道大,天大,地大,人亦大。域中有四大,而王居其一焉"。不应该妄自尊大,应与社会自然保持整体的和谐统一,即"天无为,以之清;地无为,以之宁;故两无为相和,万物皆化"。董仲舒更是重视自然与人的关系,"何谓本?曰:天、地、人,万物之本也。天生之,地养之,人成之……三者相为手足,合以成体,不可一无也"。说明了天地人是互相联系的一个生态系统,且这个系统间贯彻着一个天生长万物,地养育万物,人成就万物的固有规律,强调分工合作,不能破坏,否则就会有自然惩罚。并且提出"天地之精所以生物者,莫贵于人,人受命乎天也,故超然有以倚。物疢疾莫能为仁义,唯人独能为仁义;物疢疾莫能偶天地,唯人独能偶天地"的观点,认为天地精华所生成的万物中,人类是最高贵的,人类应当超然万物之上,代表万物与天地共行仁义,突出了人的主体地位。

马永庆在《人与自然和谐的道德基础》(《伦理学研究》2006年第2期)一文中指出,我国古代"天人合一"思想的内涵是十分丰厚的,在传统文化中占有重要地位。从道德的意义上,"天人合一"思想的基本内涵应有以下几方面。其一,主张人与万物一体,"天地与我并生,而万物与我为一。"即是说天地生人,人是自然的一部分。天地与人一同生存,万物与人合二为一,阐发了天地、万物与人的不可分离,肯定了人是由自然演化而生的。其二,人与天地合其德,即天道与人道的一致性。"道未始有天人之别,但在天则为天道,在地则为地道,在人则为人道。"人道与自然之道有着共同性,即人与天地均依"道"而生成与发展。其三,人合自然,即人需要通过自身的努力,以达到人与自然的和谐。儒家认为要"制天命而用之","赞天地之化育。"就是以人的作用力利用改造自然,以期人化自然。道家则主张"无以人灭天,"要"知常曰明","辅万物之自然而不敢为",人不要以强力制天,而要顺应自然,与天地相合。

唐忠英、唐建国在《儒家"天人合一"思想及其生态启示》(《达县师范高等专科学校学报》第16卷第1期)一文中指出,"天人合一"思想主要是指人是自然的一部分,是自然的产物。"天人合一"的思想源远流长,《周易》中就已经有了"天人合一"思想的雏形。中国古人在那时就已经认识到只有遵循自然发展的规律,顺应自然万物和谐发展的趋势,方能佐佑人民。《周易·辞上传》也明确提出"与天地相似,故不违;知周乎万物而道济天下,故不过;旁行而不流,乐天知命,故不扰;安土敦乎仁,故能爱。范围天地之化而不过,曲成万物而不遗",强调了"天"、"人"之间相通与统一的密切关系。《周易·辞上传》也明确提出"与天地相似,故不违,知周乎万物而道济天下,故不过;旁行而不流,乐天知命,故不扰,安土敦乎仁,故能爱。范围天地之化而不过,曲成万物而不遗",强调了"天"、"人"之间相通与统一的密切关系。儒家"天人合一"思想把人看成是自然的一部分,强调人与自然的平衡、和谐,认为人类社会与自然共享共存有一定的原则和规律,并把人的道德内涵——仁义礼智信等的基本根源归于自然的原则,从自然的内核探求人类社会合法性的深层根源。

朱瑞在《中国古代和谐思想对构建社会主

义和谐社会的启示》(《中共云南省委党校学报》2006 年第 7 卷第 1 期)一文中指出,在人与自然的关系上,我国古代思想家把天地万物视为一个有机联系的整体。春秋时期,中国人已有"和实生物,同则不继"(《国语·郑语》)的观点。这里,"同"指的是无差别的绝对同一,"和"则意味着有差别的统一。这一看法在以后中国传统文化的发展中一再得到确认,并体现在"天人合一"这一思想当中。作为自然之"天","天人合一"意指人与自然关系的和谐境界,是人们对于日常生活的价值目标的现实追求和理想选择。张载认为人与万物都得之于自然和宇宙,与自然和宇宙浑然一体,个人只是自然和宇宙间存在的一物,民众百姓都是我的同胞兄弟,应仁爱相待;宇宙万物都是我的亲密朋友,应爱护、保护。张载的"天人合一"说蕴含了人类博大的关爱情愫,他所指人与自然的和谐是人与人和谐基础上的和谐,这是人与现实世界的高层次的理想的和谐状态,这一思想也是中国古代"天人合一"思想的精华所在。如果说儒家的"天人合一"思想注重人的力量,强调人在自然中的主体能动作用,那么道家的"天人合一"思想则更注重自然,强调遵循自然规律,保护自然。肯定了人是自然界的一部分。庄子说"天地与我并生,万物与我为一"(《庄子·齐物论》),认为天地万物与"我"是统一和谐的有机整体。明确指出人与物都是自然界中的平等物体,人应该以平等的态度对待自然之物。庄子认为人与自然出现的不和谐,是因为人放纵自己的欲望,并且出于对知识、理性的盲目乐观而任意行事所导致的。因此,主张"常因自然"、"不以人助天",要求人们克服知识、理性引起的狂妄自大,使自己的欲望顺应自然法则。出于这样一种思想,庄子对当时各家学说及其影响下的社会制度与社会生活进行了深刻的反思,提出应当消除一切人为建构,重新回到自然的怀抱,恢复天人关系和谐的主张。

邹富汉在《中国传统文化中的和谐思想及其当代思考》(《兰州大学学报》2006 年第 34 卷第 1 期)一文中指出,天人合一即肯定人与自然界的统一,亦即认为人与自然界不是敌对关系,而具有不可割裂的联系。"天人合一"作为中国古代和谐思想的重要内容,儒,道各家所共有之,并且在中国传统文化中始终处于主导地位。道家创始人老子有句名言"人法地,地法天,天法道,道法自然",强调人要以尊重自然规律为最高准则,以崇尚自然效法天地作为行为的基本依归。道家的另一代表人物庄子也强调人必须遵循自然规律,顺应自然,与自然和谐相处,以达到"天地与我并生、而万物与我为一"的境界。儒家对天人合一观念进行了许多阐发。孔子主张以"仁"待人,也以"仁"待物。《礼记·中庸》说"致中和,天地位焉,万物育焉",这都是在强调天、地、人的和谐发展。汉代董仲舒讲天人合一,宣扬"人副天数"陷于牵强附会。宋代张载明确提出"天人合一"四字,在其所著的《西铭》中,他以形象的语言宣示天人合一的原则"乾称父,坤称母,予兹藐焉,乃浑然中处。天地之塞吾其体,天地之帅吾其性,民吾同胞,物吾与也"。这是说,天地犹如父母,人与万物都是天所生,都是由气所构成的,气的本性也就是人与万物的本性,人民都是我的兄弟,万物都是我的朋友。可见,"天人合一"在中国由来已久,并主要讲的是人与自然的合一。即人可以认识自然,合理地利用自然,但不应该破坏自然,一味地向自然索取;强调人类要尊重自然,保护自然,与自然友好相处,反对"物畜而制之",征服自然,以免失去大自然这个朋友。

庄甲鹏在《古代和谐思想对建设社会主义和谐社会的启示》(《科教文汇》2006 年第 5 期)一文中指出,在人与自然的关系上,中国文化向来主张"天人合一",追求人与自然的和谐相处,而不是对立。肯定人与自然界的统一,强调人类应当认识自然、尊重自然、保护自然,而不能破坏自然,反对一味地向自然索取,反对片面地利用自然、征服自然。道家主张尊重自然规律,尊重自然,保护大自然,特别不能破坏大自然。老子提出:"人法地,地法天,天法道,道法自然。"道家的另一位代表人物庄子也强调人必须遵循自然规律,顺应自然,与自然和谐,达到"天地与我并生,而万物与我为以"的境界。儒家对天人合一观念也进行了许多阐发。孔子寓天道于人道之中,要在人道的统一性中见出天道的统一性,讲求天人相知、契合贯通;孟子把天和人的心性联系起来,通过人性的中介沟通天和人,讲求尽心、知性、知天;荀子虽主张"天人相分",强调"不与天争职",但他也意识到人不可脱离天,有必要将天地人贯通统一起来。原始儒家承认、肯定天和人,自然界和人类精神具有统一性,并视这种统一、和谐为人类的最高理想。儒家的天人合一观从原始儒家,经董仲舒的人副天数论,到宋代的张载、二程而达到成熟。张载云:"儒者因明致诚,故天人合一,致学而可以成圣,得天而未始遗人。"程颢云:"故有道有理,天人一也,更不分别。"张载在《正蒙》中还提出了"民吾同胞,物吾与也"的命题,意即人类是我的同胞,天地万物是我的朋友,天与人、万物与人类本质上是一致的。如果一味强调"制天"并付诸行动,势必导致自然生态平衡的破坏并最后引起社会平衡的破坏,使人类丧失其赖以生存生活的基础和条件,这是违背人类的主观愿望的。而天人合一的理论则正好在弥补这一不足和避免这一局面的出现上给我们以积极有益的启迪。天人合一作为中国哲学的基本精神,它承认自然界具有生命意义,具有自身的存在价值,只有自然界才是人类的真正家园,人与自然界本来就是一体的、不能分开的,因为人类生命的源泉就在这里。建设社会主义和谐社会,我们必须善于建构我们赖以生存的理想家园,一味向自然索取,片面地征服自然,造成人与自然的紧张关系,自然必然会报复我们!

郑亚伟在《弘扬儒家"和谐"文化构建社会主义和谐社会》(《江淮论坛》2006 年第 6 期)一文中指出,儒家认为人生活在天、地之间,因而天、地、人之间就存在着相生相克的关系,由此提出了"天时、地利、人和"及"天人合一"的思想。儒家关于天、地、人之间辩证关系的观点其实就是中国古代劳动人民对人与自然之间关系的朴素认识。例如,儒家关于"天地生万物"及"仁民爱物"的观点就反映了人与自然之间的辩证关系。人与万物都是自然的产儿,因而人的命运都受天、神的支配,这虽然是儒家"宿命论"的根源,但从另一个方面也揭示了自然对人及人类生产、生活产生的影响;不过,儒家在强调自然对人类影响的同时,提出了人也可以利用自然、影响自然。人只要充分地利用自然条件,做到与自然和谐相处,人类才能得以生存和发展。可见人与自然的和谐是社会和谐必不可少的环节,也是通往和谐社会的重要途径。

李金山在《论儒家传统的和谐思想》(《中共济南市委党校学报》2006 年第 4 期)一文中指出,在中国文化里,人与自然的关系常被表述为天人关系。天人相合是儒家传统的基本认同。人类是自然天地的产物,《礼记·郊特牲》谓:"天地合,而后万物兴焉。"天地造化,生育万物。《周易》也在《序卦》中提到:"有天地,然后万物生焉。盈天地之间者惟万物。"又云:"有天地,然后有万物;有万物,然后有男女。"天地自然创生万事万物,包括了人类,故人与天地自然、万事万物应当和谐相处。《乾·彖辞》中说:"乾道变化,各正性命,保合太和,乃利贞。"这里的"乾道"即天道;"太和"可以理解为完满的"普遍和谐"。天道大化流行,万物各得其正,保持完满的和谐。人作为天道的产物,故必然遵循天道的规律,与自然万物和谐相处,惟如此万事万物才能顺利发展。

冯帆在《儒家和谐思想及当代和谐社会的构建》(《柳州职业技术学院学报》2006 年第 6

卷第 4 期)一文中指出,在人与自然的关系上,儒家把天地万物视为一个有机联系的整体。这一看法在儒家思想的发展中一再得到确认,并体现在“天人合一”这一思想当中。作为自然之“天”,“天人合一”意指人与自然关系的和谐境界,是人们对于日常生活的价值目标的现实追求和理想选择。儒家对这一观念进行了许多阐发:孔子主张以“仁”待人,也以“仁”待物,即所谓“推己及人”、“成物成己”。《中庸》说:“致中和,天地位焉,万物育焉”。旨在强调天、地、人的和谐发展。孟子则告诫人们:“斧斤以时入山林,林木不可胜用也”,目的是要保持人与自然的持久和谐。荀子《天论》中“万物各得其和以生,各得其养以成”所说的“和”,也是指天地万物的和谐统一。张载在《西铭》中说:“乾称父,坤称母,予兹藐焉,乃浑然中处。故天地之塞,吾其体,天地之帅,吾其德。民,吾同胞,物,吾与也”。张载认为人与万物都得之于自然和宇宙,与自然和宇宙浑然一体,个人只是自然和宇宙间存在的一物,民众百姓都是我的同胞兄弟,应仁爱相待;宇宙万物都是我的亲密朋友,应爱护、保护。张载的“天人合一”说蕴含了人类博大的关爱情愫,他所指人与自然的和谐是人与人和谐基础上的和谐,这是人与现实世界的高层次的理想的和谐状态,这一思想也是中国古代“天人合一”思想的精华所在。

刘祎在《先秦儒家伦理思想对构建社会主义和谐社会的启示》(《长春工程学院学报(社会科学版)》2006 年第 7 卷第 3 期)一文中指出,儒家认为人是自然的一部分,要热爱自然,热爱生命。儒家肯定了天是包括四时运行,万物生长的自然界,是包括人类在内的万物本源。儒家重“生命”而倡“仁”,肯定天地万物的内在价值,主张以仁爱之心对待自然,热爱生命认为自然资源是有限的,在自然资源的利用上要开源节流并重。荀子的《天论》认为,人们抓住农业这个根本,并厉行节俭,天下就不能使之贫困;有充分的养生资源,按季节进行农事,天下就不能使人遭到祸害。要满足人们日益增长的物质生活的需要,发展农业是根本的。但同时必须看到自然资源是有限的,因而要厉行节俭,这样才能在满足人们需要的同时而不造成生态环境的破坏和资源的枯竭,才能形成持续的发展。可贵之处是,荀子看到了人是从自然分化出来的,但又有不同于自然的特点,表现在能参(人能适应天时,顺应地利,参与自然界的变化)、能群(人能过群体生活,为社会进步有目的地生产,制定规章等)。因而,人在自然面前不全是无能为力的。如看不到人的能动作用,只求自然的恩赐,是不符合人类实际情况的。这种思想是在自然的平衡保护和人与自然的和谐上是一致的,它在发展的同时做到了保护自然与节约,是建立在人的理性的基础上的人与自然的动态平衡,是发挥人的主观能动性解决发展中的问题的。

余治平在《儒家“和”理念的普世价值》(《江汉论坛》2007 年第 2 期)一文中指出,中国传统文化十分重视天人和谐,并认为物与我、天与人的关系始终为儒家所关心,儒家更愿意把物看作可与沟通的对象。传统文化中人类与包括自然山水、动物、植物在内的一切存在物之间,不仅存在着一种对象性的认知关系,或者一种相互需要的生物伦理关系,而且,还存在着一种以追求和谐、统一、共生为目标的生态关系。作者提出孟子要求世人对人、对物,都应该持有一份“不忍之心”,这应该表现为博大宽广的、泛爱万物的胸怀,使万物在我们共同的世界里和悦共生、协调相处。作者认为儒家的圣人对每一个存在物都能够付出性情,谨慎处之,指出自然万物不应该仅仅被当作一种可供开发、利用的资源对象,而应该被视为我们人类可与对话的、有情感、有意志的亲密伙伴。

王艳华在《儒家和谐思想与社会主义和谐社会的构建》(《理论探讨》2007 年第 2 期)一文

中指出，在人与自然的关系上，儒家主张天人合一，肯定人与自然界的统一，强调人类应当认识自然，尊重自然，保护自然，而不能破坏自然，反对一味地向自然界索取，反对片面地利用自然与征服自然。“天人合一”既是儒家的世界观和宇宙观，同时又是儒家处理人与自然关系的一种方法、一种思维方式，更代表一种人生追求、一种精神境界。以这种思维方式认识自然界，自然界不是一个被动的机械世界，而是一个生机勃勃、川流不息的有机世界。儒家所谓“天地之大德曰生”，指出自然界的“生”既是人和自然万物生命的总根源，也是人和自然万物一个有机生命整体，而且从动态上说明人和自然万物都表现着自然界生命的化育流行，也是“一体”。孔子主张以“仁”待人，也以“仁”待物；孟子提出要扩展“爱”，由己及人，由人及物，把仁爱精神扩展到宇宙万物；宋代大儒张载提出了“民胞物与”的思想，认为所有的人都是我们的同胞，万物是我们的伙伴。作者认为儒家的这些思想是处理人与环境关系的理性、务实的态度。

陈兆金在《老庄生态美学思想略论》(《学术界》2007 年第 1 期)一文中指出，老庄哲学思想的核心命题“道法自然”，而这揭示蕴含其中的当代生态美学思想的智慧：人类必须顺应自然，遵循自然的规律，反对过度地开发自然，要求合理开发、利用和保护自然资源；人是自然的一部分，并非万物的主人，人与万物都是平等的；生态平衡的和谐美是人与自然、人与社会以及人的自身关系的本质规律。“道法自然”要求人顺应自然规律，尊重自然价值，主张人与自然的统一。“道法自然”的中心范畴就是“道”。在老子看来，人和天地万物都是以“道”为本原的，“道”是自然与人存在的共同基础，也是人与万物的共同本性。“道法自然”思想中另一个重要范畴就是“无为”。老子认为人的正确行为是顺乎自然而无为，“无为”就是不强为，就是顺应自然、因势利导以达到目的。同样庄子也反对以人灭天，主张以人合天。他认为天道就是“无为”，而人道往往违反天道，是“有为”。但老庄的“无为”，并不是不“为”，而是要在“为”的过程中，从维护天地自然的自然而然出发，最终达到“无为而无不为”。“道法自然”思想深刻地反映了人并不是世界的中心和万物的主宰，而仅仅是世界的成员之一；人不仅要关心人，还要关心自然界，关心所有生命，关心生态整体。它先强调人应当以大地作为自己效法的榜样；老庄认为人与其他万物一样都是平等的，没有贵贱高低之分，不存在人类高于自然之说。老子思想中含有的“顺物之性”智慧认为天地万物都含有阴阳两方面的因素，阴阳二气相互作用而形成平衡、和谐的状态。文章最后认为在老庄看来，生态和谐的自然美是自然界的根本规律。

刘立夫在《“天人合一”不能归约为“人与自然和谐相处”》(《哲学研究》2007 年第 2 期)一文中指出，“生态伦理学”是在 20 世纪反思现代工业文明所引发的生态危机的过程中由西方学者创立的，其中的“深层生态伦理学”将现代的环境污染、生态破坏和资源短缺归咎为西方固有的人类中心主义的价值观念和现代工具理性，希图重建一个以自然主义为理想的人与自然和谐相处的新型文明模式。这些生态学家站在现代学术的高度，从东方古老的宗教文化中找到了诸多思想资源和理论支持，因而被称之为现代生态伦理学的“东方转向”。近年来，中国哲学界也借助这一契机开始了中国传统文化与现代生态伦理学的对话：在对话中，很多学者把中国传统的生态智慧简单地归约为“天人合一”，有人甚至武断地认定“天人合一”就是关于“人与自然的相互关系的理论”或“人与自然和谐相处的学说”。笔者认为，这种论点过分拔高了传统文化的生态学价值，没有顾及中国传统天人哲学的真正内涵，也没有全面、深入地研究西方现代生态学的历史渊源和现实背景，只是出于一种振兴民族传统文化的使命而以情感的认同代替理性的思考,做时髦的迎合,故不仅在理论上站不住脚,在实践上也难有所作为。中国传统“天人合一”的核心内容则是关于人在宇宙中的地位和人与宇宙万物的关系,以及人的行为准则和精神生活的终极根源。虽然天人合一的理论也涉及人与自然生态的关系,但这种关系是以政治、伦理和精神境界为本位的,因而,天人合一的核心不是处理人与自然相互关系的哲学理论。作者实事求是地指出中国古代有保护动物和生态的具体措施,但因为生态问题不严重而没有提到议事日程,环境保护只是被视为王者“仁政”的一部分。因此,我们不能简单地把“天人合一”归约为“人与自然的和谐”。

徐春根在《论中国“天人合一”思想的内在逻辑前景》(《自然辩证法研究》2007年第2期)一文中指出,中华传统“天人合一”理念有“根”,有现实感又极具前瞻性,它让人类不能忘却其本始:大自然孕育了人类。这提醒人们要“慎终追远”,珍惜其所由以生生不息的生命、生灵与自然共同体和谐共存、生死与共的价值与意义;“饮水思源”,人类不能忘记根本、不应忘却历史与现实的自然家园给予自身的恩泽。“天人合一”世界观继而也提醒人类:一是敬畏、热爱、保护自然;二是与自然为友,发自内心地珍惜与自然结下的纯洁“友谊”;三是保护人类赖以生存的自然环境,还必须“道法自然”,在大自然中获取行为处事的灵感。

李秀华在《〈淮南子〉的和谐思想及其启示》(《大庆师范学院学报》2009年第5期)一文中指出,西汉初期的《淮南子》启示我们要充分考虑到人与自然的和谐关系。作者引《俶真训》说明在人类和万物未生之时,宇宙本来就是一个和谐的有机体。并且从本根上来看,《淮南子》的作者认为人与自然通过阴阳二气而相通,并引《老子》所言:“万物背阴而抱阳,冲气以为和。”这样人与自然就同归于“和”,同本于道”,人处其中,幸福祥和。作者认为《淮南子》关于宇宙初始形态和万物生成的讨论寄托着我们先辈对于自然的敬畏感和欲与之和睦共处的愿望。作者指出《淮南子》不但强调人与自然的融合,而且也强调人对自然的效法和利用。古人自觉把自己的行为活动纳入到自然法则的框架内,能够清楚地在宇宙中找到自己的位置。古人对于人与自然的关系的认识并不仅仅如此,作者引《主术训》来说明古人非常注意控制自身私欲的膨胀,注意自然生物的可再生利用,带给人们以和的情愫。这说明我国古代已对人与自然的和谐有了很深的认识。

刘冰在《中国传统文化中的和谐思想及其当代价值》(《理论学刊》2009年第7期)一文中指出,关于“人与自然的和谐”,儒家认为,“人”与“自然”天是一和谐的整体,此和谐整体永远在生息变化之中,人应体现“天”的这一特点而自强不息。作者引《周易·乾卦·象传》来主张刚柔相济,二者互为利用,并指出这个思想的基础正是儒家“天人合一”的思想。所谓“天”是指“天道”自然规律,“人”是指“人道”即人和人类社会的道理。要实现“天人合一”得靠人自身的努力。这种主张“天人合一”,追求人与自然的和谐的观念,是基于不把人看成与自然对立,而是把人看作是和谐的自然中的一部分。因此,“人”和“天”应该是一和谐的统一体。儒家强调自然规律的重要作用,因此要“取物以时”、“取物有节”。同时,儒家认为自然资源是有限的,因此,在自然资源的利用上要开源节流并重。作者引《荀子·富国》的农业发展为例,来说明中国传统思想在自然的平衡保护和人与自然的和谐上是一致的,它在发展的同时做到了保护自然与节约,是建立在人的理性的基础上的人与自然的动态平衡,作者提出儒家人与自然和谐思想的可贵之处在于:认识到人对于自然的认识具有能动性,并指出这是实现“天人合一”的基础。

王崎峰、王威孚在《道家“天人合一”思想的现代环境伦理价值》(《求索》2009年第6期)一文中指出，中国古代道家传统“天人合一”思想给现代环境伦理学进一步考察和研究人与自然的关系提供了丰富的思想资源，表现为对自然界系统性、规律性及生命价值的肯定。“天人合一”是中国传统哲学的一个基本命题，也是中国传统文化的精髓之一。作者指出道家的“天人合一”是天人合于“道”，“道”者，自然也。道家的“天”是“自然之天”，是与“人为”相对而言的事物自然状态。道家认为人的存在是自然过程，人本身也是自然的一部分。“天人合一”不仅是其对人与自然关系的实然描述，也是应然表达。道家认为世间万物都是在一定的自然环境中产生和发展，不仅离不开自然环境，而且最后又自然而然地复归于自然环境。作者否认荀子对道家“蔽于天而不知人”的评价，认为先秦道家的“天人合一”论是天人合于“道”，合于“自然”，这不是放弃人的主动性，而是更重客观规律性。道家认为天与人之间不是主宰与被主宰的关系，人处于天地之间，要遵从自然之道，按自然规律办事，即道家所讲的天与人不相胜。中国古代道家讲“天人合一”是要彼此融合、协调，在动态中达到人与自然和谐共处，物我冥一。庄子指出天地万物都是互相联系、互相依赖的，他把整个宇宙当作一个整体，整体中包含各种层次和部分，建立了以天、地、人和谐统一为内容的整体思维模式。它反映了人与自然万物相互依赖、和谐相处的精神，对自然既要合理利用又要积极保护，自然环境和社会处在一个良性循环的平衡哲学思想。世间万物相互联系、相辅相成的依赖关系，也展示了“天人合一”思想中自然万物的系统生存观。在文章中作者客观的指出道家“天人合一”思想在强调顺应自然的同时，包含着消极被动地顺从自然变化，容易把人过分自然化而消除一切人为建构，有反对人类物质文明的思想倾向。这是由于其时代背景所造成的。但作者同时在文中也指出了可以借鉴的道家思想：一是道家的人道天道化，承认人类作为生命与万物同属一个生命场，他们是相互依存的关系；二是肯定人是自然界的重要组成部分，认为天人同源主张自然万物都是生命的结晶，高扬宇宙生命一体化，肯定人和自然的统一是有机的统一；三是自然与人同样具有内在价值的思想，倡导尊重一切生命价值、兼爱宇宙万物的平等意识，强调自然界的各种生物都息息相关，人与自然之中的万物和谐相处，对西方传统的只有人具有内在价值的观念提出了挑战，为当代环境伦理的发展提供了内在的价值支持。

陈业新在《儒家天人“合一”思想探析——以“人与自然”关系的认识为对象》(《孔子研究》2009年第4期)一文中指出，“合一”是儒家“天人合一”思想的重要内容。儒家主张的天人“合一”，基本内容为“万物一体”、“天人相参”等。天人之间的“合一”，指的是人主动地与“天”相“合”，而非“天”与人“合”。为实现“合一”，儒家要求人类积极有为，在行为上一要努力认识自然万物，二要效法天地自然并利用其规律；而在主观方面，人们一须体物、成物，二须“绝四”，三须尽心“体物”、大其心爱物。儒家认为，人与万物是一个互相联系、休戚与共的整体，亦即“万物一体”，这里面又包括万物同出于一体和万物同处于一体两部分。在天地万物的整体结构中，诸个体间相互依存、相得益彰的关系，首先表现为万物对自然的依赖关系，儒家认为天地自然对人等万物有养育之情；其次表现为自然也离不开人的参与、配合与互动，儒家表达了其对万物的关爱之情，提出了人类应该对天地万物施以仁爱之德的主张。作者提出“天人相参”是儒家天人“合一”论的一个重要内容，也是其始终如一的主张。如《中庸》就把天人相“参”与“尽”天、人、物之性，以及“赞天地之化育”紧密地结合起来，并把后二者作为天人相

“参”必不可少的条件，儒家也一直把化育万物、与天地“参”作为人的一项责任或义务。作者认为“天人相参”的“参”字宜作“配合”解，所以说，“天人相参”强调的是天、人在化育万物过程中各以其“常”与“治”相互配合、和谐的重要性和意义。无论是天还是人，均不可“舍其所以参而愿其所参”，否则只能是事与愿违。儒家认为，真正实现“天人合一”关键在于人，需要人类发挥其主观能动性，不断地努力，在实践中实现人与天之间的真正“合一”。具体来说应做到以下几点：

一、在实践中认识自然万物。在具体认识自然的过程中，儒家强调要做一是“观其所恒”，把握其规律；二是开动脑筋，运用类推等思维方法，从自然万物中找出规律性的认识。

二、在认识自然的基础上，儒家主张效仿天地、利用自然规律。如何做到效法天地自然呢？儒家主张首先要尊重、顺应天地自然；其次，以天地为楷模，成就万物；最后，有所为，有所不为。

同时儒家实现天人“合一”的主观要求有以下几点：

一、“至诚”体物、成物。“诚”从心性上讲是天之精诚专一的态度，从活动意义上讲是一个由成己到成万物的过程。儒家认为人之“诚”于其自身和天地都是极其重要的。

二、在处理人和自然关系的时候务必“绝四”，所谓的“绝四”，就是《论语·子罕》之四“毋”：“毋意，毋必，毋固，毋我”。儒家提出四“毋”尤其是无“私”，其主要根据一是天地是至公无私的；二是自然万物纷繁复杂、参差不齐，若方法不当，认识易出现偏差；三是就实际生活而言，人类常常在私利的驱动下，丧失良知，背离人心之本然。

三、尽心“体物”而“不遗”、大其心而爱物。作者在文中最后认为儒家的天人“合一”的模式对当今人与自然和谐的建立仍有巨大的借鉴意义。

毛丽娅在《〈太平经〉蕴含的和平思想》（《宗教学研究》2009 第 3 期）一文中指出，《太平经》将重生扩展到了自然界万物。《太平经》描述理想的“太平”状况，其中非常重要的特征就是凡物皆得生养，从而形成了以一切生命存在作为保护对象的伦理原则。《太平经》认为人是自然的一部分。人是在“道”的作用下禀天地之气而生，而人的职责是“助天生物，助地养形”。《太平经》指出人的生存依赖于自然界，并认为人类应当把自己放在天地间一个较为合理的位置，以高度负责的态度去保护自然，爱护自然，达到人与自然和谐相处、共生共荣。《太平经》明确提出了“天人一体”的命题，强调人与自然的和谐统一。这是《太平经》中人与自然关系和谐的理想状态，具体表现为万物无所伤、各乐得其所。《太平经》认为人们善待万物，即有善报；虐待万物，即有恶报，并进一步指出善恶报应不仅报应在自身，而且要流及后代。人与自然的和谐，是实现社会太平的出发点和依据。《太平经》的作者把社会太平的最终实现置于整个宇宙的宏观背景中进行考察，认为只有首先确保天地的平安，才会有人类社会的长治久安，这是一种深层的生态社会观。《太平经》认为，社会太平的出现从根本上说也在于“三气”的和谐相通。所以它一方面强调自然无为，即要顺应世界万物生长变化过程的自然本性，不以人为的强制方式去破坏这个过程的本来面貌；另一方面，也看到了人在自然面前并不是消极被动的，主张认识万物运动变化之势，因势利导，发挥人的主观能动性。

李展在《墨家和谐思想的渊源》（《陕西师范大学学报（哲学社会科学版）》2009 年第 1 期）一文中指出，墨子的“节用”对于我们当今建设和谐的可持续发展型社会有巨大的借鉴作用。春秋战国有很多思想家提倡节俭，其中以墨子的节俭观最为彻底。节约是墨家提倡的一个基本思想，墨子劝告当政者要节省开支，从俭办理丧事，并认为应尽可能地进行生产活动，而消费则以保持基本生活条件为标准，对百姓不利的消费就算是浪费。墨家认为要合理地利用自然资源，不过分掠夺自然资源，主张“节用”。墨子反对铺张浪费之举，并将“节用”上升到关系到国家兴亡的高度上加以阐述：“俭节则昌，淫佚则亡”。在对待资源的问题上，墨子的论说对当今中国乃至世界各国过分地依赖资源消费促成经济发展的状况，可以起到非常重要的警示作用。墨子“节用”思想在当今主要是表现为提倡“量入为出”的健康消费观，进而保护环境，实现人与自然的和谐发展。

赵国乾在《儒家和谐美学精神及其价值的现代透视》（《湖北社会科学》2009 年第 12 期）一文中指出，儒家美学一直主张“天人合一”、万物一体、“仁爱万物”、“民胞物与”，认为人与自然是密不可分的、平等的存在物，对自然一直抱着一种热爱、崇敬、保护和欣赏的态度，源源不断地从自然中吸取美的营养，充实自己的生活和内心。“天人合一”一个深刻的含义就是承认自然界具有生命意义。在儒家看来，人与自然应该和谐相处而不是征服自然，与自然对立。人是自然演化的产物，同时又是自然的一部分，而“和”是人与自然相处的最高法则，人要尊重自然界的秩序，与自然界的变化相协调，所以人不能违背自然规律，要“节用而爱人”，不浪费资源。儒家“天人合一”思想把自然人格化，人格自然化，使人的精神融于自然之中，从而反映出人与自然相互依赖、相互促进，共生共荣的关系。儒家“天人合一”思想中所体现出那种尊天、敬天、悲天悯人的准宗教意识和天地一体，博爱万物的大情感，使人类带着真切美善的审美意识和道德情感去关爱天地万物，这对于增强人的环境意识，关怀可持续生存世界是十分重要的。儒家把自然界的山水看作有生命有灵性的存在，并与人的仁智德性联系起来，是人类获得生命存在终极关怀的需要。所以，人对自然界应有发自内心的尊敬与热爱。古代的先哲们通过体味自然和生活中美的情趣，安享大自然对人性灵的滋养和精神的安顿，净化和提升自己的心灵，协调自己的情感，调剂自己的生活，取得人格理想的平衡。

罗本琦、方国根在《论中国传统文化的和谐精神》（《探索与争鸣》2009 年第 7 期）一文中指出，“天人合一”是中国传统文化中“天下归仁”理念的最高境界，其核心价值追求就是人与社会、人与自然的和谐。“天”是中国哲学史上最古老而又最重要的范畴之一。在不同时期，思想家、哲学家们对“天”的理解显然有着明显的区别，但无论是上古时期，还是春秋以后，儒道诸家视野中的“天”，都不同程度的包含着“自然”的内涵。实际上，古人对“天”的崇拜就是源于对自然的恐惧和对人类自身的弱小这一客观事实的认识以及与此相联系的认识能力的不足。“天”的理解主要沿着“自然”之天与“伦理”之天两条路线发展，前者以道家为代表，后者以儒家为代表。中国传统文化中，伦理之天与人相通，即天人一理，试图以“天”的权威引领人的行为向“仁”的方向发展；自然之天与人相通，即人与自然的和谐，在天人之别的基础上强调自然对人的重要性及人对自然的尊重。

梁刚在《中国传统文化中的和谐思想及其现代价值》（《社科纵横》2009 年第 8 期）一文中指出，在人与自然的关系上中国古人主张天人合一，寻求人与自然的和谐相处。中国古人普遍认为人是自然的一个部分，与自然构成一个统一的整体，服从于统一的普遍规律。人是自然的产物是自然的组成部分，人与自然服从同一个规律，因此人要尊重自然规律才能实现与自然的和谐相处。作者引《周易大传 · 文言》中的“先天”与“后天”的概念，即“先天”指在自然变化前对自然加以引导，“后天”指遵循自然的变化，“先天而天弗违，后天而奉天时”，即天人协调一致。天与人、物与我之间不是彼此相隔，互不相干，人与自然是相依相持、相成相济、相涵相容的。在处理人与自然关系的时候既要考虑人的价值和利益，也要考虑到自然的价值和利益，从而使而二者达到一种理性的平衡。从人与自然的关系意义上说，它主张爱惜自然资源，保护生态环境，强调对自然资源的可持续使用价值。作者指出古代的许多典籍中都体现了保护生态环境尊重自然规律的主张。天地自然是人和万物的父母，天、地、人同处宇宙之中，天地之性就是人类之性，故人与万物同源，人与万物一体，二者应和谐相处。

吴星杰在《孟子构建和谐社会的思想研究》（《沈阳师范大学学报（社会科学版）》2009 年第 4 期）一文中指出，孟子认为，人是大自然的一部分，是自然秩序中的一个存在，自然本身是一个生命体，所有的存在互相依存而成为一个整体。孟子把人类社会放在整个大生态环境中加以考虑，强调人与自然环境息息相通，和谐一体。孟子把“仁民”与“爱物”联系在一起，从大系统的角度来审视人与自然的关系。从这一思路看，人与自然是统一和谐的关系；从最终意义上讲，保护环境，保护自然，就是保护人类自身。孟子已经认识到其他物类对人类生存和发展的重要性。孟子认为，人类应该节制欲望，“爱物”、“重物”、“节物”，让万物各按其规律正常地生生息息，要懂得合理地开发利用自然资源，使自然资源的生产和消费进入良性循环状态。只有这样，人类才有取之不尽、用之不竭的生活资源，社会才能安定、和谐、进步。

郑奕在《儒家和谐观及其借鉴价值》（《唯实》2009 年第 1 期）一文中指出，儒家的生态观是以“天人合一”思想为指导的。儒家所推崇的“天人合一”思想，既是一种宇宙观和世界观，又是一种生态伦理观。儒家认为，人向来就是自然界的产物，自然界的一部分。在儒家看来，人自身体现的就是一种“天道”，因此，人是“万物之灵”，必须顺应天道而为，以此达到“天人合德”的境界。在对待自然的态度上，儒家认为，人对万物自然应该秉持一种同情善待的态度。这可以说是儒家仁爱之心的延展：由对人的仁爱，延伸到对自然的仁爱。儒家提倡对待自然万物应有仁爱之心，主张人应该有节制地利用自然资源，对待自然万物的取用要顺时而为，适可而止，取之有度。但是，爱护自然、尊重自然并不是一味地顺从自然，与自然的和谐相处还必须发挥人的主观能动性。因此，荀子主张“制天命而用之”，不提倡在天下和平自然面前表现得软弱无力、无所作为，完全受制于大自然。

天下和平

修建军

所谓“天下和平”，实则就是“平天下”。儒家是恪守“修身、齐家、治国、平天下”的原则和精神，并为之终生奋斗的。平天下，世界大同，自文明史以来，是人类追求的高境界、高理想，是“和文化”的终极目标。在当前世界矛盾错综复杂，世界并不太平的现实中，学界对这一课题的研究，尤其值得关注。

曹德本在《和谐文化模式论》（《清华大学学报》2000 年第 3 期）一文中指出，中国传统文化讲平天下，是以天人合一为哲理，追求人类美好的社会理想，这种理想就是天下为公、世界大同，这是人类和谐的社会。实现了世界大同，也就达到了至公无私，从而实现了天下全人类的和谐。平天下是以天下全人类的和谐为基础，其真谛是实现天人和谐，即人与自然的和谐。中国传统文化主张，天人和谐是最高境界的和谐，达到了人与天地万物为一体的境界，也就实现了天人和谐，这是宇宙间最高状态的和谐。当人们通过修身实现了人际和谐，进而通过治国，实现了群体和谐，在此基础上，才能实现这种最高状态的和谐，就是通过平天下，实现世界大同的理想，在天下全人类自身和谐的基础上所达到的天人和谐。天人和谐的基本思想是讲，人类是自然的一部分，人类源于自然，又回归自然，与自然融为一体。源于古朴的自然再回归到自然的怀抱，与自然融合，这并不是简单的回复，而是一种更为高级的完美理想境界。天人和谐要求达到，人道不违天道，人认识自然，利用自然，尊重自然规律，从而为人类造福，不能盲目地为满足人类不断增长的物质欲望而违背自然规律，破坏自然界的平衡。如果天与人的和谐不能实现，人与自然的关系处在对立的状态下，不仅面临自然资源的枯竭，最终也将使人类面临毁灭。天人和谐是天下全人类与自然界之间的和谐，无论是立足点，还是着眼点都超乎局部的利益，天人和谐是一切和谐的最高理想境界。实现人与自然的和谐，不是一个国家一个区域所能做到的，这是天下全人类的共同事情，是天下全人类的共同行为。中国传统文化讲平天下，把实现世界大同作为平天下的最高理想，就是要做到天下全人类自身的和谐，进而实现人与自然的和谐。所以，从根本上讲，平天下的真谛是实现天人和谐。

姜玉春、谭明言在《中国传统文化关于“共生”的思想》（《胜利油田党校学报》2001 年第 5 期）一文中指出，中国传统文化博大精深，虽未提出“共生”的概念，却蕴含着极丰富的共生思想，在人与社会的共生方面提出了四方面的观点：“富国裕民”是“人与社会”共生的根本。从姜尚到孔子、墨子、荀子都提出了拂过的主张，法家、农家等都把“耕织”视为定国之本。秦汉以来，随着生产力和社会分工的发展，一些思想家提出了“农工商皆本”的思想，为我国封建社会经济繁荣实现“人与社会”的共生奠定了物质基础；法德并用”是实现“人与社会”共生的重要保障。“法治”属于政治上层建筑，“德治”属于思想上层建筑，都是一个社会的重要组成部分，缺一不可。然而儒家是主张“德治”的，法家是主张“法治”的，虽然都有一定的道理，但对治理社会都有失偏颇，不能实现“人与社会”的共生；兴科教，重人才是“人与社会”共生的关键。没有人就没有社会，而人才是实现“人与社会”共生的关键；实行变法，“兴利除弊”是促进“人与社会”共生的重要动力，虽然有的改革失败了，但都程度不同地推动了生产和社会的发展，促进了“人与社会”的共生。

许亚非在《传统中和思想及其现代价值论》（《西南民族学院学报 · 哲学社会科学版》2002 年 8 月第 8 期）一文中指出，中国古代的思想大师们在民族关系上，主张平等待人、和谐共处，即“协和万邦”。通过《尚书 · 尧典》云：“克明俊德，以亲九族；九族既睦，平章百姓；百姓昭平，协和万邦，黎民于变时。”对古代中国人是怎样解决民族矛盾、协调民族关系的进行解释，认为尧的德行之大者，在于能“协和万邦”，这是中国传统道德贵和思想中的民族和谐的具体表现。“协和万邦”不仅体现着古代先贤的道德理念，而且也是一种民族精神，并促进着民族的涵化、融合和“大一统”国家的建立。翻开中国的先秦史，由上古的天下万邦，到春秋时代的数十诸侯国，再到战国七雄，最后由秦统一天下。统一是中华民族的历史趋势，也是炎黄子孙的共同心愿。在中国历史上，每当中华民族处于存亡的生死关头，人心所向总是维护统一，反对分裂。

李颖川在《〈论语〉中的和谐思想及其意义》(《哲学研究》2005.1)一文中指出,中国古代社会的基本结构是家国一体。"家"在中国古代社会占据着极为关键的"本位"地位,它不但是担负着政治、经济、文化等诸多社会功能的庞大的氏族组织,而且还是一个涵盖最基本道德关系的伦理实体,并成为社会价值观念的最初源泉。孔子的"仁学"精神是以"和为贵"为核心,这可以推广为人与人之间,乃至国家间、民族间、宗教间、文化间的相处之道,以及人类与自然的普遍的和谐之道。孔子的和谐思想不仅是协和万邦、民族共存、文化交流的指导原则,而且也是"人与天地万物一体"的智慧。无怪乎《全球伦理宣言》的起草者孔汉思先生把孔子的"己所不欲,勿施于人"作为全球伦理的黄金规则。如果人类都能遵循这一规则,人与人、国与国之间就会相互谅解,就不会有那么多战争与冲突,就能真正实现以和平的方式解决一切争端。

李天雷在《传统和合思想与构建和谐社会》(《胜利油田党校学报》2005年第十八卷第六期)一文中指出,在民族与民族、国家与国家的关系上,主张和谐共处,协和万邦。《尚书·尧典》说"百姓昭苏,协和万邦"。(《周易·乾卦》)说"首出庶物,万国咸宁。"即主张万邦团结,和睦共处。孔子提出"四海之内皆兄弟"(《论语·颜渊》),又说"远人不服,则修文德以来之,既来之则安之。"论语·季氏主张以文德感化外邦,反对轻率地诉诸武力。孟子提出"仁者无敌"(《孟子·梁惠王上》),主张"以德服人"(《孟子·公孙丑上》),提倡王道,反对霸道。王道与霸道相反,霸道是以武力做后盾,处理国内和国际关系王道则是利用和平的手段,通过在国际间建立相互间的信任关系而扩大自己的影响。

汪慧在《从中国传统文化中寻找构建和谐社会的源泉》(《陕西青年管理干部学院学报》2005年第2期总第70期)一文中指出,在民族与民族、国家与国家的关系上,主张和谐共处,"协和万邦"(《尚书·尧典》)。既维护自己国家的独立,又不向外扩张;既不侵犯别国,也绝不允许别国侵犯。这是中国爱好和平、促进共同发展的优良传统。《周易·乾卦》说:"首出庶物,万国咸宁。"即主张万邦团结,和睦共处。孔子提出"四海之内皆兄弟"。又说:"远人小服,则修文德以来之,既来之则安之。"(《论语·季氏》)主张以文德感化外邦,反对轻率地诉诸武力。孔子的《礼记·礼运篇》描绘了重诚实、讲仁爱、求友善、修和睦的社全蓝图,表达了渴望天下大同、天下为公的社会理想。孟子提出"仁者无敌",主张"以德服人",提倡王道,反对霸道。王道与霸道相反,霸道足以武力做后盾,处理国内和国际关系:王道则是利用和平的手,通过在国际间建立相互间的信任关系而扩大自己的影响。在发展趋势上,崇尚合二而一、仇必和而解的辩证法。强调阴阳互补,才能发生变化:强调刚柔相济,才能融合和谐。

廖巧媛在《孔子"和谐"的社会理想及其现代意义》(《湖南科技学院学报》2005年第3期)一文中指出,孔子儒学提出了"四海之内皆兄弟"的命题,"四海之内"自然包括边远地区的少数民族他的"仁者爱人"、"德施乎四蛮"自然也包括对少数民族的爱至于他的"和为贵"更是包括处理少数民族在内的民族关系的准则。特别是他还针对"季氏将伐版臾"一事提出了"修文德以来之"的方针,反对武力征伐。今世界各个主要的古老文明,大都发生过中断、衰落,有些甚至于退出了历史的舞台,唯我华夏民族与中华文明能保持和发展几千年。华夏民族相传自上古炎帝、黄帝以下,尤其是西周以来,虽然有许许多多的国家,但大都认同相同的祖先,是相同的民族,这些国家相互之间的战争,往往被看作是"兄弟阋于墙",即使是被灭国绝用,也不会有异民族之间的那种仇恨。这不能说与孔子的和谐儒学无关，连国外人士都不得不承认儒家是国家基础起着作为真理的教育者的作用。

张瑞雪、李化成在《秩序与和谐——论先秦儒家对和谐社会的构想》(《石油大学学报(社会科学版)2005 年第 21 卷第 4 期》)一文中指出，在君臣上下的社会、政治关系中，君上对臣下要仁厚，臣下对君上要忠诚。如此，方能“父子笃、兄弟睦、夫妇和，家之肥也；大臣法、小臣廉、官职相序、君臣相正，国之肥也；天子以德为车、以乐为御、诸侯以礼相与、大夫以法相序、士以信相考、百姓以睦相守，天下之肥也。是谓大顺。”这种社会状态，其实就是一种他们所构想的和谐的天下太平的秩序状态。

张凤玲在《中国传统文化与当代和谐社会的构建》(《甘肃行政学院学报》2005 年第 3 期)一文中指出，中国古代有“天下”一说，如《礼记·乐记》讲“天下皆宁”，荀子讲“一天下”，明丘浚讲“天下享有和平之治”等。广义上的“天下”是指普天之下的一切国家。古人十分注重国家外部环境的和顺与和谐。古人讲的“协和万邦，与邻为善”、“四海之内皆兄弟”、“内睦者家道倡，外睦者人事济”、“亲仁善邻，国之宝也”等思想，其宗旨就是求得普天之下万事万物的和谐共处。这些思想都集中体现了中华民族追求外部环境和谐的伟大精神，其重要性是不言而喻的。

夏向东在《中国古代的和谐思想及其现代价值》(《前进论坛》2005 年第 5 期)一文中指出，在处理民族与民族，国家与国家的关系上，儒家主和哲学在中国历史上有深厚的基础《尚书·尧典》说“克明俊德，以亲九族，九族既睦，平章百姓，百姓昭明，协和万邦。”这是说帝尧作为一个政治组织的首脑，对九族的政策采用“亲”对百姓的政策采用“平章”对万邦的政策采用“协和”。《周易(乾卦)》说“首出庶物，万国咸宁。”即主张万邦团结，和睦共处。孔子提出“四海之内皆为兄弟”“远人不服，则修文德以来之，既来之则安之。”主张以交往感化外邦，反对轻率地诉诸武力，孟子提出“仁者无敌”主张“以德服人”提倡王道，反对霸道。

李明山、王雪黎在《论中国儒家学说与和谐社会构建》(《韶关学院学报·社会科学》第 27 卷第 11 期)一文中指出，孔子儒家思想产生于奴隶社会末，发展于封建时代。而在封建制度发展中，儒家学说又在这个社会中发挥了不可替代的重要作用。在中国封建时代，由于交通的不便，中国的对外交流远远不如后来发达。但是，以汉族为主体的中华民族的对外交流，一日也没有停止过。同时，中华民族内部民族之间的矛盾，也时常发生。中国最高统治者，在处理民族矛盾的过程中，根据不同情况，做了相应的处理。有的是通过把握诸夏与夷狄之辩，有的是运用大同思想，运用儒家“和为贵”等观念，较好地化解了中国的民族矛盾。

郑亚伟在《弘扬儒家“和谐”文化构建社会主义和谐社会》(《江淮论坛》2006 年第 6 期)一文中指出，以“和谐”为其思想要义的儒家学派在人和、地和、天和的基础上，描绘了一幅美好的社会大同的理想图画。《礼记·礼运》里说：“大道之行也，天下为公。选贤与能，讲信修睦，故人不独亲其亲，不独子其子，使老有所终，壮有所用，幼有所长，矜寡、孤独、废疾者皆有所养。男有分，女有归。货恶其弃于地也，不必藏于己；力恶其不出于身也，不必为己。是故谋闭而不兴，盗窃乱贼而不作，故外户而不闭，是谓大同。”东汉郑玄解释说：“同，犹和也，平也。”所以“大同”也就是“大和”与“太平”，也就是和谐社会与太平盛世。儒家关于“大同社会”的描述代表了中国古代理想和谐社会的最高境界，它既是一种文化信仰，也是人类对未来的憧憬。作为封建小农经济的思想产物，这种“大同社会”的理想不可避免地带有历史的烙印，但它也在一定程度上反映了人民群众对未来美好社会的向往，体现了中华民族追求和谐的精神，因而几千年来它始终鼓舞着中国人民为之努力奋斗，成为中国人民可贵的精神财富。

冯帆在《儒家和谐思想及当代和谐社会的构建》（《柳州职业技术学院学报》2006 年第 6 卷第 4 期）一文中指出，中国古代“民胞物与”、“上善若水”、“四海之内皆兄弟”的思想和情怀，是中华民族凝聚力、向心力的体现。在五千年的文明发展的中、中华各族人民形成了共同的民族心理和共存共荣意识，具有强烈的文化认同感和归属感。儒家的“大一统”思想是中华文化的主流意识之一，是中华民族世代相承的基本社会理念和普遍的价值取向。正是这种追求统一的价值取向，使得中华民族的文化认同始终如一，从未导致过文明断层的历史悲剧。而“己所不欲，勿使于人”，“己欲立而立人，己欲达而达人”的价值观，和“允执其中”、“和为贵”，求同存异，不为己甚，协调矛盾的思维方式，这些中华文化的基本精神都是促进民族团结、国家统一和振兴中华的重要传统和心理依据。

王必胜在《略论中国传统“和”文化与和谐社会建设》（《理论导刊》2007 年第 1 期）一文中指出，众多西方历史学家认为中国文化将是 21 世纪人类走向全球一体化、文化多元化的凝聚力和粘合剂。这个中国文化的精髓就是“宽容与和谐”，其实讲的就是中国传统的“和”文化，从方法论意义上看，这是一种极具智慧的思维方法。保持差异与和谐之间的张力，寻求两者间的平衡，以此促成个体有最大作为，社会得到最佳整合这样一种充满活力的局面。作为一个团结的民族大家庭，中华文明能够保持几千年的灿烂辉煌而长盛不衰，原因就在于面对不同民族的特色文化时，在面对异彩纷呈的世界文明时，她总是能采取“和而不同”兼收并蓄的态度来吸收融汇，为我所用，在面对文明的冲突和矛盾时，能够充分尊重各民族文化的多元合理性，通过对话、沟通的方式来增进了解，促进共识，既保持各自的特色，相互包容，又善于发掘对方的优点，相互学习。在中国人民看来“和平”与“和谐”始终应该是人类社会的主流“文明的冲突”是不应该的。

徐春根在《论中国“天人合一”思想的内在逻辑前景》（《自然辩证法研究》2007 年第 2 期）一文中指出，中国传统哲学的核心“天人合一”思想，作为一种人类古老的和谐文化，包涵非常复杂、深邃的丰富内容。中华传统“天人合一”是把整个天下及其芸芸众生看作一个相互影响、互相协调、彼此支持的整体，其中任何一个自然组分都“共轭地”互为基础，如果这些基本组分不被放在一起来思考，就只能产生残缺的世界和生活，任何一个组分也都难以被恰如其分地理解、重视。按照“天人合一”思想的内在逻辑，单独一物/一人/一地/一国的和谐是不可能持久而安全的和谐，因为各种不同的事情/事物不可能是孤立独存的，彼此之间必然相互接触、相互影响。因此，真正有生命力的深层和谐必然是天下/世界/人类社会的整体性和谐，也只有在此情形下，一物/一人/一地/一国才可能获得真正持久和谐。因而中华传统“天人合一”思想只有化作全人类的智慧、成为全人类的共同世界观，世界/社会和谐的理想才可能真正实现。这一思想逻辑至为深邃，也非常关键，它足以表明中华传统“天人合一”思想视野的辽阔和宏大格局。按照老子原则，既然世界存在，那么就存在着属于世界的，而不是属于国家的世界利益，只有承认和尊重世界利益才能够形成对世界中任何一种存在都有利的天下体系。这显然是一种双赢、多赢、乃至全赢的世界观，是一种真正的天下眼界。人们只有当能够从世界的整体性去理解世界时，才能有“天人合一”这种世界观，才会真正关心世界性利益和人类福祉。

丁原明在《先秦儒家的和平观》（《管子学刊》2007 年第 1 期）一文中指出，孔子及其所代表的儒家学派，对战争与和平的问题既作了哲学和伦理道德上的思考，又作了经济学和社会学上的关照，于是乃建构了一个独特的和平观。这个独特的和平观主要包括和平的“仁战”观、和平的和谐观、和平的民本经济观三重内涵，其中“仁战”观体现了儒家对战争的规划，从基本思想倾向上说，儒家对战争、军事征伐是持尚仁反战、重文轻武的立场的。和平的“仁战”观主要表现为：首先，“仁战”观把“仁义”作为判断战争性质的标准；其次，“仁战”观把“王道”作为治国平天下的根本手段；再次，“仁战”观把“济弱扶倾”作为一种安抚政策。和平的和谐观乃为“仁战”观的哲学、伦理学根据。民本经济观则从技术层面对其“仁战”观、和谐观作了物质支持，故先秦儒家所开启的这个儒学和平观应是涵盖天人、物我、人我、群己的宇宙大和平观，它内容博大而精深并始终透显着浓郁的人文关怀气象，因而为我们今天去探求和维护世界和平的问题提供了重要的思想资源。

毛丽娅在《〈太平经〉蕴含的和平思想》(《宗教学研究》2009 第 3 期)一文中指出，中华民族是一个爱好和平的民族，《管子·正篇》就希望建立一个“致德其民，和平以静”的社会环境。这种和平意识在中国土生土长的道教中得到了充分反映。《太平经》又称《太平清领书》，是道教早期的重要经典，蕴涵了极其丰富的和平思想。《太平经》描绘了一幅政治清明，人、社会、自然和谐的理想蓝图，并提出了“太平气将至”，君臣民并力同心，实现公平、大乐、无灾的“太平世道”。《太平经》中“和平”的内涵是宽泛的，它不仅表示国家、民族与阶级之间的和睦相处，而且还表示人与自然、与他人、与内心之间关系的某种理想状态。《太平经》的和平思想在社会和平的角度上主要表现为反对使用武力，贵人重生。《太平经》认为给人类带来大灾难的莫过于“兵、病、水、火”，它看到了社会动荡不安与统治者武力治国密切相关，故反对统治者穷兵黩武。认为“武治”虽为“助帝王治”中“十法”之一，但武治实为统治之最下策。《太平经》认为“乐生”、“好善”是天地之性赋予天下人共有的本性，是人的真实本质，并从人类延续的角度，指出了肆意杀人行为的危害。

王成、倪熙在《〈易传〉智勇思想在和谐中日关系中的价值》(《周易研究》2009 年第 5 期)一文中指出，智勇，是《易传》政治伦理思想的重要组成部分，也是对中日两国有着深刻影响的、带有共同性的道德规范。无论是如何面对复杂的国际国内环境，还是中日友好新局面的开创以及协调民间交往都离不开智勇品质。在中日关系发展中，弘扬智勇精神，对于推进历史遗留问题的解决具有重要现实意义。《易传》智勇思想在当前中日关系调整中的价值主要体现在以下几方面：友邻修好，智以用言；省视自己，有错必改；勤学不辍，智广多利；直面过失，勇于纠错；勇于开拓，创造中日关系新境界；勇毅坚忍，触害立义。作者指出在《易传》中，“智”是一个内涵颇为丰富的范畴，它可以表意为善于洞察事物运行发展的规律，又可以表现为勇于放弃，同时蕴含着韬光养晦的智慧。而“智”在中日关系中的应用具体表现为：一是友邻修好，智以用言。二是省视自己，有错必改。三是勤学不辍，智广多利。关于“勇”，孔子认为“勇”必须接受“仁”的统摄，只有在道义支配下，为真理、为正义事业不惧权势，不畏强暴、不怕孤立、不顾利害得失、不计生死之“勇”才称得上是上勇、大勇、真勇。“勇”在中日关系中的应用具体表现为：一是直面过失，勇于纠错。二是勇于开拓，创造中日关系新境界。三是勇毅坚忍，触害立义。作者提出在新时期的中日两国政治家要积极地汲取这种“智”与“勇”的精神，努力开创和谐的中日关系。

李展在《墨家和谐思想的渊源》(《陕西师范大学学报(哲学社会科学版)》2009 年第 1 期)一文中指出，早在两千多年前的墨子就主张各国的纷争应运用“非攻”的策略，通过和平方法解决双方矛盾，避免用极端的战争手段，导致流血冲突。墨子认为战争是大不义之举。在墨子看来，战争具有以下的基本特性：残酷性、掠夺性和欺骗性。墨子提出“非攻”就是反对一切非正义的战争。只有“兼爱”才能做到“非攻”，也只有“非攻”才能保证“兼爱”。“非攻”要求国与国之间要兼相爱、交相利战争的根源在于人与人之间的“不相爱”。为了进一步解释自己的理念，墨子提出了“大不攻小也，强不侮弱也，众不贼寡也诈不欺愚也，贵不做贱也，富不骄贫也，壮不夺者也”的“七不”准则，这“七不”准则表明了墨子伸张正义、推进和平的伟大理想，也表明了我国人民自古以来对和平的热爱。

梁刚在《中国传统文化中的和谐思想及其现代价值》（《社科纵横》2009 年第 8 期）一文中指出，在处理民族与民族、国家与国家的关系上中国古人提出了“协和万邦”的理想，以此来实现不同民族、不同国家的和平和睦相处。作者引《尚书·尧典》中的一段赞扬古代圣王尧的德行和政绩的文字，说明尧先是从本族再到万邦的和谐，而那也是那个时代的人们处理邦国之间关系的一种原则和理想。这种原则就是以道德修养和教化为本，以治理好自己的家园为前提，并以此去感化其他邦国，以达到“协和万邦”的理想。作者指出在中国古代的民族理论中，华夷之辨主要不是种族的差别而是文化高低之别，特别是有无道德礼教之别，这种不以征服为手段而以道德教化为手段去追求“协和万邦”的理想，是中国文化的特点，是中国爱好和平的优良传统。

娄文娟在《简述中国和平发展战略的文化渊源》（《改革与开放》2009 年第 10 期）一文中指出，在博大精深、独具特色的中国传统文化中，“和”的思想占据着主导地位，诸子百家作为中国思想发源的主体，大都推崇自为、调和、持中的“和合”思想，倡导万物的和谐、均衡与稳定，以此回应人与自然、人与社会、人与人以及文化之间的冲突。作者在文章中分析先秦、春秋战国、秦汉以降“和合”思想的发展，以证明中国传统文化的核心就是“以和为贵”的和平精神，始终主张以“中和、诚信、礼仪、平等、仁爱”等道德规范来处理问题与矛盾。作者指出“和而不同”是世界的本来面目与自然状态，是宇宙万物生存的源泉与内在方式，中国人在“天地与我并生，而万物与构为一”的万物和谐共处中把握自身精神和本质，培养了“内圣外王”的个人和民族性格，在国家治理和社会交往中主张以理服人，友好相待，反对使用武力，坚持矛盾之下的和谐、共存和发展，兴王道，尊教化，协和万邦，礼仪万邦，这种“海纳百川、有容乃大”的天下主义情怀，成为中国人民热爱和平的文化根基，“非攻和平”、“兼爱互利”、“包容兼蓄”的中国文化传统，不但规范着中国民众的行为，而且指导着历朝历代的外交行为。

和文化学术动态

学术会议

对话代替冲突，融合代替隔阂：全球对话中的中国文化国际学术研讨会

2001年6月25－27日，由华东师范大学"中国现代思想文化研究所"主办，北美中国哲学家协会、美国纽约州立大学全球文化研究所、上海中西哲学与文化比较研究会等单位协办的"全球对话中的中国文化"国际学术研讨会在上海召开。来自北美、欧洲、中国香港及中国大陆的70多位专家学者就全球化视域中的中国文化、全球化视域中的伦理思考及中国近现代思想文化的省视等议题展开了广泛深入的研讨。

有学者指出，在全球化背景下研究中国文化，要解决方法论问题，指出中国文化有自身的特点，在中西文化的比较研究中要充分彰显本民族文化的特点。与会者认为，全球化对于中国文化既意味着挑战，也意味着机遇。有学者

从比较哲学的角度出发，阐述了“文化”概念的澄清有助于解决在全球化过程中中西文化建设性的对话与沟通。有学者认为，孔子和柏拉图为我们提供了某种启示。柏拉图哲学中“爱”的概念(eros)与孔子之“仁”虽然来源不同，却具有相同的道德涵义，两者都被赋予一种特定的道德和政治功能。有学者从“理一分殊”出发，解释了儒家的“爱有差等”，并将其与基督教的“普遍之爱”进行了比较。有学者对儒家伦理与现代人权观念进行了比较，认为儒家伦理若要与现代人权观念相融合，必须进行创造性的重构。有学者就伦理学上形式与实质的对峙以及如何走出这一对峙进行了探讨。有学者从道德契约论出发，探讨了内心谈判、个人规则与基于理性的道德之间的关系，并就亚里士多德的伦理学、动物的道德地位和权利以及废除或保留死刑等问题进行了探讨。有学者以全球化为视野，对20世纪前50年中国思想界的西化思潮作了考察，认为全球化作为一个概念架构对理解中国近代思想史具有重要意义。有学者指出，就后者而言，西方思想对近代中国产生影响力的过程，就是西方思想中国化的过程。有学者认为，全球化对20世纪中国思想界的重大影响之一，是激起了文化保守主义的崛起。有学者对西方思想影响下兴起的近代女性主义及中国女性主义理论进行了探讨。此外，有学者还就全球对话中的中国近代史研究发表了看法。

与会的70多位专家学者来自不同的文化背景，研究领域各不相同，但在会议的主题上达成了共识：全球化已经将不同的文化价值系统推向共同的世界舞台，这并不意味将泯灭不同文化价值系统的多样性，相反不同文化之间的对话是在文化的一体化和多元化之间保持必要张力的适当形式。对统一性和多样性的双重确认，不仅有利于本土文化，也将有利于世界文化的发展。

会议以对话代替冲突，以融合代替隔阂，在全球对话视野下来探讨中国文化，是开启中国“和”文化研究的一次重要学术会议。

(《学术月刊》2001.9，木子摘编)

全国环境伦理研讨会

2002年7月24－26日，由清华大学道德与宗教研究中心、湖南师范大学环境教育中心和湖南师范大学伦理学研究所联合举办的全国环境伦理研讨会在长沙召开。与会学者围绕发展观与环境保护、环境伦理的研究进路、环境伦理与社会伦理、环境伦理与中国传统思想资源等主题进行了热烈深入的讨论。

有学者对现代发展观进行了深刻的批判，并认为面对日益恶劣的生存环境，我们应该认识到人类需要“一种有评价、有约束、有规范的发展”，那就是人类生存和发展的可持续性。有学者通过对“第四世界”土著人的自然观和生活方式的描述倡导一种与自然融为一体的生产方式和生活方式。有学者提出可持续发展观不可避免地走入绝境，必须确立全新的发展观，即和谐发展观。非人自然物是否具有内在价值是此次会议讨论的焦点问题。有学者认为，生命是价值的基础承载者，价值的发生一定和生命有机体相关。但作为价值承载者的生命有机体不必是人类和高等动物。有学者则认为，只有人才有价值，一切非人存在者皆无内在价值。有学者提出“自然剃刀”原则，认为环境伦理只能提供一种消极的原则，即若无必要尽量不要对生态系统实施人为的干预。有学者阐述了生态女性主义环境哲学的当代意义。有学者认为道德关系只能是人与人之间的关系，环境保护必须归结为人与人之间关系的调整。这种观点正好代表着主流伦理学对环境伦理的看法，即环境伦理归根结底只是主流伦理学的一个分支，它要研究的仍然是人与人之间的道德关系，但它的目的是通过调整人与人之间的道德关系以保护自然环境。依这种观点，环境伦理必须还原为社会伦理。与之相反，持非人类中心主义观点的学者认为，环境伦理绝不仅是传统或主流伦理学的一个分支，它因要求承认非人自然物的内在价值和权利而要求实现一次伦理学革命，即不是简单地将环境伦理镶嵌在现代伦理学的框架中，环境伦理的确立要求突破现代主流伦理学的基本框架。

除了上述环境保护与环球伦理理论方面的讨论外，学者们还就中国传统思想中的环境伦理资源进行了挖掘。有学者认为，“天人合一”观念反映和概括了古代中国人的生存智慧，传统儒学讲求“天人合一”的“天人之学”应成为生态伦理研究的重要思想来源。有学者认为，深生态学是西方多种环境思想中少有的注重从东方思想吸取营养的学派。深生态学强调自我的重塑，特别重视阐释大写的“自我”(Self)，而大写的“自我”就相当于道家的“道”，大写的自我的实现即对自然物的平等认同，就相当于佛教的见性成佛。

会议至少达成了如下共识：片面追求经济增长的发展观正误导着人类文明，它会使人类在生态危机中越陷越深；人类应根据现代生态学和环境科学去重新理解人与自然之间的关系，重新规范人类的生产和生活行为；为有效地保护环境，必须有越来越多的人“从我做起，从现在做起”。

(《哲学动态》2002.10，木子摘编)

德治与和谐：儒家德治思想与现代社会国际学术研讨会

2002 年 10 月 23－26 日，由中国哲学史学会、四川省社会科学院、国际教育基金会、香港孔教学院、都江堰市人民政府、四川大学古籍研究所、四川省中国哲学史研究会联合举办的“儒家德治思想与现代社会”国际学术研讨会在四川省都江堰市召开。与会代表围绕儒家德治思想的历史价值、现实意义，及其与现代社会的关系主题，进行了热烈的讨论，尤其对以德治国理论如何进行现代转化及儒家德治思想与现代法制社会关系问题进行深入的探讨。与会学者认为经济的全球化及观念的多元化促使全世界的人们思考使人类安定团结、和谐相处的良好计策。儒家的德治思想体系在现代法治社会中具有重大的理论价值和现实意义。中国人民大学哲学系张立文教授从市场经济的多样化形态、伦理道德的多层次与多样化以及人与自然、社会，人与人，人的自身的不和谐等方面分析了德治理念的理论价值与现实意义。张立文教授还以他的和合学理念来解读“德治”，认为德治是指以道德理念和道德规范来治理人与自然、社会、人与人之间、人的心灵以及各种文明之间的关系，以实现和谐合理、互敬有序、友善和乐、协调发展的目标。与会学者还就儒家德治思想与现代法制社会之间的关系进行了有益的探索，提出了很多可行性的有意义的建议，为儒家德治思想与现代法制社会的融合以及现代社会的“以德治国”提供了可能。

中华孝文化与代际和谐国际论坛

2003年12月9－12日，中国老年学学会、山东省老龄工作委员会、山东省老年学学会联合主办的“中华孝文化与代际和谐国际论坛”在山东省济南市召开。此次论坛的主题是：孝敬、和谐、保障、共享。举办这次“国际论坛”旨在于更好地弘扬中华民族敬老、养老的传统美德，继承精华，弃其糟粕，赋予孝文化以时代的新的内涵。来自海内外的与会代表300余人参加了论坛，论坛收到论文500多篇28人作了大会专题学术报告。

一、传统孝文化是中华文明的组成部分

尽管中国考古界和历史学界，目前还不能给出“孝”字出现的上限年代，但我们有足够理由认为，孝文化与整个中华文明一样古老。孝文化是中华文明的核心内容之一，从而构成自己浓厚的文化特色、民族风格和价值观念。传统孝文化的出现，可以追溯到中国奴隶社会的商代之前。有的论者认为，中国孝文化的出现可以追溯到原始社会末期的父系氏族时代。有的论者则认为，中国孝文化的出现应在早于父系氏族的母系时代。而中国的传统孝文化兴于周代，制度化于汉代，则是有文献可考的共识。传统孝文化是以多重性、多元性的方式进行着历史积淀的，但是，它的主体部分仍不失为中华传统文化的宝贵历史遗产。正是中华传统孝文化历经数千年的传承，“孝”范畴极力泛化，这就要求我们采取回归本义的分析方法，寻找其中稳定的东西，合理的内核，寻找中华传统孝文化的精华。中国老年学学会在主旨发言中把中国传统孝文化的主要内涵概括为：敬亲、奉养、侍疾、立身、谏诤、善终十二个字，得到了与会者的认同。许多论者认为，儒学是中华传统孝文化的主流意识，但中国传统孝文化的形成是儒、墨、道、法诸家学说共同发展和构建的结果。

二、对中华传统孝文化负面影响要有科学的认知

许多论者认为，在漫长的历史过程中，传统孝文化不断作着适应性调整，这种调整可以从“孝”范畴的异化、嬗变和泛化中，看得十分清晰。许多论者提出：对中国传统孝文化的泛化、政治化，应持否定态度。他们认为，初始的纯真的孝文化走上愚昧，同“孝”范畴的泛化、政治化有密切关系。而“孝”范畴的泛化、政治化，尤其集中表现在“孝治”上。今天，我们应从对孝文化泛化的正反两个方面经验中，接受历史教训，不把孝文化视为治理社会的万能药方，而是根据社会的时代特点与文化需求，取其本义，使孝文化重新回归家庭伦理范畴中去。也有的论者以为，孝文化是中华文明深邃广博的哲学思想的内容之一，与“愚孝”无关，更不属于“吃人礼教”，愚忠、忠孝是对孔子“孝”的理论的曲解。社会管理需要孝文化的参与，“孝治”应被视为治国安家良策。有的还提出弘扬“大孝”理念，即“善事父母”为孝的家庭层面，“老吾老以及人之老”为孝的社会层面，做“人民的儿子”是孝的国家层面。站在国家层面的孝，谓之大孝。弘扬“大孝”理念是净化育人环境的需要，是建立小康社会的需要，具有巨大的亲和力、凝聚力和创造力。

三、对建设新的孝文化的建议

许多与会学者建议国家进一步肯定“孝”在立法上的地位。建议国家在今后的涉老文件、法令中，规范并明确提出孝道，把新孝文化纳入社会主义思想道德、社会公德、职业道德、家庭美德建设中去。对《老年人权益保障法》的实施，要给予老年人以法律援助。有的建议，在今后国家立法中适当加重对侵犯老人权益的法律惩罚，纠正对不孝立法粗疏和处罚过轻的倾向。

有的论者建议,新的孝文化的建立,要确实解决城乡不同层次老年人的物质赡养和精神慰藉两个方面的问题,而不只停留在孝道说教上。有的论者建议,重新编写和绘制我们时代的《新孝图》,用图谱形式传播新的孝文化观念可以收到很好的效果。许多论者还提出建立新孝道文化的很好建议。如:建议建立"孝敬基金",建议国家制定《养老法》,更加重视社会养老保障,建议在基层经常进行孝道先进人物的评选活动,建议把父亲节、母亲节列为国家节日,建议在全国建立"关心上一代委员会",把尊老敬老变成普遍性的群众行为。

四、对传统代际关系的认识与新代际和谐的建立

代际和谐,属于国际通用性的现代伦理范畴。把它列入这次论坛主题,可以使我们对中华孝文化的讨论更加开阔,而且对认识传统孝文化的本质与建立新孝道文化的实施,更具有直观作用。有论者提出:中国传统代际关系具有三大糟粕,由农业社会向工业社会、知识经济社会以至信息社会的转变,必须以新的代际关系来取代。而现代的代际和谐关系,应当具有平等性、互动性、全面性和积极性。着眼于促进社会发展和进步,强调老年人参与,自强,增强社会发展活力。

会上,全体会议代表发出倡议,倡议全社会进一步发展中华孝文化,弘扬中华民族尊老、敬老、助老传统美德。

(《社会科学战线》2004.2,木子摘编)

推进两岸文化交流弘扬民族优秀传统研讨会

2005年4月1日,由中华炎黄文化研究会和中华炎黄文化基金会举办的"推进两岸文化交流弘扬民族优秀传统"研讨会在北京召开。来自内地与台湾的张文彬、楚崧秋、曲润海、张世良、汤一介、陈若曦、杜导正、金冲及、鲁谆、钱逊等60余位专家学者出席会议。

与会者认为,中华文化将"身心和谐"、"人际和谐"、"天人和谐"作为最高的价值追求,形成普遍和谐的思维模式。这种思维模式要求从我做起,即首先"正心"、"修身",做到身心和谐;其次推己及人,达到人与人、人与社会之间和谐,所谓"齐家""治国""平天下";再次,由人延续至自然界,实现人与自然之间的和谐,最终达到"保合太合"、"人与天参"的目的。这种和谐精神强调事物之间同一性和整体性,提倡人与人之间的友善、宽容、和解,给人类带来和睦与和平。这些中华民族优秀传统文化值得两岸学者深入研究和大力弘扬。

与会代表认为,在经济全球化的背景下,中华文化依然能够保持文化的独立性,这是和保持民族的独立性紧紧联系在一起的。文化的基本特征之一是民族性,这是一民族立足于世界民族之林的基石。民族文化是民族存在的标志,当任何一种文化失去其"民族性"时,它作为独立的文化也就不复存在了。与其他民族文化相比,中华文化讲求兼容并包、己所不欲勿施于人、不以力假仁。这一独特传统文化,对于寻求解决目前国际矛盾的思路具有重要的启发意义。

(《中国儒学年鉴》2006,木子摘编)

"和合学与构建社会主义和谐社会"暨祝贺张立文教授从教四十五周年、七十华诞座谈会

2005年4月28-30日,由中国人民大学孔子研究院、和合文化研究所主办的"和合学与构

建社会主义和谐社会”暨祝贺张立文教授从教四十五周年、七十华诞座谈会在北京举行。

张立文生于1935年,1960年毕业于中国人民大学,此后一直从事中国哲学及传统文化的教学与研究工作。上世纪八十年代末,张先生开始提出和合学的构想,九十年代中期完成和合学理论体系的建构。和合学认为,和合是指自然、社会、人际、人的心灵、文明中诸多元素、要素的相互冲突融合,及在冲突融合的动态过程中各元素、要素和合为新生命、新事物的总和,它是中国传统文化精神的精髓和首要价值。和合学是研究自然、社会、人际、人的心灵以及不同文明中存在的和合现象,与以和合的义理为依归以及既涵摄又超越冲突、融合的学说。

与会学者一致肯定张先生独立思索、勇于创新的理论勇气和学术品格。大家认为,和合学在全面总结、凝炼和提升我国古代和谐思想的基础上,提出了一套化解冲突,实现人与自然、人与社会、人与人、人与文化、人与心灵和谐的战略构想,对于构建社会主义和谐社会具有重要的启示其一,实现社会和谐,是人类孜孜以求的理想。我们所要建设的社会主义和谐社会是民主法治、公平正义、诚信友爱、充满活力、安定有序、人与自然和谐相处的社会,是在我国社会发生深刻变革的历史进程中,建设一个全体人民各尽所能、各得其所而又和谐相处的社会。构建社会主义和谐社会,是一项艰巨复杂的系统工程,也是一个需要随着经济、政治、文化的发展而不断推进的很长历史过程。传统文化中包含着极其丰富的和谐思想资源,而和合学抓住和发掘了中国传统化在当代最具有价值和生命活力的文化精神。其二,承认多样性差异性,重视和谐达到最优。中国传统哲学肯定多样性,强调多样性基础上的辩证与协调,强调在多样性基础上的和谐与最优。和合学所倡导的和合思维超越了单纯求同或求异的思维,这对于解决当代社会诸多矛盾有启发意义。其三,和合是比稳定更高的状态,积极化解冲突而不是掩盖冲突,更不是崇尚冲突。发展社会主义市场经济的过程充满了竞争,有竞争就有冲突。和合思想为处理不同主体之间的利益冲突提供了一个思路,即在它们之间定立新的契约,把各方的意见融合进去。和合思想为处理不同主体之间的利益冲突提供了一个思路,即在它们之间订立新的契约,把各方的意见融合进去。

(《中国儒学年鉴》2006,木子摘编)

自然·和谐·发展
——弘扬老子文化国际研讨会

2005年11月10日至11日,由联合国教科文组织、中国社会科学院、北京大学、河南省政协共同主办,周口市人民政府、鹿邑县人民政府承办的“自然·和谐·发展——弘扬老子文化国际研讨会”在周口鹿邑召开。来自美国、俄罗斯、英国、加拿大、德国、韩国及港澳台等12个国家和地区及中国大陆22个省、市、自治区的160多位专家学者、媒体记者参加了此次会议。

大会共收到论文近百篇,与会学者围绕“自然·和谐·发展——弘扬老子文化”这一主题,分别从“老子《道德经》及道学文化现代意义的研究”、“老子生平与思想的考据研究”、“道家与中国传统文化关系的研究”、“道家与道教文化研究”、“儒道关系研究”、“老子思想对人类社会实现科学发展借鉴价值的研究”、“老子思想对构建和谐社会借鉴的研究”、“老子故里鹿邑文化的研究”、“21世纪新道学文化发展战略研究”等九个议题展开讨论。主要内容涉及老子其人其书及事迹考辨、老子《道德经》的丰富内涵、老子后学——道家、道教的哲学思想、老子道学与现代社会、海外的老学研究,等等。老子道学文化是深含开放精神的世界性文化。老子《道德经》是中国人祖先献给全人类的宝贵精神财富，是值得所有现代中国人为之骄傲的。这次研讨会不仅有利于促进老子道学文化的深入研究，也有助于挖掘和诠释中国传统文化在建构可持续发展和谐社会中的理论价值与现代意义，同时促进了国内外学术界的交流与合作，对推动老子道学文化的国际化进程也大有裨益。

构建和谐社会建设和谐文化理论研讨会

2005年12月10－11日，由中共重庆市委、光明日报社联合举办的“构建和谐社会建设和谐文化”理论研讨会在重庆召开。研讨会以科学发展观为指导，深入研究了构建社会主义和谐社会中的一系列重大理论和实践问题，着重研究了建设和谐文化的深层次问题。

与会代表主要深入研讨了构建社会主义和谐社会的内涵、特征、本质等问题，加深了对构建社会主义和谐社会理论精神实质的认识；深入研讨了建设社会主义和谐文化的内容、作用、途径、方法等，加深了对建设社会主义和谐文化规律性的认识；深入研讨了构建社会主义和谐社会理论与科学发展观、党的执政能力建设、党的先进性建设等理论创新成果的内在联系，加深了对构建社会主义和谐社会理论的地位和作用的认识。

周敦颐和谐社会思想与当代和谐社会构建学术座谈会

2005年12月26日，由湖南省濂溪学研究会发起的“周敦颐和谐社会思想与当代和谐社会构建学术座谈会”暨“湖南濂溪学研究会年会”在湖南省长沙市召开。

与会专家认为，周敦颐作为宋明理学的开山鼻祖，最大贡献就是首次为儒学创建了一个宇宙论体系，使儒学伦理的“人道”纳入宇宙论体系的“天道”之中，从而在哲学、思想领域开辟了一条新道路，启迪了一代又一代人的智慧。从宋代思想家程颐、程颢至明末清初的王船山，从近代的曾国藩，再到现代中国的思想家们，均受到周敦颐的影响。周敦颐提出了“理性命”三范畴，从本体论上把性和命联系起来，从而来解决“人是什么”这个理学的中心问题，也就是解决人的本质、本性与自我、心理等问题。这些思想与当代“以人为本”的思想更是一脉相承，并可以继续汲取营养。

与会专家认为，周敦颐非常重视道德建构和道德修养，形成了一套系统的完整的道德思想体系，其哲学思想、伦理思想、心理学思想如他论述“心性义理”的观点、关于“得刑以治，肃之以刑”的司法心理思想和实践，以及他关于形神关系的揭示、为圣的方法与道德修养的论述，都闪耀着思想的光辉，至今仍是“以德治国”、科学发展观、当代和谐社会思想的重要历史依据之一。

（《中国儒学年鉴》2006，木子摘编）

儒学与和谐世界学术研讨会

2006年4月24－25日，由中国孔子基金会、青岛市崂山风景区管委会主办，中国儒学年鉴编辑委员会、崂山康成书院、山东大学东方文化研究院承办的“儒学与和谐世界学术研讨会”在青岛崂山康成书院召开。来自美国、韩国、马来西亚以及国内多所高等院校、社科院（所）的专家、学者30余人与会,提交论文20余篇。会议主题是:坚持"和而不同",构建和谐社会。主要议题集中在:一、儒学一以贯之的"中"、"和"思想与和谐社会思想;二、构建和谐社会、和谐世界的历史意义和时代价值;三、坚持"和而不同",建立以联合国为核心的国际新秩序;四、构建和谐世界,争取持久和平、共同繁荣。

韩国孟子学会会长赵骏河教授、美国夏威夷大学中国研究中心田辰山研究员、浙江省社科院吴光教授分别以《儒家经典与世界和平》、《中西文化互信与儒学的后现代视野》、《儒学核心价值观在构建和谐世界中的重要意义》为题作了主题演讲;其他专家学者亦围绕中心议题从不同维度不同层面进行了深入的讨论。学者们认为,儒学是中国乃至世界文化的瑰宝,在人类文明进程中产生了深远的影响。实现社会和谐是儒家思想的重要内涵,以和谐为价值追求目标是儒家文化的基本精神。在当前经济全球化、社会现代化、文化多元化、价值观念趋同化的进程中,深入研究和挖掘儒学优秀文化,弘扬中华民族精神,对建构社会主义和谐社会、建设和谐世界具有重要而积极的意义。研究探讨儒学与和谐社会的辩证关系,有助于深入挖掘儒家文化中的社会和谐思想,为构建社会主义和谐社会提供可资借鉴的重要思想资源,对于弘扬中国优秀传统文化、加快推进社会主义和谐社会建设,都具有非常重要的意义。构建和谐社会、和谐世界,是全人类历史和现实的追求,是摆在人们面前长期的战略任务,需要不懈的、长期的努力。

哲学视野中的和谐社会理论研讨会

2006年6月17-18日,由中国人民大学哲学院举办的"哲学视野中的和谐社会"学术研讨会在中国人民大学逸夫会议中心召开。来自北京大学、清华大学、中国人民大学、中央党校、中国社科院、北京师范大学、复旦大"哲学视野中的和谐社会"理论研讨会学等20多个院校和科研单位的70多名专家学者出席了会议。

研讨会主要围绕"什么是和谐社会,如何构建和谐社会"这一主题进行了广泛而深入的研讨,涉及的主要问题包括和谐社会的理论资源、科学内涵及其实现途径、社会矛盾与构建和谐社会的关系以及和谐社会研究中应注意的问题,等等。与会代表各抒己见,从不同角度不同层次进行了热烈的讨论。

会议认为,党中央提出的科学发展观和构建社会主义和谐社会理论,是中国化马克思主义发展的新阶段,是中国未来发展的指导思想,也为哲学理论研究开辟了广阔的理论空间。马克思主义哲学是构建和谐社会的最主要的理论资源。马克思主义哲学的唯物史观是"构建和谐社会"的理论基石。科学发展观作为唯物史观的当代运用,强调"合规律性"与"合目的性"在现实实践中的统一,又强调社会整体的协调发展,以保障社会协调有序、充满活力的发展态势。和谐社会,是社会主义和谐社会。研究如何构建和谐社会,必须与社会形态发展结合起来,必须强调我们构建的是社会主义和谐社会。构建和谐社会是一个立足于现实并不断生成的过程,因此,它不是一蹴而就的短期目标,而是需要不断反思、不断接近的理想。在探讨社会和谐问题时,必须要防范浪漫主义的理想化倾向与否定经济建设基本中心路线的倾向。构建社会主义和谐社会必须要有一种规则意识。只有以不同群体的利益关系的协调与调整作为旨归的社会主义和谐社会的规则意识,才能使社会规则的安排有利于不同社会阶层、社会群体的平等交往、共同发展。构建当代中国的和谐社会，一定要做到坚持执政为民、维护社会公平、协调利益关系、化解社会矛盾。对和谐社会的研究不能只纠缠于什么是“和谐社会”的问题：不是不要价值判断，而是应该把价值判断建基于事实判断之上。这就要求我们不能把一切不良的社会现象、问题都归咎于资本主义或者市场经济，而应该认真审视我们的经济体制、政府职能。首先，必须弄清传统“公正观”、“和谐观”的价值理想及其局限性；必须通过对市场经济特别是社会主义市场经济的内在矛盾和动态规律的分析，弄清怎样一种“社会公正”观念才是合理的，是能够为社会公众普遍接受的。其次，必须探讨建构怎样一种社会制度体系，才能符合公众普遍认同的、同时又符合市场经济的客观规律的社会公正原则。最后，在确立社会公正理念和原则的基础上，培育、扶植公民的正义感，使公民能够接受并应用社会公正原则而行动。

（《哲学研究》2006.11，木子摘编）

构建和谐社会
——探讨宗教的作用研讨会

2006年8月7－8日，由中国国家宗教事务局与巴哈伊教澳门总会共同主办的“构建和谐社会——探讨宗教的作用”研讨会在澳门举行。来自中国大陆及港澳台地区的多个宗教组织代表及学者共40余人参加了会议。会议主题为“宗教与建设和谐社会的关系”，中国国家宗教事务局宗教研究中心主任张训谋和巴哈伊教代表罗兰作了主题发言。

张训谋表示，“和谐”是中国传统文化的核心理念和根本精神，讲求人与自身、人与人、人与社会、人与自然间的和谐关系。故此，“构建和谐社会”的主题极富意义，包含了信仰各种宗教的全人类共同追求的目标和理想，需要各宗教的智慧，以及信仰各种宗教的人士共同努力。张训谋高度赞扬了巴哈伊教的团结、宗教同源、“天下一家”、男女平等、经济公平、消除极端贫富分化等教义，与中国的“大同”理念一致，具有非常重要的现实意义。他还赞赏了巴哈伊教尊重科学和重视教育的教义。罗兰博士做了题为“宗教与社会和谐”的主题演讲。她认为，面对世界舞台上的种种冲突，促进社会和谐的事业就显得非常重要，现在来探讨宗教在促进社会和谐方面的作用尤为切合实际。罗兰女士还阐述了科学与宗教的关系。她将科学和宗教称为“推动人类社会前进的两股主要力量”和人类知识体系的两大支柱。而宗教的知识和智慧对构建社会和谐更加重要。

学者们围绕如何理解和谐与和谐社会、构建和谐家庭、构建和谐社会的社会与经济发展模式、科学与宗教的和谐关系如何促进社会的福祉与发展、构建和谐社会的教育模式、构建和谐社会的机构、构建和谐世界的框架、宗教与和谐社会、宗教与和睦家庭、宗教与生态和谐、妇女观与和谐社会、和谐社会的教育、中国宗教与中国社会和谐、宗教与多元文化的和谐社会、和谐的心灵以及和谐世界的体制等重要议题进行了热烈而深入的讨论。

中国社会科学院世界宗教研究所副所长张新鹰称本次会议是一场高规格、高水平的对话。这场对话涵盖了“宗教对话”的所有范围，既有宗教内部的对话，也有宗教间的对话，还有宗教内与宗教外的对话；另外，也包括了关注宗教命运的教外人文知识分子之间关于宗教的对话。它所涉及的主题直接关系到中国社会发展和世界共同面临的重大问题，表现出了与会者对于人类社会特别是人的精神世界的全面建设的责任感和使命感。

弘扬和谐文化，构建和谐社会学术研讨会

2006年9月22－23日，由甘肃省哲学学会和甘肃中国传统文化研究会主办的“弘扬和谐文化，构建和谐社会”学术研讨会在兰州举行，来自华中科技大学、北京联合大学、兰州大学等全国多家院校、学术团体和甘肃哲学界的120多名专家围绕和谐文化与和谐社会的主题展开了热烈的讨论。

与会代表对和谐社会的目标表示高度认同，普遍认为弘扬和谐文化是构建和谐社会的内在要求，哲学社会科学工作者应充分发挥自己优势，勇于承担弘扬和谐文化、构建和谐社会的神圣使命。多数学者认为讲和谐并不是不要斗争。构建和谐社会首先要做到的不是达到世界的统一性，而是承认不同民族、不同文化之间的差异性，并且为了和谐就必须“为承认差异而斗争”；和谐是多样性的统一，讲和谐不能理想化。许多学者对“和为贵”、“贵和尚中”、“和而不同”的传统文化予以多角度阐释，但究竟如何看待传统文化，与会学者有着不同的认识。和谐社会建设必须以和谐文化作为基础，深厚的中国传统文化可以作为和谐社会建设的有效资源；中国传统文化的本质就是和谐文化，其和谐是一种各安其位、等级森严的文化，它与现代意义上的和谐尚有距离，实现传统文化的创造性转化是一项长期的任务；应该通过批判封建和谐文化，创建社会主义新的和谐文化。有的学者探讨了中国传统文化“天人合一”、“与道合一”的理想状态，将和谐社会看作生态和谐、人际和谐、心灵和谐的综合体。与会代表普遍对哲学寄予了厚望，认为弄清何谓哲学、让哲学为和谐文化提供方法论支持意义重大。

（《甘肃社会科学》2006.6，木子摘编）

孔子儒学与中国现代社会国际学术研讨会

2006年9月25－26日，由国际儒学联合会和德国阿登纳基金会共同举办的孔子儒学与中国现代社会国际学术研讨会在北京召开。会议主题是孔子、儒学与中国现代社会，与会学者就如何弘扬儒家思想中的优秀文化和构建和谐社会课题，进行了深入研讨。国际儒学联合会常务副会长杨波在致词中说，孔子儒学是中国传统文化的主干，为中华文明的发展作出了重要贡献。在当代中国，建设社会主义先进文化，要植根于中国特色社会主义的伟大实践，继承、弘扬中华民族五千年的优秀传统文化，吸收借鉴全人类所创造的文明成果，努力建设面向现代化、面向世界、面向未来的，民族的科学的大众的社会主义文化。

与会学者认为，儒家思想对中华民族精神的形成起了重要的作用，它影响了中华民族特有的世界观、价值观和思维方式。儒学是源于中国的，其精神财富更是属于全人类的。儒家思想中的“和”，在中国传统文化中占有十分重要的位置。“和”是中华民族普遍具有的价值观念和理想追求。在当代各种不同的文明相互交融或相互冲突的情况下，深入研究中国的“和”思想及“和而不同”思想可以为中国构建和谐社会与人类建设和谐世界提供有益的启示。在如何解读译释儒学问题上，与会学者们认为，弘扬儒学首先要求研究儒学的学者要诠释好儒家经典，这样才能提供给社会真实的儒学思想。有些学者还提议，为了让典籍文献中的儒学在大众中传播而且代代相传，有必要在大、中、小学开设阅读古典文献的课程，并形成一以贯之的古典文献阅读系列，这样才能使年轻一代真正

受到优良的儒学思想观念的感染,才能够让儒学走出书斋走出文献,发扬光大,在现代社会中发挥应有的作用。

藏族传统文化与和谐社会建设研讨会

2006年9月28日,由西北民族大学主办的"藏族传统文化与和谐社会建设"学术研讨会在兰州举行。来自北京、青海、甘肃等省市的60余名专家学者围绕"藏族传统文化·和谐社会建设·科学发展观之实践"这一主题进行了广泛深入地研讨。

西北民族大学校长金雅声介绍说:藏族在悠久的文明历史进程中创造了丰富的民族文化,培育了崇高的民族精神。藏族传统文化是我国优秀传统文化的重要组成部分,藏学包括语言文字、历史文献、宗教、文学、逻辑、哲学、医学、天文历算、雕塑绘画、建筑、制造工艺、音乐舞蹈、戏剧等,跨越社会科学、自然科学等许多科学,有重要的研究价值和学术价值。

与会专家学者一致认为,在我国全面建设和谐社会的今天,藏族传统文化仍然在很大程度上影响着人民的价值观、社会观和人生观的建立和形成,同样对民族地区的民族团结和社会稳定起着重要的作用。不断挖掘和弘扬民族传统文化对于提高人的品德修养、树立文明的社会风尚、建设和谐社会、维护生态环境,促进民族的区两个文明建设都具有重要的现实意义。

中韩东亚伦理与社会和谐国际学术研讨会

2006年10月22日,由西北大学主办的中韩"东亚伦理与社会和谐"国际学术研讨会在西安召开。韩国建国大学校长康英启一行6人应邀参加了会议。研讨会主题是"东亚伦理与社会和谐"。参会学者围绕中国传统文化中的和谐思想、和谐哲学、和谐社会等议题展开了深入讨论。

有学者提出"和谐不是规律"、"和谐"不是对立面统一性的论点,认为和谐是建立在规律之上,超越规律,与人的人生价值相联系的宇宙普遍性问题,它隐性地存在于宇宙本体论中,又显性存在与和谐社会的构建之中,对人类的发展有着重大的意义。有学者从《周易》阴阳对立统一的和谐思想出发,阐述万物所处状态以及发展状态的相对性问题,从而以另一种相对性的视角审视善恶问题,进而认识和谐问题,指出和谐是一个相对性的问题,是一种价值判断。有学者则从道家哲学角度重新审视科学与宗教的关系,认为中国道家哲学中融合科学和道德,并认为中国哲学对世界的贡献是伟大的,中国传统自然观是挽救宗教和科学关系的有效途径。学者们还对孔子仁礼和谐思想、唯物史观视野下的和谐社会思想、东西方文化融合、中国伦理哲学与和谐理想、古代中国哲学的回归与和谐社会构建、孟子民本思想、老子生命之道与生命和谐等重要问题进行了讨论。

陈国庆教授在会议总结中认为,在东亚形成了"儒学文化圈"和"汉字文化圈",东方文化哲学以伦理为主要特点,历来倡导社会和谐。在全球一体化、文化多元化趋势之下,东方伦理哲学对于实现全球文化共存、融合、和谐具有重要的作用。

本次会议研讨主要在西北大学与韩国建国大学共十多位学者中间展开,学者们题目新颖,观点深刻,尤其是对于中国传统文化与现代社会和谐、东西方文化融合提出了新的见解,对于现代社会和谐文化建设具有很大的促进意义。

伊斯兰教与构建和谐社会学术研讨会

2006年10月27日至28日,由中国伊斯兰教协会举办的"伊斯兰教与构建和谐社会"学术研讨会在北京举行。来自北京、上海、山西、吉林、湖南、甘肃、宁夏等10多个省市区的70位专家学者及伊斯兰教界人士参加了研讨会。中国伊斯兰教协会会长陈广元大阿訇在致词中指出:伊斯兰教在构建和谐社会的伟大进程中大有可为,充分挖掘伊斯兰教中蕴涵的积极处世、中庸和谐的思想将会对广大穆斯林群众产生积极的影响,促使他们通过自身的努力创建和睦的家庭、和顺的社区、和谐的国家,以及人类与自然的和谐关系。希望通过这样的学术研讨活动,推动伊斯兰教为构建和谐社会做贡献这一课题的广泛思考,带动研究者为这一课题献计献策,为社会发展做出贡献。

与会代表们围绕"伊斯兰教与构建和谐社会"这一主题进行了广泛深入的研讨和交流。许多专家学者认为,伊斯兰教是和平、中道、宽容、普慈的宗教,伊斯兰教经典中有丰富的有关社会和谐和发展的内涵,可以为构建和谐社会营造良好的思想舆论环境。学者们挖掘伊斯兰教经典教义中有助于社会主义和谐社会建设的积极因素,认为伊斯兰教思想道德所蕴涵的和谐思想有利于促进社会主义社会关系的和谐,构建和谐社会是穆斯林的神圣天职。

和谐之道 人间关怀:首届"崂山论道"学术研讨会

2006年10月30-11月1日,由崂山太清宫和山东大学宗教、科学与社会问题研究所共同主办的首届"崂山论道"学术研讨会在山东省青岛市崂山召开。会议主题是:"和谐之道 人间关怀"。

开幕式上,任法融会长对道教研究的方法、方向,发表了自己的意见。来自海内外的近百位道长和专家学者围绕"和谐之道、人间关怀"的主题,展开了深入的研讨。大家认为在道教的教理教义中有许多优良的文化传统,它们对当前构建社会主义和谐社会是有一定的积极作用。会上,李远国阐述了和谐在道家、道教所代表的含义,以及它对当前世界和平所具有的重要意义,陈德述从哲学角度阐释了和合思想在当前中国和谐社会建构的重要意义,万本根、范世华则从中华道家养生文化的角度来阐述了道文化的重要性。此次研讨会将传统文化中的道教与和谐文化建设联系起来,对于和文化的传播与和谐社会的构建具有深远的意义。

中国传统文化与当代和谐文化建设研讨会

2006年11月3-5日,由武汉大学中外德育研究中心、湖北省炎黄儒学研究会、湖北省汉川市政协、武汉东方文化传播中心主办的"中国传统文化与当代和谐文化建设"学术研讨会在湖北省汉川市举行。来自全国和香港一些高校、科研机构、党政部门的专家学者和实际工作者共计70余人参加了会议,提交会议论文60余篇。大会围绕中国传统文化与当代和谐文化建设这一主题,主要就传统文化的理论精华、传统文化的时代价值、传统文化的现代转化等议题展开了热烈讨论,现分述如下:

一、传统文化的理论精华

中国传统文化具有博大精深的思想内涵,

但其蕴含的理论精华是什么？与会学者就此展开了热烈的探讨。武汉大学李德永教授指出，“太和”理想是人类社会共同追求的目标，“致中和，天地位焉，万物育焉”是乱极思治、绝处逢生时，人们用鲜血换来的一条颠扑不破的真理。武汉大学唐明邦教授认为，自强不息，厚德载物，是中华民族精神的核心，构建和谐社会，既要有“自强不息”的奋斗精神，也要弘扬“厚德载物”的宽厚包容精神，“同声相应，同气相求”则群体和谐，“同归殊途，一致百虑”则社团和谐，“保合太和，万国咸宁”则世界和谐。广西师范大学杨荣达教授从中国古代文明与西方文明相比较的角度，归纳出中国传统文化的主要特征。他指出，中国善于融合外来文化，能绵延数千年，而且在新的历史条件下，还有继续复兴的趋势，其主要原因在于中国传统文化具有众多的特点和优点，如以人为本，自强不息，重人不重神；重义轻利，内在精神比较丰富，心理比较稳定；重整体，倡协同等等。

研讨会上，与会专家还从微观的角度，深入解读古代各家各派思想的精髓。武汉大学朱传棨教授认为，忽视研究曾与儒家并称“显学”的墨家文化以及它对儒家文化的影响，是传统文化研究的一大欠缺。从现实的意义上来说，借鉴墨家学说的意义并不比借鉴儒家学说的意义逊色，如“兼相爱，交相利”思想、“尚贤尚同”思想、“非乐非攻、节用节葬”思想等，对我们今天改革和现代化建设都有借鉴意义。中国鲁山墨子研究中心的郭成智则从总体上分析了墨家思想的要旨，指出墨家思想闪耀着强烈的人民性光辉，对和谐社会的构建具有重大的启迪意义。华中师范大学王玉德教授深入研究《孝经》后指出，《孝经》作为古代最流行的经书之一，从表面上看是在讲孝，而其实质是讲和谐问题，即如何达到“民用和睦，上下无怨”的和谐状态问题。另外，一些学者还分别深入道家、法家等思想家的一些著作，探讨了传统文化中可以为我所用的文化精华。

发掘传统文化的思想精华，除了从浩瀚的文献中归纳和整理外，还必须将其提炼成为哲学理念。湖北大学罗炽教授指出，中国传统文化是由殷周时期的《易经》所奠定，经由战国时期的《易大传》而形成的易文化传统，易文化传统的本质是中和与变易，和言其体，变言其用，它具有一些基本特征，即其本身是一种至善的文化；其深层本质是矛盾的动态平衡；其社会意义是人类的和谐社会。汉川市政协主席李显昌用唯物辩证法和系统辩证法的观点，从中和和合、阴阳和合、一多和合与天人和合四个方面，论述了中国哲学的精髓和中华文化和合理性的基本范畴——和合范畴，这对于保持人、自然、社会的和合，建立社会主义和谐社会，促进世界和谐，都具有重要的现实意义。武汉大学黄钊教授归纳了先秦诸子所创造的一系列人文理念，认为这些人文理念表达了我们祖先的智慧之思，是中华民族文明进步的思想源泉。

二、传统文化的时代价值

结合当前的时代特征，传统文化思想精华所体现的时代价值是什么？它与和谐社会与和谐文化建设的关系如何？与会专家和学者从不同角度对此问题进行了阐释。香港孔教学院院长汤恩佳博士认为，孔子儒家思想在当今主要有六大功能：促进世界和平、提升全人类道德素质、与世界多元文化共存共荣、中国人民的精神轴心、促进中国统一、导致与世界各宗教文化平起平坐。湖北省政协文史和学习委员会柳菊兴主任认为，“以人为本体，以和为尺度”是中国传统和谐观的核心思想，它在当代具有民族凝聚、关系协调、自我完善、文化再造等功能价值。

湖北省社科联张武研究员认为，我们的时代是一个经济和文化多样化的时代，继承中华民族“和合”文化传统，建设和谐文化，尊重多样化的发展，有利于形成“和而不同”的百花齐放、百家争鸣的生动局面；也有利于奠定核心价值体系在社会中的主导地位，增进社会的认同感。武汉大学左亚文教授早在上世纪90年代中期就提出应重建中华和合辩证思维，在这次研讨会上，他进一步指出，和合辩证法最终转化为构建社会主义和谐社会的伟大实践，是我们所处的这个和平与发展时代的呼唤，是建设中国特色社会主义伟大实践的昭示，是深化思想解放和转换思维方式的需要，也是创生中华传统文化和推进我国民族文化建设的要求。温故知新，鉴古知今。华中师范大学历史文献研究所刘韶军教授反思了中国历史的诸多问题，从另一个角度阐释了传统文化的时代价值。研讨会上，一些专家还从古今德育、当代青少年教育、荣辱观教育、诚信教育等视角，就传统文化的时代价值进行了深入分析。以上关于传统文化时代价值的探讨，对于开拓人们的理论视野，建设和谐文化具有重要的启迪意义。

三、传统文化的现代转化

传统文化如何实现自身转化，才能在现代社会发挥巨大作用呢？就此，不同学者提出了不同的见解。武汉大学夏建国教授认为，要实现传统文化的现代转化，首要的问题是明确在什么样的层面上研究传统文化。他从三个角度提出要拓宽我们的思维视阈。关于传统文化的现代转化问题，江西师范大学郑晓江教授还对中国儒家伦理道德体系的建构及其普泛化的过程进行了反省，他认为，中华民族传统道德体系采取了理念系统、范畴系统和辅助系统这种最具稳定性的“鼎足而立”的方式，堪称人类文明史上的奇迹，实现了封建社会的和谐。现代中国面临的主要问题是，如何让一个长期生活在血缘血亲关系之中，一切规则由传统与习俗而定的“子民”转变为一个现代社会的合格“公民”？这可以从中国古代“子民”的和谐与稳定中得到启迪。

中国是一个农业大国，农村的和谐关系着整个国家的和谐与稳定。武汉大学袁银传教授专门针对制约农村文化和谐的观念因素——小农意识进行了深入剖析。和谐的社会需要制度规范，制度既是规范人的一种方式，又是由人来制定和实现的。武汉大学倪愫襄教授从制度伦理的视角考察了传统文化的现代转换问题。

通过这次研讨会的广泛交流，与会者深化了对党的十六届六中全会关于构建和谐社会的理论认识，开拓了和谐文化建设的视野。大家一致认为，努力为社会主义和谐社会、和谐文化建设添砖加瓦，做出相应的理论贡献，是每一位社会科学工作者义不容辞的历史责任。

（《学习与实践》2006.12，木子摘编）

人文奥运与和谐社会论坛

2006年11月23－24日，由中国伦理学会、首都文明办共同主办的“人文奥运与和谐社会”论坛在北京召开。本次会议是一次全面推进人文奥运理念、构建和谐社会的理论探索。来自全国各地的伦理学专家学者和首都精神文明建设工作者150余人参加了会议。中国伦理学会顾问、中宣部原副部长徐惟诚，中国社会科学院副院长李慎明，中国伦理学会会长陈瑛，北京市政府副秘书长侯玉兰、首都文明办主任张慧光作了主题发言。中国人民大学人文奥运研究中心向大会作了《北京市民公共文明调研综合报告》。

与会专家围绕奥运人文理念的内涵、奥运与公共生活伦理、人文奥运与以人为本、践行社会主义荣辱观与营造奥运人文环境、人文奥运与构建和谐社会等重要议题展开了广泛而深入的讨论。与会专家认为，北京2008年奥运会的人文奥运理念，将奥林匹克精神与中国优秀传统文化相融合，“同一个世界同一个梦想”的口号以及“绿色奥运、科技奥运、人文奥运”三大理念都充分体现了和谐价值观；人文奥运是和谐文化的一个重要组成部分，宣传和实践人文奥运，是巩固社会和谐思想道德基础的有效途径，能够为社会主义和谐社会建设提供强大的精神支撑和动力；人文奥运展示了相互理解、友谊团结和公平竞争的时代精神，蕴含着人类追求正义、平等的道德理想。借北京奥运会举行的契机，在全国范围内弘扬奥运人文精神，培育公民良好的公共道德，有利于在人与人、人与社会之间建立和谐的伦理关系，进而对构建和谐社会产生积极的影响。

这次论坛把伦理学的学术研究与精神文明建设的社会实践紧密结合在一起，对于建设社会主义核心价值体系、推进全国精神文明建设具有重要的意义。

和谐文化与和谐广东论坛

2006年11月28日，由光明日报与中共广东省委宣传部、广东省社科联联合举办的“和谐文化与和谐广东”论坛在广州召开。来自北京大学、中国人民大学、中国政法大学、武汉大学、中山大学等全国各地的专家学者120多人，围绕和谐文化建设的重大意义、科学内涵、时代基础、价值取向，以及和谐文化与政治建设、经济建设、社会建设的关系等一系列重大理论和实践问题，进行了广泛深入的交流与探讨，取得了一批富有创新价值的成果。论坛由广东省社科联主席颜泽贤主持。中国人民大学教授、博士生导师郑杭生，中国政法大学教授、博士生导师李德顺分别就构建和谐社会、建设和谐文化的有关问题作了专题报告。

与会学者指出，建设和谐文化，既是构建和谐社会的重要内容和迫切需要，也是提高党的执政水平、巩固党的执政地位，全面推进中国特色社会主义事业的必然要求。和谐文化是和谐社会的思想道德基础，是对我国优秀传统文化的继承和发展，也是建立国际新秩序，建设和谐世界的重要途径。与会专家学者充分肯定广东省近年来推进文化大省建设、构建和谐广东方面的积极探索，认为广东作为改革开放的先行地区，在建设和谐文化、构建社会主义和谐社会方面创造了丰富的经验。广东省委宣传部副部长蒋斌论述了建设和谐文化的有关问题。他指出，无论是经济社会的协调发展，人与自然的和谐相处，还是人与人的团结和睦，乃至人自身的心理和谐，都需要和谐文化的支撑。和谐文化是和谐社会的重要特征和组成部分，也是实现社会和谐的文化源泉和精神动力。光明日报副总编辑李景瑞指出和谐文化建设，是和谐社会的基本条件和重要内容，它为构建社会主义和谐社会提供精神动力、思想保证和文化条件。

（《光明日报》2006.11.28，木子摘编）

基督宗教与和谐社会学术研讨会

2006年12月15－17日，由中国社会科学院基督教研究中心主办的“基督宗教与和谐社会”学术研讨会在北京召开。来自全国各地的100余名专家学者参加了会议。会议以“基督宗教与和谐社会”为主题。与会专家围绕基督宗教与和谐社会的相关理论、神学与《圣经》中的和谐理念、和谐的人观、宗教与政治的和谐关系、和谐的伦理观、基督宗教与当代社会、基督宗教与中国历史以及多元对话与和谐生态等议题进行了广泛而深刻的讨论。

关于基督宗教对建构和谐社会的贡献问

题，与会专家一致认为，建构和谐社会是人类共同的目标，基督宗教在促进社会和谐方面可以发挥积极的作用。基督教的根本在于人与上帝和好的福音，这对和谐社会建构中所涵盖的人自身、人与人以及人与自然等几个层面的关系能带来灵性意义上的更新，而基督宗教中所强调的那种牺牲与受苦之爱的基督精神乃为建构一个"小康"而又"和谐"的社会提供了积极的道德进路。

与会专家还探讨了基督宗教神学以及《圣经》中"和谐"理念之内涵。有学者提出，和谐不是一个抽象的概念，而是面对现实问题所提出的方案和愿景。和谐也不是纯宗教的思考，而是社会科学和人文科学领域中各个学科都可能涉及的课题。

关于基督教的人性思想，有学者指出，基督教的信仰对人性有着整合的作用，因而也必定对和谐社会的构建做出相应的贡献。基督信仰对和谐社会的最大可能贡献当属对人性的整合。和谐社会的建构一方面要突显人的个性，另一方面要建立人与人之间的关系。就人与人的位格关系而言，若无各自的独特性，就无法发展人与人之间的健全关系；而若无人与人之间的关系，就无法呈现人的独特性。还有几位学者通过对托马斯？阿奎那思想的论述，探讨了人性的内在和谐以及"以人为本"的观念，进一步深化了人们对基督教人论的认识。

（《世界宗教研究》2007.1，木子摘编）

弘扬中华传统美德 建设和谐文化研讨会

2007 年 3 月 17 - 18 日，由云南省社科联、省中华传统道德研究会主办的"弘扬中华传统美德，建设和谐文化"学术研讨会在云南省广南召开。云南省人大常委会副主任、省社科联主席王义明出席研讨会并讲话。来自云南省中华传统道德研究会、省委党校、云南大学、云南师范大学、云南农业大学、昆明医学院、昆明理工大学等单位的 60 余位专家学者围绕"弘扬传统美德，建设和谐文化"的主题，进行了交流和研讨。大家认为，建设和谐文化是构建社会主义和谐社会的重要内容，应深入研究和大力弘扬中华传统美德，提高广大人民群众的思想道德素质。

和谐世界 以道相通：国际《道德经》论坛

道法自然，和谐为先，道教文化是中华主流文化，是世界文明的杰出成果。2007 年 4 月 22 - 27 日由中华文化交流协会和中国道教协会主办，陕西省人民政府和香港特区政府承办的中国国际《道德经》论坛在陕西西安和香港两地举办。来自世界 19 个国家及港、澳、台地区的 300 多名代表参加论坛。全国政协副主席、中共中央统战部部长刘延东发表了"探求和谐之道，共建和谐世界的讲话"。

此次论坛的主题为"和谐世界，以道相通"，参会人员就《道德经》与和谐文化、《道德经》与生态环保、《道德经》与现代管理、《道德经》与养生健康四个分议题进行了讨论。

四川大学道教与宗教文化研究所所长李刚认为此次论坛是以"道"会友，主要是和世界各国的道友们共同讨论如何来建设和谐世界，意义重大。香港中文大学哲学系教授刘笑敢认为，此次会议与以往的学术会议不同，我们不仅仅搞学术研究，而更要以学术研究带动文化传播，向社会上推广中华文化，当然也包括世界文明中优秀的东西。一些穿着道袍的外国道教人士也用自己的观点描述了他们眼中的《道德经》。新加坡道教协会会长李至旺认为，世上有三宝之心，一曰慈，慈悲爱人的心；二曰俭，俭约的心；三曰不敢为天下先的心。只有每个人都拥有这“三宝”的心，我们的世界才能和谐。美国乔治·华盛顿大学附教授托马斯·迈克尔认为，美国老子说“非常道”意思是：“常（道）”就是没有改变的“道”。我们要改变常道。与会专家一致认为，以“和谐世界，以道相通”为主题，深入挖掘探讨道家文化所蕴含的丰富思想，为解决当前人类面临的诸多自然与社会问题提供有益的启示，是一次具有全球性意义的重要会议。

濮阳龙文化与和谐社会学术研讨会

2007年5月29日，由中华炎黄文化研究会、河南省炎黄文化研究会和濮阳市政府共同主办的“2007濮阳龙文化与和谐社会学术研讨会”学术讨论会在濮阳宾馆举行。

市委常委、宣传部长、副市长李萍出席讨论会并致辞，李萍介绍了濮阳光辉灿烂的历史文化和欣欣向荣的现代文明，她说，在“中华第一龙”出土20周年之际，濮阳市委、市政府举办龙文化节和龙文化讨论会，充分开发“中华龙乡”这一人文资源，在宣传濮阳成就、展示濮阳风貌、打造濮阳龙牌的同时，把延续几千年的中华龙文化发扬光大，为建设和谐社会奠定思想基础。自“中华第一龙”出土以来，海内外专家学者对其进行了广泛深入的研究，取得了丰硕的成果，涉及到濮阳龙虎文化学术价值、龙文化的内涵起源与发展、龙文化在社会主义现代化建设中的作用等诸多方面，其深度和广度都前所未有。相信通过这次深入研究，龙文化研究定会再上新台阶，从而为建设社会主义和谐社会提供更加强大精神动力。

专家指出，濮阳市把龙文化的提高与普及紧密结合起来，取得了很好的成效，西水坡蚌图的出土，是考古学上的重大发现，意义深远。它证明了早在六千多年前，中原地区先民就有了龙崇拜的观念，龙文化在中华大地源远流长，也表明濮阳是龙的文化的重要发源地之一，是当之无愧的龙乡。专家们提出，和谐是龙文化的重要方面，和谐社会的建设离不开龙文化的支撑。中华龙凤文化研究中心主任庞进把龙分为融合龙、福生龙和奋进龙，融合的内涵就是和谐，以和谐为基础，龙文化中的和谐理念与时代精神共融共通，一脉相承。濮阳举办龙文化节，把讨论会的主题确定为龙文化与和谐社会，顺应了历史潮流，回应了时代强音，具有重要的现实意义和深远的历史意义。

中国文化发展战略研究与和谐文化建设学术讨论会

2007年5月9日，由中国艺术研究院主办的“中国文化发展战略研究与和谐文化建设”学术讨论会在北京召开。文化部有关司局的领导和专家学者100余人参加了讨论会。

会上，文化部部长孙家正就中国文化发展战略研究与和谐文化建设的重要意义做了论述，强调文化发展战略在整个国家发展战略中的重要地位和作用。中国艺术研究院院长王文章介绍了“中国文化发展战略研究”课题的进展情况及取得的学术成就。

与会专家学者就新形势下的文化发展战略进行了交流和研讨。其中，韩永进的《新的文化发展观解读》、郭运德的《文化中的民族形象》、李丹林的《论传统文化品牌的法律保护》等论题引起了与会者的共鸣。学者们还就文化产业政策研究、非物质文化遗产保护与传承、国家文化安全等一系列与现实社会发展密切相关的问题进行了热烈讨论。

建设和谐文化与广东文学研讨会

2007年5月11日，由中国作家协会、中共广东省委宣传部、广东省作家协会主办的“建设和谐文化与广东文学研讨会”在北京中国现代文学馆召开。

研讨会上，专家、学者们围绕会议主题，从不同角度进行了理论阐述。他们认为，文学在和谐社会特别是和谐文化建设中大有作为。全面建设小康社会、构建社会主义和谐社会，需要文学提供精神支撑和舆论氛围。广东作家以强烈的责任感和敏锐的视角，坚持弘扬民族精神和时代精神，努力反映广东改革开放和现代化建设的实践经验，讴歌改革潮头建设者的精神风貌，塑造了共和国新时期建设者的新形象，给人们留下了丰富而生动的印象。这些作品具有鲜明的岭南特色、岭南风格、岭南气派，给全国文坛增添了新气息。广东作家以创作实绩，充分显示了文学在和谐文化建设中的独特作用。

与会者认为，繁荣社会主义先进文化，建设和谐文化，是现阶段我国文化工作的主题，也是文学和作家的历史使命。广东作为改革开放的前沿省份，其经济强省和文化大省的建设，使得讨论这一课题具备了非同寻常的现实性和前瞻性。与会者就和谐文化的价值取向与时代内涵、改革生活与岭南文学、广东文学的新趋向、新发展等论题进行了深入的研讨。

宗教对话与和谐社会学术研讨会

2007年6月5－6日，由兰州大学哲学社会学院、基督教文化研究中心、伊斯兰教文化研究所主办、加拿大文化更新研究中心协办的“宗教对话与和谐社会”学术研讨会在甘肃兰州召开。来自加拿大、中国香港及全国各地高校和科研院所的60余位专家学者参加了研讨会。

与会专家围绕“宗教对话与和谐社会”的主题进行了热烈的讨论。主要议题涉及多元宗教与和谐社会、西北基督教的历史与现状以及宗教间的对话。

大家认为，宗教间的对话对和谐社会建设起着至关重要的作用，以宗教之内、宗教之间和宗教之外的对话为思路来探寻理想的对话之径，要深入挖掘宗教对话的社会意义、宗教对话的层次和途径。有学者认为，现代宗教文明就是通过挖掘整理弘扬宗教文化中有利于中国特色社会主义建设发展和谐的因素。还有学者指出，宗教对话是伊斯兰教文明的基本精神、致力于对话是伊斯兰文明的历史传统、宗教对话是构件和谐社会、促进世界和平的重要途径。与会专家还就儒教、道教、佛教、基督教等多种宗教特征及其对话进行了深入研讨。

儒学·人与自然和谐学术研讨会

2007年6月18日－19日，由中国孔子基金会、中国环境文化促进会、青岛保税区管委会主办，由中国儒学年鉴编委会承办的“儒学·人与自然和谐”学术研讨会在青岛保税区召开。来自中国、日本、韩国的30余名专家学者参加会议。全国人大常委、全国人大环境与资源保护委员会副主任冯之浚教授和香港孔教学院院长汤恩佳博士分别作了《文化与人生》、《儒家对于人与自然关系的基本信念》主题演讲。会议围绕全面构建社会主义和谐社会的时代背景下中国儒学传统文化的发扬和应用、人与自然和谐发展等主题展开了讨论和交流,深入探讨儒家的人与自然和谐观,较集中的研讨了儒家以“和而不同”为核心的人与自然和谐观;研讨了儒家文化人与自然和谐的理念的理论意义和现实意义;研讨了人与自然和谐与构建和谐社会、和谐世界的关系等等。

与会专家认为,人与自然的关系,往往会影响人与人的关系,人与社会的关系。如果生态环境受到严重破坏、人们的生活环境恶化,如果资源供应紧张、经济发展与资源能源矛盾尖锐,人与人的和谐、人与社会的和谐是难以实现的。人与自然和谐是构建和谐社会与和谐世界理论的重要组成部分,两者是互为因果、相辅相成的。大家一致认为:人与自然和谐,是人类追求并努力达到的最高的文明形态。实现人与自然和谐是人类的至高目标和理想。研讨这一课题,不仅是学界的任务,不仅是实际工作者的任务,全社会都应予以关注。

中华孝文化与和谐社会论坛

2007 年 7 月 20 日,由中华孝文化协会和中国当代文学研究会和谐文化与文学委员会联合举办的“中华孝文化论坛”在北京举行。全国政协原副主席孙孚凌,有关部门负责人翟泰丰、胡平、贾若瑜、李宝库、张炯等同志出席论坛并讲话。

与会代表代围绕孝的含义、孝文化的发展、孝文化的现代诠释以及孝文化在和谐社会构建中的作用与意义等问题展开了广泛而深入的讨论。会议认为,孝文化是中华民族优秀文化的重要组成部分,渗透于中华民族传统伦理和实践的各个方面,其中父慈、子孝、兄友、弟恭等蕴含着十分深刻的和谐意识。在现阶段,继承发扬传统文化之精华,剔除其封建糟粕,倡导和睦、友爱、安定、团结的人伦美德,对于构建社会主义和谐社会具有积极意义。

建设和谐文化与社会主义核心价值体系理论研讨会

2007 年 7 月 25 – 26 日,由中央马克思主义理论研究和建设工程办公室主办、江苏省委宣传部和江苏省马克思主义中国化研究中心承办的“建设和谐文化与社会主义核心价值体系”理论研讨会在南京召开。马克思主义理论研究和建设工程相关课题组首席专家和主要成员,部分省(区、市)邓小平理论和“三个代表”重要思想研究中心有关负责同志和专家学者,全国高校和科研单位有关专家学者,中央新闻媒体理论部负责人,江苏省理论界专家学者和实际工作部门同志,共 100 多人参加了会议。会议围绕建设社会主义核心价值体系,巩固全党全国各族人民团结奋斗的共同思想基础;建设和谐文化,推动文化大发展大繁荣等重大问题进行了深入研讨。

会议认为,建设和谐文化与社会主义核心价值体系,必须坚持以邓小平理论和“三个代表”重要思想为指导,全面贯彻落实科学发展观,解放思想、实事求是、与时俱进,在继承中创新,在创新中提高,坚持把和谐文化与社会主义核心价值体系的基本要求融入国民教育和精神文明建设全过程,体现到政治、经济、文化、社会各个领域。

与会学者们认为,社会主义荣辱观是社会主义核心价值体系的道德基石。积极倡导和践行社会主义荣辱观,必须坚持以“导”促“行”、以“法”律“行”,有效促使社会主义荣辱观广为普及、深入人心。建设社会主义核心价值体系是我们党新时期思想文化建设的重大创新,是对中国特色社会主义理论的丰富和发展。建设和谐文化，是构建社会主义和谐社会的重要任务。社会主义核心价值体系是建设和谐文化的根本。必须坚持马克思主义在意识形态领域的指导地位，牢牢把握社会主义先进文化的前进方向，弘扬民族优秀文化传统，借鉴人类有益文明成果，倡导和谐理念，培育和谐精神，进一步形成全社会共同的理想信念和道德规范，打牢全党全国各族人民团结奋斗的思想道德基础。

海峡两岸玄天上帝信仰与和谐社会建设学术研讨会

2007年8月21－23日，由武当山道教协会和湖北省武当文化研究会联合主办的“海峡两岸玄天上帝信仰与和谐社会建设学术研讨会”在道教圣地湖北省武当山隆重举行。会议由武当山道教协会会长李光富道长和湖北省武当文化研究会会长杨立志教授共同发起，十堰市委市政府、丹江口市委市政府、武当山特区管委会的有关领导莅临会议并致贺辞，来自台湾地区和北京、天津、杭州、广州、深圳、厦门、句容、武汉、十堰等地的专家、学者以及道教界人士100余人参加了研讨会。海峡两岸的与会代表围绕“玄天上帝信仰与和谐社会建设”的主题，就海峡两岸玄天上帝信仰、道家道教与和谐社会建设等一系列问题进行了广泛而深入的交流和探讨，学者们从不同侧面、不同角度和不同层次进行了深入浅出的阐释，考论了玄天上帝信仰的历史内涵与现代价值，提出了许多富有创见的新观点和新思路。

与会代表们认为，神仙信仰是道教的核心信仰，也是道教文化最具魅力之处。玄天上帝信仰作为道教神仙信仰文化的重要内容，是海峡两岸广大信众的普遍共识，也是构建社会主义和谐社会的宝贵思想资源。

炎黄精神与和谐文化学术讨论会

2007年10月16－18日，由中华炎黄文化研究会、黄帝陵基金会、炎帝陵基金会、株洲市人民政府联合主办，炎帝陵基金会承办的“炎黄精神与和谐文化”炎黄文化学术研讨会在湖南省长沙市湖南宾馆隆重举行。会议围绕炎黄精神、和谐文化、构建社会主义和谐社会、湖湘文化中的和谐思想、考古学与古史传说、炎帝、黄帝祭祀、炎黄文化与中国龙、炎黄文化与中国艺术、炎帝陵等问题展开广泛而深入的讨论。其中讨论炎黄精神与和谐文化方面的论文和发言最多。举行这么大规模的学术研讨会来探讨作为传统文化之源的炎黄精神与和谐文化的关系，这无论是对于我们中华炎黄文化研究会，还是对于黄帝陵基金会、炎帝陵基金会以及其他地方上的炎黄文化研究会来说，都是意义重大，这也是发挥传统文化的当代价值的一种举措。研讨会主要内容如下：

一、关于炎黄精神与和谐文化

鲁谆的《试谈炎黄精神》探讨了什么是炎黄精神，并通过炎黄事迹分析这一精神的实质内容包括利民精神、创造精神、崇德精神、贵和精神四个方面。邓德芳、邓玲玲的《炎帝神农氏时代对和谐文化的贡献及其现代意义》从生产形态、生活方式、文化现象、生存状态等方面解读了炎帝神农时代的和谐文化特征，并提出传承和谐文化的现代意义。有学者在炎帝文化中的和谐思想探析中认为：炎帝时代，在处理人与自然关系方面，包含着丰富的“谐天”思想；在天下治理方面，孕育着丰富的“人和”观念；在促进人自身发展方面，蕴涵着丰富的“融已”意识；在社会教育管理方面，包含有丰富的“化民”精神。

钱逊的《关于和谐思想的几个问题的认识》提出中华文化以和为贵，并不只是一种善良的愿望或理想的追求，它是一个有着深刻丰富内涵的思想体系，该体系包含三个层次的内容："和实生物，同则不继"的宇宙观；"和为贵"的价值追求；"和而不同"的处事原则和致和之道。朱汉民的《儒道思想与和谐文化》，中国传统思想文化的主体是儒道两家，他们的思想理念和核心价值就是和谐，可将其概括为三个层次：宇宙和谐、社会和谐、心灵和谐。

二、关于构建社会主义和谐社会及湖湘文化中的和谐思想

有学者认为，在建设社会主义和谐社会中，在处理人与自然的关系中，要"顺天道"；在处理社会人际关系中，要以"和为贵"；在处理文化伦理传统方面，要"有容乃大"；在道德行为规范方面，要"兴于诗、立于礼、成于乐"，使伦理规范与心理欲求融为一体，使和谐成为一种自觉。

王兴国《湖湘文化中的和谐思想》，探讨了湖湘文化的主要特点及其发展脉络。作者通过对从屈原、贾谊到宋明理学中湖湘学人的和谐政治理想的追求的论述，阐述了湖湘文化中所蕴含的丰富的和谐思想，并进而指出湖湘学人的和谐政治理想的追求，是有其哲学思想作为理论基础的。这个哲学基础，就是阴阳的对立统一与"合二而一"以及"和而解"。湖湘学人的和谐思想，对中国传统和谐思想作出了应有贡献。

也有学者论述了从黄帝到王船山，从王船山到民主主义革命，再到毛泽东思想、邓小平理论、"三个代表"重要思想以及科学发展观、构建和谐社会理论等，五千年来，包含和谐思想在内的湖湘文化与优秀的中华文化既相衔接，又一脉相承，谱写出了一曲曲雄伟壮丽的史诗。

三、关于炎帝、黄帝祭祀

有学者通过古代对炎帝的祭祀、近代以来对炎帝的祭祀，说明炎帝中华人文始祖的形象深入人心，炎帝祭祀是对开拓创新、为民谋利、自我牺牲、和谐统一的炎帝精神的弘扬，炎帝祭祀是文化寻根、文化自觉的需要，是凝聚民族、整合国家的需要，同时提出今天的炎帝祭祀，应逐步淡化其血缘色彩，强化其文化认同，将其凝聚民族的作用发扬光大，从而促进中华民族的伟大复兴。

黄爱平的《清代的炎帝祭祀及其文化内涵》指出有清一代的炎帝祭祀，主要有帝王庙祭、传心殿祭、先农坛祭、先医庙祭、炎帝陵祭几种形式。认为，从深层次来看，中国古代逐渐形成并发展起来的对炎帝的尊崇以及与之相关的祭祀活动，世代相传，生生不息，实际上已经成为促进民族融合，提升民族共识，振奋民族精神，加强民族凝聚力的重要纽带。

刘宝才的《黄帝祭祀与中华民族》指出黄帝祭祀是中华民族特有的政治文化现象，从中国文明起源至今，每个时代都有祭祀黄帝的活动。在祭祀者的心目中，黄帝是祖先，又曾是天帝和帝王。这三种观念在历史上出现有先后，有时相离有时相兼。总的来说，黄帝祭祀是中华民族特有的强大生命力形成和得以发展的重要文化因素。作者从黄帝祭祀与华夏族的形成，黄帝祭祀与汉族的形成，黄帝祭祀与中华各族一体发展，黄帝祭祀与中华民族的伟大复兴等方面，论述了黄帝祭祀是中华民族特有的政治文化现象。

胡正球的《尊天敬祖是中华民族的基础性共同信仰》指出中国是一个多民族、多宗教的国家，尊天敬祖是中华民族基础性共同信仰。无神论者、有神论者，信教公民、不信教公民，信"土教"者、信"洋教"者，只要是中国人，都应在"尊天祭祖"的共同信仰的基础上，传承和弘扬"天人合一，以人为本，刚健自强，以和为贵"的伟大民族精神，求同存异，团结奋斗，共同实现中华民族的伟大复兴。

有的学者指出黄帝祭祀不是什么宗教活动,它本质上是一种文化活动,体现了源远流长的中华文化人文精神。他从祭祀礼仪的文化意蕴、黄帝与中华人文精神中的兼容性、中道性、伦理性、德业性,以及黄帝祭祀的当代意义等方面,论述了黄帝祭祀有传承和体现传统的中华人文精神的社会作用。

四、关于炎黄文化与中国龙、中国艺术

王宇信的《炎帝、皇帝与中国龙》认为,龙之所以受到炎黄子孙的尊重,是因为与华夏文明的形成进程有着密切的关系,传说中的"五帝"时期的黄帝、颛顼、帝喾、帝尧、帝禹等,无一不与龙有着这样那样的纠葛,这条影响着华夏文明进程的龙,在近年的考古发掘中也时有发现。一个综合的龙形象的最后完善,它是炎黄、东夷、苗蛮部落集团大融合的产物和大融合的象征,因而,中国龙的"龙德"与炎黄文化的和谐精神是吻合的。

有学者从艺术的角度指出,在历史上炎黄精神是一种和谐精神,在和平建设时期,和谐精神应该是文化艺术建设的主导精神,这与贯彻百花齐放、百家争鸣的方针是一致的,在和谐精神涵养下,艺术创作的环境将更加宽松,一个和谐的局面才能成就真正的文化艺术的繁荣。在艺术创作内容上,很重要的一个方面是在作品中表现正确处理人民内部矛盾、解决不和谐的问题,使之达到和谐的目的。提倡和谐精神并不是否定艺术作品中写矛盾斗争。没有矛盾就没有戏。关键在于写矛盾斗争的出发点和落脚点是什么。即使是和谐艺术,内容和形式也会与时俱进,不断丰富。

王金平的《炎黄文化与中国艺术》界定了炎黄文化的概念:狭义的炎黄文化指炎黄二帝在上古时期和他们的部族共同创造的物质文化和精神文化,广义的炎黄文化泛指、代指中华文化。该文论述了炎黄文化与中国艺术的起源、炎黄文化对中国艺术和谐与自然审美观念的形成、中国艺术的功能作用与中华炎黄优秀传统文化传承。与会专家还就考古学与古史传说、黄帝陵等问题进行了讨论。

(《黄河文化》2007.4,木子摘编)

公共理性与社会和谐:跨文化视野中的中国政治哲学之未来国际学术会议

2007年10月26-28日,由清华大学哲学系主办、广东省哲学社会科学联合会协办的"公共理性与和谐社会——跨文化视野中的政治哲学之未来"学术会议在清华大学举行。来自美国、日本、意大利、印度、以色列、巴勒斯坦,中国台湾和香港地区、内地十多所著名高校和研究机构的近40位学者参加了会议。哈佛大学哲学教授迈克·沃尔泽(Michael Walzer)就民主政治的制度设置问题做了题为《民主讨论的设计》的主题发言。他认为,在一个民主社会中,必须要构建一个民主的辩谈机制,以充分表达人民的意愿。沃尔泽认为民主的辩谈是现实的,人们站在自己的社会地位之上、根据自身的社会状态表达自己的意愿和观念。民主并不要求做出为所有人都赞同支持的决定。我们所需要的不是有着预设结果的辩谈,而是一种包容性的民主程序、媒体自由和一个真实的文明社会。学者们还就政治与哲学的关系、公共理性与社会正义、多元文化背景中的政治哲学、国际正义与全球化等问题进行了热烈而深入的讨论。

对于政治与哲学的关系,清华大学哲学系万俊人教授认为,二者关系的实质意义在于:如何构建、证成和理解国家或政治社会之公共权力及其运用方式的正当合法基础、基本政治原则，以及它们背后的价值意义，并对之提供充分合理的哲学论证。他认为西方的现代性浪潮所造成的政治与哲学的脱离其本质是政治与道德的分离。重建现代政治哲学的根本出路，就是如何弥合现代政治与道德伦理之间日益扩大的裂缝。

对于公共理性与社会正义，普林斯顿大学的马西多(Macedo)教授认为公共理性是一种可以被广泛诉求的观念，任何秩序良好的社会都需要公共理性的支撑。吉林大学姚大志教授认为，现在社会构建的目的已经从单纯的经济发展转向社会和谐，实现社会正义成为建设和谐社会的必要条件。社会正义最根本的在于要得到制度和社会系统的保障。罗马大学的卡特(Ian Carter)教授就力图找寻平等的基础和内涵。他在比较了各种平等以及均等分配理论之后，得出结论认为平等的唯一可行基础就是道德人格，它由一系列的个人美德和特性所组成。以此为基础所建立的正义原则就是隐性尊重，即要给每个人以发挥自己能力、追求自身价值的自由。另一部分与会学者则结合中国的传统文化，从中发掘社会正义的内容和意义。清华大学贝淡宁(Daniel A. Bell)教授通过对古代儒家代表人物荀子著作的研读指出，儒家社会秩序(这种秩序存在于传统儒家影响的社会之中)虽然蕴含着不平等的社会等级，但是却在一定程度上能够促进经济平等的实现。而香港大学的陈祖为教授通过对于先秦儒家文本的解读，发现在儒家思想中分配正义和社会正义思想比较缺乏。

对于多元文化背景中的政治哲学，希伯来大学的巴沙尔和阿维纳认为，具有不同文化传统、民族属性和价值背景的学生对于文本的解读有着各自的偏好和显著的差异。文本看似可以客观而独立地存在，但一旦出现在具体的情景中，就会被赋予不同的意义。印度新德里大学的尼拉(Neera Chandhoke)提出，甘地的非暴力消极抵抗和不合作主义理论可以帮助我们在多元文化和价值的社会中与他人进行对话，从而达成相互理解和共识。美国卫斯理大学(Wesleyan University)的安靖如(Stephen C. Angle)教授则认为儒家所需要的是参与性、共享性的政治。台湾大学江宜桦教授认为在儒家思想中，政治与道德伦理密不可分。德政是儒家政治哲学的基本价值，只有当德政在日常生活中得以实现时，才能称为仁政。

对于国际正义与全球化，哥伦比亚大学的托马斯·博格(Thomas Pogge)教授认为，与全球经济的飞速发展并存的是日益加剧的贫富差距，以及严重的贫困现象。我们必须要设计出更为公平的经济制度和原则，使之对于贫困人口产生更多的效用。清华大学的卢风教授认为在现代世界制度框架中，国家之间所追寻的都是诸如经济、军事力量等现实的利益，相互间进行着类似于丛林原则的博弈。而一个正义的世界应该超越这种状态。来自日本东京大学的井上达夫(Tatsuo Inoue)教授认为，全球化的价值只能在公平的环境中，通过跨文化对话的方式形成，在这过程中不应该存在任何支配性的力量。

本次会议上，中外学者还就政治制度、政治共同体主义、市场经济制度、人类权利等与社会和谐相关的问题进行了交流和研讨。

（《哲学动态》2008.1，木子摘编）

儒学与21世纪中国文化建设学术研讨会

2007年11月30-12月1日，由北京语言大学中华文化研究所主办，国学网协办的“儒学

与21世纪中国文化建设”学术会议在北京召开，来自全国各主要高校和科研机构的专家学者共60余人参加了会议。著名学者北京大学汤一介教授因故不能与会，特意给大会发来了贺信。著名学者北京师范大学周桂钿教授，中国人民大学葛荣晋教授，山东大学曾繁仁教授，北京语言大学许树安教授，北京语言大学副校长韩经太教授、中共中央编译局副秘书长杨金海研究员等，在大会开幕式上发表了重要演讲。

与会学者就孔子及儒学的核心价值、儒学与中国当代文化建设等问题展开了热烈的讨论。与会学者认为，孔子及儒学体现了中国文化的核心价值，如何在21世纪建立包含孔子及儒学的中国新文化体系，对于中国走向未来有着重要意义，孔子及儒学思想其基本观点符合人类的普世价值，在21世纪中国新文化建设与和谐社会建设过程中，孔子及儒学文化是宝贵的文化资源，需要认真研究，充分吸收利用。

寒山子暨和合文化国际学术研讨会

2008年5月11－13日，由中国社会科学院世界宗教研究所、浙江省社会科学界联合会、中共台州市委宣传部、中共天台县委县政府联合主办的“寒山子暨和合文化国际学术研讨会”在浙江天台举行。来自北京、浙江、江苏、上海、山西、河北、陕西、台湾、香港等地区及美国、日本、韩国等国家的专家学者百余人与会。与会代表围绕寒山子及和合文化的主题展开深入的讨论，对于进一步发掘寒山文化内涵，弘扬中华优秀传统文化，推进和谐社会建设具有积极意义。研讨内容涉及寒山子及其诗研究、和合文化与和谐社会研究。中国社会科学院荣誉学部委员、世界宗教所研究员杨曾文，北京大学宗教学系教授楼宇烈、美国汉学家赤松、香港浸会大学文学院院长钟玲、中国人民大学哲学院教授张立文分别就佛教关于和谐的思想、“和合文化”的价值以及寒山诗的世界影响作了专题发言。

有学者认为，唐代诗人寒山子隐居天台山达数十年，与国清寺丰干、拾得结下深厚情谊，形成了丰富多彩的文化现象，在国内外产生了深远的影响。民间视寒山、拾得为婚喜之神，佛教奉寒山、拾得和丰干为“三圣”，道教以寒山、拾得为下八洞神仙，至清代雍正皇帝正式敕封寒山、拾得为“和合二圣”。随着寒山诗歌与寒拾传说的广泛传播，“和合文化”在中国台湾和日本、东南亚都有深远影响，很多学者从事寒山子研究，民间的寒山热甚至成为影响欧美一代人的思想运动。

会议认为，和合仙圣信仰及其中所蕴藏的精神内涵，体现了包括民俗信仰在内的中国传统思想文化的重要特质，在历史上和现实生活中产生了深远的影响。学术界应在继续开拓原有优势研究领域和微观研究范畴的同时，使研究向多学科共同参与、交叉互渗、系统整合的宏观维度延展，并探索开展某些跨地区、跨部门合作的新思路、新途径，不断将传统文化资源创造性地转化为国家和地方的“软实力”，以及部分地转化为某些现实生产力，为构建富足和谐的小康社会乃至和谐世界做出贡献。

（《世界宗教文化》2008.2，木子摘编）

和谐文化与船山学研讨会

2008年9月28日，2008年“船山学社理事会暨和谐文化与船山学研讨会”在衡阳师范学院隆重召开。湖南省社科联副主席刘宏、省船山学社社长王兴国、著名专家唐凯麟、学院院长刘沛林、省船山学研究基地负责人周玉明、《船山学刊》主编张以文以及省内外各单位的专家学者50余人参加了会议。与会代表分别就船山哲学、船山和谐文化等议题进行了深入、热烈的讨论。

对船山和谐文化研究的讨论成为本次会议的一个亮点。有学者提出船山和谐共生的民族和解思想，认为船山已经超越了传统重在民族区隔的夷夏大防观，提出了“从文明发展角度认识夷夏问题”、“夷夏应和谐共生”、“夷狄非禽兽”等观点。有的学者对船山官德思想进行研究，认为“大公至正”、“仁爱诚信”、“躬行于止”是船山官德思想的三大方面，这对于和谐政治，建构社会主义和谐社会有深刻的现实影响。还有的学者认为船山的“公天下”、“身任天下”以及“人欲之各得，即天理之大同”、“严吏宽民”的思想对当今中国社会和谐发展具有现实指导意义。有的学者从船山人文与经济研究得出结论，认为船山除去一般理学家的言性言理，亦关心国计民生，将哲学观点贯彻到了经济学领域，将经济发展纳入到整个社会和谐发展的大局。

会上，有学者提出了和谐诗学的观点，并为当下的社会和文艺理论建设提出了可行的方法论。还有学者论及王船山的诗学太和观，将船山哲学观与诗学的关系作出新解，认为船山诗学体系有着深厚严密的哲学理论基础，船山诗学的“太和”观是一种与时俱进的，并能为我国文艺和文化的未来发展提供理论参照。

本次会议将船山学研究与和谐文化研究结合起来，重在挖掘传统文化中的和谐思想观念，将为船山学研究开辟出新的视角与思路。

中华文化与和谐社会建设国际学术研讨会

2008年11月22－25日，由中华炎黄文化研究会、广东炎黄文化研究会和暨南大学联合主办的“中华文化与和谐社会建设”国际学术研讨会在广州暨南大学举行。来自新加坡、马来西亚、美国、中国大陆以及香港、澳门、台湾地区的150多位专家学者参加了会议。会议的主题是“中华文化与和谐社会建设”。与会代表围绕这一主题从历史学、哲学、社会学、政治学、文化学、美学、法学等不同学科，多角度、多视野、多层次进行诠释和探讨，通过对和谐社会的历史渊源及思想内涵、和谐思想与和谐社会建设、和谐理念与科学发展、和谐社会与中华民族复兴、和谐理念与区域文化、中华文化与文化多样性等问题的切磋、交流和探讨，加深对当前建设社会主义和谐社会必要性、迫切性、重要性的认识，推进社会主义和谐文化与和谐社会建设。通过研讨，与会专家对于和谐理念、和而不同、儒家文化的和谐思想、和谐文化与社会建设、和谐文化的现代转化以及中国和谐文化的重要性等问题都有了更加深入的认识。

大家认为，中华文化中的和谐思想，内容丰富，源远流长，需要进行科学的诠释和解读，继承发扬其中的精华，使之与时代发展相适应，为当今建设社会主义和谐社会服务。社会和谐和建设和谐文化是中国特色社会主义的基本要求，它既是社会主义核心价值观的内容之一，又是现实的目标追求。“文明”、“和谐”是中国优秀传统文化的基本理念，也是中国特色社会主义的本质属性；它从一个侧面表明了中华文化源与流的关系。许多学者在谈到和谐思想时，都与“和而不同”理念联系起来，认为“和而不同”是指处理矛盾时，以求同存异为本，带有“融合、共生、共存、双赢”的指向。“和而不同”是和谐的真谛。“和而不同”就是要承认“不同”，在“不同”的基础上形成“和”，从而在本质上达到相近或相似。

以儒家思想为核心的中华传统文化，蕴含

着丰富的“和谐”思想，是这次研讨会许多论文涉及的重要内容。与会代表们认为，中国的儒家学说、道家学说和禅宗学说，成为中国文化代表性的儒道禅三家理论形态。中华文化的核心是儒家学说，和谐社会的文化建设，要大力弘扬中华文化，其中特别要弘扬儒家文化。“天人合一”是指人与自然的和谐关系。多位学者对儒家的“天人合一”思想进行了诠释。天人合一就是天道与人道、自然与人为相通与统一。儒家主张人与自然应和谐相处，对自然资源要取之有节，用之有度，以保证生态资源的可持续利用。在生态环境日益恶化的今天，儒家天人关系的思想具有重要的现代价值。这对于我们今天处理人与自然的关系给予很好的启迪，为构建以生态平衡为中心的现代生态伦理观、生态哲学，提供丰富的思想资源。建设和谐世界，儒家文化可以发挥积极的作用。

与会代表还指出，和平、和谐是中华民族长期融合过程中形成的民族性格，是持续不断的一种历史传统，是中华民族从古至今生存与发展中具有维系、协调和维护作用的一种活动的力量。在构建社会主义和谐社会的过程中，如何创造性地转化传统核心价值，是一个十分重要的课题。中国文化是一种和谐文化，而和谐是拯救人类唯一的文化药方，强调中国文化对于整个人类的巨大贡献。

首届和文化高端论坛

2008 年 11 月 29 日，青岛保税区与和文化国际传播中心主办的“首届和文化高端论坛”在山东青岛召开，来自国内 14 个省市高等院校、中国孔子基金会、国际儒学联合会、社科院所及美国、韩国的 30 余位专家学者应邀参加会议。山东省社会科学院涂可国研究员、上海中医药大学何裕民教授、浙江社会科学院吴光研究员、中央民族大学牟钟鉴教授、中国国画院岳石教授等作了主题演讲。与会专家围绕和文化的当代价值和特征、和文化在历史世界与现实世界中的地位和作用、儒释道以及地方学术流派和文化思想研究、和学学科建设构想等议题展开深入的讨论，结合“和文化”在促进青岛前湾保税港区开发建设过程中将发挥的作用进行了广泛而深入的讨论。

学者们认为，“和”是中国文化的基本精神，是中国文化的核心，也是中华民族追求的理想。中国文化不仅是历史的、传统的，更是现实的，是传统与现实的结合。我们讲“和文化”，要讲究“和而不同”，不能只做“知和而和”。“和”，是中国思想文化中被普遍接受和认同的人文精神，关于和文化在历史世界和现实世界中的地位和作用，许多学者都发表了独到的见解。还有很多学者注重中华文化中儒道佛家及地方学术流派“和”思想的研究，注重传统的“和”理念与当代文明的对接，注重“和文化”的与时俱进。学者们分别对道家儒家佛家思想中的“和”理念进行研讨，认为中国的“和文化”是包括所有中国文化类型在内的综合型文化，中国文化的核心。本次论坛还有美国、韩国等国外学者参加，他们以独特的视角、以中西融合的思维，研讨中国传统文化中的“和”思想及其在国外的影响，比中国学者感悟更深。

经过深入的研讨交流，与会学者对和文化有了更深刻的认识，对和文化研究与传播有了更新的思考与构想，大家都一致认为，和文化的研究会对和谐文化、和谐社会与和谐世界的构建作出积极的贡献。

文学话语转型与和谐文化建设暨第四届海峡两岸华文文学学术研讨会

2009年3月28－30日，由武汉大学文学院、台湾中国现代文学学会与黄冈师范学院文学院联合主办的“文学话语转型与和谐文化建设”暨第四届海峡两岸华文文学研讨会在武汉大学召开。金荣华教授、王先霈教授、张荣翼教授、程光炜教授、阎嘉教授等分别做了精彩的主题演讲。

与会专家围绕和谐文化语境中华文文学的意识形态表达、和谐文化与中国文论研究、文学话语与族群意识、汉语批评的全球化背景与本土化立场、华文文学与身份认同、华文文学的批评实践与理论建构、华文文学史的叙述模式与书写思路等议题进行了深入的研讨。

会议认为，文化和社会转型是当前中国的普遍态势，其中既有随着经济、技术等因素变化而来的普世化，也有涉及本土问题的自主选择。如何把正在进行的和谐文化建设的主题与树立全球化视野的目标结合起来，是当前乃至今后一段时期文学研究的重要问题。从20世纪中国的发展与全球化的世界格局着眼，在充分考虑文化和社会转型的语境下，在汲取现有文学研究成果的条件下，以汉语批评作为理论视角，可以挖掘出和谐文化深层次的价值源泉。从文化的历史传承来看，和谐文化的建设需要立足于汉语的本土化立场；从民族文化的多样性来看，文学话语的族群与文化身份问题有待引起重视；从全球视野来看，和谐文化应该具有立足本土、放眼世界的胸怀，引入异域精神资源为我所用。

全国和谐文化与民俗文化研讨会暨河北省和谐文化研究会成立大会

2009年4月25－26日，全国和谐文化与民俗传统研讨会暨河北省和谐文化研究会成立大会在河北省邢台市临西县万庄召开。来自全国各地的民俗专家、学者就我国和谐文化及民俗传统现状、融合进行了研讨。

会议的主要议题有和谐文化在中华文化中的地位和作用、弘扬和谐文化与社会主义精神文明建设、和谐文化与社会主义核心价值体系、弘扬和谐文化与实践科学发展观、和谐文化与中华民族精神、和谐文化——非物质文化遗产保护的核心理念、传统节日风俗中的和谐文化、民间文艺中的和谐文化内涵、农村矛盾处理与和谐社会建设、地方民间和谐文化资源的挖掘利用、关于河北省万庄和谐文化与民俗旅游、农村新民俗发展与新农村文化建设，等等。与会学者从“万庄现象”入手，探讨和谐文化与民俗传统在新形势下的发展趋向，并以此为主题对和谐文化的真谛进行了深入研讨，对“华夏和谐文化第一村”万庄和谐千年的传统进行了细致的剖析。与会专家对作为和文化教育基地的“万和宫”的发展前景进行了深入透彻的分析。

中国民俗学会理事长、著名学者刘魁立先生发表了学术演讲，指出万庄是非常典型的文化传统传承的宝地，这个宝地对于从事民俗学的工作者来说，是一个非常好的工作机会，今后也许在这个基地上会出现比较好的研究成果，为和谐社会建设贡献自己的力量。温州大学文学院教授黄涛认为：万和宫是一座和谐文化宫，一个民间组织投入巨资建设这样一个宏伟的宣传和文化教育基地，这一现象本身是与万庄历史流传下来的古老传统分不开的。万庄现象的精髓是“以和为贵，在和谐中求得平和，它的终极目标是社会和谐、世界大同。燕山大学旅游系教授王明霞认为，讲究和，要尊重人的主观能动性，人的主观能动性的发挥则要尊重自然规律、社会规律及人的生理规律，发现和利用规律，善待自然与社会，善待人类，那么我们将受益无穷。万和宫文化教育基地就是善待自然与社会的一个成功示范，它的成功在于利用了当地的自然资源，利用了社会与政府的支持。要持续性地开展“和文化”事业，必须尊重这样的规律，依靠多方的支持。与会学者一致认为，此次研讨会，必将大大推动“万和宫”和文化教育基地的建设和发展，加强当地“和”文化的沉淀，并进一步带动全国“和”文化的研究与传播。

会议还宣布成立了河北省和谐文化研究会。河北省和谐文化研究会是我国第一个从事“和”文化研究的民间团体，它以中国首座和谐文化宫“万和宫”为“和”文化教育基地。据新当选的研究会首届会长、河北省青华苑高校服务有限公司总经理王殿明介绍，河北省和谐文化研究会致力于和谐文化的研究与传承，将组建 8 个研究室，聘请有关专家对和谐文化进行分门别类的专题研究，并将按区域划分组织会员开展调研活动。研究会还将建立“河北和谐网”，编写并拍摄电视剧《古今二十四孝》等，大力弘扬和谐文化。同时，为期半个月的首届“万庄和文化节”拉开了序幕。在此次研讨会中，中国民俗学会将“和谐文化之乡”万庄定为调研基地，并进行了授牌仪式。

此次会议一身多职，不同于以往的各级各类纯学术型会议，而是将学术研讨、文化节日、文化基地建设、民俗旅游开发等融合为一体，成为学术研究走出书斋、服务社会的一次成功范例。

和谐文化与文化创新
暨上海科学社会主义学会
成立三十周年理论研讨会

2009 年度科社学会年会于 7 月 3 日在闵行党校召开。来自上海党校系统、复旦大学、华东师范大学、上海师范大学、南京政治学院上海分院、华东理工大学、上海电机学院等多所高校的专家、教授等理论与实践工作者 50 余人参加了此次会议。围绕着“时代的选择——和谐文化与文化创新”这一会议主题，与会专家就“和谐文化内涵”、和谐文化特色及时代要求、全球化视野中的文化创新与当代意义、当下和谐文化建设与文化创新、建设和谐文化的载体与路径等重大议题展开了广泛而深入的探讨。主要内容如下：

一、和谐文化内涵的科学界定

（一）和谐文化的内涵。黄福寿、王庆忠在综合考察了各家的观点后认为，和谐文化既指和谐社会的表达，又指社会不同文化要素之间的和谐，或者是某一文化体系自身的内容及各种形式、各个环节之间的有机统一和积极互动，也指一定文化体系与它的经济基础、政治导向之间的有机统一和积极互动。社会主义和谐文化，应是坚持“以人为本”，以先进文化为指导，立足现实，面向时代，放眼世界，与中华民族和谐传统相一致，与和谐社会互动的一种文化体系。吴解生从两个方面谈了对和谐文化的理解，一是和谐文化建设是中国特色社会主义事业的重要组成部分，“和谐文化”反映了中国特色社会主义的本质特征，又服务于中国特色社会主义经济、政治、社会建设。二是和谐文化是新一轮改革开放时期文化创新的重要领域，和谐文化是改革开放的重要成果，构建和谐文化是实现文化现代化转型的重大战略决策，和谐文化为文化创新开辟了新领域。赵建平从中国特色社会主义理论体系发展史的角度考察，认为“和谐文化”是科学发展观关于中国特色社会主义思想文化特征及其发展规律的重要概念。和谐文化与社会主义精神文明、社会主义先进文化一脉相承，又在推进科学发展、构建和谐社会的战略实践基础上实现了与时俱进。和谐社会是推进和谐发展、构建和谐社会阶段上的社会主义精神文明的发展形态，是这个阶段上的社会主义先进文化的实现形式。郑云天从“和合”入手探讨了“贵和”思想的聚合力，他认为，贵和思想弘扬中华文明与吸收世界先进文明的文化整合；是科学发展方式与和平发展道路的有机聚合；是构建和谐社会与共建和谐世界的内外结合。

（二）和谐文化的特色及时代要求。陈永嘉认为，首先，社会实践是社会主义和谐文化的基础；其次，社会主义和谐文化是主导文化与多元文化、主旋律与多样化相融合的中国化和谐文化；第三，社会主义和谐文化是继承与创造相融合的一定时代特点的民族化的和谐文化；第四，社会主义和谐文化是以中为主，中西融合的现代化和谐文化；第五，社会主义和谐文化是以科学发展观为指导，解放思想和实事求是相融合的和谐文化；第六，社会主义和谐文化是民主法治相融合的民主化和谐文化。黄福寿、王庆忠认为建设和谐文化是时代的要求，第一，建设和谐文化是全面贯彻落实科学发展观、促进经济社会协调发展的迫切需要；第二，它是加强社会主义思想道德建设，增强中华民族凝聚力、向心力、亲和力的迫切需要；第三，它是建设社会主义核心价值体系、实现中华民族伟大复兴的迫切需要；第四，它是促进人的身心和谐以及人际关系和谐的需要。

二、在全球视野中阐述文化创新的当代意义

袁秉达从当下文化创新的世界新潮——文化创意产业的角度阐释了文化创新的新路径。在阐述了欧美发达国家领衔先行、亚太周边国家急起直追、中国两岸三地蓄势待发三个方面的情况后，提出了中国文化创意产业发展的价值取向和战略举措，即提升发展战略、转变发展方式、制定方针政策、促进教育改革以及推进中国创造。王公龙对全球化对中国和谐文化建设与文化创新的双重影响进行了探讨，在有利的条件方面，他认为，一、有利于从国际范围内获取优秀产品和资源；二、有利于学习和借鉴国外促进社会和谐的成功经验；三、有利于提升和谐文化的品质；四、有利于扩大和谐文化的国际影响力，推动文化理念的输出。在不利的方面，该学者着重从意识形态层面、民族文化认同层面以及道德规范层面提出了在全球化背景下中国和谐文化建设面临的压力与挑战。袁新华就我国文化软实力项目及实施效果评估方面放眼全球，介绍了我国对外文化交流项目的情况，又对实施效果作出评估，从非洲、中东、东南亚以及欧美地区中国软实力的升降情况进行了数据分析，对创新文化的对外交流提出了一些措施和设想。

三、当下和谐文化建设与文化创新亟需关注的问题

多位专家学者就这一问题发表了自己的见解。滕振军把和谐文化建设放在文化全球化背景下考察，他认为和谐文化建设在全球化背景下面临着多元文化思潮、“文化趋同论”、市场化等各种矛盾。张凤奎认为社会主义和谐文化建设中亟待解决的三个关键问题是，第一，找出薄弱环节是建设社会主义和谐文化之前提。他从物质文明层面、行为文化层面、制度文化层面以及精神文化层面提出了和谐文化建设中存在的薄弱环节。第二，避免误区是建设社会主义和谐文化之关键。他从避免以下四个误区探讨了这个问题，即庸俗的和谐文化、片面的和谐文化、狭隘的和谐文化、虚假的和谐文化。第三，制定措施是建设社会主义和谐文化之保证。就是要调动民心、培育民智、强化民责以及凝聚民力。黄一洪、蒋瑛从民族文化认同危机的角度考察，认为在西方强势文化的压迫下，弱势民族文化面临前所未有的困境，主要表现在以下两个方面：第一，面对西方文化扩张，怎样构筑文化上的马其诺防线？第二，捍卫正统，任原教旨主义、排他主义蔓延？周尚文、陆迪民从增强忧患意识的角度谈到了中华民族优秀文化的传承和创新方面需要注意的三个问题，第一，防患于未然，尽量减少各种灾害造成的损失；第二，清醒、理智的应对国内外危机造成的困难和挑战；第三，加强执政党的执政能力建设。

四、文化创新与建设和谐文化的载体与路径

(一)建设和谐文化与文化创新有路径依赖，需要有一定的载体与实施的具体途径，诸位专家和学者给出了自己的见解。

化的多样化载体。卢肖文将构建和谐文化的载体具体化到城市社区和谐文化建设的层面上，从三个方面阐述了城市社区和谐文化建设的内容和任务，即进一步领悟城市社区和谐文化建设的作用和意义；深入研究城市社区和谐文化建设面临的问题和挑战；不断创新城市社区和谐文化建设的工作思路和实现途径，将和谐文化建设植入城市社区文化建设这一基本的领域当中。文化创新和繁荣发展，具有多样化品质和特点。周全绍以企业文化为载体探讨了“培育和谐文化、构建和谐企业”的问题。赵刚印以党内文化这一载体阐述了在科学发展观指导下党内文化的整合与重塑。也有学者如王耀东、吕晓伟等从政治文化领域，提出了和谐文化与文化创新的现实问题。

(二)建设和谐文化的有效路径和战略选择。

有的学者在全球化背景下，对建设和谐文化的路径进行了探讨。王公龙在全球化的背景下对中国和谐文化建设的路径选择进行了探讨。滕振军认为文化全球化时代和谐文化建设的战略选择为，第一，处理好多元文化与社会主义核心价值体系之间的关系，把握社会主义和谐文化建设的方向性；第二，处理好传统文化与现代文化之间的关系，体现社会主义和谐文化建设的时代性；第三，处理好民族文化与世界文化之间的关系，突出社会主义和谐文化建设的民族性。第四，处理好物质生产与精神生产之间的关系，增强社会主义和谐文化建设的基础性。有的学者立足本国实际，给出建设和谐文化的路径与方法。刘爱国认为，建设和谐文化要从以下方面入手，首先，建设和谐文化要在全社会更加牢固的树立中国特色社会主义的共同理想；第二，建设社会主义和谐文化要大力加强道德建设，营造团结互助、和睦相处的社会风尚；第三，建设和谐文化要大力发展文化事业和文化产业，用和谐之美陶冶人们的精神；第四，建设和谐文化要倡导和谐的价值取向。

在此次研讨会上，诸多专家和学者就和谐文化与文化创新展开了多层次、宽领域的探讨，取得了积极的成果，对我国当前和谐文化的建设与文化创新的发展都有着积极的意义。

(《党政论坛》2009.8，木子摘编)

和谐平安是福：
河北省和谐文化研究会
民族团结与社会稳定座谈会

2009年7月15日，上午9时，河北省和谐文化研究会民族团结与社会稳定座谈会在河北省和谐文化研究会会议室隆重召开，座谈会由河北省和谐文化研究会会长王殿明主持，参加座谈会的有河北省文化厅原厅长李九元，河北省社科院原院长省委宣传部原副部长周振国，河北省民宗厅副厅长张兴堂，河北师大教授刘绍本，河北省民俗文化协会会长袁学骏，河北省书法协会副主席陈茂才等，与会的领导、专家及学者就新疆“7·5”事件发生后，如何弘扬和谐文化，巩固民族团结，维护社会稳定等问题发表了自己的看法，座谈会气氛热烈，效果明显。

作为和谐文化的专门研究机构，研究会对社会上发生的重大不和谐事件，及时予以高度重视，并以崇高的社会责任感，对这些事件进行审视，阐明立场，表明态度，提出见解，做好工作，履行和谐文化研究的使命和义务。

与会者一致肯定：民族团结是福，社会稳定是福，和谐平安是福。中华民族谋求复兴的曲折历史告诉我们，社会安定，民族和睦，宗教圆融，国家才能发展，人民生活才能改善。否则，就会导致社会发展倒退，幸福指数降低。我们就要做和的使者，就要加大和谐文化的宣传力度，在重大是非问题上发挥更积极的作用。

和谐世界，共同繁荣：第十六届世界人类学民族学大会

2009 年 7 月 27－31 日，以“人类、发展与文化多样性”为主题的国际人类学与民族学联合会（IUAES）第十六届世界大会于在中国昆明召开。来自 100 多个国家和地区的 4000 多位专家学者参加了此次会议。大会最终通过了《昆明宣言》，并举行了换届选举。

中国国务院副总理回良玉、国家民委主任杨晶、国际人类学与民族学联合会主席路易斯·艾伯特·瓦格斯、云南省省长秦光荣等参加开幕式并热情致辞。在会上，国际人类学与民族学联合会宣布通过中国起草的《昆明宣言》。宣言倡导和谐世界、共同繁荣与文化多样性，呼吁国际社会必须尊重发展中国家、少数民族、弱势群体及社区参与经济发展的平等权利，同时必须尊重其文化资源、社会尊严及话语权利；不同文化群体的相互尊重与公平博弈乃是生态平衡、社会和谐和共同繁荣的保障。这是近百年来中国人类学民族学界首次向世界发出自己的声音。

全球和谐与法治：第 24 届世界法哲学与社会哲学大会

2009 年 9 月 15－20 日，由国际法哲学与社会哲学协会共同主办的第 24 届世界法哲学与社会哲学大会在北京举行。来自全球 55 个国家的近 900 名学者参加了这次会议。大会主题为“全球和谐与法治”。

世界法哲学大会一直被称为世界法学领域中思想家的盛会，世界顶尖级法学家拉兹、阿列克西等著名学者在大会上作了精彩的演讲。拉兹做了题为“世界秩序中的个体权利”的主题演讲，强调人权在世界秩序中的决定性作用，同时也指出了人权实践中存在的一些困境和危险。阿列克西的演讲题目是“法律的双重本质”，探讨了法律的现实性维度和理想性维度，给人展示了另一种思考法律的视角。哈佛大学燕京学社社长、当代新儒家代表人物杜维明教授从儒学的视角探讨了文化多样性以及文化之间的对话问题。与会学者们围绕全球法治、全球和谐等问题展开了热烈而深入的讨论。

第二届中华孝文化与和谐文化建设论坛

2009年9月19－20日，由中华孝文化协会、中华慈孝活动组委会、中共山东省委宣传部、山东省关心下一代工作委员会等部门共同主办、山东省孝老爱亲文化研究中心承办的第二届中华孝文化与和谐社会建设论坛在济南子房洞文化旅游生态园举行。

中华孝文化协会副会长兼秘书长郑榕、中国社科院中华慈孝活动组委会主任王海滨、山东省社会科学界联合会副主席、党组书记、山东省民俗学会会长刘德龙、山东省关心下一代工作委员会副主任兼秘书长王彦善，山东省文明办、山东电视台、省高校工委、等有关部门领导出席了论坛。

此次活动的主题为“弘扬慈孝文化，温润和谐社会”。与会专家学者认为，中华民族历来奉行“百善孝为先”，中国是个以“孝”为文化核心的社会。孝，是我国几千年来的传统美德，孝文化是中华文化的瑰宝，它是中华民族凝聚力的一块基石，炎黄子孙心灵上的一条纽带，永远是一颗闪耀着人伦之光的璀璨明珠。与会专家学者指出，在全国上下大力提倡社会主义精神文明建设的今天，举办这次论坛非常及时，非常有必要，这对于弘扬中华民族传统美德，促进全民道德建设、建设和谐社会有着重要的现实意义。社会在进步、时代在发展，弘扬孝道对于促进家庭团结和睦，社会安定、发扬爱国主义、增强民族凝聚力等方面有着永恒的价值。论坛发出呼吁：海内外炎黄子孙从我做起，从现在做起，修身尽责、孝亲养老、尊老敬老、爱家爱国。

观音信仰与和谐文化：普陀山文化论坛暨“东亚的观音信仰”国际学术研讨会

2009年11月14－17日由普陀山文化研究会、浙江工商大学日本文化研究所、早稻田大学日本宗教文化研究所共同举办的普陀山文化论坛暨“东亚的观音信仰”国际学术研讨会在普陀山举行。文化论坛的主题是“观音信仰与和谐文化”，旨在探讨观音信仰的本质，进一步挖掘和深化观音文化在当今世界中的现实意义，诠释观音信仰在海外文明进化过程中发挥的作用与影响。来自复旦大学、浙江大学、及日本早稻田大学的众多教授学者聚集论坛，发表演讲，表达各自在观音文化领域的最新研究成果。与会专家围绕观音信仰在海外的传播与演变、观音信仰与庶民生活、海外民众眼中的观音像、观音像的多样性与变异性、观音信仰与其他宗教信仰的关系等重要议题展开了广泛而深入的讨论。

与会代表们认为，观音和观音信仰是中国佛教信仰的主要内容之一，具有极其丰富的内容。尤其是与中华传统文化相结合后，其内涵和外延都有了新的发展，对历代中国人的精神生活和思想文化影响十分巨大。观音信仰缘结四海，其影响更远及日本、朝鲜半岛、越南等汉传佛教流传的国度，有着“大半个亚洲的信仰”之誉。如今更随着佛教广泛弘传而传播到了世界各国，对人们的物质和精神生活产生着不同的影响。

儒释道与和谐社会：首届中国（山东）儒释道传统文化高峰论坛

2009年11月16日，由中国传统文化促进会和山东省青州市人民政府主办的首届中国（山东）儒释道传统文化高峰论坛在青州三圣像广场前隆重举行。开幕式由潍坊市政协主席赵兴涛主持，原国家宗教事务局副局长冯传宗、山东省政协副主席齐乃贵作重要讲话；中国传统文化促进会会长杨丽丽、山东省民委主任、宗教事务局局长马文艺就；中国孔子文化传媒有限公司董事长刘振民及青州市市长孙忠礼分别致辞。儒释道三家主要代表及中央电视台，新华社，中国新闻网，山东电视台，大众日报，潍坊日报，山东新闻网等新闻单位的记者应邀参加了本次论坛活动。中共青州市委书记王立胜同志作了《弘扬儒释道传统文化、推动青州经济社会健康发展》的主题演讲。

与会代表代围绕会议主题，探讨了儒释道文化体系的形成、发展、融合的现象和规律，儒释道对中国社会的历史和现实的影响与作用，儒释道与构建和谐社会和谐世界的关系及作用，利用儒释道的最新研究成果深入探讨当前社会的新现象和面临的新挑战，探讨如何进一步弘扬中华民族优秀的传统文化，为构建我国社会主义和谐社会，建设一个持久和平共同繁荣的和谐世界服务。

共建性别和谐文化研讨会

2009年11月18日，由首都师范大学中国女性文化研究中心、首都师范大学历史学院中国近现代社会文化史研究中心、社会科学文献出版社联合主办的共建性别和谐文化研讨会暨《中国女性文化》新闻发布会在北京举行。此次研讨会旨在推动当代社会性别平等，构建与传播和谐两性关系和适应中国女性文化理论与实践的需要。

《光明日报》文荟刊主编韩小蕙、中华女子学院女性学系主任韩贺楠、全国妇联办公室秘书李海蓉、首师大社会科学处处长梁景和、社科文献出版社社长谢寿光、社科文献出版社总编辑助理杨群、著名作家安顿和崔曼莉等知名女性专家和文学界学者参加了研讨会。与会专家学者围绕中国女性生存状态、中国女性文学发展动态、中国性别文化存在问题和发展前景等问题进行研讨和交流。

作为全国第一家女性文学与文化的出版物，《中国女性文化》是首都师范大学中国女性文化研究发展中心创办的学术辑刊。其宗旨是以全球文化视野、多维视角，建基于中国母体文化之上，在多元文化矛盾的冲突与融合中，吸纳本土与异质文化的精华，建构与传播先进和谐性别文化——男女平等，两性和谐，相互尊重，共同发展。

和谐世界高峰论坛暨和谐世界科学家教育家企业家交流大会

2009年11月22日，由中华海峡两岸交流促进会、中国爱心工程委员会、世界学术中心、国际绿色生态合作组织、联合全国高科技产业化协作委员会、和谐中国网、中国爱心工程委员会、国际联合科学院、世界和平大同盟基金会等机构共同举办的“和谐世界高峰论坛暨和谐世界科学家教育家企业家交流大会”在北京举行。中华海峡两岸交流促进会主席曾培淦，秘书长陈疆溪，中国艺术家交流中心执行主席魏振武出席了大会。曾培淦主席在会上发表了热情洋溢的讲话。出席大会的还有国家领导人于引、李特特，美国陈香梅的代表及企业界、商界、社会活动的代表五百余人。

会议以“中华腾飞，世界和谐。全球一体，人类大同”为主题。世界学术中心主席张贵林在开幕式上做了《人类大联合》的精彩发言，论坛贯彻胡锦涛主席的讲话精神，向全世界展现了中国新时代大同和谐文化，全面展示改革开放以来，我国在科学、文化、经济、学术等领域的新成就。论坛为继续推动人类和平与发展，为建设繁荣的和谐世界献计献策。

中国感恩文化“万和宫杯”诗文书画大赛颁奖会

吃水不忘挖井人，为了纪念新中国的缔造者毛泽东主席诞辰116周年，河北省和谐文化研究会在于2009年12月“华夏和谐文化第一村”临西县的万和宫承办了中国感恩文化“万和宫杯”诗文书画大赛颁奖会。

2009年4月，在举国庆祝新中国成立六十周年之际，石家庄市关工委、中国感恩文化研究中心、河北省会精神文明办、石家庄市社科联主办了“首届感恩文化论坛”，开展了首届全国诗文书画大赛征文活动。征稿历时八个月，得到了全国各地各界人士的鼎力支持，许多网站已首页转发，受到了数以万计的海内外朋友的广泛关注，收到诗文书画摄影作品36039件(国内外)。

感恩创造和谐，和谐凝聚力量，力量推动发展，发展国富民强。12月举办的大会吸引了全国各地的一百多名专家学者参加，全国30多家媒体进行了采访，海内外200多位获奖者从各地赶来参加了颁奖。

在颁奖仪式后，又举行了万庄三期规划中的“感恩堂奠基仪式”。“希望将军”赵渭忠、联合国教科文组织中国联合会名誉主席夏白阳、文化部文化管理市场主任西沐、中国书画家联谊会副会长王子忠等领导执锹垫土，为瞩目的万庄感恩工程奠定了坚实的基础。

下午，来自各地的书画家聚集一堂，在万和宫书画院相互献技，切磋艺术，气氛相当友好热烈。

与此同时，在万和宫中会议室进行了文艺联欢，各地朋友纷纷上台，演唱了戏剧、歌曲，表演了朗诵、口技等节目。

当他们恋恋不舍地告别万和宫时，都相互叮咛、勉励，要将感恩作为一种崇高的道德风尚去践行，来年再来万和宫，共谈感恩佳话。

本次活动将创造起“和、家和、万民和”的和谐景象，涌起“兴家、兴业、兴河北”的热潮，将为石家庄、邢台、河北省打造又一靓丽名片而发挥积极的推动作用。将“感恩祖国、感恩人民、感恩父母、感恩师长、感恩大自然”的感恩精神传播全中国，影响全世界。

和文化节

中国望城首届“和”文化节

2006年12月26－28日，由长沙市人民政府主办、望城县人民政府承办的中国·望城首届“和”文化节开幕式暨“和”文化论坛在湖南望城举行。此次“和”文化论坛，包括文化论坛、宗教法会、文艺汇演等活动。包括政治界、文化界、企业界等各界人士和来自全国名寺古刹的住持及港澳台地区大德高僧400余人参加了论坛。论坛由中国著名表演艺术家、中国传媒大学播音主持、艺术学院教授王刚担任主持，与会代表们围绕着“和”文化的内涵、发展及其实践展开深入的研讨。

中共湖南省委常委、宣传部长蒋建国开幕式致辞中说，“和”是中国传统文化的基本精神，也是中华民族不懈追求的理想境界，“以和为贵”、“和而不同”、“和实生物”，体现了中华民族对“和”的本质的追求和实践。中共望城县委书记罗衡宁认为，举办“和”文化节，旨在贯彻落实党的十六届六中全会提出的构建社会主义和谐社会的要求，深入挖掘中华优秀传统文化中“和”的内涵，加快推进和谐社会进程。他认为，“和”是人类追求的共同理想，“和”文化节的核心主题是“和谐社会，从心开始”，正是对人类最本源的心灵需求的精辟阐释，是基于“和”文化理念向全国乃至世界发出的文化倡导。

中国佛教协会副会长觉醒法师、香港著名作家兼书画家吴欢、清华大学宗教研究中心主任王晓朝、著名诗人汪国真、湖南凯达集团董事长乐根成等做了激情洋溢的演讲。

华夏和谐文化第一村首届“和”文化节

春阳和暖，春风和煦。享誉全国的“华夏和谐文化第一村”定于2009年4月25日至5月10日举办河北省首届“和”文化节。在“讲和堂”举行了河北省和谐文化研究会成立大会和全国首届和谐文化与民俗传统研讨会，有中央和地方主管部门领导、全国知名学者莅临。国庆60周年献礼影片《暴雨将至》在该村拍摄，央视名嘴韩乔生、反伪斗士司马南、香港“第一反派”李子雄、影视新星童一丹、特型演员彭江等众星云集。还有歌舞、戏曲、曲艺、杂技等专场演出，全国著名歌手、笑星、名角、大腕等表演艺术家联袂献艺。中国首座和谐文化宫——万和宫向游人展示全新的景观，家庭“和”文化展馆、“和”文化碑廊、慈善文化展区、综合文化工作站等新景点首次开放。

和文化论著选介

论文选介

毛泽东与科学发展观和社会主义和谐社会

石仲泉　撰

《湘潭大学学报》湘潭，2006 年第 5 期

毛泽东给我们党和国家留下了异常丰厚的历史遗产。这个丰厚性，就是历史遗产的全部性。具体讲到提出科学发展观和社会主义和谐社会而言，毛泽东同样为我们党和国家留下了极其丰富的历史遗产。这里主要论列三个方面：

一、毛泽东的历史遗产之一：矛盾论——两大战略思想的哲学理论依据

科学发展观和社会主义和谐社会两大战略思想的哲学基础，仍然是毛泽东哲学思想。具体来说，主要是毛泽东的矛盾理论。这具体可以从以下三个方面分析：一是两大战略思想提出的背景：分析当代中国面临的国际国内形势

的诸多矛盾。这种分析矛盾的方法，是毛泽东矛盾理论的基本方法。二是两大战略思想的基本内涵：对矛盾运动的诸多方面的全面把握。这是毛泽东的矛盾理论运用到社会建设的丰硕成果。三是两大战略思想的贯彻落实：抓住主要矛盾，明确中心，兼顾其他，统筹安排。还是毛泽东矛盾理论的那一整套工作方法。

二、毛泽东的历史遗产之二：统筹兼顾论和正确处理人民内部矛盾论——两大战略思想的政治理论依据

统筹兼顾论和正确处理人民内部矛盾论，是毛泽东关于怎样建设社会主义的基本政治理论。科学发展观和构建社会主义和谐社会理论的提出，就政治理论的历史渊源关系看，则与毛泽东的统筹兼顾论和正确处理人民内部矛盾论，有不解之缘。

三、毛泽东的历史遗产之三："大跃进"和"文化大革命"——两大战略思想提出的历史教训依据

毛泽东还给我们党和国家留下了产生负面影响的、在一般人看来属于"消极的"历史遗产——比如"大跃进"运动和"文化大革命"。通过对"大跃进"运动和"文化大革命"的反思而总结的历史教训，对提出科学发展观和构建社会主义和谐社会两大战略思想所产生的影响，丝毫不亚于上述正面的、积极的历史遗产产生的影响。

毛泽东的和谐社会思想探究

刘焕明　陈雪珍　撰

《社会科学家》桂林，2006 年第 3 期

毛泽东虽然没有使用过"和谐社会"这一概念，但在他的思想体系中诸多方面的相关论述，为我们今天构建社会主义和谐社会提供了宝贵的理论资源。他在"民主法制"、"公平平等"、"团结友爱"、"充满活力"、"社会安定"以及"人与自然和谐相处"的社会理想追求中所折射出的和谐社会的思想智慧依然值得我们学习和借鉴。

毛泽东在长期的革命和建设的实践中，为社会主义民主法制做出了重大的贡献。首先，毛泽东确立了人民民主专政理论，并将人民民主专政确立为新中国的国体。其次，毛泽东确立了我国基本政治制度——人民代表大会制。再次，毛泽东确立了民主集中制原则，深刻阐述了民主与集中的辩证关系，并将民主集中制原则作为我们党的根本组织原则和活动原则。此外，毛泽东还确立了共产党领导的多党合作和政治协商制度。

毛泽东同志把马克思主义与中国实际相结合，使一般意义上的"公平"、"平等"思想升华到了理论的高度。他在吸收"均平"观念的合理因素的同时，还对"绝对平均主义"的均等思想进行了淋漓尽致的剖析和批判。在超越均平观念的同时，毛泽东提出了"公平、平等"的思想。

无论是在严酷的革命年代，还是在新中国成立以后，毛泽东都非常重视团结，主张要团结一切可以团结的力量。爱国统一战线在中国共产党的领导下，组成了广泛的政治联盟，为社会主义现代化建设和实现祖国统一大业做出了重大的贡献。毛泽东力图通过正确处理人民内部的矛盾，使人民内部达到团结友爱，从而实现社会的稳定与和谐。

毛泽东认识到建国后严峻的经济形势，在实际工作中努力调动人民群众的积极性，不断克服和扫除影响、阻碍先进生产力发展的桎梏与障碍，使生产关系适应生产力的发展，使社会充满活力。另外，毛泽东提出的"双百"方针有力的促进了社会文化领域的活力，让一切创造性的思想和艺术源泉充分涌流，使社会文化氛围更加趋向和谐。

毛泽东深知安定对社会进步、国家富强的

重要性。新中国成立之初,国内外形势相当严峻。抗美援朝战争,土地革命,镇压反革命运动和三反五反运动都取得了伟大的胜利,它们使我国国际形势和国内形势大为好转,为社会主义过渡时期的到来,提供了一个安定的社会环境,使社会逐步走向和谐。

我们必须吸取经验教训,借鉴毛泽东思想中对人与自然正确关系的正确思想,同时摒弃错误观念的误导,走可持续发展之路,实现人与自然和谐发展。

邓小平和谐社会构想之系统学解读

樊跃发 撰

《毛泽东思想研究》成都,2008 年第 2 期

邓小平和谐社会思想有着鲜明的系统思维特征,因此从系统学的视角进行观照和解读,发掘和吸收其有益于当代和谐社会建设的思想精华,开启我们的智慧,是一件有意义的工作。

邓小平有中国特色的社会主义社会是全面发展的社会,是经济、政治、文化和谐进步的社会。在邓小平的视野中,社会主义和谐社会是一个由各种基本要素构成的稳定整体即系统。他心目中的和谐社会系统结构为:以经济发展为基础,以政治民主为核心,以法治建设为保障,以文化建设为补充,以社会公正为支撑。这是一种弹性的动态开放系统。邓小平十分注意把握系统结构的动态平衡与稳定,推进系统结构的优化,实现系统正效应的增殖放大,促进社会的全面和谐。

邓小平也规划了社会主义和谐社会的实现路径。路径一,部分先富,先富带后富,最终达到共同富裕,为社会主义和谐社会构筑坚实的物质基础。这体现了他的由非均衡到均衡、由不协调到协调、由不和谐到和谐的哲学思维特质。这种思维特质完全符合系统辩证论中的差异协同律原理,是差异协同律在实践中的绝妙运用。路径二,倡行改革,为构筑社会主义和谐社会扫清体制障碍。系统论的系统结构质变原理是解读邓小平改革思想的重要方法论工具。在邓小平和谐社会系统设计中,要素间的关联不是机械地叠加拼凑,而是有机的组合,它们分别在系统中扮演不同角色,发挥不同作用。邓小平的改革,其着眼点和归宿点都最终指向了中国社会结构的优化。路径三,矢志开放,为社会主义和谐社会创造有利的外部环境。邓小平的这一看法,得到了耗散结构论的有力支持。

邓小平的和谐社会观辩证意味浓厚,系统思维性突出,是全面贯彻落实党的十六届六中全会提出的“构建社会主义和谐社会”的重要理论参照,具有极大的理论和现实指导意义。构建社会主义和谐会是一个系统大工程。邓小平和谐社会构想的最鲜明特点是他总是从社会系统整体和系统要素间关联的高度去看待某一具体要素的发展变化。邓小平和谐社会观最大和最重要的价值是其中所渗透和折射的系统思维方法与辩证逻辑精神。邓小平和谐社会观给我们的最大启示是:第一,要把中国的发展放在世界大背景下思考。第二,要把中国建设作为一个巨大系统工程来考察,把社会作为一个复杂有机体来认识。邓小平和谐社会观所内蕴的系统辩证思维和方法,构成了当前我国建设社会主义和谐社会的思维坐标,其意义和价值将永载史册。

邓小平和谐社会思想探析

陈先宝 撰

《河南师范大学学报(哲学社会科学版)》新乡,2005 年第 5 期

邓小平虽然没有直接提出“和谐社会”的概念,但在其博大精深的理论体系中,已经饱含了建立社会主义和谐社会的思想。邓小平为社会

主义和谐社会理念的提出奠定了理论基础和实践基础。邓小平理论是构建社会主义和谐社会的理论基础,邓小平关于社会主义社会建设的重要论断直接构成了和谐社会理念的理论基础。同时,其关于改革开放和社会发展的思想中已经对构建社会主义和谐社会的途径做了深刻论述,包括努力发展经济,提高全体人民的生活水平,不断增强社会和谐的物质基础;社会政治稳定是和谐社会的前提;发展社会主义民主政治;坚持以人为本的原则,始终把最广大人民的根本利益作为党和国家工作的根本出发点和落脚点,在经济发展的基础上不断满足人民群众日益增长的物质文化需要,促进人的全面发展。构建社会主义和谐社会必须以邓小平理论为指导。

试论邓小平的和谐社会思想

徐行　周巍　撰

《中共天津市委党校学报》天津,2007 年第 4 期

邓小平倡导和制定的一系列大政方针为构建社会主义和谐社会奠定了基础,包括:一、倡导解放思想、实事求是,积极营造宽松的政治环境和良好的民主气氛,为构建和谐社会奠定了思想基础。二、主张依法治国,强调坚决维护安定团结的政治局面和稳定的社会秩序,为构建和谐社会奠定了政治基础。三、提出了改革开放的方针,反复要求坚持以经济建设为中心,努力促进生产力发展,为构建和谐社会奠定物质基础。

邓小平提出的处理党内外、国内外关系的准则为构建和谐社会指明了政治方向,主要有:一、妥善处理好共产党与民主党派的关系,巩固新时期统一战线。二、善处理海峡两岸关系,按照“一国两制”原则完成祖国统一大业。三、妥善处理好各民族之间的关系,巩固中华民族的大团结。四、妥善处理好国际关系,为中国和谐发展创造有利的外部环境。

邓小平关于如何解决社会与经济问题的论断是构建和谐社会的基本指针:一、阐明了如何缩小城乡差距、尽快提高农民生活水平的问题。二、提出了“先富”带“后富”,走共同致富道路的设想。三、论述了如何处理好人与自然的关系、保证我国经济可持续发展问题。

论邓小平的和谐社会思想

张丽璇　撰

《江汉论坛》武汉,2005 年第 8 期

邓小平建设中国特色社会主义理论,是把马克思列宁主义与当代中国实际相结合的典范,是当代中国的马克思主义。这个理论的核心思想,是把中国建设成为富强、民主、文明的社会主义和谐社会。当前,我国改革发展处在关键时期,社会利益关系错综复杂,新情况新问题层出不穷,深入研究邓小平的和谐社会思想,具有十分重要的理论意义和现实意义。

邓小平关于和谐社会的思想基础,可以从以下几个方面分析。

一、关于矛盾的对立与统一、斗争与平衡、动荡与稳定的思想。

二、关于实事求是,不能超越社会发展阶段的思想。

三、关于发展生产力、提高人民物质生活水平是和谐社会的基础的思想。

四、关于通过实行民主、健全法制达到社会公正、社会和谐的思想。

邓小平既是一个理想主义者,也是一个现实主义者。他为中国未来的发展制定了美好的和谐社会的蓝图,同时规划了分段实施的具体目标。和谐社会的最基本目标,是发展生产力,提高人民生活水平,实现全国小康。和谐社会

的社会目标,是整个社会的团结和稳定。和谐社会的政治目标,是有制度保证的民主化。和谐社会的人际关系目标,是全体人民同心同德,生动活泼,充分发挥积极性。

邓小平为构建社会主义和谐社会进行了十分可贵的探索,并做出了卓越的理论贡献。通过何种途径推动社会和谐发展,邓小平在实践中创造性地发展了马克思主义,主要体现在:一、改革是社会主义社会发展的直接动力,也是构建和谐社会的动力。二、解决中国的问题靠发展,发展是硬道理。三、建立社会主义市场经济体制,激发经济活力。四、效率优先,兼顾公平。

对于社会主义和谐社会来说,邓小平的很多精辟论述都是重要的思想资源。当前深入研究邓小平理论,能够极大地开拓我们的思路,提升我们的认识水平,指引我们更有力地推进社会主义和谐社会的建设。

江泽民和谐思想与经济社会持续稳定快速发展

蒙运芳　撰

《改革与战略》南宁,2005 年第 7 期

江泽民在新的历史条件下继承和发展了中外自古以来这种和谐思想,初步形成了构建和谐社会的思想理论,从各角度各方面保证经济社会的持续稳定快速发展。他的和谐思想体现在:人与自然的和谐和可持续发展战略是经济社会持续稳定快速发展的思想渊源和根本要求;“十二大关系”及其发展为经济社会持续稳定快速发展勾画了基本的理论框架;人与人之间的关系和谐思想为经济社会持续稳定快速发展提供了依靠力量和价值最高准则;“和而不同”和把握重点统筹兼顾的思想为经济社会持续稳定快速发展提供了处事准则和方法;和谐创新思想为经济社会持续稳定快速发展提供了动力理论。他关于人与自然之间、人与人之间的和谐发展的思想和方法,以及关于和谐的创新思想等,为指导当前我国经济社会持续稳定快速发展提供了思想理论基础。

社会主义和谐思想的历史飞跃
——十七大和谐精神解读

张振华　苗志娟　撰

《石河子大学学报:哲社版》石河子,2008 年第 1 期

社会主义思想从无到有,经历了一个从空想到科学,由理论变现实的历史飞跃过程。同样,蕴涵在其中的和谐思想也经历了一个同样的历史飞跃过程。空想社会主义对和谐社会的构想只能算空想。马克思、恩格斯批判地继承了空想家的和谐思想,马克思挖掘到资本主义社会问题存在的根源并提出解决问题的思路,将和谐社会的空想性质上升为科学性质。

中国共产党的三代领导集体提出的社会主义社会建设思想可以认为是社会主义和谐社会构想的理论前奏,他们领导全国人民建设社会主义的实践也为新时期和谐社会的构建提供了现实依据。党的十六大以来,以胡锦涛为代表的党的新一代领导集体提出构建社会主义和谐社会的战略任务,使和谐思想由理论付诸实践迈出实质性的一步。

科学发展观与构建社会主义和谐社会都是对马克思列宁主义、毛泽东思想、邓小平理论和“三个代表”重要思想的继承和发展,两者具有内在统一性。

党的十七大把科学发展观写进党章,把“推动科学发展,促进社会和谐”写进大会的报告主题,要求加快推进以改善民生为重点的社会建设。党的十七大将民主法治、公平正义、诚信友爱、充满活力、安定有序、人与自然和谐相处六

方面内容不仅作为和谐社会的基本内涵，而且作为构建和谐社会的总要求提上日程，强调将这六方面内容贯穿于全面建设小康社会的历史进程中。社会和谐是中国特色社会主义的本质属性。在纵向上，社会主义和谐社会是马克思主义的和谐思想同当代中国实际相结合的产物，在现阶段就是在总体小康的基础上力争建成全面和谐发展的小康。在横向上，和谐社会表现为一种社会状态，而不是一种社会形态。党的十七大对以往党的会议所提的构建社会主义和谐社会的战略任务作了进一步的阐述，这对今后一段时期全面建设小康社会，推进中国特色社会主义事业具有重大的意义。

论“和谐社会”与“和谐世界”的内涵与本质

杨闯　撰

《社会主义研究》武汉，2006 年第 5 期

“和谐社会”和“和谐世界”的核心是“和谐”，其“和谐”的涵义是相同的。“和谐”二字本身，在古代农耕时代，即具有既体现经济发展，又体现民主建设的涵义。“和谐”，既包括人际社会的平衡，也包括人与自然的平衡。建设“和谐社会”，离不开经济的发展。但经济发展，不能以破坏自然环境为代价。“和谐世界”倡议的核心内涵，一是要解决各国在经济全球化过程中南北关系的发展差距进一步拉大的问题。二是争取实现国际关系民主化，制定共同的行为规范，并以国际法准则和国际制度建设约束各国的行为。“和谐世界”的涵义，首先是力量的平衡，也包括国际社会各成员在力量平衡的基础上，进行规范建设和制度建设，最终达到各国对国际秩序总体认可。“和谐世界”主张的本质，也包含各国对理想国际秩序的主观认可。“和谐世界”的主张，倡导在国际关系中以和平、发展、平等、民主、多边合作为原则，反对霸权主义和单边主义，争取平等互利的发展和世界普遍持久的和平与安全。

“和谐世界”的倡议是我国一贯外交政策的逻辑发展。一、胡锦涛提出“和谐世界”倡议是和平共处五项原则在新时期的发扬光大，也是中国一贯反对霸权主义政策的发展。二、“和谐世界”是 20 世纪 90 年代后期以来中国“新安全观”等重大理念的延续，是中国“以合作求安全、以对话求安全、以互信求安全、以发展求安全”新安全观的进一步发展。三、“和谐世界”倡议是中国主张尊重世界文明多样性理念的发展。四、“和谐世界”倡议是中国关于建立国际政治经济新秩序主张的发展，它充分注意到南北世界差距扩大的严重后果，要求建立更加公平合理的国际经贸安排。五、“和谐世界”倡议是中国主张国际关系民主化的进一步发展。六、“和谐世界”倡议也是中国“和平、发展、合作”对外战略的发展。

和谐社会和和谐世界的实现都是一个长期努力奋斗的过程，但其难度不同。相对而言，和谐世界的实践更复杂和困难，构筑和谐世界会遇到各种追求不同利益的国际关系行为体的碰撞。“和谐世界”是理想主义的目标，但不是空想。和谐世界主张可以被看作是一种规范理论的诉求，规范理论同样也是国际理论构建的重要目标。

构建社会主义和谐社会的立论依据和基本思路

严书翰　撰

《山东社会科学》济南，2005 年第 3 期

党的十六届四中全会的《决定》已经明确地指出了构建“和谐社会”提出的立论依据。这就是“适应我国社会的深刻变化”、“巩固党执政的

社会基础、实现党执政的历史任务的必然要求”。对此,我们要加以深刻理解和准确把握。当前我国经济社会发展出现了“三个重叠”,即经济社会体制整体转型与经济社会进入关键发展阶段和全方位对外开放的重叠。我们需要高度重视和切实解决目前经济社会发展中出现的突出的问题。这些问题主要有:一是社会各阶层收入分配差距过大从而凸显分配不公。二是一些社会群体为改革发展所承担的代价与得到的补偿不对等。三是人民内部的利益矛盾问题错综复杂。

党的十六届四中全会提出了构建“和谐社会”的基本思路,主要体现在以下四个方面。一、调动一切积极因素,不断增强全社会的创造活力。对于这个思路可以用“激发活力”加以概括。二、协调好各个阶层和方方面面的利益关系,维护和实现社会公平。对于这个思路可以用“注重公平”加以概括。关于公平需要把握以下两点。(一)要高度重视我国经济社会的关键发展阶段在公平方面出现的问题。(二)要深刻理解和全面把握马克思主义关于社会公平和正义方面的重要思想。(三)把依法治国落实到社会的各个环节,努力实现社会的有序。对于这个思路可以用“实现有序”加以概括。首先,有序是社会主义民主的题中应有之义。其次,有序体现了依法治国的基本要义。再次,有序才能实现社会成员各得其所。(四)营造良好的社会氛围,加强社会建设和管理,实现社会的安定。这个思路可以用“维护安定”加以概括。人人平等、和而不同、互惠互利是实现社会主义和谐社会的安定的三个基本要素。

论“和谐社会”

邓伟志 撰

《学习时报》北京,2005年1月3日

千百年来,中国人一直在追求政治和谐、社会和谐。中国人比较熟悉“小康社会”,应当看到“和谐社会”与“小康社会”是一鸟两翅的关系。中国人喜欢讲“社会稳定”,应当看到“和谐社会”与社会稳定是前后相继的关系。“和谐社会”是“和谐哲学”的体现。

“和谐社会”是社会资源兼容共生的、社会结构合理的、行为规范的、社会运筹得当的社会。建立多元兼容、活动有序、彼此和谐的社会,既是实践的需要,也是理论的呼唤。

在中国思想史和西方思想史上都有和谐思想。而真正把“和谐社会”提到理论高度的是马克思。他认为,人是社会的人,社会是人的社会。与马克思同时,主要是在马克思之后,和谐社会理论主要有三:社会均衡论、协和社会论、社会系统论。上述三种现代社会学的学说可以认为是“和谐社会”理论“鼎立”之“三足”。除此之外,也还有些与“和谐社会”相关的理论。这些理论都可以认为是“和谐社会”理论的先声。但是,我们也应当看到所有这些“先声”无不有先天不足之处:第一,他们虽也看到有社会冲突存在,但是对社会冲突的强度和烈度估计不足,对社会冲突的二重性认识不足,更没有讲清楚社会冲突与社会和谐的关系。第二,他们对社会的自我调节看得过于简单。第三,更重要的是,他们忽略了在这个调节过程中要充分发挥人的作用。

我们所要的和谐是变革中的和谐,发展中的和谐,是社会流动、社会变迁中的社会和谐。中国共产党提出的、以马克思主义为指导的和谐社会是对以往各种相关理论的扬弃,是对以往各种相关理论的突破，是对以往各种相关理论的完善。

在建设和谐社会中几种值得讨论的观念：一、阶层协调是社会和谐的轴心。二、弱势群体的状况是检验文明的试金石。三、"两极分化"不是社会主义。四、原因比结果更值得注意。五、经济与社会互为前提。六、选举与文化是什么关系？七、社会组织是社会的血脉。八、社会管理不能少了硬件。九、为人民谋福利。十、制定社会政策主要听谁的？上面一些问题都是思考题，是在对问题没想清楚、还不成熟的时候就提出来向大家请教。观念先行，早点讨论也许会提炼出先行的观念。

社会三大部门协调与和谐社会建设

郑杭生　撰

《中国特色社会主义研究》北京，2006 年第 1 期

和谐社会必须建立在结构协调和功能协调的部门结构基础上。社会结构对社会和谐起着根本性的制约作用。功能协调与否是社会运行状态与社会是否和谐的直接标志。同时，功能对结构有补偿作用。

社会三大部门的构成状况及其相互关系，对社会建设和社会管理，具有结构性前提的意义，同时它们又是和谐社会建设的重要内容。所谓社会三大部门是指现代社会日益分化为三个既相互关联又彼此独立的领域：第一，国家或政府或政府组织，也叫公共权力领域，通常叫社会"第一部门"，它们属于政治领域；第二，市场或营利组织，也叫私人领域，通常叫"第二部门"，属于经济领域；第三，社会组织，也叫公共领域，是前两者之外的"第三域"，即通常叫做"第三部门"，它们属于狭义的社会领域。在我国，正式文件都叫其为民间组织。

社会三大部门具有这样的结构性的要求：第一，三者缺一不可，三者也不能相互代替；第二，三者的比例要合适；第三，三者的互动机制要良性，要相互促进。

三大部门的关系现在还存在着结构性的不协调，主要表现在三个领域或三个部门的比例、力量、大小还严重失衡。第三部门与前两个部门相比，还不成比例，我们还没有脱离大政府、小社会的结构格局。这是我们构建和谐社会要逐步消除的结构性障碍。

三大部门的功能性不协调则主要表现在：第一，政府越位、缺位、错位的情况还很普遍；第二，经济上的交往原则被错误地引进到公共权力领域和公共领域，这种现象也很普遍。第三，第三部门还没有发挥自己应有的功能，还不能有效地弥补市场失灵、政府失灵、减轻社会管理成本的作用。这些又是我们构建和谐社会的功能性障碍。

只有逐步消除上述结构性障碍和功能性障碍，形成社会三个领域互动，"三只手"联动的社会结构和整合机制，三大部门各自都能有效地发挥自己的作用，并且这种作用能够相互配合、相互促进，而不是相互摩擦、相互抵消，才能为和谐社会建设提供结构协调、功能协调的社会长治久安的部门结构。

三大部门结构和功能调整要注意以下几个问题：第一，治本和治标的问题。第二，结构惯性的问题。第三，改革阵痛的问题。

社会实践结构性巨变与锻铸社会和谐的坚实支柱

杨敏　郑杭生　撰

《探索与争鸣》上海，2007 年第 4 期

实践结构社会学理论的二维视野和双侧分析使我们进一步认识到改革与和谐是当代中国社会变迁的相互联系的两个侧面，贯穿在我国

社会实践结构性变化的基本走势之中。因此，我们需要在改革中推进和谐社会的构建，在使社会更加和谐的过程中深化改革、完善改革，通过这一实践不断产生出社会团结的黏合剂，铸成社会和谐的(同时也是改革的)坚实支柱。

经济快速发展是实现社会和谐的基本前提。要在一定时期内扭转和消除以往不利因素，以下几个方面是十分重要的：首先，经济发展理念的更新。其次，经济增长机制的创新。最后，形成经济发展的可持续机制。

社会矛盾的治理是构建和谐的根本。在对目前社会矛盾的治理中，应当以基层的社会矛盾作为重中之重。治理基层社会矛盾关系到构建和谐社会的整体工程。在解决基层社会矛盾的过程中，政府管理的观念、职能、机制和体制上都需要有明显的转变。

社会成果的共享是社会和谐的基本条件。在协调社会利益关系上，建设和完善下面的政策和机制是迫切而重要的：第一，表达与反应机制。第二，协调与兼顾机制。第三，共享与保障机制。第四，共识和责任机制。最后，要制定能够协调社会利益关系的社会政策，还必须加强对社会利益关系发展变化的调查研究。

重建社会信任，培固社会和谐的合法性根基。目前，应当从社会的两个层面上同时入手，来改变在社会信任方面出现的不利局面：第一是在制度层面，进行“社会信任的制度化”，这主要是针对我们的党政机关、司法执法机关、公共机构及其干部中自身存在的问题。第二是日常生活层面“社会信任的基础化”，要在大众中广泛地进行社会信任的教育，促进人与人之间的相互信赖，使公民普遍地认识到诚信是自己的基本责任，也是应当履行的个人义务。“制度的信任”与“生活的信任”是相互联系和增进的。目前很重要的是建立“制度的信任”。

社会安全的提高是构建和谐的必要保证。过去我们主要侧重于强调社会和国家的安全，忽视了个人生活中的安全。针对这种现状，应当采取一些积极的措施。首先，是安全理念和价值取向的转变。其次，是安全内涵的扩展。再次，是公共政策的变革。

推进文化话语的建设，营建社会和谐深厚而持久的支撑。应当使文化价值体系的构建与文化话语的制定和锤炼进一步结合起来，通过文化话语建设来更好地表现文化价值观，从而实现文化价值观的社会影响。同时，文化话语对社会生活的变化具有更敏感的反应，能够不断地吸纳现代生活中出现的新现象，提供文化价值观自我更新的动力。另外，文化建设与政权和制度的尊严性、合法性有着密切联系，对于社会的持久稳定有重要意义。

论和谐社会建设的基本内容

吴忠民　撰

《中共中央党校学报》北京，2007 年第 2 期

和谐社会建设涉及社会的方方面面，其内容具体而复杂。就和谐社会建设的基本内容而言，其核心在于维护和促进社会公正，其基础在于优化社会结构，其关键在于协调社会利益关系，其着力点在于制定和实施系统的社会政策，其行动准则在于“尽力而为”和“量力而行”。

和谐社会建设的核心在于维护和促进社会公正。维护和促进社会公正，对于整个中国社会经济的发展来说，具有至关重要的意义。只有遵循社会公正的规则，才能合理设计和安排现代社会的基本制度，才能真正、充分、持续地激发社会活力，才能实现社会各个阶层各个群体之间的良性互动，才能实现社会经济的健康发展。

和谐社会建设的基础在于优化社会结构。优化社会阶层结构应当特别注意以下几项内容。第一，优化社会阶层当中的“职业分工”结

构。第二，优化社会阶层当中的“社会经济位置”结构。第三，优化社会阶层当中的“流动渠道”。

和谐社会建设的关键在于协调和理顺社会利益关系。协调和理顺社会利益关系的主要途径在于，建立起公正、科学、有效的利益协调机制。这种利益协调机制的主要内容包括以下几方面：第一，利益诉求表达机制。第二，利益协商机制。第三，利益保障机制。第四，利益调节机制。

和谐社会建设的着力点在于制定和实施系统的社会政策。社会政策是和谐社会建设的重要内容，是社会公正理念的具体体现。对于现代社会和市场经济社会来说，社会政策是至关重要的，有着不可替代的作用。社会政策的具体内容是在不断丰富的。凡是同社会成员的基本权利和社会福利息息相关的政策（法令、条例等），都应当纳入社会政策所关注的视野之内。对于一个健全的现代社会来说，经济政策和社会政策缺一不可。对于正处在社会急剧转型时期的中国来说，制定和实施系统的社会政策更是具有十分紧迫的意义。

和谐社会建设的行动准则在于“尽力而为”和“量力而行”。就构建社会主义和谐社会这一过程的推进而言，必须遵循“尽力而为”和“量力而行”这样两项相辅相成、缺一不可的行动准则。我国和谐社会的建设能否得以顺利和有效地推进，在很大程度上取决于是否同时遵循了这两项行动准则。

科学发展观是和谐社会的灵魂

许耀桐　撰

《光明日报》北京，2006 年 9 月 25 日

科学发展观揭示了中国发展的本质和核心在于坚持以人为本。以人为本，就是以实现人的全面发展为目标，从人民群众的根本利益出发谋发展、促发展，不断满足人民群众日益增长的物质文化需要，切实保障人民群众的经济、政治和文化权益，让发展的成果惠及全体人民。科学发展观强调以人为本，这个“人”就是人民群众，这个“本”就是人民群众的根本利益。只有以人为本才是发展的根本目的，以经济建设为中心不过是达到这个目的的手段而已。科学发展观指明了中国发展的根本途径：走全面、协调、可持续的发展道路。我国正处于向新型工业化转变的关键时期，资源相对不足已成为制约我们发展的突出矛盾。现在，我国许多战略性资源对国际市场的依赖程度较高。现阶段，我们经济的发展在很大程度上是以大量低效地耗用不可再生资源为代价的。中国要继续发展，必须彻底摒弃这种经济增长方式，走共同发展、共同分享、节约资源、保护环境的道路。构建社会主义和谐社会，正如胡锦涛总书记指出的那样，是要建设一个“民主法治、公平正义、诚信友爱、充满活力、安定有序、人与自然和谐相处的社会”。科学发展观与构建和谐社会理论，互为表里、融会贯通、相互联系、相互作用。科学发展观对于构建和谐社会起着统领作用，它是贯串于构建社会主义和谐社会的灵魂。

社会公平和善治是建设和谐社会的两大基石

俞可平　撰

《中国特色社会主义研究》北京，2005 年第 1 期

建设社会主义和谐社会，是全面建设小康社会的一项重大战略部署。它之所以在全社会引起强烈的共鸣，至少有两个方面的原因。一是，使社会变得更加和谐，这本来就是人类所追求的基本价值；二是，我们在社会和谐方面正面临着改革开放以来新的严重挑战。

从公共治理的角度看，社会公平和善治是建设社会主义和谐社会的两块基石。社会公平就是社会的政治利益、经济利益和其他利益在全体社会成员之间合理而平等的分配，它意味着权利的平等、分配的合理、机会的均等和司法的公正。这样的社会公平是社会主义的本质要求，是社会主义的核心价值之一，是衡量社会全面进步的重要尺度，是中国共产党长期追求的根本目标，也是社会主义和谐社会的深厚基础。善治即是使公共利益最大化的社会管理过程和管理活动。善治的本质特征，就在于它是政府与公民对公共生活的合作管理，是政治国家与公民社会的最佳关系。

从政府公共治理和善治的角度，提出建设和谐社会的若干建议如下。第一，要努力扩大公民参与公共事务和政治生活的范围，提高公民的政治参与和社会参与程度。第二，努力增大政府行为的合法性。第三，大力推进社会主义法治国家建设。第四，提高党政权力机关的责任性。第五，扩大政府公共服务的范围，为社会提供更多的公共服务。第六，提高公共服务的质量。第七，不断提高政治透明度。第八，提高公共管理机关的廉洁程度，建设廉洁政府。

公平正义的和谐社会与核心价值观念

韩震　等　撰

《中国社会科学》北京，2009 年第 1 期

提炼社会主义的核心价值观念，有利于增强社会主义核心价值体系内在统一性，增强社会主义意识形态的吸引力和凝聚力。把马克思主义、中国特色社会主义共同理想、中华民族的民族精神和时代精神以及社会主义荣辱观所内含的最基本的价值取向，凝练成为“民主自由、公平正义、人道和谐”这几个价值观念，可以强化社会主义核心价值体系的内在统一性。民主自由、公平正义、人道和谐——这些价值观念体现着历史进步的方向或趋势，反映了大多数人的理想，是人类文明历史积累的成果。在这个意义上，它们是人类共同追求的价值观，因而具有某种普遍性。理直气壮地打出民主自由、公平正义、人道和谐的旗帜，有利于感染群众，凝聚人心。如果社会主义优越于资本主义的话，那么社会主义就应该把资本主义因其历史局限性而无法全面实现的民主自由、公平正义、人道和谐加以彻底实现，并且把这种彻底实现作为自己的价值取向。为了增强中国特色社会主义意识形态的凝聚力，我们要尽力提升我们价值观念的“普世性”，扩大其影响力。只有这样，我们才能掌握国际国内思想斗争的话语权和舆论影响的主导权。民主自由、公平正义、人道和谐是随着历史的演进而不断丰富充实、改变形式和内容的理想性价值，是不断超越发展空间的社会引导性思想观念。人类社会永远需要开放、进取、创新，因此，永远有更高境界的民主自由、公平正义、人道和谐。

和谐文化的三重意蕴

寇东亮　撰

《郑州大学学报》郑州，2007 年第 2 期

“和谐文化”的提出，表明我国文化转型进入一个新的阶段。“和谐文化”具有三重意蕴：其一，在文化类型学意义上，和谐文化就是以和谐为核心理念与根本价值取向的文化，是关于和谐的思想观念、价值体系、行为规范、社会风尚等，和谐文化包括以和为贵的价值观念、和而不同的思维方式、宽厚包容的处世态度、通融和解的行为方式、平和理性的社会心理、天人合一的自然观念、身心一体的健全心态等基本内容；倡导和谐理念，培育和谐精神，是和谐文化的主

旨，和谐文化反映了一种新的文化理念。其二，在文化结构论意义上，和谐文化就是以社会各种文化元素、文化形式的协调互动和有机统一为根本特征的文化，它彰显了文化的“生态”维度，是一种多元统一、兼容共生、协调有序、充满活力和大众共享的文化；和谐文化展示了一种新的文化自觉。其三，在文化社会学意义上，和谐文化是就文化与经济、政治、人的发展的内在关联性而言的，是指在经济与政治基础之上形成的，与经济发展、政治发展以及人的发展的客观要求相契合的，并能真正推进经济繁荣、政治文明和人的全面发展的社会精神文化系统；和谐文化呈现了一种新的文化愿景。

和谐文化的时代精神和历史传统

李宗桂　撰

《学术研究》广州，2006 年第 12 期

和谐文化的价值内涵，从文化结构可分为物质、制度和思想的三层次说来看，作为社会主义核心价值体系内核的和谐文化，属于精神文化，是激励我们不断奋进的精神力量，是市场经济条件下社会良性运转、安定有序的价值引导。从弘扬和培育中华民族精神的文化发展战略层面看，和谐文化是新时期的民族精神。在建设社会主义核心价值体系的宏伟目标的昭示下，和谐文化是一种价值理想，也是一种当下即是的行为。和谐文化既是一种人文环境，更是一种生活方式。

和谐文化的时代精神，首先是改革创新。在改革创新的精神引领之下，和谐文化的基本内容和价值追求还应当反映、弘扬这些精神和理念：科学精神、民主精神、法治精神、人文精神、公平正义精神、竞争意识、效率意识，等等。和谐文化的时代精神，感召着我们用全球眼光观察问题，用本土意识（中国特色）处理问题，从现代审视传统，从传统观察现代。倡导时代精神，就必须立足当代中国文化建设的实际，而不能走回头路，不能以传统等同甚至取代现代。

和谐文化的构建离不开中华文化的历史传统。但在弘扬传统和谐文化的时候，应当具有清醒的距离意识和批判精神。要而言之，对待和谐文化的历史传统，应当用以爱国主义为核心的团结统一、爱好和平、勤劳勇敢、自强不息的民族精神作为统率去辨析、扬弃，进而赋予新的时代精神，给予创造性的转化，做到符合理性的古为今用。

总括而言，我们今天建设和谐社会与和谐文化，应当突出其社会主义的时代精神，尊重并弘扬优秀的历史传统，扬弃古典的和谐文化，摈弃、反对国粹主义和复古主义，开拓全球视野，在当代中国文化建设的实践基础上，扎扎实实地建构作为社会主义核心价值体系内核的和谐文化。

论建设和谐文化

李忠杰　撰

《光明日报》北京，2006 年 10 月 9 日

什么是和谐文化？我认为，所谓和谐文化，是指一种以和谐为思想内核和价值取向，以倡导、研究、阐释、传播、实施、奉行和谐理念为主要内容的文化形态、文化现象和文化性状。它包括思想观念、价值体系、行为规范、文化产品、社会风尚、制度体制等多种存在方式。

和谐文化与先进文化之间的关系是：和谐文化是具有进步性质的文化，亦即先进文化。先进文化包含和谐文化，但并不简单等于和谐文化。建设和谐文化是建设先进文化的一项重要内容和重要任务。建设和谐文化，有助于进一步建设和发展先进文化。正是在这个意义上说，要建设先进文化，就必须建设和谐文化。

和谐社会与和谐文化之间存在着相互联系、相互促进的辩证关系。和谐文化,是和谐社会的基本条件和重要内容,建设和谐社会,必须建设和谐文化;建设和谐文化,可以为推进社会主义现代化建设、构建社会主义和谐社会提供精神动力、思想保证、舆论支持和文化条件。首先,和谐社会是和谐文化的源泉、动力和基础。第二,和谐文化是和谐社会的精神向导和支撑。建设和谐文化,既是构建和谐社会的重要内容,又是构建和谐社会的必要条件。建设和谐文化对于我们加强社会主义和谐社会的建设起着巨大的促进作用:第一,可以进一步明确和谐社会建设的方向,巩固全国人民共同奋斗的思想基础。第二,可以进一步完善治国理政的方针政策,促进经济社会文化的协调发展。第三,可以有效地调节社会关系,化解各种矛盾,形成和谐和睦的社会秩序。

大力建设和谐文化:首先,要在全社会更加牢固地树立中国特色社会主义的共同理想。第二,要大力加强道德建设,营造团结互助、和睦相处的社会风尚。第三,要大力发展文化事业和文化产业,用和谐之美陶冶人们的精神。第四,倡导和谐的价值取向,为构建和谐社会提供和培育"和谐"的思想观念、思想方法。

社会主义核心价值体系是建设和谐文化的根本

教育部邓小平理论和"三个代表"重要思想研究中心　撰

《求是》北京,2007年第17期

以社会主义核心价值体系为根本建设和谐文化的重要性和紧迫性:坚持以社会主义核心价值体系为根本建设和谐文化,是由中国共产党在国家政权中的领导地位决定的,是由意识形态的阶级性和社会功能所决定的,是由维护文化自身的安全所决定的,是由积极应对意识形态领域新挑战的需要所决定的。

正确理解和把握社会主义和谐文化的科学内涵和基本特征。所谓社会主义和谐文化,就是以社会主义核心价值体系为根本,以崇尚和谐、追求和谐为价值取向的思想文化。社会主义和谐文化包含丰富的内容。第一,从人与自然的关系来看,社会主义和谐文化是追求人与自然协调发展的文化。第二,从人与社会的关系来看,社会主义和谐文化是实现个性发展与社会发展相统一的文化。第三,从人与人的关系来看,社会主义和谐文化是强调人与人之间平等的文化。第四,从人自身的发展来看,社会主义和谐文化是促进人的全面而自由发展的文化。社会主义和谐文化具有以下几个基本特征:首先,它是社会主义性质的文化。其次,它崇尚和谐、追求和谐。再次,它主张和而不同、尊重差异、包容多样。最后,社会主义和谐文化的核心要求是坚持以人为本。

以社会主义核心价值体系为根本建设和谐文化,要坚持以马克思主义为指导,要树立中国特色社会主义共同理想,要不断培育和弘扬民族精神和时代精神,要坚持践行社会主义荣辱观。

道德建设:构建和谐社会的道义基础和精神动力

唐凯麟　撰

《光明日报》北京,2005年5月10日

道德是社会和谐的重要的道义基础,也是构建和谐社会的精神动力。从伦理学意义上说,和谐社会乃是社会的多元利益主体通过道德的认同和行为选择的协调而形成的一种有利于满足人的需要、促进人的发展的良好的社会道德关系和精神氛围。

影响当代中国社会和谐的重要问题之一,

是如何对待和处理公平、公正和效率的关系问题。这个问题本身就有着深刻的伦理道德内涵。加强社会主义道德建设无疑可以为促进我国社会当前公平、公正和效率之间矛盾的化解，提供道义基础和价值导向。

当然，应该看到，构建社会主义和谐社会也为社会主义道德建设提出了新的要求，提供了新的契机和动力。社会主义道德建设只有适应新情况、面对新问题，才能为构建社会主义和谐社会提供道义支撑和精神纽带。如果说和谐本身就是一种道德要求的话，那么，构建社会主义和谐社会就应该是社会主义道德建设总的目标指向。我们应该从这一现实的目标指向来思考和改善我们的社会道德建设。

“应当”和“不应当”是道德评价的一对重要范畴。我们必须摆脱“非此即彼”的二元思维模式的束缚，认识到社会生活中在道德的行为和不道德的行为之间还存在着大量的非道德行为，即在“应当”和“不应当”之间存在大量的“正当”的行为，这不仅是社会生活的事实，而且也是发挥道德功能的一个重要条件。在社会主义道德建设中，我们必须把握好行为“应当”、“正当”和“不应当”的维度，如实地给道德以正确的社会定位。因此，社会主义道德建设就整个社会而言，要努力成为“应当”（即善）的行为引导者和鼓舞者，“正当”即非道德性行为的保护者和鉴定者，“不应当”（即恶）的行为的遏止者和消除者。就个人而言，人们应当用社会主义道德来武装自己，保证自己行为的正当性，追求自己行为的应当性，避免自己行为的不应当性。只有这样，人际关系才能亲近融洽，社会才能有序和谐。

和谐社会构想的伦理学探讨

刘小敏　撰

《理论学刊》济南，2005 年第 4 期

和谐社会构想的伦理学意义：第一，是对伦理学理论精粹的继承与发展。第二，是对伦理实践历史经验的科学总结。第三，是对伦理实践现实状况的理性回应。

“和谐社会”的伦理学内涵，主要表现在：第一，人自身各方面的和谐。人的身体、能力和精神的和谐发展或全面自由发展，是人自身各方面的和谐的最高表现，也是人类争取自我完善，进而成为人类自身的主人的美好理想的最终目标。第二，人与社会之间的和谐。主要内容至少有八个层次，即不同社会成员之间、不同社会群体之间、不同社会阶层之间、不同社会组织之间、不同社会区域之间、不同社会部门之间、经济、政治、文化发展之间、国家、民族、种族之间的和谐。第三，人与自然之间的和谐。人与自然之间的和谐，就是指在维护人类利益的同时，必须维护自然界的平衡，确保人类和自然生态系统的协调发展与和谐共处。要实现人自身各方面的和谐，人与社会的和谐，最重要的条件和保障是人与自然之间要和谐。

和谐社会构想的伦理学路径，主要表现在：第一，澄清似是而非的道德理念，构建和谐伦理。现在，在理解和谐社会构想方面还存在一些亟待澄清的似是而非的道德理念。一是“一团和气论”。二是“限制竞争论”。三是“劫富济贫论”。四是“效率让步论”。五是“高度一致论”。第二，深化以人为本的道德实践，提高人的素质。人自身各方面的和谐是和谐社会的基础。实现人自身各方面的和谐，一是每个人都要注意大力加强道德修养。二是家庭、学校、单位、社区等要大力推进道德教育。三是各大

众传媒要切实加大道德宣传的力度。四是各级党委、政府要加大对人民群众的人文关怀的力度。第三,健全社会和谐的道德支撑,优化社会环境。人与社会之间的和谐是和谐社会的核心。实现人与社会之间的和谐,一是要健全整合社会关系的道德规范。二是要健全化解社会矛盾的道德机制。三是要营造实现社会公正的道德环境。第四,强化共生共荣的道德选择,改善自然环境。人与自然之间的和谐是和谐社会的条件。实现人与自然之间的和谐,一是要建构人口生态伦理。二是要建构资源生态伦理。三是要建构环境生态伦理。环境生态伦理,要遵循仁者爱人、关爱生命、关爱自然、保护环境等道德原则。

“和谐世界”:国际秩序的新构想和新范式

王公龙　撰

《现代国际关系》北京,2007 年第 3 期

“和谐世界”作为新时期中国的国际秩序观念,其内涵主要体现在以下三个相互联系、相互递进的层次。从追求的目标看,“和谐世界”国际秩序观主要有三方面的关注:共同安全、共同发展、和谐相处。从行为观念看,“和谐世界”国际秩序观蕴含了三种建设世界秩序的新观念:新安全观,互利合作观、文明包容观,正是这些新观念夯实了“和谐世界”的理论基础。从运行机制或实践准则看,“和谐世界”倡导:其一,坚持多边主义,实现共同安全。其二,坚持互利合作,实现共同繁荣。其三,坚持包容精神,共建和谐世界。

作为一种国际秩序新构想,“和谐世界”在目标设定的广度和理论思考的深度上大大超越了西方现实主义范式、自由主义范式和建构主义范式三种理论范式的视野,将国际秩序的境界提升到前三种范式所无法企及的新高度。首先,“和谐世界”不是局限于维护个别大国的安全,而是关注国际社会所有成员的普遍安全。其次,“和谐世界”将发展中国家的发展纳入视野,倡导国际社会所有成员的普遍发展。再次,“和谐世界”倡导不同文明间的相互包容和共同发展,否定了西方文明中心论。

“和谐世界”国际秩序观的提出是国际秩序理论发展中的一次重要理论创新。它由安全、发展、和谐三个关键概念所组成,关注三个层次不断递进的目标,即通过共同安全实现持久和平稳定,创设国际秩序有序运行的基本条件;通过共同发展和共同繁荣既满足世界各国的发展利益需求,又促进全球安全威胁根源的消除,为国际秩序的有序运行提供保障;通过开放包容实现不同文明和谐相处,共同进步,实现国际秩序的公正与合理。“和谐世界”所提出的目标和新观念,以及解决国际秩序建设中安全困境问题、国际秩序的持久和平稳定问题以及国际秩序的公正与合理问题等三大难题的思路,已经使它超越了西方国际秩序理论,成为一种崭新的国际秩序构想和范式。

中国的全球观——和谐世界

李　丹　撰

《中国特色社会主义研究》北京,2007 年第 2 期

全球化是当今世界最根本的特征。然而,反全球化运动也令世人瞩目。全球化与反全球化之间的矛盾构成了 21 世纪世界政治的重要内容。全球化是中国和平发展的背景和条件:首先,从空间上说,全球化有利于中国参与国际竞争,拓展经济发展空间。再次,从观念上看,全球化有利于社会主义价值观的认同和革新,为我国营造有利的国际舆论环境。最后,从实践上看,全球化焕发了中国经济的勃勃生机,中

国模式跃然于世。

反全球化运动大胆揭露全球化弊端，对中国带来启发，但中国不反对全球化。这是由我国自身处境和利益决定的，我们已经具备从全球化中获利的条件。中国是全球化的受益者，我们不反对全球化，但并不意味着我们是全球化的简单追随者或被动参与者。中国有自己独特的全球化观。和谐世界理论进一步为理想的全球化勾勒了清晰的轮廓。在政治层面，和谐世界的首要标准是平等民主。在经济层面，和谐世界大力倡导互利共赢。在安全层面，和谐世界强调以合作求安全。在文化层面，和谐世界倡导文明多样性。

构建和谐世界是解决全球化与反全球化矛盾的出路。和谐世界是全球治理的中国式解决方案，它为全球化的健康发展指明了道路。和谐世界代表的方向，是全球化趋于完善的方向，也是反全球化更富有建设性的方向。

“和谐世界”：中国国际战略的新发展

李景治　撰

《科学社会主义》北京，2006 年第 5 期

建设“和谐世界”的主张同毛泽东、邓小平以及江泽民的国际战略思想是一脉相承的。同时建设“和谐世界”的主张，也是新的历史条件下中国国际战略的新发展。建设“和谐世界”的核心和主要目标是实现世界的持久和平和普遍繁荣。和平与繁荣是关系到各国人民切身利益和长远利益的两大根本问题，也是建设“和谐世界”的两大核心内容。和平是和谐的基本前提。建设“和谐世界”是构建“和谐社会”在国际战略领域的延伸。两者相辅相成，形成了一套完整的国家整体发展战略。“和谐社会”是基础，只有逐步构建起“和谐社会”，使中国繁荣、稳定和强大，才能有效推动“和谐世界”建设；对构建“和谐社会”而言，建设“和谐世界”又是必不可少的外部条件，只有世界和谐，中国才能更快、更好地构建“和谐社会”。建设“和谐世界”更加明确了中国国际战略的目标。其一，通过建设“和谐世界”为我国的发展创造一个和平稳定的周边环境和良好的国际环境；其二，为推动世界的和平与发展做出应有的贡献。建设“和谐世界”反映了中国国际战略的新理念。它继承了博大的中华文明当中“和为贵”的战略精髓，又代表了当代人类最高层次的战略思想境界。建设“和谐世界”体现了社会主义国家国际战略的特色。建设“和谐世界”的主张，既强调各国之间的和平共处，也努力促进各国人民之间的友好往来。

建设“和谐世界”是一个美好的理想和奋斗目标，但其实现需要中国和各国人民长期的、多方面的共同努力。在经济方面，应坚持互利、合作、共赢的方针。在政治和意识形态方面，应坚持“和而不同”的原则。在处理国与国之间的关系方面，应坚持和平共处五项原则。与此同时，我们还应该坚持不懈的反对各种形式的霸权主义和单边主义。在文化传统方面，应坚持相互尊重的原则。当然，我们也应该充分认识到，“和谐世界”的建设是一个长期、艰苦、曲折的奋斗历程，它面临着多方面的挑战和障碍，需要中国同相关国家和国际组织一起共同努力来解决。

和谐世界与和谐外交

俞可平　撰

《文汇报》上海，2007 年 4 月 16 日

在过去的两年中，中国对外政策与全球战略最引人注目的发展之一，是胡锦涛主席正式提出了“和谐世界”的新理念。“和谐世界”集中体现了中国对当今的国际局势、全球问题、人

类命运和理想目标的基本判断和价值追求，它是国内和谐社会战略在国际政治领域的反映，代表了中国全球战略的最新发展。

“和谐世界”的思想比较集中地表明了中国政府对国际局势和全球治理的原则性立场，体现了中国在21世纪初的全球战略。这种建立在“和谐世界”理念之上的全球战略，就是中国的“和谐外交”，它主要包括以下几个方面的内容。第一，“和谐外交”的理想价值或根本目标是致力于增进全人类的共同利益。具体地说，它要达到四个基本目标，一是实现持久和平，二是实现世界的普遍繁荣，三是推进国际关系的民主化，四是追求人类与自然的和睦相处。第二，“和谐外交”的国际规制。“和谐外交”重视国际规制，特别是联合国宪章在维护全球安全和确立国际政治经济新秩序中的重要作用。第三，“和谐外交”的行为主体是主权国家和国际组织。第四，“和谐外交”的重点领域是区域与全球安全、国际合作、基本人权、全球生态、全球风险和跨国犯罪。第五，“和谐外交”的主要策略可以概括为16个字：对话协商、合作共赢、求同存异、包容开放。

中国“和谐世界”的全球战略，既共享了国际社会普遍的理想价值，反映了人类在全球化时代的共同愿望；同时也体现了中华民族自己的政治、经济和文化特色。

和谐马克思主义：一个被长期遮蔽的视域

安启念　撰

《中国人民大学学报》北京，2006年第3期

站在今天的高度梳理和认识马克思、恩格斯的哲学思想，我们会看到，马克思、恩格斯的理论所看重的实际上不是冲突、斗争，而是和谐，追求和谐才是马克思主义理论的本质特征，冲突、斗争只是实现和谐的手段之一。以往，我们之所以把马克思主义理解为关于阶级冲突、暴力革命的理论，是因为在一个相当长的历史时期中，马克思、恩格斯关于和谐的理论视域被遮蔽了。

资本主义社会无处不在的激烈冲突催生了马克思主义理论。马克思主义是以人类解放为宗旨的理论。要实现人类解放，必须建立一种能够铲除上述冲突从而消灭异化的制度。这就是共产主义。共产主义是人与人、人与自然以及人自身各个方面矛盾冲突的真正解决，是充满和谐的社会。阶级冲突和无产阶级暴力革命不是实现共产主义的唯一途径。马克思、恩格斯之所以特别强调人与人、人与自然的冲突，是因为他们在一个比较长的时期一直认为，上述冲突是人类走向和谐的必由之路。在马克思、恩格斯那里，实现和谐是目的，冲突与对抗只是在特定时期提倡使用的达到目的的手段。和谐马克思主义视域被遮蔽是有历史原因的。其直接原因是因为俄国革命、中国革命的成功都是暴力冲突的产物，也因为从列宁到毛泽东对阶级斗争和暴力革命的作用做了长期的不遗余力的宣传。但其深层的、真正的原因，则在于俄罗斯以及中国社会发展的落后状况，在这些国家没有实践的需要与可能。

在当今时代建设和谐社会、和谐世界的背景下，马克思、恩格斯有关和谐的思想显得弥足珍贵。人类历史正在走出剧烈冲突的时代，马克思主义理论也应当从以往冲突时代的历史局限中摆脱出来。时代在呼唤“和谐马克思主义”。

马克思主义从冲突到和谐的转换机制

吕国忱　张华　撰

《理论探讨》哈尔滨，2006 年第 3 期

马克思主义理论中，冲突与对立是显性的，和谐与统一是隐性的。冲突与和谐是矛盾的两个方面，缺一不可。无论在理论层面还是在实践层面，它们总是相互依存、相互转化的。但是，由于长期的革命实践的需要，即在马克思、列宁和毛泽东时期，冲突相对来说占有主导地位。在 20 多年的改革开放过程中，由于社会发展的需要，党的十六届四中全会提出的构建和谐社会的理论，既是以往挫折失误的深刻总结，又是成功经验的深厚积淀，更是未来社会发展的主导方向。分析从冲突向和谐转化的内在机制，有重要的方法论意义。第一，多实践，少争论。第二，不要刻意追究，保留适度模糊性。第三，等待时机，促进成熟。第四，在两极中找中立，在多种可能性中选择。在对立两极之间，存在很多中介因素，应该加以认识、选择和按人的主观目的性转化。第五，在对立中调节，促进双赢。无论我们加强和谐社会建设达到什么程度，冲突或早或晚还会发生，但是它是以新的性质和形式发挥作用，仍需要我们加以关注和解决。抛开矛盾的“世外桃源”只是一种理想状态。我们以冲突作为和谐转化机制的引擎，把和谐思维作为我们的主导思想，在处理各种社会利益主体的关系时是切实可行的。

论马克思主义文明和谐观的哲学基础

杨倩　撰

《贵州社会科学》贵阳，2007 年第 5 期

马克思主义哲学关于和谐理念的科学阐释是其文明和谐观的理论铺设。在辩证唯物主义的世界观和方法论中重新开掘马克思主义的和谐理念，正确厘定和谐思想在马克思主义理论中的应有地位，钩沉出与现代文明和谐发展相契合的科学理论，实属当务之急。

一、物质统一性与和谐

马克思主义关于物质的基本原理为构建科学和谐理念奠定了统一基础。作为哲学命题的世界物质统一性原理是对科学观点和成果的概括和总结，也是万物和谐统一的现代科学形态。它是辩证唯物主义的基石，同时也是科学和谐理念的本原性基础。和谐的前提就是无限多样的事物和现象的统一。只有物质的统一，物质所共有的基本属性和基本规律，以及由此产生的物质条件和社会关系，万物和谐才有了可凭靠的对象和最基本的可能性。换言之，只有马克思主义的世界物质统一性原理为和谐理念提供了最坚实的科学基础。

二、对立统一律与和谐

马克思主义关于矛盾的根本观点为构建科学和谐理念确立了理论核心。矛盾的对立统一规律是唯物辩证法的实质与核心，同时也是科学和谐思想的实质与核心。科学地理解和谐理念，必须正确看待和谐所蕴涵的斗争性，认识到斗争是和谐的题中应有之义，斗争是达到和谐的必要条件和必由之路。

三、系统整体观与和谐

马克思主义关于系统整体观的丰富内容为构建科学和谐理念提供了思想资源。辩证唯物主义关于系统的思想尤其是社会经济系统的理论，对和谐理念的科学发展大有裨益。反过来，系统思想的蓬勃发展又充实和丰富了唯物辩证法的内容。

综上所述，马克思主义在和谐理念的发展上起着革命性的贡献，使和谐理念的发展走上了科学的轨道。以马克思主义基本原理为指导建构的科学和谐理念必然彻底坚持事物发展的

根本规律——唯物辩证法，首先肯定在哲学上的和谐与不和谐相比较，对立面的斗争性是第一位的，是推动事物、世界和人类发展的根本动力，因此斗争与冲突具有首要地位；同时也肯定了对立面的统一性也是事物、世界和人类发展的重要动力和条件，因此和谐具有科学的合理性。这就与和谐唯一论划清了界限，也与矛盾斗争的唯一性划清了界限。

关于构建社会主义和谐社会的若干哲学问题

王伟光　撰

《理论前沿》北京，2007 年第 3 期

从哲学角度，深入探索研究社会主义和谐社会理论与社会主义和谐社会建设问题，主要有：

第一，和谐和矛盾。社会主义和谐社会理论的哲学基础仍然是马克思主义对立统一的哲学观点。要理解对立统一规律，首先，要理解矛盾的普遍性和特殊性。其次，要理解矛盾的斗争性和同一性。斗争性和同一性的结合就是对立统一。矛盾的同一性有两层含义，一是指矛盾的双方互相依存、互为前提，二是指矛盾双方互相转化、互相渗透、互相融合。矛盾的一方吃掉另一方是同一，双方融合也是同一。

第二，和谐社会和社会基本矛盾。我国目前阶段的社会基本矛盾，仍然是基本适合条件下还有不适合的地方，这些不适合的方面仍然阻碍生产力的进一步发展、人民积极性的进一步发挥，是影响社会主义和谐社会建设的深层体制原因。当前发展中存在的问题，要靠改革、靠发展来解决。

第三，和谐社会和社会主义初级阶段主要矛盾。社会主义初级阶段主要矛盾是不断提高的人民物质文化需要和落后的社会生产之间的矛盾。解决初级阶段的主要矛盾就要坚定不移地推进经济建设和生产力的发展。在坚持经济发展的前提下，即在坚持效率的前提下，更多地突出地解决好分配公平问题。共产党作为执政党要有两个基本的执政能力，一是把蛋糕做大，一是把蛋糕分好。

第四，和谐社会和人民内部矛盾。人民内部矛盾是社会主义初级阶段人际关系上的主要矛盾。目前我国人民内部矛盾引发的突发性和群体性事件正处于多发期和突发期，这是社会和谐的突出隐患。构建社会主义和谐社会，关键要正确处理好人民内部矛盾问题；正确处理好人民内部矛盾，关键要正确处理好人民内部的利益矛盾。

第五，和谐社会与阶级、阶层和利益群体的关系。经济社会发展使我国社会阶级、阶层和利益群体产生了新的分化、变化。正确认识和有效协调阶级、阶层和利益群体之间的关系和矛盾，努力构建和谐的、相互协调的社会阶级阶层结构，对于和谐社会建设相当重要。

第六，和谐社会和多元文化。构建社会主义和谐社会，既要承认多元文化的存在，同时又要构建以人为主的、核心的、把大家凝聚起来的思想价值体系，扩大和巩固马克思主义的指导地位。

科学的矛盾观与社会主义和谐社会的构建

雍涛　撰

《重庆邮电大学学报》重庆，2008 年第 1 期

我们必须以科学的矛盾观为指导，正确地理解和谐的范畴，科学地定义和谐社会，准确地分析社会主义社会矛盾的性质，在化解不和谐因素的过程中提高社会的和谐程度。科学矛盾观所理解的和谐，不是无矛盾、无冲突的和谐，

而是指矛盾同一性的一种特殊形态，即矛盾双方相互平衡、暂时统一的最佳状态，比“稳定”更高一层。“和谐社会”不是一种经济社会形态，而是一种社会状态，是人与人、人与自然相互协调、合作、互补、互利的关系。和谐不仅为社会主义社会所固有，其他社会形态有时候也能达到某种程度的和谐。社会主义社会由于社会基本矛盾是非对抗性的，人民根本利益一致，这就决定了我们有必要和可能把构建社会主义和谐社会作为中国特色社会主义的一个价值取向和重要目标。这一取向和目标，体现在发展观上就是要求全面、协调、可持续发展；在社会观上就是要求构建全体人民各尽所能、各得其所而又和谐相处的社会关系；人本观上就是努力促进人的自由全面发展。这些目标的实现，既不能回避矛盾，取消斗争，也不能靠扩大矛盾、激化斗争来达到。

构建和谐社会矛盾同一性的两种情形

贺祥林　姚芳　撰

《东岳论丛》济南，2007 年第 3 期

实践主体在把握作为构建和谐社会的过程中的矛盾同一性时，必须确认其两种情形或状态：其一是其基本和谐的情形或状态，可称之为矛盾同一性中的原有同一性，它表现为矛盾各方互为存在的条件，这是构建和谐社会的一种前提和基础；其二是新的基本和谐的情形或状态，可称之为矛盾同一性中的新的同一性，它表现为原有同一性的分解，并依据一定的条件转化为新的同一性，这是构建和谐社会的一种结果。而在这个基本和谐到新的基本和谐的过程中，其基本和谐不是绝对和谐，而是包括存在不和谐因素的和谐，这种不和谐因素由潜在转为现在就是原有同一性的分解，并依据一定的条件而转化为新的同一性以及新的基本和谐。由此，在这个新旧同一性的转化过程中，人们应尽心去做协调、协作与和谐工作，尽其所能谋取互利双赢。所以，矛盾斗争性在构建和谐社会过程中就有既不断消除不和谐因素，又不断增加和谐因素之作用，这个“消除”与“增加”即“破旧”与“立新”的作用是不可否定的。

“双赢思维方式”是构建社会主义和谐社会的新思维

严安纯有　撰

《出版广角》南宁，2005 年第 10 期

“双赢思维方式”是构建社会主义和谐社会的新思维。这是因为：一、阶级的消灭，使“双赢思维方式”的产生有了社会基础。二、知识经济是产生“双赢思维方式”的经济基础。作为知识经济中战略资源的知识和信息，与农业经济和工业经济时代的战略资源截然不同，具有可共享性与利用的无限性。三、当今世界的主旋律是提出“双赢思维方式”的现实依据。当今世界的主题是和平与发展。四、“双赢思维方式”是解决当今我国现代化建设过程中各种矛盾的“金钥匙”。建设中国特色社会主义，本质上要求解放和发展生产力，消灭剥削，消除两极分化，最终达到共同富裕，就必须采用双赢战略和策略，用双赢思维方式去思考和解决各种矛盾。五、“双赢思维方式”的确立有其哲学的理论依据。马克思主义唯物辩证法为“双赢思维方式”提供了理论依据。既然万事万物是普遍联系和变化发展的，那么任何事物都不能脱离其他事物而独立存在，必须与其他事物共生共荣才能发展，也就是双赢和共赢才能发展，既然矛盾是斗争性与同一性的结合体，这就意味着任何一方的发展离不开对方的发展，即矛盾的同一，从这个意义上讲，“双赢思维”也叫“和谐思维”。“双赢”必然代表“和谐”，而“和谐”必然是以

“双赢”为基础和特征的。

和谐思维探析

赵甲明　撰

《中国特色社会主义研究》北京，2005年第5期

哲学是“思想中所把握到的时代”（黑格尔语）。任何时代的哲学和哲学思维既是人类精神和人类思维长期发展的产物，同时也是自己所处历史时代的时代精神的凝结和升华，反映着时代和社会发展的需要。这个观点也正是本文分析和谐思维的方法论。

和谐思维是适应现时代和中国社会发展需要的思维方式。

上个世纪70年代以来，不论是世界格局的变迁，还是国内形势的发展，都在生长着新的时代精神，蕴育着与之相适应的思维方式。这个新的时代精神的重要内涵，就是“和平与发展”；而与之相适应的重要思维方式，就是“公正与和谐”的思维。和平与发展的时代主题呼唤公正与和谐的思维。

党的十六届四中全会“构建社会主义和谐社会”命题的提出，对中国社会和人的发展的影响将是深远的。它正在进一步推动社会和人的发展模式的变革和创新，促使更富时代内涵的新的理念的形成，尤其是它将催生作为时代精神升华的新的哲学、新的思维方式。构建社会主义和谐社会需要公正与和谐的思维。

要把握和谐思维的真义，有必要搞清楚以下几个方面的问题：

一、把握和谐思维的真义，要正确理解和谐与“异”、“同”的关系。

二、和谐思维与以人为本的理念是相辅相成，互相支撑的。

三、和谐思维是处理人民内部矛盾的良方。

辩证思维与和谐思维

杨寿堪　撰

《人民日报》北京，2007年4月6日

从哲学角度深入思考和研究辩证思维与和谐思维的关系，有助于我们全面深入地理解中央提出的构建社会主义和谐社会的重大战略思想和推动建设和谐世界的理念。

辩证思维与和谐思维的一致性、共同性，是我们首先要把握的一个观点。我们所提倡的辩证的和谐观与形而上学的和谐观是根本不同的。形而上学的和谐观，否认矛盾，掩饰差异，是一种“纯粹”的和谐。我们所倡导的和谐思维具有鲜明的时代特征。和谐思维在承认矛盾斗争性的同时，强调矛盾的统一性，强调事物合二为一的特性。以这种思维方式看待和处理世界事务，看待和处理社会主义建设问题，才符合国际国内发展的潮流。和谐思维表现在文化上，就是主张宽容。以往我们在阐述与理解社会发展的动力时，只看到斗争、“分”的一面，而忽视了矛盾统一、“合”的一面，这显然是片面的。要知道，虽然没有分就没有合，但没有合分就失去意义，合是分的目的。今天，我们应该重视“合”的力量，通过“和”推动社会前进。古语云：家和万事兴。一个国家又何尝不是如此。全国人民只有和谐相处、齐心协力，才能集中精力搞建设，使国家走向繁荣富强。世界也是如此，和而不同是人类各种文明协调发展的真谛。

辩证思维与和谐思维

张奎良　撰

《光明日报》北京，2005年2月8日

党的十六届四中全会《决定》提出了构建社

会主义和谐社会的目标。构建和谐社会就要有与之相适应的和谐思维。

一般来说,社会的性质决定思维方式的性质。在以私有制为基础的阶级对抗的社会里,人们的思维方式往往带有对抗性,利益的冲突使人们习惯于在不相容的对立中思维。作为人类智慧结晶的辩证法或辩证思维,就带有鲜明的否定性,突出表现为向对立面的斗争性倾斜。马克思、列宁和毛泽东格外重视对立面的斗争反映了时代和无产阶级历史使命的需要,是完全必要和正确的。但是必须指出,他们在重视斗争性的同时,丝毫没有轻视对立面的同一性。他们对斗争性的重视只是出于革命的需要而表现出的一种认识和策略上的倾斜,这丝毫也不能改变辩证法和辩证思维的全面而无片面性弊病的本性。应当看到,长时期向对立面斗争性倾斜容易使人们形成一种思维惯性,即习惯于从对立和斗争的视角来思考问题,不重视对立面同一的作用,不善于从对立面和谐的视角来化解矛盾,推进事物的发展。

相应地,为了构建和谐社会,需要形成和谐思维方式。首先,不能用绝对化的观点来看待对立面。一切对立面双方必有其一致和共同的东西,否则它们就不可能相互依存和相互转化。对对立面也应该坚持对立统一的观点,既要看到对立面相克的一面,又要看到对立面相宜的一面。从对立面中汲取有利成分,壮大自己,是和谐思维的鲜明特点。第二,促进对立面的结合,发掘新的力量源泉。正确地认识和扶植对立面的直接目的是为了实现对立面的结合,发挥对立面斗争所不能起到的更大的积极作用。第三,以尽可能小的代价,实现对立面的双赢。对立面的结合开辟了新的发展模式,它不是传统意义上的一方消灭另一方,而是对立面的共存和双赢。这种双赢的发展模式,风险最小,成功的几率最大。

和谐思维与辩证法理论的创新

李楠明　撰

《光明日报》北京,2005年8月23日

笔者认为,对和谐思维意义的理解不能仅仅囿于传统的辩证法理论的阈限内,它更体现了对辩证法性质的全新认识和对辩证法内容的丰富和扩展。

辩证法作为一种弘扬主体创造精神的哲学理论,固有一种西方文化的向外的、通过冲突和斗争而征服和占有的倾向。在这样的理论思考方式中,对立、斗争比和谐、统一具有更重要的地位,矛盾、对立、斗争被看成是事物发展的源泉和动力,发展与对立、斗争解决矛盾等同起来。

把历史的发展分成性质不同的阶段,在不同的阶段有不同的发展状态,对立、对抗的发展形式只存在于阶级社会,这才是马克思对辩证法理论的真实全面的理解。

新矛盾观把矛盾分为极性关系、运演关系和结局关系,认为对立是矛盾的根本属性,这就表明对立、斗争的思维仍然是新矛盾理论的深层构架,在这种构架中,就不会真正有和谐的位置,由此思考问题也不会真正理解提出和谐思维的意义。

构建和谐社会必须要转变矛盾的对立、斗争的思维方式,而要从协调、平衡、共处的统一性的视角去观察和处理问题,并以此作为构建和谐社会的理论基础。和谐思维不是无矛盾的思维,和是指不同事物之和,“和而不同”,即多样性的平衡。这种多样性平衡的现实意义在于,改革的深化涉及到各种利益关系的调整,不同的人和群体在享受改革成果方面必然有所不同,不同利益的矛盾是不可回避的。和谐首先即意味着博弈的平衡和公正。和谐思维又要求

把目标的完满性变为过程的持续性。这就不同于西方文化的征服、占有、对立、斗争的思维,而是更多地体现着中国文化的整体性、平衡性的思考方式。而这种思考方式在改革进入矛盾多发期和凸显期的今天具有特殊重要的意义。它可以化解矛盾,减轻技术理性带来的人与自然、人与社会的对立冲突,实现经济效益和社会公平的协调发展。

总之,辩证思维不仅意味着对立和斗争,和谐与平衡也是它的重要组成部分。所以,只有对辩证法理论进行不断的创新,赋予它以时代发展的新内容,才能为构建和谐社会提供坚实的理论基础。

社会主义和谐社会的马克思主义溯源

耿百峰　撰

《山东社会科学》济南,2006 年第 10 期

胡锦涛同志从六个方面归纳了社会主义和谐社会的基本内涵:"民主法治、公平正义、诚信友爱、充满活力、安定有序,人与自然和谐相处。"这些基本内涵有着深厚的马克思主义理论渊源。

科学社会主义理论勾画了社会主义和谐社会的本质特征。马克思关于自由人联合体和人的全面自由发展的表述,明确地阐明了共产主义社会是以每个人的全面而自由的发展为基本原则的社会形式,从而勾画了社会主义和谐社会的本质特征,而我国当前所倡导的社会主义和谐社会正是以人的全面自由发展为最高目标的新型社会。

科学社会主义理论阐述了实现社会主义和谐社会的基本条件:历史上任何一种社会形态的确立都是以一定水平的生产力为基础的,它的发展和更替也是以生产力的发展为前提的。人类社会从低级阶段发展到高级阶段,归根到底,都是生产力发展的结果,生产力的高度发展是实现和谐社会的基本条件。

唯物辩证法揭示了社会主义和谐社会系统内各要素的辩证关系。马克思恩格斯运用唯物辩证法揭示了人与自然、人与社会、人自身的辩证关系:把人和自然的关系看作是一个复杂的对立统一体;反对抽象地谈论人,而把人理解为生活在现实的、历史地发生和历史地确定了的世界里面的"现实中的个人",并揭示出"人的本质不是单个人所固有的抽象物,在其现实性上,它是一切社会关系的总和"。社会性质决定了人与自然的关系;人自身也是一个矛盾统一体,整个历史也无非是人类本性的不断改变而已,社会发展史实质上是个人的发展史。

综上所述,我们不难看出,中国共产党提出构建社会主义和谐社会的重大历史任务,符合马克思主义基本原理,符合马克思主义关于社会主义和谐社会的科学设想与论述,是中国共产党对马克思主义关于社会主义和谐社会理论的丰富和发展。深刻理解和把握马克思主义关于社会主义和谐社会的理论论述,将极大地促进我们的社会主义和谐社会建设。

马克思恩格斯的社会和谐思想

贾建芳　撰

《马克思主义研究》北京,2005 年第 3 期

马克思恩格斯的社会和谐思想是建立在科学世界观和方法论基础上的,因而具有科学性与合理性。马克思恩格斯创立的唯物史观揭示了社会的本质、发展动力和发展规律,为和谐社会理论奠定了科学的世界观和方法论,使人类的社会和谐理想变成了科学,并且论证了实现社会主义和谐社会的历史必然性,预示了未来社会和谐发展的基本特征,指出了实现社会和谐的基本条件。马克思主义的和谐社会理论不

仅是唯物的，而且是辩证的，是历史唯物主义和辩证唯物主义的统一。马克思恩格斯创立的唯物辩证法反映了事物运动、发展的辩证性质，揭示了社会系统内各种要素之间的普遍联系、对立统一和相互转化的规律，阐明了社会结构、人与社会、自然以及人自身的辩证关系。马克思主义关于和谐社会理论是共产党人的行动指南。中国共产党所追求和实践的社会主义就是一个和谐社会。我们党提出构建社会主义和谐社会，符合马克思主义基本原理，符合马克思主义关于社会主义社会的科学设想，是我们党对建设中国特色社会主义理论的丰富和发展，也是对马克思主义关于社会主义社会建设理论的丰富和发展。

马克思的和谐社会思想及其当代意义

陈刚　撰

《江苏社会科学》南京，2008 年第 1 期

马克思直接谈和谐社会的论述不多，但他毕生为之奋斗的共产主义理想，正是人与人、人与社会和自然以及现实与价值、必然与自由之间矛盾与抗争的解决。这种解决正是社会和谐。具体地说，马克思的和谐社会思想主要表现在这样几个方面：第一，社会和谐的价值理想。第二，用阶级斗争理论与方法分析社会历史并对阶级压迫和剥削现象进行批判和谴责。第三，对资本奴役劳动这个当代社会最大不和谐现象进行分析批判，并致力于揭示其蕴藏的奥秘，亦即揭示其产生的历史条件和剥削工人剩余劳动之谜，指出雇佣劳动的形式自由内含实质上的不自由、不平等与不和谐。第四，对人与物关系的种种不和谐如物对人的统治、主客体颠倒、异化、粗野的物质拜物教、商品拜物教、物的依赖以及人对自然的破坏等现象进行深刻批判，进而阐述他的主客统一人物和谐的价值理想。马克思的和谐社会思想当代意义在于指导我们对商品、市场、资本努力用其利而避其弊，从而为符合马克思理想的和谐社会到来创造条件。

马克思和谐社会思想理论逻辑及其价值

宋朝光　撰

《江淮论坛》合肥，2007 年第 1 期

马克思所处时代的历史条件，为马克思和谐社会思想创造了理论前提。

批判、继承和发展的统一是马克思和谐社会思想理论逻辑的起点。这里的批判是批判中继承和发展，是否定之中的肯定。马克思对资本主义的现实批判是马克思全部批判的出发点，从具体的现实批判上升到抽象的理论批判，在科学理论指导下对社会的深刻批判，这展示了马克思的批判逻辑。主要是：1、思想批判：主要包括对唯心史观的批判、对资产阶级经济学的批判和对空想社会主义的批判。2、经济批判：经济批判是马克思对资本主义批判的立足点和主要内容，其核心是对资本主义物化现象及其社会关系的冲突的批判。3、政治批判：马克思对资本主义政治批判主要表现在对资本主义国家和资本主义政治上的平等、自由的批判。

马克思和谐社会思想将科学和价值统一于人的实践活动中。科学维度是研究社会是什么；价值维度则探讨社会应该是什么。马克思第一次把科学的社会历史观和正确的人的价值论结合起来，把社会历史的客观规律性和改造社会、实现人的解放的愿望结合起来。

矛盾的分析方法是马克思和谐社会思想的根本方法，马克思用矛盾分析方法揭示了人类社会和谐所展示的诸多层面及要素应有的相互关系。第一层次：主观世界和客观世界的和谐

关系，即社会存在和社会意识的关系。第二层次：生产关系和生产力之间、上层建筑和经济基础之间的和谐关系。第三层次：生产力、生产关系、经济基础、上层建筑内部要素的和谐关系，主要是人与自然、人与社会的和谐关系。第四层次：人自身各方面的和谐关系。

阶级分析方法是马克思未来和谐社会思想的又一根本方法。第一，无产阶级的解放真正代表了人的解放。第二，无产阶级是消灭资本主义和建设共产主义和谐社会的主体力量。第三，无产阶级要完成解放全人类的历史使命，必须有科学的理论为指导。

马克思和谐社会思想方法论对于构建社会主义和谐社会有重大的方法论意义。第一，构建社会主义和谐社会必须正确处理好主观和客观的关系。第二，必须正确协调生产关系和生产力、上层建筑和经济基础的关系，把解放和发展生产力放到首位。第三，在人的全面发展方面，必须处理好终极目标和阶段性目标的关系。

弘扬“和”的思想具有重要的现实意义

李瑞环　撰

《光明日报》北京，2005 年 9 月 28 日

和的思想、和为贵的思想，是中华民族文化的重要内容，是中国哲学的宝贵遗产，是中华民族待人处事的传统美德。和的思想、和为贵的思想，源远流长，世代相传，潜移默化，渗透到社会生活的许多方面，成为中华民族普遍的价值观念和理想追求。直到今天，和的思想对人们的生活、工作、交往、处事、从政、经商等各个方面，仍然具有深刻的影响，发挥着重要的作用。

和的思想、和为贵的思想，长期被淡化、被贬低、被扭曲，有着深刻的历史原因。令人遗憾的是，这种否定和的思想的斗争观念和习惯根深蒂固，很难被摈弃。当前，我国改革开放、现代化建设及祖国和平统一大业都任重道远，十分需要有一个和谐安定的局面、和睦融洽的关系。以各党派、各团体、社会各界为组成单位的政协组织，应该高举和的旗帜，以团结、民主为主题的政协工作，应该弘扬和为贵的思想。

反对和为贵思想的人，常常以坚持马克思主义自居，实际上他们坚持的是被自己歪曲了的马克思主义。将矛盾简单化为你死我活的僵化思维，不但在理论上违背马克思主义辩证法的精髓，而且在实践中危害甚大。

和的思想、和为贵的思想不是不分是非，不是无原则的苟同，而是和而不同。它认为世界万事万物都是由不同方面、不同要素构成的统一体，在这个统一体中，不同方面、不同要素相互依存、相互影响，相异相合、相反相成。而这些和马克思主义观点是一致的。

当前，弘扬和为贵的思想，就是要提倡宽宏大度、体谅包容、和谐共存、协调并进，就是要提倡平等待人、诚恳待人、宽厚待人、以理服人，使我们的同志特别是领导干部，为人处世注意保持博大胸襟，宽容一点，谅解一点，豁达一点，糊涂一点。和的思想主要针对相互关系，没有关系也就没有和，有了相互关系就要妥善处理，这里最常用也最管用的方法就是协调。和的思想、和为贵的思想是做好协调工作的依据、凭借。重视协调、加强协调工作是弘扬和为贵优良传统的必然要求，符合事物的客观规律，符合马克思主义辩证法的实质，符合时代的发展潮流，也符合中华民族的优良传统。

中国传统文化的贵和特质及其对马克思主义的中国化的规定和影响

杨亚利　撰

《理论学刊》济南，2009 年第 9 期

“和谐”是矛盾同一性的表现形式之一，是

表示事物发展的协调性、一致性、平衡性、完整性和合乎规律性的哲学范畴。中国传统文化的一个重要特质就是注重和谐即贵和。中国传统文化贵和思想表现在哪些方面呢？笔者认为有以下八个方面：

第一，中国传统文化偏重和谐矛盾同一性的辩证思维。中国哲学是中国传统文化的核心。注重和谐矛盾同一性的辩证思维是中国传统文化贵和特质的根基。偏重和谐和偏重斗争是中西辩证思维方式的根本区别。中国传统文化偏重和谐矛盾同一性的辩证思维的特点集中表现在《周易》的阴阳对待说、儒家的中和说、道家、道教的"道"说、佛教的"缘起"说。这其中包括相反相成、多样性统一、朴素系统观这样一些深层内涵。

第二，中国传统文化关于普遍和谐的思想。普遍和谐包括自然本身的和谐、人与自然的和谐、人与人的和谐、人与社会的和谐、人自身的和谐、民族、国家、不同文明之间的和谐。这是天地阴阳、宇宙万物最高层次的和谐。这个思想集中表现在儒家的"太和"说方面。

第三，中国传统文化关于自然内部和谐的思想。这方面的思想主要表现在儒家把"自然"（"天"或"天地"）看成和谐的整体的思想、周易中和之道的自然观、中国古代强调生物界的和谐"各得其养以成"的理论。

第四，中国传统文化关于人与自然和谐的思想。这个思想主要表现在三个方面：一是"天人合一"说（可以归纳为"天人玄同"说、"性天相通"说、"天人相类"说、"天人一气同本和谐"说、"天人同体"说、"天人一理"说、"天人一心"说七种表达方式）；二是佛教的"依正不二"说；三是自然国学方面的中医天人学说、农学"三才"学说。

第五，中国传统文化关于人与人和谐的思想。这方面思想包括个人与个人的和谐、家庭内部的和谐、个人与群体的和谐，主要体现在三个方面：一是儒家的"五伦等级和谐"说、"五常"说、"和一不争"说；二是佛教的"自他不二"、"庄严国土、利乐有情"的主张、"报恩尽分"的天职思想、"六和敬"的规则；三是民间道教对"和合二仙"的崇拜习俗。

第六，中国传统文化关于人与社会和谐的思想。所谓社会和谐就是社会内部的各要素处于协调发展的良性状态，包括社会结构的和谐、统治者、管理者与被统治者、被管理者之间的和谐、群体与群体之间的和谐、个人与集体之间的和谐。这个思想主要表现在中国历代大同思想和中国历代政治和谐思想两个方面。中国历代大同思想，主要表现在六个方面：一是依托远古，向往原始社会，用现有的观念材料进行加工和美化，勾画出大同社会的美妙蓝图；二是人间的社会追求采取了非人间的境界；三是用形象的语言塑造出大同社会的意境；四是政治家、社会改革家和历史学家对社会方案的制定；五是类似西方空想社会主义创办的"法郎吉"所进行的社会实验；六是农民起义提出的行动纲领和斗争口号。中国历代封建统治特别是文景、贞观、康乾三大盛世有利于社会和谐的治国方略、统治经验，主要表现在四个方面：即处理德法关系的中和思想，处理官民关系的民本思想，处理上下关系的兼听包容思想，处理民族关系的协和思想。

第七，中国传统文化关于人自身内部和谐的思想。这个思想主要体现在《黄帝内经》、道教中。

第八，中国传统文化关于国家、民族、不同文明之间和谐的思想。这个思想主要体现在儒家的"协和万邦"说和佛教的"心净则佛土净"说方面。

中国传统文化贵和思想具有思辨性与实用性统一、多样性与层次性统一、主导性与非主导性统一、超时空性与负面性统一、物质性与非物质性统一五大特点。中国传统文化的贵和特质是马克思主义中国化的主要成果毛泽东思想、中国特色社会主义理论体系的内部基因。中国传统文化的贵和特质对马克思主义中国化的规定和影响表现在以下方面：毛泽东思想活的灵魂第二点群众路线、统一战线理论、对内要讲“和”、双百方针、不同社会制度国与国之间和平共处五项原则；邓小平注重和谐矛盾统一性的思维方式；江泽民关于团结统一、爱好和平民族精神、“和而不同”是社会事物和社会关系发展的一条重要规律、和谐的治世观、“要尊重世界的多样性”思想；胡锦涛关于和谐社会、和谐文化、和谐世界的论述。

中华和谐文化的思想资源及其现代意义

——兼论当代文化发展战略

吴光　撰

《哲学研究》北京，2007 年第 5 期

本文拟对中华和谐文化传统的思想资源及其现代意义作出较为具体的理论探讨，并就建设和谐社会的文化发展战略问题略陈管见。

一、中华和谐文化传统的思想资源

在中华文明的思想宝库中，有着非常丰富的和谐思想资源。无论是儒家、墨家还是道家以及佛教，都提倡人与自然的和谐、人与人的和谐以及全社会的和谐，从而形成了有别于法家专制主义、西方征服主义及斗争哲学的和谐文化传统。

儒家的和谐思想包括三个层次，第一层次是讲人与自然、人与宇宙万物的整体性和谐。第二层次是讲人与社会、人与人的群体和谐。第三层次是讲人际关系的道德和谐。概言之，儒家的和谐思想是整体和谐、群体和谐与道德和谐的辩证和谐观，是以承认“不同”为前提而以“太和”为最高境界的多元和谐观。而儒家多元和谐观的基本价值观，则是以仁、和为核心，以义、礼、智、信、忠、孝、廉、耻为主要范畴的道德人文主义思想体系。

古代的墨家虽然有“尚同”、“明鬼”、“天志”等与和谐文化相矛盾的思想主张，但其基本主张是追求社会和谐与人际关系和谐的。我们可以将墨家的和谐思想概括为以“兼爱”为中心的“兼爱和谐”观。

如果说儒家的和谐价值观是一种积极有为的“仁爱和谐”观的话，那么道家的和谐价值观可以说是一种崇尚自然无为、主张“和气生物”的“自然和谐”观。

《庄子》所代表的是战国中后期的道家学派，它大致上继承和充实了老子的“自然和谐”观，主张人顺应自然之道，保持人际关系的和谐，从而实现全社会的和谐。

秦汉之际黄老道家的“和谐”观，较之老庄更加积极有为。一方面，黄老道家继承了老学“阴阳和而生万物”的宇宙生成论。另一方面，他们并非一味地“纯任自然”、“惟不争”，而是主张待时而动、应时而作。

佛教在本质上是一种陶冶心性、倡导平等和谐的和平主义宗教，尤其是中国化的佛教，更是吸收了儒家仁爱和谐与道家自然和谐的思想资源，形成了一套既治心又救世的和平和谐理论，其核心的价值观念是“和”。

综上所述，在中华传统文化中，无论是儒家还是墨家、道家或佛教，都蕴涵着丰富的和谐文化思想资源，我们应当深入发掘，以服务于建设和谐社会、和谐世界的时代要求。

二、弘扬和谐文化的现代意义

我们可以从三个方面去解读弘扬和谐文化、树立和谐价值观的现代意义。第一，弘扬和谐文化、树立和谐价值观，是促进社会和谐、实现国家长治久安的需要。第二，弘扬和谐文化、树立和谐价值观，是台海两岸人民实现“一国两制、和平统一、互利双赢”的需要。第三，弘扬和谐文化、树立和谐价值观，也是扩大国际合作、

维护世界和平的需要。

三、充实和谐思想，建设和谐社会

在当前，如何深入发掘、充实与弘扬和谐文化传统以服务于建设和谐社会、和谐世界的实践呢？笔者认为，当务之急是要提出一项与时俱进、适合全球化时代需要的文化发展战略，即坚持“一元主导，多元辅补；会通古今，兼融中西”的和谐文化观，并从理论与实践的结合上摆正和处理好以下几个关系：一是主流文化与非主流文化的关系。二是竞争机制与社会和谐的关系。三是少数与多数的关系。四是道义与功利的关系。五是道德与法制的关系。正确地处理好这些关系，那么我们就能为实现社会主义现代化、建设和谐社会与和谐世界的远大目标提供具有战略意义的软实力。

中国“和”文化与构建和谐社会

郭建宁　撰

《前线》北京，2005年第2期

“和”是中国传统文化的内在精神和显著特征，中国传统文化中有着非常丰富的关于融合、和谐、和睦、平和的思想和观念。当前，在构建当代中国的社会主义和谐社会的过程中，如何适应我国社会的深刻变化，以马克思主义为指导，充分吸收和运用中国“和”文化的宝贵资源，是一个具有重要理论意义和现实意义的课题，值得认真研究和探讨。

中国“和”文化的内容十分丰富，概括地讲，主要体现在以下几个方面：一是天人合一、保合太和的宇宙观。二是合二而一、仇必和而解的辩证法。三是和而不同、求同存异的价值观。四是和为贵、泛爱众的处世哲学。五是自强不息、厚德载物的民族精神。六是天下大同、天下为公的社会理想。

“和”是中国文化的重要特征，“和谐”是中国文化的价值目标。中国共产党人面对新世纪、新形势、新任务、新挑战，明确提出了构建社会主义和谐社会的任务，这是党的执政理念和治国理念的一次重大提升和飞跃。在学习和研究关于构建社会主义和谐社会的有关问题时，有些同志也有一些担心和疑问，这主要表现在三个层面：首先，思想理论层面。其次，实际工作层面。再次，国际战略方面。

在中华文明五千年的历史进程中，“和”文化对于维护社会稳定，增强民族凝聚力，起了不可或缺的重要作用。今天我们构建社会主义和谐社会，“和”文化仍然是可以借鉴和吸收的重要资源，仍然可以发挥不可替代的重要作用。这主要表现在以下几个方面：第一，我们坚持以人为本，落实全面、协调、可持续的科学发展观，要借鉴和吸收中国“和”文化的有效资源。第二，我们化解社会矛盾，妥善处理不同利益群体之间的利益冲突，维护社会稳定，实现社会和谐，要借鉴和吸收中国“和”文化的有效资源。第三，我们维护祖国统一，反对分裂，实现中华民族包括海外侨胞的大团结，需要借鉴和吸收中国“和”文化的有效资源。第四，与世界多元文化的交流与对话，需要发掘中国“和”文化的开放性和包容性的优势。

和谐原理三题

庞朴　撰

《文汇报》上海，2007年5月7日

礼之用，和为贵

这里提出了两个范畴：礼与和。它们本是对立的，一个主别异，一个主和同，但却互相依存相互为用。在实施礼制时，最好以它的对立者和谐为手段；在享受和谐时，则应该用礼制给以必要的节制。这是十分鲜明的对立双方相反相成的辩证法。类似的说法名曰对立统一原则。过去我们推崇的是对立面的绝对对立！而不是对立者的统一或同一。在礼与和的关系上，有三种情况：知和而不知节以礼，或以和用和；由礼而不知调以和，或以礼用礼；以及，二者的综合与超越，以和用礼并以礼用和。

以他平他谓之和

和谐总是由两相对反、互为他者的元素激荡而成。这就是所谓的“以他平他谓之和”。“他”和“他”，在这里是正相对立的异。细分起来，和的状态或动作，还有“包容式”和“超越式”之不同。

君子和而不同

所谓君子和而不同，就是要求人们互相促进，切勿彼此苟同；所谓小人同而不和，则反是。但是，这绝非是说，“同”便简单等于“恶”。在我们的传统文化中，有两种“同”，一是与“和”相对的同和之同，一是与“异”相对的同异之同。

中国传统和谐观的内容特质与时代价值

杨明　撰

《伦理学研究》长沙，2008 年第 2 期

和谐观体现了中国传统的道德哲学和生存智慧，至今依然可以为和谐社会的构建乃至世界的和平发展提供重要的精神资源。

在我国历史上，各个思想派别都曾对和谐问题做出过精当的论述，其中尤以儒道墨法四家为突出。

儒家尤其注重和谐，形成了别具特色的“中和”观。儒家对和谐的追求涉及到人与自身、人与人、人与自然、国家与国家等多个方面。在人与自身的关系上，儒家认为在发动喜怒哀乐之情以及追求物质利益上，要掌握中和的原则，保持平衡谦和的心态。在人与人的关系上，儒家提倡以和为贵、“和而不同”的和谐观。在人与自然的关系上，儒家认为首先要做到“明于天人之分”“不与天争职”，这样“仁民爱物”才可以实现“赞天地之化育，则可以与天地参矣”。后期儒家更是直接以“仁”来关心自然、贯通自然。在国与国以及民族与民族的关系上，儒家提倡王道、反对霸道，追求天下为公的大同境界。

道家也注重和谐，形成了“道法自然”的和谐观。道家和谐观的核心是返璞归真，提倡在人与自然的融和中求和谐。在道家看来，天与人都是相对的，惟有道是绝对的，道是自然而然的，人生也应该因任自然，这样人与自然才能最终地统一在一起，达到一种最和谐的状态，道家的和谐观既有超越的智慧的一面，也有消极的退隐的一面。

墨家提倡“兼爱交利”的和谐观，其和谐观建立在“兼相爱，交相利”的思想基础上，是在“不别亲疏、不离散”的交互中求和谐。“爱”和“利”是墨家和谐观中两个重要的因素，“爱”是处理人与人、人与社会关系的根本原则，而“利”则是爱能否实现的关键。墨家认为整个社会的和谐状态就是“兼相爱”，而达到这样一种状态必须要通过“交相利”，亦即“利”是“爱”的基础。

法家力图在“法、术、势”的综合运用中实现和谐。在法家那里，“法”是其治理社会的重要手段，和谐是其所追求的社会目标。法家认为法是和谐运行中的保证。

中国传统和谐观基本的理论特质表现在以下几个方面。其一，讲和谐但强调“和而不同”。其二，追求人与人以及人与自然的整体和谐。其三，特别注重人的自身和谐。

今天，我们正在致力于构建和谐社会乃至和谐世界，中国传统和谐观具有独特的时代价值，为追求人与人之间、不同社会阶层之间的相互和谐、为追求人与自然之间的相互和谐、为追求国与国之间的相互和谐提供智慧。

“和”论

李中华 撰

《光明日报》北京，2008年9月22日

中华民族自古以来就是一个崇尚“和谐”的民族。中国的哲学智慧，集中体现在一个“和”字上。

“和”之历史动因

首先，就自然环境来说，中国整体的地理环境格局，与海洋民族有着极大的区别。中国具有外部相对封闭，而内部又具有多样性的地理环境。中国地理环境本身即体现了一种多样性的统一。其次，上述地理环境的特点，又决定了中华民族以农业立国的发展方向。第三，小农经济的生产方式，又决定了中国古代“以家庭为本位”的社会类型。第四，中国自古以来，就是一个自然灾害多发和内部战争频仍的国家。天灾人祸造成的巨大破坏和民族伤痛，直接刺激了中华民族忧患意识的产生。

“和”之源

“和”源于“龢”，又源于“龠”。“和”字的产生乃源于上古的乐器及音乐，并由乐器的合奏及音乐的合鸣，引申出“和调”、“和谐”、“和合”、“唱和”等涵义。中国古人通过音乐提出“和”的理念。

“和”之内涵与定位

春秋战国时期“和”的理念逐渐趋于成熟。其成熟的重要标志，主要体现在两个方面：其一是“和”与“同”两个范畴的对举；二是“和实生物”与“和而不同”这两个重要命题的提出。“和”与“同”两者对举的情况下，才能更好地理解“和”的内涵，这体现了中国哲学的和谐理念所包含的辩证思维逻辑。“和”是万物生成发展的根据，也是事物存在发展的内在动力，这也就是史伯提出的“和实生物”这一命题的确切涵义。孔子继史伯、晏婴等思想家的“和同之辨”，更明确地提出“君子和而不同，小人同而不和”，即后来所称的“和而不同”的哲学命题。

“和”的文化价值及其实践意义

“和”的思想经过长期的历史积淀和发展，逐渐形成了一种求同存异、多元统一的文化模式。这种建立在辩证思维基础上的文化模式，有别于西方强调矛盾和斗争、强调非此即彼的二元对立的文化模式。这两种不同的文化模式，决定了解决矛盾的方式和手段的不同。多元统一的文化模式，由于强调此中有彼，彼中有此，因此只有通过沟通、协调的方式，才能达到共生、共存的目的，于是和解、共生成为最优先的选择，于是产生和谐哲学。在这里，解决矛盾的手段和目的是统一的。而二元对立的思维模式之所以陷入困境，主要是手段与目的二元分裂。

尽管“和谐”有多层次涵义，但最终可归结为如庄子所说的“与天和”、“与人和”这两大和谐范畴。这两大关系恰恰构成当今人类所面对的两大基本矛盾及由此所带来的前所未有的紧张关系。

中华民族“和”的理念或和谐哲学的实践意义，正在于能够化解和匡正人类面对的两大基本矛盾所引发的各种危机，使人类的生存发展真正能沿着体现“和而不同”理性智慧的大道前进。

中国和谐文化的思想资源、重要地位和正确导向

孙玉杰 撰

《科学社会主义》北京，2006年第5期

中国传统和谐思想是社会主义和谐文化重要思想资源。和谐是中国传统多元文化的共同的精神。中国文化从一开始就把和谐作为价值

观的最高准则。和谐思想是中国文化的核心价值观，是中国文化的特质。和谐思想在中国文化中的地位决定“和谐”是中国传统文化中最具东方智慧的标志性的理念。辩证法的宇宙观是和谐文化的哲学基础。对立统一是事物发展的基本规律，和谐文化以崇尚和谐为特征，但它并不否认矛盾，恰恰相反，它是以矛盾的存在为前提条件，认识矛盾并化解矛盾，促进和谐的辩证法思想体系。

社会主义和谐文化的重要地位体现在：一、和谐文化是中国特色社会主义文化的核心理念。和谐文化体现了中国特色社会主义文化的指导思想和发展目标，具有民族科学大众的、面向现代化、面向世界、面向未来的特征。二、和谐文化是构建社会主义和谐社会的目标和精神支撑。和谐文化在构建社会主义和谐社会中的地位从其内容和功能的角度来看，可以分为目标和途径两个方面。从和谐文化的目标来看，作为观念形态的和谐文化，把建设一元指导下多元文化的和谐作为构建社会主义和谐社会的重要目标。从和谐文化的功能来看，和谐文化又是构建和谐社会的重要思想保障，是精神动力和精神支撑。和谐文化的伟大精神力量还在于通过理论研究、宣传教育，使人们正确地认识自我、认识社会、认识自然，正确认识现实的矛盾和问题。

和谐文化建设的正确导向主要是：一、建设和谐文化应注重倡导理性认识矛盾、积极化解矛盾的和谐精神。和谐文化追求和谐，并不是否定矛盾，而要树立理性认识矛盾、积极化解矛盾，求得和谐发展的价值观念，促进社会和谐。二、建设和谐文化应促进科学发展和社会和谐。和谐文化作为以和谐为价值取向的文化形态，化解矛盾不是目的，目的是促进科学发展，促进人与社会、人与自然的和谐发展。科学发展观是社会主义和谐文化的具体化。和谐文化为贯彻落实科学发展观提供着思想上的支撑作用。

构建和谐社会、和谐世界与中华文明

吴同瑞　撰

《北京大学学报》北京，2007 年第 1 期

构建和谐社会与和谐世界，是总结历史经验和现实需要的必然选择，也是中华文明传统价值观的必然选择。中华文明历史悠久，和谐观念的确立源远流长。“和谐”是中国先贤、特别是儒家所提出的一条重要伦理原则和基本道德规范。在中国传统文化中，和谐的概念内涵十分丰富，外延无限广泛。社会生活的方方面面，无不追求和谐。公平、中正、和谐，是社会安定团结的重要标志和根本保证，也是衡量执政者得失成败的准绳。从历史文献的有关论述中，我们体会到，建设和谐社会与和谐世界，是一项多层次、全方位的系统工程，需要层层推进、全面展开。注重普遍联系的整体思维是中国人思维方式的特点。中国传统文化认为，人是大自然的一部分，人与自然万物应和谐相处，亲密无间。主张“天人合一”，强调天与人的和谐一致是中国古代哲学的基调。构建和谐社会、和谐世界的中心环节是正确处理人与人的关系。中国先哲认为，在天时、地利、人和三要素中，人和最关键、最重要。当今中国推行以邻为伴、与邻为善、求同存异、和平共处的外交政策，坚持走和平发展的道路，提倡建设持久和平、共同繁荣的和谐世界，强调国与国之间和则两利，斗则俱损，正是中国传统文化精髓合乎规律的继承和发扬。

以注重伦理文化为特点的中华文明，特别重视个人的修身养性。而修身养性的重要内容和理想境界就是身处困境而能保持心态的平和，使身心内外达到和谐状态。追求和谐是中华文明重要的价值观。这一“传统观念”作为一种宝贵的思想资源，经过批判继承，并与新的时

代精神相融合，对于当代和后代人努力构建和谐社会与和谐世界，将会日益发挥重要的指导作用。

“和而不同”：儒道释和谐思想分疏及其当代启示

邵汉明　漆思　撰

《天津师范大学学报》天津，2007 年第 5 期

儒道释三家都包含着丰富的和谐思想，但三家的和谐思想却各有特点，各有偏重。一般而言，儒家主张中庸之道的和谐观，侧重人际关系的和谐；道家主张天人一体的和谐观，侧重天人关系的和谐；释家主张中道圆融的和谐观，侧重身心关系的和谐。本文主旨在于分疏儒道释三家和谐思想的主要内涵，并对三家的和谐思想进行比较，阐明儒道释和谐思想的现实意义，为建构和谐社会与和谐世界提供中国传统和谐思想的当代启示。

儒家和谐思想的主要内涵：第一，“和而不同”。第二，“天人合一”。第三，“中庸之道”。儒家更侧重人际关系的和谐。儒家承认、肯定天与人、自然界和人类精神具有统一性，并视这种统一、和谐为人类的最高理想。“中庸之道”，不仅是儒家的一种世界观与方法论，还是儒家的一种人生观与价值观。儒家和谐思想的根本宗旨，在于以中庸、中和来做人处世，谋求人际关系的普遍和谐，达到天下为公、大同世界的理想社会。

道家和谐思想的主要内涵：第一，“道法自然”。第二，无为而治。第三，超越意识。道家更侧重天人关系的和谐。道家的和谐思想是基于“道法自然”基础上的“天人一体”的和谐观，主张无为而治，对一切反自然反人性的政治、生活与思想均持批判和超越立场。“道”不仅是道家的本体论，更是其人生观与政治观。道家的“道法自然”与“天人一体”的和谐观，使人们不是伪善而是合乎人的本性去生活，顺应自然本性，减少冲突与对抗，恢复人与自然应有的和谐状态。

释家和谐思想的主要内涵：第一，“因缘和合”。第二，中道观与圆融观。第三，众生平等与慈悲救世。佛教主张一种因缘和合、中道圆融的和谐观，更侧重于身心关系的和谐，从心开始来建构起整个世界的和谐统一。

儒道释和谐思想的共同之处在于“和而不同”的和谐精神。儒道释三家共同建构了中国文化“和而不同”的和谐型思想文化，形成了中国思想文化的“和谐”特质：“和而不同”、“相反相成”、“中道中和”、“天人和合”。面对和平与发展的时代主题，需要我们挖掘儒道释三家的和谐思想并进行与时俱进的转化与创新，从而为构建“和谐社会”与“和谐世界”提供中国传统和谐思想的深层理念支撑。

儒道释和谐思想的当代启示：一、在人与自然的关系中确立生态文明的天人和谐理念。二、在人与社会的关系中确立协调发展的人际和谐理念。三、在人与自我的关系中确立健全发展的身心和谐理念。四、在人与文明的关系中确立文化融合的文明和谐理念。五、在当代人类发展观念中确立和谐共生的和谐发展观。

中国传统文化中的和谐理念与政治实践

薛其林　柳礼泉　撰

《湖南社会科学》长沙，2005 年第 2 期

和谐作为源远流长的东方文化传统和普遍的精神，涵涉儒、道、墨、释，成为各家各派的思想学说的重要支柱和中国文化的人文精髓。这种多元共生、动态统一的文化理念，全方位地体现了中国文化的基本价值。从汉唐两代政治实践的效果看，这种渗透忧患意识和责任意识、凸

现一元与多元对立统一的民本和谐思想，可以作为衡量和解读朝代更替、国势兴衰的重要标准。

一、和谐的文化理念

中华民族早就有了“和”的概念，甲骨文、金文中多次出现。概要地说，和谐，就是异质要素的相互激荡、融合贯通、相异相成。先秦诸子无一例外地阐述过和谐的思想理念。东汉以降，这一思想又被儒、释、道三家加以吸收和弘扬，以和谐思想为核心构建起各自的思想体系。

真正认识和谐的价值意义，并从认识论、方法论加以系统完整论述的则首推儒道两家。儒家构建“和谐”的路径就是：由自身之“安身立命”，而至“推己及人”，再至“民胞物与”，最后臻于“保合太和”而“与天地参”的境地。儒家强调通过道德学养达到自身的和谐，进而推广到人与人的和谐，人与自然的和谐，自然与自然的和谐。

道家始祖老子的玄同论，实质上包括了三个方面的超越和寻求三个方面的和谐：超越现实社会制度，寻求人与人之间的和谐；超越世俗价值观，寻求人自身的和谐；超越世俗的有为，寻求人与自然的和谐。这一认识为人们处理人与自然、人与社会、人与自身心灵关系提供了价值理性和工具理性。

此外，传统文化中的其他各家思想学说，也都渗透着和谐思想。佛家标举的“因缘和合”、禅宗提出的“凡夫即佛”、“顿悟成佛”；墨家提倡的“兼爱”、“非攻”；法家主张建立的法制体系，都从不同方面的各个层面阐述了修身处世治国的和谐理念。可见，和谐的基本理念是中国古代文化的一个总体特征和基本内核。

二、和谐的政治实践

由于“和”是天下普遍的准则，所以历代政治家、思想家都极为重视用“和”来管理家庭、管理国家、管理社会。“和谐”思想在社会历史发展中具有积极的价值和意义。历史上有名的“文景之治”、“贞观之治”亦可由此获得根本的解读。和谐的政治实践主要表现在：以民本和谐理念为指导，努力创设安定的社会环境，着力恢复壮大民生民力，设法构建清明吏治，营造宽松的思想文化环境以及创建睦邻友好的周边环境。

三、历史的启示

以史为镜，可以知得失。和谐民本理念渗透的是忧患意识和责任意识，是忧患与责任的统一；表征的是激励机制和平衡机制，是激励与平衡的统一；凸现的是一元与多元的对立统一，既有统一的意志，又有生动活泼的内容。这是理想追求和现实努力的必然结果。

儒家和谐论的六个层次

成中英　撰

《河北学刊》石家庄，2006年第6期

依据太和、义和、中和、人和、协和、共和或大同，我们把儒家和谐概念划分成六个层次，每个概念都代表了自然物之内及自然物之间的活动、人的活动、群体的活动，以及国家和世界的活动。从太和的观点看，和谐是自然事物内在的自然属性，但需要人的道德意识去揭示，并把它转化为人的秩序。这并不是说要放弃对自然和谐的洞察，而是要通过人的道德品质来保护它。

以太和本体道德观为基础，我们可以看到人性作为内在的和谐是如何构成的：它承自太和，其和谐化的能力是和谐生活与和谐社会的根基。人类的出现被认为是自然和谐的终极产物，即乾与坤的太和。这使得自然人变成了真正意义的人，人性或人的生存原则被明确地定性为善。它为人与社会道德的发展提供了基础和动力，把义和及人和的意义延伸并提高到人的关系和人的福利的高度来进行考虑。人的生活可从人的需要和满意度上去理解，保持和谐水平以求改进与发展。无论从经济方面还是政治方面，人和作为人际间、国内和国际间的和谐都是通过公开影响与合理协商得到的结果。合理协商必须求助于人性和人善的经验。正是在这个意义上，协和才可能形成，作为世界和谐的和平才可能实现。

还需要指出与此相关的一点是：在太和及义和基础上实现的和谐必须有公正参与其间，因为没有公正就没有义和，公正的原则可理解为独立、平等和正直。最后，整个世界实现了协和，大同世界也就实现了。大同的目标不只是政治目标，更是社会和道德目标，是世界一体化，每个人都享有太和与义和，乃至人和与协和。

总之，我们依据自然和道德法则来构建的和谐的六个层次是：

一、太和（Primordial Harmony）：从本质上讲，宇宙就是寻求生命创造的和谐，而这种生命创造的和谐能产生自然与人的和谐，因此是内在的善。

二、义和（Harmony by Righteousness）：从本质上讲，宇宙产生了天生具有道德意识的人类（孟子的观点是：无道德意识的人无异于禽兽）。

三、中和（Harmony by Centrality）：作为中和的人性产生了精神与心灵，以寻求与世间万物的和谐相适应。

四、人和（Harmonyin Human Relations）：道德的目的就是通过人的修养来获得人和。

五、协和（Harmony among States and Nations）：通过人类和理性，人类组成了社区、州和国家，在同样的道德法则指导下，又形成更大范围的世界一体化和全球社会一体化。

六、大同（共和）（Universal Harmony）：制定具体的措施解决涉及到人类生存和生活的和谐问题，人类社会的终极理想——和谐与和平世界才可能实现。

孔子“和”文化思想及现代启示

杨庆存　撰

《北京大学学报》北京，2009 年第 2 期

一、孔子时代的社会危机与“和”之重大价值的发现

孔子面对严酷的社会战乱，敏锐地发现并发掘出“和”这一人类文明发展的至高境界，且将其理论化、系统化和实践化，提出了推动社会和谐有序、文明发展的新思路。

二、孔子“和”文化思想体系的理论架构

孔子以“人”为根本、以现实生活为基础，创立了“仁”学和“礼”学，并提出了“中庸之道”这一重要的方法论，从而构筑起合理而严谨的思想体系。“和”是这个思想体系的最高理念，“仁”与“礼”是两个并列且相辅相成的子系统。在这个思想体系中，“仁”与“礼”将“和”作为实现的目标，处处散发出人性的光芒；“中庸之道”作为实现“和”的方法也处处显示着思想的博大精深。

三、倡“仁”以达“和”

孔子从人的情感和心理层面发现人性中与“和”相通的积极因子，并将其升华为哲学范畴——“仁”。“仁”之所以通于“和”，首先是因为其内涵中具有人类最积极最美好的情感因子——大爱。“仁”通于“和”，还因为植根于人类至亲的血脉联系。孔子尤其强调“仁”是统治阶层必备的品质。

四、崇“礼”以致“和”

“礼”是实现社会和谐的重要手段。孔子明确地将“礼”定位于“用”，即手段，同时突出强调了“和”是效果，是目的，认为“礼”的作用最珍贵的地方就在于它可以使社会达到和谐的状态。“礼”作为引导人与社会达成和谐的重要手段，其精髓在于使国家政治和社会生活规范有

序。“礼”为安邦治国“大柄”，追根溯源，在于遵循了人们生活的社会习俗。从社会习俗到国家政治，“礼”维护社会安定的作用不断被强化，“礼”的秩序性对营造和谐的社会环境无疑具有举足轻重的作用。

五、“中庸”以成“和”

“中庸”是孔子学说中一个最耐人寻味而又充满思想智慧的哲学理念，也是孔子“和”文化思想体系里最重要的内容。“中庸之道”就是“‘和’之道”，它体现着“和”，又是达成“和”的方法和原则。没有“中庸”，“仁”与“礼”将难以正确地践行。以“中庸之道”来把握“仁”，核心是怎样对人的各种极端欲望和情感进行正确的规制和处理。以“中庸之道”来把握“礼”，核心是怎样通过合理的制度安排，防止社会出现巨大的贫富分化。

六、孔子“和”文化思想的人文基础

首先，以最高理念“和”为统领的思想架构，是孔子在浓缩千年文化精华的基础上，进行思想创新的伟大成果。其次，孔子“和”文化思想最根本的要义是人之“和”，因而出发点是现实社会中有血有肉的活生生的人，着眼点则是富有思想和情感的人性，构成其学说重要支撑的“仁”、“礼”和“中庸之道”也因其深厚的人性底蕴而富有长久的生命力。人类跨入21世纪，孔子“和”文化思想非但没有因为历史的久远而淡出人们的视野，反而愈加彰显其普适性、超前性和永恒性，在经济全球化和文化多样化的当今世界，继续为促进社会和谐、建设和谐世界与推进人类文明提供着丰厚的启示。

老庄身心和谐思想及其当代价值

钱同舟　撰

《学术交流》哈尔滨，2009年第5期

老子倡导“和光”以达“玄同”之境，通过创造开放心态以达到人与人的和谐共处。“和光同尘”，实际上是通向人内心和谐的一个重要途径；庄子提倡“心斋”、“以明”、“坐忘”以达到“乐物之通”的和谐状态。“心斋”、“以明”、“坐忘”是庄子心学的最高境界，也是身心和谐思想完满的描写。“心斋”从修养论、“以明”是从认识论、“坐忘”从人生境界论共同提出了对心灵修养所达到的最高境界的要求。老子和庄子的身心和谐思想对两千多年来的中国文化产生了深远的影响。在生命价值观上，两位先秦道家能够充分关注儒家所忽视的生命的个体价值，对儒家的生命价值观也恰恰起到了补偏救弊的作用。研究老子和庄子的身心和谐思想，有助于人们自己行为的调整和个体性格的陶冶，对于今天我们倡导的人文关怀、促进社会成员心理和谐也具有重要指导意义。

古希腊哲学中的和谐思想

高秉江　撰

《华中科技大学学报》武汉，2007年第4期

古希腊哲学的核心问题“一”与“多”，导致和？谐问题是希腊哲学的一个重要问题。古希腊哲学的核心问题是“一”与“多”的关系问题，也就是直观呈现的表象之杂多、流变。与杂多背后的同一、流变背后的永恒、表象背后的始基的相互关系问题。寻求终极始基实际上是要解答表象杂多如何能维系其相互协调性与自身同一性，于是也就自然而然地涉及到表象的差异性如何能在逻辑上和时间上寻得一个同一性起点和基础的问题，然后由这个起点和基础而产生的一种体系化的生成过程，将空间上的杂多纳入到时间上的生成体系中，于是和谐问题也就伴随着“一”与“多”的关系问题而成为古希腊哲学的重要主题。古希腊哲学中的和谐思想具体表现为：毕达哥拉斯哲学中的差异性互

补，赫拉克利特思想中的斗争观和基本价值视域；巴门尼德哲学的语言的有序性，合句法、合逻辑、合语境性；恩培多克勒的爱与和谐，四根的多元论与结合及分离的四阶段，苏格拉底的对话法与动态和谐，柏拉图思想中的内在和谐，以及亚里士多德的中道观。涉及和谐问题中易被人们所忽视的差异性互补、基本价值视域、内在和谐和动态和谐等重要问题，而这对我们全面丰富地理解和谐的含义具有重要的启发作用。

亚里士多德的和谐社会思想初探

张创新　刘堂灯　撰

《政治学研究》北京，2005 年第 3 期

亚里士多德虽没有明确提出要在整个社会构建今人所指的和谐社会，但如果我们细观《政治学》和《尼各马科伦理学》，便会发现构建和谐社会无疑是亚里士多德思想的理论基点和他本人的现实追求。亚里士多德从整体优于部分、制度决定个人、领导带动从众的认识出发，认为和谐社会必然要求社会的整体（结构和制度）是公平正义的，要求社会的管理者（执政者）以身作则，带头维护社会的公平正义。因而可以说，亚里士多德心目中的和谐社会首先且在本质上讲是一个公平正义的社会。正是围绕这一根本认识，亚里士多德还从友爱、内乱（反面的）、法治、教育四个方面展开他对和谐社会的理解。亚里士多德认为和谐社会是公平正义、团结友爱、安定有序、民主法治的社会。构建和谐社会，要防范社会出现内乱，要以平等和平衡为指导，实施法治和教育这两大刚柔相济的基本策略。总之，亚里士多德的和谐社会思想是相当丰富和全面的。他既注意到和谐社会中的制度因素，又考虑到人的因素；既阐明了和谐社会的本质特性，又对和谐社会的对立面作了必要的分析，还对如何构建和谐社会提出了切实可行的措施。可以说，细细了解和学习亚里士多德的和谐社会思想，当为我们今天构建和谐社会提供很好的思想教益。

欧洲空想社会主义的“和谐社会”观

徐觉哉　撰

《毛泽东邓小平理论研究》上海，2005 年第 8 期

马克思、恩格斯在继承前人思想成果的基础上，创立了科学社会主义理论，指明了实现美好社会理想的正确途径。科学社会主义理论为我们构建社会主义和谐社会提供了科学指南。欧洲空想社会主义学说是马克思主义的理论来源之一。分析空想社会主义关于和谐社会的思想对于我们今天构建社会主义和谐社会是有现实意义的。

自工业革命以来，随着西欧资本主义的发展，出现了经济生活矛盾重重、政治秩序极度混乱、社会贫富严重分化的局面，人类面临着人与自然、人与社会、人与人之间的各种冲突，并由此引起了生态危机、社会危机、道德危机、精神危机和价值危机。当时，和谐问题越来越成为人们普遍关注的焦点，因此，力求构建一种解决人类和谐与冲突之间张力失衡的基本原则，从而实现人类社会的全面和谐，就成了欧洲空想社会主义者执着的追求。莫尔的“乌托邦”社会，摩莱里的“共产主义法典”，圣西门的“新基督教”和“实业制度”，傅立叶的“和谐社会”，欧文的“新和谐公社”，魏特林的和谐、自由与共有共享制度，代表了欧洲空想社会主义的“和谐社会”观。

应该承认，欧洲空想社会主义学说是不成熟的，但它们的价值在于对资本主义社会的不满以及对理想社会的憧憬。马克思、恩格斯在《共产党宣言》中对他们的理论成果作了肯定的

回答。马克思主义的诞生，使社会主义实现了从空想到科学的发展；社会主义革命的成功，实现了社会主义从理想到现实的飞跃。从此，关于未来和谐社会的美好理想才可能成为历史的和现实的实践。

社会主义思想史上独具匠心的和谐社会理论

贾云泉　撰

《科学社会主义》北京，2005 第 6 期

傅立叶创立的和谐社会理论体系在社会主义思想史上独具匠心，本文仅就其理论加以探讨和研究。傅立叶在深刻批判资本主义社会种种不和谐尤其是生产方式中"大规模生产"与"分散经营"之间的矛盾的基础上，论证未来社会如何建立"协作结构"，实现社会的全面和谐。他的学说的重要特点，就是以他的包含着深刻辩证法观点和唯物主义思想萌芽的社会历史理论为基础，提出了内容深刻的社会主义和谐社会的理论体系和方案。他的整个理论体系是紧紧围绕如何在"文明制度"即资本主义社会所创造的大规模生产的基础上建立协调的社会体系而展开的。"情欲引力论"是傅立叶和谐社会理论的理论基础。集生产组织形式与社会组织形式于一身的"法朗吉"，是傅立叶经济关系和经济结构全面和谐的和谐社会理想方案。实现劳动与享受的和谐，构成和谐社会的重要内容。在和谐制度的种种优越性中，傅立叶特别详尽地论述了新型的劳动制度，并且通过这一论述，极大地发展了社会主义的劳动理论。

傅立叶的和谐社会的学说体系包含着极为丰富的内容。本文只是探讨了其中的几个问题，但仅从这几个问题，就足以看出傅立叶和谐思想的深刻性。这些深刻的见解在各个不同侧面上对社会主义学说作出了重要的贡献。当然，作为十九世纪初期的一位空想社会主义者，他的社会和谐理论不能不受到主客观条件的限制。尽管如此，傅立叶在社会主义思想史上的地位，他对社会主义和谐思想发展的功绩是不容低估的，有必要对他的学说体系进行深入的研究。

《太阳城》和谐社会福利思想的诠释与启示

——兼论中国适度普惠型社会福利制度的构架

陈雷　江海霞　撰

《陇东学院学报》庆阳，2009 年第 4 期

意大利哲学家康帕内拉的《太阳城》中蕴涵的社会福利思想，成为嗣后西方空想社会主义的雏形，也为我国构建和谐社会福利制度提供了有益的启示与借鉴。

《太阳城》的和谐社会福利思想表现为：在经济上主张公有制与和谐的劳动分工及就业保障；在国民教育方面强调普及国民教育且从儿童抓起和人的全面发展；重视形成互助共济的和谐人际关系与共享较高的医疗、母婴与老年福利待遇，体现了以人为本、造福为民的和谐社会福利思想。

《太阳城》的局限性体现在超越历史发展的空想性、"贤人主政式"政治统治的局限性和实行共妻制的落后性。

康帕内拉《太阳城》描述了一个和谐、平等、幸福的理想主义王国，为我国转型期构建适度普惠型社会福利制度具有一定的借鉴与参考意义。适度普惠型社会福利制度的构架内涵体现如下：一、以人为本：实现人的全面发展。二、政府主导：适度干预与"有所为和有所不为"。三、社会化：社会合作共同发展社会福利事业。四、社会福利水平适度：与经济社会发展水平相适应。五、可持续发展：满足当代与后代人的福利

需求。因此，适度普惠型社会福利制度是以“以人为本”为价值指导，政府主导实施的与经济社会发展水平相适应，社会成员平等共享的、有效的、可持续发展的社会化社会福利制度。

试论西方马克思主义的和谐社会理论

王雨辰　撰

《山东社会科学》济南，2005 年第 6 期

西方马克思主义的和谐社会理论通过批判西方现代化进程中社会与人的不和谐状态、文化的不和谐状态以及人和自然的不和谐状态，并且从社会制度、哲学世界观、文化伦理价值观等方面分析了这些不和谐状态产生的根源，提出了通过社会结构和人的微观心理的双重变革，从而实现社会的和谐发展。从其和谐社会理论的价值取向看，它强调了社会发展的整体性和全面性，并且要求社会发展始终应该立足于人的自由全面发展这一根本目的上；从其和谐社会理论的具体内容看，它通过考察资本主义制度的反人性和反生态性质、科学技术理性的合理性问题、大众文化和消费主义文化问题，提出了通过社会结构变革和人的微观心理变革对于社会和谐发展的重要性，体现了西方马克思主义理论家关注现实、关注人的价值和命运的实践精神；从其探索实现和谐社会的现实途径看，虽然他们也注意到社会制度变革的重要性，但总的看他们更加注重抽象的文化价值批判和伦理批判，因而他们的理论带有抽象的伦理说教和乌托邦的缺陷。尽管如此，西方马克思主义的和谐社会理论对于我国当前建构和谐社会是有重要的启示意义的，具体体现在：一、建构和谐社会必须坚持科学的发展观。二、建构和谐社会离不开制度的正义性。三、建构和谐社会离不开正确的文化价值观，包括正确的科技观、需要观、消费观、劳动观、幸福观和自然观。

贝尔的资本主义和谐观

——读《资本主义文化矛盾》

陶文昭　撰

《北京行政学院学报》北京，2008 年第 3 期

《资本主义文化矛盾》是贝尔探究资本主义和谐问题的专著。贝尔认为，资本主义历经 200 余年的发展和演变，经济、政治和文化三大领域分别围绕“效益”、“平等”、“自我实现”的自身轴心原则而运转，三者之间形成根本性对立和冲突，正日益趋于分裂。在主观上，这是贝尔所持的多元主义观的反映。在客观上，这实质上是揭示了当代资本主义社会的整体上不和谐。贝尔指出当代资本主义只保留了它永不满足地向外攫取的经济冲动力，而丧失了它原来那种勤勉节制的宗教冲动力，这造成了资本主义文化危机。造成这种危机的主要因素是严肃艺术中的现代主义、大众文化中的非理性主义和市场体系的享乐主义。面对资本主义的文化分裂，贝尔心目中的理想模式是把文化上的保守主义传统观、经济上的社会主义需求观、政治上的自由主义公正观这三者结合起来。为了解决资本主义的文化矛盾，贝尔提出了新宗教和公众家庭的设想。

《资本主义文化矛盾》出版已经 30 年，但仍然具有巨大的当代价值。在中国建设和谐社会之际，贝尔的深邃分析启发良多。一是建设和谐社会要注意社会宏观方面的整体和谐，不能出现政治、经济、文化和社会等各自为政甚至互相冲突的现象，而是必须依照马克思主义的基本原理，实现各个组成部分的有机统一和协调发展。二是建设和谐社会要特别注意文化方面的问题。随着信息时代的来临，这个问题会变得更加重要。文化危机是一种深刻的危机，中

国对此不可掉以轻心,而要未雨绸缪。

论阿拉伯——伊斯兰文化的和谐理念

马明良　撰

《阿拉伯世界》上海,2006 年第 3 期

阿拉伯——伊斯兰文化的和谐理念特色独具,内涵丰富,底蕴深厚,主要包括三个方面:一是人与造物主之间的和谐,强调人的自知之明,以彰显超验精神和终极关怀;二是人与人之间的和谐,强调人类同根同源,理应爱人如己,以彰显普善和博爱精神;三是人与自然之间的和谐,强调人与自然相依为命,和谐相处,共生共荣。三者互为因果,且显现出强烈的时代感与现实的针对性。"敬主爱人"是阿拉伯——伊斯兰文化的核心价值观之一。"敬主"是人与造物主之间和谐的基础;"爱人"是人与人之间和谐的基础。从其本质上来讲,阿拉伯——伊斯兰文化是主张"爱"的文化,而不是"恨"的文化;是强调"和"的文化,而不是"斗"的文化。

浅析中西和谐社会思想的发展历程

张广智　撰

《徐州师范大学学报(哲学社会科学版)》徐州,2007 年第 2 期

中西和谐社会思想经过数千年的发展,各自大致可分为三个时期。在中国,从孔子提出"大同社会"理想,到孙中山提出"天下为公"的和谐社会思想,再到中国共产党人提出"构建社会主义和谐社会",大致经历了三个时期;在西方,从柏拉图提出《理想国》的蓝图,到资产阶级思想家提出"自由"、"平等"、"博爱"的口号,再到马克思列宁主义的和谐社会观,也基本经历了三个时期。古今中外和谐社会思想对于我们构建社会主义和谐社会有重要启示。

中西方第一个历史时期的和谐社会思想,主要指奴隶社会和封建社会的和谐思想。中西方和谐思想虽然表述上有些不同,但其思想内容是基本一致的。中国和谐社会思想发展的第一个历史时期,呈现出先秦之前和谐的含义多样化,秦汉之后和谐的含义相对稳定的特点。西方第一个历史时期的和谐社会思想,在中世纪社会之前,呈现出和谐含义多样化的特点,在中世纪社会制度确立之后,呈现出和谐含义被神话的特点。第一时期和谐社会思想的最高成果,是中国孔子提出的"大同社会"理想。

中西方第二个历史时期的和谐社会思想,主要指近代社会的和谐思想,包括西方资本主义社会和中国半封建、半殖民地社会产生的和谐社会思想。它是一种反对封建专制主义,主张"自由"、"平等"、"博爱"的思想,也是一种发展变化的和谐思想;19 世纪 40 年代,马克思、恩格斯继承古代和近代和谐社会思想之精华,把和谐社会思想发展为近代科学和谐社会思想,代表近代社会和谐思想发展的最高水平

中西方第三个历史时期的和谐社会思想,主要指十月革命后产生的和谐社会思想。欧洲和谐社会思想发展的第三个历史时期,是由十月革命的胜利揭开序幕的。主要有以列宁为代表的社会主义和谐社会观。苏联解体后以美国为代表的、在"民主"、"和平"思想的掩盖下的资产阶级"新式民主和谐思想",是世界上不和谐的杂音。中国和谐社会思想发展的第三个历史时期,始于十年动乱结束后。中国共产党人提出了"构建社会主义和谐社会"的一系列观点。这些观点既是重大的理论创新,又是需要解决的现实问题,也是欧洲和谐社会思想发展的第三个历史时期没有提出或没有解决的问题。

总之,中西方和谐社会思想至今已经过了三个历史发展时期。随着时代的发展,人们的认识水平不断提高,和谐社会理论也不断完善。

在新世纪之初，中国共产党提出构建社会主义和谐社会的理论与实践是先进的，既弘扬了中西传统文化精神，同时又进一步继承和发展了马克思的科学和谐社会思想。

“和而不同”与“契约精神”

吴世彩　刘家俊　撰

《宁夏大学学报》银川，2008 年第 3 期

中西方在不同的文化积淀、具体历史环境中形成了相异相通、各有千秋的和谐社会理念，即，“和而不同”和“契约精神”。“和而不同”是孔子对君子品性和为人原则的高度理论概括，它源于中国传统文化中的“和”、“同”思想的演化；而契约精神是指在西方社会蕴涵于契约关系和社会契约论中的平等、自由、权利等的规则和意识所凝聚而成的精神。

“和而不同”与“契约精神”的最终目的都是为了“和谐”。这一点决定了这两种不同的和谐理念在深层意义上具有“契合点”，这种契合就表现于它们在求和意义上具有相同的哲学基础，具备相融相通的理论前提条件，即包括以下三个方面：第一，承认差异。第二，统筹兼顾。第三。系统优化。

“和而不同”思想与“契约精神”蕴涵着不同的价值理念和实质内容，表现出较大的差异性。从文化来说，在解决人与自然、人与社会以及人与人之间的矛盾时，中西方文化所侧重的面不一样。中国侧重矛盾的同一性，而西方偏向矛盾的斗争性。从思维方式来说，中国人强调整体的和谐统一，由整体的需要决定个体的性质和面貌，为使得大局和平协调发展，而追求一种以群体为本位的“中庸”思想，这种思维方式重整体、重直觉。表现出模糊笼统性；而西方强调人的主体性和主体地位，主张个性张扬，个人的权利神圣不可侵犯，在不损害任何个体的实体性的前提下达到整体的和谐，形成一种以个体为本位的思维方式，这种思维方式重个体、重理性，有清晰的目的性。此外，两者的性质和内容不同。“和而不同”是修身理论，实质是一种人世思想。重仁义。强调自律，表现为内在的价值追求：“契约精神”是西方社会进行社会和国家管理的一种有效调节的价值反映，重功利。以法律为基础，表现为外在的社会管理形式。

中西方和谐社会理念在双向交流、文明对话中取长补短。实现两种文化理念的有机契合应做到：和平和竞争的辩证统一、群体和个体的共同发展、自律和他律的充分结合。

在世界经济政治一体化的背景下，我们的和谐社会更需要构建一种整合过的全新的和谐理念，在发扬“和而不同”中的精华的同时，借鉴和吸收“契约精神”中的精髓。

（以上均为姜宏闻选介）

著作选介

社会主义和谐社会论(修订本)

李君如　著

人民出版社 2006 年 11 月出版　244 千字

该书由中央党校副校长、我国著名理论家李君如主编,2005 年 3 月初版。作者以提高党构建社会主义和谐社会的能力为主旨,全面深入地阐述了构建社会主义和谐社会这一当代中国重大的理论和实践问题。既有对构建社会主义和谐社会提纲挈领的论述,又分专题对社会主义和谐社会建设做了较深入的探讨。该书对党的有关理论、纲领、路线、政策把握准确,语言流畅,深入浅出,是广大读者尤其是党政领导干部学习贯彻十六届四中全会精神,特别是学习领会胡锦涛总书记在省部级主要领导干部"提高构建社会主义和谐社会的能力"专题研讨班上的重要讲话的辅导读物。

该书凡 14 章,前有两篇序言,书末有后记。第一章关系党和国家事业发展全局的重大战略任务,认为:构建社会主义和谐社会是现代化建设的重要目标、社会和谐是中国特色社会主义的本质属性、全面认识和正确处理改革发展稳定与和谐的关系。

第二章构建社会主义和谐社会的目标和任务,阐释构建社会主义和谐社会的指导思想,阐发构建社会主义和谐社会的总要求,更是提出 2020 年构建社会主义和谐社会的目标任务。

第三章社会主义和谐社会思想的历史渊源,从三个方面进行探讨:一、中国传统文化中的"和谐"观念与"和谐社会"理想;二、西方文化中的"和谐"观念;三、空想社会主义的"和谐社会"蓝本。

第四章马克思主义的社会和谐思想,从马克思主义思想体系本身探寻社会和谐思想:一、马克思、恩格斯以历史唯物主义为基础的社会和谐思想;二、马克思主义和谐社会思想在中国的发展;三、构建社会主义和谐社会的现实基础。

第五章中国共产党不懈奋斗的目标:一、中国共产党在新民主主义革命时期的社会建设实践;二、新中国成立后中国共产党促进社会和谐的建设实践。

第六章构建主义和谐社会的基本原则,主要阐释六大原则:一、构建社会主义和谐社会必须坚持以人为本;二、构建社会主义和谐社会必须坚持科学发展;三、构建社会主义和谐社会必须坚持改革开放;四、构建社会主义和谐社会必须坚持民主法治;五、构建社会主义和谐社会必须坚持正确处理改革发展稳定的关系;六、构建社会主义和谐社会必须坚持在党的领导下全社会共同建设。

第七章我国经济社会转型时期不和谐因素分析，探讨了我们现在面临的问题：一、我国经济社会转型时期的特点；二、我国经济会转型时期的若干不和谐因素；三、消除我国社会转型时期不和谐因素的思路和途径。

第八章坚持协调发展，加强社会事业建设。

第九章促进社会公平与正义，阐释公平、正义乃和谐社会应有之义。

第十章加强社会主义和谐文化建设，论述和谐文化是文化发展的新形态。

第十一章完善社会管理，统筹协调社会利益关系。

第十二章完善维护社会稳定的工作机制。

第十三章激发社会活力，促进社会团结和谐。

第十四章构建社会主义和谐社会关键在党，充分论述了党在构建和谐社会伟大历史任务中的领导位置、核心作用。

中国构建和谐社会问题发展报告（问题·现状·挑战·对策）

吴俊杰　张红　著

中国发展出版社 2005 年 7 月出版　467 千字

本丛书所列入的选题，都是我国目前的热点、难点、重点问题，这些问题有宏观的，也有微观的理论性较强的，也有偏重实践性的。而对这些课题，丛书中的每一种都力图全面真实地展示现状，深入细致地分析挑战，积极负责地提出相关的建议和措施，了使读者了解现状，正视挑战，选择相应的对策。

构建社会主义和谐社会已经成为中国新世纪的现代化建的宏伟目标，构建社会主义和谐社会的过程，也是全面建设小康社会的过程，全面建设小康社会离不开社会和谐，社会和谐必将推动全面小康社会建设的进程，加快全面小康社会建设的步伐。社会主义和谐社会是一个理想，本书写作的目的就在于为读者描绘出和谐社会的总体蓝图，并且努力探索构建社会主义和谐社会的路径选择。

第一章和谐社会概论，包括五节，第一节构建社会主义和谐社会提出的背景、意义，论述了从孔子到孙中山的历史背景与经济、分配、政治、文化等方面的时代背景，认为我国现在现代化建设的总体布局，由发展社会主义市场经济、社会主义民主政治和社会主义先进文化这样的三位一体，扩展为包括社会主义和谐社会在内的四位一体，和谐社会的提出是对社会发展规律认识的进一步深化；构建和谐社会为社会主义事业指明了方向。第二节社会主义和谐社会的主要内容及特点，将其主要内容概括为人与人、人与社会、人与自然的和谐三个方面；指出和谐社会应该具有充满活力、公正、安定、有序、诚信友爱诸特点。第三节和谐社会的思想渊源，探讨了中国古代儒家、道家、早期墨家的和谐社会思想；考察了西方社会柏拉图《理想国》、欧洲空想社会主义中的和谐社会思想。第四节社会主义和谐社会思想的继承与创新，探讨了马克思主义、毛泽东思想、邓小平理论中的和谐社会思想，认为和谐社会集中体现了“三个代表”重要思想的精神实质，构建社会主义和谐社会是落实以人为本科学发展观的伟大实践。第五节努力构建社会主义和谐社会，讨论了构建社会主义和谐社会的物质保障和经验支持，努力全方位构建和谐社会。

第二章和谐社会与利益平衡，第一节和谐社会中的利益平衡，我国已进入利益多元化时代，建立合理有效的利益协调机制是利益均衡的关键。第二节和谐社会与城乡统筹，分析了我国城乡二元结构的形成及其历史背景，认为城乡二元结构正成为我国现代化建设的巨大障碍，所以要统筹城乡经济，实现城乡共同发展。

第三节和谐社会与区域平衡，我国区域经济发展不协调，要解决此问题，需要全面实现西部大开发战略、振兴东北老工业基地、实现中部崛起，继续以东部引领经济发展。第四节和谐社会与社会阶层，对我国社会阶层结构的现状及成因进行了分析，并提出相应的对策。第五节和谐社会与社会保障，构建和谐社会必需社会保障体系，并对我国社会保障体系现状进行分析，倡导建立全方位、多层次的社会保障体系。

第三章和谐社会与制度完善，第一节和谐社会与经济体制，回顾了我国社会主义市场经济的初步确立与完善；调整结构，深化国企改革，建立、完善现代企业制度；创造环境，鼓励、支持和引导非公有制经济发展；以人为本，建立和谐劳资关系。第二节和谐社会与政治文明，对人类政治文明进行了历史考察，分析了党对社会主义政治文明理论与建设的探索和创新，大力发展社会主义民主政治，建设社会主义政治文明。第三节和谐社会与依法治国，对我国传统法治、人治思想进行历史考察，对现代法治思想进行探索，依法治国方略的提出与实践。第四节和谐社会与政府改革，借鉴西方政府再造理论，看我国政府改革取向；转变政府职能；从统治走向治理；转变职权观念：从全能走向有限；中央与地方合理分权；坚持、完善党的领导，提高党的执政能力。

第四章和谐社会与社会治理，第一节和谐社会与社会治理，要认识到社会治理是社会和谐的生力军。第二节和谐社会与非政府组织，对我国非政府组织的历史与现状进行了分析，主张双管齐下，推进非政府组织发展。第三节和谐社会与社区建设，第四节和谐社会与全社会创造活力。

第五章和谐社会与先进文化建设，第一节先进文化是和谐社会的精神支撑，第二节我国现阶段文化建设及其面临的主要问题，第三节大力发展先进文化，构建社会主义和谐社会。

第六章和谐社会中的人与自然，第一节人类对人与自然关系认识的发展历程，第二节发展与生态环境的和谐，第三节人与自然资源的和谐，第四节人与能源的和谐。

构建社会主义和谐社会的理论与方略

张全新　著

黄河出版社 2006 年 6 月出版　300 千字

该书系统阐述了中国历史上有代表性的思想家、古希腊思想家、空想社会主义者、近当代西方思想家有关社会和谐的思想，全面论述了马克思列宁主义关于和谐社会建设的理论、中国共产党三代领导核心关于和谐社会建设的理论、以胡锦涛为总书记的党中央对马克思主义和谐社会建设理论的创新与发展，对推进社会主义和谐社会建设应把握的战略重点进了深入研究，提出了可资借鉴的建议和策略。

全书共分上中下三篇，由张全新总体框架设计，拟定写作提纲，并统审定稿。徐东礼对书稿进行了初审。刘兵、吴兴中多次参加写作提纲的研究。具体撰稿人：涂可国，第一章；崔树义，第二、三、四章；杨金卫，第五、六、十三章；徐东礼，第七章；冯峰，第八章；王晓明，第九、十二章；崔凤祥，第十章；毕伟玉，第十一章；袁红英，第十四章。

上篇构建社会主义和谐社会的思想渊源，共四章。第一章中国历史上有关社会和谐的思想，包括夏商周时期有关社会和谐的思想，秦汉魏晋南北朝隋唐时期有关社会和谐的思想，宋元明清民初时期有关社会和谐的思想。第二章古希腊思想家有关社会和谐的思想，包括毕达哥拉斯有关社会和谐的思想、苏格拉底、柏拉图、亚里士多德有关社会和谐的思想。第三章空想社会主义者有关社会和谐的思想，包括 16 至 17 世纪初的空想社会主义者有关社会和谐的思想,17 世纪中叶至 18 世纪的空想社会主义者有关社会和谐的思想,19 世纪前半叶的空想社会主义者有关社会和谐的思想。第四章近当代西方思想家有关社会和谐的思想,主要包括:社会均衡论、社会系统论、冲突——一致平衡论、生态社会主义、新自由主义与社会和谐、当代自由主义与社会和谐、"第三条道路"。中篇构建社会主义和谐社会的提出是中国共产党人对马克思主义的重要发展,共三章。第五章马克思列宁主义关于和谐社会建设的理论。第六章中国共产党三代领导核心关于和谐社会建设的理论,毛泽东关于和谐社会建设的理论,邓小平关于和谐社会建设的理论,江泽民关于和谐社会建设的理论。第七章以胡锦涛为总书记的党中央对马克思主义和谐社会建设理论的创新与发展,明确把构建社会主义和谐社会作为社会主义建设的一项重大任务,明确把提高构建社会主义和谐社会的能力作为党的执政能力建设的重要内容,明确提出社会主义和谐社会的基本特征和构建途径,明确提出构建社会主义和谐社会必须坚持以人为本,树立和落实科学发展观。下篇推进社会主义和谐社会建设把握的战略重点,共七章。第八章尊重劳动、尊重知识、尊重人才、尊重创造,不断增强全社会的创造活力。第九章妥善协调各方面利益关系,正确处理人民内部矛盾。第十章推进社会管理体制创新,完善社会保障体系建设。第十一章健全工作机制,维护社会稳定。第十二章坚持党的群众路线,密切党同人民群众的血肉联系。第十三章大力发展社会主义经济、政治和文化,为构建社会主义和谐社会提供坚实基础。第十四章以人为本,坚持科学发展观,全面推进社会主义和谐社会建设。

中国社会和谐稳定报告

李培林 陈光金 著

社会科学文献出版社 2008 年 8 月出版 448 千字

该书立足于对社会主义和谐社会理论的系统阐述,并依据中国社会科学院社会学研究所于 2006 年进行的"中国社会状况综合调查"(CGSS2006,CASS)数据,以"社会和谐稳定"为主题,运用科学严谨的研究方法,全面分析了当前社会发展的阶段性特征、进展状况、存在问题和发展趋势;研究了我国当前的收入和财富分配、阶级阶层结构、利益矛盾和冲突,探讨当前社会和谐稳定的各种影响因素,对中产阶层、农民工群体、贫困群体等进行了专题阐述。其研究成果提供了众多新的发现,对于深刻地认识社会运行规律、把握社情民意、促进和谐社会建设,都具有重要意义。

主要内容包括:导论认为,和谐社会建设是新的伟大实践;探讨了中国发展的新阶段、新特征、新问题,社会主义和谐社会理论的新进展,社会主义和谐社会理论的体系,可供借鉴的西方社会建设理论,在科学发展观指导下构建和谐社会,加快社会体制改革的思路。第一章宏观背景、分析框架和调查方法,探讨了社会结构变动的宏观背景,分析了社会和谐稳定的基本分析框架,提出了具体的调查方法与数据说明。第二章当前社会发展的基本状况,对社会和谐稳定的总体判断,讨论了财富分配和消费差距问题,生活压力和社会问题,公平感、阶层认同和冲突感知,公共产品供给与社会支持网络,社会价值整合面临挑战。第三章社会和谐稳定认识的影响因素分析,方法与变量,社会和谐稳定认识影响因素分析,个人和家庭生活感受影响因素分析,安全感、公平感、冲突感影响因素分析,政府工作评价及影响因素分析。结论和讨论。第四章收入与财富分配,从文献回顾的角度看中国从平均主义到分配差距过大,透析了收入的分配、构成与差距,讨论了我国家庭财产的分配、构成与差距,分析国民收入和财产分配差距的构成,得出相应的结论,提出可行的政策建议。第五章社会阶级阶层结构的变化,列举了中国现阶段阶级阶层结构的几种描述,讨论了阶级阶层结构分析范式,对中国当前阶级阶层结构进行测量,探讨中国各阶级阶层的社会态度。第六章社会分层、人力资本与收入不平等,收入不平等的研究背景,收入在阶级阶层中的分布,各阶级阶层收入占总收入的比重,人力资本、阶级位置对收入分配的影响,研究结论与政策性建议

第七章中产阶层的规模、认同和社会态度,中产阶层的概念,中产阶层的界定、测量和规模,社会中层的认同及其影响因素,中产阶层社会态度的主要影响因素。第八章中产阶层的力量和政治态度,中产阶层是"稳定器"还是"变革器",新中产阶层与老中产阶层,中产阶层的政治态度,社会中层的认同及其影响因素,结论和讨论。第九章农民工的经济地位和社会态度,农民工的经济地位:收入、劳动时间和社会保障,农民工的社会态度,对农民工具有的积极社会态度的解释,结论和讨论。第十章贫困群体分析,问题与方法,贫困群体的识别与规模,城乡贫困的深度、强度与扶贫力度,城乡贫困人口的特征与贫困影响因素,结论和讨论。第十一章利益矛盾和冲突,利益冲突认知及其影响因素,利益冲突意识影响因素的多元回归分析,社会群体间的利益分化和冲突,社会群体利益冲突的事件分析,结论和讨论。结语主要发现和政策建议,研究的主要发现和基本结论、促进社会和谐的政策建议。附录有调查问卷。

该书依托于2006年的大规模调查资料,在7061个样本的基础上,全面分析了中国社会和谐稳定的总体形势,对社会和谐稳定认识进行了影响因素分析;并分专题介绍了收入和财富分配、阶级阶层结构变迁、中产阶层的现状及政治态度、农民工现存状态、贫困群体,以及利益矛盾和冲突等。对于决策者以及研究人员而言,本书提供了翔实的数据资料,具有重要的理论和现实意义。

和谐文化导论

邓伟志　胡申生　著

上海大学出版社2007年4月出版　361千字

该书为上海市"十一五"规划重点项目,是一部探讨和谐文化的著作。如邓伟志在序言中所说,和谐文化是以和谐为思想内核和价值取向,融思想观念、理想信仰、社会风尚、行为规范、制度体制为一体的文化形态。要繁荣和谐文化,必须处理好主导文化与多元文化的关系、文化冲突与文化融合的关系、文化积累与文化创新的关系、"社会以人为本"与"人以社会为本"的关系。

该书内容主要包括:

第一章和谐文化与和谐社会,第一节和谐社会的提出,论述了和谐社会提出的五个阶段、中央及胡锦涛同志有关和谐社会的提法;第二节和谐社会的内涵及基本特征,论述了和谐社会的内涵、特征及和谐社会建设的基本思路;第三节以和谐文化促进和谐社会,认为和谐文化为构建和谐社会打下坚实的思想基础,为构建和谐社会提供坚强的道德支撑,为构建和谐社会提供良好的人文环境。

第二章和谐文化的内涵与特征,第一节和谐文化的内涵阐述,论述了文化的基本概念、和谐文化的理论内涵,和谐文化的价值取向与评价标准。第二节和谐文化的发生逻辑与实践机制,探讨了和谐文化的发生机制与政策导向,阐述了建设社会主义和谐文化的重要意义。第

三节和谐文化与当代文化思潮，对当前弘扬复兴儒学的文化思潮进行评述，对文化的公共领域思潮进行审视，对文化消费、文化工业及文化的全球化思潮进行反思。

第三章和谐文化与中国古代和谐思想，第一节梳理了中国历史上尚和思想源流。第二节中国历史上儒家社会和谐理想的主要代表人物及观点，包括孔子、孟子、荀子，礼记中的、董仲舒、何休的社会和谐理想。第三节道家的社会和谐思想，包括老子小国寡民的社会理想以及庄子、鲍敬言、陶渊明的社会和谐思想。第四节墨子的社会和谐思想。第五节讨论了康有为的“大同”社会理想。第六节论述中国农民阶级的社会和谐理想。第七节对中国传统社会和谐理想的特点及局限进行梳理，一、主张天人合一；二、兼容并蓄宽容大度；三、打着“托古”的旗号构建自己的理想社会；四、在批评现实丑恶的基础上憧憬社会和谐；五、中国社会历史上和谐社会思想缺乏完整的体系和理论。

第四章和谐文化与西方和谐社会观，包括第一节和谐就是协调冲突——古希腊先哲的和谐观；第二节和谐乃是第一条自然法——西方近代思想家对和谐社会的探究；第三节全体人的自由、和谐和共有共享——19世纪空想思想家的和谐社会观。

第五章和谐世界，第一节和谐世界的提出，一、提出和谐世界；二、提出和谐世界的背景；三、关于和谐世界来源的一些探讨。第二节和谐世界的内涵，主要包括以下几点：一、和平、稳定的世界；二、民主、公正的世界；三、互利、合作的世界；四、开放、包容的世界。第三节建设和谐世界的意义，主要在于推动建设和谐世界有利于维护世界的和平与稳定，有利于促进全球经济的发展，促进各国间文化交流与合作，国际政治格局多极化平衡发展。第四节构建和谐世界的实践途径，探讨了和谐世界进程中的主要障碍，进而提出构建和谐社会的主要途径。

第六章和谐文化与社会结构，第一节什么是社会结构，对社会结构进行界定，明确社会结构的特点，探讨了社会的阶级结构。第二节当代中国社会结构的特点，主要有三点，即地域差异、城乡差异、贫富差距。第三节社会结构与和谐社会，共同富裕是社会各阶层和谐相处的条件，要实现共同富裕，必须坚持效率与公平并重，实现共同富裕需要扩大中等收入者的比例。

第七章和谐文化与社会规范，第一节社会规范的两个维度即法律和道德，相应的有法治与德治，要倡导和谐文化与诚信规范。第二节义理互构与法德共治，社会规范的目标：一、义理互构；二、社会规范的实现：法德互补模式的选择；三、社会规范的实践：法德共治模式运行的机制。第三节社会主义荣辱观与新时期社会规范要求，论述了八荣八耻的内涵结构，和谐文化必须重视讲官德，提出并倡导作为第四道德的环境道德。

第八章和谐文化与社会管理，第一节社会管理的内涵及重要性，论述了社会管理的基本含义及特点，加强城市社会管理的必要性。第二节和谐文化在社会管理中的作用，提倡和谐文化促进社会管理，首要任务就是转变理念，要有社会管理的创新意识。第三节和谐文化和社会管理体制改革，认清推进社会管理体制改革，是当今中国面临的十分紧迫而重大的课题，探索转型期社会管理体制改革与社会稳定机制创新，提倡以和谐社会为核心内容，推进社会管理体制改革。

第九章和谐文化与社会事业，第一节社会事业的内涵与重要性，论述社会事业的含义及其重要性，强调发展社会事业是创建和谐社会题中应有之义。第二节和谐文化在社会事业中的作用，认为和谐文化是社会事业的价值导向、智力支持、精神武装，构建和谐文化氛围，指导社会事业发展。第三节和谐文化与社会事业发展，强调制度文化与改革深化，社会事业的二重性及发展思路，社会事业发展与政府职能转变，我国社会事业的现状及今后目标。

第十章和谐文化与社区建设，第一节社区和谐文化建设，区别文化、社区与社区文化，论述文化与社区文化的特征及变迁，提出社区中和谐文化的建设原则。第二节和谐文化在社区中的体现，文化建设在和谐社区中的重要作用，倡导社区建设的广泛参与。第三节和谐文化促进和谐社区建设，和谐社区中的组织文化建设、教育建设、文化创新。

第十一章和谐文化与社会发展，第一节和谐：社会发展的文化理念，论述了社会发展的人文转向、和谐理念的历史脉络。第二节失和：中国社会的发展隐忧，审视当前失衡的社会与断裂的文化。第三节文化：和谐社会的内在诉求，探讨了文化在社会发展中的作用，提倡以和谐文化促进和谐社会。

第十二章冲突与挑战：和谐社会的公共精神，第一节和谐社会与公共精神，认识和谐社会的公共精神，阐发和谐社会公共精神的主要内容，强调构建和谐社会公共精神的必要性。第二节公共精神的缺失及其原因分析，公共精神缺失的现状，公共精神缺失的原因分析。第三节和谐社会公共精神的建构，探讨了创造孕育和谐社会公共精神土壤的文化氛围，认为健全的法律法规体系是和谐社会公共精神推广的必要保障，开展和谐社会的公共精神教育是培育公共精神的有效途径，健全相应的公共精神监督体制，充分发挥社会主体的自律性是加强和谐社会公共精神建设的关键，培育社会公共生活的空间，积极引导、发展民间自愿组织。

和谐文化的理论与实践

张小平　著

人民出版社 2007 年 10 月出版　260 千字

该书乃柳斌杰主编的《十六大以来党的理论创新研究丛书》之一部。该书着眼于全球化进程中文化多样性诉求和国内构建和谐社会中对和谐文化的必然要求，挖掘了中国传统文化、西方文化和马克思主义文化中的和谐资源，揭示了和谐文化的基本内涵、基本特征以及建设的基本原则，力图准确把握和阐释和谐文化的基本理论问题，提出并论证了和谐文化是和谐社会的精神支撑、和谐文化是落实科学发展观的内在要求、和谐文化是社会主义市场经济的有力保障的观点，阐述了建设和谐文化的战略意义。针对当前文化现状中存在的问题，该书系统探讨了建设和谐文化五个方面的内容，并提出可操作的具体措施，以期对我国社会主义和谐文化建设的深入开展有所裨益。

全书共分六章，前有程恩富的序。

第一章和谐文化的历史考察。一、中国传统文化中的“和谐”思想资源，探讨了“和谐”的基本命题、“和谐”的主要内涵。二、西方文化中的“和谐”思想资源，论述了西方哲学中的“和谐”思想、西方古典经济学中的自然和谐思想、西方社会学中的社会和谐思想、空想社会主义者的“和谐制度”理想。三、马克思主义文化中的“和谐”思想资源，主要观点：只有共产主义社会才能真正实现社会和谐、社会主义文化是全人类文化的合乎规律的发展、中国共产党人对和谐理想的追求和发展。

第二章和谐文化的基本内涵和主要特征。一、“和谐文化”概念的提出，认为“和谐文化”的提出是我们党的理论创新，国内背景：和谐社会呼唤和谐文化，国际背景：文化多样性挑战全球化。二、和谐文化的基本内涵，主张和谐是一个辩证法的概念、和谐文化是要在多样性中寻求统一性、和谐文化是人类追求的共同价值和理想境界。三、和谐文化的主要特征，认为和谐文化是民族性与现代性的辩证统一、多样性与主导性的辩证统一、理想性与现实性的辩证统一。

第三章和谐文化建设的基本原则。一、一元主导的原则：坚持以社会主义核心价值体系为主导，探讨了文化多样、价值多元并存的现实状况，认为文化多样化是文化发展活力的保证，是建设和谐文化的前提，多样化的文化和价值观念需要统一性、需要一元主导，社会主义核心价值体系是和谐文化建设的根本，一元主导与文化的多样化发展并行不悖。二、继承发扬的原则：会通古今，吸收传统文化中的精华，作者认为继承与发扬是文化发展的客观要求，是全球化时代文化自觉的首要条件，论述了传统"和谐"思想的历史意义和时代意义。三、开放借鉴的原则：融会中西，借鉴西方文化中的优秀成果，认为交流与融合是全球化时代文化发展的必然趋势，要全面准确地把握西方文化的基本精神，在和谐文化建设中吸收西方文化的优秀成果。四、批判鉴别的原则：对待古今中西文化要保持批判的高度，认为文化的吸收和借鉴必须以理性的批判为前提，要对中国传统文化及其"和谐"思想进行批判，对对西方文化进行鉴别与批判。五、开拓创新的原则：既不能复古倒退，也不能全盘西化，主张文化综合创新论，和谐文化建设重在创新。

第四章和谐文化建设的战略意义。一、和谐社会的精神支撑：和谐文化与和谐社会，和谐文化建设有利于在更高层次上实现人与自然的协调发展，有利于化解社会矛盾、整合社会力量，有利于促进人的自我和谐、提升人的精神境界。二、科学发展的内在要求：和谐文化与科学发展观，论述了科学发展观的提出及其意义，科学发展观的精神实质：和谐发展，和谐文化建设有利于人们牢固树立科学发展观，努力践行科学发展观。三、社会主义市场经济建设的有力保障：建设和谐文化与社会主义市场经济，"人对物的依赖"：市场经济固有的局限性，社会主义市场经济的物化关系及其负面影响，和谐文化对促进社会主义市场经济健康发展的重要意义。

第五、六章和谐文化建设的主要内容。一、在多元文化环境中坚持马克思主义的指导地位，论述当前马克思主义指导地位面临的严峻挑战及其原因，坚持马克思主义指导地位毫不动摇，坚持马克思主义指导地位的具体有效途径。二、树立社会主义荣辱观，培育文明道德风尚，"衣食足"并非"知荣辱"：转型期中国人的道德困惑，社会主义荣辱观是和谐文化的道德支撑，践行社会主义荣辱观的有效途径。三、加强文艺建设，营造良好的文艺生态环境，当下的文艺现状，加强文艺建设是和谐文化建设的重要内容，努力营造良好的文艺生态环境。四、加强传媒建设，营造良好的思想舆论氛围，阐释大众传媒在和谐文化建设中的重要作用，讨论了目前传媒领域出现的一些问题，在和谐文化建设中发挥大众传媒作用应该注意的几个方面。五、发展文化事业和文化产业，提升中国文化实力，发展文化事业和文化产业对于和谐文化建设具有重大意义，当前我国文化事业和文化产业发展中存在的问题，加强文化实力，提升综合国力。

世界大势与和谐世界

徐敦信　著

世界知识出版社 2007 年 4 月出版　420 千字

该书是《中国国际问题研究基金会丛书》的第三部文集，是 2007 年中国国际问题研究基金会献给国际问题感兴趣的广大读者的一份礼物。该文集对2006年热点纷呈、动荡震撼的国际形势作了细致、深入的分析,并对今后走势作了预测。在2006年的世界大势发展中,中国关于“和谐世界”的理念开始为国际社会所认同,专家学者撰文对世界大势和“和谐世界”两者间的关系作了令人信服的阐述。

全书共分五个专题,钱其琛为之序。

第一章“和谐世界”与中国外交战略,包括:世界新形势与中国特色外交(余邃),对2006年总体国际形势的一些看法(王嵎生),构建和谐世界是新世纪世界各国人民的共同愿望(詹世亮),和谐世界与中国的和平发展道路(俞新天),建设和谐世界的理论思考(徐坚),试论和谐世界理念与国际体系转型的互动(杨洁勉),国际体系和中国国际定位的历史性变化(陈启懋),国际恐怖活动的新态势和国际反恐斗争的新发展(潘光王震),共8篇论文。

第二章当今国际形势的几个热点问题:关于中东形势的趋向问题,有:发扬传统友谊再创辉煌未来——纪念中阿开启外交关系五十周年(杨福昌),紧张战乱又一年——2006年中东地区形势特点兼评美国的中东政策(安惠侯),美国的中东政策面临严峻考验(时延春),关于伊拉克战争的几个问题(孙必干),伊朗核问题及其对大国关系的影响(华黎明),中东:美国严重受挫伊朗强硬挑战(朱威烈),伊斯兰世界转型浅论(姚匡乙),共7篇论文。关于联合国改革与制止大规模杀伤性武器扩散问题,有:中国在联合国的定位与联合国改革(吴妙发),试论国际制止大规模杀伤性武器扩散问题(潘振强),共2篇论文。关于国际社会中的中国因素问题,有:当前世界发展中的“向东看”问题(高秋福),共1篇论文。

第三章中国外交的动向,包括:中美建设性合作关系的新动向(张毅君),放宽高科技出口管制是美国减少对华贸易逆差的捷径(王丽军周世俭),中日关系的现状与前景(徐敦信),从安培首相访华看中日关系的走向(金桂华),民间交流:中日关系的基轴(蔡建国),2006年俄罗斯外交战略取向(王海运),俄罗斯能源外交的内涵与走势(冯绍雷),欧盟对华政策的调整和中欧关系(梅兆荣),欧盟的困境及其对中欧关系的影响(丁原洪),法国城郊暴力骚乱的回顾与思考(蔡方柏),中亚形势与美俄争夺新形势(尹成德),共11篇文章。

第四章亚太、非洲、拉美形势的新发展,论中印战略合作伙伴关系(程瑞声),新形势下的中印和中巴关系(周刚),西部周边地区非传统安全威胁的新动向(石泽),新时期中越关系的坚实基础(李家忠),持续发展的越南经济和中越经贸合作(徐长文),中国——东盟:睦邻互信好邻居互利合作好伙伴(黄桂芳),如何看待非洲的变化与面临的挑战(王莺莺),建立新型战略伙伴关系推进中非友好合作发展(黄舍骄),非洲发展的机遇与挑战——兼谈中国企业走进非洲需注意的几个问题(崔永乾),剖析拉美左派的兴起(朱祥忠),美国将进一步加快促进古巴“政权更迭”的步伐(钱文荣),共11篇论文。第五章能源安全和世界经济,包括:世界经济发展与全球能源安全(谷源洋),五大国对经济全球化的认识和做法(程极明),美国对外直接投资发展趋势及对我国影响(陈德照),在竞争中崛起的南方跨国公司(陈宝森),200年发展观:欧洲的经历(裘元伦),共5篇论文。全书共45篇论文。

从“协和万邦”到建设和谐世界

杨发喜 著

人民出版社2008年6月出版 228千字

该书以中华民族历史发展为线索,以长城、科举制度、杯酒释兵权、外交上的朝贡制度以及近代产务运动等历史实践为个案，具体分析了协和万邦是如何贯彻于中国人的政治、军事、外交历史实践中的，从而指出它确实是有实践基础的历史传统。协和万邦历史传统对当代中国和平外交同样产生了深远的影响。该书以和平共处五项原则的确立以及建国以来中国对诸多外交事件的处理过程为例证明了中国人的协和万传统是经过历史发展考验的。最后，深入阐述了建设和谐世界的历史传统，时代背景和实践基础，从而为海内外破译中国和为贵、和而不同文化密码提供启发性思考。

该书前有张德广、梁守德两篇序文，后有九条附录。主要内容有：绪论，该书是针对国际上“中国威胁论”的提出而提出的，这是西方现实主义学派国际关系理论的必然结论，然而该书的观点是：尚德不尚武的历史传统，影响到中国外交的基本思路与格局。

第一章中国尚德不尚武思想观念的形成，首先对尚德不尚武思想进行了辨析，认为其缘起于禅让制与周公制礼，在春秋无义战与秦的统一受到挑战，在暴秦覆亡与儒术独尊的过程中得到发展。

第二章中国尚德不尚武思想的历史实践，由万里长城看中国防御性政策，由科举选拔文官制度与“杯酒释兵权”所彰显的偃武兴文的传统。协和万邦作为中国古代外交的指导思想，其政策基础有两个层次：第一是对周围地区实行以维护国家安全为目的的朝贡制度的健全；第二是对遥远外邦以扬大汉民族的声威为目的的厚往薄来的交往。近代西方列强对中国的侵略造成洋务运动的兴起，而中体西用之说是尚德不尚武传统的继续。

第三、四章尚德不尚武历史传统与中国当代和平外交，新中国受到美国的侵略和威胁，中国和平外交努力归于无效的情况下，为了维护国家的安全，基于国际正义的原则，被迫抗美援朝，历史证明，中国民族牺牲精神赢得了巨大的国际威望。之后是和平共处五项原则的提出，可以说是与尚德不尚武传统一脉相承的，和平共处五项原则成为中国外交的主要旗帜。改革开放后，军队要服从国家建设大局，单方面裁军一百万。为了解决台湾、香港、澳门问题，创造性的提出“一国两制”思想并得到了成功实践，对于与周边国家的关系，尤其是南沙问题主张搁置争议、共同开发。第五章推动建设持久和平、共同繁荣的和谐世界，作者认为天下为公是中国新安全观的实质，相互尊重是新安全观的前提，和谐世界是新安全观的追求。可持续发展是人类面临的共同课题，科学发展观的实践必定造福于全人类。全球化时代呼唤加快构建和谐世界，和谐世界是人类文明发展的必由之路。

和而不同与中国外交

魏兆鹏　著

当代世界出版社 2009 年 5 月出版　380 千字

该书共分五章，前有亓成章的序，著者自己做的前言，后有后记。该书从理论和实践的结合上论证江泽民在新世纪对美外交时引用的中国古语“和而不同”是整个中国外交的哲学基础。作者将新中国成立以来的外交历程分为三个时期，即重点反对美国侵略政策和战争政策时期(1949 年 - 1969 年)、反对两霸重点反对苏联霸权主义时期(1969 年 - 1978 年)，更加鲜明的独立自主和平外交时期(1978 年 12 月中共十一届三中全会以来)。可以说，“和而不同”主导了自中华人民共和国成立至今近 60 年的中国外交。

第一章“和而不同”哲学理念的形成与新中国外交的奠基，对“和而不同”进行了溯源并进而进行哲学思辨，认为“和而不同”哲学理念渗透着唯物辩证思想，透过“和而不同”等中国传统文化思想与古代中国外交关系的辨析,认为“和而不同”哲学理念是中国外交的哲学基础。

第二章“和而不同”与中国外交和平发展的根本宗旨,分析了第二次世界大战结束时的人类共同利益,认为中国外交根本宗旨是坚持中国人民利益与各国人民共同利益的统一,体现了“和而不同”的精神,并论述了三个时期践行外交的根本宗旨。

第三章“和而不同”与中国外交独立自主的基本立场,该书认为中国外交独立自主的基本立场是共性和个性的统一,论述了独立自主与“和而不同”的关系,并分析了不同时期的独立自主政策。

第四章“和而不同”与中国外交和平共处的政策原则,回顾了和平共处五项原则的产生过程,论述了和平共处五项原则的内涵及其地位,并与“和而不同”思想相比较,和平共处五项原则指导新中国外交逐步展开,并在不同时期开花结果。

第五章“和而不同”与中国外交求同存异的策略原则,回顾了中国外交求同存异策略原则的形成历史,指明了求同存异策略原则在中国外交体系中的地位,论述了求同存异策略原则与“和而不同”之间的关系,论述了不同时期求同存异策略原则的实施过程及详情。

中华传统文化与和谐社会的构建

何君　陆吉文　著

中国经济出版社 2008 年 7 月出版　306 千字

该书是海南省教育厅 2007 年哲学、人文社会科学课题之一。该书作者认为,传统文化把“人生活的世界”看成是一个范围广大的“世界”。它“包括自然界、人类社会和人类思维”三个部分。如庄子讲的“天地与我共生,万物与我为一”。可以说,人类生活的世界是“合抱天道”的人道世界。传统文化的天人和谐一方面强调天、地、人相统一,另一方面强调人的特殊性,将人与自然的关系定位在一种积极的和谐关系上,反对征服自然。强调人人要“与天地合其德,与日月合其明,与四时合其序”,达到天地人万物一体的境界。传统文化认为,自然界是人类生存和发展的“根”。有了这样的根,人类才能“代‘天之天’为‘人之天’”,才能干预自然的必然性,创造新事物,建立天地人新关系,从而“赞天地之化育”。

全书共分九章。

第一章人的世界是人道与天道合一的世界,通过对人性的深入思考,认为人是物性与人性的统一,人的世界是人道与天道融洽的世界。

第二章中华传统文化关于天人合道的生存和发展的智慧,回顾了中华传统文化“天人合一”思想的产生和发展,辨析了中华传统文化天人观思想的主要内容,包括坚持天人同类,强调天人同性,即坚持天人一气,主张天人同德;认为中华传统文化的为人处世之道主要包括贵和尚中、以德待人。坚持“兼爱、交相利”的仁爱思想。

第三章《易传》的天地人观,坚持天人合德,天地人同生、同达的生命观,发掘《易经》的生命智慧与构建和谐社会的融合力量。

第四章《老子》《庄子》“天地人合一”的生生不息的生命发展观。

第五章孔子、孟子、董仲舒、朱熹“天人关系”道德伦理生态观。

第六章加强道德建设,促进和谐社会的构建;认为立德是生命存在和发展之本,和谐社会首先是生命和谐,要确立天地人和的生命道德思维模式,加强道德的认知与实践,促进和谐社会的构建。

第七章用爱心构建和谐社会,认为爱是人类永恒的伦理价值观,和谐社会是充满爱心的社会,爱心是构建和谐社会的基础,把爱国家放在首位。

第八章宽容善良、厚德载物，仁义诚信是宽容善良的根基。

第九章以义为价，化育社会，坚持“义利统一”的道德价值观，坚持以人为本，促进和谐社会的构建。

和

修建军　著

中国社会科学出版社 2006 年 10 月出版　304 千字

该书是《中华伦理范畴》丛书之一部。“和”作为中华文明传承不息的伦理范畴，有其产生发展的过程，有其鲜明的特质，该书作者对“和”这个耳熟能详的范畴详作梳理，认为先秦时期是“和”范畴的奠基与形成时期，汉——隋唐，“和”范畴经历了一个不断发展和深化的过程，宋明时期是“和”范畴的转折时期，明清实学对“和”范畴颇多阐发，分析了近代“和”的思想，以期实现“和”范畴的现代转型，为我们当下和谐社会的建设提供了较强的理论支持。

全书共分八章，书前有张立文的丛书总序。

第一章先秦时期儒家和的思想，孔子：和为贵与和而不同；孟子：天时不如地利，地利不如人和；荀子：和则一；《中庸》：致中和；《易传》：保合太和。

第二章先秦其他诸子和的思想，道家关于和的思想；墨家：离散不能相和合；《吕氏春秋》：乐之务在于和心。

第三章两汉时期和的思想，汉初诸儒关于和的思想；《淮南鸿烈》：阴阳和合而万物生；董仲舒：德莫大于和；杨雄：动化天下，莫尚于中和；王充：瑞物皆起和气而生；《太平经》：天地中和，化育万物。

第四章魏晋隋唐时期和的思想，王弼：中和备质，五材无名；阮籍、嵇康：至和无声；王通、孔颖达：乐以和，德全而后及；柳宗元、李翱有关“和”范畴的思想。

第五章宋元时期和的思想，宋初诸儒关于和的学说，司马光：中和之道，无所不容；周敦颐：中和之道，天下之达道；张载：仇必和而解；二程：圣人之言，中和之气也；朱熹：中和在我，天人无间；陆九渊：增宇宙之和；陈亮、叶适：中和足以养其诚；许衡：发皆中节之道即为率性之和。

第六章明清时期和的思想，陈献章、湛若水：中立而后和立；王守仁：中和一也，致和便是致中；刘宗周：慎独即是致中和；王夫之：和即是天德、性情之德。

第七章近代和的思想，包括：近代和思想综述；康有为：《中和说》与《大同书》；蔡元培的和的思想。

第八章“和”范畴的现代转型，包括：中国传统和范畴与现代和谐中国社会之建构；“和而不同”与新视野下的文化建设；天人合一与可持续发展；“仇必和而解”与当今世界和平。

天人合一的文化智慧

——中国传统生态文化与哲学

赵载光　著

文化艺术出版社 2006 年 11 月出版　220 千字

该书认为，儒家主张天人合一，其价值取向是要克服我与他人、我与自然万物的隔离，以提升人的道德精神，进而建立适合人类生存的理想社会。道家主张天人合一，是要消除人与天，我与物的对立，以“道通为一”中感受到人与宇宙精神的融合，从而获得人的精神自由。天人合一思想为当今社会自然生态、可持续发展提供有益的思想资源。

该书共分八章。

第一章天人合一的中国文化，共分四节，论

述了天人合一的宇宙论、认识方法、生态价值观、生态文化。

第二章天人合一的有机宇宙论,共三节。回顾了天人合一论的历史发展,从《易传》与《老子》自然哲学比较的角度论述两种互补的天道观,从中西文化比较的角度论述两种不同的宇宙论。

第三章有机自然论的科学观与生态文化,共三节。论述了古代有机自然论与生态文化、《黄帝内经》的系统思维与模型化方法、古代有机论自然哲学在科学认识上的价值。

第四章儒家的天人合一论与生态文化(上),两节。论述先秦儒学:从神学的天人合一到哲学的天人合一,儒家礼制文化的生态思想。

第五章儒家的天人合一论与生态文化(下),共三节。论述汉代儒学:天人感应与天人合一、宋代新儒学的天人合一宇宙论、张载《正蒙》的有机宇宙论。

第六章道家天人合一自然观与生态智慧,共三节。论述道家的整体自然论与生态思想、道家的生态文化观、道家的宇宙生成论与科学思想。

第七章中国传统生态文化,共三节。论述了古代生态文化观念的形成、儒学的生态伦理观、第三节农业文明的生态文化观。

第八章传统生态文化与可持续发展,共三节。论述了中国古代的朴素可持续发展论,从中国古代生态文化的变迁中汲取可持续发展的历史借鉴,进而从历史与哲学的角度审视可持续发展文化。

儒家和谐观的转换与建构

魏世梅　贺利平　著

中国社会科学出版社 2009 年 11 月出版　328 千字

该书在对儒家和谐观念进行较为深入分析之基础上,挖掘出了其现代价值和历史局限性,并以马克思主义的辩证唯物主义和历史唯物主义世界观和方法论为指导,提出对儒家和谐观进行现代转换。经过现代转换和辩证扬弃的儒家和谐观如仁爱观、中和观、义利观、诚信观、天人合一观等对我国今天科学构建社会主义和谐社会具有重要启示作用和借鉴意义。

全书共分上中下三篇,上篇儒家和谐观的基本内涵,内容包括:

第一章儒家的仁爱观,论述了孔子“仁者爱人”的“仁爱”观,孟子的“仁民爱物”和“仁政”思想,荀子的“行礼为仁、仁本礼末”的思想,汉代及以后儒者对仁爱观的继承和改造。

第二章儒家的“中和”思想,作者认为“中和”是儒家思想的核心,中和是儒家的最高价值原则、中和在儒学中兼有世界观的意义、中和又是儒家的方法论;并详细论述了儒家“中和”思想的历史渊源及其内涵。

第三章儒家的义利观,首先论述了先秦儒家义利观的主要内容,孔子提倡“先义后利”、“见利思义”,孔孟提倡舍生取义,承认追求私利是人的本能欲望。其后,先秦儒家义利观发生演变,以董仲舒为代表,儒家义利观发生了第一次蜕变,宋代儒家义利观发生的第二次蜕变:宋明理学对儒家义利观的扭曲;先秦儒家义利观的复归。

第四章儒家的诚信观,论述了儒家诚信之“诚”、儒家诚信之“信”、儒家整体的诚信观。

第五章儒家的“中庸”观,辨析了对孔子“中庸”基本内涵的误解,论述了孔子“中庸”的“中”的含义、“庸”的含义,对孔子“中庸”含义进行准确定位。

第六章儒家的“德治”思想,孔子“天下归仁”的“德治”纲领:以“礼”建立和维护社会秩序;为政以德、德主刑辅;重“人治”,轻“法治”,主张贤人治国;视民为本、追求理想的和谐社会。董仲舒的德治思想:“以义正我”、“以仁安人”；施“教化”，守“等级”。

第七章儒家的“天人合一”观，辨析了儒家“天人合一”观的历史发展，论述了“天人合一”思想的三重意蕴：“天人合一”思想是政治管理之策、“天人合一”是理想的生存状态、“天人合一”是超拔的道德境界和高远的审美境界。

第八章儒家的人口思想，回顾了儒家多子多福、早婚早育思想的时代背景，略述儒家人口思想：一、儒家以“仁”作为其人口思想的核心；二、儒家以“足”作为其人口数量的主张；三、儒家以“教”作为提高人口质量的关键；四、儒家以“孝”作为维护亲属因缘的纽带；五、儒家以“心”“德”作为划分人口结构的标准。

中篇儒家和谐观的历史局限与现代价值。

第一章儒家“仁爱”观的历史局限与现代价值，就儒家“仁爱”观的历史局限性而言，主要表现为不平等性和虚幻性；就其儒家“仁爱”观的现代价值而言，有几种仍须弘扬的宝贵精神：笃实躬行、严于律己、自强不息、人道主义、集体主义精神；儒家“仁爱”观所蕴含的哲学思想具有重要的方法论意义。

第二章儒家中庸观的历史局限和中和观的现代价值，就儒家中庸思想的历史局限而言，儒家中庸思想只是一种相对“平等”，其中包含着最大的“不平等”；儒家中庸思想提倡原始、简单的“平均主义”；其实现的唯一途径是“全民修身”。儒家中和观的现代价值：“和实生物”的思想为可持续发展提供了丰富深邃的哲学之源；“以和为贵”的价值观是我们处理国家国内事务、注重和平手段的重要依据；“和而不同”思想史现代社会求同存异原则的提出和应用的有力论证；“致中和”的思想也为今日和谐发展理论构建中的地位问题提供有价值的参考意见。

第三章儒家义利观的消极影响和现代价值，就其消极影响而言，重义轻利、安于现状与发展市场经济的本质要求相悖；重义轻利、道德至上与市场经济的原则精神相悖；重义轻利、重农抑商与市场经济的根本目的相悖。就其现代价值而言，以义为上的道德追求有助于加强对个人主义的道德约束，提高人们的道德境界；先义后利的价值观有助于从社会心理上抑制拜金主义的蔓延，提升人们的精神需求；注重公利的价值取向有助于解决当今生态问题，促进社会经济的可持续发展。

第四章儒家诚信观的局限与现代价值，就其时代局限而言，儒家诚信观受封建主义道德的钳制；缺少法治要求。其现代价值表现在：诚信是为人处世的基本规范和基本准则；是交往必须遵循的道德原则，也是基本的交友之道；诚信是社会经济活动中的基本行为规范，是保证社会稳定发展的基础，也是基本的立国立民之道。

第五章儒家德治思想的历史局限与现代价值，其历史局限表现在：人治、过犹不及、僵化；其现代价值：扬弃儒家“德治”思想，确立新型的社会主义“德治”观。

第六章儒家“天人合一”观的历史局限和现代价值，其历史局限：过于强调人与自然的和谐，而忽略了其冲突的一面；过于乾兑自然的伦理道德意义而忽视对自然规律和奥秘的探索；儒家“天人合一”观以内省自思的思维方式考虑人与自然的关系，是一种形而上的脱离了“实然”的“应然”之思。其现代价值：儒家“天人合一”思想与可持续发展原则相契合；保护人类生存环境要有“法”有“天”；保持生态平衡要树立整体和谐观念。

第七章儒家人口思想之辩证观，揭示了人的社会性，强调重民爱民；提倡通过全民教化、崇尚德育，提高人口质量；主张“多子多福”、重男轻女人口生育观。

下篇儒家和谐观的现代转换与科学建构，主要包括：

第一章把儒家的仁爱观转化为现代的以人为本，对“以人为本”思想的历史演变进行了梳理，讨论了“以人为本”思想的科学内涵及其实现机制。

第二章把儒家的义利观升华为新型的社会主义义利观，论述了社会主义义利观的科学内涵，对社会主义义利观进行科学建构：要形成完善的教育科研机制、建构完美的传媒舆论机制、实施健全的社会管理机制、研究生动通俗的文化艺术机制、发展强大的经济杠杆机制。

第三章把儒家诚信观转换为现代和谐社会的诚信友爱，对诚信友爱进行了科学诠释，论述了诚信友爱在和谐社会中的重要地位和作用，研读了现代社会诚信友爱美德的缺失，论述在现代社会的诚信友爱美德的重塑。

第四章扬弃儒家的中庸思想、实现社会的公平正义，认为公平正义包括：权利公平、机会公平、过程公平、结果公平，并论述了四者之间的关系。论述了社会公平正义存在的问题及对策，调整收入分配机制，实现公平与效率的统一。

第五章完善儒家的德治思想、构建和谐道德，论述了和谐道德的主要内容和形成路径。

第六章把儒家“天人合一”观转换为现代天人和谐观实现人与自然的和谐发展，阐释了当前我国人与自然关系现状及存在的问题，提出了实现人与自然和谐相处的根本途径。

第七章把儒家的人口观升华为科学发展观指导下的适度人口观，为构建新农村提供良好的人口环境。

第八章由儒家“静态的和谐”到充满活力、安定有序的现代“动态和谐”的转变。

和谐与回归
——儒家和谐思想及其当代价值研究

尹长云 著

中南大学出版社 2008 年 7 月出版 238 千字

该书围绕儒家和谐思想这个主题，着重探讨了它的内涵，以及实现和谐的方法与途径。在考察其思想渊源、把握其思想脉络的基础上探寻其思想的精华，并从传统与现代的结合点上阐释其现代功能与历史局限，以期为当代和谐社会建设提供有益思考。作者以儒家关于“和”的基本概念为切入点，由此层层展开，步步深入，梳理了儒家和谐思想的理论源流、内在逻辑与基本特征，阐述了儒家的和谐理想追求，提出了实现社会和谐的根本方法和现代启示，具有较强的内在逻辑。

全书共分八章。

第一章导论，辨析了儒家“和”的概念，梳理了儒家和谐思想的理论原点、思维理路、基本特征、批判继承。

第二章和谐的理想追求，君子、圣人：身心和谐思想；忠恕、诚信：人际和谐思想；小康、大同：社会和谐思想；参赞化育：生态和谐思想。

第三章以德达和之路，以德为本的和谐文化之根基；仁：实现和谐的道德总原则；义：实现和谐的道德价值取向；礼；实现和谐的基本道德规范；中庸：实现和谐的方法。

第四章身心和谐，善与恶：身心和谐之依据；理与欲：身心和谐之表征；修身与养性：身心和谐之基础；自律与他律：身心和谐之方法。

第五章人伦和谐，包括：人际和谐的基本准则，主要有夫妻、父子、兄弟、君臣、朋友、师弟、群己七种关系的和谐，总论人伦总体之和谐。

第六章社会和谐，为政以德：社会和谐的政治保障；养民富民：社会和谐的经济政策；道德教化：社会和谐的文化支撑；以民为本：社会和谐的群众基础；礼与乐：社会和谐的制度选择；选贤与能：社会和谐的重要举措；以刑为辅：社会和谐的调控手段。

第七章自然和谐，天人合一：人与自然的本然关系；天人合德：人与自然和谐的内在机制；天道生生：仁民爱物；制天命以用之：认识和尊重自然规律；尽物之性：合理利用和保护自然资源；中庸无我：人与天地万物和谐相处。

第八章契合与升华。主要论述了儒家和谐思想与现代社会人的身心和谐、人际关系的和谐、现代家庭的和睦幸福、现代社会的协调稳定、现代生态环境问题、世界和平诸方面的关系。

儒家和谐思想的当代价值

叶金宝　著

广东人民出版社 2006 年 12 月出版　210 千字

该书为广东优秀哲学社会科学著作出版基金资助项目，作者把对人的重新认识作为和谐研究的起点，在对儒家思想体系的解读中尝试建构“和谐理论框架”；在解释传统的过程中颇有新意。全书共分九章。

该书主要内容有：

第一章和为贵的价值取向，探讨了“和”的本质，对“和谐”进行深层辨析，阐述“和谐”的基本精神。

第二章人能弘道的主体精神，探讨了人文主义的多维视角，赞赏先秦儒家主体性的高扬，随着儒家的发展，主体性逐步失落。

第三章反求诸己的内省途径，探讨规范与和谐的关系，辨析儒家重内轻外的思维倾向，辨析自律与他律，思想与规范。

第四章“执两用中”的致和方法，探讨先秦儒家的中庸观，辨析“执两用中”与“和而不同”，清醒论述了中庸思维的缺陷。

第五章善假于物的工具意识，辨析了礼与中和、礼与公民伦理的关系，认为礼的功能是：分、均、节，先秦儒家有合理的等级思想、平等观念，需要对传统等级观念进行现代转换。

第六章道德至上的和谐文化，第一节道德至上的价值和谐，包括义利和谐论、理欲和谐论、群己和谐论、和谐价值论；第二节民胞物与的伦理和谐，包括孝悌为本的亲情和谐观、伦理政治的社会和谐观、民胞物与的自然和谐观；第三节内圣外王的人格和谐。

第七章天下一家的文化血脉，包括儒家文化的民族性，表现为：追求天人合一、固守伦理本位、崇尚宗法血缘；中华民族的文化血脉，表现为：民族自我意识文化血型认同、文化中国的价值理想；儒家和谐文化与民族凝聚力。

第八章一元取向与多元整合，论述了儒家和谐思想的内在结构及特质，进行合理的现代审视与多元整合。

第九章和谐与当代文化建设，论证了当下的文化建设与文化生态，对当前的文化建设与文化安全提出积极的建议和措施。

儒家中和哲学通论

董根洪　著

齐鲁书社 2001 年 4 月出版　336 千字

本书是中国孔子基金会文库丛书之一。在充分占有翔实学术资料的基础上，以深邃的思想性和鲜明的学术观点，创造性的阐述了儒家中和哲学。全书结构清晰，资料翔实，证据确凿，分析客观，观点新颖。本书还具有一定的史料性，为中华民族文化的现代转化作了贡献。

全书共分六章。内容包括：

第一章儒家中和哲学概论。分四方面论述，第一节儒学“大本”与中华“至德”——论儒家中和哲学的地位；第二节“三圣相传，允执厥中”——论儒家中和哲学的产生；第三节中华第一生存智慧——论儒家中和哲学的本质和内涵；第四节“吾儒自有中和在”——论儒家中和哲学的特点和形态。

第二章先秦儒家政伦中庸哲学。第一节“中庸之为德，其至矣乎!”——论孔子的中和哲学；第二节“执中无权犹执一”——论孟子的中和哲学；第三节“中和者，听之绳”——论荀子的中和哲学；第四节“亨行时中”，“保合太和”——论《易传》的中和哲学；第五节“致中和，天地位，万物育”——论《中庸》的中和哲学。

第三章汉唐阴阳中和哲学。第一节“德莫大于和，道莫正于中”——论董仲舒的中和哲学；第二节“动化天下，莫尚于中和”——论杨雄的中和哲学；第三节“阴阳和则万物育”——论王充的中和哲学；第四节“自然之分尽为和”——论王弼、郭象的中和论；第五节“执其中者，其惟圣人乎!”——论王通的中和哲学；第六节“本正生和探厥中”——论柳宗元、刘禹锡、韩愈、李翱的中和思想。

第四章宋明心性中和哲学(上)。第一节“通其弯，是之谓中焉”——胡、石、李、王、苏诸儒中和论；第二节“中和之道，无所不周”——论司马光的中和哲学；第三节“中也者，和也，天下之达道也”——论周敦颐的中和哲学；第四节“太和所谓道”，“仇必和而解”——论张载的中和哲学；第五节“天下之理，莫善于中”——论二程的中和哲学。

第五章宋明心性中和哲学(中)。第一节“中和在我，天人无间”——论朱熹的中和哲学；第二节“中也，内外合，体用备”——论陆九渊的中和哲学；第三节“满宇宙皆中庸”——论杨简、袁甫的心学中和论；第四节“道至于中庸而止”——论叶适的中和哲学。

第六章宋明心性中和学(下)。第一节“先致中而后致和”——论陈献章的中和哲学；第二节“随处体认天理，此我之中和汤也”——论湛若水的中和哲学；第三节“中和一也”，“和上用功”——论王阳明的中和哲学；第四节“理一故能致中和”——论罗钦顺的中和哲学；第五节“慎独即是致中和”——论刘宗周的中和哲学；第六节未发之中，“儒者第一难透底关”——论王夫之的中和哲学；第七节“柳暗花明一村”——从儒家中和哲学到实践中和哲学。

人和论——儒家人伦思想研究

徐儒宗　著

人民出版社 2006 年 9 月出版　461 千字

该书依据儒家原典和历史文献，着眼于“五伦”，既对儒家伦思想的基本内容、历史演变、特点和作用进行了深入而富有创见的系统梳理、探讨，又通过对早期儒家与诸子百家、汉儒人伦学说异同，特别对儒墨、儒道、儒法、儒释以及中西人伦观异同的比较研究，还原了儒家人伦思想的真实内涵，挖掘出其中所蕴涵的合理价值，旨在为创建一整套具有中国特色的新型人际关系、建设和谐社会提供有益的借鉴。

儒家把夫妇、父子、兄弟、君臣、朋友五种最具典型性的人际关系归纳为“五伦”，提倡夫妇互相爱敬、父慈子孝、兄友弟恭、君义臣行、交友以信等品德，以期人与人之间的和睦相处，从而达到社会的和谐安定。儒学的宗旨，系以“五伦”为施治纲领，而以“民胞物与”之“仁”为济世襟怀，中庸之道为方法和准则，“礼”为行为规范，以期最终实现理想的“大同”社会，集中地体现了中华民族二千余年来的道德文明，至今仍根深蒂固地影响着人们道德行为和社会风气。

全书共分七章。

第一章导论。第一节开宗明义说人伦，探究了“人伦”的含义及其起源、“五伦”的定型、“五伦”顺序之演变，对“三纲”和“五伦”进行辨析。第二节人伦的道德本体——仁，论述了“五达道”与“三达德”，认为人伦以诚、忠、信为基本素质，以“恕”为能近取譬的逻辑方法。第三节人伦的道德准则——中庸、义，对执两、用中、中正、中和、时中、执中达权、中行、狂狷、乡愿、中庸、义诸概念详作阐发。第四节人伦的行为规范——礼。第五节推行人伦教化的次第，主张克明俊德、孝悌为仁之本，泛爱众而亲仁，博施于民而能济众。

第二章儒家的夫妇观，第一节儒家夫妇观的孕育和创建，回顾了婚姻制度的曲折发展，论述了周礼与贵族婚姻、周礼与庶民婚姻、儒家夫妇观的创建。第二节乾坤卦义与两性观念，辨析了人们对《周易》尊卑观念的曲解，表明乾坤卦义所象征的两性关系，揭示其所蕴含的两性关系的基本规律。第三节婚姻的意义及其规范，古人认为婚姻乃人伦之始、王化之基，注意“同姓不婚”和“母党不婚”，德才并重，异质互补。第四节自由与专贞统一的恋爱观念。第五节相敬相爱，协调和乐；强调“男女别”、“夫妇义”，妻子好合，如鼓瑟琴，夫妇和而家道成。第六节比翼双栖，白头偕老。第七节变态婚姻和不幸婚姻，对于变态婚姻和婚外恋贬斥，对于被虐和被弃者同情。第八节夫妇观念之演变及其影响。

第三章儒家的父子、兄弟观（上）。第一节血缘关系乃人之天性，儒家顺应人之天性创建父子、兄弟之伦。第二节为人父，止于慈，论述了“慈”的原则，教以义方，福纳于邪；作诫垂训，勉之以德；诗书教子，勉学以勤。第三节为人子，止于孝；辨析了“孝”的含义及其哲学基础，要养体更要养志，事亲以礼，事父母几谏，立身行道，扬名显亲，继志述事之为“达孝”。第四节关于孝的某些特殊含义的辨析，如“身体发肤，不敢毁伤”、“父母在，不远游”、“父为子隐，子为父隐”、“父之仇，弗与共戴天”、“三年之丧”、“三年无改于父之道”、“不孝有三，无后为大”。

第四章儒家的父子、兄弟观（下）。第一节兄爱而友，弟敬而顺；第二节令人神往的天伦之乐；第三节孝悌慈的扩充与推广；第四节孝悌观念之演变；第五节孝悌传统的历史价值。附录一：“二十四孝”评析；附录二：一个以孝悌治家的典型实例分析——关于浦江郑义门的考义家风。

第五章儒家的君民、君臣观。第一节民本思想与民主意识，民惟邦本，本固邦宁；倡导人格平等和人格对立，民贵君轻与立君为民；君权的合法性取决于民心；平等与尊卑统一的君民关系。第二节为君之道，君道的起源与确立，君的职责，君主施政的指导思想及方法。第三节君臣关系，君臣关系溯源，君使臣以礼，臣事君以忠；以道事君，不可则止；格君心之非；吊民伐罪，顺天应人。第四节官民关系，当官应为民做主。第五节上下级关系与同僚关系。第六节君民、君臣观的演变。

第六章儒家的师友观。第一节处于父子与朋友之间的师弟关系，论述了儒家的教学宗旨、为师之道；弟子从学之义；教学相长、师弟之谊。第二节志同道合的朋友关系，同道相合，取友必端；交友以信，久而敬之；以文会友，以友辅仁；忠告善道，不可则止；辨“无友不如己者”。第三节朋友关系的扩充与推广。第四节重群而不轻己的群己关系，矜而不争，群而不党；周而不比，和而不同；尊贤而容众，嘉善而矜不能；忠恕之道，推己及人。

第七章总论。第一节五伦综评，论述“五伦”之间的区别与联系，中正以序人伦，人伦以和为贵，善处“人伦之变”，人伦观念要与时俱进。第二节诸家人伦观比较述要，论述了儒家与杨、墨家、儒家与道、与法、释乃至中西人伦观之异同。第三节儒家人伦思想的现代意义，儒学与现代文明，现代人伦的失和现象，家庭和睦与幸福，社会的协调与稳定，国家统一与世界和平，儒家的最高理想与人类的前景展望。

和为贵的政治伦理追求

——和视域中的先秦儒家政治伦理思想研究

皮伟兵　著

上海三联书店 2007 年 5 月出版　200 千字

该书结合时代发展的要求,从批判继承优秀传统文化的视角,对先秦儒家“和”政治伦理思想进行了比较全面的思考。作者注意运用马克思主义的唯物史观和辩证方法分析问题,比较好地攻读了原典文献,认真吸收了现有的研究成果,其对先秦儒家“和”政治伦理思想的系统研究。该书把先秦儒家的“和”思想与政治伦理结合起来,进行系统探研,深入探析了先秦儒家“和”政治伦理思想的逻辑构成。作者引进当代制度研究的成果来研究和分析先秦儒家的“和”政治伦理思想,提出了“群分和谐”的社会建构和制度设计理念。

全书共分五章,主要内容包括:

第一章先秦儒家“和”政治伦理思想概述。首先论述了先秦儒家“和”政治伦理思想产生的历史背景,进而探讨了构建等级秩序和谐的宗法血缘基础,认为:宗法血缘关系是国家统治秩序和谐的重要保证,是社会等级秩序和谐的内在根基,“亲亲”、“尊尊”是宗法血缘关系的人伦准则。论述“和为贵”的政治伦理追求,重视“人和”的社会管理思想,强调“民惟邦本”的社会和谐基础,提倡“修己安人”的“和”政治伦理要求。

第二章“和”政治伦理的理论依据。一、“天人合一”的哲学论证,论述天与人的对接与同构,强调“天道”与“人道”的内在统一,从“天人相分”到“天人合一”。二、人皆向善的人性预设,人皆向善:“和”政治伦理的道德凭借,性善性恶:“和”政治伦理的人性辩难,为政以善:“和”政治伦理的理想路径。三、贵生重民的人本观念,认为天地万物莫贵于人,人本以重民敬志为前提,爱民与“天下同乐”的统一。

第三章“和”政治伦理的基本原则与范畴。一、和而不同:“和”政治伦理的基本原则;论述了政治视域中的“和”与“同”,辩证意义上“和”与“同”的相对性,“和而不同”的政治伦理原则。二、仁者爱人:“和”政治伦理的内在精神;仁德培养:“和”政治伦理的道德基石,仁礼相成:“和”政治伦理的德治诉求,仁民利众:“和”政治伦理的价值理念。三、义以为上:“和”政治伦理的价值标准;义者宜也:“和”政治伦理的价值蕴含,义以制利:“和”政治伦理的价值规定,唯义是从:“和”政治伦理的价值准则。四、礼以定伦:“和”政治伦理的行为规范;礼节情性:“和”政治伦理的规范作用,礼以定伦:“和”政治伦理的秩序保证,礼之用和为贵:“和”政治伦理的精神实质。

第四章“和”政治伦理的理想目标,一、人际关系和谐,人际关系和谐以人伦为本,人际关系是“亲缘”关系的扩展和提升,“忠恕之道”是人际关系和谐的行为要求。二、社会秩序和谐,“天下为公”的“大同”社会理想,“上下尊卑”的等级秩序和谐,“协和万邦”的“和天下”追求。三、人与自然和谐;“天人合一”的人与自然和谐观,社会是人与自然的和谐统一。

第五章“和”政治伦理的制度设计。一、群分和谐的社会建构;尊卑有等、群而相宜、分则有序。二、社会分层的制度安排;社会分层的人性根据、社会分层的构建方式、社会分层的制度定位。三、社会有序和谐的方法与举措;中庸之道的行政方针、教化为先的施政原则、德本法用的治国方略。余论:先秦儒家“和”政治伦理思想的现代意义。

和合学21世纪文化战略的构想

张立文 著

中国人民大学出版社 2006年10月出版 825千字

全书分上下两卷，凡二十章。首章前有再版序、自序，末章后有后记、再版后记。该书提出和合学和生、和处、和立、和达、和爱五大原理，以化解21世纪人们面临的人与自然冲突而造成的生态危机，人与社会冲突而产生的人文危机，人与人冲突而构成的道德危机，人的心灵冲突而产生的精神危机，文明之间冲突而造成的价值危机。

上卷论述了和合学的定义、和合学“三界六层”、“八维四偶”的逻辑体系、整体结构、和合精神的追寻、和合源流的考察，以及21世纪人类文化的战略构想。

第一章是世纪之交的文化思考，通过20、21世纪的宏观把握，提出化解五大冲突的和合精神。

第二章、第三章是关于和合与和合学的义理规定，以及和合学的整体构想。和合是指自然、社会、人际、心灵、文明诸要素相互冲突、融合，并在此动态过程中各要素和合为新事物、新生命的总和。构建了地、人、天三界，即和合生存世界、和合意义世界、和合可能世界，构建了和合学理论公设和形上、道德、人文、工具、形下、艺术、社会、目标八维和合的新学科体系。

第四章、第五章、第六章三章是对“三界”的阐释，融突和合三界的境理、性命、道合六层及八维的义理蕴涵以及转换机制、中介机制。

第七章是和合世界的整体贯通与生生。阐述了和合八维的序化、级化、偶化反演，及分级生生。

第八章关于和合精神的追寻，阐释和合学流变原理，和合经验世界、认知活动等。

第九章关于和合源流的考察。

第十章关于和合学与21世纪人类文化，提出五大文化原理。

下卷旨在启动和合学原理，从和合学之“体”转化为和合学之“用”，使和合学贴近社会、贴近百姓日用。本卷从文化战略构想到文化战略预测，展开和合学体系结构的“八维”论述，即：形上和合与和合自然科学、道德和合与和合伦理学、人文和合与和合人类学、工具和合与和技术科学、形下和合与和合经济学、艺术和合与和合美学、社会和合与和合管理学、目标和合与和合决策学，从而通达和合之道。

第十一章关于和合学原理之用，旨在使和合学理论原理转变为应用方法，超越文化整合的手段，进入文化整合的果实的探讨。

第十二章到第十九章是和合学体系的八维学科分类的具体、深入的分析论证。具体包括：第十二章形上和合与和合自然科学、第十三章道德和合与和合伦理学、第十四章人文和合与和合人类学、第十五章工具和合与和合技术科学、第十六章形下和合与和合经济学、第十七章艺术和与和合美学、第十八章社会和合与和合管理学、第十九章目标和合与和合决策学。第二十章通达和合之道，在和合人文精神的关照下，从时间结构、空间结构、义理结构三方面阐释21世纪的和合之道。

和谐哲学原理

易超 著

重庆大学出版社 2007年1月出版 355千字

该书多层次、多角度讨论了“和谐”问题，开拓了广阔的研究方向。该书除“宏观叙事单元”是以通常的“哲学”框架来为“和谐”提供理论根据外，书中的“中观叙事单元”和“微观叙事单元”特别关注了现实问题，如对政治、经济、文化以及人的自身价值等等，能通过事实的阐述和理论的分析，提出一些带有条理性的规律，对人们颇有启发。

该书共分十章，前有汤一介先生的序。

第一章哲学观。第一节哲学观的流变：从文化之王到语言分析，分析了本体论哲学、认识论哲学、语言分析哲学、实践哲学、境界哲学、反思哲学。第二节和谐主义哲学观：合规律性与合目的性的统一，和谐哲学认为，哲学是共相与殊相、科学知识与意识形态、世界观与方法论、形上学与形下学、工具理性与价值理性、理论科学与实践科学、合规理性与合目的性的统一。

第二章和谐观。第一节和谐概念：体用相宜，物我相生；从实践和理论的角度理解和谐。第二节和谐品质：和谐的内在规定性，讨论了和谐的整体性、规则性、均衡性、自洽性、开放性。第三节和谐诉求：人类文明成果的共同基因，和谐乃中国传统文明的精神特质，西方文明并不缺少和谐诉求的原始基因。

第三章本体论。第一节存在的存在：哲学的根本问题，论述了唯物主义本体观、唯心主义本体观、中国传统哲学本体观、西方现代哲学的本体观、和谐主义本体观。第二节两个世界：能量和质量，不同的宇宙模型，能量世界和物质世界。第三节五种形态：大化流行的基本样式，五种形态：固态、液态、气态、等离态和能量态。第四节一个本质：空灵的宇宙，和谐的世界。论述了世界的本原和本性，世界统一于和谐，和谐乃宇宙间不可逆转的根本大法。

第四章辩证法。第一节辩证的辨证：思维与思维的对象，第二节联系的普遍性：五殊二实，道通为一。认为：时空相随，有无相生；民胞物与，天人合一；动静相推，刚柔相济；否极泰来，物极必反；五殊二实，道通为一。第三节运动的绝对性：万有和谐，差别常在。论述了万有和谐律、和谐近似律、和谐差别律。第四节辩证范畴：联系与运动的机制，包括原因与结果、必然与偶然、已然与未然。

第五章认识论。第一节认识的认识：没有必要自为难。第二节认识的原理：同一性和差别性的统一。第三节二元关系：主客互动，实践大于思想。第四节思维方式：线性思维与状态思维，论述了线性思维的局限性、状态思维的局限性，二者的兼容性。第五节认识的误区：来自外界的和内在的，包括：由知识、经验和权威等外来因素造成的误区、由生理、心理等内在因素造成的误区，讨论了远离误区的方法。

第六章社会存在论。第一节历史的历史：各种不同的历史观，包括西方人的历史观、中国本土文化的历史观、历史观的具体样式、和谐主义历史观。第二节终极存在：人与自然和人与社会，论述了人与自然的关系、人与社会的关系、人类之爱：人性与阶级性。第三节社会的根本规律：相依为命，同舟共济，讨论了文明社会的由来，社会与国家，社会的性质。

第七章社会运行论。第一节社会运行的结构：政治、经济、文化。第二节社会运行的机制：各尽所能，各得其所。第三节社会运行的规律：自在性与自为性的统一。

第八章社会归宿论。第一节社会的发展方向：由乱到治；第二节理想社会：从幸福岛到经典共产主义；第三节人类社会的最终归宿：共产主义充分和谐；第四节异化与还原：社会进步的提升机制。

第九章人生观。第一节人的本质：人与猴的分界，第二节人生意义：活着就是做自己，第三节人生定律：命好不如运好，运好不如人好，第四节人生历练：妥协和让步。

第十章价值观。第一节价值概念：效用和意义；第二节价值分类：天道，人道，世道；第三节价值尺度：积极性，有效性，意义性；第四节和谐的价值：开物成务，道济天下；第五节价值范畴：和谐社会核心价值体系；第六节人类中心主义和极端个人主义的终结。

和谐发展沉思录

刘长明　著

人民出版社 2008 年 9 月出版　350 千字

该书是作者自 1999 年以来反思传统发展模式，探寻和谐发展方向而进行的理论探索的一次系统总结。作者潜心进行和谐发展理论的原创性研究，致力于和谐的理论建构，提出了包括和谐发展、和谐文明、和谐社会、和谐伦理、和谐正义、和谐精神、和谐文化、和谐教育、和谐经济、和谐生产力在内的和谐话语系统。作者认为：由原始文明和农业文明的谋生性发展、工业文明的增长性发展到和谐文明的和谐发展，是发展的革命。和谐发展是以心和、人和、天和为特征和指向的发展模式。这种基于东方文化的发展模式是发展智慧的集大成，演绎着生生不息的求真、向善、达美的过程。其终极价值是万有存在协同演进，相得益彰。对在发展过程中遇到困难的人类来说，唯一的选择是自觉锻铸和谐与发展的因果链条，主动编织和谐发展的因果之网，达到心和、人和、天和的“三和”境界，促成心态、世态民、生态的“心态”平衡以及内心界、社会界、自然界的“三界”和合，以其实现发展的和谐与和谐的发展《和谐发展沉思录》正是从这些角度对和谐发展理论展开论述。

该书共分四章，前有序，后有跋。

第一章和谐发展篇，对和谐发展进行了一论、再论、三论，充分论述了当前社会发展的困境，重新审视了可持续发展的合理性与局限性方面，提出和谐发展的理论构思，再论和谐中，对和谐发展之必要性、可能性、发展路径、与其他发展模式之区别、生产力基础、伦理基础等诸方面进行论述，并在三论中将和谐发展体系化，主要包括：和谐发展、和谐文明、和谐社会、和谐精神、和谐文化、和谐哲学、和谐思维、和谐伦理、和谐教育、和谐正义、和谐经济、和谐生产力诸方面。提出和谐是生产力之祖、天人合意等新论点。

第二章和谐教育篇，作者认为从谋职教育到和谐教育是教育的革命，详细论述了教育的和谐使命，并对和谐教育思想进行了重构，指出教育不是即时庸俗的创收产业，教育产业化是人类文明发展的陷阱，教育应当是永恒而崇高的培育和谐人格的伟大事业。

第三章和谐文明篇，论述了工业文明的勃兴与终结，指出和谐文明是拯救人类的唯一文明形式，详述和谐文明的基本特征。剖析文明冲突论，辨别了东西方文明之不同渊源与不同的发展径路，指出和谐文明的必然发展方向；进一步论述“和谐就是力量”。

第四章和谐正义篇，提出万有价值论，认为存在本身即是存在的理由，万有存在本身即具价值，和谐剃刀是万有存在平衡的自和谐机制。提出和谐正义论，认为和谐正义是万有存在各得其所的正义，并提出和谐正义三原则：平等、平衡、共赢。发起和谐伦理学宣言，倡导仁者爱人、智者爱生、贤者博爱。最后对“和谐剃刀”详加论述。

（以上均为刘兴明选介）

论著索引

论文索引(2008－2009年)

一、中国化马克思主义和谐思想研究

(一)综论

马克思主义中国化语境中的和谐问题/平飞//南昌航空大学学报(社会科学版)2008.2

革命·改革·和谐社会建构——马克思主义语境中的中国社会发展路径选择/王庆五//江苏行政学院学报2008.3

"和谐"与中国传统文化及马克思主义哲学辩/李慧君//现代经济信息2009.8

一脉相承:构建社会主义和谐社会与马克思主义/韩海珍//青海民族学院学报2008.1

信仰的折射与升华——试论马克思主义的创新与构建和谐社会/林裕美//海峡科学2008.9

机制构建与社会和谐——中国共产党和谐社会建设的理论与实践/葛玲//福建省社会主义学院学报2008.2

党的历代中央领导集体和谐社会思想初探/淳悦峻//实事求是2009.1

试论党的几代领导集体社会主义和谐社会思想的演进/尚慧//科教文汇(中旬刊)2009.7

新中国成立以来"和谐社会"思想的演进/杨利英//理论导刊2009.10

新中国成立后党的领导人对社会主义和谐社会理论的发展/谷松岭//世纪桥2009.5

党的三代领导核心的和谐社会思想探析/张书林//江西教育学院学报2008.4

统一战线的和谐价值理念/孟宪波//枣庄学院学报2008.1

中国共产党营造安定和谐国内发展环境的历史轨迹/彭建军//南华大学学报(社会科学版)2009.3

和谐社会、科学发展与中国特色社会主义/丛松日//宁波职业技术学院学报2008.4

党的三代领导核心的党内和谐思想探析/张书林//中国延安干部学院学报2008.3

中国共产党人对和谐文化的继承与创新/党明德//济南大学学报(社会科学版)2008.5

从"双百"方针到和谐文化——论中国共产党对主流文化的构建/秦晔//山西高等学校社会科学学报2008.7

和谐世界观:从毛泽东到胡锦涛/张殿军//唯实2009.1

试析"和谐世界"与"三个世界"理论的共同思想内核/赵相斌//党史文苑2009.22

论当代中国马克思主义和谐思维的和平建构功能/陶军//南京政治学院学报2008.6

论当代中国马克思主义和谐思维/陶军//

军队政工理论研究 2008.2

井冈山精神与社会主义和谐社会的构建/张颢//科学社会主义 2008.3

井冈山斗争时期我党防止两极分化构建平等和谐社会关系的举措及启示/文尚卿//党史文苑 2009.8

论苏区精神及其在构建和谐赣州中的时代价值/王小元//江西理工大学学报 2008.4

论弘扬苏区精神对构建和谐赣州的几点启示/王小元//经济与社会发展 2009.1

我党在抗战时期促进社会和谐的重要经验/曹茂春//理论探索 2008.2

延安精神与和谐社会/安月兴//保定学院学报 2009.6

试论延安时期我党构建的“局部”和谐社会/孟轲//兵团党校学报 2008.2

延安时期和谐社会系统建构的路径探析/杨松涛//毛泽东思想研究 2008.3

陕甘宁边区对建设和谐性社会的探索——以延安时期教材资料为中心/周银霞//中国延安干部学院学报 2009.2

抗战时期陕甘宁边区的民生实践与社会和谐/王晓荣//学术论坛 2008.10

试析陕甘宁边区民众文娱活动之和谐开展/刘维民//延安中国共产党开发利用执政资源与陕甘宁边区和谐社会构建/郝身沛//延安大学学报(社会科学版)2009.2

党的“和谐民族”政策促进西藏发展繁荣/丛松日//西藏研究 2009.3

建国初期在建设和促进社会和谐方面的经验教训/叶新莉//传承 2008.12

建国初期党的执政方式对和谐社会建设的启示/靳闯//西安社会科学(哲学社会科学版)2008.4

加强党内民主建设,促进党内和谐——从1959年庐山会议得出的启示/黄小娟//黑龙江史志 2008.14

建国初期中国共产党构建和谐社会的实践及其启示/张春海//延安大学学报(社会科学版)2008.2

建国初期党的“劳资两利”对构建和谐劳资关系的启示/林晓燕//四川省社会主义学院学报 2009.4

(二)以毛泽东为核心的党的第一代领导集体的和谐思想研究

论毛泽东思想的和谐理念/罗本琦//厦门特区党校学报 2009.4

毛泽东和谐价值观与中国革命和建设/元建基//贵州工业大学学报(社会科学版)2008.1

毛泽东和谐社会思想研究述评/关德军//传承 2009.12

论毛泽东的和谐社会思想/寇海霞//辽宁行政学院学报 2009.4

论毛泽东与和谐社会的构想/连儒来//内蒙古民族大学学报(社会科学版)2008.4

试析毛泽东的和谐社会思想/李彦昭//天津行政学院学报 2008.2

谈毛泽东对和谐社会理论的探索/谷松岭//辽宁师专学报(社会科学版)2009.3

毛泽东与和谐哲学/毛卫平//淮海工学院学报(社会科学版)2008.1

毛泽东思想中蕴含的和谐社会观/郭震//黔西南民族师范高等专科学校学报 2009.1

毛泽东的和谐社会思想探析/李阳//鸡西大学学报 2009.5

毛泽东和谐社会思想初探/杨军//湖南科技学院学报 2008.11

毛泽东和谐社会思想特征分析/曾芳莲//科技信息 2008.36

探析毛泽东探索和谐社会的基本思路及其特点/郭震//湖北广播电视大学学报 2009.7

毛泽东构建和谐社会思想及其现实意义/刘庆东//边疆经济与文化 2008.7

论毛泽东和谐社会思想及其价值/张寿//

高等农业教育 2009.12

毛泽东和谐社会思想的当代价值/马建军//理论界 2008.5

把历史的内容还给历史——从毛泽东与和谐社会说开去/孙照红//长白学刊 2008.4

论毛泽东和谐社会思想的发展轨迹/张守龙//传承 2009.2

论建国以前毛泽东建设和谐社会的思想与实践/陆璐//法制与社会 2009.13

新民主主义社会论中的和谐内核探析/胡银华//重庆工学院学报(社会科学版)2008.3

论"五四"时期毛泽东构建社会主义和谐社会的思想/王治涛//甘肃社会科学 2008.1

建国后毛泽东对和谐社会的探索/文斌//保定学院学报 2009.3

建国初期毛泽东对构建和谐社会的初步实践/米文彬//江汉大学学报(社会科学版)2009.4

试论社会主义建设道路探索初期毛泽东和谐社会思想/王宏伟//毛泽东思想研究 2008.1

毛泽东的社会主义和谐社会思想研究/闫素娥//梧州学院学报 2009.4

毛泽东社会主义社会和谐思想论析/佀咏梅//无锡商业职业技术学院学报 2008.1

毛泽东社会主义和谐社会思想探析/许来好//才智 2009.35

略论毛泽东构建社会主义和谐社会的思想/宋一//吉林省社会主义学院学报 2008.2

论毛泽东关于构建社会主义和谐社会的思想/曾亚雄//长春理工大学学报(社会科学版)2008.3

毛泽东对社会主义社会和谐的认识及探索/赵刚//党史文苑 2009.16

毛泽东思想与构建社会主义和谐社会关系初探/任克敏//理论与当代 2009.2

毛泽东思想对建设社会主义和谐社会的意义/孙峻岭//消费导刊 2008.21

毛泽东对构建社会主义和谐社会的实践探索及时代价值/谢安国//安康学院学报 2008.6

论大跃进时期毛泽东构建和谐社会的思想/王治涛//洛阳理工学院学报(社会科学版)2009.3

再论大跃进时期毛泽东构建和谐社会的思想/王治涛//南昌大学学报(人文社会科学版)2009.4

浅谈《论十大关系》与构建和谐社会/冯佳//芜湖职业技术学院学报 2008.3

《关于正确处理人民内部矛盾的问题》与构建和谐社会/张汝//黑龙江史志 2009.8

渗透在《关于正确处理人民内部矛盾的问题》中的和谐理念/吴光明//党史文苑 2008.4

正确处理人民内部矛盾/构建和谐社会——纪念毛泽东《关于正确处理人民内部矛盾的问题》公开发表 50 周年/权小虎//新西部(下半月)2008.1

浅析《关于正确处理人民内部矛盾的问题》对构建和谐社会的启示/邹慧//学理论 2009.12

论《关于正确处理人民内部矛盾的问题》及对构建和谐社会的启示/李国亮//前沿 2008.2

浅析《关于正确处理人民内部矛盾的问题》对新形势下构建和谐社会的哲学启示/隋学礼//兰州学刊 2009.5

《关于正确处理人民内部矛盾的问题》对构建和谐社会的启示/董军明//广播电视大学学报(哲学社会科学版)2008.2

正确处理人民内部矛盾与构建和谐社会——读《关于正确处理人民内部矛盾的问题》有感/张新权//世纪桥 2008.6

试述《关于正确处理人民内部矛盾的问题》对构建和谐社会的启示/刘艳华//赤峰学院学报(汉文哲学社会科学版)2008.5

构建和谐社会就是要正确处理人民内部矛盾——重读《关于正确处理人民内部矛盾的问题》/赵汇//郑州航空工业管理学院学报(社会

科学版)2008.1

构建社会主义和谐社会的理论指南——重读《关于正确处理人民内部矛盾的问题》/郭秀丽//湖北省社会主义学院学报 2009.1

论《关于正确处理人民内部矛盾的问题》对构建社会主义和谐社会的启示/朱承//沧桑 2008.1

构建社会主义和谐社会的理论借鉴——对《关于正确处理人民内部矛盾》的辩证分析/周铨//内蒙古农业科技 2008.6

毛泽东矛盾学说是构建社会主义和谐社会的指导思想——学习《关于正确处理人民内部矛盾的问题》/周新城//学习论坛 2008.4

《正确处理人民内部矛盾》对构建和谐社会的现实意义/曲冠华//今日南国(理论创新版)2008.8

论毛泽东的“矛盾”概念的多重涵义及其对构建社会主义和谐社会的意义/苏伟//毛泽东思想研究 2008.5

毛泽东社会主义矛盾学说是构建社会主义和谐社会的思想源头/熊高//社科纵横 2008.5

和谐视角下毛泽东社会主义矛盾学说之理论创新及其认识缺陷再认识/董军明//内蒙古师范大学学报(哲学社会科学版)2008.3

毛泽东“斗争哲学”的内涵、价值和局限及其对构建和谐社会的现实意义/陈剑//毛泽东思想研究 2009.4

毛泽东构建和谐社会的统筹兼顾思想初探/陈再生//赤峰学院学报(汉文哲学社会科学版)2008.7

毛泽东统筹兼顾、协调发展思想再探讨——兼论构建和谐社会的方法论/徐民华//江苏行政学院学报 2008.2

再论毛泽东正确处理人民内部矛盾理论与构建社会主义和谐社会/雷国珍//湖湘论坛 2008.1

论毛泽东关于正确处理人民内部矛盾理论与构建社会主义和谐社会/和孟//法制与社会 2008.8

正确认识和处理人民内部矛盾,构建社会主义和谐社会/伍洁//湖南行政学院学报 2009.4

正确处理人民内部矛盾构建和谐社会/李芸惠//才智 2008.14

毛泽东人民内部矛盾学说及其对构建和谐社会的启示/何淑彩//中共郑州市委党校学报 2009.2

正确处理人民内部矛盾理论对于构建和谐社会的重要意义/蒋爽//辽宁行政学院学报 2008.1

毛泽东关于正确处理人民内部矛盾学说对构建和谐社会的现实意义/陈耀辉//四川文理学院学报 2009.4

毛泽东关于正确处理人民内部矛盾问题的讲话及其对建设社会主义和谐社会的现实启示/李智平//湖南广播电视大学学报 2009.1

正确处理人民内部矛盾对和谐社会的理论价值/李冰梅//北华大学学报(社会科学版)2008.4

构建和谐社会要正确处理人民内部矛盾/王力//学习月刊 2008.22

从和谐视野透视毛泽东人民内部矛盾的思想/刘艳萍//阴山学刊 2008.2

毛泽东的人民内部矛盾学说对和谐校园建设的启示/王华斌//阜阳师范学院学报(社会科学版)2009.1

毛泽东社会和谐思想研究/刘丽华//山东省农业管理干部学院学报 2009.1

论毛泽东的社会和谐思想/郭自青//中共山西省直机关党校学报 2008.6

简论毛泽东的社会主义和谐思想/李道萍//贵州工业大学学报(社会科学版)2008.4

毛泽东的社会和谐发展思想及其启示/李桂荣//思想理论教育导刊 2009.11

毛泽东同志的社会和谐思想与社会工作方法/叶美玉//法制与社会 2009.34

论毛泽东"和谐农村"思想及其现实意义/姚秋艳//时代人物 2008.4

论毛泽东建设和谐西藏的理论与实践/罗松远//华北水利水电学院学报(社科版)2009.3

毛泽东的经济公平观与构建社会主义和谐社会/贺永旦//世纪桥 2008.2

毛泽东民主政治建设思想与和谐社会的构建/郑东艳//毛泽东思想研究 2009.5

构建和谐社会背景下践行毛泽东"让人民来监督政府"思想的现实保障/胡松//中共郑州市委党校学报 2008.2

浅析毛泽东关于处理中央与地方关系的思想及对构建社会主义和谐社会的启示/孙小叶//沧桑 2009.4

毛泽东为人民谋福利的思想对构建社会主义和谐社会的启示/唐奎//福建农林大学学报(哲学社会科学版)2009.5

毛泽东"调动一切积极因素"的思想与构建和谐社会/周新辉//山东农业大学学报(社会科学版)2008.1

毛泽东政党关系和谐思想研究/高翔莲//理论月刊 2009.2

浅析毛泽东民族思想中的和谐理念/伊建民//吉林省教育学院学报 2009.4

毛泽东民族宗教政策对构建和谐社会的启发/袁瑛//世纪桥 2008.14

试析毛泽东社会分层理论的基本特点及其对建设和谐社会的启示/付春//毛泽东思想研究 2009.4

社会变革中的阶层分化与社会和谐——毛泽东阶级分析思想及其现代启示/陈文//重庆科技学院学报(社会科学版)2009.12

毛泽东群众史观对构建和谐社会的意义/陈都//中共山西省直机关党校学报 2008.5

毛泽东晚年在对待人民群众方面的失误对构建和谐社会的启示/张宏韬//佳木斯大学社会科学学报 2008.5

毛泽东党内和谐思想探析/谢翠萍//时代文学(双月上半月)2008.3

实现党内和谐的必备条件分析——学习毛泽东和谐思想的体会/孔萍//经济研究导刊 2009.9

毛泽东党内批评思想的当代价值——论党内批评与党员政治素质塑造及党内和谐/吴忠海//渤海大学学报(哲学社会科学版)2008.6

牢记"两个务必"/构建和谐社会/刘卫中//党史博采(理论)2008.5

毛泽东对干群关系的认识与构建和谐社会的努力/董一冰//黑龙江省社会主义学院学报 2009.4

实践的唯物史观——毛泽东和谐社会思想的基石/杨军//湖南科技学院学报 2008.5

毛泽东实践哲学的和谐观探析——兼与西方理论哲学的和谐思想之比较/贾胜兵//中共郑州市委党校学报 2008.3

和谐社会视野下毛泽东人学思想探析/吕新云//广东广播电视大学学报 2009.4

毛泽东政治和谐思想的理论底蕴及其当代意义/康渝生//黑龙江社会科学 2009.5

和谐社会的政治建设:毛泽东的初步思考/陈留根//新乡学院学报(社会科学版)2008.4

论毛泽东经济建设思想中的和谐理念及现实意义/李艳明//传承 2009.16

毛泽东行政方法及其对构建和谐社会的价值探讨/潘信林//湖南财经高等专科学校学报 2009.1

试析毛泽东在社会主义建设探索中的经济和谐思想/龚昕//党史文苑 2009.14

浅析毛泽东社会主义建设思想中的和谐因素/孟翔鹏//职业时空 2008.4

毛泽东对建立和谐经济关系的探索/刘鹏//法制与社会 2009.1

毛泽东关于中国社会主义建设的战略思想与和谐小康社会建设/董爱玲//社科纵横 2008.4

毛泽东社会主义工业化思想中的和谐意蕴/李丽//江苏工业学院学报（社会科学版）2008.3

浅析毛泽东思想中蕴含的和谐文化/郭震//才智 2009.14

毛泽东文化观与社会主义和谐新农村文化建设/孙宏健//天水师范学院学报 2009.4

毛泽东文化观的主要缺陷及其对建设社会主义和谐文化的启示/孙宏健//云南行政学院学报 2008.1

毛泽东的社会主义和谐文化建设的思想/宋一//四川省社会主义学院学报 2008.1

从"双百"方针到建设和谐文化:毛泽东文艺思想体系的丰富和发展/马驰//黑龙江社会科学 2008.1

简论周恩来"和谐"理念之时代价值/杨成敏//理论与改革 2008.6

论周恩来人格特质与和谐理念培育/宋天和//毛泽东思想研究 2008.2

论建国初期周恩来对构建和谐社会的探索/孙进//毛泽东思想研究 2008.6

和谐社会视阈下周恩来经济建设思想的价值/徐岩//中国石油大学胜利学院学报 2009.1

周恩来林业思想对构建和谐社会的意义/徐岩//淮阴师范学院学报（哲学社会科学版）2008.2

浅析建国后周恩来政治和谐思想的基本特征/相清平//中共南宁市委党校学报 2009.3

周恩来政治和谐的思想方法/王俊之//淮阴师范学院学报（哲学社会科学版）2008.1

略论建国后周恩来的党际和谐思想/相清平//胜利油田党校学报 2008.6

周恩来对民族和谐的探索/谢基昌//毛泽东思想研究 2009.6

和谐之道——学习周恩来统战思想/伍光亚//江苏省社会主义学院学报 2008.2

周恩来统战思想与实践中的和谐理念/方宁//上海党史与党建 2008.4

基于和谐视角下的周恩来统战工作特色分析/肖丽华//内蒙古统战理论研究 2008.1

试论周恩来对党内和谐的贡献/傅红冬//淮阴师范学院学报（哲学社会科学版）2009.4

论周恩来的党内和谐思想及其当代价值/孙进//中国特色社会主义研究 2008.5

论周恩来党内和谐思想的形成和发展过程/张华//学海 2009.4

周恩来的自我批评精神与党内和谐/张红安//南京政治学院学报 2009.6

周恩来党内斗争思想及其对党内和谐的贡献/张红安//淮阴师范学院学报（哲学社会科学版）2009.6

和谐社会视角下的周恩来党群关系思想论析/朱映雪//黑龙江社会科学 2008.4

试论建国后周恩来的党群和谐思想/相清平//中共青岛市委党校（青岛行政学院学报）2009.3

周恩来社会主义文化和谐发展理念探析/杨成敏//河南师范大学学报（哲学社会科学版）2009.1

论周恩来关于构建和谐世界的思想内涵/沈蓓绯//河海大学学报（哲学社会科学版）2009.4

周恩来外交思想对建设和谐世界的启迪/王家云//当代中国史研究 2008.3

/周恩来外交思想对建设和谐世界的启迪/王家云//毛泽东思想研究 2008.2

论周恩来和谐行政理念及现实价值/傅红冬//理论与改革 2008.4

（三）以邓小平为核心的党的第二代领导集体的和谐思想研究

论邓小平和谐社会理论与实践/史琳//东

莞理工学院学报2009.2

邓小平和谐思想与构建社会主义和谐社会/郭维刚//赤峰学院学报(汉文哲学社会科学版)2009.8

邓小平的和谐思想与社会主义治国方略的选择/颜世晔//哈尔滨市委党校学报2008.3

邓小平理论中的和谐思维特征/何丹丹//湘潮(理论)2008.4

论邓小平的和谐社会思想/秦宏伟//中央社会主义学院学报2009.2

论邓小平的和谐社会思想/刘晋玉//世纪桥2008.6

论邓小平的和谐社会观/吴云志//辽宁师范大学学报(社会科学版)2008.3

试论邓小平的和谐社会观/李蕊//中州学刊2009.2

邓小平和谐社会思想探析/柴海瑞//山东社会科学2008.8

邓小平的和谐社会思想探析/魏海青//河北省社会主义学院学报2008.2

邓小平和谐社会思想的探析/寇海霞//铜仁学院学报2008.6

邓小平和谐社会构想之系统学解读/樊跃发//毛泽东思想研究2008.2

邓小平和谐社会思想的理论基础和基本内涵/何梅玲//工会论坛(山东省工会管理干部学院学报)2008.3

邓小平的和谐社会思想及现实意义/王玲//黑龙江社会科学2008.6

邓小平的和谐社会思想及启示/叶春涛//世纪桥2008.10

论邓小平的和谐发展思想/钱燕//经济与社会发展2009.4

论邓小平的和谐发展战略思想/程玉海.//山东社会科学2009.4

论邓小平的和谐公正观/李蕊//信阳师范学院学报(哲学社会科学版)2009.6

从社会主义本质理论看邓小平的和谐社会思想/梁明//新疆石油教育学院学报2008.1

邓小平的政治稳定思想与构建社会主义和谐社会/唐艳群//长春市委党校学报2008.2

邓小平的和谐稳定观探析/李蕊//党史文苑2009.2

邓小平和谐社会思想的哲学意蕴/樊跃发//思想政治教育研究2008.1

浅析邓小平和谐文化思想/李瑞华//太原城市职业技术学院学报2008.1

邓小平和谐文化建设思想探析/黄亮//四川理工学院学报(社会科学版)2008.3

试论邓小平的和谐文化建设思想及其现实意义/滕卫双//黑河学刊2009.3

论邓小平的和谐教育思想及其时代价值/方希//淮南师范学院学报2008.5

邓小平和谐教育思想及其对电大远程开放教育的现实意义/唐康明//现代远程教育研究2008.1

邓小平和谐世界思想探论/路来庆//党史文苑2009.18

(四)以江泽民为核心的党的第三代领导集体的和谐观

《江泽民文选》的社会和谐思想初探/林建公//理论学刊2008.3

论江泽民关于构建社会主义和谐民族关系的思想/谢俊春//世纪桥2008.3

江泽民党内和谐思想探究/张书林//新疆社科论坛2008.2

江泽民的党内和谐思想探究/张书林//大连干部学刊2008.3

江泽民党内团结思想及其对构建党内和谐的启示/毛协铜//宁波经济(三江论坛)2008.4

论江泽民关于思想政治工作的和谐思想/张时碧//经济与社会发展2009.4

江泽民的和谐思想政治工作管窥/田杰//铜仁学院学报2009.1

（五）以胡锦涛为总书记的党的新一代领导集体的和谐思想研究

1. 综论

胡锦涛和谐思想研究现状述评/刘云峰//学理论 2009.16

和谐理论是马克思主义中国化学说的光辉成就/董晓璐//求索 2008.4

以和谐理念团结一切可以团结的力量/孟庆春//上海人大月刊 2008.1

胡锦涛和谐思想对中国传统文化的继承与创新/蒋兴礼//社科纵横 2009.11

从矛盾论到和谐论——胡锦涛和谐哲学思想是毛泽东《矛盾论》哲学思想的深化和发展/赵宗符//山东行政学院山东省经济管理干部学院学报 2009.4

创造和谐：马克思主义哲学批判精神的当代表现/祝菲//兰州学刊 2008.5

略论对和谐动力观的研究及意义/潘壮盛//长春工业大学学报(社会科学版)2009.2

2. 和谐社会研究

社会主义和谐社会研究述评/李杰//社会科学研究 2009.5

构建社会主义和谐社会的两个理论问题/周新城//中共福建省委党校学报 2008.3

一脉相承：构建社会主义和谐社会与马克思主义/韩海珍//青海民族学院学报 2008.1

构建和谐社会是马克思主义理论的重大创新/冯志斌//郑州航空工业管理学院学报(社会科学版)2008.2

从乌托邦到科学实践——和谐社会理论在马克思主义发展史上的逻辑地位/史育华//河北经贸大学学报(综合版)2009.3

和谐社会理论在马克思主义发展史上的逻辑地位/王惠君//西安交通大学学报(社会科学版)2008.2

浅谈社会主义和谐社会思想与马克思主义中国化/黄玉霜//传承 2009.8

浅论和谐社会与马克思主义中国化/田婵娟//法制与社会 2008.9

和谐社会理论的创新与马克思主义中国化/刘志礼//西南大学学报(社会科学版)2008.1

构建社会主义和谐社会：马克思主义中国化的鲜明要义/李宇红//甘肃社会科学 2008.3

社会主义和谐社会思想：马克思主义中国化的理论创新/蔡峥//哈尔滨市委党校学报 2008.4

构建社会主义和谐社会的理论与马克思主义中国化的内在逻辑/刘浚//毛泽东思想研究 2008.6

共建共享和谐社会：马克思主义中国化的创新理念/蒋菊琴//长春市委党校学报 2008.1

从组织阶级斗争到构建社会主义和谐社会——论无产阶级政党完成政治任务方式的转变/徐东辉//科学社会主义 2008.5

论贯彻科学发展观与构建和谐社会的辩证关系/王海平//理论前沿 2008.1

论科学发展观与和谐社会的内在统一性/何增光//马克思主义与现实 2009.6

科学发展观与和谐社会的双向互动/陈洁//河北学刊 2009.5

合作：中国关于时代潮流认识的新发展——论科学发展观指导下我国构建和谐社会的必由之路/翁礼成//学术论坛 2009.11

科学发展观是和谐社会构建的战略指导思想/潘博//行政论坛 2009.6

全面创新：构建和谐社会的决定性前提/易杰雄//理论前沿 2008.1

和谐的政治取向：全球化视野中社会主义政治文明建设的创新/田丽媛//白城师范学院学报 2009.5

和谐社会理论形成与实践/延光//才智 2008.12

社会主义和谐社会思想的继承与创新/曹

一萍//学校党建与思想教育 2009.12

浅谈和谐社会思想的继承与发展/高爽//西安社会科学(哲学社会科学版)2008.4

和谐社会理论提出的背景初探/刘殿臣//现代商业 2008.35

构建社会主义和谐社会是中国历史发展的必然/张秀荣//东北师大学报(哲学社会科学版)2009.5/

中国化马克思主义和谐社会理论的世界历史意义/于桂芝//宁波经济(三江论坛)2008.8

论构建社会主义和谐社会的实践创新——社会主义和谐社会意义新论/倪志安//探索 2009.4

论社会主义和谐社会的构建依据及路径/徐斌//江西社会科学 2009.10

当代中国构建和谐社会的目标定位和实践路径/徐民华//江苏大学学报(社会科学版)2009.5

构建和谐社会的路径选择/弓丽娜//前沿 2009.8

中国特色现代化视域下构建社会主义和谐社会探析/苑晓杰//理论界 2008.7

和谐社会的动力机制:合作收益的达成与再生产/雷晓康//中国软科学 2009.2

公共意识与构建和谐社会/陈付龙//江西社会科学 2009.7

论和谐社会经济制度基础问题的研究困境/王浩斌//现代经济探讨 2009.11

社会主义和谐社会的理论基础和经济基础/潘素芳//前沿 2009.9

构建社会主义和谐社会的相关要素解析/贺叶玺//求索 2009.11/

和谐社会评价若干问题研究/胡皓//统计研究 2009.9

自由与秩序的动态平衡是社会和谐的根本保证/宋思运//前沿 2009.9

中国社会转型与社会主义和谐社会构建/王友洛//中州学刊 2009.6

加快构建和谐社会的战略性思考/杨建周//内江科技 2008.8

和谐社会建构中农民发展实现探微/刘婷//前沿 2009.7

建设和谐社会视角下的统筹城乡发展问题研究/铁明太//农业经济 2009.8

和谐社会视域下农业生产力发展路径选择/丁泽勤//安徽农业科学 2009.31

农村人力资本投资与和谐社会的相关性分析/赵国友//毛泽东邓小平理论研究 2009.11

和谐社会建设与农村人力资源开发研究/李宽端//生产力研究 2009.15

和谐社会视角下的农村科技人才队伍建设/冯宇//生产力研究 2009.19

SA8000 的发展及其对中国和谐社会构建的积极影响/李响//统计与决策 2009.21

构建和谐社会的路径选择:切实解决好失业问题/赵洁//求实 2009.11

和谐社会视野下农村剩余劳动力转移若干问题研究/鲁建彪//经济问题探索 2009.12

发展现代服务业与构建和谐社会:以黑龙江省为例/王德章//商业研究 2009.12

论和谐社会进程中女性就业平等权的保护/郭月菊//山东社会科学 2009.10

全纳教育:和谐社会的教育模式/李金波//继续教育研究 2009.8

中国公共教育在构建和谐社会中的制度安排/张菀洺//天津社会科学 2009.6

高等教育的和谐发展与社会和谐关系研究/闵春发//江苏社会科学 2009.6

论特殊教育与构建和谐社会的关系/李欢//中国特殊教育 2009.7

基于和谐文化建设的图书馆公共文化服务体系探析/张静//图书馆论坛 2009.2

图书馆在和谐社会构建中的作用及发展对策/都宜//教育理论与实践 2009.33

无障碍图书馆与构建社会主义和谐社会/赵东//图书情报工作 2008.2

构建和谐社会时期图书馆社会教育职责的思考/寇蕊//图书馆工作与研究 2009.9

建立和谐社会要求的图书馆服务准则/付丽琴//兰台世界 2009.20

体育公共关系与构建和谐社会关系的研究/王健//学校党建与思想教育 2009.1

和谐社会构建中城乡群众体育统筹发展的战略思考/田雨普//中国体育科技 2009.6

和谐社会构建中的我国体育产业发展策略/付朝琦//中国商贸 2009.19

和谐社会构建中城乡群众体育统筹发展的思考/马进//西安体育学院学报 2009.6

构建和谐社会过程中开放学校体育场馆的困惑与思考/王德喜//成都体育学院学报 2009.10

和谐社会视野下的农民工体育贫困问题/韩志勇//理论前沿 2009.21

体育旅游与构建和谐社会共生互为研究/梁干强//广州体育学院学报 2009.6

论人工自然之于和谐社会的构建/王续刚//南京社会科学 2009.12

论生态文明、循环经济与和谐社会的内在逻辑/王朝全//软科学 2009.8

发展循环经济与构建和谐社会的关系研究/郑学敏//经济导刊 2009.11

论生产力低代价发展与构建和谐社会/马元斌//科学社会主义 2009.4

和谐社会的自然法视角/余卫东//伦理学研究 2009.5

我国和谐社会构建应当充分发挥环境法的作用——以中部崛起战略的实施为视角展开//张钧//山西大学学报(哲学社会科学版)2009.5

“和谐社会”的深层解读:立足于可能性的制度改革/张德荣//当代财经 2009.11

社会公正:构建社会主义和谐社会的重要维度/胡建//齐鲁学刊 2009.6

政治公正的系统分析与和谐社会建设/段志超//学习与探索 2009.4

构建和谐社会对制度公正的伦理要求/张锐//中国特色社会主义研究 2009.4

论构建和谐社会中的公平与效率关系/穆艳杰//长白学刊 2009.6

和谐社会的权利观/胡余旺//南昌大学学报(人文社会科学版)2009.4

民主政治:和谐社会进程中政治文明的理性选择/张静//思想教育研究 2009.7

论非制度化政治参与对构建和谐社会的双重影响/龚志宏//学术论坛 2009.8

知情权:构建和谐社会的桥梁/喻军//马克思主义与现实 2009.6

论和谐社会视野下的依法执政/资金议//党史文苑 2009.22

和谐社会的法律诉求/陆骁//经济导刊 2009.1

和谐社会建设中法治文化基本问题研究/王渊//西北大学学报(哲学社会科学版)2009.4

基于博弈论对构建和谐社会的法治保障研究/丁社教//湘潭大学学报(哲学社会科学版)2009.3

论构建社会主义和谐社会的宪政之路/李先伦//陕西社会主义学院学报 2008.2

和谐社会视域下的人权发展/杨丽娟//广西师范大学学报(哲学社会科学版)2009.2

论经济法价值与和谐社会的构建/杨爱仙//商业时代 2009.36

和谐社会与检察文化建设/答作俊//中国刑事法杂志 2009.12

构建和谐新农村过程中农民法制教育问题的几点思考/梁莹//农业考古 2009.6

刑事案件和解制度与构建和谐社会/崔海霞//中共福建省委党校学报 2009.7

控申检察服务和谐社会建设研究/周利//

中国刑事法杂志 2009.10

完善分配制度与构建社会主义和谐社会/袁春晖//山东社会科学 2009.12

分配制度改革是建设和谐社会的必要条件/蒋正明//学校党建与思想教育 2009.1

合理的收入分配制度与和谐社会的构建/闫晓燕//河北学刊 2009.5

和谐社会条件下的收入分配价值观/郭立业//求索 2009.10

论和谐社会建设中分配原则的调整/王欢//商业时代 2009.21

构建和谐社会的财政政策研究/王建国//山西财税 2008.1

基于和谐社会的国民收入分配结构探讨/孙芳//江苏商论 2009.8

和谐社会视域下城镇居民收入差距问题探析/陈月婷//特区经济 2009.9

养老保险制度与和谐社会构建——以天津市为例/杨云娟//生产力研究 2009.15

和谐社会构建中弱势群体利益保护的政策选择/王翔//社会科学家 2009.8

和谐社会与构建服务型政府/王卓君//中国行政管理 2008.1

服务型政府：和谐社会建设进程中政府改革的目标选择/黄伟//湖南科技大学学报(社会科学版)2009.5

社会利益分化下的政府转型与和谐社会构建/张国强//特区经济 2009.8

政治国家和公民社会的逻辑结构与互动——兼论社会主义和谐社会的构建/胡传明//南昌大学学报(人文社会科学版)2009.5

论和谐社会建设背景下的国家与社会关系学说——兼论马克思国家与社会关系学说的发展/斯亚平//生产力研究 2008.14

论和谐社会对检察政策调适的要求/张克虎//理论月刊 2009.9

和谐社会视角下的民生问题及对策思考/董怀军//前沿 2009.8

走向多元主体互动治理：和谐社会构建语境中的社区建设模式新探索/刘中起//探索 2009.5

和谐社会语境下城市社区运动会社会效应审视/郑志丹//山东体育学院学报 2009.8

和谐社会视域下的社区社会工作者队伍建设/万雪芬//理论月刊 2009.10

略论和谐社会背景下的社区教育新发展/冯志军//成人教育 2009.11

新社会组织在构建社会主义和谐社会中的地位/沈光芹//南京政治学院学报 2009.5

和谐社会语境下我国非政府组织的发展路径/宋敏//广西社会科学 2009.10

利益均衡：和谐社会的基本内涵/许箫迪//生产力研究 2009.19

论和谐社会构建中的利益矛盾与协调/张兵//社会主义研究 2009.4

关于化解社会矛盾与实现社会和谐的思考/孙关宏//探索 2009.6

浅析人民内部矛盾与构建和谐社会的关系/冯勇//法制与社会 2009.35

正确认识和处理当前人民内部矛盾以构建和谐社会/洪涛//财经界(下旬刊)2008.1

论建设和谐社会中国防与经济的协调发展/徐敏//山西财经大学学报 2009.2

和谐社会视角下对我国劳教制度的反思/李继刚//中国特色社会主义研究 2009.5

论构建和谐社会更加需要坚持和贯彻群众路线/黄华松//福建党史月刊 2008.8

构建社会主义和谐社会视野中的资源及其配置/邹海霞//特区经济 2009.9

论资源所有制是构建和谐社会的产权基础/孟继民//生产力研究 2009.15

和谐社会建设导向下科技创新节点的科技创新能力评价模型/倪明//科技进步与对策 2009.16

论统一战线对促进社会和谐的作用——从“和、合、荷、劾”四个角度的分析/邵英功///理论学刊 2009.7

论构建和谐社会中的政治社团/王能昌//南昌大学学报(人文社会科学版)2009.6

论私营企业主参政议对构建和谐社会的价值/成伟//东岳论丛 2009.7

论我国私营企业和谐劳资关系的构建——基于马克思资本与雇佣劳动关系的论述/吴宏洛//马克思主义研究 2008.10

新社会阶层有序政治参与是构建和谐社会的重要环节/刘月平//理论月刊 2009.9

马克思主义民族理论中国化的新境界——民族和谐发展/阿娜尔//前沿 2009.4

和谐社会建设中的民族关系及其发展趋势/沈桂萍//中央社会主义学院学报 2009.4

试论民族区域自治制度与和谐社会的构建/吴瑶//黑龙江民族丛刊 2009.3

以人为本的和谐宗教观——对“宗教与社会主义社会相适应”理论的新认识/刘亚明//求索 2008.5

当代中国社会转型期宗教调适与和谐社会建设——兼论马克思主义宗教观/孙琥瑭//吕梁高等专科学校学报 2009.4

刍论建设和谐的马克思主义执政党/郑志飚//理论导刊 2008.5

理论认同:实现党内和谐的基石/孙君//绍兴文理学院学报(哲学社会科学版)2008.4

多学科视角下的和谐社会构建/王基//兰州大学学报(社会科学版)2009.4

论和谐社会的马克思主义哲学思想/李俊//广州大学学报(社会科学版)2008.8

马克思主义哲学与构建和谐社会/姜自玉//福州党校学报 2008.2

中国化的马克思主义哲学与和谐社会理论基础的构建/徐方平//马克思主义与现实 2008.2

平权措施背后的哲学争论及其对构建和谐社会的启示/胡卫//湖南社会科学 2009.6

和谐哲学:马克思主义哲学中国化的新视野/贺善侃//上海财经大学学报 2008.6

和谐社会与和谐思维/张红梅//长春工程学院学报(社会科学版)2008.1

试论构建社会主义和谐社会的辩证逻辑/胡鸣铎//中共福建省委党校学报 2009.9

浅论和谐思维与辩证思维/王慧武//经营管理者 2008.13

试论构建社会主义和谐社会的辩证逻辑/胡鸣铎//中共福建省委党校学报 2009.9

社会主义和谐社会理论发展了马克思主义矛盾方法论/何和平//社科纵横 2008.7

论和谐社会建设中正确运用马克思主义矛盾学说/康风云//武汉科技学院学报 2008.10

和谐社会矛盾处理的哲学视野/郑哲//学习论坛 2008.2

社会主义和谐社会中矛盾的表现形式及化解途径/刘小平//河北大学学报(哲学社会科学版)2009.5

坚持马克思主义和谐辩证法/构建社会主义和谐社会//刘奔前/科技信息(学术研究)2008.18

和谐社会建设中需要重视的差异性问题/胡利平//西北师大学报(社会科学版)2009.6/

科学发展观与和谐社会利益矛盾的化解/蒋硕亮//上海师范大学学报(哲学社会科学版)2009.4

试论社会主义和谐社会与马克思主义的实践观/张行生//湘潮(下半月)(理论)2009.1

论社会和谐与社会发展、社会矛盾的关系/纪坤//现代农业 2008.11

社会主义基本矛盾认识与和谐社会建设/祝小兵//管理观察 2009.9

对和谐社会的利益概念的马克思主义解读/谭培文//马克思主义研究 2008.2

马克思主义利益理论视野中的和谐社会建设/李鉴修//河北学刊 2008.5

论构建和谐社会的社会形态理论基础——以马克思主义的社会形态理论为视角/李慧//石河子大学学报(哲学社会科学版)2008.2

论社会分工与社会和谐/徐国民//求索 2009.8

对构建社会主义和谐社会的再认识——基于马克思虚幻共同体和真实集体的视角/曾庆发//武汉船舶职业技术学院学报 2009.6

以人为本与构建社会主义和谐社会/邱焕玲//理论学刊 2009.9

以人为本是构建和谐社会的价值旨归/冯东飞//理论导刊 2009.8

论和谐社会语境中的人本思想/邱焕玲//东岳论丛 2009.8

和谐社会视野下多元价值观的整合机制研究/颜文皎//学术论坛 2009.11

构建社会主义和谐社会与价值观冲突的控制/张荣国//求实 2009.12

“辩证发展的和谐美学观”之内涵——以周来祥的和谐美学为例/刘继平//知识经济 2008.3

西方文化与和谐自由论美学思想的关系——周来祥和谐自由论美学思想的西方探源/刘继平//安徽文学(下半月)2009.12

马克思主义中国化的最新成果与社会学的发展——和谐社会与社会秩序/潘鸿雁//甘肃理论学刊 2008.1

社会冲突视阈下的和谐社会解读/黄毅峰//理论探索 2009.5

论和谐社会的话语宣传与社会认同/张昭国//中共济南市委党校学报 2008.1

和谐社会与话语权问题研究/潘飞南//学术界 2009.5

社会资本:社会主义和谐社会建构的新视域/苏令银//社会科学 2009.8

构建和谐社会需要社会资本建设/施雪华//北京行政学院学报 2009.5

金融危机条件下扩大内需与建设和谐社会的思考——基于“富裕中的贫穷”之经济学诠释的视角/邓良//经济与管理研究 2009.6

福利经济学对构建社会主义和谐社会的启示/王德菊//经济导刊 2009.1

和谐社会建设的经济路径选择——基于新经济自由主义的思考/卢平//特区经济 2009.10

和谐社会背景下当代企业的社会责任观/易开刚//管理世界 2008.12

试论企业社会责任与和谐社会的共生关系/张晓春//商业时代 2009.36

基于和谐社会建设的中小企业绩效评价方法研究/陈素琴//企业经济 2009.11

马克思主义政治学中国化的新发展——兼论社会主义和谐社会的构建/吴肖天//北京教育(德育)2009.1

论和谐社会理念在侵权行为法中的体现/环建芬//上海师范大学学报(哲学社会科学版)2009.4

“可引导人”假设与和谐管理/苏祥荣//企业经济 2008.3

3. 和谐文化研究

浅析“和谐文化”之马克思主义哲学观/林雪雁//河北旅游职业学院学报 2008.1

和谐文化视阈下的和谐社会解读/张立群//东岳论丛 2009.7

试论文化价值观对构建和谐社会的作用与影响/戴安良//理论探讨 2009.5

和谐文化视阈下的和谐社会解读/张立群//东岳论丛 2009.7

和谐文化精神与马克思主义中国化/罗本琦//学术探索 2009.6

和谐文化重在建设/丛瑞雪//理论学刊 2009.7

建设和谐文化必须正确处理三对文化关

系/曹茂春//前沿 2009.7

社会主义和谐文化建设的现实性研究/贾佳//产业与科技论坛 2008.3

辩证地建设社会主义和谐文化/吴红叶//求实 2009.S1

中国的深层文化启蒙与和谐文化建设/张静//理论学刊 2009.7

论精神生活建设与社会主义和谐社会构建/廖小琴//探索 2009.4

创新实践与和谐文化的转换/严昭柱//人民论坛 2009.21

以马克思主义为指导建设社会主义和谐文化/崔志胜//社会科学论坛(学术研究卷)2008.6

培育“和谐文化”/推动文化繁荣/侯且岸//新视野 2008.4

经济全球化中的文化冲突与社会主义和谐文化的构建/赵冬云//河北师范大学学报(哲学社会科学版)2009.5

从共生到和谐:和谐文化建设新论/邱仁富//学术论坛 2009.7

从文化差异看和谐社会之建设——简评《文化差异与社会和谐》/文军//伦理学研究 2009.4

论和谐社会构建过程中文化生态的整合/徐建//中共宁波市委党校学报 2008.2

领导干部要负起建设和谐文化的使命/刘静//领导科学 2009.20

论和谐社会构建中的主流文化建设/邓楠//湖南社会科学 2009.6

社会主义核心价值体系与和谐社会构建/陆树程//马克思主义研究 2009.5

构建和谐社会的核心价值体系长效机制研究/周世新//求实 2009.11

确立和谐社会中的马克思主义主流意识形态地位/刘莉//科技信息(科学教研)2008.9

社会主义和谐社会的意识形态构建与民族精神创新/宇文利//中共福建省委党校学报 2009.8

思想道德是社会主义和谐社会的软实力/樊文娥//科学社会主义 2009.6

思想政治教育在和谐社会建设中的作用/杨国强//贵州民族学院学报(哲学社会科学版)2008.2

社会主义和谐社会构建中道德建设问题/张利华//河南师范大学学报(哲学社会科学版)2009.5

和谐社会与现代道德感性缺失问题/刘强//前沿 2009.9

和谐语境下的制度伦理及其构建/余广俊//求索 2009.10

和谐社会背景下行政伦理的重塑/汪攀//理论前沿 2009.18

试论构建和谐社会中的行政伦理建设/徐彦伟//探索 2009.3

构建和谐社会的环境伦理向度/周珊珊//江苏大学学报(社会科学版)2009.6

浅析武德教育对构建和谐社会的重要性/田文林//新乡教育学院学报 2009.4

创建和谐社会会计信用体系初探/叶陈毅//财会月刊 2009.20

论和谐社会中的思想舆论建设/焦丽萍//理论学习 2008.9

传媒社会责任与构建和谐社会/袁满//新闻爱好者 2009.17

和谐社会构建中的大众传媒价值追求/杨义芹//湖南师范大学社会科学学报 2009.4

和谐社会话语场域下的新闻采访技术初探/熊芳芳//新闻界 2009.5

和谐社会建设中的中国公民教育/陈秀峰//教育研究与实验 2009.2

谈公民责任与社会主义和谐社会构建/赵菁//商业时代 2009.27

构建和谐社会和提高国民素质/吴淑新//

科技创新导报 2008.10

创建文明城市与构建和谐社会/罗朝良//科学社会主义 2009.4

和谐社会对城市竞争力影响的实证检验/金福子//生产力研究 2009.21

农村和谐文化建设是和谐社会不可或缺的要务/唐小纯//求索 2009.8

论社会主义新农村和谐文化建设的全新性/黄生成//求实 2009.12

社会主义新农村和谐家庭建设的理论与对策/杨荣//农业经济 2009.9

探索特色鲜明的大学和谐文化建设路径/胡勇华//中国高等教育 2009.18

关于建设高校和谐校园文化的若干思考/潘春胜//学校党建与思想教育 2009.23

浅谈和谐视野下大学生的马克思主义信仰与教育/万金强//江西青年职业学院学报 2009.3

校园文化建设与和谐社会/朱鸿章//中国成人教育 2009.16

和谐文化与高校思想政治教育/周家健//浙江学刊 2009.5

和谐社会构建与大学生思想政治教育创新/杨礼宾//黑龙江高教研究 2009.12

马克思主义辩证法视域中的高校和谐德育建设/周洋//南通航运职业技术学院学报 2008.1

坚持以“爱”化人，建设大学和谐文化——新时期大爱精神引领下的大学文化建设现状/王少安//学校党建与思想教育 2009.31

试论和谐社会视角下的大学公信力构建/李莉//湖南大学学报(社会科学版)2009.5

从构建和谐文化视角论档案文化建设/樊如霞//档案学通讯 2009.6

社会心理学视域下和谐社会的构建/陶婧//教育理论与实践 2008.2

心理学在构建社会主义和谐社会中的特殊作用/徐珂//当代世界与社会主义 2009.4

唯物史观视域下社会心理与社会主义和谐社会的构建//张莉/思想教育研究 2009.9

4. 和谐世界研究

浅析胡锦涛的和谐世界思想/单博迪//黑龙江史志 2008.2

胡锦涛“和谐世界”理念探析/范锋亮//中共南宁市委党校学报 2008.2

胡锦涛“和谐世界”思想的源与流/陈律//科学社会主义 2009.6

浅论“和谐世界”理念的思想来源/杨国华//重庆电力高等专科学校学报 2009.1

论胡锦涛同志建设和谐世界思想的丰富内涵/朱延华//毛泽东思想研究 2009.5

超越西方国际关系理论的狭隘视阈——“和谐世界”思想的理论内涵探析/朱伟//河南广播电视大学学报 2009.2

从话语权视角谈和谐世界/郭继文//前沿 2009.10

从和平发展到和谐世界——当代马克思主义国际观的重大创新与发展/陈丙乾//黄河科技大学学报 2008.6

论和谐世界理念下当代青年的国际观/易佑斌//中国青年研究 2008.1

“和谐世界”思想——马克思主义国际关系思想的新发展/石中光//怀化学院学报 2008.1

和谐世界：超越西方国际关系理论谱系/薛亚梅//前沿 2008.1

中国发展模式转变对于建构和谐世界的意义/刘东国//探索 2009.5

和谐世界：中国式的新全球治理观/李俊青//前沿 2009.7

和谐世界理念与中国国际战略发展/杨洁勉//国际问题研究 2009.5

美国部分学者关于中国“和谐世界”国际战略的研究述评/陶季邑//国际论坛 2009.5

胡锦涛和谐亚太战略探析/江文沛//武汉

科技大学学报(社会科学版)2009.5

构建和谐世界是对新安全观的继承与发展/潘松文//黄冈师范学院学报2009.5

运用胡锦涛和谐世界理论建立国际石油输入国大国联盟——中国国际能源战略的新思维/朱春玉//河南师范大学学报(哲学社会科学版)2008.1

增进互信/共谋发展——中、日、韩及朝合作有益于东亚和谐与经贸发展/吴德烈//国际贸易2009.1

从文明和谐的视角看和谐世界的构建/刘显著//文教资料2008.15

中西方交往习俗与和谐世界的构建/于桂敏//学校党建与思想教育2009.1

对胡锦涛"和谐世界"外交理念的几点思考/夏保雄//黄冈师范学院学报2008.1

继承、发展与创新:胡锦涛和谐世界外交思想探析/刘子平//胜利油田党校学报2008.1

从"和平共处"到"和谐世界"——当代中国外交理念的演进/王红续//中国井冈山干部学院学报2008.1

由和谐外交至和谐世界:一个从理想到现实的新逻辑/贺艳秋//河南社会科学2009.5

当代国际关系伦理视阈中的和谐世界外交理念分析/黄金辉//社会科学研究2009.6

美国"亚太遏制"战略与中国"和谐世界"外交的博弈——评2008年美国《中国军力报告》/李仕燕//东南亚研究2008.4

中印迈向和谐的漫长征程/李因才//南风窗2009.14

新形势下构建中印和谐关系/赵春风//重庆文理学院学报(社会科学版)2008.5

(六)中国共产党四代领导集体和谐思想比较研究

中共历代领导集体社会主义和谐观比较研究/李屏南//当代世界与社会主义2008.2

邓小平、江泽民、胡锦涛和谐社会思想比较研究/吉彦波//淮海工学院学报(社会科学版)2008.2

中共20世纪50年代与当今社会和谐发展思想之比较/牛序茜//临沂师范学院学报2008.1

浅谈毛泽东和邓小平构建和谐社会的区别/魏慧勤//中国商界(下半月)2008.11

和谐社会视域下与社会主义建设初期人民内部矛盾之比较分析/王钰磊//科教文汇(下旬刊)2008.3

二、马克思主义和谐思想研究

(一)综论

马克思恩格斯列宁社会和谐与和谐社会思想解读/白琳//天府新论2009.1

马克思主义与人类实践的互动机制马克思主义从冲突到和谐的转化机制之一/张华//江苏大学学报(社会科学版)2008.4

和谐:马克思主义整个学说的最终目标/乌峰//内蒙古师范大学学报(哲学社会科学版)2008.6

论马克思主义视域中的和谐/沈根华//青海师范大学学报(哲学社会科学版)2008.4

论构建社会主义和谐社会的理论渊源——马克思主义和谐观/邓建华//重庆科技学院学报(社会科学版)2008.7

和谐社会:马克思主义的核心与指向/许卫中//黑河学刊2009.9

坚持马克思主义的社会和谐观/颜晓嘉//企业家天地2009.6

马克思主义的和谐社会观及其发展/邢少萍//毛泽东思想研究2009.2

马克思主义和谐社会思想及其现实意义/于婷//安徽文学(下半月)2008.12

和谐社会的马克思主义理论渊源/李欣然//哈尔滨市委党校学报2008.5

构建和谐社会的马克思主义思想渊源/索军明//中国石油大学胜利学院学报2009.4

马克思主义关于社会主义和谐社会的理论探源/蔡小菊//理论观察 2008.4

和谐社会必须坚持马克思主义公平观与人的全面发展理论/赵向华//经济与社会发展 2009.3

马克思主义公平正义观与和谐社会/杨永飞//世纪桥 2009.7

马克思主义的公平正义思想及其当代意义/龚秀勇//马克思主义与现实 2008.4

马克思科学社会主义视域中的公平观——兼论对构建社会主义和谐社会的指导意义/常宗耀//唯实 2008.2

马克思主义的社会公平观及其对构建社会主义和谐社会的启示/谭贵全//马克思主义与现实 2009.1

马克思主义法律意识观与和谐社会的构建/任志安//学习与探索 2009.1

浅析马克思主义人与自然和谐的思想/陈彦彦//理论研究 2009.6

人与自然和谐观——后现代主义与马克思主义“相遇”/魏博辉//辽宁大学学报(哲学社会科学版)2009.2

略论马克思主义生态文明观的几个理论问题/方时姣//淮海工学院学报(社会科学版)2008.4

试析马克思主义和谐文化的特质/江峰//理论与改革 2008.5

马克思主义文化观与构建社会主义和谐文化/韦柳霞//重庆科技学院学报(社会科学版)2009.5

浅析马克思主义文化建设思想对当代和谐文化建设的启示/盛先贵//濮阳职业技术学院学报 2009.1

马克思主义文化观与社会主义和谐文化建设/龚茜//中共青岛市委党校(青岛行政学院学报)2009.2

当代视野中的马克思主义世界历史理论——论社会主义和谐社会向和谐世界的逻辑生成/禹国峰//学术探索 2008.2

社会主义和谐社会理念与马克思主义哲学创新/李培湘//中共乐山市委党校学报 2008.6

马克思主义哲学与和谐社会的构建/耿新宇//中共山西省直机关党校学报 2008.3

论马克思主义哲学的和谐社会思想/苏承英//社科纵横 2009.5

和谐社会理论的马克思主义哲学基础/罗可成//成功(教育)2008.3

马克思主义哲学是构建社会主义和谐社会的哲学基础/王福敏//科技创新导报 2008.15

和谐哲学:当代中国时代精神的精华——兼论马克思主义哲学与中国传统“和”文化/毛卫平//中共中央党校学报 2008.6

马克思主义辩证法与和谐思维——与李楠明同志商榷/施德福//马克思主义研究 2008.5

马克思主义矛盾论与构建和谐社会/申艳华//边疆经济与文化 2008.9

马克思主义矛盾理论与构建社会主义和谐社会的内在契合/钟添生//全国商情(经济理论研究)2008.18

马克思主义和谐实践观的内在特质及其现实意义/苏星鸿//西北师大学报(社会科学版)2008.4

马克思主义交往实践观与构建社会主义和谐社会/丁爱云//黑龙江教育学院学报 2008.2

马克思主义社会发展动力论对构建和谐社会的启示/王鸿博//世纪桥 2008.16

马克思主义社会形态理论与社会主义和谐社会的构建/李俊红//重庆工学院学报(社会科学版)2008.2

试论马克思主义社会形态理论与和谐社会的构建/王长海//济南职业学院学报 2009.1

论马克思主义人学理论与社会和谐/闫雪梅//山东行政学院山东省经济管理干部学院学报 2009.3

论和谐社会理论的马克思主义人学根据/杨金洲//江南大学学报(人文社会科学版)2008.4

从马克思主义关于人的本质思想分析社会主义和谐社会的构建/马涛//山东省农业管理干部学院学报 2009.3

马克思主义哲学中的和谐人思想及其意义/李晓元//学习论坛 2008.11

从马克思主义人文精神看和谐社会构建/叶晶//商业时代 2009.12

马克思主义的人本观与构建和谐社会浅析/张艳//金卡工程(经济与法)2009.9

马克思主义幸福观与和谐社会的构建/陈文远//学术交流 2008.10

马克思主义"和谐人格"思想的当代解读/张青兰//华南师范大学学报(社会科学版)2008.1

马克思主义发展理论与区域和谐发展/范锡文//马克思主义研究 2008.4

马克思主义经济学人文关怀精神对构建和谐社会的指导意义/叶晶//商场现代化 2008.30

价值转型与劳资关系和谐——基于马克思主义中国化的思考/陈勇勤//理论与现代化 2008.2

社会财产占有的和谐与马克思主义的普世价值/厉有为//特区实践与理论 2009.1

马克思主义政治学中国化的新发展——兼论社会主义和谐社会的构建/任志安//黑龙江社会科学 2009.1

和谐——马克思主义政治观与中国传统政治观的契合点/张君//天水行政学院学报 2008.5

和谐社会视阈下马克思主义阶级分析方法的当代转换/周军//重庆工学院学报(社会科学版)2008.10

马克思主义阶级关系理论与构建社会主义和谐社会/姜怀忠//河南大学学报(社会科学版)2009.1

略论和谐的马克思主义——阶级斗争理论与构建社会主义和谐社会/宋一//昆明理工大学学报(社会科学版)2008.6

从马克思主义国家观到和谐社会理论的发展/黄璐//河北大学学报(哲学社会科学版)2009.4

法体系与经济基础——论马克思主义关于法的内部结构的和谐一致性/李军//玉林师范学院学报 2008.2

和谐社会:马克思主义文化哲学视域中的宏观解读及现实思考/孙卫卫//天府新论 2008.4

马克思主义公平观视域中的和谐教育探析/冯起国//传承 2008.14

马克思主义文艺学的和谐价值观探析/李胜清//华中科技大学学报(社会科学版)2008.3

马克思主义文艺发展论中的和谐思想/刘求长//乌鲁木齐职业大学学报 2009.2

和谐美学的建构与马克思主义美学的发展/梁振南//学术论坛 2009.9

(二)马克思恩格斯和谐思想研究

论马克思恩格斯的和谐思想/彭宏杰//湘潮(下半月)(理论)2009.7

马克思恩格斯对和谐的追求/苏承英//理论界 2008.11

马克思恩格斯的和谐价值理念/罗本琦//安庆师范学院学报(社会科学版)2008.5

马克思恩格斯的和谐思想及其现代意义/张忠伦//黑龙江科技信息 2009.2

马克思恩格斯社会和谐思想研究述评/赵丽兵//天水行政学院学报 2008.1

马克思恩格斯关于和谐社会思想探微/白臣//大众文艺 2009.23

马克思恩格斯和谐社会思想的三维解读/白琳//当代世界与社会主义 2008.4

马克思恩格斯对和谐社会的理论探索/文

斌//红河学院学报 2009.1

马克思恩格斯和谐社会思想的哲学意蕴及现实启示/徐进功//马克思主义与现实 2008.2

马克思恩格斯的社会和谐思想解读及其当代价值/黄果心//学校党建与思想教育 2009.3

马克思恩格斯的和谐社会思想及其当代价值/白臣//才智 2009.3

马克思、恩格斯关于和谐社会建设的理论及当代意义/盖东芳//河南广播电视大学学报 2009.1

马克思恩格斯有关论述对构建社会主义和谐社会的启示/周煌生//传承 2008.2

马克思恩格斯对资本主义社会和谐虚伪性的批判/袁杰//马克思主义研究 2008.10

“阶级斗争”和“社会和谐”——对《共产党宣言》的两种不同解读/高大宏//科教文汇(上旬刊)2008.8

论马克思恩格斯公平思想及其当代价值/尚小强//法制与社会 2008.3

马克思恩格斯的公平理论与和谐社会的构建/曾正治//全国商情(经济理论研究)2009.3

马克思、恩格斯的公正思想及其现实价值/曾庆玲//探索 2009.4

论马克思恩格斯关于教育公平的社会基础及其当代意蕴/李德芝//山西高等学校社会科学学报 2009.6

马克思、恩格斯生态思想对构建和谐社会的启示/禹规娥//广州大学学报(社会科学版)2008.4

马克思恩格斯的人同自然和谐观浅说/谢从戎//赤峰学院学报(自然科学版)2008.12

人与自然的和谐图景——论马克思、恩格斯的生态自然观/杨国平//河南机电高等专科学校学报 2009.6

析马克思恩格斯的生态文明思想及现代启示/袁霞//求实 2009.7

论马克思恩格斯的生态理论与当代生态文明建设/郭学军//马克思主义与现实 2009.1

马克思恩格斯生态环境观的当代价值/肖惠朝//学理论 2009.13

马克思恩格斯的生态经济理论及其现实价值/彭必源//孝感学院学报 2009.1

论马克思恩格斯的和谐哲学及其当代图景/禹国峰//实事求是 2008.4

马克思主义精神生产思想对和谐社会构建的启示——学习《德意志意识形态》所感/李辉//大众文艺(理论)2009.6

马克思恩格斯需要理论及其对构建和谐社会的启示/汝秀梅//黑龙江社会科学 2008.3

马克思恩格斯的社会整合思想及其当代价值/王浩斌//湖南城市学院学报 2009.3

马克思恩格斯民生思想及其当代价值/苗贵山//当代世界与社会主义 2009.4

马克思恩格斯的合作经济思想与和谐社会思想/朱修国//马克思主义与现实 2008.5

马克思、恩格斯城乡融合理论的现实启示/崔越//经济与社会发展 2009.2

论马克思、恩格斯的城乡融合思想/叶昌友//求索 2009.12

论马克思恩格斯的民族团结思想及时代价值/刘红艳//民族论坛 2009.9

马克思恩格斯党内和谐思想及当代意义/崔志胜//内蒙古农业大学学报(社会科学版)2008.3

论马克思恩格斯的诚信思想/高东帅//南华大学学报(社会科学版)2009.1

刍论马克思的和谐思想/张雪梅//唐都学刊 2008.5

什么是真正的马克思的和谐观/赵凯荣//马克思主义哲学研究 2009.1

马克思怎样看和谐/李运平//边疆经济与文化 2008.11

浅论青年马克思《手稿》中的和谐思想/张瑞丽//科技信息 2008.26

论马克思学说的和谐社会/李新富//理论月刊2009.8

论马克思的“和谐社会”思想/陈世君//现代商贸工业2008.4

劳动解放：马克思和谐社会思想诠释/雷骥//当代世界与社会主义2008.6

资本主义批判、共产主义社会与人的全面发展——马克思提出和谐社会的三个维度及其当代启示/侯衍社//烟台大学学报(哲学社会科学版)2008.3

科学与价值的和谐统一——论马克思的和谐社会观/张青兰//社会主义研究2008.3

和谐社会：人存在的超越过程——马克思和谐社会思想哲学研究之一/丁东宇//理论探讨2008.2

马克思社会和谐思想中的美学境界/于佳棡//大庆社会科学2009.1

马克思关于和谐社会的思想及其启示/黄尚宁//黑龙江史志2009.20

马克思的和谐社会思想及启示略论/王为//辽宁师专学报(社会科学版)2009.2

马克思“和谐社会”思想及其当代启示/束高骏//江苏省社会主义学院学报2009.4

浅析马克思的和谐社会思想及其当代启示/刘中祥//湖北成人教育学院学报2008.3

马克思的和谐社会思想及其当代意义/陈刚//江苏社会科学2008.1

论马克思的和谐社会思想及其实践意义/糜海波/理论导刊2008.9

论马克思的社会和谐观及其实践意义/钟义凡//社科纵横2008.7

马克思和谐社会理论与构建社会主义和谐社会/周黎鸿//宜春学院学报2008.5

浅析“经济一体化”与马克思和谐社会的“全球化”思想/伍星//科教文汇(下旬刊)2009.6

黑格尔和谐之道的伦理意蕴及其对马克思的影响/苗贵山//前沿2009.8

黑格尔与马克思的社会和谐观比较/白琳//当代世界与社会主义2009.4

以马克思的和谐社会思想指导我国民族地区和谐社会建设/张立艳//内蒙古农业大学学报(社会科学版)2008.5

马克思的和谐德育观与当代和谐德育体系的构建/赵晓明//学理论2009.22

马克思的公平正义观对构建社会主义和谐社会的方法论意义/徐建文//求实2009.3

马克思的公平观及其对和谐社会的启示/张啸尘//马克思主义与现实2008.3

马克思的公平理论与和谐社会的建构/葛恒云//西南农业大学学报(社会科学版)2008.2

马克思科学社会主义视域中的公平观——兼论对构建社会主义和谐社会的指导意义/常宗耀//中共天津市委党校学报2008.2

马克思科学社会主义视域中的公平观——兼论对构建社会主义和谐社会的指导意义/常宗耀//唯实2008.2

马克思科学社会主义视域中的公平观——兼论对构建社会主义和谐社会的指导意义/常宗耀//中共四川省委党校学报2008.1

马克思的正义观：构建社会主义和谐社会的基石/邹勇//辽宁行政学院学报2008.10

论马克思平等观对构建社会主义和谐社会的指导意义/李艳庆//河北北方学院学报(社会科学版)2009.6

马克思自然观视域中的生态伦理思想及其现实启示/黄斌//理论导刊2009.11

论马克思的生态和谐思想及其当代价值/郭跃军//兰州学刊2008.8

马克思的人与自然和谐思想与构建和谐社会/王宏疆//世纪桥2008.1

马克思的人本理论与生态和谐构建/田海洋//时代教育(教育教学版)2008.3

马克思的“人与自然”和谐统一论——读

《1844 年经济学—哲学手稿》/莫放春//当代世界与社会主义 2009.2

论马克思的人与自然和谐发展观——卡尔·马克思《1844 年经济学哲学手稿》的启示/张文龙//中共郑州市委党校学报 2008.3

重思马克思《1844 年经济学哲学手稿》的自然观——兼论对于生态文明建设的指导意义/周鑫//中共贵州省委党校学报 2009.6

从马克思哲学原理视角论构建和谐社会的几点要求/刘柱海//传承 2008.16

青年马克思人的和谐发展思想论析/王秋芬//前沿 2006.4

马克思主义"两种尺度"思想与构建社会主义和谐社会/赵学珍//学术探索 2008.5

从异化走向人化——浅谈马克思的异化概念对于构建和谐社会的启示/金梦兰//沈阳航空工业学院学报 2008.6

论马克思的异化观及其对构建和谐社会的启示/谭智奇//梧州学院学报 2008.2

马克思异化劳动理论的当代解读——基于社会主义和谐劳动关系的构建/姜伟//经济研究导刊 2009.18

从和谐的角度解读马克思的异化劳动理论/张妮//安庆师范学院学报(社会科学版)2008.7

马克思的"对象性存在"与社会主义和谐社会的构建/周书俊//江西财经大学学报 2008.2

试析马克思实践观的和谐意蕴及其当代价值/徐海峰//辽宁大学学报(哲学社会科学版)2009.5

马克思实践理论和谐观的本质属性与历史渊源/王海萍//边疆经济与文化 2008.4

马克思的劳动实践观与建设和谐社会的思考/莫振良//社会科学论坛(学术研究卷)2008.9

马克思的交往实践观与和谐社会的构建/左洁//黑龙江史志 2008.10

马克思的价值哲学与和谐社会建构/许斗斗//唯实 2008.2

马克思唯物史观理论中蕴含的和谐社会思想及其当代意义/李阳//宜宾学院学报 2009.8

马克思社会发展观与和谐社会关系理论研究综述/陈欣//河北青年管理干部学院学报 2008.2

马克思的社会发展理论对构建社会主义和谐社会的意义/董嫱嫱//新乡学院学报(社会科学版)2008.1

论构建和谐社会目标与马克思社会理论的精神契合/任春晓//云南行政学院学报 2008.3

马克思的社会本位观与和谐社会的构建/孙德林//内蒙古电大学刊 2009.5

劳动、自由与过程和谐——从怀特海看马克思/但昭明//唐山师范学院学报 2008.4

马克思交往理论与和谐社会的统一/刘剎//改革与开放 2009.3

马克思交往理论与构建和谐社会/郑明珍//安徽农业大学学报(社会科学版)2009.4

马克思的交往理论及其在构建和谐社会中的价值/梁雪爱//产业与科技论坛 2009.9

马克思和谐跨越元理论及其当代诠释/王聚芹//理论探讨 2008.2

马克思社会有机体理论视阈中的和谐社会构建/葛莉珍//理论导刊 2009.10

马克思的社会有机体理论与构建和谐社会/陈春莲//中国矿业大学学报(社会科学版)2008.2

马克思的社会有机体理论与和谐社会的构建/李本松//广西社会科学 2008.8

马克思社会有机体理论及其对和谐社会的启示/邓红霞//郑州航空工业管理学院学报(社会科学版)2009.2

马克思市民社会思想的本性与解读——兼论和谐社会思想的历史理性与逻辑理性/谢美航//佳木斯大学社会科学学报 2008.1

论和谐法治——以马克思市民社会理论为视角/骆小春//理论导刊 2009.4

马克思的市民社会思想及其对构建和谐社会的启示/胡正昌//马克思主义与现实 2008.1

马克思人学思想与和谐社会构建/林济东//中共山西省直机关党校学报 2009.6

马克思“人的全面而自由发展”理论对和谐社会价值取向的现实意义/朱玉伟//齐齐哈尔师范高等专科学校学报 2008.1

基于马克思人的全面发展理论的个体自我和谐的构建/张静//经济与社会发展 2008.4

马克思的自由价值观对构建和谐社会中人的全面发展的启示/刘建立//马克思主义与现实 2008.4

从马克思人的本质思想看构建和谐社会的意义/刘会新//前沿 2008.2

论马克思的人性观对构建和谐社会的意义/黄明理//河海大学学报(哲学社会科学版) 2008.2

从马克思“人的价值”理念看和谐社会构建/周广均//宜宾学院学报 2009.7

马克思“人的自我实现”理论对和谐社会的启示/杨柳//重庆邮电大学学报(社会科学版) 2009.5

和谐社会视阈下马克思人格思想的价值跃迁/徐岩//江西师范大学学报(哲学社会科学版)2009.1

论马克思人类解放理论与我国和谐社会之建设/陈秀荣//黑龙江史志 2009.24

马克思解放理论及其对构建社会主义和谐社会的启示/苗贵山//理论导刊 2008.6

马克思幸福思想对构建和谐社会的启示/赵红//兰州学刊 2009.1

马克思劳动二重性理论与构建社会主义和谐社会/李亮//兰州学刊 2009.5

对马克思劳动价值论在社会主义和谐社会体系下的新认识/陈世灵//消费导刊 2008.17

论经济学本旨视角下马克思和谐经济理念/陈错//兰州商学院学报 2008.2

马克思经济学与西方经济学利益和谐思想的比较/林建华//经济纵横 2008.9

马克思“重建个人所有制”思想对构建和谐社会的启示/周淼//理论界 2008.4

马克思“自由时间”理论与和谐就业/聂淑华//生产力研究 2009.8

略论马克思和谐消费思想及现实意义/卢一宣//经济问题 2009.10

马克思经济伦理思想与和谐社会的制度伦理建设/杨立英//思想理论教育导刊 2009.4

马克思和谐科技观探微/吴三三//北京教育学院学报 2009.4

马克思技术与和谐社会思想浅析/张建强//运城学院学报 2008.3

恩格斯“合力”思想及其对构建社会主义和谐社会的现实意义/潘宁//社会科学家 2008.1

从恩格斯的“历史合力论”视角解读社会主义和谐社会/刘湘顺//学习与实践 2008.11

恩格斯的平等观及其当代价值/戴伦华//辽宁行政学院学报 2008.7

论《<反杜林论>哲学编》的现代意义——恩格斯平等观对我国社会发展的现代意义/沈克敏//今日南国(理论创新版)2009.8

恩格斯晚年关于上层建筑的理论及其对和谐社会建设的启示/王瑞萍//改革与开放 2009.10

恩格斯的“党内和谐”思想及其启示/刘德中//探索 2008.4

(三)列宁的和谐思想研究

列宁“最后遗嘱”与我国和谐社会主义的建设/谢俊//学习与实践 2008.5

谈列宁的“灌输”理论在和谐社会思想政治教育中的意义/张国政//辽宁教育行政学院学报 2009.1

列宁的和谐人格及启示/梁东兴//理论月

刊 2008.2

三、中外和谐思想研究

（一）综论

和谐文化建设中的中国传统文化和西方文化/桂立//民族艺术研究 2009.6

中西文化的和谐思想及当代中国和谐社会构建/王顺旭//武汉理工大学学报(社会科学版)2008.1

论古今和谐观/董进//现代农业 2009.7

从历史传承到现实构想——对构建社会主义和谐社会的再思考/陆水明//南京政治学院学报 2009.4

论中西方政治思想中的和谐社会理念/李亚//现代商贸工业 2009.19

中国和西方历史上理想的主要的和谐社会类型/王婧//消费导刊 2008.8

"和谐社会"思想的中西哲学基础探究/吕杰//学术交流 2009.1

以涂尔干的社会团结理论为视角看道家和谐思想的现代价值/萧仕平//太原师范学院学报(社会科学版)2009.5

（二）中国古代和谐思想研究

1. 综论

中国传统文化的贵和特质及其对马克思主义中国化的规定和影响/杨亚利//理论学刊 2009.9

中国传统文化与和谐/刘明山//才智 2008.11

社会主义和谐社会理论与中国传统文化/李小燕//湖南工业职业技术学院学报 2009.1

中国古代和谐文化观及其现代价值/韩美群//学习论坛 2008.5

传统和合文化与和谐社会构建/徐明娟//山东农业大学学报(社会科学版)2008.3

对高职学生开展传统和谐文化教育的思考/朱敏杰//现代教育科学 2009.11

略论中国古代的和谐思想/任恒//商业文化(学术版)2008.5

论中国古代的和谐思想/陈劲仿//安徽文学(下半月)2009.3

浅议中国古代历史上的和谐思想资源/刘萍//中共郑州市委党校学报 2008.1

中国古代和谐思想源远流长/陈柳钦//学习论坛 2008.4

中国古代和谐思想形成与发展的历史文化动因/盛宪之//湖南广播电视大学学报 2009.2

中国古代和谐思想溯源/陈柳钦//湖南社会科学 2008.3

中国古代和谐思想的两大源头——以《易经》和《尚书》为中心的考察/孙熙国//理论学刊 2008.8

中国古代"和谐"思想发展的两个重要阶段/王宏涛//凯里学院学报 2008.5

中国古代和谐思想及其现代价值/张存俭//理论学刊 2005.8

中国传统和谐思想及其现代价值/覃翠玲//前沿 2008.6

古代"和"思想的局限与马克思主义中国化和谐理论的超越/马向东//浙江海洋学院学报(人文科学版)2009.2

中国古代和谐思想对我国发展的影响/郭燕杰//重庆工学院学报(社会科学版)2009.9

论古代和谐观及其对当代思维方式的影响/倪修仁//西华师范大学学报(哲学社会科学版)2008.5

试论中国传统文化的和谐思想与和谐社会构建/王小依//贵州民族学院学报(哲学社会科学版)2008.6

论中国古代和谐理念的基本精神及其刑法化/彭友元//湖南公安高等专科学校学报 2008.5

浅谈中国古代的和谐思想与当今和谐社会之联系/杨菲//天府新论 2008.1

现代和谐文化与传统和谐思想的关系/李

爱芳//学校党建与思想教育 2009.24

古代和谐思想在和谐教育中的借鉴意义/杨鲜霞//重庆科技学院学报(社会科学版)2009.7

儒法道释的融合与个体的和谐存在/张二远//保定学院学报 2008.1

论儒道二家的环境和谐观/秦丽君//河北师范大学学报(哲学社会科学版)2008.4

先秦儒家与道家的和谐理念/董晓红//淮北煤炭师范学院学报(哲学社会科学版)2009.1

道家精神与瑜伽智慧——通往身心和谐的道路/陈永力//贵州民族学院学报(哲学社会科学版)2009.5

道家和法家法律思想中的和谐精神/崔永东//江苏警官学院学报 2008.3

黎族与道家乐舞的和谐际遇/亚根//新东方 2008.12

传统和谐思维与现代和谐社会建设/肖朗//学习月刊 2009.16

汤因比论中华民族传统美德与和谐社会/王利红//道德与文明 2009.4

2. 儒家和谐思想研究

和谐社会视阈下儒家文化现代性的省思/夏当英//江淮论坛 2009.4

中国儒家文化视野下的和谐社会——浅析儒家文化中的社会和谐思想/王姗姗//商业文化(学术版)2009.6

通往和谐之路:马克思主义、儒家与和谐概念/约瑟夫·格利高里·迈哈内//国外理论动态 2009.12

儒家和谐文化八大理念论/平飞//天府新论 2008.3

儒家和谐文化的体系新建构——读《儒家和谐思想的当代价值》/曹智频//社会科学论坛(学术评论卷)2008.4

儒家和谐文化刍议/刘忠孝//北方论丛 2009.6

儒家和谐思想探微/周建华//中南林业科技大学学报(社会科学版)2008.6

论儒家和谐思想的内涵/韩伯成//大众文艺(理论)2009.17

刍议传统文化中儒家的和谐理念/杨小莉//现代审计与经济 2008.4

儒家思想中的和谐观/王雪贞//西安社会科学(哲学社会科学版)2008.3

外延视阈下儒家和谐思想探究/韩伯成//商业文化(学术版)2009.9

儒家和谐观念论/刘忠孝//黑龙江社会科学 2008.6

从《关雎》之解看儒家的和谐观/刘伟生//理论月刊 2008.11

从《关雎》之解看儒家的和谐理念与实践品格/刘伟生//孔子研究 2009.3

论儒家的和谐思想及其局限/范明华//湖南大学学报(社会科学版)2009.4

关于儒家和谐思想当代价值的思考/游朋轩//唐山师范学院学报 2009.4

儒家和谐思想的价值转换/叶金宝//江苏社会科学 2008.5

儒家和谐观及其借鉴价值/郑奕//唯实 2009.1

儒家和谐论及其现代进路/康宇//长白学刊 2008.5

论儒家和谐思想及其社会价值/王丽丹//中共太原市委党校学报 2009.1

儒家和谐思想的理论特色及其现代反思/范赟//东方论坛 2009.6

儒家思想与和谐社会的构建/王恩平//常熟理工学院学报 2008.9

儒家思想与构建和谐社会/王恩平//传承 2008.18

论儒家和谐思想对构建社会主义和谐社会的意义/林晓//湖北经济学院学报(人文社会科学版)2009.2

论儒家思想对构建和谐社会的几点启示/韦自露//中共南宁市委党校学报2009.2

儒家和谐思想对构建社会主义和谐社会的启示/弓玉彬//辽宁广播电视大学学报2009.1

儒家和谐思想与构建社会主义和谐社会/刘国民//保定学院学报2009.2

儒家和谐思想对构建社会主义和谐社会的启示/段鹏飞//济南大学学报(社会科学版)2009.5

浅论儒家和谐思想及其对构建社会主义和谐社会的启示/段鹏飞//长春工业大学学报(社会科学版)2008.6

儒家和合思想对构建现代和谐社会的价值/王玉华//山东农业大学学报(社会科学版)2008.2

浅谈儒家和谐思想与社会主义和谐社会的构建/张耀影//改革与开放2009.12

儒家和谐思想与社会主义和谐社会建设/王俊杰//黑龙江社会科学2008.5

儒家和谐思想及其在构建和谐社会中的价值维度/赵静华//经济师2008.6

儒家和谐价值理念对构建现代和谐社会的意义/王玉华//管子学刊2008.2

儒家和谐思想对构建和谐社会的意义/魏素花//焦作大学学报2008.4

儒家和谐思想对构建和谐社会的启迪/刘忠孝//学术交流2008.12

论儒家和谐思想与当代和谐社会的构建/吕家麟//湖北社会科学2008.7

儒家和谐观对构建社会主义和谐社会的价值启示/沈春梅//重庆工学院学报(社会科学版)2008.12

从儒家和谐观看无讼/杜丽迎//金卡工程(经济与法)2009.8

儒家和谐思想与群体文化差异的整合/李丽华//求是学刊2008.2

论儒家和谐思想的教育学意义/张艳清//理论学刊2008.11

论儒家和谐思想与高校思想政治教育/何艳//广西青年干部学院学报2009.3

儒家和谐思想与高校和谐人际关系的构建/刘珍//贵州工业大学学报(社会科学版)2008.4

儒家和谐理念对高校心理健康教育工作的启示/秦喆//四川理工学院学报(社会科学版)2009.1

儒家和谐思想与和谐校园建设/王卿//南昌航空大学学报(社会科学版)2009.2

儒家和谐思想与青少年幸福观教育/蔡志良//河北师范大学学报(教育科学版)2008.12

浅论儒家和谐思想对职教的启示/侯作亭//成功(教育)2008.7

从儒家和谐思想审视中国竞技体育的可持续发展/刘震//山西师大体育学院学报2008.1

社会学视野下德儒家和谐社会观/种云泽//江淮论坛2008.5

论传统儒家和谐社会与社会主义和谐社会的本质区别/沈春梅//南方论刊2008.3

儒家和谐社会思想的内涵与现代意义/邓进//重庆行政2009.1

儒家和谐治理观制度化的构成、功效及启示/齐惠//四川行政学院学报2009.4

简论儒家和谐治理观的制度化分析/齐惠//内蒙古师范大学学报(哲学社会科学版)2009.5

浅谈儒家和谐管理思想及其影响/谭丽梅//兰台世界2008.23

儒家和谐管理思想在高校管理中的运用/洪志钧//南京工程学院学报(社会科学版)2008.3

儒家和谐伦理思想的意蕴及其现代启示/孙业晓//辽宁行政学院学报2008.6

和谐共存的道德智慧——儒家和谐德育思想初探/郭颖//现代教育论丛2008.8

儒家和谐美学精神及其价值的现代透视/赵国乾//湖北社会科学 2009.12

中国古代“中和论”美育观略论/祁海文//社会科学辑刊 2008.3

浅析先秦儒家的和谐思想/王艳秋//湖湘论坛 2009.1

先秦儒家的和谐思想/郝明朝//聊城大学学报(社会科学版)2008.6

先秦儒家的和谐思想——以“家”为出发点/秦明//大连理工大学学报(社会科学版)2008.3

试论先秦儒学中“和谐”思想演绎之轨迹/沈素珍//社会科学战线 2008.12

论先秦儒家和谐思想及其现实意义/宋渊渊//科技信息(科学教研)2008.13

先秦儒家和谐思想及其当代价值/杨啸天//信阳农业高等专科学校学报 2009.1

当代正义观构建对先秦儒家和谐思想的借鉴/王学俭//中国德育 2008.2

先秦儒家和谐思想对民族地区构建和谐社会的启示/刘红叶//西北民族大学学报(哲学社会科学版)2008.2

先秦儒家的和谐社会观及其现实意义/杨云//金卡工程(经济与法)2009.6

试论孔子的和谐思想/任健//贵阳学院学报(社会科学版)2008.1

试论孔子的和谐思想/周冰洋//消费导刊 2009.22

孔子和谐思想内在理路发微/刘光胜//宜宾学院学报 2008.10

孔子和谐思想的内在结构与逻辑展开/初景波//辽宁行政学院学报 2009.5

君子和而不同——孔子的和谐观/王恩来//理论界 2008.2

孔子和谐精神初探/秦国涛//北京青年政治学院学报 2008.2

孔子的和谐思想和崇德思想/朱石川//邵阳学院学报(社会科学版)2009.2

论孔子和谐思想的有限性/苏永利//江汉论坛 2008.2

孔子的和谐思想及其现代意义/刘金芳//辽宁行政学院学报 2008.7

孔子的和谐思想对维护社会秩序的现代启示/李冰//科技创新导报 2008.2

孔子和谐理念的思想政治教育意蕴/刘宏伟//世纪桥 2008.6

孔子和谐理念的思想政治教育方法论意蕴/刘宏伟//湖北省社会主义学院学报 2009.3

对孔子“和谐”伦理思想的探究/于秀丽//佳木斯大学社会科学学报 2009.5

论孔子的“和谐社会”观/张维新//传承 2009.10

论孔子和谐社会的构建/阎少君//太原城市职业技术学院学报 2008.7

浅论“和而不同”与构建和谐社会/童霞芳//新西部(下半月)2008.9

浅谈孔子的“和谐美”及其发展/姚雄有//重庆社会主义学院学报 2009.2

孔子和谐美育思想的精神原型/黄卓//船山学刊 2008.3

论孔子的和谐教育思想/李英华//吉林省教育学院学报 2008.2

孔子的和谐教育思想及其启示/皮江红//教育探索 2008.3

孔子和谐教育思想对大学生思想政治教育的启示/杨媛//新西部(下半月)2009.11

孔子和谐教育思想对当代语文教学的启示/张永红//才智 2009.23

论孟子和谐思想及其当代启示/沈志男//传承 2008.24

《孟子》:构建古代和谐社会的理想蓝图/天问子//老年人 2008.6

群居和一之道——荀子的和谐理念及其现实意义/黄磊//辽宁大学学报(哲学社会科学

版)2008.5

荀子和谐政治思想新论/李桂峰//辽宁工程技术大学学报(社会科学版)2009.2

浅析荀子的和谐经济思想/周晓燕//河西学院学报2008.3

论颜之推的和谐教育思想/刘景荣//教育探索2009.2

孔氏南宗对孔子和谐思想的发展/汪群//台州学院学报2008.1

儒家和谐到异化的历史性转向——论朱熹理学对儒学道德思想的异化及其后果/张翔//沈阳大学学报2009.2

朱熹理学的传播与徽州和谐社会的建构/王国良//安徽大学学报(哲学社会科学版)2009.4

3.道家、道教和谐思想研究

道家文化的和谐思想/李明珠//合肥师范学院学报2008.4

论道家文化的和谐体系/陈水德//江南大学学报(人文社会科学版)2008.1

道家文化与和谐文化构建/刘雅文//东北师大学报(哲学社会科学版)2008.4

构筑和谐社会的道家资源/许建良//内蒙古社会科学(汉文版)2008.2

道家传统文化中的和谐思想探微/韦建益//传承2008.22

简论道家文化中的和谐思想资源及其现代意义/吴光//周口师范学院学报2009.1

论道家文化"人与自然"和谐思想的现代启示/赵保佑//周口师范学院学报2009.1

道家学说中的和谐思想探微/赵素兰//民办教育研究2009.2

道家文化与和谐社会/张延伍//新闻爱好者(理论版)2008.1

试论道家和谐观/刘宾//辽宁教育行政学院学报2009.7

道家和谐观及其现代意义——以老庄为中心/潘建顺//辽宁工程技术大学学报(社会科学版)2008.6

道家和谐观及其现代价值/徐婷婷//湖南医科大学学报(社会科学版)2009.1

道家思想对构建社会主义和谐社会的启发/刘超//管理观察2008.20

和谐文化建设中的道家思想资源/刘红梅//传承2008.6

新道家思想与当代和谐社会的构建/赵卫东//三门峡职业技术学院学报2008.1

道家生态伦理思想的和谐旨向/刘冬梅//山东教育学院学报2009.6

道家式责任感与人际和谐/刘笑敢//文史哲2008.6

论道家思想对高校和谐校园建设的启示/吕巧英//保定学院学报2009.3

试析道家群体文化和谐思想/李丽华//洛阳师范学院学报2009.1

道家美学对于构建和谐社会的启示/陈辉吾//新学术2008.1

先秦道家和谐思想辨析/孙波//长白学刊2008.5

先秦道家和谐思想及其价值/郑洁//桂海论丛2008.3

浅析先秦道家思想中的和谐自然观/冯永昌//西安文理学院学报(社会科学版)2008.3

论老子的和谐思想/杨广林//赤峰学院学报(汉文哲学社会科学版)2008.3

论老子的和谐思想/邱晓煜//山东省农业管理干部学院学报2009.3

浅析老子的和谐思想/郑丽华//文学教育(上)2009.6

《道德经》与道的和谐本原/陈水德//运城学院学报2008.3

亲民·节俭·发展——论《老子》和谐思想的支撑点/陈旸//周口师范学院学报2009.3

老子和谐思想的特点及其现实意义/陈德

述//武汉科技大学学报(社会科学版)2009.1

老子和谐思想的现代诠释 / 胡家全//沙洋师范高等专科学校学报 2008.6

老子和谐思想的当代价值 / 武铁传//洛阳理工学院学报(社会科学版)2009.1

浅析老子的和谐思想及其现代启示 / 毛娜//聊城大学学报(社会科学版)2008.2

老子和谐观及其现实启示 / 李小平//青海师范大学学报(哲学社会科学版)2009.5

论老子的和谐思想对构建社会主义和谐社会的启示 / 李健//湖北经济学院学报(人文社会科学版)2009.6

老子和谐社会思想评析 / 周勤勤//中国社会科学院研究生院学报 2008.3

浅析老子和谐社会思想及其现代价值 / 王磊//焦作大学学报 2009.1

老子之道的境界意义与和谐社会建设 / 包其锐//山东行政学院. 山东省经济管理干部学院学报 2008.2

浅析"道法自然"思想与构建和谐社会的关系 / 钱娟//法制与社会 2009.3

论老子"道法自然"命题中的和谐智慧 / 帅瑞芳//自然辩证法通讯 2008.4

论老子"和谐"的生态美学思想 / 赵国乾//牡丹江教育学院学报 2008.6

老子治世之道与社会和谐 / 宋志明//太原师范学院学报(社会科学版)2008.5

浅议老子和谐法治思想 / 孙文娟//法制与社会 2008.19

和谐社会道通为一——老子和谐哲学研究 / 王宏//黑龙江教育学院学报 2008.10

庄子的和谐思想述要 / 孙波//中国道教 2008.3

试论汉代道家的生态和谐观 / 杜宗才//河南师范大学学报(哲学社会科学版)2008.3

汉初黄老"和谐理念"与政府和谐治理 / 孙克//鸡西大学学报 2008.2

道教善书的"和谐"观及其当代价值 / 郭文//南京林业大学学报(人文社会科学版)2008.2

道教"我命在我不在天"命题对构建和谐社会的启示 / 王福梅//长春工程学院学报(社会科学版)2009.4

略论道教的中和思想 / 李养正//中国道教 2009.5

道教和谐生态理念初探 / 单辉//临沧师范高等专科学校学报 2008.3

形神相守——道教身心和谐关系论 / 何立芳//天府新论 2008.6

论道教宫观楹联中的和谐意蕴 / 黄少强//莆田学院学报 2009.6

《太平经》社会和谐思想之现代启示 / 张海滨//黑龙江史志 2009.17

对立·和谐·变化——浅析《老人与海》中的道教思想 / 沈玉如//时代文学(下半月)2009.11

4. 佛教和谐思想研究

佛教和谐思想诠释及其当代意义/杨曾文//佛学研究 2008.1

论佛教在和谐社会建设中的作用/安吉乡//黑龙江史志 2009.14

佛教思想与构建和谐社会的内在契合/陈洁//中共郑州市委党校学报 2009.1

中国佛教构建和谐社会的理论探索与实践/纪华传//佛学研究 2008.2

佛教社会与和谐社会/李向平//法音 2008.4

佛教伦理与和谐社会/王月清//江海学刊 2008.4

略论佛教伦理与和谐社会/李音祚//法音 2008.7

论佛教伦理对构建和谐社会的价值/陈超//福建教育学院学报 2009.1

佛教平等观的包容精神及其伦理意义/欧

顺军//伦理学研究 2009.2

中国佛学心性和谐思想要论/陈红兵//学术论坛 2008.7

佛教业报法则对构建和谐社会的积极意义/张琴//知识经济 2009.8

佛教圆融思想的和谐生态智慧/刘亚明//江西社会科学 2008.5

略论原始佛教和谐消费思想/谭苑芳//法音 2009.3

论湛然居士的和谐佛教观/张勇//民族文学研究 2009.2

论构建和谐社会视野下佛教净土宗的作用/牛延锋//保定学院学报 2008.1

利用佛教和谐思想开发九华山生态旅游/徐家洪//安庆师范学院学报（社会科学版）2009.1

藏传佛教的生态哲学/文厚泓//西藏民族学院学报(哲学社会科学版)2008.4

5、其他

中国古代和谐社会思想简论/范富//前进 2008.5

中国古代和谐社会思想探析/谢兵良//哈尔滨市委党校学报 2009.5

中国古代和谐社会思想与马克思和谐社会思想之比较研究/解兰春//辽宁教育行政学院学报 2008.5

传统和谐文化与古代国家关系——从先秦国家关系伦理思想的视角/黄刚//南都学坛 2008.4

传统治理文化中的和谐理念述论/张应杭//毛泽东邓小平理论研究 2008.7

家族司法:古代和谐社会的非正式制度设置/李交发//求索 2008.8

构建和谐社会视野中的古代租佃契约/武航宇//理论界 2008.7

神秘文化在构建中国古代和谐社会中的作用/刘俊男//湖南工业大学学报(社会科学版）2009.2

传统社会家族文化对构建和谐社会的影响/齐惠//科学社会主义 2009.6

家谱文化在和谐社会建设进程中的弘扬/谢琳惠//图书馆 2009.6

浅析汉语成语中的“和谐观”——从汉语成语中浅析“和谐”理念和中、西文化的差异/陈穗湘//法国研究 2008.4

明清小说的本质特征与和谐文化/秦川//明清小说研究 2009.4

“徽州狮”与儒家和谐思想/朱米娜//铜陵学院学报 2008.3

和谐社会构建背景下的清真女寺考察及发展思考——以云南清真女寺为例/武承睿//学术探索 2009.5

布依族传统精神文化的传承与和谐社会建设/李远祥//贵州民族研究 2009.5

7、各家和谐思想比较研究

儒道法上下和谐理论的比较与借鉴——从管理者的角度分析上下和谐之道/闫秀敏//社会科学家 2009.8

孔子与老子和谐思想比较及启示/刘艳芳//黔东南民族职业技术学院学报（综合版）2008.1

孔子与老子和谐思想的比较及其现代启示/刘灿//湘潭师范学院学报（社会科学版）2008.4

(三)外国和谐思想研究

1.综论

国外社会主义思潮对于社会主义和谐社会构建的启示/张晓忠//消费导刊 2008.13

奥林匹克之和谐内涵与社会发展——基于东西方文化视角的思考/孙福成//体育科技文献通报 2009.5

2.西方和谐思想研究

略论“和谐”的西方古典哲学渊源/苏健//湖北经济学院学报(人文社会科学版)2008.2

和而不同——论西方古典艺术中的和谐观/项毅//科技信息(学术研究)2008.32

西方马克思主义对构建和谐社会的启示/黎立阳//长沙航空职业技术学院学报 2009.4

论西方马克思主义思潮与我国和谐社会的构建/张晓忠//商业经济 2008.10

西方马克思主义社会主义观之和谐意蕴/吕翠微//科学社会主义 2009.4

生态学马克思主义的生态和谐社会理论/李世书//信阳师范学院学报(哲学社会科学版)2009.2

从当代西方生态社会主义思潮看和谐社会的建设/韦林//南宁师范高等专科学校学报 2008.3

从西方女权社会主义思潮看和谐社会建设/杨宁//金卡工程(经济与法)2009.7

西方社会建设理论对构建和谐社会的启示与借鉴/元文礼//辽宁经济 2008.8

论和谐法治的理论模式——一个西方法哲学的视角/汪习根//河南省政法管理干部学院学报 2008.4

论和谐社会理念下对西方经济学体系的反思/余显财//云南财经大学学报 2009.4

西方和谐经济思想:演进路径、特征与启示/万勇//河北经贸大学学报 2008.3

论西方经济学说中的经济和谐思想——17世纪中叶—20 世纪初/王博//现代商业2009.27

西方和谐教育思想微探/陈新雅//漯河职业技术学院学报 2009.4

西方和谐教育思想的发展脉络及其当代意蕴/肖正德//比较教育研究 2008.4

西方和谐教育的目标、课程和教学方法的历史反思/于忠海//大学教育科学 2009.5

西方新社会运动对我国构建和谐社会的启示/孟鑫//科学社会主义 2008.5

西方社群主义的正义观及其对和谐社会的启示/李先桃//伦理学研究 2008.3

西方发达国家社会保障制度对和谐社会建设的启示/黄桥法//科学社会主义 2009.5

西方福利国家的发展模式及其对我国和谐社会建设的启示/何子英//马克思主义与现实 2009.2

西方反对血汗工厂运动对中国构建和谐社会的启示/向红//中国劳动关系学院学报 2009.6

从西方警务战略发展演进论和谐警民关系构建/李怀泽//江西公安专科学校学报 2009.5

当代西方发达国家的企业制度创新及对我国构建和谐社会的启示/杨玲//学术交流 2009.1

西方国际和谐论及其批评/刘骞//武汉大学学报(哲学社会科学版)2008.1

和谐的智慧与智慧的和谐——在毕达哥拉斯“数”本原思想视阈内/韩秋红//北方论丛 2008.6

阿甘:推动美国社会和谐的力量——从意识形态角度解读影片《阿甘正传》/李艳玲//电影评介 2008.12

宪政协商与和谐社会的构建——美国制宪史的启示/夏新华//法制与社会 2008.36

美国教育行政准司法化和美国社会的和谐与强盛/傅松涛//比较教育研究 2008.4

美国大学生资助政策的和谐与冲突——公平与效率的视角/李海先//沧州师范专科学校学报 2008.2

美国社会管理“三只手”特点对我国建设和谐社会的若干启示/蒋乐仪//广东省社会主义学院学报 2009.1

和谐社会背景下社会工作发展的国际视野——以美国和加拿大社会工作为例/李绍伟//中国矿业大学学报(社会科学版)2008.1

美国和谐社会思想资源与战后族群关系的重建/吕庆广//江南大学学报(人文社会科学版)2009.1

人与自然和谐相处的战略选择与实施——美国马里兰州的理智发展战略及其启迪／李民昌//商丘师范学院学报 2009.10

社会科学、知识分子与和谐社会——美国进步时代的启示／岳经纶//公共行政评论 2008.2

在学会妥协中实现和谐——来自美国公民教育的启示／于希勇//上海教育科研 2008.4

“看不见的手”与看得见的经济和谐——亚当·斯密经济思想的政治解读／杨勇//天水行政学院学报 2008..2

对立中的和谐——近代早期英国领主和农民的关系／王绪杰//理论界 2008.7

英国工业化进程中的工人参与权与劳资关系和谐／赵祖平//中国劳动关系学院学报 2008.1

英国调控贫富不均政策下的和谐社会观／郭伟锋//辽宁工程技术大学学报(社会科学版)2008.2

人与自然的和谐——英国见闻随笔／张劲硕//生活与健康 2008.5

英国和谐社会建设中公民的权利与责任及其对教育政策的影响／王璐//比较教育研究 2008.3

公平与和谐:英国高等教育入学政策取向／王立科//黑龙江高教研究 2008.10

关于傅立叶和谐社会思想与胡锦涛和谐社会思想的比较／丁保会//法制与社会 2009.10

为了社会和谐:法国教育的若干政策取向／王晓辉//比较教育研究 2008.4

德国市场经济体制对我国构建和谐社会的启示／王岳//中国集体经济 2008.3

试论德国法治国理念产生之渊源性要素及对我国和谐社会建设的启示／刘祎//社会科学论坛(学术研究卷)2009.9

科技社团在构建和谐社会与市场经济中的角色定位与发展方向——德国科技团体的经验与启示／秦威//学会 2008.1

福利国家与社会和谐——北欧模式探源／刘玉安//文史哲 2008.5

3.东方和谐思想研究

以日本为例谈环境识别系统与环境的和谐设计/郑朝辉//装饰 2009.11

当代韩国与荀子的和谐思想/李国峰//韩国研究论丛 2009.2

多元文化互动与新加坡的“和谐社会”建设/覃敏健//世界民族 2009.6

印度传统文化中促进社会和谐的思想与观念/朱明忠//南亚研究 2009.1

印度传统文化中促进社会和谐的思想与观念/朱明忠//南亚研究 2009.1

构建和谐社会必须加强政府法治建设——从印度政府治理得到的启示/刘子扬//政府法制 2008.6

论甘地宗教和谐思想的实践/尚劝余//史林 2009.3

和谐世界的缩影——印度佛教圣地鹿野苑佛寺纪行/李涛//中国宗教 2008.Z1

(四)中外和谐思想比较研究

论中西“和谐”观念之差异/丁纯//巢湖学院学报 2008.1

社会契约视域下的和谐社会建构——兼与中国传统社会和谐思想比较/冉小平//甘肃社会科学 2009/06

不同的和谐与冲突——中西政治文化比较/孙宝云//晋阳学刊 2008/05

中西方和谐美育思想的比较研究/龙海霞//内江师范学院学报 2009.11

论中西方政治思想中的和谐社会理念/李亚//现代商贸工业 2009.19

中西方交往习俗与和谐世界的构建/于桂敏//学校党建与思想教育 2009.S1

“和谐社会”思想的中西哲学基础探究/吕杰//学术交流 2009.1

不同的和谐与冲突观——中西政治文化比较/孙宝云//晋阳学刊 2008.5

中西古典艺术的"和谐"审美比较/付劲英//企业家天地下半月刊(理论版)2008.7

中西方人性善恶观的差异对和谐社会构建的启示/王明霞//福建论坛(社科教育版)2008.4

中西方古代公平正义与和谐社会思想的差异及其文化解析/王娜//商丘职业技术学院学报 2008.1

从儒家与基督教的区别及其对经济的影响看和谐是中国社会主义市场经济的重要特点/陆耀明//船山学刊 2009/01

中西和谐观的美学表现之比较/杜振东//美术大观 2008.4

中西方人性善恶观的差异对和谐社会构建的启示/王明霞//理论研究 2008.2

中国和西方历史上理想的主要的和谐社会类型/王婧//消费导刊 2008.8

中西企业文化:和谐中流动/宏飞//东方企业文化 2008.5

中西文化的和谐思想及当代中国和谐社会构建/王顺旭//武汉理工大学学报(社会科学版)2008.1

《理想国》与"大同社会"——浅析柏拉图与孔子和谐观的差异及启示/李楠//和田师范专科学校学报 2009.2

中西方交往习俗与和谐世界的构建/于桂敏//学校党建与思想教育 2009.1

浅谈中西音乐和谐观念的异同/刘庆刚//佳木斯大学社会科学学报 2009.4

"和谐"美学思想与中西方绘画特点的形成/刘晔//艺术百家 2008.5

和谐与自由——中西文学人生观的比较研究/华明//南京师范大学文学院学报 2008.1

对法和谐的不同解读——老子法自然思想与西方自然法思想的比较汪琳江西社会科学 2008.6

试论赫拉克里特与老子和谐思想之比较/魏坷//辽宁教育行政学院学报 2008.1

社会发展中的和谐与不和谐——中印经验比较/阿玛蒂亚·森//国外理论动态 2009/09

论池田大作的和平观与庄子的和谐立场相契合/徐春根//嘉应学院学报 2008.5

(伊加强)

著作索引(2001-2009年)

儒家中和哲学通论/董根洪著//齐鲁书社 2001年4月

和谐理论/席酉民 唐方成 郭士伊著//西安交通大学出版社 2004年11月

迈向和谐:当代中国人生活方式的反思与重构/黄平 莫少群主编//天津科学技术出版社 2004年12月

论构建社会主义和谐社会/中共中央宣传部舆情信息局编//学习出版社 2005年3月

构建社会主义和谐社会大参考/红旗大参考编写组编//红旗出版社 2005年3月

和谐社会导论/傅治平著//人民出版社 2005年3月

自主与和谐/江畅著//武汉大学出版社 2005年4月

中国人民大学中国社会发展研究报告 2005——走向更加和谐的社会/郑杭生 李路路著//中国人民大学出版社 2005年4月

社会管理与社会和谐/窦玉沛著//中国社会出版社 2005年4月

构建诚信友爱的和谐社会/江汛清 丁元竹著//中国经济出版社 2005年4月

和谐社会论/熊月之主编//时事出版社 2005年5月

多元文化视野下的和谐社会/熊月之主

编//上海书店出版社2005年5月

和谐经济:以人为中心的管理哲学(绿色经济丛书)/陈世清著//中国时代经济出版社2005年5月

生态建设:构筑人与自然的和谐/杭州市环境保护宣传教育中心编//中国环境科学出版社2005年5月

什么是中国的和谐:探索建立和谐社会的系统工程/谭敏著//广东经济出版社2005年6月

21世纪中国发展问题报告:中国构建和谐社会问题发展报告(问题·现状·挑战·对策)/吴俊杰 张红著//中国发展出版社2005年7月

构建和谐社会与政治文明建设/陆士桢 李秀峰著//中国藏学出版社2005年8月

儒家文化与和谐社会/朱贻庭主编//学林出版社2005年9月

社会学家谈和谐社会/黄家海主编//合肥工业大学出版社2005年10月

政府转型与建设和谐社会/中国(海南)改革发展研究院编//中国经济出版社2005年10月

迈向和谐社会的社区服务(建设和谐社区丛书)/唐忠新著//中国社会出版社2005年10月

当代中国:转型发展和谐(上、中、下)(东方学术文库)/上海市社会科学界联合会编//上海人民出版社2005年11月

人民政协与构建社会主义和谐社会/《人民政协与构建社会主义和谐社会》编委会主编//武汉出版社2005年12月

儒学与和谐世界(论文集)/徐诚//中国儒学年鉴社2006年

国际实现和谐社会的经验与启示/江涌著//时事出版社2006年1月

自然·和谐·发展:弘扬老子文化国际研讨会论文集/弘扬老子文化国际研讨会筹备委员会编//中州古籍出版社2006年1月

民间组织发展与建设和谐社会(中国改革论坛丛书)/中国海南改革发展研究院编//中国经济出版社2006年1月

政府转型与社会再分配　经济社会协调发展与和谐社会构建/中国(海南)改革发展研究院编//中国经济出版社2006年3月

中国人民大学中国人文社会科学发展研究报告2006:社会和谐与人文关怀/刘大椿著//中国人民大学出版社2006年4月

公安工作与和谐社会/刘伯祥主编//群众出版社2006年4月

和谐世界　从心开始——首届世界佛教论坛文集(全三卷)/世界佛教论坛筹备办公室编//宗教文化出版社2006年4月

构建社会主义和谐社会的理论与方略/张全新主编//黄河出版社2006年6月

哲学视野中的和谐社会/赵凡著//中国政法大学出版社2006年6月

社会学视角下的和谐社会:中国社会学会学术年会获奖论文集/黄家海 王开玉著//社会科学文献出版社2006年7月

关注民生　构建和谐:劳动保障科学技术成果汇编/劳动和社会保障部科学技术办公室编//中国劳动社会保障出版社2006年8月

社会稳定与社会和谐/王煜 戴建中著//社会科学文献出版社2006年8月

人和论——儒家人伦思想研究/徐儒宗著//人民出版社2006年9月

文明的和谐与共同繁荣:北京论坛(2005)论文选集/北京大学北京论坛学术委员会编//北京大学出版社2006年10月

和合学:21世纪文化战略的构想(上、下卷)/张立文著//中国人民大学出版社2006年10月

和——中华伦理范畴丛书/修建军著//中

国社会科学出版社 2006 年 10 月

社会主义和谐社会论(修订本)/李君如主编//人民出版社 2006 年 11 月

天人合一的文化智慧——中国传统生态文化与哲学/赵载光著//文化艺术出版社 2006 年 11 月

公共关系与和谐社会构建/黄德林著//中国地质大学出版社 2006 年 12 月

家庭社会学导论(社会和谐与发展丛书)/邓伟志 徐新著//上海大学出版社 2006 年 12 月

儒家和谐思想的当代价值/叶金宝著//广东人民出版社 2006 年 12 月

儒学·人与自然和谐(论文集)/徐诚主编//山东中国儒学年鉴社 2007 年

和谐哲学原理/易超著//重庆大学出版社 2007 年 1 月

和谐社会与慈善事业/杨团 葛道顺著//社会科学文献出版社 2007 年 1 月

佛教伦理与和谐社会/觉醒主编//宗教文化出版社 2007 年 1 月

科学发展观与构建社会主义和谐社会/冷溶著//科学文献出版社 2007 年 3 月

构建和谐社会:关注老龄化影响/中国社会科学院老年科学研究中心编//中国社会科学出版社 2007 年 3 月

和谐发展研究(第一辑)/刘长明主编//社会科学文献出版社 2007 年 3 月

和谐社会中婚姻家庭关系的法律重构:纪念婚姻法修订五周年/夏吟兰龙翼飞主编//中国政法大学出版社 2007 年 4 月

和谐社会建设中的非理性/吴宁著//合肥工业大学 2007 年 4 月

迈向和谐社会的追求:2006 - 2007 年上海社会报告书/刘云耕著//上海社会科学院出版社 2007 年 4 月

华人人际和谐与冲突(博雅华人本土心理学丛书)/黄囇莉著//重庆大学 2007 年 4 月

民族和谐与民族发展/赵杰著//民族出版社 2007 年 4 月

世界大势与和谐世界/徐敦信主编//世界知识出版社 2007 年 4 月

和谐文化导论/邓伟志 胡申生主编//上海大学出版社 2007 年 4 月

和谐世界 以道相通——国际道德经论坛文集(全三卷)/国际道德经论坛筹委会主编//宗教文化出版社 2007 年 4 月

和在爱中——和好·和谐·和平/潘兴旺主编//宗教文化出版社 2007 年 4 月

社会和谐发展论/王岗峰著//社会科学文献出版社 2007 年 5 月

和为贵的政治伦理追求——和视域中的先秦儒家政治伦理思想研究/皮伟兵著//上海三联书店 2007 年 5 月

和谐社会的思想资源与制度资源/曹英著//中国人民公安大学出版社 2007 年 5 月

构建和谐社会与哲学理论创新/郭金彬 徐朝旭编//社会科学文献出版社 2007 年 6 月

社会学与和谐社会/毛振华著//社会科学文献出版社 2007 年 7 月

中国经济发展战略(2007)和谐与战略/李成勋主编//社会科学文献出版社 2007 年 7 月

中国社会发展三论:转型·分化·和谐/刘祖云著//社会科学文献出版社 2007 年 8 月

走向和谐:一种新的大学发展观/顾协国 宋富军著//上海三联书店 2007 年 9 月

中外学者论池田大作:和谐社会与和谐世界/华中师范大学池田大作研究所 日本创价大学合编//华中师范大学出版社 2007 年 9 月

社会救助与建设和谐社会(社会学与社会发展丛书)/陈成文 胡书芝主编//湖南师范大学出版社 2007 年 10 月

和谐社会与城市现代化研究丛书(全 6 册)/周庆刚 董淑芬 李娟著//东南大学出版社 2007 年 10 月

和谐文化的理论与实践/张小平主编//人民出版社 2007 年 10 月

首都社会和谐发展研究/申建军 陈荣荣 李启英著//社会科学文献出版社 2007 年 11 月

和谐社会的构建与中国经济法/顾功耘主编//北京大学出版社 2007 年 11 月

构建社会主义和谐社会中的社会保障问题研究(中国社会科学博士论文文库)/梅哲著//中国社会科学出版社 2007 年 11 月

正确处理人民内部矛盾与构建社会主义和谐社会学术研讨会论文选/郑谦 陈国平编//中共党史出版社 2007 年 11 月

崂山论道:和谐之道 人间关怀/李宗贤主编//宗教文化出版社 2007 年 11 月

自组织经济理论:和谐理性与循环累积增长/李桂花著//上海社会科学院出版社 2007 年 12 月

和谐社会的财产权/陈泰和著//知识产权出版社 2007 年 12 月

和谐:中国传统法的价值追求/孙光妍著//中国法制出版社 2007 年 12 月

和文化论(论文集)/徐诚//中国儒学年鉴社 2008 年

农民工阶层(和谐热点经济丛书)/严行方著//中华工商联合出版社 2008 年 1 月

和谐社会与道风建设:2007 中国佛教公众形象主题论坛文集/闽南佛学院编//宗教文化出版社 2008 年 2 月

和谐社会与慈善中华/杨团 葛道顺著//中国劳动社会保障出版社 2008 年 3 月

物本与人本:发展理论的迷失与重建(和谐与发展文库)/陈向义//上海交通大学出版社 2008 年 6 月

文化安全与社会和谐/社会问题研究丛书编辑委员会编//知识产权出版社 2008 年 6 月

从"协和万邦"到建设和谐世界/杨发喜著//人民出版社 2008 年 6 月

中国与世界:和谐和平(第二届世界中国学论坛)(全 3 册)/王荣华编//学林出版社 2008 年 6 月

中华传统文化与和谐社会的构建/何君陆吉文著//中国经济出版社 2008 年 7 月

致中和:中国传统和谐文化漫谈/张松辉著//岳麓书社 2008 年 7 月

和谐与回归——儒家和谐思想及其当代价值研究/尹长云著//中南大学出版社 2008 年 7 月

民族和谐发展理论与实证(博士论文丛书)/张银花著//内蒙古教育出版社 2008 年 8 月

中国共识:中华复兴的和谐发展道路/漆思著//中国社科出版社 2008 年 8 月

中国社会和谐稳定报告/李培林 陈光金著//社会科学文献出版社 2008 年 8 月

知识型人才和谐管理(当代学者人文论丛)/张向前著//中国言实出版社 2008 年 9 月

灾害管理与构建和谐社会(灾害与社会管理专家论坛丛书)/蒋树声著//群言出版社 2008 年 7 月

我国社会保障的和谐发展之路(中国公共财政政策研究丛书)/储敏伟著//中国财政经济出版社 2008 年 10 月

科学发展观和谐世界论(科学发展观研究系列专著)/林辉基著//山东人民出版社 2008 年 10 月

和谐东亚:东亚安全的必由之路/陈显泗主编//时事出版社 2008 年 11 月

和谐山东/苏庆伟编//山东人民出版社 2008 年 12 月

和谐社会视野下的中国人口与发展/张肖敏主编//南京大学出版社 2008 年 12 月

中国文化发展与和谐文化建设(上、下册)/赵维绥 王文章著//文化艺术出版社 2008 年 12 月

与和谐同行大众传播与社会发展/陈嬿如

著//厦门大学出版社 2008 年 12 月

和谐文化知行录/白庚胜著//民族出版社 2009 年 1 月

社会保障问题研究：和谐社会构建与社会保障国际论坛/邓大松 向运华主编//人民出版社 2009 年 2 月

孝道文化与社会和谐（老龄科研丛书）/李晶著//中国社会出版社 2009 年 2 月

和谐社会若干重大问题研究/李子彪 梁桂全主编//广东人民出版社 2009 年 3 月

和谐社会、公民社会与大众媒介/张磊主编//中国传媒大学出版社 2009 年 4 月

和谐司法视野中的检察改革/金鑫著//知识产权出版社 2009 年 5 月

全国和谐社区建设示范创建工作读本/民政部基层政权和社区建设司编//中国社会出版社 2009 年 5 月

后管理时代：和谐型组织理论与实务/孙金汉著//中国社会出版社 2009 年 5 月

和谐管理之道/刘长明 管斌著//济南出版社 2009 年5 月

全国和谐社区建设理论与实践：地方创新（社区发展理论与实践丛书）/民政部基层政权和社区建设司编//中国社会出版社 2009 年5 月

和而不同与中国外交/魏兆鹏著//当代世界出版社 2009 年 5 月

和平发展与共建和谐世界（和谐社会建设丛书）/傅治平著//中国社会出版社 2009 年5 月

南方少数民族传统文化与和谐社会关系/林伦伦 单纬东编//暨南大学出版社 2009 年 5 月

社会组织发展与建设和谐社会（和谐社会建设丛书）/周小华 付平著//中国社会出版社 2009 年 6 月

和谐社会：中国社会主义模式的重构/张继国 江新国著//学苑出版社 2009 年 6 月

经济和谐发展论纲/林其屏著//江西人民出版社 2009 年 6 月

共有、共享、共治：城市住宅小区和谐治理的实践与理论探讨/唐娟著//中国社会出版社 2009 年 8 月

和谐之境：宗教界人士人民大学研修班论文集（第 1 辑）/中国人民大学佛教与宗教学理论研究所组编//中国人民大学出版社 2009 年 8 月

心理和谐与和谐社会/杨德森 赵旭东 肖水源编//同济大学出版社 2009 年 8 月

和谐企业行为的法律协调论/李华 刘春凌 李雪锋著//知识产权出版社 2009 年 9 月

和谐社会视野下的大学生社会化问题探究/贺香玉著//中国时代经济出版社 2009 年 9 月

社会和谐与幸福满足/罗文英著//华东理工大学出版社 2009 年 10 月

儒家和谐观的转换与建构/魏世梅 贺利平著//中国社会科学出版社 2009 年 11 月

（刘兴明）

和文化机构团体及其活动

山东经济学院
和谐发展研究中心

山东经济学院和谐发展研究中心成立于2004年，主任刘长明教授。中心现有4名专职研究人员，其中有教授1人，博士2人。

中心研究人员长期致力于和谐发展理论的原创性研究，在和谐发展理论园地里潜心拓荒。迄今为止，中心成员共取得了252项研究成果：在《人民日报》、《北京大学学报》、《自然辩证法研究》、《文史哲》、《教育研究》、《复旦学报》、《中国软科学》等报刊发表论文215篇，其中，有90余篇论文被《新华文摘》、《中国社会科学文摘》、《光明日报》、人大复印报刊资料、《高等学校文科学术文摘》、《文摘报》、《深圳特区报》等转载170篇次；主持课题21项；编写著作18部。2007年以以书代刊的方式出版《和谐发展研究》；近两年出版专著两部：《和谐发展沉思录》、《和谐管理之道》。

作为和谐发展研究的先行者，中心主任刘长明教授10年来先后提出并系统论证的和谐发展、和谐伦理、和谐文明、和谐精神、和谐哲学、和谐思维、和谐教育、和谐正义、和谐社会、和谐经济、和谐生产力等观点，形成了独具特色的和谐理论体系。代表性论文《发展的陷阱》、《我的和谐发展观》、《发展的革命——从可持续发展到和谐发展》、《教育的革命——从工业文明的谋职教育到和谐文明的和谐教育》、《伦理学的革命——从单向伦理到双向不对称伦理再到双向和谐伦理》、《文明的和谐》、《和谐伦理学宣言》、《和谐正义论》、《和谐文明论纲》、《和谐就是力量》等被认为是和谐发展理论的奠基之作。所提出的和谐发展观不但引起了学术理论界的高度关注，而且对国家党政决策部门具有极大的参考价值。

中心共有16项成果获得国家、省级奖励：获第二届全国青年优秀社会科学成果奖1项，获省社会科学优秀成果奖一等奖1项、二等奖3项三等奖4项，首届省精品工程奖1项，获山东高等学校优秀科研成果一、二、三等奖7项。

理论是灰色的，和谐之树常青。作为国内第一家和谐发展理论研究机构，和谐发展研究中心将继续致力于和谐的理论建构，在和谐发展理论研究的制高点上，推出能够经得起实践检验的理论成果。

河北省和谐文化研究会

河北省和谐文化研究会成立于2009年4月，主管单位河北省社科联。

河北省和谐文化研究会以马列主义、毛泽东思想、邓小平理论和三个代表重要思想为指导，认真贯彻执行党和国家的方针政策，代表和维护研究会全体会员的共同利益和合法权益。在河北省社科联的领导下，紧紧围绕经济建设这个中心积极开展和谐文化的研究和宣传，融汇和谐之音，传播和谐之声，为河北省的和谐文化建设作出应有的贡献。

河北省和谐文化研究会会址设在河北省临西县万庄村万和宫。业务范围辐射整个河北省。研究会积极动员、组织和引导省内各种社会力量关心、支持、宣传和谐文化。深入基层调查研究，了解各地先进文化，为省委、省政府决策提供服务，当好参谋助手。不定期举办不同层次的和谐文化研讨会，推动和谐文化发展。依法举办有助于和谐文化弘扬和传播的实体。同时编辑、出版、发行有关和谐文化方面的书刊和信息资料，并接受河北省社科联、河北省民政厅的委托，承办有关和谐文化的业务活动。

一、组织机构

名誉会长：

刘魁立　中国民俗学会理事长

刘键生　河北省原副省长、河北省政协原副主席

李九元　河北省文化厅原厅长

顾　问：

张蔚萍　（中央党校教授、博导、全国思想政治工作委员会主任）等13人

会　长：

王殿明　河北省青华苑高校服务有限公司总经理

副会长：

贾东信　白求恩军医学院原副政委

靳有新　《河北日报》总编室原主任

丁吉槐　石家庄人事局原局长、石家庄人才研究会会长

梁建章　河北省散文学会副会长兼秘书长、《散文风》杂志主编

陈茂才　河北省书法协会副主席、著名书法家

秘书长：

韩凤鹏　河北省邢台市广播电视局原副局长

副秘书长：

何永利　著名诗人

张瑞强　河北青华苑高校服务公司总经理秘书

理事单位(5个)：

河北省青华苑高校服务有限公司

河北万通万和文化传播有限公司

河北省当代书画院

河北河之北文化服务公司

河北省荷魂美术馆

二、主要活动

(一)2009年4月25-26日上午，研究会组织全国40余位专家学者在万和宫，从“万庄现象”入手，探讨和谐文化与民俗传统在新形势下的发展趋向，并以此为主题，对和谐文化的真谛进行了深入研讨，对“华夏和谐文化第一村”万庄和谐千年的传统进行了细致的剖析。组织他们参观了家庭和谐文化展馆与和谐新民居的奠基仪式。与会专家深受感触，在论证中各抒己见，对作为和文化教育基地的“万和宫”的发展前景进行了深入透彻的分析，认为随着此次研讨会的成功，必将大大推动“万和宫”和文化教育基地的建设和发展。并对“全国和谐文化与民俗传统”论文进行了发奖仪式，本次共征集论文95篇，获奖论文44篇。最后，中国民俗学会将研究会和谐文化教育基地万和宫作为“民俗调研基地”，并举行了揭牌仪式。

(二)4月25日-5月10日，研究会组织的华夏和谐文化第一村首届“和”文化节在邢台万庄隆重举行。在“和”文化节期间，相声、歌舞、戏剧、杂技、魔术、武术、秧歌、古筝等文艺演出，异彩纷呈。在节日期间，接待了来自全国的几万名游客，通过对万和宫的参观，对村民和文化展馆的交流，适时、适地地宣传了和谐文化。使加入和谐文化行列、争做和的使者的主题宣传，成为了整个“和”文化节的亮点

(三)5月14-17日，建国60周年献礼影片《暴雨将至》在华夏和谐文化第一村万和宫景区开机拍摄。本片旨为宣传河北农民工为建造奥运比赛主场“鸟巢”做出的卓绝贡献。著名导演江小鱼，香港第一反派李子雄，大陆第一反派赵燕国彰，摄影指导何明圣，新锐影星倪中砚、童一丹，邯郸名人谭双剑等齐聚万和宫，通过学习参观，纷纷表示了不虚此行，收获甚大，获得了和谐文化和拍片的双丰收。在拍摄中，研究会对本剧目人员进行了多次联谊和有利支持，为导演江小鱼、演员赵燕国彰、谭双剑和制片主任唐文颁发了华夏和谐文化第一村“荣誉村民”证书。导演江小鱼表示，希望能在华夏和谐文化第一村讲和堂举行《暴雨将至》的首映式。

(四)在新疆发生“7·5”暴乱事件后，研究会适时于7月15日上午在研究会会议室组织召开了“民族团结与社会稳定座谈会”。座谈会由河北省和谐文化研究会会长王殿明主持，参加座谈会的有河北省文化厅原厅长李九元，河北省社科院原院长省委宣传部原副部长周振国，河北省民宗厅副厅长张兴堂，河北师大教授刘绍本，河北省民俗文化协会会长袁学骏，河北省书法协会副主席陈茂才等，与会的领导、专家

及学者就新疆“7.5”事件发生后，如何弘扬和谐文化，巩固民族团结，维护社会稳定等问题发表了自己的看法，座谈会气氛热烈，主题明确，研究会不负职能，为特殊时期的和谐社会宣传论证做出了努力。

（五）8月26日（农历七月七），在和谐文化教育基地万和宫举办了2009中国（万庄）七夕“和谐盛世，见证真爱”七夕情人节联谊活动，省内外百余人参加了本次活动，以未婚青年相亲和已婚恩爱夫妻联欢等形式吸引了诸多参与者，十几家省内外媒体给予了报道，通过本次活动，选出了十余名“和的使者”，做为河北省和谐文化研究会的形象代表。以传统节日赋予和的内容，得到了参与者的赞誉。

（六）9月18日至20日，会长王殿明代表研究会受邀参加了在山东省新泰市举行的“第二届国际和圣柳下惠学术研讨会”，并宣读了《用“和”文化推动社会主义新农村建设》的论文，积极推动“和”文化建设和社会主义新农村建设，受到与会者的积极响应和广泛认可。

（七）10月1日，是共和国六十周年暨我国传统节日中秋节的佳庆时段，同时也是中国首座和谐文化宫——万和宫的三周年纪念日。和谐文化研究会于此举行了盛大的联欢晚会和焰火晚会，与来自各地的朋友共同见证万和宫的成长足迹和“和”文化建设的辉煌成果。

（八）10月30日，研究会与石家庄工商职业学院在和谐文化教育基地举办了“万和宫美术写生创作大赛”。60余名师生参与了本次活动，通过参观和在万和宫写生，使大学生了解了“学和的文化，说和的话，办和的事，做和的使者”的真髓，受到了教育。

（九）11月21－22日，河北省和谐文化研究会会长王殿明应邀出席了河北省改革战略研究会改革发展高层论坛暨企业家研讨会，在会上，王殿明会长做了《和谐共赢　建设文化三农》的精彩讲演，介绍了华夏和谐文化第一村的建设情况和规划方案，受到了与会专家、代表的认可和好评，纷纷表示将关注华夏和谐文化第一村的发展，共建和谐社会。

（十）12月9日，研究会与河北省旅游研究会、临西县委、县政府在邢台市临西县宾馆会议厅召开河北省“和谐文化与新农村建设”旅游高层论坛研讨会专项课题制定会议，本次研讨会以“和谐文化与新农村建设”为主题，结合河北省新农村建设和旅游项目的开发，对临西县旅游业发展的特色定位，空间布局、区域互动和品牌打造等展开深入探讨。通过研讨解放思想、转变观念、开阔思路、明确重点、破解难题、商讨对策。为和文化基地的建设奠立牢固基石。目前，各课题正在论证中。

（十一）12月12日，河北省和谐文化研究会与中国感恩文化研究中心一起，承办了首届中国感恩文化“万和宫杯”诗文书画摄影大赛颁奖活动，12月12日首先召开了评审会，中国民间文艺家协会副主席、国务院津贴专家郑一民，中国摄影家协会理事、石家庄市人大常委会副主任李屏东，中共石家庄市委组织部副部长、市关工委副主任、市老干部局局长王冬梅，著名作家、原河北省作家协会主席尧山壁，中国书画家联谊会河北创研中心主任韩国明，中国感恩文化研究中心研究员、原石家庄市委副秘书长刘占山等领导同志和专家评委审阅了作品并进行了认真评选。按诗歌、散文、论文、新闻报道、摄影、美术、书法、影视、歌曲等分类评出一等奖40件，二等奖96件，三等奖42件。

并于12月20日在万和宫举办了颁奖会。感恩创造和谐，和谐凝聚力量，力量推动发展，发展国富民强。本次大会吸引了全国各地的一百多名专家学者参加，全国30多家媒体进行了采访，海内外200多位获奖者从各地赶来参加了颁奖。

在颁奖仪式后，又举行了万庄三期规划中的“感恩堂奠基仪式”。“希望将军”赵渭忠、联合国教科文组织中国联合会名誉主席夏白阳、文化部文化管理市场主任西沐、中国书画家联谊会副会长王子忠等领导执锹垫土，为瞩目的和谐万庄感恩工程奠定了坚实的基础。

（十二）12 月 15 日，河北省和谐文化研究会、河北省民俗文化协会共同发起的“弘扬孝道文化？建设精神文明”——“万和宫杯”中华新二十四孝大评选活动开始启动，预计至 2010 年 5 月 10 日完成，约历时五个月。活动将分为预热期、报名期、初评期、复评期及终评几个阶段，并对评选出的新二十四孝人物进行奖励，之后还将编辑出版《中华新二十四孝》一书，在万和宫为新二十四孝人物塑像，并筹备进行有关电影的创作拍摄。

（十三）经过全国广泛评选，会长王殿明获得了“CCTV2009 年度三农人物提名奖”。该活动是中央电视台农业节目（七套）承办。以“聚焦三农进程，评点新闻人物”为主题，以“责任、良知、创新性、影响力、推动力”为推介标准，是中国电视媒体上唯一一个针对“三农”领域的典型人物进行的大规模宣传、推介活动。本活动重点提出，对所评选出的优秀人物，要“关注他们的行为，弘扬他们的精神，彰显他们的道义，聚焦他们的形象”。王殿明同志的获奖，不仅是河北省和谐文化研究会的光荣，也是河北农民的光荣。实践证明了和谐文化对于农村建设的重要性。

和文化国际传播中心

一、和文化国际传播中心理念

“和”是中国传统文化的基本精神，是中国传统文化的核心，也是中华民族不懈追求的理想境界。在构建和谐社会成为主旋律的当今中国，构建和谐社会需要建设和谐文化。作为和谐理念哲学基石的“和文化”，引起了前所未有的关注，也显现了巨大的文化魅力。

“和文化”的主要内容包括“天下为公、选贤与能、讲信修睦的大同社会理想观；和而不同、兼容并蓄的文化观；民贵君轻的政治观；德主刑辅的治理观；仁者仁爱、推己及人的道德观；修身正己、以德化人的教育观；恒产与均平的经济公平观，以义统利、群己和谐的社会伦理观；国家统一、协和万邦的民族国家观；天人合一、天人和谐的自然观等等。

纵观五千年历史，“和”是中国思想文化中被普遍接受和认同的人文精神，它纵贯整个文化发展的全过程，积淀于各个时代各家各派的文化中。因此，“和文化”体现中国思想文化的首要价值和精髓，也是中国思想文化最完善、最富生命力的表现形式。它对国家的统一、民族的团结、经济的发展、社会的安定、文明风尚的养成、人才造就、政德政风的淳化等等，起到了重要的促进作用。直到今天，贯穿其中的人文精神的自强不息、积极进取、厚德戴物等价值取向，仍是综合国力的重要源泉。有学者预言：21世纪应该是“和”的世纪，为顺应“和”的世纪潮流，许多高瞻远瞩的中国有志之士开始在“和”字上作文章，高举“和”旗帜，弘扬“和”精神，光大“和”意蕴。

研究和实践“和文化”，既是社会之需，也是时代之需，应运而生的“和文化国际传播中心”就是适应时代潮流的产物。

“和文化国际传播中心”以科学发展观为指导，以民本思想为落脚点，以人性化为特色，以挖掘和拓展“和文化”的精髓，服务社会主义先进文化，服务现代社会为目标，以“和文化”的研究为切入点，致力打造国内外经济界、政界与学术界之间交流会通的平台，为和文化传播、互动而努力。

二、和文化国际传播中心机构设置

和文化国际传播中心于2007年6月18日在青岛揭牌，宣告成立。

（一）组织机构

名誉主任：

冯之浚　国务院参事，教授、博士生导师

主　任：

徐　诚　中国孔子基金会会长助理，青岛科技大学教授

副主任：

王怀岳　中共青岛保税区工委书记、青岛保税区管委会主任

傅振国　人民日报（海外版）科教文卫部副主任

仇维宏　青岛出口加工区管委会副书记、副主任

吉兴亮　青岛保税区管委会副主任

秘书长：

吉兴亮（兼）

副秘书长：

鲁军瑛　青岛保税区管委会主任助理

寿杨宾　青岛市史志办公室副编审

王云升　青岛保税区群工部部长

商　进　青岛保税区文化立区办公室主任

（二）和文化国际传播中心下设研究会、理事会

（三）和文化国际传播中心总部设在青岛保税区管委会

通讯地址：

1. 青岛市黄岛区江山南路青岛保税区　邮编：266555　电话：0532－86769977

2. 青岛市延安三路228号民政大厦1903室　邮编：266071

电话：0532－83862839　手机：13906393997

三、和文化国际传播中心工作范围

（一）以青岛保税区为基地建立“和文化”示范区。

（二）承接“企业文化”、“社区文化”等文化研究课题。

（三）组织承办“文化讲座”。

（四）组织承办“和文化”国际高端论坛。

（五）对“和文化”及“和文化”产业发展的战略性问题进行调查研究。

（六）创办“和文化国际传播中心”内部通讯。

（七）创办“和文化”公开发行期刊。

（八）承办出版“和文化”专题论文集。

（九）提供相关信息和各项咨询服务。

（十）创建和文化国际传播中心网站。

青岛科技大学和文化研究院

一、青岛科技大学和文化研究院宗旨

和，是中华民族文化的重要范畴和基本精神，是中华民族文化的核心价值，是中华民族不懈追求的理想境界。本世纪初，胡锦涛总书记在世界讲台上提出构建和谐社会与和谐世界的理念后，和文化在国内、国际受到空前的关注，显示了其巨大的文化魅力。

和文化之内涵主要可概略为：保合太和的宇宙观、天人合一的自然观、协和万邦的世界观、自强不息的民族观、以和为贵的人生观、和而不同的价值观。

对“和”基础理念的研究、追溯、解读，并行之于实践，是和文化研究的主要方向；研究宇宙、地球、国际、族际、人际以及人和自然之和谐，探索其规律，则是和文化研究的中心内容；和文化研究和现实结合，特别是其在社区、厂企、乡村、学校、兵营的表现和影响，是和文化研究的重要途径。纵观我国五千年文化史，和文化不仅引领历史潮流，积极影响社会发展进程，还融入寻常百姓生活，具有全民性、普适性、连续性、体系性的特征。有学者预言，21世纪应该是“和”的世纪，为顺应“和”的世纪潮流，我们要在“和”字上大做文章，高举“和”的旗帜，光大“和”的意蕴，弘扬“和”的精神，追求“和”的境界。人类正处在21世纪第一个十年末年，和文化研究任重道远，其积极意义未可限量。

二、青岛科技大学和文化研究院机构设置

青岛科技大学和文化研究院于2009年6月5日正式成立，并于2009年10月18日召开成立大会。

（一）和文化研究院领导班子

院　长：罗公利

常务副院长：徐　诚

副院长兼秘书长：张福芝

副秘书长：阎　瑜　寿杨宾

（二）和文化研究院指导委员会

主　任：冯之浚　国务院参事、教授、博导

副主任：牟钟鉴　中央民族大学教授、博导

姜　琳　世界华人联合总会主席

（三）通讯地址

1. 青岛市松岭路69号 青岛科技大学和文化研究院

2. 青岛市延安三路228号民政大厦1903室

电话/传真:0532－83862839

手机:13906393997　邮编:266071

三、和文化研究院研究领域

(一)“和文化”基础性研究

主要是对传统“和文化”的发掘、整理、阐释和发展等基础理论研究,包括:“和文化”思想发展史研究;马列主义、毛泽东思想与“和文化”研究;“和文化”中西比较研究等。

(二)“和文化”建构性研究

在传统和文化研究的基础上,建构新的研究领域,如:“和文化”可持续发展研究;传统“和文化”的现代化研究;和文化和现代生活方式研究;和文化与中国软实力的研究;“和”与“斗”、“和而不同”思想研究等。

(三)“和文化”应用特性研究

这方面研究院将努力寻求“和文化”与社会现实诸方面的结合点,拟建立“和文化”基础上的分支文化研究,包括:企业文化、社区文化、地域文化、德孝文化研究等。

(四)“和文化”书画艺术研究

和文化在港澳台

和文化在香港

传媒消息与评论

《香港文汇论坛》2005 年 8 月 12 日发表资深评论员刘斯路《曾子与香港和谐社会》 说到曾子,香港人难免不想到现任特首曾荫权在 2004 年 9 月,到曾子的故里山东嘉祥县寻根祭祖。有人甚至将此行与他出任行政长官联系起来。然而,曾子的思想,可以坦率地讲,港官知之不多,港人也知之不多。长期放弃国学教育的香港,颇应急起直追。说实话,香港戾气横溢,就是少了点曾子"修齐治平的政治观",香港要建构和谐社会,应该多一点曾子"严于律己的修养观",人人来一个每日"三省吾身"。

曾子与"修身、齐家、治国、平天下"

曾子,名参,字子兴,春秋末年鲁国南武城人,即是今日的山东嘉祥县。曾子是孔子儒家学说的正宗传人。曾子着《大学》,纂《孝经》,编《论语》,使到孔子思想薪火相传。为了弘扬曾子思想，山东嘉祥县将举行曾子诞辰二五一〇周年纪念活动。

修身、齐家、治国、平天下，许多港人一知半解，以为是湖南湘军领袖曾国藩的思想，其实，正是曾子政治观里的核心部分。曾子的《大学》，开宗明义提出三纲八目，三纲即明明德、新民、至善，八目是格物、致知、正心、诚意、修身、齐家、治国、平天下。曾子精确描述以上诸元素的关系："古之欲明明德于天下者，先治其国；欲治其国者，先齐其家；欲齐其家者，先修其身；欲修其身者，先正其心；欲正其心者，先诚其意；欲诚其意者，先致其知，致知格物。格物而后知至，知至而后意诚；意诚而后心正，心正而后身修，身修而后家齐，家齐而后国治，国治而后天下平。"

"先正其身"才能和谐平稳

也许，抄录曾子这一段名言过长了，但是如果能够朗诵三遍之后，相信许多读者会拍着大腿说，早该如此，特区治而香港平矣。致知格物，已成为香港一些高校的校训，但以曾子完整的"修齐治平"观看，这仅是其中的一个环节，仅有知识，而不修身，便谈不上齐家治国平天下。

一个很简单的事例，那就是近日曾荫权发布行政长官命令，对立法之前的有关使用监听等特殊手段进行查案，作出了规范。一般市民都点头称是，因为没有这个法律规范，目前就无法查案了，法纪得不到维护，公义得不到伸张。但是，也有有知识的、特别是有法律知识的人出来反对。其一曰，违犯了人权法，侵犯了港人的通讯自由。孰不知，基本法第三十条规定，香港居民的通讯自由和通讯秘密受法律的保护。除因公共安全和追查刑事犯罪的需要，由有关机关依照法律程序对通讯进行检查外，任何部门或个人不得以任何理由侵犯居民的通讯自由和通讯秘密。规定很清楚，办案部门是可以依法监听的。但是，有法官视而不见，在陈裘大案作出莫名其妙的判决。过去殖民政府对监听的法规有漏洞，特区政府是需要立法作出规范，但在立法之前不能有"真空"。行政长官命令正是保证不出现"真空"，合理合法。所以，一些为反对而反对者，要如曾子所说"先正其心"，致知格物后，还要正心修身，否则香港如何"平"得了，和谐得了。

曾子曰，吾日三省吾身。又曰，人而不好善，祸虽未至，福其远矣。香港的政治人物应熟读。自然，对曾特首来说，应为座右铭的还是温总理所赠的"士不可以不弘毅，任重而道远"。

香港《文汇报》、《大公报》、《星岛日报》2005年9月中旬纷纷发表社论，赞扬中央政府全力促香港和谐 国家副主席曾庆红访问香港，成为香港传媒报道的焦点。今天出版的香港各报章纷纷刊发社论，高度评价曾庆红访港此行，认为这不仅表明中央对香港的全力支持，而且对推进内地与香港的合作，促进香港的经济发展和社会和谐，维护香港的稳定繁荣，将产生重要的影响。

香港《文汇报》的社论认为，港人对曾副主席访港反应热烈，既是由于目前香港社会稳定，经济复苏，百业兴旺，市民心情舒畅；也是因为曾副主席将与不同政治态度的人士共聚一堂，令社会增添和谐气氛；还在于港人对中央政府和"一国两制"的信心大大增强。社论称，从曾副主席访港，看到新一届的中央领导集体海纳百川的气魄、包容信任的胸襟和开明务实的作风，也令他本人在香港赢得了崇高的威望。港人对曾副主席此次访港怀有殷切的期盼：希望曾副主席通过广泛接触各方面人士，既对香港的社情民意有更完整的把握，又为香港社会增添新的和谐气氛；希望此次访港进一步展示中央政府对香港的全力支持，增强香港内部和国际社会对香港前景的信心。

香港《大公报》的社论称，国家副主席曾庆红来到香港，对曾荫权就任以来的工作给予了充分的肯定，又希望曾荫权和特区政府"继续努力，妥善处理公众关注的各种问题”。就是要求特区政府的一切施政，都必须真正做到“以民为本”，凡是“公众关注”的问题，特区政府都必须关注，而且不止关注，还要努力做到“妥善处理”。特区社会的安定繁荣，关键在市民、在公众，只有把民众关注的问题都处理好了，特区繁荣稳定的局面就会得到巩固和发展。

《星岛日报》的社评表示，今次曾庆红访港带来最大的礼物，就是香港近年来种种风风雨雨后，中央以实质行动展现求同存异的态度，为香港缔造和谐社会创造条件。

《香港城市大学网》2006 年 6 月 15 日报道

城大五位专家与世界各地 14 位学者，于 6 月 9 至 10 日参加由城大亚洲管治研究中心举办的工作坊“和谐管治，共建愿景”，探讨如何在现今充满冲突的世界达致社会和谐。

城大一向积极促进不同背景的学者互相交流。是次工作坊邀请了公共行政与管理、政治学、哲学、历史、法律、国际关系以及环球研究等七个范畴的学者，共同探讨现今世界的一个迫切的问题。

“和谐”已成为现代管治与国际关系的一个重要理念和原则，也是一个贯通中国与东亚文化的重要概念。是次工作坊的其中一个要旨，是探讨如何在维持公正、关怀和信任的同时，有效地达致和谐的管治。

各学者在工作坊除了讨论理论外，更陈述世界各地，包括中国、香港、新加坡、英国、瑞典、丹麦、拉丁美洲、缅甸、马来西亚和越南等国家和地区的和谐或不和谐的实例。

城大人文及社会科学学院院长何立仁教授说，工作坊贯彻了大学为社会贡献其应用研究的使命。他亦在工作坊中论述缅甸的社会状况。

亚洲管治研究中心主任陶黎宝华教授说，在 21 世纪面对着许多分歧、差异、分化和异议的现实大前提下，工作坊提供一个平台，让从事管治与和谐的理论或实例研究的学者交流讨论。

陶教授亦发表论文探讨在现代民主管治中实现社会和谐的可能性，并论述传统儒家思想如何重新诠释信任和建立和谐。

其他参与工作坊的城大学者包括公共及社会行政学系的张炳良教授和 Martin Painter 教授，以及亚洲管治研究中心的客座高级研究员李晨阳教授。

张教授的论文讲及香港特区政府在制订政策上出现各部门之间的合作与协调的问题；Painter 教授讨论中国与越南的权力下放与草根阶层实现民主的情况；李教授则探讨和谐作为管治指导原则的问题。

美国珀迪尤大学政治科学系系主任 Bert Rockman 教授应邀于开幕礼上以“政治开放与和谐失衡”为题发表主题演讲，分析在现代民主社会里国家与自由理念的冲突。

香港《文汇报》、《大公报》、《明报》、《星岛日报》、《成报》就 2006 年 10 月 11 日闭幕的中共十六届六中全会，热议“和谐社会” 香港各大媒体 12 日均刊出社评文章指出，中国已经具备了构建和谐社会的各种有利条件，迎来了建设和谐社会的历史机遇。和谐社会是一项庞大宏伟的系统工程，从国家机关到社会组织再到每个公民，都不能做旁观者，不仅置身其中，更要身体力行。

香港《文汇报》的社评文章以《中华民族文明发展的里程碑》为题指出，会议通过了《中共中央关于构建社会主义和谐社会若干重大问题的决定》。这一具有重大指导意义的纲领性文件，是中华民族文明发展的一个里程碑，体现了中共新领导层吸取中华文明精华，把中国发展与人类进步紧密联系在一起的内政外交方略，反映了全面建设小康社会的内在要求，表达了促进讲信修睦、协和万邦的中华文明复兴的民族愿望，也展现了中国高举和平、发展、合作旗帜，努力建设和谐世界的良好形象。同时，这一文件对促进“一国两制”下港澳与内地的和谐相处，以及推动海峡两岸加强交流合作，实现和平统一，亦具有重大意义。

此外，在“一国两制”方针下，中国构建和谐社会，还包括加强内地与港澳守望相助、繁荣与共的关系，以及推动海峡两岸交流合作，实现和平统一这两方面的重要内容。构建和谐社会，符合海峡两岸和港澳同胞的根本福祉。

香港《大公报》的一篇评论文章指出，和谐社会建设是一个结构庞大、内容繁多的宏大系统工程，涉及国家政治活动和公民社会生活的方方面面，而在这个系统工程中，完善、协调、统一的法律制度是和谐社会的基础。

“和谐社会”是中国社会各阶层广泛接受的经济和社会发展目标。党中央就和谐社会建设作出重要部署，是合乎国情、顺应民意的。现在，目标已经确定，措施已经明确，摆在全党和全国人民面前的基本任务就是严格落实这个纲领性文件，为构建和谐社会做踏踏实实的工作。

文章提醒说，在推进和谐社会建设过程中，不仅防止有关机关组织或个人消极对待敷衍应付，要靠法律制度，即使是协调众人的行动，引导大家的热情，使其形成整体合力，发挥最大效能，都要靠法律制度来规范和引导。

香港《明报》的评论文章以《党要管党加强监督反腐》为题指出，六中全会公报中强调，构建社会主义和谐社会的关键在中共，必须充分发挥中共的领导核心作用，坚持立党为公、执政为民，要坚持和完善民主集中制，扩大党内民主，推进党务公开，以党内和谐促进社会和谐。

文章指出，致力党风廉政要加强群众工作，昨日发表的全会公报提出，要以中共的执政能力建设和先进性建设推动社会主义和谐社会建设，为构建社会主义和谐社会提供坚强有力的政治保证。全会并对中共党内建设提出六项要求。

香港《星岛日报》的评论文章指出，中共十六届六中全会审议通过了《中共中央关于构建社会主义和谐社会若干重大问题的决定》。这标志着中共修正“效率优先、兼顾公平”的发展理念，将更多地注重社会公平。这是改革开放28年来，社会建设首次成为中共中央全会的主要议题。

文章并引述分析人士的话说，这意味着中共将着力构建与农村、就业、教育、医疗、环保等等关乎民生的具体制度和机制，以尽量减少执政过程中人为因素可能带来的负面影响。

香港《成报》的评论文章指出，会议在部署今后的任务时特别提出，要维护香港、澳门长期繁荣稳定，推进祖国统一大业。

全会在对当前和今后一个时期作出部署中提出，要激发社会活力、增进社会团结和睦，发挥人民群众的首创精神，巩固和壮大最广泛的爱国统一战线，维护香港、澳门长期繁荣稳定，推进祖国统一大业，坚持走和平发展道路。

《香港商报》2008 年 5 月 24 日发表记者兆华媒体消息和评论报道《优美和谐龙虎山》

最近，香港大学拓建百周年校园，基建工程如火如荼；上月中旬，港大与环保署合办的龙虎山环境教育中心正式启用。这两件喜事都与龙虎山连在一起，记者日前专访港大外事处高级经理何建宗、龙虎山环境教育中心项目主任劳绮霞、龙虎山郊野公园晨运之友会主席陈尚权，聆听他们畅谈大学与社区和谐相处及龙虎山的趣闻故事。此次专访是在新开张的“龙虎山环境教育中心”进行，这是一间由三栋古蹟阁楼组成的庭院，绿树如茵，鸟语花香，环境十分清幽雅致。据何经理、劳主任介绍，港大与环保署合办龙虎山环境教育中心，确是尽占天时、地利、人和。龙虎山古木参天，是繁华闹市中罕见的原始森林，面对浩瀚维港，气候潮湿温暖，动、植物资源极其丰富，是为天时、地利。百年名校香港大学紧靠龙虎山，为这片都市绿洲平添几分人文色彩；龙虎山晨运之友多年经营，官民、警民合作无间，修葺山路，完善设施，维护治安，令这里成为全港人气最旺的郊野公园，是为人和。

何经理表示，龙虎山环境教育中心的建立，是政府、大学和社区三位一体紧密合作的结晶，这是香港首个由环保署与大专院校合作管理的环境教育中心，更难得的是获得社团、街坊的赞赏和支持。他指出，中心开幕以来，已接待了不少专程来访的社团街坊，亦很受行山晨运客的喜爱。他笑着说，权叔（龙虎山郊野公园晨运之友会主席）就是我们的好帮手、好朋友，中心的建立和发展，离不开社区人士的热情帮助。

“香港大学与龙虎山，关系越来越和谐密切。”权叔微笑着说，30 多年来，他坚持在龙虎山郊野公园晨运行山，风雨不改从未间断。早年，龙虎山较为僻静，入山通道崎岖不平。后来得到港大的支持，在山口修筑了一座铁桥，方便了坊众行山，密切了学校与街坊的关系。

权叔说，五六年前，“绑树党”甚为猖獗，龙虎山也是晨运客遇墙黑点。为了维护这个行山乐园的治安，龙虎山郊野公园晨运之友会加强与警方合作，在山径添置坐标、指示牌及凉亭，让行人知道自己身在何处，遇到突发事件能向警方清楚报案求助。居民、警方、大学联手对付“绑树党”，保障了行山人士的安全，使龙虎山成为最安全的郊野公园之一。

权叔谈起龙虎山，可说是如数家珍，一草一木了如指掌。他说，晨运之友行山除了锻炼身体，更会采摘草药，观鸟赏花，寻幽探秘，拓宽视野，益智身心。而新成立的龙虎山环境教育中心，收集了许多行山、观鸟、采药、环保等资料，港大与环保署这一合作成果确实抵赞。权叔透露，他们很乐意提供义工，配合该中心为行山者作免费道赏服务。原来，龙虎山除了景色优美，还有许多令人心旷神怡的景点，例如闻名遐迩的扯旗山、神秘的张保仔古道及古墓、古炮台等。

何建宗表示，现时港大正密锣紧鼓拓建百周年校园，包括文学院、社会科学院、法学院三座大楼，在设计上特别注重绿色环保理念。他说，竣工后新老校园将连成一体，融合龙虎山优美风光，将成为本港又一个新的景点，吸引更多海内外学子和游客。

访谈·对话

香港理工大学前校长潘宗光教授 2009 年作了系列学术演讲，其间，潘教授接受了《城市快报》记者采访，作意味深长的访谈；并和香港上市公司旭日集团的创办人和掌门人杨钊博士做了关于佛法与人生价值、事业、生活的精彩对话。

《城市快报》记者和潘宗光教授之访谈

《城市快报》（以下简称“快报”）：根据资料显示，2004 年您和另外两位香港地区的政协委员在全国政协会议上提案将清明节列为法定假日，当时提出这样的议案是出于怎样的考虑？

潘宗光：当时是我跟两个朋友一起提出一个提案，希望国家将中秋、清明、端午等节日定为假期，我们不是要求多几天法定假期，而是希望提升中国文化的重要性。现在经过几年的推动，国家认同了清明、中秋、端午作为法定假期，这个也证明国家很重视我们的中国文化，对我们整个民族的发展有很大帮助。

快报：提升中国文化的重要性，您是希望更多的人来关注中国文化吗？

潘宗光：中国有五千年的文化，全世界很多人都热衷于学习中国的文化，因为中国文化里面有很大的智慧，但我们自己人不重视自己的文化，这其中就有很大的问题。现在流行讲全球化、经济一体化，但不要认为只要学习外国的文化就是“国际化”，这是一个完全错误的观念。我们首先要了解什么是本，什么是末，打好自己的基础。

快报:香港的大学中存在中西文化的冲突吗?

潘宗光:我们的很多学生经常参加国际会议,会议中有人让他们讲一讲自己国家的文化和传统,什么叫道德经、什么是孙子兵法,这一连串的问题代表人家对你国家的文化感兴趣,但我们的学生往往不知道怎么回答,因为他们对这方面的了解很不深入。我看报纸说英国最近准备在小学和中学里面加进孔子《论语》欣赏课,我们是不是也要检讨我们的教育?

快报:很多人认为香港是一个"文化沙漠",您怎么看这个观点?

潘宗光:香港的社会氛围就是太重视名利的追求,但这个现象不单单是香港才有,现在内地很多地方也是这样——为了尽快赚到钱,很多手段并不正确。假如通过这种不正确的手段来获取金钱,将来这种手段失灵了,面对的问题可能更大;如果我们奉公守法,虽然钱来得可能比较慢,但赚到的钱永远是自己拥有的。

快报:这次金融危机对人们的生活造成很大影响,在面对这种大的金融危机时,您认为人们应该怎样调整自己的心态?

潘宗光:首先我们要清楚为什么会有这样一场金融风暴?我的想法是有一些很聪明的经济专家,他们想了很多金融工具出来帮助大公司和机构赚钱,却让小市民来承担风险。我经常强调一个人的学问和智慧是硬的实力;他的道德规范和价值观、爱心和关心他人是软的实力。如果单有硬的实力,没有软实力来平衡,他就很容易犯错。金融风暴就是一些很有硬实力的人,没有软实力来平衡,这样造成的危害Power(力量)是很大的。我们国家的经济实力已经不错了,我们的中学和大学很强调怎样帮助学生获得学问,提升他们的硬实力,但相对来讲在人格和道德规范方面付出的相对比较小。现在社会上也有很多不理想的事情出来,这主要是因为人们的贪念比较重,软实力还不够。我觉得我们真的要检讨一下现在的教育政策,是不是要在中学和大学里面加大对学生软实力的提升,让我们的年轻人知道,除了有学问之外,做人的品德也是很重要的。

快报:您经常提到学生应该提高自己的"软实力",您觉得在高校教育中应该怎样体现对于"软实力"的培养?

潘宗光:我有一些自己的想法,现在我们可能过于偏重走出去面向世界,对西方的发展抱有很大兴趣,认为这样才能够提升我们国家的整体发展水平。但现在年轻人崇洋的心理很重,甚至很多在西方已经被视为不健康的东西——像一些垃圾食品,西方人早已不愿意吃——但咱们却推广得很厉害。美国有一位前总统就是吃了太多汉堡,喝了太多可乐,结果身体状况不太理想。我们国家自己其实有很多好的文化,比如古代的四大名著,都可以作为背景办一些主题公园。我们有那么大的平台,为什么要用自己的平台区推广国外文化而不重视自己的文化?

快报:您做的第一份工作是什么?

潘宗光:我的第一份工作就是在大学教书,在香港大学做讲师。我从事教育工作已经40年了。

快报:今年大学生就业是一个大家很关注的问题,您能不能给大学生一些建议?

潘宗光:这个问题其实我有些不太明白,大学生找工作时存在一定困难,但关键还是看他们想找什么样的工作。有人希望到大城市找好的工作,工资高,生活条件好;但我相信在比较偏远,经济比较落后的地方,有很多工作没有人做。所以说大学生找不到工作,是找不到他们想找的工作,并不是没有工作做。这次金融危机让很多大学生找工作更困难了,有的人希望读研究生,多增加自己的竞争力;有的人也可能会到不太理想的地方工作,这其实是可以帮助其他地区的发展。

快报：您认为成为一名合格的校长需要怎样的素质？您心目中出色的校长是谁？

潘宗光：我认为做好大学校长要有几个基本的条件，首先他本身的学术成就一定要高；其次他应该是一位学者，看问题的时候眼界要宽一些；第三，一定要有一些管理经验，管理经验也有很多层次，重要的是他要有一个明确的理念。最重要的一点，要对学生有爱心，把学生都看成是自己的子女，希望他们很好的成长，不仅仅是学问，还要在做人方面有所建树，这是当校长所需要的条件。我非常敬佩蔡元培先生，他是一位很好的校长。

快报：您特别提倡香港的学生到内地来升学？

潘宗光：是，香港也是这个国家的一部分，过去的殖民地教育让我们的年轻人对这个国家没有更多的了解，所以我坚持每天升国旗。

快报：您三个孩子都非常有成绩，您是怎样教育他们的？

潘宗光：我一直在尽力帮助他们成长，让他们学会念书跟做人。其实我对他们没有特别的要求，我觉得对孩子不要给他们太多压力，不要总是希望他们能名成利就，只要好好生活，好好工作就好了。过分追求名跟利是会带来很多烦恼的，人生不是为了追求名和利而生存的。我只希望他们能安安定定，有一个好的家庭就很满足了。

快报：您平时有什么爱好？

潘宗光：我比较喜欢看书，现在看的书比较偏重于中国文化方面。我觉得香港教育对中国文化了解不多，现在更发现我们中国的文化是那么博大精深，有很高的智慧。我也看了很多国外的书，相比较之下中国的文化智慧真的是很高很高。

潘宗光教授和杨钊博士"佛学因缘对话"

潘宗光教授（以下简称"潘"）：钊哥，在我的朋友当中，你是数一数二的佛教护法，贡献了很多精神、时间和金钱在佛教事业上，你是怎样看待宗教和事业的关系呢？

杨钊博士（以下简称"杨"）：在香港，大多数人对成功的定义是：事业成功等于人生成功，有钱、有权力就等于成功。可是，我个人的体验告诉我事实并非如此简单。在七十年代，二十六岁时，我以赚到五六百万港元（相当于今天过亿元）的身家，那是一辈子也花不完的金钱，白手兴家的我理应对自己的成就很满足。但我并不是这样想的，反而开始疑问：到底人生的目标、意义和价值在哪里？生命和宇宙的来源又是怎样的？

对于这些问题，我几乎逢人就问，有些朋友答不了，就干脆叫我到宗教中寻求，我因此而接触过多种宗教，都未能圆满回答这些问题。直至看到冯大魇居士所赠的一本《佛法要论》，这些问题的答案都在那本书中找到了，并为我打开了浩瀚的佛法之门，启动了我除物质以外的丰盛人生旅程。

那等于找到了接通电脑的插头，而电脑里早已安装好所有不同功能的软件（经典），我的生活顿然由平面转为立体。对世事人情各方面都不只有单向的看法，而是有多角度的看法，使我更客观而准确。佛法智慧如阳光无孔不入，即如《心经》所说的菩萨智慧，能"照"见五蕴皆空，是三百六十度全方位的全面智慧。

潘：在以名利为重的香港社会，很多人在赚到了第一桶金后，必定想尽一切办法多赚几桶，继而追求名誉、地位，很少人像你这般思索精神上的问题，你的取向是个突破性的、脱胎换骨似的发展，你怎样继续你的心灵旅程呢？

杨：我不单是在佛法中找到人生的答案，并且找到了问题所在，为何人们有很多钱仍不快乐？原来世间一切可分为两类：有形的物质与无形的精神。快乐和痛苦亦可分作这两类，当时我的成就在物质生活上满分，精神生活却是零分，那就是问题所在。即使再多赚钱，也不能给我更多一点的快乐，就如请一个已饱的人吃饭，珍馐百味都无福消受，甚至是挨苦了。从简单的一餐饭中，也可体味到佛教的中道，太饿和太饱都是不适宜的；只有物质而没有精神的生活，也是痛苦的。生命中除事业外，还有健康、家人等都是令人快乐的元素，缺一不可。

潘：宗教的浸润，会不会对你的事业带来原则性的改变呢？

杨：会的。我人生价值观的改变，跟佛教很有关系。接触佛教之后，我更加能确立自己的定位和原则，如我确定了做生意的三大条件：一、损人利己的事不做，因为佛教让我知道世事有因果循环。二、损人利己的生意交易，即使合法我也绝不会做，因我知道虽然为此我会得到物质财富，却会失去无形的精神财富。三、无论待人接物或做生意，我坚持只做利人利己的双赢局面。“因果”令我看问题，不看片面而看全面；令我做事，不单看现在还看将来。

潘：这三个条件完全符合佛教的原则，只要不做任何损人的事，就会减少恶的业因，如“十二因缘”所指出，这亦会减少事业发展的障碍。但在竞争激烈的商界中，这样的原则为你的事业和人生带来什么样的影响呢？

杨：由于佛教给我宏观的做人原则和做事态度，不单令我找到人生意义，更因此出乎意外地赚到了更多金钱和增益了健康。然而我从佛教得到的最大财富并不是名利，而是心安。接触佛教之后，我不会怕死。对人，我无愧于心，对生死，我从佛教里知道无常。所以我时时刻刻把握时间，活在当下；随时都准备好，无悔今生。

潘：看来佛教带给你的财宝和法宝，都相当丰富，请你再具体讲述如何把佛法应用在生意上。

杨：我也认为个人要把学到的知识用于生活里，才是真的学会。另一本影响我行事的佛教经典是慧能大师的《六祖坛经》。此书生活化了佛法，非常具启发性。它反映出佛教的启发式教育如盲人解布袋，自开自解。这种训练使我在面对一些完全没有相关经验的问题时，能突破重围，故此对我的帮助很大，令我能在瞬息万变的商业战场上，把握时机作出明智的决定。

如在1998年的世界物价通缩下，备受牵连的中国内地市场亦相应进行减价战，很多同行都非常焦虑和彷徨。旭日集团在大陆的投资不少，我当时已学了一段日子佛，已懂得运用佛法思维考虑问题，所以当我面对问题时，第一步骤是看见因果。我不认为有夕阳行业，只有夕阳的管理。所以，我进一步想如何处理，才能更好更快。当时很多行家用开源政策，扩充不同品牌。但我们实行核心业务政策，把生产力较弱的部分删去，资源集中在单一品牌上，提供最佳产品来解决问题。这道理有如应付考试，以同样的时间精神，考一科还是考二十科的成绩会较好？结果又一次逢凶化吉，胜了一场漂亮大仗。每件事都视乎当时的因缘条件配合才能成就结果。佛教教我如实观察现实状况，并帮我有立体思维，也能引领我回到问题的根本，使我做出准确而有效率的决策方案。

潘：这是一个成功应用佛法的例子。要成功解决问题，一定要深入了解问题的成因，再因应当时的助缘条件来制订最有效地处理方法。以我所知，钊哥，你在做生意相当成功的时候，毅然抽身追随法师专心修道两年，这是个超乎想象的决定，难道你不担心那会为你的事业带来负面影响吗？可否分享一下个中来由？

杨：如我之前提到，就在我已满足我的事业成就之际，我开始接触佛教并皈依于圆行法师门下，恩师对我的教导良多，并喜邀我结伴云游参学。然而当时我的事业是劳工密集的行业，力不到便不为财，那常使我感到分身不暇。面对宗教与事业只能选其一的两难局面，急需要想一门能有同样生产力而又不用太花时间的生意。人急智生,于是我想出了一个两全其美的方法——投资地产。我把当时的资产分为两半,一半继续经营工业,另一半开拓地产。结果不但令我可以将更多的时间用在佛法的修习上,且令我的事业更上一层楼,本想赚少一点,反而赚多了一点,就如佛偈里的"退步原来是向前"。看来这些不是偶然的,而是我恩师见我俗务缠身不能修道,故此启发我的商机智慧。

有如当年,我投得长沙湾的一幅地,需在商业和住宅用途之间作决定。我犹豫不决,而请教于恩师。稳守应选住宅用途,利润则较低;攻则作商业用途,但又相当风险。我恩师二话不说,只一字:"攻!"结果所获得的成绩又是远超想像的丰富。从这件事例,我得到的不但是金钱上的回报,更体会到当一个人徘徊在人生的十字路口时,50 对 50 的情况,有另一个人给你一个肯定,那不是一分(51 对 49),而是 100 分,是 150 对 50 的情况。所以,我很感恩有这样的因缘,不然我也没有学佛习禅的机会。

潘:或有人以为那是好运气,因为如果当时你师父说"守",结果可能不一样,但不一样仅是不同,并非表示较差。我想他说"攻"而不说"守",是因为他了解你和环境,这是因缘和合的结果,而不是单凭运气。这些年来的耕耘,使你的事业蒸蒸日上,然而人生的道路总有崎岖不平,你可曾有一刻想过放弃?

杨:在工业方面,我确曾想过放弃。大多数的人都是以经济利益为原则来衡量一件事业的存在价值。在事业最低潮的一段日子,身边的同事不支持把工业继续下去,只有我一个人独立支撑。虽然我也曾想过放弃,但想到只要多支持一日,公司里的 3 万员工便多开一日工,而每个员工背后的家庭便多开一天饭,我便毅然地坚持下去。我做生意的出发点不单纯为赚钱,只是将心比心,想像以前我的父母也曾与现在的员工一样,一旦失业,整个家庭便没饭吃,辛劳一生也只为养儿育女。我不断转脑筋,寻找新方法,结果成功从工业转营贸易,再转为零售。虽然这个过程非常艰苦,但是旭日集团现于内地有 800 间分销店,3 万员工得以继续就业,他们的家庭得以温饱,我的心血总算没有白费。这给了我精神上的快乐,虽然钱财买不到快乐,但我们可以通过钱来帮助别人而得到快乐。

潘:你乐善好施、自利利他的精神已是口碑载道,然而钊哥会否依《普门品》中的菩萨"以何身得度,现何身而为说法"来为大家现身说法呢?

杨:有机会的时候,我很乐意为大家谈谈佛法,但是否真能度众,那就要各随其缘了。佛陀也有三不能:不能即灭定业、不能化度无缘、不能度尽众生界。然而,在企业管理上,我一向取菩萨精神的包容大度。曾经有一位员工坚持自己的决定,结果令公司亏损过千万,我也没有撤去他的职位。因为我认为撤去一名员工,等如切去一只手足,雇主与雇员双方都要受损。所以我宁愿给他们机会让他们自己去面对危机,只有适当时候,提醒他们要有着"只要白天赶路,不要黑夜行军"的谨慎,以免他们陷入黑坑,不能自拔。

潘:这是一个独特的管理方式,运用慈悲来维持员工的士气;一般采取的是赏罚分明的制度,有时甚至要杀一儆百。在不同的领导下就需要不同的方式来配合,真是各有千秋。你对现今的世界有何看法,从佛教的角度又如何解决这些问题?

杨:有史以来至今,人类战争不断,我对于近年世界大国所发动的战役感到非常遗憾。武力从来不能解决问题。其实,只要运用军事花费总值的 1/4 以支援敌对的国家,化敌为友,不但双方国家都得到好处,连同周围及整个世界都和平吉祥,世上因此可以省下 3/4 的军费。

潘:对!佛陀说非以怨止怨,军备竞赛只会增加怨恨,为世界的和平制造更多危机,这不是根治问题的方法。对于目前的工商业世界性趋势，从佛教的角度又有何看法？

杨：所以，佛教的因缘是宇宙间一切的存在的定律，把这因果观念放在工商管理学上，其实就是现时流行的市场和顾客导向。我们并不能停留在"物有所值"的标准上，因为现在的顾客都要求"物超所值"。但这并没有与商人赚取利润的目标相抵，而是有所配合，因为唯有能满足顾客的需要，才有贸易的市场，才能多赚钱。能舍才能得，无论在什么情况下，只有乐于助人，才能得到良好的人际关系，也可以得到别人的帮助。

潘：那你将来会如何平衡个人的宗教和事业的发展呢？

杨：年青时代，我把100%的时间投入在我的事业发展上；现在，我把70%的时间花在事业上，30%花在社会公益里；不久的将来，会把30%放在个人事业上，70%的时间服务大众，回馈社会也是精神财富的投资。

潘：这是很好的福报。我个人也很希望多些时间在修行和弘扬佛法之上，可惜现时大学面对很多需要解决的问题，使人分身不暇。要一下子把现时的工作放下，又好像辜负了同事与同学的爱戴和支持。这常使我有佛法难闻的感慨，因为即使事业能有一点成就，但要提升佛学修为的时间却并不常有。希望在不久的将来，能有更充足的因缘条件来钻研佛法，与大众分享佛法的益处！

杨：我为大众所做的一切，相比于佛法给我的益处，简直不能相提并论。我反而非常感恩于有能力去帮助别人，更庆幸今生有这样的佛德因缘听闻佛法，正是"粉骨碎身未是酬，一句了然超百亿"，永嘉法师这句证道歌，一句道尽了我的心意。

潘：佛法的智慧和慈悲不但使你能赚上很多的钱，亦使你心有所安。能同时兼顾财富和精神的正确发展，这才是最理想的事业和人生。钊哥所著的《创业、守业、人生》概括了把佛法运用于事业上的经验，很值得年轻人借鉴。好一句"粉骨碎身未是酬，一句了然超百亿"，对一般人而言是百亿次的轮回，对你而言，应是百亿元的布施吧！很多谢钊哥百忙中抽时间和我们谈话。

著名学者演讲

香港中文大学校长刘遵义教授在东南大学的演讲《通过双赢策略　达到社会和谐》(《解放日报》2009年4月13日消息)

今天我们的主题是"双赢"，但在剖析何谓双赢、如何双赢之前，我却首先要讲一讲何谓"双输"。为什么？因为非常遗憾却又非常现实，在我们的日常生活中总是很普遍地存在着这样一些"双输"的局面。其中最典型的一个案例，就是我们博弈论中常常拿来举例的"囚徒困境"。

有两个囚徒，A和B，都想逃跑，且具备逃跑的能力和条件，但面临两种不同的行动选择。一种是在知道对方想逃跑后，把消息报告给监狱长，可因此获得一个奖励，比如减刑；另外一种就是谁都不通知。就是这两个选择。也就是说，假如A要逃出去，B去通知监狱长的话，A就会被抓起来，然后受到很严重的惩罚，B则会受到奖励，反之亦然。但假如两个都要逃出去，而且两个人又都不通知监狱长的话，那么两个人都有可能成功离开监狱。但事实上，往往由于以上两位互相之间难有协调或沟通，因而无法知道对方确切的想法，一旦双方之间没有互信，一个尴尬的局面就此出现：由于双方都担心对方变卦，最终通常还是做出了最无需冒险的选择——通知监狱长，因为总没有错，至少还能得奖。这个经典的例子揭示的是，日常生活中，由于没有一个协调的机制或者一个互信的基础，大家往往很容易会选择一个双输的策略，而并非一个双赢的策略。

在如今这个现代社会中，“双赢”的策略已显得越来越重要，而且几乎是每一个政治领袖的梦想。因为，“双赢”意味着在其决策及运行中，每一位成员都能从中受益或获得进步，这样的策略显然也是会受到每个人欢迎的。而且，如此一来，社会的和谐程度也会增加。但是，究竟如何去实现双赢？尤其，这中间不能忽视的是，虽然双赢策略对大家都有利，但具体的利益究竟如何分配？等一下我将通过一些很具体的例子来告诉大家，要实现双赢，究竟该如何做，为什么要这样做？实行双赢策略一般会遇到怎样的困难，又需要哪些条件？大家一听就会明白。其实，“双赢”的智慧就在我们的生活中。

国际贸易

经济学中有一个叫“比较优势”的理论，就是说假如两个国家之间在没人强迫的情况下自愿进行贸易，双方都会得到好处，这是个很简单的道理。但肯定会有人问，为什么常常还是有那么多人反对自由贸易？甚至在有些国家，贸易保护主义还相当严重？

原因在于，国际贸易是两头进行的，如果其中一方增加出口，出口所在的行业就会扩张，一扩张，相关行业的就业和利润就会增加。但贸易是有进有出的，出口的时候你可以扩张，但进口的时候呢？与这些进口并行于相同的竞争跑道上的本地行业和业务就会相对地萎缩。所以，在每一个国家开放贸易的时候，一定是有利也有弊。但总的来说利是大于弊的，不然的话，就不会有那么多国家崇尚自由贸易并不断从中获益。这一点也是不断被事实证明的。于是，下一步，摆在我们面前的问题就是，通过怎样的方式才能让大家都受益，让每一个人都没有损失，也就是实现“双赢”呢？

一个基本的思路，就是可以把由于出口增加的好处，通过资源或者利益“再分配”，分一点给那些因进口受到影响的行业，以期实现进、出口不同行业之间的相对平衡。主要就是政府可以做一些工作。一个是政府可以向出口商收税，然后拿去补贴那些受进口影响的行业。还有就是可以将进口执照授予那些受进口冲击的本地企业，赋予他们进口的权利。这样他们就能从进口中赚得利润，从而补贴他们受到冲击的部分。比如在美国，汽车行业就受到很多进口汽车，比如来自日本、韩国的进口汽车的竞争压力，直接使其市场占有率越来越小。但与此同时，如果美国政府通过立法，规定本土汽车企业可参与汽车进口贸易，然后再授予他们一个进口执照，那么这些企业就能用从进口赚来的利润去补贴工人、生产。这样一来，由进口引发的贸易不平衡也就迎刃而解了。

国际贸易往往是国家之间产生摩擦的重要原因之一。以上这个例子启示我们，其实只要好好处理，所谓因国际贸易产生的“输家”完全有办法成为新的“赢家”。

经济特区

大家也知道，中国的改革开放，是从建立经济特区开始的。这也是一个双赢的策略。

当时其实经济特区的设立，是有意把它们同其他国内经济适当分开。因为经济特区里面主要是外商的直接投资。当时在深圳就有很多海外的厂商去那边投资，而特区跟国内其他地区之间是不能自由流通货物的。从特区要运到国内其他地区的话，还有要缴税等种种限制，从非特区到特区的话也有种种限制。所以基本上是分开的。

主要原因是，当时的内地还处在计划经济阶段而且总体上各种物资都比较紧缺，不想让特区影响计划经济的部分。因为一旦两边能够流通，就会出现特区去国内其他地区买原料，而国内就会缺原料，计划就不一定能完成的情况。而假如特区的东西能够卖到国内，也会有问题，会影响国内市场的销售计划，所以结果两边是完全分开的，分开就不会互相有影响。唯一内地跟特区的关联就是工人是从内地过去的，而且当时中国有很多剩余劳动力，所以特区用几百万人，对当时拥有四五亿劳动人口的中国劳动力市场来讲，不是问题。

基本上你可以看到，这个架构就是经济特区的设立之初，与中国其他非特区之间没有什么交叉的互动。这样就保证了计划经济部分不会因特区的存在受到冲击。但这样一来，你再想深一层，就是说特区的设立对中国内地来讲是纯粹的好处，没有什么负面的影响。不但内地不少工人现在到特区找到了工作，而且特区对当时的整个国内经济基本没有什么影响。当然，后来上世纪90年代初期计划经济逐步淡出历史舞台，但在最初的时候，“经济特区”这样一个制度设计确保了中国经济在计划经济的部分还可以发展，而特区的建立对其没有任何负面影响。这个也算是一个双赢的策略。

猪肉周期

猪肉价格大家都很关心，去年早一点时价格就非常高。受到猪肉生产周期的影响，差不多是一年左右，很多国家猪肉价格波动都很大。一般说来，如果今年猪肉的市场价格高，那么来年农户的养猪积极性便会高涨，大家都愿意养猪。到明年这个时候，市场上的猪肉必然供大于求，价格肯定下跌。价格高时，城市低收入家庭不堪重负，吃不起猪肉；价格低时，农村养猪户的收入又得不到保障。美国人为此还专门开发了一个术语，叫做猪肉周期(Pork cycle)。但这个问题本身却是很难靠市场自己去调节的。而且这个问题不光局限在猪肉市场，其他农产品也差不多有同样的问题。当然，天气的因素也是可能造成农产品价格周期性波动的重要因素。

这时候，就需要由政府站出来缓和这个矛盾了。具体该怎么做？其实早在汉代，我们的先人就用古老的智慧解决了这道难题。“常平仓”是当时的政府为调节粮价、储粮备荒以供应官需民食而设置的粮仓，即政府于丰年购进粮食储存，以免谷贱伤农，歉年卖出所储粮食以稳定粮价。与此类似，到了现代社会的今天，我们不如这样来化解猪肉周期的问题。那就是，政府可以和农户签订协议，允诺在未来的某个时间收购农户不少于500斤猪肉，到那个时候，如果市场价格高于协议规定价格，农户可以选择自由交易，不卖给政府，或者只卖一两百斤给政府；反之，如果市场价格低于协议规定的价格，农户则有权在自愿的前提下把500斤全部卖给政府，以保障自己的收入。而政府则可以把收购的猪肉储存起来，待到价格过高时投入市场，平抑物价。这样一来，既保护了农户的利益，又确保了稳定的市场供应，为尽可能保持物价稳定创造了条件，实现了农民与消费者之间的双赢。

棉花期货

棉花的期货市场，也是一个创造双赢的制度框架。比如说，我想在新疆种棉花，但由于我不知道等到收成时，也就是未来一年，价格是高是低，收入是不是足以维持自己最基本的生活需求，假如没有期货市场，也没有一个政府保护价，那么我可能就不敢种。但只要有了期货市场，那好，我可以把自己生产的棉花变成期货卖掉，到时直接交货就是，这样的话，我心里就踏实了，因为我知道无论到时价格如何，我都最少能卖500斤，至少过得去。另外，假如我在上海，想要开纱厂。那么我就要买机器，要盖厂房、接订单、请工人，而棉花是一个很重要的原料，没有棉花，纱厂就不能运作，但是假如到时棉花价格太高，我接了订单就会亏本，工厂就会做不下去。所以我需要一种“保证”，就是说到时棉花价格不能太高，太高的话我一定就做不成功了，于是我就会到期货市场买棉花期货，确保原料，这样子的话我才敢去建厂房、买机器。不然的话，生意根本就不敢做。

可以看到,有了期货市场,就为原料和生产商双赢创造了条件。于是,种棉花的人就可以安心地去种棉花,开纱厂的人因为知道了原料的价格,也就可以心里比较踏实地投入下一步的生产。期货市场的建立,为双方创造了一个有效的避险机制,也为社会创造了价值。

但需要补充的一点是,并不是所有的期货市场都是有用的,或者说是对社会有所贡献的。为什么?棉花期货市场的稳定跟其出产的周期性有关系,每年种它就有个保证。但你说石油期货市场有没有用呢?我个人觉得作用不大。因为从勘探到生产出来一桶油,起码是十年,所以这个期货市场是不会增加供应的,更何况,对于石油生产而言,能供应的产能往往已经是固定的。所以原油期货市场大部分是投机性的操作。除非我有一个炼油厂却没有上游油源,那我一定要向人家买油来炼,这样我还是应该买远期期货,不然的话就是纯粹的投机了。所以要解释一下,并非所有的期货市场都是好事,有些期货市场对社会并没有太大贡献。

住房贷款证券化

下面要讲的,是自有自用住房市场。之所以强调"自有自用",因为现在有不少住房是投资性的,比如有些人有三四套房子,这就不在我们今天的讨论范围内。对中国来说,自有自用住房的需求非常庞大,所以让"居者有其屋"也应成为政府的一个目标。自有自住有许多的优点。首先,有自己的住房可以增强大家的安全感。其次,一般来说,每个人都会更珍惜、爱护并适时维修自己的房子。这无疑对社会和谐稳定也会有很大的贡献。

那么,当前的挑战在哪儿?主要就是如何使广大的阶层,包括低收入阶层,都有能力拥有自己的住房。具体怎么做?我想,第一,要允许人们以长期贷款的办法来买房,可以让他们用35年或者更多的时间来还房贷。每个月的供款低了,买得起房子的人也就多了。第二,要有长期的固定利率,否则一旦利率上升就有很多人供不起房子。固定利率就是现在到35年之后每个月的供款都已经知道了,不会有高低,也不会付不起,只要有工作就没有问题了。那么,假如有了这样一类贷款,就一定会增加需求,有需求,市场自然就会有供应。

但问题是,银行现有的长期存款是无法弥补长期贷款的缺口的,那么这部分数额庞大的贷款从哪儿来?办法是,还得把住房贷款证券化。很多朋友肯定马上会问,现在美国已经因为住房贷款证券化的事搞得经济一团乱麻,你还要提搞证券化?但我想,尽管美国在这方面犯了错、吃了亏,我们不能因噎废食。

的确,这次金融危机很大一部分原因是因为美国做错了很多事,但基本上,自有自用住房的证券化在一定的规则下还是有用的,长远来看,这也是解决中低收入人群住房问题的最佳途径。因为,假设没有证券化,大部分市场化的商业银行是无法支撑起长期的固定利率贷款的,而且面临相当大的利率风险。所以,问题的关键在于,证券化如何创造双赢或者多赢?办法就是银行可以把这些长期固定利率贷款包裹起来,在证券化之后,卖给人寿保险公司或者养老基金,也可以是将这两者配合起来。因为人寿保险公司和养老基金的资金都是长期的,大多数劳动者从开始工作到退休,都会有三四十年的养老金积累,而养老金机构只有在此期间进行投资,才能确保给缴款人以回报。当然,养老金机构的投资可以很多元,但住房贷款绝对是个很好、风险又不大的投资。通常自有自用住房的不良贷款率非常低,而且因为是自有自用,贷款人一般不会停止供款,因为一旦停供,就要另找房子租住。

所以,通过住房贷款证券化,中低收入群体能买得起房,银行也没有太大风险,养老基金也有了好的资产。这是个双赢甚至多赢的策略。当然,还需要多方面的协调,才能成功地使整个自有自用住房市场得以健康运作。

双赢需要换位思考

通过以上这些例子，大家可以看到，能否双赢要考虑到每一个参与者的利益，而不是说，不需要考虑人家，只考虑自己就够了。真正要实现双赢，以下几点可以说是必要条件：第一，需要很多的合作和协调，不然的话双赢不会自然发生。第二，所有有份参与的人都需要有一点规范性，就是说大家要有一个协定，对于这个协定，大家可以选择不遵守，但如果不遵守的话，就可能达不到预期的结果。最后，双赢的实现还需要有一个执法者，或者无论隐性、显性都要有个机制，让大家能够根据协定履行协议，才会达到预期的结果。此外，中国有句老话叫“己所不欲，勿施于人”，假如大家都做到这一点的话，也能对实现双赢有所帮助，甚至还可以替代一部分执法的功能。当然，类似“己所不欲，勿施于人”这样的行为伦理主要还是一个文化上的传承，未必对所有人都有效，所以，学会换位思考很重要。如果大家都能习惯性地站在别人的立场上想一想，就会更容易找到生活中无所不在的双赢策略，捕捉到实现双赢的机会。

最后，再通过几个我们身边正在发生的例子，帮助大家回味一下通过双赢达到和谐的智慧。

一个例子是说，现在全社会都很关心大学生就业，那么大家有没有想过，怎样把职业训练和就业机会结合起来呢？其实，并不是每一所学校都要训练科学家、培养诺贝尔奖得主的，那毕竟还是少数。美国是这样做的，通常学校去问一些大企业，你需要什么样的人才？随后，学校就根据企业的需求招生、设计课程和相应的学分制度。然后再去找学生来自己这边念书，只要是念得好，保证他有工作，甚至说，如果你找不到工作，我就把学费还给你。这样一来，学生的利益顾及到了，学校更有目的地展开教学，而雇主也从中受益，愿意进一步配合学校的教学、实习。

第二个，我们都知道，中国持有不少美国债券，最近关于要不要抛，该不该持有，大家讨论很多。目前来看，我认为，中国没有卖是正确的。因为在非理性的恐惧面前，一旦你抛掉的话，不仅什么东西都收不回来，卖不出什么好价钱，还可能给美国的债券市场造成波动。据我了解，目前在其他东亚地区，譬如我国香港的金融管理局、日本银行、新加坡的监管局其实都有不少美国债券，但大家暂时都没有卖。因为大家都知道，这对大家的共同利益是有帮助的。现在假如有一家先卖，这个市场就乱了，对大家一点好处都没有。所以，暂时不动、先看一看是最好的策略。现在可能有个默契，大家都心照不宣，都觉得不卖比较好。这是事实，也是一个双赢、多赢的策略。当然，目前这方面是没有人去执法的，主要还是靠自律。只有大家都有这个认知，才不会做出损人不利已的选择，走上双输、多输的路。

最后，我想讲讲如何借钱给外国人做生意。改革开放三十年来，外商在华直接投资在中国经济发展的过程中做出了非常重要的贡献。他们大多是非常有实力的企业，也带来了技术、先进的市场开发经验和经营管理模式。但如今，由于中国现有资金、外汇储备都非常多，每一次外资进来，无形中就增加了人民币升值的压力。所以，我在想，以后外国人来中国做生意，我们为什么不能直接贷款给他们呢？也就是说，以后他们不需要带资金过来，只要带技术和管理经验过来就行。

这样做，好处是十分明显的：首先，老外们不用考虑汇率的变化，很好地帮助他们规避了风险。尤其在货币汇率瞬息万变的情况下，这样的举措肯定深得人心；其次，我们中国的银行也等于是在流通充裕的背景下，为自己找到了很多优质的客户。所以这又是一个双赢的过程。当然，值得注意的是，在借贷之前，必须由对方的总公司提出担保，也就是说，今后五年、十年之后的汇率风险他们不用过于担心，但经营上的风险还是要他们自己承担。

（张雪梅）

和文化在澳门

传媒消息与评论

《澳门日报》2006年10月26日消息：澳门特首何厚铧认为，澳门构建“和谐社会”须有特点 澳门行政长官何厚铧2006年10月25日下午与社会人士、学者座谈时，提出研究澳门构建和谐社会的课题。他认为，在“一国两制”的前提下，澳门构建和谐社会应有本身的需要和特点，他希望澳门有识之士以至社会各界共同思考，探讨澳门构建和谐社会的路向。此外，在澳门可持续发展策略研究中心的协调下，澳门社会人士、学者计划明年赴广东省及韩国考察访问，就发展文化产业的课题向当地取经。

何厚铧任内第八份施政报告将于下月中发表。一如既往，他在拟定报告前夕与澳门各界人士、学者座谈，听取他们对社会形势及政府施政的意见及建议。有与会者表示，昨日的座谈会大致分为两个主题，前一部分为听取社会人士就来年施政报告发表的意见或建议，后一部分为共同讨论澳门发展文化产业的课题。其中，多位社会人士、学者都谈及澳门构建和谐社会的问题，何厚铧也就此发表了看法。

综合多位与会者，何特首对该问题所作的发言，似有向全社会提出新一个课题之意，特首谈及，国家以至澳门特区都在朝着“构建和谐社会”的目标，不懈努力，在确保“一国两制”的前提之下，两地的社会制度不同，内地的“和谐社会”，与澳门特区的“和谐社会”，两者的步骤、内涵有否差异，可否互相借镜？

澳门特别行政区在致力构建和谐社会的过程中，基于本地的社情民意，有没有本身的特色？他认为这些课题都值得澳门有识之士，以至社会各界充分讨论，共同思考。

学者陈欣欣会后接受访问时就认为，澳门和谐社会的建设，应该要符合本地的传统和社情，包括本地居民的生活习惯、处事模式，澳人的意识形态等。这些课题须要深入研究，摸索属于本地构建和谐社会的思路，进而提出有关的策略，而非空喊口号那般简单化。

行政长官何厚铧也与社会人士、学者继续讨论澳门发展文化产业的课题。对此，有与会者倡议“澳门老字号”、弘扬本土企业的人文精神；有论澳门的饮食文化应该加强包装，树立自身的品牌；有社会人士关注到特区政府的新闻部门及公营传播企业，未来所承担的定位功能以至推动文化产业的作用等。也有学者建议政府要以政策引导,调节文化市场。

《华夏经纬网》2007 年 6 月 29 日发表《一国两制　经济合作　港成功模式值得台湾借鉴》

一国如何两制

是的,一国,两制!作为中国步入现代化进程以来,对世界为数不多因而格外值得珍视的一项原创性制度贡献,一国两制曾被期待可以垂范列邦之中那些仍受主权分裂之苦的国家和地区。

"君子和而不同",孔夫子的话,似乎在为千年后现代国家的"创新"做注解。然而全球化近了,天下大同远了,今日世界的问题或许就在于:制度上缺乏比较优势的国家在津津乐道"和而不同",已经发达了的国家道临天下的时候却总是放不下"舍我其谁"、"时不我待"的猴急劲儿。试想,如果后发地区怀着"时不我待"的心情,而制度领先者能"和而不同",这世界该有多么温柔可爱。

在经济全球化与区域一体化趋势并存的今天,局限于香港一地回归 10 周年的各种纪念活动的意义,似乎并不如探讨奠定了香港回归乃至繁荣的制度性基础——一国两制本身更有意义。正如人们所知道的,这一制度创想原本发轫于和平统一台湾的设想。能否垂范列邦,当由列邦自作主张;能否拷贝到海峡对面,却是许多中国人不免常常思考的问题。两种制度的现状,恰恰成为岛内分裂分子鼓动民众排斥统一的口实。

一个国家,两种制度,十载实践,百年大计。一国两制的政治宽容精神,已被充分挖掘并认识;而两种制度是否就是统一问题的终结性安排?"学习和吸收人类文明的一切优秀成果",想必包括两种制度的互相学习和补充,德必有邻,隔着一座罗湖桥、一道拱北口岸、一脉台湾海峡的大中华文明圈的不同地区间的彼此借鉴,理应更富成效。

消极性的共存,固然是合作的基础;积极性的制度整合,才是决定中华文明未来的关键。

《澳门日报》2008 年 8 月 16 日发表题为《奥运令中国与世界更和谐》的社论　北京奥运会充分体现了中国和谐发展、世界和谐共处的理念,奥运令中国与世界更加和谐。

社论说,北京夜空里绚烂的礼花揭开了北京奥运会的序幕,点亮了中国和谐社会的新时代,也指引了一条世界和平共处的光辉大道。"同一个世界·同一个梦想"的口号,展示了中国和谐的理念,彰显了中国文化的包容力、生命力和延续性,也令整个世界刮目相待。根据全球知名媒介咨询集团尼尔森在全球 38 个国家和地区收集的数据表明,全球约有 20 亿人观看了北京奥运会开幕式,超过世界人口的 1/3。

社论指出,海外媒体在关注北京奥运会赛事各项比赛进程的同时,热论奥运会对中国以及中国与世界间关系的作用和影响。这一届奥运会在中国的复兴中具有里程碑式的意义,有助西方乃至世界深刻了解中国。

社论说,虽奥运会后,中国和西方在意识形态上的分歧并不会消失,但这次盛会有望使西方获得进一步了解中国当今真实状况的机会,也增进双方的相互了解。

社论说,80 多位国家和地区政要前来聚会,这是奥运会历史上前所未有的,过去从没有任何一位美国总统出席在美国之外的奥运开幕式,也没有任何一位法国总统出席在欧洲之外的奥运开幕式。美联社和益普索调查公司 13 日联合发布的一项调查结果显示,55% 的受访者认为,国际奥委会将第二十九届奥运会主办权授予北京是一个正确的决定。世界各国人民对北京奥运会感兴趣,许多人收看了北京奥运会比赛节目。在北京举办奥运会有助增进中国和世界其他地区的交流。

社论说,奥运会除了给中国带来基础设施的完善、城市和国家形象的提升、旅游业的发展等方面的遗产，同时将为中国留下一份珍贵的“遗产”，那就是对中国公民的价值观念产生影响。

社论说，可能有许多人关注奥运会上中国的奖牌，但更多的人关注中国与世界的互动和融合。中国打开大门，期待着来自各方的朋友走进这扇门，共同体验中国文化、了解中国文化，中国非常谦卑，中国人的最大愿望是与世界更加和谐。

《澳门日报》2008 年 12 月 18 日发表社论《改革开放民富国强》 港澳台同胞和华侨，是改革开放事业的见证者和参与者。三十年来，不少港澳台和海外华人企业家先后到内地投资办企业，为国家的发展作出了重要贡献。港澳回归祖国以后，与内地的关系更加密切。今天，祖国的日益强大，给港澳和台湾提供了更多的发展机遇与合作机会，中华民族的伟大复兴指日可待。

《澳门日报》2009 年 3 月 26 日发表《两岸和解拼经济　台族群问题终会消解》2009 年 3 月台驻外官员郭冠英的言论风波一时成焦点。台湾岛内族群和社会严重分裂状况，是李登辉、陈水扁等人长期推行“台独”而造成。在两岸局势和缓的新时期，仍需警惕一些政客炒作省籍、族群问题。两岸和解，集中精力拼经济，台湾的族群问题终会渐趋消解。

社论摘录如下：针对台湾“新闻局”官员郭冠英因发表有关族群问题的言论被免职，国务院台办发言人范丽青 25 日在例行新闻发布会上表示：“我们希望台湾族群和谐，社会安定。”在台湾，马英九也强调，他不容许挑动族群、伤害人民感情的言论自由。现在倒是要警惕岛内少数政治人物，利用这个事件来挑拨族群的冲突。

台湾“新闻局驻多伦多办事处”秘书郭冠英因不当言论遭到免职。马英九 24 日首度发言批评郭冠英的言论非常偏激且歧视，作为公务人员却言词反复、欺瞒长官，确实不适任；“新闻局”作出明快、恰当的惩处，值得肯定。

马英九说，台湾人民不论来自何方，大家都是一家人，有共同的核心价值，像是善良正直、勤奋包容，这些条件让大家创造出不凡的成果。大家共同经历过很多事，这个时候不应该再进入对立状态。族群的解决只有靠爱、靠宽容跟尊重，大家才能逐步走出阴霾。有爱才能让台湾的未来走得更宽、走得更远。他希望让这件事情过去，好好把握现在这个机会，大家一起努力，追求族群和谐、社会和谐，把台湾带到一个新的境界，进一步达到两岸和谐。

马英九所指的“某些少数的政治人物，利用这个事件来挑拨族群的冲突”，现在已经浮现。比如说陈水扁及其家人的贪腐弊案，民进党一些人就在那边搞政治炒作，硬要把它说成是“外省人的政治迫害”，弄得案子审不下去。

其实，要求政治清明、反贪腐已是台湾民众的诉求，并不涉及蓝绿对决、族群对立的问题。陈水扁和民进党高层，蓄意将这个问题引到蓝绿对决、族群对立上去，大多数民众对此是愤怒和不满的。

如今台湾“立委”补选和县市长选举的选战正在紧张进行，民进党也不失时机地利用族群对立言论影响选举。台北市大安区“立委”补选 28 日将投票，郭冠英言论风波延烧，为这次补选投下变量。国民党提名候选人蒋乃辛阵营发出“拒绝再分裂”文宣，诉求泛蓝团结。党主席吴伯雄也提醒警惕有人借机发难。在县市长选举层面，族群对立言论更是一些政客选战的“利器”。

对于两岸去年以来分别提出的签订两岸经济合作协议、建立两岸经济合作机制的主张，民进党也是站在“台独”的立场反对和阻扰。其实，政治归政治，经济归经济，没必要往“统独”问题上纲上线。台湾行政当局“研究发展考核委员会”最新发布的民调结果显示，多数台湾民众支持两岸签署经济合作协议，不少受访者认为两岸签署经济合作架构协议（ECFA）对台湾具有急迫性，对台湾的未来发展“比较有利”。

正如台当局“行政院长”刘兆玄所说，台湾是多元移民社会，从历史发展看，不同时间点的不同族群来到这个美丽岛，大家在这里打拼、贡献与生活，这是大家共同的家与宝地，不容许有任何偏激、攻击或撕裂族群。郭冠英的言论内容和个人姿态真有点“太超过”，尤其经政客搅和之后，台湾的省籍情结又被揭开疮疤，搞得鲜血淋漓。如果大闹一场，各方都很伤，社会为此激化对立，实在不值得。

台湾岛内的族群和社会严重分裂状况，是李登辉、陈水扁等人长期推行“台独”而造成的。他们推行的一系列“去中国化”、“渐进式台独”，从实质上撕裂台湾社会。因此，在两岸局势和缓的新时期，仍然要警惕一些别有用心的政客炒作省籍、族群问题，充分认识“台独”的危害性。两岸和解，集中精力拼经济，台湾的族群问题终会渐趋消解。

《澳门月刊》创刊16周年2009年8月12日举办“双庆”系列活动 由《澳门月刊》主办，中国新闻社、澳门民政总署协办的庆祝国庆六十周年暨澳门回归十周年大型图片书画展、两岸四地“澳门特区未来发展研讨会”以及两岸四地大学生“回归十年话澳门”征文比赛颁奖礼等系列活动今天在澳门开幕。

活动开幕礼今天下午在澳门综艺馆举行，行政长官何厚铧、中央驻澳联络办副主任李本钧、外交部驻澳副特派员宋彦斌、中国新闻社香港分社社长周锋等嘉宾出席开幕礼并参观图片书画展。该展共展出反映新中国成立以来，特别是改革开放三十年来取得辉煌成就的图片100幅，及反映澳门回归十年以来社会、经济、文化等领域发展历程的图片150幅，并展出两岸四地书画家的100多幅书画作品。

下午还举办了两岸四地“澳门特区未来发展研讨会”。来自港澳台及内地的专家学者等80多人出席，研讨澳门如何在回归十年的基础上，进一步贯彻基本法、保持澳门长期繁荣稳定与发展。

“回归十年话澳门”征文比赛颁奖礼今晚举行。征文比赛活动于4月下旬启动以来，共收到来自内地及港澳台高校大学生来稿500余篇。经评选，共有20篇征文获奖。

《澳门月刊》社长兼总编辑王定昌致辞时说，该刊将继续以促进祖国和平统一、维护《澳门基本法》、贯彻“一国两制”方针为核心价值，以立足澳门、宣传澳门、推广澳门为办刊宗旨，进一步扩大公益慈善事业扶助对象，为构建和谐社会多做实事。

《澳门月刊》创刊于1993年，原为文艺性期刊，后转型为时政性杂志，在澳门及港台、内地均有发行。

访谈·对话

在过去的十年，澳门发生了哪些巨大的变化？这种巨变的原因何在？这个微型经济体如何走向经济结构适度多元化？澳门的未来会是怎样的？2008年12月17日，澳门立法会副主席贺一诚就这些话题接受了CBN记者的采访。

CBN：澳门回归十年来，你最深刻的体会是什么？

贺一诚：澳门回归十年，发生的变化太大了，难以一下子概括。

经济上实现了从回归前的负增长到现在的高速增长，这是经常被大家提起的变化。回归前，澳葡政府留下的财政储备只有20多亿元（澳门元，下同），而过去十年，澳门特区政府创造了将近1000亿元的盈余。经济实力和政府财力都有大幅的提升。这是特区政府能够为民众创造更多福利，把经济发展的好处惠及普通民众的基础。

另一个重要的变化是治安形势明显好转。回归之后,通过加强与内地警方的合作,以及加大对跨境犯罪的打击力度,澳门的治安有效地保障了经济的发展。

民众比较关心的是就业,十年前澳门的失业率是7%左右,现在下降到3%左右,说明澳门创造了更多的就业岗位。此外,居民存款大幅上升,民众的收入普遍提高。

CBN:你觉得澳门过去十年的巨变,主要的原因是什么?

贺一诚:我觉得主要的原因还是体制,是"一国两制"使得澳门得到了中央政府和内地的有力支持,才有了这种巨大的变化。澳门土地面积小、只有几十万人,如果没有中央政府和内地的支持,很难迅速获得这么快的发展。

CBN:澳门是个微型经济体,多年来一直依赖博彩这一主业的支撑,不少学者都认为澳门当前的博彩业已经畸形发展,一枝独秀得太严重。对此,你怎么评价?

贺一诚:博彩业的发展,其实是中央政府赋予澳门的特殊政策,但澳门很早就开始发展博彩业。从现实的情况来考虑,在相当一段时间内,博彩业在澳门的经济地位仍然十分重要。澳门政府当前的税收,主要的支持就来自博彩业。税收有了稳定的保障,然后才能为民众提供更多的福利。

当然,除了博彩业之外,澳门也应该支持一批新的行业发展起来,比如会展业和休闲旅游业。在保持博彩业稳定发展的同时,大力促进其他行业的发展。

CBN:那么你认为澳门经济多元化的前景乐观吗?

贺一诚:我觉得澳门经济多元化的趋势是明确的,除了博彩业,确实需要其他行业的发展,来丰富澳门经济。但这个过程,很大程度上要看澳门政府对其他行业的支持力度,特别是投资力度。

CBN:港珠澳大桥已经正式动工,澳门与珠海的合作也在不断深化,你怎么看将来澳门与内地之间的合作?

贺一诚:澳门未来的发展,离不开内地和香港的支持。当然了,澳门与珠海本身长期就有着各种合作,只是今年以来力度更大了,随着横琴岛的开发,港珠澳大桥的动工,这种合作会更紧密。

澳门与广州、珠海、深圳甚至香港之间的合作,将大大加快澳门人流、物流的发展速度,我希望看到这些城市之间实现无缝的对接,创造更大的市场。

你可以看到,在澳门的博彩和旅游业中,内地和香港的游客占了相当大的比例,未来几年还将延续这个趋势。

CBN:有学者认为,未来澳门还应积极发挥作为内地与国外沟通的平台作用,特别是做好内地与葡语国家的桥梁?

贺一诚:事实上澳门一直在努力朝这个方向走,澳门已经成功举办了几次中国—葡语国家经贸合作论坛部长级会议,澳门与葡语国家的合作也在深化。

CBN:我们注意到,就在第三届澳门特区政府就职前的这几天,澳门立法会全体会议以紧急程序审议通过《对行政长官和政府主要官员离任的限制规定》,这个规定有何深意?

贺一诚:行政长官和政府主要官员掌握了大量的政府资源、政策导向和一些机密文件,他们离任之后,设立相应的限制规定,这其实是世界的惯例。假如有官员把任前掌握到的资讯提前付诸行动,这就造成了机密资讯的泄露,甚至有可能增加下一届政府实施政策的成本。因此,这一规定,也是为了保证政府政策的能够得以连续实施。

CBN:崔世安马上就要执掌澳门,他并没有多年的从商经验,你对他的执政有什么展望?

贺一诚：其实他是不是商人并不重要，我相信十年的司长履历应该能够使他轻松驾驭行政运作，而且他的社团经验也非常有帮助。

上一个十年，是“澳人治澳”的开始，受限于一些现实的条件，仍然有值得改进和完善的地方。比如公屋建设和轻轨捷运系统建设，当时可能是受限于财力等原因，而现在的澳门政府财力已经今非昔比，崔世安拥有了更好的执政条件。

我觉得崔世安面临的挑战可能是政府的钱多了，而民生的诉求也在增加，这对他提出了更高的要求。

CBN：对于澳门的未来，你的期望是什么？或者说你最想看到哪些变化？

贺一诚：我最想看到的，其实是澳门社会能够更和谐。因为我知道，过去十年澳门已经实现了经济的高速增长，再强求将来持续高速增长不太现实。此前澳门固本培元的发展策略是对的，对于未来，我想澳门重要的是总结上一个十年的不足，完善行政系统、做好民生保障，更好地服务市民。

（张雪梅）

和文化在台湾

传媒消息与评论

中新社台北 2008 年 10 月 6 日电《马英九：台湾努力建立和谐社会与大陆和平互动》 “二〇〇八年全球招商大会”六日下午在台北国际会议中心开幕，大会设立两岸议题引人关注。

“二〇〇八年全球招商大会”由台湾“经济部”主办。来自 33 个国家和地区的 1000 多位企业界人士，包括来自大陆、香港、澳门的 490 多位企业人士出席此次大会。

本年度大会议题中加入整合两岸资源、两岸未来市场商机等议题，引起与会者的兴趣和关注。

在六日下午的开幕式上，台湾领导人马英九在开幕致词时表示，今年的招商大会，主要是要向全球介绍“新台湾、新商机”。台湾还是台湾，但是有了新的执政团队。新执政团队努力建立和谐社会，与大陆和平互动，与大陆协商、处理两岸直航、人民币与新台币汇兑等事务，都是六十年来首见。

开幕式结束后举办了两场高峰论坛。萧万长在题为“全球投资展望暨台湾新商机”演讲中谈及颇受瞩目的两岸关系。他说，过去八年两岸关系紧张，台湾经济恶化，政治风险提高，外商也不敢来投资，但是自五·二〇之后，在两岸

高阶机构对机构的对谈下，包括周末包机、陆客来台湾观光，而且很快就更进一步谈扩大包机直航，方便客运和货运，接下来还要谈金融监理、汇率兑换、智财权的保障等诸多问题。希望大家重新发现台湾，重新掌握商机。

海峡交流基金会董事长江丙坤主持了以“连结两岸，布局全球”为题的第二场高峰论坛。

江丙坤说，新加坡前总理李光耀曾表示，中国大陆的崛起对亚洲地区、甚至欧美国家均造成竞争压力，不过台湾由于地理位置最近，加上同文同种，最有机会将中国大陆的成长变成台湾的营养。

江丙坤强调，台湾的地理位置、同文同种、人才丰富及技术经验，的确最有机会在两岸三地的发展上取得优势。

台湾“经济部”、外贸协会自2003年起举办国际招商大会，今年是国民党重新执政后首度举办，规模比去年、前年都盛大，还首度邀请大陆企业界参与，大会议题加入整合两岸资源、两岸未来市场商机等热门话题，引起与会者关注。

台湾《中央日报》(网路报)2008年10月22日发表社评《期待具划时代意义的“江陈会”》

大陆海协会会长陈云林即将于10月底11月初来台，与海基会董事长江丙坤进行第二次“江陈会”，此次两会领导人会晤若能顺利在台湾举行，对两岸关系发展具有划时代的意义，我们期待陈会长来台能顺利成行，两会协商能圆满成功。

摘录如下：

陈会长若能顺利来台，对两岸关系发展具有以下意义：就政治面而言，首先，陈会长是截至目前为止大陆访台最高层级的官员，象征两岸关系和平稳定向前迈进一大步；其次，继今年六月第一次“江陈会”在北京举行后，第二次“江陈会”在台北举行，凸显两岸的对等协商地对；第三，在两岸交流日益密切的情况下，所衍生出的事项日渐繁多，陈会长来台有助于建立两岸制度性的协商管道，解决两岸交流所衍生的各种事项，同时对于建立两岸互信也有极大帮助。

就经济面而言，此次两会协商的议题包括：海运直航、货运包机、平日包机、建立空中直达航路、全面通邮及如何建立食品安全机制等，这些事项攸关台湾人民的福祉及台湾自身的经济发展，亟需透过两岸协商解决。尤其是两岸海、空、客、货直航不但可以节省两岸人民及货物往来的时间及成本，对于提升人民福祉及企业经营效率有极大帮助，同时对于增强台湾国际竞争力、发展台湾成为亚太海空运转中心以及建设台湾成为台商的全球营运总部及国际企业的亚太营运总部，也有奠定基础的巨大作用。

两岸自1987年台湾开放民众赴大陆探亲后，在两岸血缘相同、文化同源、语言相通、地缘接近的有利发展条件下，两岸交流日益密切，目前大陆已是台湾人民前往观光人数最多的地区、是台湾最大的贸易伙伴、最大出口伙伴及第二大的进口伙伴，两岸理应建立和平稳定的互动架构，走向经济繁荣发展的道路。

尤其是当前台湾面对全球化、区域经济整合、知识经济来临及中国大陆经济崛起的客观事实，台湾经济发展的最佳策略是走向彻底国际化与自由化，并且善用大陆广大的土地、廉价的劳动力及丰富的天然资源，成为自身经济发展的助力，这已是台湾经济永续发展必走的道路，而这样的经济发展策略需要建立两岸和平稳定的关系并建立制度化的协商管道。

马英九上任后，两岸关系展现空前和谐的一面，两岸海基海协两会已于今年六月恢复协商，两岸周末包机直航及大陆观光客来台也已具体实现，相信未来在两岸海基、海协两会，以及两岸各界共同努力下，必定可以建立“以台湾为主，对人民有利”的两岸关系。

可惜的是，民进党依旧无法跳脱“台独”意

识形态，不但将对陈会长来台发动大规模的集会游行抗议；连无关两岸协商，单纯来台参加学术研讨会的厦门大学新闻传播学院院长张铭清也遭到抗议人士拉扯跌倒，我们不禁要问民进党及其支持者，用这种方式对待来台访问的大陆人士有助于解决两岸间的问题吗？有助于彰显台湾的“自由民主”吗？有助于表达台湾人民的“民主”素养及风度吗？

民进党执政八年，对大陆采取政治对抗、军事竞赛、经贸锁国、文化断绝的路线，导致两岸关系濒于危险边缘，台湾并没有因此彰显“主权”或是扩大国际活动空间，反而因为两岸关系恶化，使台湾在国际社会日趋“边缘化”，难道这样的惨痛教训还不足以让民进党放弃“台独”意识形态？我们诚挚希望民进党能以理性务实的态度来面对大陆，也强烈要求民进党及支持者不要以暴力方式对待来访的大陆人士，而“政府”也要落实公权力，制止这种反民主的暴力行为。

我们期待对两岸关系发展具有化时代意义的“江陈会”能如期在台举行，协商解决两岸海运直航、两岸货运包机、平日包机、建立两岸空中直达航路等问题，并进而建立两岸互信及制度性的协商机制，更希望未来能透过两会制度性的协商模式，两岸能签署综合性经济合作协议及和平协议，为两岸奠定长远的和平发展根基，这才是台湾人民之福。

香港《文汇报》2009 年 4 月 30 日发表社评《台湾参与 WHA，两岸迈向更和谐稳定》

台湾首度接获世界卫生组织的邀请，将以“中华台北”名义和观察员身份，参与今年世界卫生大会（WHA）。这体现大陆释善意，有助两岸关系进一步回暖，有助提升互信，推动两岸和平发展迈向更和谐、更稳定阶段。

摘录如下：

众所周知，两岸谈判最困难的问题之一，就是台湾参与国际组织活动的问题。台湾过去不能参与国际事务，主要原因是台湾当局过去追求“台独”路线，企图在国际上制造“两个中国”、“一中一台”，既违反一个中国原则，也违反联合国有关组织只能由主权国家参与的原则。

大陆了解台湾同胞对参与国际活动问题的愿望，重视解决与之相关的问题。2005 年“胡连会”五点愿景中，已经指出了解决问题的方向。胡锦涛主席去年底在纪念《告台湾同胞书》发表 30 周年座谈会上明确宣示：“对于台湾参与国际组织活动问题，在不造成‘两个中国’、‘一中一台’的前提下，可以通过两岸务实协商作出合情合理的安排。”

台湾今次能够以“中华台北”名义和观察员身份出席世界卫生大会，正是大陆这一政策宣示付诸实践的具体成果，反映大陆方面对台湾同胞参与国际事务愿望的尊重。

在当前猪流感正向全球蔓延的关键时刻，台湾成为世卫（大会）观察员，对于台湾同胞的健康来说，是一件有利的事情。台湾能够直接取得世卫组织的第一手相关疫情通报资料，有利于台湾的防疫抗疫，也有助两岸卫生防疫部门加强沟通合作，共同预防和抵御疫情扩散，维护两岸同胞生命健康。

长远而言，台湾今次成为世卫（大会）观察员，也有利于将来两岸以“一中原则”为基础展开政治谈判，从而促进两岸加深互信，推动两岸和平发展迈向更和谐、更稳定的阶段。

《海峡之声网》消息：台湾文化名人陆炳文应台盟中央副主席、台盟上海市委主委杨健邀请，2009 年 10 月 26 日，专程赴上海为台盟盟员做了一场题为《成功与失败——台湾经验及教训》的精彩演讲。

现任台湾文化艺术界联合会理事主席、海峡两岸和谐文化交流协进会会长的陆炳文先生长期从事两岸文化交流工作，为推动两岸交流

交往,增进两岸人民了解做了大量的工作。演讲在总结台湾经济、社会、文化发展的经验基础上重点介绍了在这一过程中台湾应该汲取的教训,给与会者带来了极大的启示,他深入浅出、诙谐幽默的语言也引发了一阵阵热烈的掌声。

《你好台湾网》记者 2009 年 12 月 19 日专访台湾慈济大学教授林安梧

“我期待,以首届闽台孔庙学术研讨会为新的起点,两岸中国人携起手来,合力保护文庙,促进以儒学为代表的中华传统文化的复兴;我期待,所有中国的教师,都能得到全社会更进一步的尊重,愿尊师重教风气成为建设和谐社会的催化剂;我期待,凡是中国人,都能以对天地的感恩之心,敬爱自己的祖先,敬仰那些为中华文明作出巨大贡献的历代伟人圣贤。”2009 年 12 月 19 日,专程前来出席首届闽台孔庙学术研讨会的台湾慈济大学宗教与文化研究所所长、教授林安梧在华侨大厦接受记者采访时,显得十分激动。

今年 52 岁的林安梧,是台湾大学哲学博士,因为他父亲是漳州人,母亲是泉州人,所以他称自己是漳州和泉州的结合体,一生下来就是个真正的闽南人。他告诉记者,这是第四次到泉州。18 日一到泉州,就参观了泉州府文庙,他说,泉州府文庙作为福建最早兴建的孔庙,历史上培养大量的人才,其中相当一部分人才东渡台湾,又推动了台湾儒学的起步发展。所以,对这个具有 1300 多年历史的府学,林安梧饮水思源之余,满怀感恩之情。

在谈到儒家经典时,林安梧首崇《论语》。他认为,《论语》里的对话,大多有场景、有情景,师生之间、学生之间的交谈、交流,十分坦诚,孔子首创交谈式、谈话式的施教方法,他的对象可以倾听,也可与之对话。古人云,半部《论语》治天下,21 世纪是一个文明对话的世纪,而绝不是像西方某些大国宣扬的是文明冲突的世纪,对话比冲突更能解决人类面临的问题,在对话的时代,我们的至圣先师给我们作出了表率,相信我们每一个人都能从《论语》这部经典中,学习到和谐的交谈艺术,领悟到深刻的人生哲理。

来泉州的当晚,林安梧应邀观赏了梨园戏及南音的表演,对今年刚刚被联合国评上人类非物质文化遗产的南音,他给予很高的评价。他认为,南音不仅是泉州和闽南的优秀文化代表,而且是中国文化的一个优秀代表。“你听听,那琵琶、三弦等五种乐器奏出多么和谐的音调呵,充满了生命的底蕴……这正是古人推崇的天人合一的音乐啊。”

访谈·对话

《中国台湾网》与大陆、台湾著名法师访谈

“重走唐僧西行路”国际文化交流活动 2006 年 4 月 22 日在广州光孝寺正式启动,当来自祖国大陆的明贤法师和宝岛台湾的慧宽法师将取自两岸的水土交融的一刻,本次文化征程活动的序幕正式拉开。仪式结束后,明贤法师和慧宽法师接受了本网记者的采访,当得知本网一直致力于关注两岸文化交流活动时,两位高僧欣然为中国台湾网题词“以和为尚”、“共生吉祥”。

中国台湾网:您认为本次“重走唐僧西行路”活动对于中国佛教推广具有怎样的意义?

明贤法师:文化能够交流就能再生,心灵和谐最终达到世界和平,使得佛教得以弘扬。送经到印度将会是佛教历史上的一项标志性活动,各种团体包括媒体的关注也会让中国佛教走向现代社会舞台,衍生新的时代精髓。

中国台湾网:我国佛教界和印度佛教界的交流情况如何?

明贤法师:中国有研究玄奘的专门机构,创

建之初曾具有很好的影响力,中印佛教交流一度曾由于大国关系的变化而时断时续。但随着当今中印关系的不断友好融合,“中印友好年”这一重大因缘的到来,两国佛教交流活动应该会越来越多。

中国台湾网:您能否向我们介绍一下玄奘西游那一时期和当今时代中印两国佛教发展的状况。

明贤法师:玄奘西行取经,因为那一时期印度佛教兴盛。当时有这样一句话:“晋宋齐梁唐代间,高僧求法出长安。去时几百归无十,后辈那知前辈难。”由此可见那时候印度对于中国佛教信徒具有何等的吸引力。一百个人回去的不到十人,有的路上献身,有的则被埋葬在印度,但西行之人仍源源不绝。因为求经之人认为佛教的解脱之道远比普通的生命更有价值。而在如今印度,由于政治等各方面原因,印度佛教的发展却不如中国完整,发展相对停滞。这次活动除了基本的文化交流,我们还要把禅宗五家法脉带到印度,让佛教在印度继续兴盛!

中国台湾网:台湾佛教界近年来一直致力于开展“人间佛教”,据我了解,大陆佛教界好像还没有开始此类将佛教普及化的做法?

明贤法师:“人间佛教”的理念与传统佛教理念相比,在佛教的宗旨上没有任何不同,只是由于社会、经济、地域原因使得大陆和台湾民众接受的情况有所不同。佛教出现就是影响人间的,它是对人施舍的宗教。人间佛教是佛教一个根本特质。

中国台湾网:这是否是大陆佛教界所需借鉴之处?

明贤法师:佛教发展讲求因缘,因缘一到,有些事业可以自然开展。可能由于有些事情的准备还没有到完善程度,传播状况就有差异。但就佛家弟子而言,两岸佛教在心愿作法、形式上都是一样的。

中国台湾网:不久前杭州举办的首次世界佛教论坛的主题是“和谐世界,由心开始”,来自世界各地的高僧大德就此展开了深入探讨,您能谈谈对这一主题的理解吗?

明贤法师:这是中国佛教界的一个重大转折。和谐世界,正是由心开始。我始终认为,心就是世界,佛语有云:一切为心造。心够和平世界便也和平;当心和谐起来,整个社会都会和谐。这是非常具备历史意义的提法,这是给心灵的任务,是关注我们的心灵家园。如果心和谐平静,就不可能做出不和谐的事情。

中国台湾网:您此次与慧宽法师同行,是两岸佛教界一次很有意义的交流。您认为目前两岸佛教界的交流重点应该在哪里?

明贤法师:我感觉最重要的是对于佛教传统的继承,也就是僧团的建设与稳固。台湾佛教界应该积极建设“十方丛林”以解决目前“子孙丛林”问题的逐渐严重,大陆方面目前也存在这一问题。所以我非常衷心希望两岸共同携手发扬“十方丛林”,完整丛林建制,使僧团更适应社会发展的需要。

慧宽法师:重走西行路是追寻一种精神

来自台湾佛光山的慧宽法师在启动仪式上真诚表示:“很荣幸能代表宝岛台湾参与此次活动,这可以使两岸同胞的心更紧密地结合在一起,并使佛教之光发扬到全世界。两岸水土交融象征两岸血浓于水,这是个非常绝妙的创意。”

在慧宽法师看来,此次追随玄奘的足迹到他曾经取经的地方,主要目的就是把玄奘坚忍不拔,自强不息的精神以及对国家民族的热爱传达给海内外所有华人同胞,让大家在新的时代学习新的精神用于生活。

虽然走的是当年玄奘西行路线,但毕竟物转星移,千年已逝,路途中的古迹、线索早已消失湮没,多少令人遗憾。但慧宽法师认为:“我们此次追寻的是一种精神——丰富的时代精神和人格精神，并非考古，而要从心境上去追思体会，继而传达给全世界大众。这便赋予了‘重走’新的时代意义，我们不是去取经，是着眼发扬那种可贵的精神。”

“玄奘在中国佛教史上是非常重要的角色，如果没有他不远万里取经、译经，就没有中国佛教的今天。他集哲学家、翻译家、旅行家于一身，19年留学国外，最终并没有留在当地而是艰辛归来，这种爱国精神非常值得发扬。”由于国内对唐僧的性格印象有所偏差，例如懦弱与贪生怕死等等，但史实上的玄奘不仅是个智者，更是个精神坚毅的勇者，因此在慧宽法师看来，此次活动更肩负着为玄奘正名的独特意义。

台湾佛教界近年来始终关注着佛教整合社会的功能，推动佛教更加普及化、社会化。佛乐音乐厅与各地道场的繁盛充分体现了台湾“人间佛教”的强大影响。“‘人间佛教’的兴盛与各地信众密不可分。很多信众要求法师到当地作道场，我们就去人帮助他们从小一点点建设到大，首先要信众方面有需求，‘人间佛教’才得以兴盛。”谈到两岸佛教界的交流借鉴，慧宽法师说：两岸佛教各有特点但同宗同源，大陆历史悠久，佛教源远流长，宗派众多，各宗派间理念有所不同。台湾佛教目前处在发展的兴盛时期并传到了世界其他地方。台湾的佛教宗派不明显，都在整体推动“人间佛教”，不管是“子孙丛林”还是“十方丛林”，都只是传承方式，应该没有好或不好之分。

虽然没有去参加不久前在杭州举办的首届世界佛教论坛，慧宽法师认为本次论坛意义巨大，“大陆能够举办首届世界性的佛教论坛，吸引来自各国1300多位高僧大德参加，体现了中央对佛教的重视。这样可以使大家在交流之外，了解大陆对佛教的重视与开放。”谈到“和谐世界，由心开始”的论坛主题时，慧宽法师表示：“当今大陆处于经济持续发展的阶段，在生活富裕安定的情况下需要同步注意的就是人的内心世界，如果物质化到了一定程度精神世界却没有提升就会出现问题，引导大家关注自己的内心，对于当代人与社会意义重大，这也是一种间接的弘法。”

台湾著名学者傅佩荣2008年7月3日接受上海电视台采访：人生困惑问庄子　与自己和谐

主持人：人生困惑，我们继续来问庄子。《红楼梦》是大家非常熟悉的古典名著，曹雪芹笔下的林黛玉终日情绪低落，忧愁伤感，皱眉叹气，动不动就泪湿衣襟，如果按照现代医学诊断的话，她应该是典型的抑郁症。现代社会越来越多的都市人都患上了抑郁症，经济越发达，工作节奏越快的地方，抑郁症的患者就越多。有一份调查显示的结果非常可怕，说在都市人群当中，有近1/5的人有抑郁或者是焦虑障碍，而众多名人都纷纷宣称自己患有抑郁症，精神抑郁似乎已经成为了流行病，这该怎么办呢？我们还是来请教庄子吧，我们请到的依然是台湾大学哲学系的傅佩荣教授，教授，您好！

傅佩荣：今波，你好！

主持人：作为一位哲学研究者，您能不能给我们分析一下，抑郁症的症结在哪里？

傅佩荣：这是有关现代人的困扰，我记得世界卫生组织在我们刚刚进入21世纪的时候，曾经警告过，21世纪的人，自杀会成为第三大死因，而造成自杀最主要的原因就是抑郁症。根据很多专家的分析，我大概归纳了一下，用五个词来说——无心、无情、无我、无人、无根——来说明现代人的处境。

主持人：这五个“无”，为什么是抑郁症的症结所在？

傅佩荣：现代社会，变化的东西太多，可谓是剧烈地震荡。“无心”是说没有内在的自我，没有内在的世界，都是外化。“无情”是人与人的感情淡薄了，平时难得见一面，也无法去深化它。“无人”，跟朋友来往的时候，把别人当工具了；“无我”，就是把自己也当作工具了，“我”已经弄不清楚，我是一个身份角色，还是一个真实的自我。最后的总症结在于“无根”，“根”就是根源，一个人上不在天，下不在田，中不在人，这是《易经》的话；就好像一个人，上面跟天——根源脱节了，什么祖先、信仰都放在一边了；下不在田，跟自然界脱节了；中不在人，在人群社会跟别人也变成陌生人。所以，这样的一种现代人的处境特别艰难，这五个“无”可以说是现代人抑郁症的症结所在。

主持人：您说得非常到位，那么在庄子那个时代，有没有人得抑郁症呢？

傅佩荣：据我所了解的，如果有的话，应该是极少数个案，古代社会相对来说，不像现在如此普遍存在，少数的个案都有很明确的理由，通常都是在情感上受到一时的困扰、阻碍，一时想不开，就不愿意继续活下去了。通常把这种现象当作一种“发现生命无意义，觉得活着跟死了没有什么差别”，和抑郁症指向的后果是相近的。

主持人：我们无法回避抑郁症，抑郁症最极端的结果就是导致自我结束自己的生命，那么在庄子笔下有没有这样的人？

傅佩荣：有的。我扼要地说一下，可以作为参考。第一种是一个国君，喜欢培养剑客来比武试剑，后来国君转向之后就不再去喜欢剑客比试了，很多剑客自杀，为什么？因为他们一辈子只做一件事——练剑，练剑之后希望有人赏识，发挥他的抱负，成就他的功名，最后发现没有人理他，只好自杀了。这等于是一个人一辈子的理想幻灭了。第二种自杀的例子，令人惋惜，尧、舜、禹当了国君之后，想把位置让给他的好朋友。

主持人：这叫禅让制，和兄终弟及或父死子继不一样。

傅佩荣：没错。当时这些在庄子笔下的国君，自己得到天下，但是有人比自己更好，于是他就想把天下让给这个人。这一让就糟糕了，凡是被让的人都觉得很可耻：你以为我喜欢你的王位吗，你把我当什么人呢？既然让你有这样的印象，我活着干什么呢？就一个个自杀，死了好几个。当然，这是庄子笔下的寓言故事。第三种，就是庄子所讲的演门，这个地方有一个孝子，父母过世之后哭得很伤心，形销骨立。官府就上报国君说，这人真孝顺。国君立即让他当官。这一当官就糟糕了，同乡很多人起来效仿，个个都拼命守孝，形销骨立，结果死了很多人。

主持人：这都是做秀给做死的。

傅佩荣：没错。本来以为可以得到好处，到最后死了，在我看来，这也算某种自杀。最后一种是最遗憾的。有一个郑国人，学儒家学得很好，回家乡做官，做官之后造福乡里，真是值得称赞。但是他有一个弟弟，去学墨家，学了墨家之后回来跟他哥哥辩论。弟弟是墨家，哥哥是儒家，两个吵不完。父亲支持弟弟，做哥哥的就很难过，十年之后就自杀了。我们讲的抑郁症，这个做哥哥的可能有一点。因为父子情、兄弟情同时幻灭，做儿子、做哥哥都没有意思了，只好自杀。庄子里面的几种自杀的类型，第四种比较接近抑郁症的想法。

主持人：庄子这样的人，他会不会得抑郁症？

傅佩荣：显然不会。

主持人：为什么？

傅佩荣：因为抑郁症，第一，他无法接受他自己，就是不喜欢我自己现在的情况。第二，他的情绪没有出口，一有情绪，情绪就形成困扰，没有办法化解。第三，缺乏资源团体。现在社会上，一讲到抑郁症，就很强调资源团体，就是说，你有没有亲情、友情、爱情来支援你。如果有，抑郁症比较容易化解。以庄子来说的话，他对自己了解得非常透彻，他懂得化解情绪，跟大自然为友，到处都逍遥自在，万物都是他的这个资源团体，他很容易自得其乐。所以我们没有理由去猜测庄子会得抑郁症。

主持人：那么庄子这样一个逍遥的人，他会去了解那些所谓有抑郁症倾向的人的感受吗？

傅佩荣：说道这个了解，据我所知，庄子没有事情不了解的，尤其是跟人有关的。《庄子》里面就提到，人的情绪有十二种变化，一般人讲情绪，最多是喜、怒、哀、乐，顶多加上爱、恶、欲，有这七种就了不起了。他一说就是十二种，前面四种是欣喜、愤怒、悲哀、快乐（喜、怒、哀、乐）。接着是忧虑、叹息、反复、恐惧（虑、叹、变、慹）。最后四种是“姚”、“佚”、“启”、“态”，用白话来说，就是轻浮、放纵、张狂、作态。“喜怒哀乐、虑叹变慹、姚佚启态”这十二个字，完全说明了人的这种情绪变化。我还没有见过比他讲得更清楚的。

主持人：那么庄子认为，在这十二种情绪当中，哪几种情绪最可能导致抑郁症呢？

傅佩荣：我想是中间四种：忧虑、叹息、反复、恐惧。忧虑、恐惧我们都知道，譬如担心考试考不好，担心生意做不成。叹息就是唉声叹气，然后是反反复复。抑郁症的人很可怜，就因为他这样做也觉得不对，那样做也觉得不好。

主持人：他完全摆脱不出来，这就麻烦了。

傅佩荣：最后就是恐惧了，活着毫无快乐可言。

主持人：最后就导致最坏的结果出现了。这几种情绪的特征，在现实生活当中，该怎么样去把握呢？

傅佩荣：如果我们把刚才说的十二种情绪反应带到实际的生活情况，我们就知道，庄子真是了解一般人的痛苦。他还说，人们睡觉的时候，心思纷扰；醒来的时候，形体不安，与外界事物纠缠不清，跟其他的人勾心斗角。这就造成各种人生的复杂情况，久而久之成了抑郁症。抑郁意味着压抑，让一个人感觉到活着实在是毫无乐趣，也毫无奋斗的目标跟理想，所有的心情被压制下来。人有时候活着好像没有什么目标，日子变得重复而乏味，每天都差不多，到后来整个生命就陷入抑郁症了。

主持人：在奋斗的过程当中，经常失败的人，恰恰是现在我们所认为的很多成功者，他们似乎抑郁得更厉害。

傅佩荣：很多成功的人，我们表面上看他是成功，因为他达到比我们更高的程度。我举个例子，我在荷兰莱顿大学教书的那一年，有位教授到莱顿访问，我们就一起参观凡·高美术馆。美术馆里都是真迹，一百多幅。一个下午看完之后，这位教授问了我一个问题，他说，为什么凡·高在他的作品画完之后说了一句话，说我到现在才知道自己陷入失望的深渊？很多艺术家、作家达到某种成就之后，就会发现四个字——江郎才尽，我不能再超越自我。像现代社会上有成就的人也差不多，他达到某种成就之后，一觉醒来发现，还是那个成就。如果说第一次碰上那个成就之后，很兴奋啊，过了两三年之后，他对自己都觉得受不了：我还是一样，我已经达到极限了吧。所以很多有名的作家，像美国的海明威、日本的川端康成都自杀了，太可惜了。

主持人：人怎么可能一直不断地超越下去，超越自我，超越别人，他应该是会在一个阶段到达一个暂时的顶点，难道没有了这种超越的兴奋感，他的心就无法感觉到满足，永远这样吗？

傅佩荣：大多数人的所谓达到高点，都是跟别人比较之后的高点。假设我是作家，拿到诺贝尔文学奖，我还跟谁比啊？能跟我比的人大部分都不在了。所以这个时候，你就要问，你把那个比较的标准，要从外面拉到内在，譬如，我自己来问，我除了身、心之外，我内心还有什么样的潜能没有发挥？庄子为什么一直在强调，也是我们一直在说的，在身、心修炼之后，要出现“精神”。在《庄子·天下》有一段描写，这显然是后学的手笔，说庄子这个人最大的特色是“上与造物者游，而下与外死生无终始者为友”，换句话说，庄子跟谁做朋友？跟造物者做朋友，造物者就是道，因为万物来自道。那往下，跟什么人做朋友？六个字：外死生，无终始。“外”就是超越，跟我做朋友的人都是超越生死观念的，没有开始也没有结束的人，这样的人对于人间的所谓的名利、权位价值观完全化解。如果我们能像庄子那样掌握到这一点，即从整体来看，像我刚刚所说的，社会上各种有成就的人，他往往在本行里面达到巅峰了，如果他不能转向，不能够转到说身、心之上——一个不同的境界，那么就会有危险。

主持人：是的，人要是能够不断地超越自己，不断地超越别人，那当然是很快乐了。天天新鲜，但是我相信不可能，因为人总归是要在一个阶段之内，到达这个阶段这内一个暂时的顶点，就不能再前进，那么在这种情况下，就非得要抑郁自己吗？难道就没有别的什么东西可以让自己快乐了吗？说庄子既然对人们的情绪那么了解，他也有他自己的很多的体会，他能给抑郁症下什么药方子？

傅佩荣：这是个非常具体的问题。我现在就把道家的思想，连老庄一起，拿来给现代人提供一些建议。有一群日本医生，他们研究老子、庄子，发现两个字，拿来治疗抑郁症，居然很有效果。

主持人：哪两个字？

傅佩荣：无为。

主持人：就是什么也别干？

傅佩荣：不是，无为有两个意思，一个是“无所作为”，譬如我上班的时候，坐在那儿发呆，老板问我，你在干吗？你回答说，我在无为啊。那就肯定是被解雇回家。所以老庄肯定不是这个意思。二个是指“无心而为”，注意“心”这个字，“心”字代表刻意的目的。你做任何事，该做就做，譬如，你现在主持节目，是你该为的，但是无心，“心”代表刻意的目的，你说这一集一定要讲得比上一集好，这样一想的话，你的压力全部来了，到最后陷入困境。这种“无为”疗法发展出来，在日本叫森田疗法，就是从我们的道家引申出来的。

主持人：就两个字，“不要刻意而为”的意思？

傅佩荣：对。我再详细说一下。这群医生怎么做呢？很多人到医院探访抑郁症的患者，医生就跟他们讲好，到病房去，绝对不能够乱讲话，连“你好吗”都不能说；因为抑郁症患者不能够忍受任何带有目的性的问题。正常人讲话一定带有目的性，譬如，“好久不见，你好吗？”是希望你好，那一问我，你好吗？我是抑郁症患者，我就有压力，我不能承受压力。所以医生就跟这些探病者讲好，到病房去，带着自己看的书报杂志，进去之后说一声“哈罗”，坐下来，三个小时别讲话，病人不问你问题，绝对不要主动说任何话，为什么？我们一般人进入到抑郁症的朋友的房间，第一句话一定说“有没有好一点”，病人肯定会想：当然没有，好一点的话，我还躺在这里吗？第二句话是“不要想这么多”，而病人偏偏就是“我就是会想这么多”。第三句话是“你看开一点嘛”，病人“我就是看不开”。你这么一问的话，只能加重病人的病情，他好不容易，修养了几天，恢复了一点，一到周末，家人、亲戚、朋友，都跑去给他加重病情，所以我们抑郁症患者很少有健康出院的。

主持人：在这种情况下，我觉得没有得抑郁

症的朋友，千万不要随便去探看抑郁症的患者。

傅佩荣：对。去的话，一定要记得日本医生的这些建议，到病房之后，三个小时坐下来不要讲话。病人会觉得，你在的时候跟你不在的时候一样。于是他开始慢慢解除“武装”，不那么紧张了。如果每个人都这样的话，几个月下来之后，病人觉得，你们在的时候跟你们不在的时候一样，你们不在的时候跟你们在的时候也一样。到最后他发现，他可以重新适应人群。大概半年下来之后，很多人真的好了，为什么？他重新恢复了跟人群相处的能力。所以对于抑郁症，你很难说“我要把你从不好变成好”，但至少可以“让你不要再继续恶化”。属于人的问题都有一个原则：不变坏就是好。

主持人：实际上，抑郁症的患者是自己给自己捆上了很多道的绳子，然后周围的人再加入进来，绳子就会越变越多。我们要把这个抑郁症当作身上的橡皮筋，不要再往紧的绷了，慢慢地松，到最后橡皮筋疲劳了之后，自己会松开。

傅佩荣：是的。我们平常一般人，所谓自认为比较正常的人，每天见面说话都希望带有一个目的，譬如今天谈话有一个什么效果，今天做这个事要什么成绩表现。抑郁症的患者正好相反，如果亲戚朋友有人患抑郁症，跟他在一起的时候，就不要给他任何压力，就坐在那里陪他一个下午，一句话不讲，这是最好的方法。如果想各种办法，如听听音乐，看看电影，你所有的建议都是叫他去做什么事，但是做什么事是有心而为，一有心而为，抑郁症不可能改善。

主持人：有时候我们中国人是特别怕失礼，觉得一个朋友有了什么问题了，就恨不得把心掏给他，但实际上越是这样想，可能越给病人带来压力，包括抑郁症的人，抑郁症的人对这方面的事物更加敏感。如果让庄子给实际的可能具有抑郁症倾向的人去化解他抑郁症，该怎么办？

傅佩荣：我相信把《庄子》里面很多有趣的故事收集起来，然后让抑郁症病人自己去看，就会觉得很有趣，好像人生没有必要紧张，因为紧张是来自目的，有目的就有压力，就带来紧张，把紧张的心去掉，就觉得，为什么人生不过得从容自在一点呢？像庄子提到一个人，他说，如果我今天生了病，我的左手变成一只鸡，我就拿它来报晓，天亮的时候，鸡啼了，叫我起床了；右手变成一颗弹丸，就拿它来射鸟，然后射中鸟之后，烤来吃。所以我的身体怎样变化都不要担心，从身体外在的各种考试、读书、升学、就业，甚至谈恋爱、交朋友这些，各种困难都可以化解。连身体本身的变化都可以看得开，何况其他的一切呢？

主持人：我明白您的意思了，具体的操作办法就是，如果朋友得了抑郁症，送他一本《庄子》看看，似乎看过了《庄子》，这些抑郁就可以全部迎刃而解了吗？

傅佩荣：我觉得有人担心是不是看得懂，这就有压力了。所以我是建议专门挑几个寓言故事。我举个例子，在庄子里面有一个很有趣的故事，黄帝要去具茨山拜见大隗，于是带着六个重要的部下，号称七圣，去具茨山，结果迷路了。迷路了怎么办呢？看到一个牧马童子，黄帝就派人问他，你知不知道具茨山在什么地方，大隗在哪里？结果小孩说都知道。黄帝听了吓了一跳，我们七个大人都不知道，你一个小朋友怎么知道。黄帝就跟他请教怎么治理天下，因为黄帝要负责治理天下。小朋友开始不太愿意理他，再三问他，他就说，我是牧马的小孩子，我只知道，那一匹马不喜欢什么，你就避开，把马不喜欢的东西都去掉，既然要养马，就让马好好地过马的生活，不要想他变成千里马。把这种所谓外在的枷锁、束缚都设法放在一边，自然就把马牧好了。治理天下也是一样，你一旦有各种枷锁、要求，天下人都受不了。从这个故事可以看得出来，任何一个人都属于庄子笔下的所谓的马。我们都是一个人，都属于他寓言里面的马。在这个时候你就要问，我的枷锁何在？其实人有时候应该定期反省一下，最好是每周一次，想一下：这个星期发生了哪些事？我的情绪有什么样的困扰？情绪怎么样地才能疏解？我们前面提过，首先一定要跟自己做朋友，对自己很熟悉，不要让自己陷入不可抗拒的情况，竞争的时候毫无希望地竞争。其次，一定要有情绪的出口，情绪要定期调节。庄子那个时候当然不像我们这么方便，买一片CD，就有很好的音乐可以听，但是庄子所听的是自然界的音乐。

主持人：天籁之音？

傅佩荣：是的。他是如何说明天籁这个道理的呢？他说，有三种籁：人籁、地籁、天籁。籁就是像竹管一样中空的乐器。人所发出的声音都有压力，为什么？像你喜欢听某某唱的歌，如果叫他一天唱一百遍，你也受不了。毕竟人说话是有目的的，为了听清楚别人说话的目的，就造成压力，所以庄子说"人籁"不好。"地籁"就是自然界的声音，譬如海边的涛声、竹林里风吹过的啸声，这些声音是自然界发出来的，它没有告诉你任何东西，它也没有目的，所以给你的压力很轻。什么是天籁呢？天籁就是不要用耳朵听，用心去听，甚至不要用心去听，用气去听。关于天籁的解释，我举一个最简单的例子，假设我走在路边，一辆车子急刹车，刹车的声音太刺耳了。如果是庄子的话，就说这是天籁。为什么？别人用耳朵听，觉得刺耳。如果是心在听，就会觉得这车为什么开得那么快。由此看来，天籁就是当各种条件成熟的时候，任何声音的出现都有使它出现的条件，这个条件存在，就一定会有这样的声音出现，因此我们对于所有的声音都不要有主观上的喜怒哀乐等情绪的反应，既然它是以声音的形式出现，就代表它非出现不可。这样一来，你就慢慢体会到，在你周围、你身上所发生的一切都是理当如此。

主持人：必然要出现的声音，就是天籁。如果我们能把身边嘈杂的声音当作天籁的话，这当中也许不是那种烦躁，而是一种欣喜或者说一种享受。如果有这样的心，人还有什么烦恼呢？很多的烦恼都是自找的，所谓"世上本无事，庸人自扰之"。所以在我们抑郁的过程当中，就是跟别人过不去，天天想说比过谁，比过谁，还有最重要的一点就，是跟自己过不去的。我们有一句话说，善待自己，对自己好一点。是不是也想说明这方面的问题？

傅佩荣：你提到善待自己，我就想到在《EQ》（情商）这本书里，他提到五种情绪调节的方法，善待自己就是其中一种。我且把它讲完整一点。当你有情绪困扰的时候，第一，运动，因为运动要劳累出汗，心思就放在运动的技巧上面，暂时忘记情绪的烦恼。但是运动的时候忘记，运动完说不定又回来了，所以还需要别的方法。第二个方法就是善待自己，美国曾做了一个调查说，小孩子的愿望两个可以满足一个，大人的愿望十个才能满足一个，小孩子要什么，大人总要想办法满足一个，不然小孩心理上恐怕有创伤了，觉得父母不爱我了。大人的愿望十个满足一个，就不错了。这个时候怎么办呢？善待自己，想吃某种巧克力，吃吧，这一吃，心情就变得好了。第三种方法，改变观念，秘诀就是八个字：比上不足、比下有余。

主持人：所谓人比人气死人，你别跟别人比不就得了吗？

傅佩荣：对。我有一个朋友，被别人骗了台币一百万，每天抱怨，见人就骂那个人骗他钱，有一天他不骂了，我就问他，怎么今天没有听你骂那个人呢？他说，因为昨天才知道，另外一个人被他骗了两百万。别人被骗两百万，我才被骗一百万，这一想之后想开了，这是第三种。但是我们也不能幸灾乐祸。第四种就是帮助别人。你说我心情不好我还能帮助别人吗？现在流行志工或义工(志愿者),我经常看到很多退休的老人家,在医院里,穿一个夹克,上面写着“志工”,我看了都很感动,自己本身都有病,还需要别人帮忙,但是他一旦成为志工之后,感觉自己还能帮别人忙,他觉得自己还有一点能力。这符合老子的说法,能够给别人更多的,自己内在的也越多。第五种方法,那是不得已的办法了——信仰宗教。信仰宗教等于是身心归一,这样一来,就没有什么烦恼了。我们可以看到很多人信仰宗教之后,他确实比较容易化解情绪的困扰。

主持人:他会给自己找到很多的开脱的借口和理由,会让自己想得更开一些。中国有这么两句话,一说人要尽力而为,二是要量力而行。违背这两条的人,会不会就会成为抑郁症的患者?

傅佩荣:有可能。因为这两点,尽力或者量力,都有一个提前,要先了解自己的实力。你一定要能够很清楚地分辨,你现在是什么样的力量、什么样的能力,你要做的事情,到底有什么样的要求,你能达到吗?所以平常我会劝年轻的朋友,你如果发现自己不能够实现目标,那只有两个办法,第一个降低目标,第二个增强自己的实力,好好去学一种专长,多学一些现代生活需要的技艺。如果降低目标,你不要担心,降低目标的目的是要让你慢慢累积成功的信心。因为目标低,你可以做到,可以做到的话,久而久之会觉得,自己可以做到这些,对自己越来越有信心。关于抑郁症,我觉得有时候很多哲学家讲的一些话也可以参考,譬如笛卡尔,笛卡尔是近代哲学之父,他说,我这一生的座右铭很简单,就是“不要让我的欲望超过我的能力范围”。

主持人:量力而行。

傅佩荣:如果你的欲望超过能力范围,那当然是心想事不成;如果欲望是在我能力范围之内,我想做任何事都可以做到。毕竟生命一方面有它的限制,另一方面有它的满足感、成就感。

主持人:您前面说过,庄子认为,人有十二种情绪,可能会导致一些情况的出现,那么如何才能让自己不要出现那些很糟糕的情况?

傅佩荣:你所说的问题,有一段庄子与惠施的辩论可以说明。惠施是一个说话高手,有一次庄子说,人应该无情。惠施说,人怎么可能没有人的情感吗?

主持人:这话我们一听也会说,人非草木,孰能无情?庄子怎么回答?

傅佩荣:庄子就对惠施说,我讲的不是一个人完全麻木,没有任何情感,而是说,你可以有情感,但是要记得不要让情感内伤其身。

主持人:不要让你自己的情感、情绪,伤害了自己。

傅佩荣:对,不要让它伤害自己。这一点倒很符合儒家的想法。也就是说,喜怒哀乐要发而皆中节。所以孔子提到《诗经·关雎》时说“乐而不淫,哀而不伤”,讲得真好。快乐但不要过度,悲哀但不要到伤痛的地步。不要说一悲哀就伤到自己了。在《庄子》里面说,人的无情并不是真的没有情感,而是恰到好处。不管怎么样都不会伤害到自己内在的生命,这样一来,我跟别人来往,喜怒哀乐的场合都不会影响到我内在的生命。

主持人:世上本无事,庸人自扰之。很多时候自己的心结是自己给打起来的,今天您这么一讲之后,我们觉得,不要跟自己过不去,不要跟别人过不去,然后注意能够给自己的情绪一个出口,然后看看《庄子》,抑郁症就可能会好很多。凡事都说几个无所谓,应该健康、快乐地面对一切,不要跟自己过不去,也不要太跟别人,或者别的事情过不去。实在不行,你就唱唱《无所谓》的那首歌,在这个时候,你的那种不良情绪就会找到出口,你的抑郁症也许就是烟消云散了。但愿各位都能够该快乐、健康，好好地面对每天的生活。今天非常的感谢您，谢谢。

傅佩荣：谢谢。

著名学者演讲

钟茂森博士2006年10月2日在台湾高雄六和净宗学会主讲《幸福成功的根基》

尊敬的张教授，各位大德同修，大家晚上好！今天六和净宗学会要求末学给大家报告“幸福成功的根基”这么一个讲题。谈到做人，最根本的就是要有伦理道德，有道德做人才有真正的根基，对于我们学佛的人来讲，德行也是我们修学的根基。末学今天很荣幸能够有这样的机会来跟大家一起讨论做人的根基。德行不仅是做人的根基，也是社会和谐、天下太平的根基，所以这个题目实际上是非常重要也非常切实的。谈到人生幸福和成功，这是每个人不管是学佛的还是不学佛的，世间人都希望有幸福和成功。讲到幸福和成功，可以说古来最著名的一个例子就是大舜的故事，大舜我们知道是四千五百年前的帝王，在他还没有做帝王的时候，是出生在一个非常平凡家庭的孩子，而且他的亲生母亲很早就过世，他的父亲后来续娶了一位太太。舜的后母对舜很不好，想方设法来虐待舜，让舜的父亲两个人一起来虐待舜，甚至谋害舜。舜非常孝顺，心里总想着如何让父母欢心，从来没有想到父母对我不好，父母想方设法要置舜于死地，可是他从来眼睛里不看父母的过失。

有一次当舜下井里去干活的时候，当时舜的母亲就想把舜活活埋死在这个井里，趁着舜下到井里干活的时候就把土往井里埋。幸亏舜很聪明，很有智慧，因为他同父异母的妹妹对他很好，事先告诉过有可能会出现这种危险。所以舜早有预防，事先在井里就挖了一条通道，从这个井里面通出去，结果没有死。回到家里他母亲看到怎么舜又回来了，心里一惊，但是舜好像什么事情没有发生一样，还是该干什么干什么，心里对父母一点抱怨心都没有。又有一次舜上到草房上面干活的时候，当时舜的父母就把上草房顶的梯子给抽掉，然后就放火烧这个草房，舜也是早有预防，他拿着两个斗笠就从房顶上跳了下来，像降落伞一样慢慢地就降落到地上，又没有死。你看看舜的父母可谓是心地狠毒，三番两次的对舜下毒手，舜在这样的一个家庭里面生活，依然保持他的孝心，从来都是“行有不得，反求诸己”，只看自己的过失，不看父母的过失。结果这样的孝行传出来之后，使到邻里乡党都非常的敬佩，家乡出了这么样的大孝子，这个事迹让人无不感动。后来这个事情传到尧王那里，当时的皇帝是尧，尧一听这里居然有这么样一位大孝之人，在家里这样的孝顺父母，出来一定是忠于祖国、热爱人民，所以就请舜出来为他做事情，当时舜就以他这样的孝心感召到尧王来请贤。

当时尧王来请的时候，舜在田里干活，舜的孝行感动天地，连山里的大象都跑出来为舜耕种，小鸟都为舜来播种。当时尧王来请舜出来的时候，请舜来辅佐尧治理天下，后来尧还把自己的两个女儿女英、娥皇都嫁给舜，最后尧把皇帝的位置也传给舜。你看舜他的人生可谓幸福成功，他娶的是皇帝的女儿公主，后来继承皇位做到天子，可以说是尊贵、福报都到了极点。为什么舜能够有这样的福报？这还是《弟子规》上这一条做得好，《弟子规》上讲“亲爱我，孝何难；亲憎我，孝方贤”，父母亲爱我，孝顺还不算难，假如说父母亲像舜的父母一样对待我，我能不能够像舜那样去对待自己的父母？如果能，那么你修的福报就非常大。现在你看很多子女，父母不要说去虐待他，稍微多说一句，他就嫌你唠叨，你批评他一下，稍微严厉一点，他就离家出走，这中学生都很多。所以想想舜的这个例子，让我们生惭愧心。

《中庸》这本书上讲，孔子说，“子曰：舜其大孝也与！德为圣人，尊为天子，富有四海之内；宗庙飨之，子孙保之”，这是舜的福报，尊为天子，富有四海，而且世世代代有子孙来保他的基业，幸福成功达到了顶点。他为什么能够造就这样幸福成功的人生？就是凭他的孝心。所以孝是德行的根本，也是幸福和成功的根基。有人就说，舜的大孝确实令人景仰，可是我做不到，我做不来。这是对自己没有信心，要知道，“人之初，性本善”，每个人原来的面目都是跟圣人一样。孟子说“人皆可以为尧舜”，每个人都可以像尧、像舜那样可以做圣人。怎么去做？孟子说得好，“尧舜之道，孝悌而已矣”。所以我们如果真正要发心做圣人，要造就自己幸福成功的一生，首先要自己有信心，知道圣人跟我其实本来都一样，都是“人之初，性本善”，这有信心。你不要说“尧舜可以做到，我不行，我跟尧舜不一样”，你这样讲就跟孟子说的相反，就跟孟子抬杠，唱反调。孟子明明说人皆可以为尧舜，你却偏偏说我不能成为尧舜，你这不是跟孟子唱反调吗？要相信尧舜可以做得到我也能做得到，为什么？我们的本性都是本善的。从哪里做？就从孝道开始。

世间人都羡慕荣华富贵，我们看看华人的首富李嘉诚，他确实有这样的福报也是因为他有孝行。我们看到李嘉诚的传记，大家都晓得香港首富李嘉诚他的身家超过两百亿港币。在十四岁的时候李嘉诚就跟着家里流落到香港，当时因为正是抗日战争期间，家里非常的贫困。他出生在书香门第，可是他的父亲很早就去世，在他十四岁那年去世，他跟母亲还有弟弟妹妹一起到了香港。李嘉诚很喜欢念书，但是他没有读书的机会，就主动承担起家庭的重担，出去谋生，为了自己的母亲、为了自己的弟弟妹妹就出去谋生。因为他的工作努力，他一开始是做推销员，推销的业绩非常好，很快就发达了。发达以后，他的经营之道非常注重诚和义，譬如说他对他的下属，很多下属跟他都是三、四十年，一直跟到他退休为止，虽然有时候他的公司长江实业可能处于低谷，但是他的手下从来没有舍弃过他，为什么？因为这些下属都感佩李嘉诚的义气。这个义从哪里来？义的根本点是在于他的孝心，因为对父母能够孝，对别人才能够有义。他做生意很讲究一个诚字，当记者有一次问他，你生意最成功的要素是什么？他就说是诚信，诚信二字是一个商人成功之道。我们知道，人之所以有诚信，也是因为他对父母有孝心，对父母有诚信，扩而展之才能够对别人有诚信。

李嘉诚发迹以后财富很多，可是他自己却并不过奢侈的生活，而且常常拿自己的财富去救济贫苦，去捐医院，捐助这些医疗事业、科研事业，捐助这些大学。李嘉诚出生在潮汕地区，他在汕头独资创办了一个汕头大学，为家乡做件好事。当记者问他说，你现在都这么有钱，看到李嘉诚做事情还很拼命、奋斗，年纪虽然大了，他还是工作很努力，就问他你为的什么？你这个钱十几辈子都吃不完。结果李嘉诚回答说，我现在赚钱，主要要做三桩事情，第一桩事情，我在小的时候经历了贫穷的困境，我不希望别人也像我小的时候那样受贫穷之苦，所以我要赚钱来周济那些贫穷的人，济贫。第二桩事情，我十四岁那年父亲就因病去世，当时就是因为家里没有钱买医药，没有办法为自己的父亲治疗，眼睁睁地看着父亲因病去世，这个印象非常深刻，所以现在李嘉诚说我要多赚些钱发展医疗事业。还有第三桩事情，李嘉诚说我现在赚了钱要发展教育事业，因为在我十四岁那年父亲走了，我就要担起家庭的重任，要出去谋生，我很喜欢读书，但是没有书读，所以我非常同情那些穷人家的孩子，想要读书而没有书读，所以他要拿钱创办教育事业。

你看这是一种仁爱之心，己所不欲，勿施于人，己所欲就施于人，这是一种仁爱。仁爱从哪里来？这是他的孝心。《论语》上讲得好，“孝悌也者，其为仁之本与”，这个仁跟仁慈的仁是通的，孝悌就是仁爱的根本，也是做人的根本，换句话说，如果是不孝之人就没有做人的资格，就没有人格。为什么要孝？因为孝子他能够感受到父母那种从小到大对我养育之恩。《诗经》上讲，“哀哀父母，生我劬劳。欲报之德，昊天罔极”。父母对我们的恩德实在是太大，看《父母恩重难报经》里头说，母亲十月怀胎，为了保护自己的胎儿，可以说是含辛茹苦，历尽了艰辛，一朝分娩也是饱受痛苦，还从小到大把孩子拉扯大，这都是经历了多少的辛酸，宁愿自己饿着肚子也要让孩子吃个饱。父母这种仁爱之心真的是昊天罔极，你用天来比喻父母的恩德都比喻不上，像天一样无量无边的这些恩德。在李嘉诚发迹以后，他也感念自己母亲一个心愿，他母亲是一个虔诚的佛教徒，知道在文革以后，大陆的文化大革命之后，潮州寺院都被破坏了，他母亲想要修复潮州开元寺，这是唐朝到现在的千年古寺。我最近到潮州还去参观了这个千年古寺，修复得很好，这是李嘉诚先生修复的。在李嘉诚给这个寺院住持的一封信里头李嘉诚是这样写道：“本人此次提出对贵寺重建稍尽绵力，缘于家慈信佛多年，体念亲心，思有以略尽仁子养志之责。”这是养父母之志，父母有这种心愿，希望能够恢复这个千年的古刹，李嘉诚帮母亲做到。所以你看看李嘉诚他有这样的富贵，有这种幸福和成功不是没有道理的，它是有原因的。如果他没有这种孝心，哪里能够感得这样的福报？古德曾说“水有源，木有本，父母者，人子之本源也”。一个人心心念念想着自己的父母，就好比是一棵树有根，一条河有源头，他能够源远流长，绵延不断，富贵得以长久。李嘉诚的儿子都出来了，听说都很不错，都能够担当家业，所以这个孝确实是幸福成功的根。

谈到做人，我们每个人都希望得到幸福成功的一生，现在在中国都提倡构建和谐社会，构建和谐世界。末学也被邀请在中国大陆各地去演讲“构建和谐社会”这方面的讲题。其实谈到构建和谐社会这个讨论，早在二千五百年前就已经开始了，有一天孔子跟他的学生们坐在一起讨论，学生当中有一位曾参（曾子），曾子是孔子的传人，他是《大学》的作者，是一个大孝子，我们在《二十四孝》里面也都读到他的故事。他母亲有一次家里来了客人，刚好曾子上山采药，结果他的母亲看客人来了，手忙脚乱，不知道怎么样让曾子回来，就咬自己的手指，结果十指连心，他母亲一咬手指，曾子的心就痛，在山里就已经感到。你想想曾子跟他的母亲那种念念一体，所以才能够跟他母亲有这样的感应，就赶紧回来，才知道原来家里来了客人，这是曾子善体亲心。他有这样的孝行，自然学业、道业就增长得很快，所以能够做为孔子的得意门生。孔子这天跟大家讨论，叫着曾子，他就问，“先王有至德要道，以顺天下，民用和睦，上下无怨。汝知之乎？”这是讲古圣先王，像尧舜禹汤、文王、武王，他们有一种至高的德行，非常重要的道理、方法，能够怎么样？就是中国现在提倡的构建和谐社会，“以顺天下，民用和睦，上下无怨”，这就是构建和谐社会，天下都和顺，人民生活都安逸，都能够上下和睦，没有怨恨，这就是天下太平的境界。这样的至德要道，孔子问，你知道吗？结果曾子听到孔子问这么重要的问题，就赶紧从座位上站起来，就向老师行礼，然后向老师请教，说我曾参并不聪明，哪里知道先王的这种至德要道？请老师给我详细的说明。你看曾子对老师那种尊敬，尊师重道，这种尊师重道就是因为他在家里孝养父母，对父母有孝心，这个孝心拿到学校里头，自然就是对老师尊敬，这是一个心，不是两个心。孔子一看，这个学生这么好，能够尊师重道，这么谦虚，这么恭敬，那就不能不好好教导。

所以一个学生真正能够成就，我们学佛的人能够在学佛的道路一帆风顺，凭什么？就是凭我们这一点谦敬之心。印光大师说，"一分诚敬得一分利益，十分诚敬得十分利益"。孔子一看这么好的学生，赶紧就把先王的至德要道和盘托出。这个至德要道是什么？孔子说"夫孝，德之本也，教之所由生也"，他说孝道是一切道德的根本，一切圣贤教育都从这里出生。原来构建和谐社会的大道就这么简单，就一个字"孝"，孔子不说我们还想不到。所以说大道至简，真正至高无上的方法其实是非常简单，一个字就说明了，孝。这个孝能够顺天下，能够使民用和睦，上下无怨，能够构建和谐的社会、和谐的世界。一个人修身、齐家、治国、平天下，让天下太平，都是从这个孝开始走的，所以孝也不是简单的。孝有三个层次，这是孔子在《孝经》里头跟我们讲的，"夫孝，始于事亲，中于事君，终于立身"，说我们这个孝开始这个层次是孝养双亲（父母亲），在家里能够培养起对父母的孝顺恭敬之心，那么将来走上工作岗位，到了自己的工作岗位上，自然就会把这个孝心带到工作当中，这就是忠，忠于职守。古人因为是君主时代，所以是忠君报国，现在我们的主不是皇帝，是人民当家作主，我们说是民主，现代话说就是为人民服务，这是第二个层次。第三个层次，就是不断的立身行道，改过自新，完善自己的人格，成就完美的一生，成就圣贤人的一生，这是孝的终极，换句话说，真正去把孝道做到圆满，您就是圣人，在佛法里面讲，您就成佛。成了佛就是把孝做圆满，如果还是菩萨，还没成佛，孝还有一点没圆满，所以孝不简单。

我们常道"始于事亲"，孝从哪里做起？从孝顺父母双亲开始，如果对父母双亲都不孝，怎么可能忠于祖国？怎么可能忠于职守？怎么可能真正成就完美的人格，成就圣贤？要想真正对父母起孝顺之心，首先要了解父母的恩德。我在这里想要跟大家分享一些我从小到大成长的一些历程。在很小的时候，我是出生在中国广州，大概四、五岁的时候我母亲就开始教导我学一些文字，念一些诗，我第一首学的诗就是唐朝孟郊写的"游子吟"。这首诗虽然是脍炙人口，大家都知道，但是我想今天跟大家再分享一次，因为这首诗对我的整个人生起了很重要的一个意义。我先把这首诗念一念："游子吟。慈母手中线，游子身上衣。临行密密缝，意恐迟迟归。谁言寸草心，报得三春晖。"这首诗，诗人他只是勾勒了一个很简单的生活画面，讲一个游子将要出行，可能是因为工作、出差或者是游学要出门，母亲就在灯下给这个游子缝制衣服，一针一针密密的缝。为什么母亲要密密的去缝这个衣服？因为母亲心里总担心着孩子出远门，假如说衣服哪里破了，在外面很不方便，所以就给他密密的缝。你看就是这样的生活当中很简单的小事，就已经反映出母亲对孩子的那种爱是无微不至的那种爱。所以诗人很感叹，"谁言寸草心，报得三春晖"，说小草，你看它成长，接受着阳光的滋润能够成长，等到有一天小草说我想要报答阳光成长它的这样一种恩德，它能报得尽吗？所以说报是报不完的。父母对我们的恩德就像三春的太阳，这是无私的仁爱关怀着我们，我们在这种父母的慈爱当中成长，有一天突然回头想要报答父母的恩德这是报不尽的。

当时我在学这首诗的时候，说老实话，我是先学会念这首诗才学会讲国语的，因为我是出生在广州，从小到大就讲广东话，我母亲就教我一个字一个字的念。当时我的资质很差，很笨，我妈妈说怎么老教都教不会？教了一个月我才能把这首诗念会，你看笨到这个样子。可是小的时候念经，念这些诗，确实有好处，记一辈子。等到我成长起来的时候，上了大学，突然有一天翻出这首诗，感触良多。我记得我在上了大学，我是在广州中山大学念的书，（高雄也有一个中山大学，姊妹学校），当时中山大学是广东省最好的大学，也是全国重点大学。从中学考到大学以后就松了一口气，结果第一个生日我给母亲就写了一个生日贺卡，想跟大家分享一下，这是1991年11月24号在上大学以后我给妈妈写的第一份生日贺卡，我是这样写道，“亲爱的妈妈，回首往事，您数十年的培养，才使我能在这岭南第一学府中山大学读书，使我在中大最好的专业深造”，因为当时我念的是国际金融，这是最好的专业，最吃香的，“在感恩之际，我只能用一句话表达我感恩之情，‘谁言寸草心，报得三春晖’。儿茂森，一九九一年十一月二十四号。”

对母亲的这种感恩之心确实我没有办法用语言跟大家表达，只能够意会，难以言传。从小到大母亲对我的这种点滴的培养，像我从小妈妈每天早上就拉我起床锻炼身体，养成我良好的生活习惯。另外热爱劳动，我妈妈经常带我去劳动，我虽然是独生子，但是我妈妈一点都不会溺爱我，我当时上幼儿园的时候，这是我妈妈后来告诉我的，我自己都忘掉了，因为我们家离我读的幼儿园大概走路要半个小时，要翻过一座山，我是在幼儿园全托，就是说每个礼拜六下午小孩接回家里住，住到礼拜一的早上又送回幼儿园，住一个礼拜。结果礼拜一的早上，因为妈妈要上班，就先拖着我去幼儿园，我不想去幼儿园，当时不想去幼儿园，就很磨蹭，结果妈妈就让我把书包都收拾好，把一个礼拜的衣物还有这些书本都装到书包里，就拖着我走，让我背着这个书包就走山。结果迎面来了一个我妈妈的朋友，我当时才三、四岁，我三岁入幼儿园，看到我妈妈拉着我这个小孩在路上走，还背着个大书包，我妈妈的朋友说：“你怎么这样忍心，让这么小的小孩背着这么重的书包走山路！”我妈妈是有意锻炼我，她看到这个人不懂，也没必要跟他辩论，就把我的书包接到她手上，结果那个人走了以后她又把这个书包还给我。所以我从小这个腿锻炼得粗粗壮壮的，身体特别好。现在父母就没有这样的一种理念，就生怕孩子吃点苦，没有锻炼孩子怎么能够成材？

就因为我妈妈对我这样的锻炼，所以我的身体从小体质很好，很少病。最后到美国留学的时候，这个身体的优势就出来了，因为有很好的身体，才能够承受工作的负荷，才能够承受紧张的压力。我现在在澳洲昆士兰大学是我们大学最年轻的教授，去年获得终身的教职 Tenure。别人看了这都是很优秀，其实我们自己也不觉得怎么样，好像也没有什么特别的压力，虽然教授的工作也都是很多工作量，可是我们能够应付的还不错，而且还有时间来学佛，还准备一些课程，因果的、道德的教育课程，另外有机会陪着我们师父上人在世界各地从事推动和平教育的工作。应付这些工作量，其实都是从小我妈妈的这种细心培养而得来的，小的时候不知道，等到你长大了，对于母亲这种恩德才能感念。

我当时在我生日贺卡还写了一首诗，这首诗是别人的诗，我是用来赞叹母亲的爱，是汪国真这个诗人。诗写得非常平易，用平易的语言，但是表达的是真情，我给大家念一念：“母亲的爱，我们也爱母亲，却和母亲爱我们的不一样，我们的爱是溪流，母亲的爱是海洋；我们的欢乐，是母亲脸上的微笑，我们的痛苦，是母亲眼里深深的忧伤；我们可以走得很远很远，却总也走不出母亲心灵的广场！”我大学毕业以后马上衔接到美国去留学，我做为父母的独生子，现在要告别父母，远走异国他乡，当时念着这首诗，心里真是心绪起伏，想到“游子吟”这首诗，真正感觉到游子出学，要出国留学，要出远门，跟母亲那种依依不舍的这种心。到了美国去念书，因为我是出自一个很平凡的家庭，父母都是在大陆一般的工作，收入也不高。去到美国留学，当时还很幸运，因为成绩还不错，有全额的奖学金，但是这个奖学金真的也是省吃俭用，不敢去花费。心心念念想着赶紧把学业完成，因为什么？母亲“临行密密缝，意恐迟迟归”，怕我们太迟回来，希望我们早点完成学业，能够跟父母团聚。因为还有这么一点孝心，所以学习起来也就比较努力。很多我们的留学生每到周末都去Party一下，都去开开心，我从来没有，我是一个礼拜七天工作日，每天都是从早到晚在工作室里面来学习、工作。

当时我拿这个全额奖学金，其中也是要包括给我的指导教授每个礼拜工作20小时，帮他做助理研究。我那个教授是一位非常严厉的教授，也是美国一个比较知名的经济学家，我是学金融的，当时很多学生都不敢跟他，因为他太严厉，跟不下去，我是初生之犊不怕虎，就跟他。他怎么严厉？他交代我的工作量，我们一个礼拜要工作20小时完成，可是他的工作量你没有40个小时你没有办法完成，可是他当20小时算，他把你当作熟练工人。好吧，就努力去做，结果真的熟能生巧，原来40小时才能完成的工作量，后来30小时完成，再后来20小时就完成，再后来10个小时就完成，做的研究愈来愈熟练。当时因为也想要努力地去学习，早点完成学业，我在美国硕士和博士4年就完成。当时在毕业的时候我的教授就跟我讲说，你知道吗？像你4年之内把硕士和博士的课程都修完的，这在我们大学你还是第一个。我当时就记得我这位教授对我要求的效率非常高，譬如说他给我的工作量，拿一份材料让我去检测一些数据，经济学有时候去做一些统计的检验，我通常都会问这个工作您什么时候要，这个成果您什么时候需要？他就回答说我昨天就该要了，换句话说，你就别问了，赶紧去做，就这样。做的工作，即使是再优秀，再好的工作成绩，他没有表扬的，从来可以说是道貌岸然，跟你没有笑容，而且没有表扬，只有批评没有表扬。我想难怪别人跟他跟不下去，幸好，我还好，因为从小父母对我就是严厉要求，从小到大是有打有骂，所以我能够承受这种压力。

结果四年完成之后，硕士和博士完成了不是要找工作吗？我们念了博士通常都是要找教授的职位，到大学里去教书，当时我就硬着头皮请我这位指导教授写一封推荐函，当时我自己怎么样都没有料想得到，他这四年来没有给我一句表扬的话，可是他把四年的表扬全都写在他的信里。他在信里讲，钟茂森是我25年学术生涯当中教出的最优秀的学生，他说我在4年里面所做这些研究的成果，可以跟一位资深教授的研究成果相媲美。你看看这样的推荐函寄出去找工作叫做易如反掌，所以很快两家大学的offer就来了，就聘我做助理教授。我后来在美国德州大学一个分校教书，26岁走上美国大学的讲坛。当时也是好像受宠若惊的感觉，可是回头一想，之所以有今天，都是因为对父母还有一点早日报恩的心。我记得在美国念书的期间，父母没有给我寄过钱，因为我不需要，而且反而我将我每个月的奖学金省吃俭用剩下来的，每个月还给我父母寄去300美金。坦白地讲，我一个月的奖学金当时是800美金，除了自己的住房，除了吃用，还有学费、书费等等，省下来300美金寄给父母，剩下的500美金我怎么用？其中100多块钱是打电话用的，每个礼拜跟父母打一次长途电话，电话费当时还挺高的，现在是便宜了，但是一讲都忘了时间，就一个多小时两个小时的讲。每两个礼拜我都给我父母写一封长信，报告我在美国留学时候的起居生活、学习、工作，让父母安心。

因为我从小到大，尤其是跟我母亲，很多的交流，每天吃完饭，晚饭吃完了我们就一起去散步，交流谈心。我母亲也有这个心，很关怀我，跟我谈心。所以我跟我母亲不仅是母子，而且是师生的关系，也是朋友的关系，真是非常亲密，出了国之后这个心没有改变，还是这样经常的交流。而且每年我都必定回国探亲一次，省下的钱积攒一些路费，买张飞机票，买些礼品带回来，就这么用。所以这个钱真的是省得怎么样？说起来大家可能觉得好笑，冬天因为在美国都挺冷的，有时候下点小雪，我虽然是在南方读书，可是也有下雪，冬天跟几个留学生，都是像我这样很清苦，大陆出来的孩子都很清苦，冬天都不舍得开暖气，自己也不舍得买棉被，从国内带了一张毯子，把所有的这些大衣、衣服都盖上，甚至把书本都压到上面，这样来过冬。幸好我从小到大还有个好身体，冬天我还坚持冲冷水浴。当时很多人有奖学金，都可以买一部二手车，开车上学比较方便，因为我住的公寓比较远一点，远一点比较便宜。当时我都是骑着一部脚踏车，冒着风雪，就这么样去上学。

到了美国都不舍得买锅碗瓢盆，都不舍得。我的那个锅，说起来大家也好笑，是一个同学他毕业了，他已经用了好多年的一个高压锅。大家晓得什么叫高压锅吗？就是上面有个小锭的，一盖上压力就重了，叫高压锅。可是它那锭没有了，所以不是高压。他那个锅用了好多年，准备要扔掉，我说你别扔，你给我，结果我用它来炒菜，来煮饭，来煲汤，什么都用它，用了四年，直到我当上助理教授我才把它舍弃。很多人说，你这奖学金省下来，你这路费，因为很多留学生他们很少回家里探亲的，他们说你买机票的路费，每个星期打电话的电话费，积攒下来你能就买部车。但是我没有买车，我笑笑，与其说买车，我不如把这个钱花在看望父母，跟父母交流。所以虽然我留学四年，跟父母离开，身体虽然离开，但是我们的心却永远没有离开过。这是我母亲在我大学毕业准备出国留学的时候给我写的一个生日贺词。我跟我母亲的交流很多，我给我母亲写的信我母亲都积攒了一大箩筐，我母亲给我写的贺卡我也积攒了很多，这里仅挑出几条跟大家分享一下，谈谈家里的事，今天是聊天。这是我出国留学之前我母亲这样的一个贺卡，她说“茂森儿，我的祝福将伴随你走遍天涯海角，我的心愿将附丽于你清净光明的一生！母亲一九九五年四月。”母亲对我的这种心愿，一种勉励，能让我时时的去感怀，常常记在心里，就是我们努力学习工作的动力。之所以那么快速的完成学业，有这样优秀的成绩，确实跟这一点孝心，跟母亲的这种期许分不开。

在中国孝子很多，现在中国因为要构建和谐社会，愈来愈注重对孝道的培养。像在去年年初的时候，中国中央电视台评选了十大感动中国的人物，其中有一位孝子真是令人感动，他叫田世国，是广州的一名律师，我家乡广州的，不过他是山东人，孔子故乡出来的人确实不同。这位田世国他 38 岁，他的母亲患了尿毒症，医生看他母亲没有办法救了，只有一种方法，就是给她换个肾。找一个肾可不容易，特别在中国大陆，你上哪里找肾？结果田世国就毅然决定把自己的一个肾捐出来给他母亲，还不敢告诉他母亲，因为他知道他母亲太爱他们这些儿女，假如她知道自己的儿子要为她捐一个肾出来，他母亲宁愿跳楼都不肯接受，所以要瞒着他的母亲，就跟医生商量好，就说这个肾是其他地方来的。手术那天，就将他母亲推入手术室，准备进行换肾的手术，然后紧接着把田世国也推入另外一个手术室，结果就这样手术同时进行，医生在田世国身上切下他的一个肾，立即移植到他母亲的身上，后来手术也很成功，母子两个人都康复出院。难得的是出院之后他母亲还不知道自己身上新的一个肾是来自于她的儿子。

这时候医生都非常感动，就把这个事例上报到中央电视台评选十大感动中国的人物。评选上了，中央电视台的记者特别来采访田世国，当时田世国还躺在病床上，还没有完全康复。躺在病床上的田世国怎么回答记者？这个人讲话也很朴实、很率真，他说别人当选“感动中国”都是为国家做了贡献，而我只是为母亲、为家庭做贡献。母亲生我养我，可我做的连她给予我的万分之一都没有，真想不到大家能给我这么高的荣誉。在感动中国的人物当中，确实有不少是为中国做了大贡献的，这里面有奥运的金牌冠军，有神州六号的飞行员，还有发明优良的农作物品种的农业学家等等。田世国讲的好像也是，他说我没有对国家做出什么大的贡献，我只是对我母亲做点贡献，而且这个贡献是应该的，我做的连我母亲给予我的万分之一都没有。这确实是真的。

我们看田世国他为什么能够评选上感动中国的人物？他凭什么能够感动中国？记者对他的评论说，“慈母身上肾，孝子一片心。小羊有跪乳之恩，乌鸦有反哺之义。捐肾救母，大亲、大情、大义”。是！孝子能够把肾捐给自己的母亲，这是对母亲的恩德的回报，这种回报确实符合天性。这种孝行连动物里头都有，小羊有跪乳之恩，小羊吃奶的时候都双膝跪下来去吃母亲的奶，乌鸦长大了，它都会出去找食，供养自己的父母。所以孝道动物里都有，如果我们做人都不能够孝敬父母的话，说句不好听的，连畜生都不如。中央电视台之所以把他的事例评选出感动中国的人物，做为构建和谐社会的一个很好的素材，这是很有智慧，我们也很赞叹。孔子说“教民亲爱，莫善于孝”，我们现在希望构建和谐社会，希望教导人民相亲相爱，从哪里做起？从教导孝开始。所以田世国虽然他对他母亲做这个贡献，可是他的意义非常的深远，中央电视台把他的这种孝行拿出来推广，本身是在教孝道，他的这种行为有助于构建和谐社会，有助于构建和谐的世界，其义深远。大家不要小看我对自己的父母做一点孝行，要知道这点孝行关系到天下太平。

《孝经》当中曾参（曾子）听到孔子把孝的含义层层的推广来解释，《孝经》当中孔子讲到天子之孝，讲到诸侯之孝，讲到卿大夫之孝，士人之孝，还有庶民之孝，这是社会各个阶层、男女老少、各行各业如何去行孝，孔子给他都讲清楚。曾子听到，不禁赞叹说：“甚哉！孝之大也”，他说孝真是伟大。伟大在哪里？孔子说，“夫孝，天之经也，地之义也，民之行也”，换句话说，孝是天经地义之事，它具有天地之德。你看看天它有日月星辰，是我们地球上万物光明能量的来源，能够发育万物、成熟万物，四时寒暑的交替是天道，能够使万物春生、夏长、秋收、冬藏，成熟万物，所以天的德是仁爱。地随顺天时的变化而去成长万物，厚德载物，能够恭顺天时，所以地的德是一种恭顺。如果人能够把天的仁爱和地的恭顺行到世间来，这就是在行孝，换句话说，行孝就是在行天地之德，所以你看孝多么伟大！

在《二十四孝》里面有这么一个例子，宋朝的黄庭坚，这是一位大文人，也做了很大的官，当时他的学问、他的品行为世人所景仰。可是黄庭坚在家里非常的孝顺父母，尤其对他母亲行孝，没有把自己看成身份很高的人，每天给他的母亲去洗尿器，就是洗尿罐，每天坚持不懈，而且不肯让那些仆人来洗。本来家里很大，自己也很富贵，都有不少的仆人，可是黄庭坚知道他母亲有洁癖，很爱干净，担心仆人给母亲洗尿罐洗得不干净，让他母亲生烦恼，所以他亲自洗，数十年如一日。所以后人赞叹黄庭坚，“此大人者不失其赤子之心也”，伟大的人，我们说圣贤人，圣贤人的优点在哪里？就在于他没有失掉他的赤子之心。你看赤子，刚生下来的小婴儿，赤条条无牵挂，没有东西带到世间来，对他母亲的依恋是一种天性，父子有亲的那种天性的这种爱，如果能够把从小婴儿对母亲的那种依恋、那种爱保持一生，这就是大人。黄庭坚他能够做到，所以他被评为“二十四孝”，他没有做出什么轰轰烈烈的，像捐肾救母的这样一种大孝之行，可是每天为他母亲洗尿器，以那种恭敬之心、以那种孝敬之心来为他母亲服务，这点心就非常难得。我们试问问，做那么一点家务，像给自己妈妈洗个尿罐，或者端一盆洗脚水，端一杯茶，煮一顿饭，这好像都是小事，生活小事，试问问诸位，这是小事还是大事？这好像都是小事，谁不会做，谁都能做，可是就是在这种小事当中，含有天地之德，把天的仁爱和地的恭顺都体现出来，所以这怎么是小事？孟子说得好，“事孰为大？事亲为大”，什么事情最伟大？孝顺父母这是最伟大的事情。哪怕是你给父母端一杯茶，父母累了，你给他端一把椅子，做一顿饭，这些都是大事。

我们来好好看看这个孝字，我们说参悟，看看这个字看你悟出了什么，看看能不能悟出天地之理。你看这个“孝”，上面是个老字头，下面是个子字底，你悟到了，什么是孝？就是老一代和子一代合为一体，这就是孝。如果分开了，现代人讲代沟，老一代和子一代分开了，代沟，这一分开孝字就没有了，合为一体这才是孝。我跟我父母从来没有代沟，哪怕是我到美国留学，没有跟父母在一起，交流都没有间断过。后来我毕业了，我就把母亲接到美国去居住，现在在澳洲她也是长久居留的签证，可以无限期的在澳洲居住，没有分开过。老一代上面又有老一代，父母上面还有父母，一直追溯到无始以前，可以说过去无始，子一代下面又有子一代，儿有孙，孙又有儿，一直下去，绵延长远，未来无终。所以过去无始，未来无终，合为一体，这就是孝。所以孝代表真体，整个宇宙就是一体，所以这个孝字可以说是我们宇宙的符号。

学佛的人都懂得“万法唯心所现”，所现的跟这个心又是一体的，孝可以说是心性最好的符号，难怪印光大师说得好，“孝心即是菩提心”。我们说要念佛求生净土的人，两个条件，“发菩提心，一向专念”，发菩提心从哪里学？孝心就是，孝顺父母，从这里开始发菩提心。印祖说的孝心就是菩提心，为什么？这个孝就是一体，要知道众生与我也是一体。时间，过去无始，未来无终，是一体，在空间上，十方，遍虚空法界，跟我也是一体，这就是孝。把这一体破坏了这就是不孝，就没有孝了。所以你才晓得，为什么我们师父上人说只有成佛了才是圆满孝道，你不成佛，还有一点儿烦恼，就破坏了这个一体。孝真是意义深广无尽，行出世间确实要去落实，我们学佛的人看看那些世间人，他们也能够把孝做出来，我们都感动。

在中国浙江省有一位孝子，他叫做刘霆，他母亲也是患了尿毒症，也是说要换肾，家里很穷，浙江乡村的孩子，家里真的是都吃不上饭。母亲患了这样的一种重病，这个孩子说我要把我的肾捐出来，当时这个小孩才 19 岁，他还刚刚考上大学。农村的孩子考上大学也是不容易，可见这个孩子也是很用功努力。可是他说学业我可以舍弃，但是一定要救他的母亲，他母亲劝他，你一定要上学，母亲的希望就是孩子将来能够出人头地。所以孩子怎么办？背着他妈妈上学，为了照顾他的母亲，就把他母亲背着走到大学里面，在大学的宿舍跟母亲一起住，这样来照顾生病的母亲。白天他去上课，晚上回来煮饭给母亲吃，给他母亲换洗衣服，母亲躺在床上不能动，换洗衣服，一直忙到深夜，然后才做功课。当时这个小孩说要把自己的一个肾捐出来给他母亲，感动了社会很多人士，大家一看，这样的孝子一定要帮助，都纷纷解囊相助。当时的上海医院还为他捐献一个肾,他们医院里有的一个肾捐献出来,捐给他母亲,义务的给她移植这个肾。他这个孝行感召到社会各层各行各业的帮助。

后来帮助他的人很多,刘霆很难得,他把这些钱都省下来,他说他要建一个基金。19岁的小孩,建一个什么基金?专门是帮助像他这样困难的孩子。他知道这些钱是社会人士捐助来的,他不能乱花,自己还是省吃俭用,这些钱拿来帮助社会。所以你看,有孝心的孩子他就有仁爱之心,为什么?“孝弟也者,其为仁之本与”。所以我们学佛的人看到世间人有这样的一种孝心,起码我自己生惭愧心,常常问问自己,假如我在这个境界里面,我能做到吗?曾子,这是孔子的学生,听到老师把孝道的这个道理,修身、齐家、治国、平天下,大道至简,就一个字能够说明,非常赞叹。他就问了孔子一个问题,他说老师,“敢问圣人之德,无以加于孝乎?”他听到老师这么赞叹孝行,他就问,圣人的德行有没有超过孝?孔子怎么回答?“天地之性,人为贵。人之行,莫大于孝。夫圣人之德,又何以加于孝乎?”我们刚才说到的,孝是天地之德,天地的性,换句话说,用佛法的术语来讲,孝代表自性,因为它代表一体,宇宙万物是一体,所以孝一个字能代表。所以人如果能行孝的话就贵,因为它跟自性相应,跟天地之性相应,所以说圣人的德行怎么能够超过孝?换句话说,要成就圣人就是成就孝道而已。我们这个题目说“成就幸福成功的人生”也是落实孝道而已。

既然孝这么重要,如何去行孝?古来大德给我们开示有很多,今天时间这么短,不能够非常详细的讲述,总结起来,行孝分三个层次,首先我想用《孝经》的这一段话来给大家讲述如何行孝,《孝经》上讲,“孝子之事亲也,居则致其敬,养则致其乐,病则致其忧,丧则致其哀,祭则致其严,五者备矣,然后能事亲”。孝子如何去行孝?就是在生活当中对父母要恭敬,如果对父母不恭敬,哪怕是你供养父母很优厚,那都不能算孝。你看孔子都说,“子游问孝,子曰:今之孝者,是谓能养。至于犬马,皆能有养;不敬,何以别乎?”换句话说,你如果只是养父母,拿很丰厚的物质来供养父母,而对父母没有恭敬心,这跟养狗养马有什么区别?养狗养马你也是养,也是给它很丰厚的东西,你没有对父母恭敬,养狗和养马又跟养父母有什么区别?何以别乎?换句话说,对父母的孝最重要的是敬。在今年的母亲节在广州的报纸上,广州日报对很多的母亲采访,对很多的儿女也进行采访,看看母亲节的心声是什么。问了很多儿女说你想怎么样行孝?儿女都回答说“我将来要挣大钱,买名车、买洋楼来供养我父母”,他的观点是这样行孝。又问了一下这些母亲,她们怎么说?她希望儿女做什么?她们说“我就是希望我的儿子别太忙,礼拜六能陪我吃一顿饭。”你想想,母亲所希望儿女对她的这种关怀跟儿女想的都不一样。儿子想的买洋楼、买名车供养父母,这养父母没有真正的恭敬,没有使父母欢心,这怎么能够行孝?

“养则致其乐”,让父母欢心,要顺着父母的意思,不能以我自己的意思去孝养父母,那你是自己偏执的见解,不了解父母真正需要的是什么。所以孟子说“不顺乎亲,不可以为子”,没有做儿女的资格,你要是不顺父母的话。“病则致其忧”,就是指父母有病的时候,孝子当然非常的忧心,想方设法去为父母治疗。在2004年中国评选了十大孝子的活动,有一位孝子叫戴永胜,是山东省枣庄的一个煤矿工人,他只有27岁,初中毕业的文化程度。做一个煤矿工人收入当然很低,可是偏偏他母亲又患了癌症,患了卵巢癌,已经是晚期,没得救了。医生就劝他说你赶紧把你妈妈接回家,她爱吃什么就给她吃什么,言下之意她时日不长了,医生放弃治疗。

结果戴永胜，27 岁的小伙子，非常的忧虑，看到自己的妈妈在病床上非常的难受，呕吐、发烧，心里非常难过，就发大愿一定要把他妈妈治好。这种真诚的孝心一生起来，智慧就产生，他首先跟医生沟通好，请医生们合作，不要把这个消息告诉他妈妈，不要说他妈妈得了绝症，安慰他妈妈说，你这个病没什么大事，调养调养就能好的，用这些方便的妄语来让他母亲生起对生存的信念。然后戴永胜就到处去寻医找药，因为家里穷，没有车费，他徒步走了九个省，有时候为了找药，为了寻找那些民间的医生，长途跋涉三天三夜。他找了 150 多种治癌的药方，民间好的土方子，每天就是这样熬药，煎这个药来给他母亲服用。结果半年之后奇迹出现，他母亲到医院去复查，发现癌细胞已经萎缩了 70%，好了一大半，原来躺在病床上的母亲不能起来，现在都已可以下农田干活。这是奇迹，医生都非常惊讶，说这是医学史上的奇迹。

奇迹从哪里来的？《孝经》上讲，“孝悌之至，通于神明，光于四海，无所不通”。一个人孝心达到了纯正，至诚感通，真的通于神明，我们说神了，能够感动天地，所以奇迹能够出现。奇迹其实也有科学的根据，大家都晓得日本有位科学家叫江本胜博士，专门对水进行研究，他对水做实验，证明人的心念对水结晶有影响。譬如说他拿着两瓶水，同样水源来的水，这两瓶水，一瓶上面贴着一些不好的语言，譬如“真恶心、讨厌、我要杀你”，这是左边这幅图，结果这个水进行冷却结冰之后，这个结晶就很难看、很恶心，但是另外一瓶水给它贴上美好的语言，“爱、感恩”，结果这个字条贴上的这个水过了一段时间之后也进行冷却结冰，发现这个结晶这么好看，像大钻石一样。同样的水，为什么效果完全不同？这是因为心态，语言是心态的符号，你给它加上好的语言，加上好的心态，水结晶就很美好，你喝了当然健康。所以为什么这个孝子他的母亲能够奇迹般的康复？你想想他每天在那里熬药、煎药，用的是什么心？一种至孝感恩的心去煎这碗药，让他母亲喝了之后，其实倒不一定是药方有作用，这个心改造了他母亲的癌细胞，让她好了，这是有科学根据。所以说“孝悌之至，通于神明”，创造了医学上的奇迹，什么东西创造的？孝心创造的。

刚刚讲“丧则致其哀”，就是父母去世的那一天，孝子一定是非常哀痛，这个哀痛是自然的，没有造作。想到父母从小到大对我的养育之恩，我还没有报答，父母就离我而去，心里不禁非常的哀痛。《弟子规》上讲，“丧三年，常悲咽。居处变，酒肉绝。丧尽礼，祭尽诚。事死者，如事生”。古人真是真正有孝心的人，父母走的时候，那种哀痛之心，“居处变，酒肉绝”，就是你生活的那个环境要改变，去哪里生活？要去守灵、守墓，“酒肉绝”，就是再美好的酒肉吃不下，咽不下去。《孝经》上讲“食旨不甘，闻乐不乐”，就是你吃到很好的肉都不觉得甘美，听到很美好的音乐你都不快乐，那么样的哀痛，这是自然。我记得我的外祖母往生以后，我的母亲也是非常哀痛，当时我们刚学佛没多久，对净土虽然不是很了解，但总知道有极乐世界。所以我的外婆在世的时候，我和母亲就每天跟她讲要往生极乐世界，我外婆一生只念过一次《无量寿经》，她念《无量寿经》的时候觉得这个极乐世界真的这么美好吗？我们当时都不知道，我母亲说：“是，您就去吧！”她自己都没有清楚她就让她妈妈去。当时我的外婆临终的那段时间吃不下东西，不断的拉稀，每天在床上拉得一床都是，我跟我母亲就在那里收拾，帮她换洗，最后走了以后，母亲和我就发愿吃 49 天的长素，因为古人讲“食旨不甘”，确实我们闻到肉味都不觉得好吃，所以发心吃素。当时没有吃素，就先发心吃 49 天，没想到从 1994 年我的外婆往生一直吃到现在。

“丧则致其哀”，我外婆去世的时候，我们给她念佛、念《地藏经》，当时真的很诚心，通宵给她念，念得她整个笑容满面，身体非常柔软，我们给她盖上陀罗尼被，经过了10小时以后掀开来看她的面容，非常的庄严，非常的好看，带着笑意。三个礼拜以后我在晚上做了一个梦，就梦见我外婆跟我讲，梦非常清楚，她跟我讲说：“我现在要往生极乐世界，你给我念佛。”我在梦里就说：“你要往生极乐世界，那太好了，那我赶快给您念佛。”我们两个就坐下来，她就结跏趺坐。我外婆生前是没办法结跏趺坐的，因为她过去受过伤，腿都是弯的，没办法盘坐，在梦里她就盘成双盘，我一看就愣了，她怎么能双盘？也不敢问，就给她念佛，一直到念佛的声音把我自己吵醒，一看时间晚上三点钟，正是我的外婆回归安养的时候。所以说古人讲“丧则致其哀”，这种哀痛不是说在那哭哭啼啼的，真正是尽最大的努力尽最大的孝道，让自己的父母下一辈子能够得好，最好的结果就是让他往生极乐世界，这是行最大的孝。所以“丧则致其哀”，这是化哀痛为力量，别在那里装模作样的抱着妈妈哭，那是损害她。所以在临终送终的时候一定要注意不能动她的身体，不能够流泪，哀痛要埋在心里。你要真正哀痛你就使劲念佛，你能够念个三天三夜不休息，你真正在行孝。

“祭则致其严”，父母走了以后，先人、祖先都是对我们有恩德的，每年到春秋祭祀的时节都要祭祀。祭祀的意义就在怀念父母先人的恩德，养育之恩还没有报答，父母就走了，现在表达自己的一种报恩之心。这个祭祀，我们学佛的人最好是采用念经念佛回向给先人，让先人真的在另外一个法界当中也能够得到我们的功德。我母亲跟我一起生活很多年，特别是学佛以后，每年都念经，到清明、到冬至、到七月的中元节，祭祀的日子我们或者是八关斋戒在家里，斋戒沐浴，诵经念佛，回向给先人，这也是尽最后的孝道，“事死者，如事生”。所以如何行孝归纳为三点，第一是孝养父母之身，第二是孝养父母之心，第三是孝养父母之志。孝养父母之身，你光供养父母物质生活还不够，要孝养父母之心，让父母心生欢喜。另外还要孝养父母之志，父母对我们都有志向，哪怕是没学佛的父母，对我们他总有个志向，哪个父母不希望儿女出人头地？哪个父母不望子成龙，望女成凤？通常父母的志向，从我们自己的名字可以看出来。譬如说我叫“钟茂森”，茂盛的茂，森林的森，这是什么？父母希望我做茂盛的森林，成为祖国、成为世界栋梁之材。时时刻刻听到别人喊我“茂森、茂森”，我就警醒自己有没有做出对不起父母的事情。

我出国留学的时候就学佛了，时时刻刻都想念着赶紧完成学业能够报答父母。我母亲就希望我能够读书拿到最高的学位博士学位，将来走上学术的道路。她跟我讲，走学术做老师造业造得少，你要是经商，恐怕难免会造很多的业。所以当时我学习也是很清苦，当时在美国，我在路易斯安那州念书，每逢写信回去给妈妈报告自己的生活，这里我抽取了我1996年1月的时候给我妈妈写的一封信跟大家来分享，我是这样写道，“冬天的路易斯安那州挺冷，我们这儿晚上一般都在零度以下。有一天早上起床，竟发现天上飘落许多雪花。目前是最冷的时候，我可以挺过来，便可省些钱，无需买棉被了。尽管冷，我仍然保持每周一、两次的冷水浴。在冷水浴时，我可以锻炼自己舍受。我目前的学习、生活都较单调，每日穿同样的衣服，吃同样的菜饭，走同样的路，读同样的书，我尽量让自己在单调中求单调，使躁动的心熄灭。我每日早晚警示自己，安住单调的生活，做至少七年的机器人”。因为当时我算了，念硕士和博士加起来，三年硕士，四年博士，就得要七年时间，我预定做七年机器人，没想到四年就完成。

"直至获得博士学位为止。因为我深深懂得，我来美国不是享受的，而是在欠着父母的恩德，花着父母的血汗钱，若不努力读书，天理难容！所以我突然很喜欢寒冷的冬夜，因为在冬夜里我才能体会头悬梁，锥刺股的精神，才能享受范仲淹断齑划粥的清净"。大家可晓得范仲淹断齑划粥的故事？范仲淹年轻的时候也是很穷很苦，在破庙里面，冬天煮一锅粥，冻在外面冻成冻块，切成几块，每餐吃一块，就着咸菜吃，我当时也在学着享受一下。"这个星期五晚上下了一场冻雨，格外的冷，然而我的进取心却比任何时候都强了，我要以优秀的成绩供养父母。妈妈，请您放心，您的儿子向您保证，向您发誓，我一定会孝顺您，把孝顺放在第一位，把事业放在第二位"。这是信中的一个片段，原信很长，不能够念太久。当我妈妈收到这封信以后，你想我妈妈会怎么想？她心里当然也会很高兴，自己的儿子总算在美国没有学坏。很多到美国去留学的学生，可能会受美国生活的污染、腐蚀，有句俏皮话，出国留学的学生"一年土，二年洋，三年忘了爹和娘"。我们没有忘记，土就土点儿，为什么要那么洋气？真正有自己的德行。所以当我妈妈收到这封信，给我写了一封回信，你猜她怎么讲？她有没有说"你为什么不买棉被？赶紧买上棉被，冬天太冷了。你不要再给我寄钱了，你自己都这么苦。"她没有这样说，我妈妈是一位很智慧的母亲，你看她怎样写的，我母亲说："寒冷能使人如此理智和坚强，感谢路易斯安那州的冬天，感谢清苦无欲的生活，它使人恢复性德之光"。孝就是性德之光，在这种清苦的一些生活环境里面，真的让自性这种孝德能够得以显现。所以我母亲非常赞成，她没有让我买棉被，她反而感谢路易斯安那州的冬天，这是有智慧的母亲。

我母亲对我的志向常常写在她的贺卡里面，让我经常的回忆，经常的去读一读，不要忘记孝养父母之心，孝养父母之志。在贺卡里面她是这样给我写的，那是1992年，14年前，我还在刚刚上大学的时候，我母亲已经写了这样的贺卡，给我进行了人生的规画。她这样写到："茂森儿，祝贺你19岁青春的年华，这是你迈进大学的第一个生日。世界上有两样东西只有失去时才知道它的价值，这就是青春和健康。希望你做一个智者，身置庐山之中，而知庐山之美。你已经成年了，今天和你谈谈我对你人生的总体策划。假如环境没有意外，你的道路是大学毕业获学士学位，研究生毕业获硕士学位，攻读博士获博士学位，争取到当今世界发达的国家学习和工作。成家要晚，立业在先，遵循古训，修身、齐家、治国、平天下。在修养的方面，克服浮躁，一心不乱，增加自控能力，宁静致远，行中庸之道。三十岁前学习、积累、打基础，三十岁至五十五岁成家立业，干一番事业，五十五岁后收心、摄心，总结人生，修持往生之道。这样当你回顾往事的时候可以自慰的说，我活着的时候很充实，离去的时候很恬静。永远爱你的母亲，1992年5月"。这是母亲在十四年前，已经给我写下了她对我的志向。回顾多年来走的路，我今年33岁，19岁时母亲写的贺卡，很多也都实现了，譬如获得博士学位、在发达国家学习和工作，获得澳洲大学的教授的职位、成家要晚，这也做到了，我到现在还没成家。但是确实也有很多还没有做到，像母亲提出的"修身、齐家、治国、平天下"，这是母亲希望我学习圣贤。三十岁前学习、积累、打基础。三十三到五十五岁，我妈妈说要干一番事业，干什么事业最好？今年三十三岁的我，想来想去还是干圣贤教育的事业最好，所以我今年年底也准备结束我在大学的工作，准备到庐江到我们师父上人设立的庐江教育中心去学习，去协助弘扬圣贤的教育，希望全身心投入到弘扬圣教的工作，因为母亲对我的期望是治国、平天下。平天下是用什么平？用圣贤的教育。

这是我母亲在我博士毕业的时候给我的一个生日贺卡，当时我二十六岁，我想跟大家分享一下，这是我收到的一个最别致的贺卡。这是我母亲把我从小到大，从幼儿园时代，到小学、到中学、到大学、到我念硕士和博士，每个生活的历程相片都剪下来，你看我从小到大的样子。这一边是贴上我母亲跟老人，我的外婆外公的照片，外祖父外祖母年轻时代和年老的照片，然后我母亲给我写了这样的一个生日贺卡，她说："茂森儿，在你二十六岁生日之际和博士毕业前夕，思念一下家乡的老人、父母和师长，看看我们母子二十六年来的合影。从你的童年、小学、中学、大学，到留美攻读硕士、博士，这些时光像梦一样的过去，是欢喜、是感叹还是成熟和觉醒？又看看你的外祖父的青年时代，和他去世前的照片，再看看你外祖母的青年时代，和她去世前的照片，你知道这就是人生吗？你悟出了什么？我儿博士毕业即将走上美国大学讲坛教书，让母亲为你衷心祝福，愿你拥有一个智慧的人生，愿你心无挂碍的走向世界！"这是母亲在1999年5月从广州寄来的到美国的一个贺卡。母亲的志向你看都在这个贺卡当中体现出来。确实，要孝养父母之身、心、志，在这方面我还在继续的努力，可以说要奉行一生。

最后因为时间的关系，很多内容这次没有办法跟大家报告，下次有机会，如果有长段的时间，来跟大家报告。最后我想用简单的几句话来结束今天的这个报告，我们谈到幸福人生、成功的事业，根基就是孝道，如果没有孝，任何事业、任何努力都是没有根的，都不能够长久，一个社会的和谐也不可能达到，学佛的人想要修成佛道也是不可能的。所以在这里贡献给大家这四句话："把孝心献给父母，把敬心献给老师，把爱心献给人民，把信心留给自己"，自己能做到的，成圣成贤，每个人都可以做到。谢谢大家。

台湾学者做客"鱼化龙大讲堂"

2009年4月8日下午，台湾文化艺术界联合会理事主席、海峡两岸和谐文化交流协进会会长、于右任书法收藏研究院院长、台北市中华粥会理事长、台湾著名学者陆炳文做客西安外事学院"鱼化龙大讲堂"，作了题为"和谐文化的中国特色与世界观"的精彩演讲，该校两百余名学子聆听了讲座并与大师互动交流。

陆炳文先生以黄帝的逸闻趣事谈起，引出了"粥"的渊源，讲到"粥文化"即是一种"和谐文化"。陆先生说，和谐的本质是同中存异、异中求同，是一种包容的精神，而和谐的存在是建立在双方"真诚"的基础上，只有真诚才能有真正的和谐。进而谈到我校"多元集纳　自强创新"的校训，他说多元即多方并存，集纳是包容吸收、创新是吸收理解后的自我创造，从而达到自强之目的，这是"和谐文化的体现"，陆先生颇具新意的理解赢得了学子们热烈的掌声。

陆先生还谈到和谐在当今中国社会和两岸关系中的重要性，他说，只有整个社会达到和谐的境界，才能取得更进一步的发展，创造又一个中华盛世。讲座现场气氛热烈、掌声阵阵，陆先生博古通今、风趣幽默的演讲使外事学子感受到大师的风采和魅力。

（张雪梅）

和谐家园

中华尚和园

——和文化的圣地、中国传统文化教育基地

中华尚和园位于河北省临西县，是以华夏和谐文化第一村为轴心兴建而成的大型文化产业园区。中华尚和园以千米长卷《华夏尚和图》为蓝图进行规划设计，将图上的场景运用各种手段和方法完成实物的全景呈现。

中华尚和园园区内将汇聚约1000余个场景点，包括200个思想家、文学家、史学家、科学家、艺术家等，例如史伯、孔子、孟子、朱熹、李白、司马迁、祖冲之、展子虔、蔡文姬等。包括100尊宗教神祇，佛教、道教、基督教、民间信仰的俗神，例如释伽牟尼、老子、耶稣、月老、和合二仙等；包括100位高僧、名道、主教、阿訇及宗教学者、知名人士，例如慧能、神秀、玄奘、张三丰、太虚、王岱舆等；包括145个包含各省市区、特别行政区的民间故事或传统民间演艺题材，例如睦邻故事、孝亲故事、尚友故事等；包括55个少数民族故事或少数民族传统文艺题材作品等，例如《格萨尔王传》等。

同时精选20个作出巨大贡献的帝王，包括三皇五帝；100个将相；100件具有典型意义的“尚和”事件、典故、重要文艺作品题材人物；100件重大历史事件，例如三国一统，开元盛世等；50位与中华文化密切相关的促进中外文化交流的外籍人士，例如利玛窦、白求恩等；100个当代风云人物，例如周恩来、邓小平等。

这些场景以和文化为主线和脉络，通过建筑、雕塑、壁画、书法、绘画、影像、故事、场面等多种手段，结合现代传媒技术进行呈现。

中华尚和园由河北省和谐文化研究会会长王殿明先生组织、策划，河北省社科院旅游专家进行总体规划。园区规划总投资62亿元，占地万余亩。如今首期工程万和宫已建成并投入使用，被誉为“中国首座和谐文化宫”，另外，讲和堂、文化家庭展馆、万和碑廊、慈孝文化区等也已对外开放。其余的场景，包括祈和殿、万通寺、唐诗宋词元曲意境园等均在规划设计之中。

中华尚和园以弘扬中国传统文化、和文化为己任，旨在中华民族五千年浩瀚的文化长河中撷取最灿烂的浪花集中展示给世人，让每一个华夏儿女为之骄傲和自豪。同时在传统文化、和文化之中汲取宝贵的精神财富，为构建和谐社会推波助力。

中华尚和园建成之后，将成为集文化旅游基地、新农村示范基地、村官培训基地、影视拍摄基地、国学教育基地、文化产业基地、生态创意农业基地等多种功能为一体的产业园区，将成为华夏儿女向往的地方，必将以独特的价值和意义载入人类文明的史册。

（河北省和谐文化研究会　供稿）

建设华夏和谐文化第一村

——访河北省和谐文化研究会会长、
中国首座和谐文化宫的开发建设者王殿明

以文化建设和谐新村

党的十七大报告指出，当今时代，文化越来越成为民族凝聚力和创造力的重要源泉，越来越成为综合国力竞争力的重要因素，丰富精神文化生活越来越成为我国人民的热切愿望。同时指出，和谐文化是全体人民团结进步的重要精神支柱。

2008年北京奥运会开幕式上，千缶鼓乐，一场传统色彩浓郁的“和”文化表演让世人叹为观止,形象而生动地展现了中华民族的核心文化“和”文化的内涵与魅力。

天时不如地利,地利不如人和。

……

“以和谐文化建设为核心的农村文化建设是发展社会主义新农村建设的重要内容,肩负着为社会主义新农村建设提供思想保证、精神动力和文化支持的重要使命……”王殿明对“和”文化有着更加深刻的见解。

王殿明曾是一位部队干部。退休后,筹措两亿元跻身教育产业,成为一位出色的企业家。2007年,在全省上下实施“三年大变样、推进城镇化”的背景下,他怀着不忘乡土、回报乡亲、改变村貌的感恩之情,斥资3200多万元,在自己的家乡建成了一座占地30余亩的中国首座“万和宫”。从此,万庄人以弘扬和谐文化为己任,在王殿明及村党支部、村委会的带领下,积极模范践行“学和的文化,说和的话,办和的事,做和的使者”,努力实现建设“生产发展、生活富裕、乡风文明、村容整洁、管理民主”社会主义新农村的目标。

在万庄悄然兴起的“和”文化令万庄人引以为荣的同时,也使这个寂静的小村庄逐渐走向热闹和繁华。万和宫成为人们关注的焦点,经济学界人士认为这是一种不同于“华西村”,而是以文化建设和谐新村,以文化产业带动经济发展的“万庄现象”!万庄被人们赞誉为“华夏和谐文化第一村”。

王殿明:一路“和”相随

王殿明是一位憨厚的智者,他是从万庄村走出来的军人。儿时在农村的贫苦生活和父亲的乐善好施培养了他关心他人、热心助人的良好品德。上世纪90年代,王殿明用自己微薄的工资资助贫困学生36人,累计15.6万元,这些学生分布在安徽砀山、河北赞皇、灵寿、临西等地。

“予人玫瑰,手留余香”。王殿明讲述了他的一段难忘的往事:“儿时,一个上门乞讨的老人来到王家宅前,老娘把仅有的半块窝头送他,后进门的老爹见状,追上去补送半片咸菜……”儿时的场景,让“和”字深深地扎进了王殿明的内心。

王殿明继承父母的乐善好施,长存感恩之心。他说,自己曾是一个军人,现在是一个商人,一路走来,他领悟出,人与人之间应该是一种“合作”的关系,起初他希望用“合”字解决一些问题,后来才感悟到另一种境界,要想做成一件事,不仅需要“合作”的“合”,更需要“和谐”的“和”。

从部队退休后,王殿明成功创办了河北青华苑高校服务有限公司。即使工作再忙再累,他仍不忘帮助别人,短短的几年时间里,他多次慷慨帮助同事、朋友和战友,累计62.5万元。为了回报家乡父老,王殿明给老家农村打自来水井,安装管道,使家家用上自来水,并修路、硬化路面,方便了村民出行,累计近30万元。他还多次捐助善款用于救灾,累计6万多元。

“人生苦短,每个人都有自己的追求,生活教会了我们选择,使我们懂得了取舍,和谐是中国传统文化所追求的理想境界和终极价值之一。天人合一、和而不同、贵和执中、和为贵等积淀了数千年的中国优秀传统文化的精髓,为建设社会主义和谐文化和社会主义和谐新农村奠定了重要的思想基础……”王殿明谈起了他投资建设的“万和宫”,以及他所宣传和践行的“和”文化。

王殿明认为“和”意喻“和谐、和美、美满、幸福”,是世上美好事物的浓缩。这也使他想到以“和”为理念,建立“和”的大观园——万和宫。“一生二,二生三,三生万物”,王殿明指着村口高高伫立的一个“和”字,向笔者诠释了他对

“和”的理解。“这就是我们万和宫的标志。社会主义新农村建设中文化建设是重要的一块，光靠政府有些杯水车薪，我们万和宫就是要用一些文艺的形式作为载体，向附近的村子及村民们，介绍、宣传一些文化和理念，使它成为农民心灵沟通的桥梁，形成和为真、和为善、和为美、和为贵的共识，形成城乡、村镇、邻里、家庭与人际和谐融洽的局面，使万和宫建设与社会主义市场经济相呼应，与中华民族优良传统相承接，与和谐社会要求相吻合。”王殿明道出了他在万庄建设“万和宫”的想法。他称，在自己的故乡着力打造中华特色“和”文化建设的实验基地，除了历史的原因，也是顺应时代的呼唤。

党的十七大报告指出：“建设和谐文化，培育文明风尚。”和谐文化成为社会主义先进文化的重要组成部分。“万庄现象”是当今新农村建设中富有时代特征的现象，是民营资本直接介入新农村建设的现象，是社会公益与产业化投入双重意义俱在的新亮点、新现象。燕山大学王明霞博士经过考察认为，这在河北尚属首创，具有典型引路的意义。

万和宫——闪耀着和谐的耀眼光芒

万和宫仿佛是一座新兴的人文之都！她优美的自然风光与气势恢弘的人文景观浑然天成。走进万和宫，处处风光秀美景致宜人，楼台亭阁、石椅碑林处处传递着和谐的文化气息，时时闪烁着和谐的耀眼光芒……

在万和宫，不仅可以欣赏到博古览今融汇中外的建筑格局，还有令人感染和启迪的美术设计，使人对万和宫的欣赏超越了对建筑理解。孔融让梨，负荆请罪，岳母刺字，玄奘西游，一个个脍炙人口的故事将中华民族的“和”文化诠释得淋漓尽致；这里诗词歌赋、经融百家，孔子、孟子、关汉卿、陶渊明乃至爱因斯坦、莎士比亚……这里的雕塑、碑刻、书法、绘画等艺术形式，充分体现了崇尚和谐、追求和谐、弘扬和谐的理念，构成和而不同、包容多样的文化景观。这里集文化产业、教育基地、观光旅游、生态农业为一体，俨然是一座农民朋友安居乐业的生活家园、陶冶情操的精神家园。

走进万和门，自西向东，从佛教文化、儒教文化到中外诸大教派文化，从中国民族传统文化到世界精英文化，万和宫均囊括其中，三教九流，诸子百家，无所不包，典故谏言，神话传说，无所不显。游走在一座座精雕细琢的雕像前，如同走进了“和”文化的历史长廊。中华诗词学会副会长、著名诗人晨崧先生游历“万和宫”后，写下诗赋：“心醉诗声月醉云，满园文韵梦追魂。圣宫更胜瑶池境，天下和谐第一村”。中国书法家协会主席张海欣然命笔“华夏和谐文化第一村”。

气势恢弘的“和”文化宫殿，为什么会选择在一个普通的万庄，它到底是一个什么样的村庄呢？万庄，传说古时叫“万和庄”后被简化成为“万庄”。虽然村名中没有了“和”字，但是“和”的理念早已融入了万庄人的血液。当地人民世代尊老爱幼，民风淳朴。“万和宫”的创办者王殿明从小生活在万庄，对万庄有着深深的感情。“相传万庄为孔子讲学途经之地，深得儒家文化风气之先，村民间和衷共济蔚然成风。”

上海社科院博士蔡丰明提出了“万庄模式”的概念，认为万庄现象形成了新农村建设的万庄模式，这种模式比政府动员群众、补贴群众建造新民居更具有时代意义和较强的可操作性，要动员更多的慈善家、企业家们向农村投入，向农村进行经济、文化、教育等多方面的投入。

万庄：和谐在这里延伸

万和宫的建成，改写了万庄村的发展历史，

填补了临西县文化旅游空白，为社会主义新农村建设注入了生机与活力，促进了经济繁荣，给广大农民带来了实惠——发展农家院旅游文化产业项目、建设高科技农业园区。以万和宫为龙头，二三期工程相继拉开了文化旅游项目的帷幕。万庄，一个集文化产业、教育基地、观光旅游和生态农业为一体的新农村正在崛起。

万和宫作为"华夏和谐文化第一村"的一期工程建成两年来，万庄通过开展创建文明生态村活动，村容村貌得到了有效改善，村里开办"和"文化大讲堂、组织"和谐家庭"评选活动，也使万庄成为了远近闻名的文化之村、和谐之村、文明之村、生态之村。文化界、艺术界、新闻界、旅游界的领导、专家、学者前来参观考察，都给予了充分的肯定和高度的评价。

如今，作为"华夏和谐文化第一村"二期工程的农家院旅游文化产业项目已经展开，部分新民居正在建设之中。王殿明希望和谐文化进入到每个家庭，一个家庭一个专题，从不同侧面和角度展示和谐文化，弘扬和谐文化。一个家庭也是一个旅馆，吸引更多的游客前来观光度假，享受田园生活，接受"和"文化熏陶。"华夏和谐文化第一村"的三期工程是建设高科技农业园区，重点是开通环村水系，改善村庄生态环境，发展养殖业和水浇地，美化村庄。王殿明说，沿环村水系，还将在两岸建造唐诗、宋词、元曲意境苑，进一步扩大和谐文化的展示内容，使之更具高品位的观赏性，更广泛地吸引游客，扩大农民增收的渠道。

2009 年 1 月，"情系三农 · 和谐新农村"高峰论坛在北京举行，王殿明应邀在论坛上作了《"和"文化是新农村建设的重要基石》的演讲，引起了与会者的强烈反响和共鸣。同时，王殿明也荣获了中央电视台 2008 年度"三农"人物推荐活动组委会授予的"情系三农 · 新农村建设杰出贡献奖"。

日前，由中国感恩文化研究中心、河北和谐文化研究会等单位主办的"万和宫"杯首届中国感恩文化诗文书画摄影大赛在万和宫落幕。与此同时，以弘扬传统的孝道文化、和谐文化、树立一批新世纪的养老孝亲典型，"万和宫"杯中华新二十四孝海选活动正式启动。

王殿明正在倾力打造"华夏和谐文化第一村"，把它变成一个和谐文化的教育基

地和旅游基地，使和谐文化在这里生根，生态环境在这里开花，高科技农业在这里结果，为农民营造安居乐业的生活家园，也为农民创建陶冶情操的精神家园。

将和谐文化发扬光大，让和谐文化深入人心，仍然任重道远。展望未来，王殿明希望在"和"文化的传播上，能得到更多人的支持与帮助。他希望万庄能够像华西村一样走向全国、走向世界，成为展示我省新农村建设的傲人成果。

（徐　健）

德孝齐扬　和谐共进

——关于山东省胶州市铺集镇“德孝文化”建设的调查与思考

中共胶州市委办研究室

德孝是中华民族生生不息、薪火相传的重要基因，具有文化之源、社会之基的重要地位，德孝文化作为中国传统和谐文化的核心和普遍的价值追求，在中华民族政治、经济、文化发展史上，起到了不可替代的作用。可以说不了解德孝文化，就不能理解中国传统社会，也难以理解当今中国纷繁复杂的社会现象。当前，弘扬富有时代特征的德孝文化，对构建社会主义和谐社会具有重要的现实意义。近年来，山东省胶州市铺集镇大力倡导德孝文化建设，积极引导广大党员干部群众带头弘扬德孝文化，带政风、促民风，使文明之风吹绿澄月湖畔，文明之花开遍铺集大地，全镇上下风正气顺、政令畅通、村强民富、安定和谐。

一、主要做法

如何扭转社会不良风气，形成和谐稳定发展新局面？铺集镇坚持从德孝文化建设入手，以孝促德，倡导新文明，树立新风尚，形成了推动经济社会发展的持续动力。

（一）倡“孝道”打开突破口，步步深入呈现一派新气象

找不准切入点，就打不开新局面　一段时间，铺集镇曾是远近闻名的穷镇、乱镇、难镇。因养老兄弟不和、邻里不睦、干群矛盾等问题，导致群众上访不断，社会风气不正，致使经济落后，发展缓慢。为改变这一现状，近年来，铺集镇立足实际，找准切入点，从狠抓德孝文化入手，有力推动了乡风文明建设。

梯次化开展，三个先行抓引导　加强德孝文化建设关键在于找准突破口，循序渐进，层层深入。铺集镇坚持“三个先行”，即在孝敬父母方面，要求党员先行、机关干部先行、村两委干部先行，打开了德孝文化建设的突破口，组织全镇机关干部撰写德孝体会、举办德孝演讲，并汇编成册、相互交流学习；要求全镇所有党员干部及村四职干部结合自己岗位、工作和家庭分别向家人、社会公开承诺做践行德孝文化的表率；同时明确规定把是否孝敬父母作为机关干部评先、树优、提拔和晋升干部的重要条件之一，凡是不孝敬父母的机关干部立即停职检查，营造起机关内部健康向上的和谐氛围。在此基础上，出台了《关于在全镇开展“弘扬德孝文化、构建和谐铺集”主题活动的实施意见》，进行全面部署和发动，在全镇叫响了“不养老不是好党员、不养老不是好干部、不养老不是好村民”的

口号，德孝文化建设在全镇扎实推进。

立体化联动，立足长效重教育 在广泛开展的基础上，从学校、医院、村庄各个阵地入手，形成立体化的德育教育格局。特别是从孩子抓起，把德孝文化作为一项必修课，形成老少互动、全民参与的局面。在全镇中小学开展“德孝文化进课堂”活动，开学的第一堂课为德孝文化课；以父亲节、母亲节等节日为契机，以感恩为主题，组织开展“致父母的一封信”活动，搭建学生与父母的沟通桥梁，让学生们从思想上深刻认识到对父母的感恩之情。开展“院校共建弘扬德孝文化”等活动，以敬老院为依托定期组织中小学生到敬老院开展卫生清扫、为老人梳头、表演文艺节目等活动；编辑出版了德孝文化读本在全镇发行，使德孝文化深入到村庄（社区）、深入家庭、深入到课堂。同时，筹集资金建立了德孝慈善基金，定期对弱势群体进行帮扶。

阳光化监督，奖罚分明树导向 坚持奖励和惩罚并重，按照数字化标准，切实将德孝文化抓好抓实。制订养老标准，开展“一卡二榜三罚”活动。“一卡”即个人填写《铺集镇赡养老人统计卡》，并由父母核对签名认可；“二榜”即孝心榜和不孝榜，每季度在全镇评选一次养老情况，表现好的列入孝心榜，表现不好的则列入不孝榜公布；“三罚”即镇专门成立了督察小组，通过明察暗访查处养老不好的党员干部和群众，进行通报批评，并进行处罚。同时，在充分保障老人物质生活的基础上，分为一、二、三级星级户，即一星级为每位老人每年养老金在600－900元（不含900）、小麦300斤以上、油20斤以上；二星级为每位老人每年养老金在900－1200元（不含1200）、小麦300斤以上、油20斤以上；三星级为每位老人每年养老金1200元以上、小麦300斤以上、油20斤以上，对符合星级标准的养老户挂牌表彰；对养老差的户，成立了教育转化工作小组，走村入户进行转化教育。

（二）重“德行”弘扬新风尚，全民共建绘就一幅和乐图

坚持把孝敬父母之行扩展到家庭美德、职业道德、社会公德等内容上来，不断丰富德孝文化的内涵，进一步激发了全镇党员干部、广大人民群众共建和睦家庭、和顺村庄、和谐铺集的热情。

一是典型带动，弘扬家庭美德 注重发现典型、培育典型，发挥典型的模范带头作用，形成良好的家庭、邻里关系。团埠子村韩守彩两次带公公改嫁，被评为“齐鲁十大孝星”。在发挥其榜样作用的同时，在全镇开展了“百佳孝星”评选活动，涌现出一大批关爱老人、互帮互助的好典型、好榜样。王爱霞姐弟四人父母双亡，她带着弟妹3人嫁人，勒紧腰带供他们上大学，本人获得“感动青岛”提名奖；河西庄村动员全体村民将养老费从原来的600元每年提高到1000元，建立了“德孝文化一条街”，并投资建设了容纳100名“五保”老人的高档次中心敬老院。常家庄的好媳妇李桂英致富不忘乡亲，自筹20万元设立养老基金，对村庄60岁以上的老人每人每年给予200元的生活补助。林家庄的李树燕和崔家河的刘展朋得了白血病，全体村民踊跃捐款、倾心相助，镇党委政府筹集了10余万元对他们进行救助。

二是干事创业，弘扬职业道德 机关干部落实德孝文化，就是要在解放思想中提振信心，形成奋勇崛起、大干快上的浓厚氛围。为此，在机关中定期组织开展了“铺集发展靠什么，我为铺集发展做什么”大讨论和“看铺集变化，谈自己变化”演讲活动。要求每一名机关干部结合自己的分析和认识，走上讲台并将活动开展情况作为年终干部民主评议的标准之一，从而强化自省意识，推进思想解放。广大干部围绕铺集发展进行了深入思考，深化了认识，看到了前景，从内心深处激发了发展求强的强烈愿望和迫切要求，打通了推进发展的第一道门槛。同时，坚持奖优罚劣营造创先争优的浓厚氛围。

推行末位淘汰离岗培训制度，每年对评出的最差4名机关干部实行离职培训3－6个月；制定《关于加强农村党员干部管理的暂行办法》，规范村干部行为，对弱散班子和有问题的班子进行调整整顿，充分调动起党员干部的工作主动性和创造性，真正在全镇上下形成了想干事、会干事、干成事、不出事的良好氛围。

三是关注民生，弘扬社会公德　加大硬件投入，巩固拓展敬老爱老新阵地，倡导社会新风尚。为进一步优化敬老爱老环境，使老年人真正做到老有所养、老有所乐，充分发挥老年人在经济发展、社会稳定中的作用，投资600万元按照省一类标准新建3000平方米敬老院和残疾人托养中心，高标准配套电梯、中央空调等设施，让老年人集中供养的条件更加优越。全镇69个村庄建立了老年活动中心，秧歌队、门球队等，老年体育事业在全镇实现了全覆盖。加大教育、卫生等民生工程的投入力度，2008年筹资2000万元建设了高标准的中心小学和卫生院；2009年又投资600万元建设建筑面积3500平方米的病房楼，2010年“十一”前启用，届时卫生院病房床位数将超过300个，进一步提升了农村医疗水平。率先在全市对60周岁以上的老人进行免费查体，开创了“政府出钱、群众看病”的先河。

（三）促“和谐”激发创造力，协调共进闯出一片新天地

和谐的人文环境不仅是发展的内容和目标，而且是动力和路径。铺集镇以德孝文化为抓手，一举扭转了社会不良风气，形成了“真心实意讲团结、一心一意抓发展、凝心聚力保稳定、千方百计促增收”的工作思路，激发了广大党员干部骨子里不甘人后、大干快上、奋起直追的韧劲，有效促进了经济社会长足发展。

开创了和谐稳定新局面　德孝文化活动的深入开展，增强了亲情，改善了家庭关系，引导树立正确的价值观，带动社会风气的全面提升，使全镇上下呈现“四多四少”现象，即遵纪守法、以身作则的多了，触犯法律、带头闹事的少了；提高自身素质、学习法律、法规、政策的多了，品质低下、打扑克、玩麻将、好赌博的少了；因地制宜、想方设法做群众工作的多了，蛮横无理、强推强拆的少了；关注民生、共谋发展的多了，无所事事、贪求安逸的少了。2006年以来全镇没有发生一起越级上访事件，稳定局面受到中央信访联席会议办公室、省信访局的充分肯定，先后荣获平安青岛建设先进集体、青岛市平安建设标兵等荣誉称号。个别村级组织由原来的不作为转变真心实意为群众办实事、办好事，形成了政令畅通、干事齐心的好局面。

拓宽了跨越发展新路径　传统观念的解放、整体素质的提升、经济实力的增强，从多个角度激发了铺镇人追求高质生活、改善居住环境的愿望和动力，顺应这一趋势和要求，铺集镇把小城镇建设作为重中之重，工业化、城镇化实现了双轮驱动、相得益彰。在2008年开发11万平方米住宅小区的基础上，2009年新开发房地产面积26万平方米，推动了人口向镇驻地转移集中。着力完善城镇功能，引进了投资8000万元的利客来购物中心、三星级酒店、综合批发市场和春明迎客家购物中心，进一步提升三产服务业档次。依托“胶河澄月”品牌资源优势，综合开发占地1000亩的澄月湖旅游休闲中心，打造宜居、宜游、宜乐的综合休闲区，努力打造水上铺集、绿色铺集、人文铺集。先后被列为青岛市2013－2020年中远期规划重点镇和第三批全国发展改革试点镇。

凝聚了服务发展新力量　思路一变天地宽。解放了思想的铺集人统一了加快发展的认识，树立起“发展是硬道理，发展靠项目”的发展理念。2007年以来，铺集镇坚持以增量促总量，以总量提质量，不断加大招商引资力度，共引进内外资项目67个，其中内资过亿元的15家，外资过1000万美元的4家，列入青岛市重点项目

4 家；销售收入过 5000 万元的 26 家，过亿元的 17 家。新开工工业厂房建筑面积 30 万平方米，是 2006 年以前总和的 3.5 倍。着力打造项目建设载体，2007 年以来累计投入 6000 万元完善基础设施建设，共拓展工业聚集区 4 平方公里。在此基础上，大力发展村级民营经济小区 8 个，落户项目达 120 个，有效形成镇级工业区带动、村级民营小区联动的发展格局。

二、几点启示

近年来，铺集镇以“孝”为主题，开展“弘扬德孝文化、构建和谐铺集”主题活动，深化机关建设，用现代文明风尚提升干部素质，解放了思想，凝聚了加快发展的力量，实现了社会和谐稳定，走出了一条欠发达乡镇谋求跨越发展新途径。

启示一：和谐乡风建设关键要找准切入点，群众是工作之基。铺集镇始终把德孝文化作为精神文明建设的切入点，坚持内容昂扬向上、形势丰富多彩，坚持促进社会和谐、促进乡风文明。在认真分析镇情、村情、社情和民情的基础上，以落实市委开展的“五种新风”推树活动为契机，广泛开展有群众基础、受群众欢迎的德孝文化活动，赋予德孝文化与时俱进的新内容。认识到：打造和谐铺集，最基础的是要打造每一个幸福家庭；建设社会主义新农村，最有力的衡量标准是乡风文明，没有文明的乡风和淳朴的民风，就没有社会主义新农村；建设文明乡风，就是要用社会主义核心价值体系武装人民群众的思想。而德孝文化的倡导和建设既能促进家庭和谐、邻里团结，更能让广大群众普遍接受，广泛参与，既能让受教育者受教育，更能让教育者受教育，既能使家庭美德得以发扬，更能使家庭美德成为社会公德。

启示二：和谐乡风建设务必要体现时代性，创新是活力之源。和谐乡风内容丰富、内涵深远，具体到一时一地，首要抓什么、重点抓什么又各不相同。面对当前加快发展的迫切要求和大好形势，铺集镇把团结、稳定作为文明乡风的重要抓手，赋予德孝文化建设新内容，积极倡导团结、互助、拼搏进取的集体主义精神。通过评选团结单位、团结部门、团结班子、团结村庄，进一步把机关干部凝聚在党委、政府的周围，切实达到一种剑锋所指、所向披靡的敢想敢干精神，形成团结战斗的坚强集体，重树党委、政府形象。德孝文化建设还理顺了上下级关系，不仅让基层干部感受到党委、政府的温暖，更自觉的与党委、政府保持高度一致，令行禁止，言行一致，各项工作善始善终，政令畅通，彻底消除了上下两层皮，说做不一致，工作被动应付的消极现象。

启示三：和谐乡风建设根基在走稳致富路，发展是重中之重。物质需求是人的第一需求，经济是文化建设的基础。德孝文化为铺集镇的文明乡风建设打开了突破口，但真正推动起持久发展、不断深入的是经济实力和富民经济的提升，使全镇上下形成了人心思变、人心思进，尊老敬老、凝心聚力、共谋发展的和谐民风，使广大干部群众心往一处想，劲往一处使，拧成一股绳，想干事、快干事、干成事的愿望倍增。铺集镇始终抓牢发展这一主线，2009 年实现地方财政一般预算收入 3308 万元，是 2006 年的 4 倍多；外资到账 1017.4 万美元，是 2006 年的 4 倍，连续三年过千万；出口创汇 4600 万美元，是 2006 年的 3 倍。在 2008 年胶州市“走进百姓村村行”主体实践活动问卷调查中，走访铺集镇 1.5 万户居民，在 20 项调查指标中，有 9 项位居全市第一，总评全市第一，先后获得青岛市先进基层党组织、山东省村务公开民主管理示范镇的荣誉称号，实现了由乱到治、由弱到强的新跨越。

"世纪之村"奏响农村和谐新乐章

潘春来

当前，我们已进入经济促进社会、城市反哺农村，努力实现经济与社会、城市与农村协调发展的重要时期。加快农村信息化建设，不仅有利于满足当前农民群众日益激增的精神文化需求，而且有利于破除和抵御农村落后、愚昧、低俗的陋习，提高群众文化素养和社会文明程度，满足群众对信息的渴求，进而促进农村持续协调发展。

加强农村信息化建设，丰富农村文化生活，促进农村文明发展，是当前农村需要重视的问题，因其不仅对实现城乡共同发展具有重要的作用，也对实现全面小康奋斗目标，构建社会主义和谐社会的成败起着关键的作用。为此，"世纪之村"农村信息化服务平台力争做先行者，它从实际出发，运用信息化手段，不断传播和谐理念，不断促进和积极推进经济与社会、城市与农村协调发展。

一、打造新农村"数字家园"

2008 年，位于南安市康美镇兰田村的南安市新农民培训学校积极响应中共福建省委、省政府提出的建设"数字福建"的号召，结合新农村建设的实际，经过两年多的探索、创新，成功地开发出了适应"三农"需要的"世纪之村"农村信息化服务平台。区别于其他由技术专家或学者指导开发的农村网站，"世纪之村"由农民指导，自主开发，符合国情、省情、村情，特别适用于农村一线实际应用。

"世纪之村"农村信息化服务平台采用软件服务化(Software as a service)的设计理念，是一套集农村村务管理、村财管理、计生管理、社区服务、企业服务、网上交易(农家店)、劳务信息服务、科技信息服务、农村健康医疗信息服务、农村教育公共信息服务、大学生村官信息服务、农村专业合作社信息服务等功能于一体的农村信息化服务平台。该平台致力于整合农村各种社会资源，培育一支扎根农村、服务"三农"、带动"三农"发展的农村信息化队伍，促进农村物流交易中心及物流配送队伍的建设和发展。

二、先试先行，创新"世纪之村"推广应用模式

该平台的成功开发，破解了信息化推动农村建设的全国性难题，其技术及理念处于国内

领先水平。平台的推广应用，催生了“电脑里种田，网上做买卖”的农村信息化建设新模式——兰田模式。

“兰田模式”独具特色，是一条自下而上的农村信息化发展模式，它有以下创新点：

（一）以“整县（市）推进、布点到村、服务到户”的原则，在县（市）级设服务中心，乡（镇）级设服务站，村级设服务点，整合优化政府各部门及农村各种信息资源，实现农村信息的统一管理和发布，提高政府职能部门管理能力、增强管理效能、降低管理成本。

（二）建立村级的信息管理及综合服务体系，实现村务、财务、党务、社区等事务的网上公开，增强公开透明度。村民利用现代的网络通信手段，通过平台及时了解本村即时信息，便于村民履行知情权、参与权及监督权。

（三）建立网上“农家店”，建设一支草根式的物流配送队伍，帮助供需双方节约时间和降低成本，最终实现网上交易，达到增收增效的目的。

（四）平台在充分调研了全国各地、特别是南安市农村信息化发展现状的基础上，根据农村发展的实际进行研发，免费为所有行政村提供软件和其他综合服务，构建一种低成本的农村信息化模式。

三、虚实结合，采用农村新合作模式

（一）虚实结合，大力发展基层信息点和信息员队伍，增加农民就业和提升收入。

区别于其他纯IT类、纯电子商务的农业网站，“世纪之村”平台一直坚持虚实并行，以网站虚拟信息平台统合资源和信息，以地面基层信息点、实体农资超市、信息员队伍、草根配送队伍等实体经济为基础，虚实结合，帮助农民实实在在卖农产品，解决农民，特别是边远山区农民的实际问题。从而为广大农民朋友增加了新的就业机会，并切切实实增加收入，得到农民朋友的欢迎。

（二）新农村合作模式以“共生分利、消费参股”为理念，聚合农村消费力资产。

传统农民经济来源主要以农副产品收入为主。而“世纪之村”平台通过信息化改造传统农村合作社模式，通过“共生分利、消费参股”等方式聚合农村消费力资产，将原本一盘散沙的小农经济聚合在一起，并衍生出新的农村经济增长点。“世纪之村”平台以共生分利为核心，让利于民，将平台聚合资源衍生的收入大部分返还给农民，例如平台广告、商业调研、商品销售等收入，使得农民除了传统农业之外还能获得额外收入，有力促进农村经济发展。

四、注重实效，拓展“世纪之村”推广应用范围

“世纪之村”平台找准应用结合点，心系农民，构建农村创业和致富平台。至2010年3月，“世纪之村”平台已在泉州市2350个行政村全面上线使用，发布村务公开信息20万余条，农产品信息150万余条，每月可查询到的成交金额达13100多万元。目前平台专职信息员2350多人，参与信息员培训的有6630多人，在册的平台草根物流配送人员8000多人，为泉州市农村社会提供了14700多个就业岗位。目前，已在泉州市所有行政村建立“世纪之村”平台应用信息点。“世纪之村平台”成为了农民“用得起、懂得用、爱使用”的生产、生活信息化工具。泉州市委、市政府组织有关专家于2009年6月30日，对“世纪之村”农村信息化服务平台进行评审。与会专家对平台的推广应用给予了高度的评价：一是有利于农民及时了解国家政策，与外界进行沟通和交流；二是有利于为农

民提供致富之道；三是有利于政府网上指导、监管村级事务和村务公开工作；四是有利于促进农业增效、农民增收、农村社区发展。平台具有显著的经济效益和社会效益，通用性强，应用面广，可覆盖全国农村。

五、不断进取，凸显平台社会经济成效

平台自研发推广至今，在助农惠农、推动社会主义新农村建设、构建和谐社会中发挥了积极的作用。总体上呈现出了高速发展、成效显著的良好态势，成为深受广大农民和“三农”工作者欢迎的信息服务模式，得到了各级领导的高度评价及社会各界的充分肯定。先后有中央电视台新闻频道《共同关注》、中央电视台 7 套《聚焦三农》、福建省电视台综合频道《时代先锋》、经济频道《海西新农村》等栏目进行专题报道。并先后与厦门大学、福州大学、华侨大学、青岛科技大学、福州师范大学闽南科技学院等高校签订合作协议，缔结产学研合作伙伴关系，进一步了提升自主创新能力。

2009 年 3 月，泉州市委、市政府办公室联合发文在泉州市全面推广“世纪之村”农村信息化服务平台，福建省科技厅也下发文件要求全省各地市科技局要认真组织推广应用该平台。平台已被国家科技部、福建省科技厅列为“2008－2009 年国家级星火计划重点项目”和福建省“2009 年区域科技重大项目”。兰田村也被推选为“中国村络工程国家级示范基地”。

“世纪之村”平台的创始人、兰田村党委书记潘春来同志，在国务院扶贫办和中国致公党中央联合举办的“中国农村信息化扶贫国际论坛”上，做关于“世纪之村”平台专题演讲时，受到有关领导的一致好评。国务院扶贫办主任范小建认为该平台的研发应用有三大意义：一是提高农村资源利用率；二是拉动农村消费市场的发展；三是促进农村信息化的建设。中国工程院倪光南院士莅临南安市兰田村关心指导，在详细了解该平台后表示：要把兰田的模式介绍给全国，如果中国每个农村都像兰田村这样，相信我们中国的社会主义新农村建设将达到一个很高的水平，希望兰田村信息化的模式能够成为中国农村信息化的模式。倪院士还欣然题词“世纪之村——农村信息化之村，世纪之春”。

六、“世纪之村”平台加快农村信息化建设的展望和思考

“世纪之村”平台对于构建社会主义和谐农村具有重大的意义，展望未来，平台将着眼于以下几点：

（一）加强农民对信息化建设重要意义的认识

推进信息化建设步伐，政府是主导、科研机构是技术支持、农民是主要参与者和受益者。在信息化建设过程中，农户都是参与者、终端执行者和受益者。只有农民认识到信息化建设的重要意义并积极参与，农村信息化建设才能快速健康开展。

（二）探索建立农村信息化建设服务新机制

农村信息化建设离不开政府、部门、社会和农民的支持，要探索建立政府、部门、社会、农民社员共同建设农村信息化的协调配合新机制，形成共同参与、多方配合、齐抓共管新局面。在信息服务社员工作过程中，整合多种资源，形成网络、广播、电视、电话、手机短信、简报、报刊、集市、会议、讲座等各媒体之间的有机组合和搭配，更好更快地将有用信息及时有效地传递农民手中，解决信息技术应用“最后一公里”问题。

（三）完善农村信息化网络建设

“世纪之村”平台合理利用政府部门的成熟网络资源，加强交流合作，建立较为健全的农村

信息化服务平台，使农村信息化建设获得快速发展；加强基础设施建设，提高社员手机、电脑入网率和信息传播覆盖率，提高平台覆盖面和应用率；

（四）加快信息员队伍建设

引进培育信息专业人才，熟练掌握信息的采集、处理、发布、查询、管理、分析等工作；发展培养农民信息员，达到会收集、会分析、会传播信息的“三会”要求。

（五）因地制宜引进发展信息化农业

信息化建设的最终目的是要产生经济效益，这样才能吸引全社会参与农村信息化建设工作。“世纪之村”平台将因地制宜，充分利用信息化开展农业生产，示范带动推进农村信息化建设进程。

用真情对待群众，用心贴近群众，“世纪之村”平台将信息化服务转化成为农民群众的生产、生活、发展经济的无形资产，扩大了农民再生产和发展经济的能力，有力推动了农村经济的发展和社会事业的进步。

农村经济社会发展是全面协调可持续发展的关键，农民是发展的主体，和谐之路的根基。“世纪之村”平台只有进一步提高技术服务能力，贴近群众需求，才能真正实现自身的价值；也只有这样才能最充分最广泛地调动一切积极因素，增强社会的创造活力。应用以来，平台促使相关地方形成了团结互助、扶贫济困的良好风尚，形成了平等友爱、融洽和谐的人际环境；理顺、协调了各方面的经济关系，推动了社会管理体制创新，有利于形成新的社会管理格局，更加充分地发挥群众在参与社会管理和维护社会稳定中作用，真正地构建起了和谐的农村社会环境。

（作者系福建省南安市康美镇兰田村党委书记）

大事纪略

2001 年

6 月 25－27 日，由华东师范大学“中国现代思想文化研究所”主办，北美中国哲学家协会、美国纽约州立大学全球文化研究所、上海中西哲学与文化比较研究会等单位协办的“全球对话中的中国文化”国际学术研讨会在上海召开。

2002 年

7 月 24－26 日，由清华大学道德与宗教研究中心、湖南师范大学环境教育中心和湖南师范大学伦理学研究所联合举办的全国环境伦理研讨会在长沙召开。

10 月 23－26 日，由中国哲学史学会、四川省社会科学院、国际教育基金会、香港孔教学院、都江堰市人民政府、四川大学古籍研究所、四川省中国哲学史研究会联合举办的“儒家德治思想与现代社会”国际学术研讨会在四川省都江堰市召开。

2003 年

12 月 9－12 日，中国老年学学会、山东省老龄工作委员会、山东省老年学学会联合主办的“中华孝文化与代际和谐国际论坛”在山东省济南市召开。

2005 年

4 月 1 日，由中华炎黄文化研究会和中华炎黄文化基金会举办的“推进两岸文化交流弘扬民族优秀传统”研讨会在北京召开。

4 月 28－30 日，由中国人民大学孔子研究院、和合文化研究所主办的“和合学与构建社会主义和谐社会”暨祝贺张立文教授从教四十五周年、七十华诞座谈会在北京举行。

11月10日至11日，由联合国教科文组织、中国社会科学院、北京大学、河南省政协共同主办，周口市人民政府、鹿邑县人民政府承办的“自然·和谐·发展——弘扬老子文化国际研讨会”在周口鹿邑召开。

12月10－11日，由中共重庆市委、光明日报社联合举办的“构建和谐社会建设和谐文化”理论研讨会在重庆召开。

12月26日，由湖南省濂溪学研究会发起的“周敦颐和谐社会思想与当代和谐社会构建学术座谈会”暨“湖南濂溪学研究会年会”在湖南省长沙市召开。

2006年

4月24－25日，由中国孔子基金会、青岛市崂山风景区管委会主办，中国儒学年鉴编辑委员会、崂山康成书院、山东大学东方文化研究院承办的“儒学与和谐世界学术研讨会”在青岛崂山康成书院召开。

6月17－18日，由中国人民大学哲学院举办的“哲学视野中的和谐社会”学术研讨会在中国人民大学逸夫会议中心召开。

8月7－8日，由中国国家宗教事务局与巴哈伊教澳门总会共同主办的“构建和谐社会——探讨宗教的作用”研讨会在澳门举行。

9月22－23日，由甘肃省哲学学会和甘肃中国传统文化研究会主办的“弘扬和谐文化，构建和谐社会”学术研讨会在兰州举行。

9月25－26日，由国际儒学联合会和德国阿登纳基金会共同举办的孔子儒学与中国现代社会国际学术研讨会在北京召开。

9月28日，由西北民族大学主办的“藏族传统文化与和谐社会建设”学术研讨会在兰州举行。

10月22日，由西北大学主办的中韩“东亚伦理与社会和谐”国际学术研讨会在西安召开。

10月27－28日，由中国伊斯兰教协会举办的“伊斯兰教与构建和谐社会”学术研讨会在北京举行。

10月30－11月1日，由崂山太清宫和山东大学宗教、科学与社会问题研究所共同主办的首届“崂山论道”学术研讨会在山东省青岛市崂山召开。

11月3－5日，由武汉大学中外德育研究中心、湖北省炎黄儒学研究会、湖北省汉川市政协、武汉东方文化传播中心主办的“中国传统文化与当代和谐文化建设”学术研讨会在湖北省汉川市举行。

11月23－24日，由中国伦理学会、首都文明办共同主办的“人文奥运与和谐社会”论坛在北京召开。

11月28日，由光明日报与中共广东省委宣传部、广东省社科联联合举办的“和谐文化与和谐广东”论坛在广州召开。

12月15－17日，由中国社会科学院基督教研究中心主办的“基督宗教与和谐社会”学术研讨会在北京召开。

12月26－28日，由长沙市人民政府主办、望城县人民政府承办的中国·望城首届“和”文化节开幕式暨“和”文化论坛在湖南望城举行。

2007年

3月17－18日，由云南省社科联、省中华传统道德研究会主办的“弘扬中华传统美德，建设和谐文化”学术研讨会在云南省广南召开。

4月22－27日，由中华文化交流协会和中国道教协会主办，陕西省人民政府和香港特区政府承办的中国国际《道德经》论坛在陕西西安和香港两地举办。

5月9日，由中国艺术研究院主办的“中国

文化发展战略研究与和谐文化建设”学术讨论会在北京召开。

5月11日，由中国作家协会、中共广东省委宣传部、广东省作家协会主办的“建设和谐文化与广东文学研讨会”在北京中国现代文学馆召开。

5月29日，由中华炎黄文化研究会、河南省炎黄文化研究会和濮阳市政府共同主办的“2007濮阳龙文化与和谐社会学术研讨会”学术讨论会在濮阳宾馆举行。

6月5－6日，由兰州大学哲学社会学院、基督教文化研究中心、伊斯兰教文化研究所主办、加拿大文化更新研究中心协办的“宗教对话与和谐社会”学术研讨会在甘肃兰州召开。

6月18日，和文化国际传播中心在青岛揭牌成立。

6月18日－19日，由中国孔子基金会、中国环境文化促进会、青岛保税区管委会主办，由中国儒学年鉴编委会承办的“儒学·人与自然和谐”学术研讨会在青岛保税区召开。

7月20日，由中华孝文化协会和中国当代文学研究会和谐文化与文学委员会联合举办的“中华孝文化论坛”在北京举行。

7月25－26日，由中央马克思主义理论研究和建设工程办公室主办、江苏省委宣传部和江苏省马克思主义中国化研究中心承办的“建设和谐文化与社会主义核心价值体系”理论研讨会在南京召开。

8月21－23日，由武当山道教协会和湖北省武当文化研究会联合主办的“海峡两岸玄天上帝信仰与和谐社会建设学术研讨会”在道教圣地湖北省武当山隆重举行。

9月25日，中华尚和园首期工程——万和宫在河北省临西县万庄村建成并对外开放。万和宫开和文化旅游之先河，全方位、多层次、大纵深宣传展示和文化，是和文化的大观园、博物院，被誉为“中国首座和谐文化宫”。

10月16－18日，由中华炎黄文化研究会、黄帝陵基金会、炎帝陵基金会、株洲市人民政府联合主办，炎帝陵基金会承办的“炎黄精神与和谐文化”炎黄文化学术研讨会在湖南省长沙市湖南宾馆隆重举行。

10月26－28日，由清华大学哲学系主办、广东省哲学社会科学联合会协办的“公共理性与和谐社会——跨文化视野中的政治哲学之未来”学术会议在清华大学举行。

11月30－12月1日，由北京语言大学中华文化研究所主办，国学网协办的“儒学与21世纪中国文化建设”学术会议在北京召开。

2008年

5月11－13日，由中国社会科学院世界宗教研究所、浙江省社会科学界联合会、中共台州市委宣传部、中共天台县委县政府联合主办的“寒山子暨和合文化国际学术研讨会”在浙江天台举行。

9月28日，2008年“船山学社理事会暨和谐文化与船山学研讨会”在衡阳师范学院隆重召开。

10月4－6日，“万和宫杯”全国“和”字书法作品大赛颁奖典礼在万和宫召开，此次活动历时半年多，收到来自全国各地的作品千余幅，经过专家公平、公开、公正的评选，共产生了一、二、三等奖及优秀奖近100名，取得了良好的效果，有效的宣传了和文化。

11月22－25日，由中华炎黄文化研究会、广东炎黄文化研究会和暨南大学联合主办的“中华文化与和谐社会建设”国际学术研讨会在广州暨南大学举行。

11月26－30日，由和文化国际传播中心和青岛科技大学传播与动漫学院主办的首届和文化书画艺术展于2008年11月26日至30日在青岛美术馆开展。

11月29日，青岛保税区与和文化国际传播中心主办的“首届和文化高端论坛”在山东青岛召开。

2009年

3月28－30日，由武汉大学文学院、台湾中国现代文学学会与黄冈师范学院文学院联合主办的“文学话语转型与和谐文化建设”暨第四届海峡两岸华文文学研讨会在武汉大学召开。

4月，石家庄市关工委、中国感恩文化研究中心、河北省会精神文明办、石家庄市社科联主办了“首届感恩文化论坛”，开展了首届全国诗文书画大赛征文活动。

4月25－26日，全国和谐文化与民俗传统研讨会暨河北省和谐文化研究会成立大会在河北省邢台市临西县万庄召开。

4月25－5月10日，河北省和谐文化研究会组织的华夏和谐文化第一村首届“和文化”节在邢台万庄隆重举行。

7月3日，科社学会年会在闵行党校召开。

7月15日，在河北省和文化研究会组织召开了“民族团结与社会稳定座谈会”。

7月27－31日，以“人类、发展与文化多样性”为主题的国际人类学与民族学联合会（IUAES）第十六届世界大会于在中国昆明成功召开。

8月26日，在和谐文化教育基地万和宫举办了2009中国（万庄）七夕“和谐盛世，见证真爱”七夕情人节联谊活动。

9月15－20日，由国际法哲学与社会哲学协会共同主办的第24届世界法哲学与社会哲学大会在北京举行。

9月18－20日，在新泰市举行了“第二届国际和圣柳下惠学术研究会”。

9月19－20日，由中华孝文化协会、中华慈孝活动组委会、中共山东省委宣传部、山东省关心下一代工作委员会等部门共同主办、山东省孝老爱亲文化研究中心承办的第二届中华孝文化与和谐社会建设论坛在济南子房洞文化旅游生态园举行。

10月30日，河北省和文化研究会与石家庄工商职业学院在和谐文化教育基地举办了“万和宫美术写生创作大赛”。

11月16日，由中国传统文化促进会和山东省青州市人民政府主办的首届中国（山东）儒释道传统文化高峰论坛在青州三圣像广场前隆重举行。

11月14－17日，由普陀山文化研究会、浙江工商大学日本文化研究所、早稻田大学日本宗教文化研究所共同举办的普陀山文化论坛暨“东亚的观音信仰”国际学术研讨会在普陀山举行。

11月18日，由首都师范大学中国女性文化研究中心、首都师范大学历史学院中国近现代社会文化史研究中心、社会科学文献出版社联合主办的共建性别和谐文化研讨会暨《中国女性文化》新闻发布会在北京举行。

11月22日，由中华海峡两岸交流促进会、中国爱心工程委员会、世界学术中心、国际绿色生态合作组织、联合全国高科技产业化协作委员会、和谐中国网、中国爱心工程委员会、国际联合科学院、世界和平大同盟基金会等机构共同举办的“和谐世界高峰论坛暨和谐世界科学家教育家企业家交流大会”在北京举行。

12月9日，河北省和文化研究会与河北省旅游研究会、临西县委、县政府在邢台市临西县宾馆会议厅召开河北省“和谐文化与新农村建设”旅游高层论坛研讨会专项课题制定会议。

12月12日，中国感恩文化研究中心与河北省和谐文化研究会承办首届中国感恩文化“万和宫杯”诗文书画摄影大赛颁奖活动。

图书在版编目（CIP）数据

中国和学年鉴（2010）/中国和学年鉴编辑委员会编.
—济南：山东人民出版社，2010.8
ISBN 978-7-209-05484-3

Ⅰ.①中… Ⅱ.①中… Ⅲ.①社会主义建设模式－研究－中国－2010－年鉴 Ⅳ.①D616-54

中国版本图书馆 CIP 数据核字（2010）第 167345 号

中国和学年鉴(2010)
中国和学年鉴编辑委员会　编

山东出版集团
山东人民出版社出版发行
社　址:济南市经九路胜利大街 39 号　　邮　编:250001
网　址:http://www.sd－book.com.cn
发行部:(0531)82098027 82098028
新华书店经销
青岛星球印刷有限公司印装
规　格　16 开(210mm×285mm)
印　张　21.5
字　数　490 千字
版　次　2010 年 8 月第 1 版
印　次　2010 年 8 月第 1 次
ISBN 978－7－209－05484－3
定　价　168.00 元

如有质量问题，请与印刷厂调换。电话:(0532)88194567